Erarbeitet von:
Stefan Schäfer
Tamara Tebeck

deutsch.kombi plus

7

Lehrerband

Ernst Klett Verlag
Stuttgart · Leipzig

Inhalt

Inhalt

Inhalt

11 Faszinierendes aus anderen Ländern

Inhalt

deutsch.kombi plus 7 – Begleitmaterial auf einen Blick

Materialien für Schülerinnen und Schüler

Erfolgreich unterrichten mit vielseitigen und abwechslungsreichen Zusatzmaterialien

> **Arbeitsheft**
> Mit Übungen zu allen Kompetenzbereichen, inklusive Klassenarbeitstrainings sowie EXTRA- und PLUS-Aufgaben für alle, die schon selbstständiger arbeiten können. Separater Lösungsteil.
>
> 978-3-12-313433-3

> **Arbeitsheft Rechtschreibung/Grammatik**
> Systematisch aufgebaut mit Übungen zu den wichtigsten Phänomenen der Rechtschreibung und Grammatik.
>
> 978-3-12-313443-2

> **Lernjobs für modulares Lernen**
> Ein Selbstlernmaterial auf drei Niveaus (BASIS, EXTRA und PLUS) zu den wichtigsten Kompetenzen in den Bereichen Schreiben und Lesen – Umgang mit Texten und Medien. Mit den Lernjobs kann selbstständig gearbeitet und der Lernprozess abschließend anhand einer Checkliste reflektiert werden.
>
> Lernjobs Schreiben 978-3-12-313463-0
> Lernjobs Lesen 978-3-12-313483-8

Materialien für Lehrerinnen und Lehrer

Optimale Unterstützung bei der Vorbereitung Ihres Unterrichts mit umfangreichen Materialien

> **Lehrerband**
> Der Lehrerband enthält Lösungen, Unterrichtshinweise und DaZ-Kommentare auf einen Blick. Klassenarbeiten auf drei Niveaus, Hörtexte auf der Audio-CD und eine CD-ROM mit Materialien als editierbare Worddokumente runden das Angebot ab.
>
> 978-3-12-313413-5

> **Differenzierungsmaterial – Kopiervorlagen**
> Das Differenzierungsmaterial enthält editierbare Arbeitsblätter auf drei Niveaus plus Lösungen, Differenzierungskarten und Vorlagen für Textentlastungen.
>
> 978-3-12-313493-7

> **Inklusionsmaterial – Kopiervorlagen**
> Im Inklusionsmaterial finden Sie Unterrichtshinweise und editierbare Kopiervorlagen für die Förderschwerpunkte LE, ES und G.
>
> 978-3-12-313453-1

> **Digitaler Unterrichtsassistent** ⊙ 💻
> Der digitale Unterrichtsassistent erleichtert Ihnen die Unterrichtsvorbereitung; alle Materialien zu einer Schulbuchseite sind auf einen Klick verfügbar.
>
> mehr Infos unter www.klett.de

> **Lernpläne** ⊙
> Die CD-ROM enthält passgenau zum Lehrwerk deutsch.kombi plus flexible Module für offene Unterrichtsformen.
> Die deutsch.kombi plus Lernpläne sind im Rahmen von (Wochen-)Planarbeit, Lernarrangements, Lernwegelisten, Lernateliers, Lernbüros usw. einsetzbar. Zu jeder wichtigen Kompetenz, d.h. zu jedem wichtigen Lernziel aus deutsch.kombi plus gibt es einen Lernplan. Jeder Lernplan enthält Übersichten über das empfohlene Übungsmaterial auf drei Niveaus. Mithilfe dieser Übersichten können die Schülerinnen und Schüler das Material in weiten Teilen eigenständig erarbeiten, die Aufgaben nach Erledigung abhaken und ihren individuellen Lernfortschritt dokumentieren.
>
> 978-3-12-313503-3

So arbeiten Sie mit dem deutsch.kombi plus Lehrerband

Liebe Lehrerin, lieber Lehrer,

mit dem Lehrerband *deutsch.kombi plus 7* erhalten Sie vielfältige Informationen, Anregungen und Materialien für Ihre Unterrichtsplanung und -gestaltung. Informationen zur Zielsetzung, methodisch-didaktische Kommentare zu den Aufgaben mit Lösungen werden der jeweiligen Doppelseite des Schülerbuchs passgenau zugeordnet.

Zudem erhalten Sie Hinweise auf Alternativen und Erweiterungen zu den Aufgaben im Schülerbuch, Vorschläge zur Festigung des erlernten Stoffes, Tipps zur Weiterarbeit, sowie Kommentare zur Unterstützung Ihrer Arbeit mit DaZ-Lernenden. Empfehlungen auf Zusatzmaterialien wie differenzierende Kopiervorlagen, Differenzierungskarten, entlastete Texte, Klassenarbeiten, sowie Verweise auf das Arbeitsheft und auf die Online-Materialien erhalten Sie ebenfalls zu jeder Doppelseite.

Ausweisung der Kompetenzbereiche, Kompetenzen und Teilkompetenzen

Vorhandenes Zusatzmaterial

Hinweise zur Zielsetzung des Kapitels bzw. der Doppelseite

Methodisch-didaktische Kommentare zur Unterrichts-gestaltung

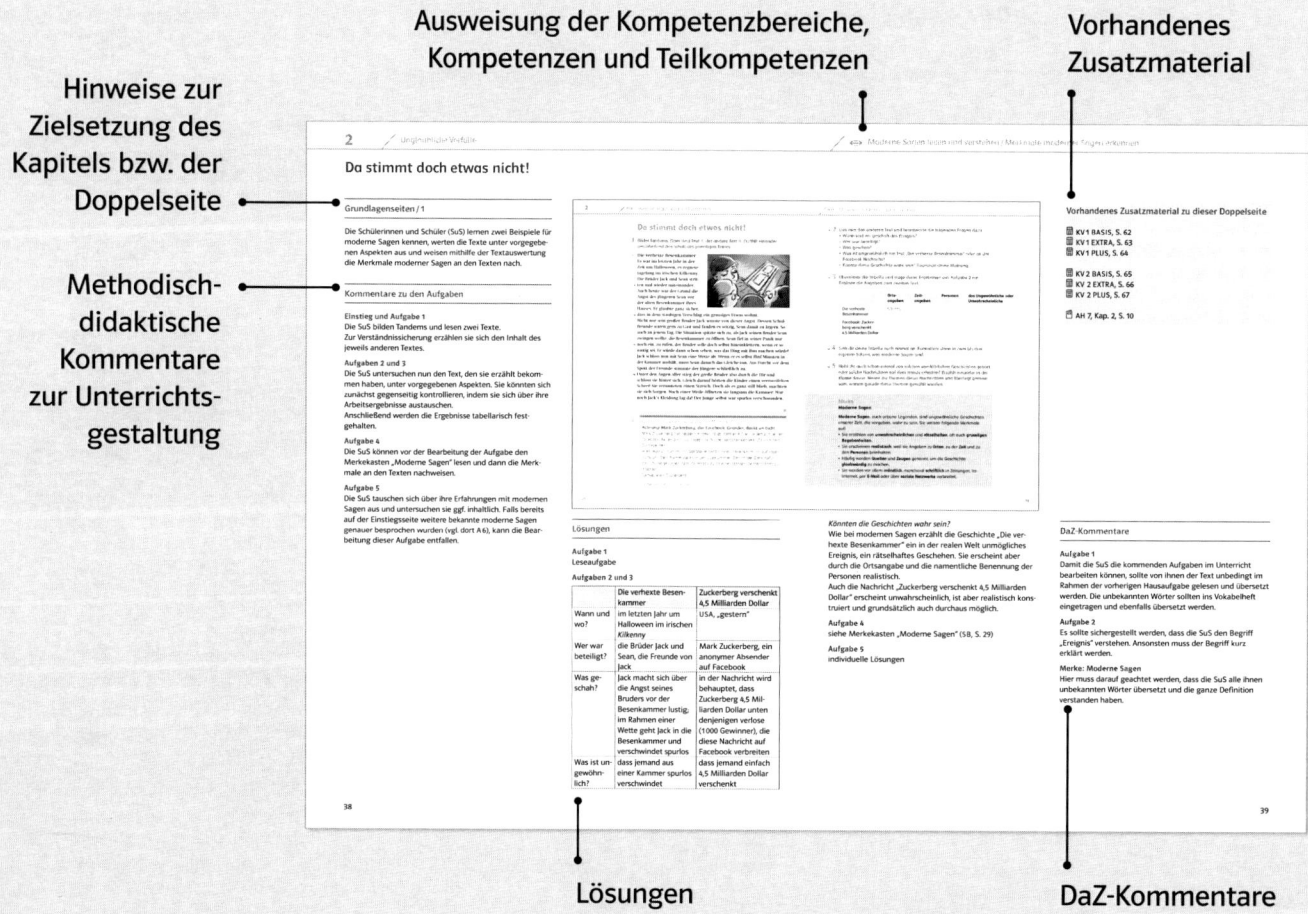

Lösungen

DaZ-Kommentare

Zu einigen Kapitelseiten des Schülerbuchs finden Sie auf der beiliegenden **CD-ROM** Klassenarbeiten. Diese liegen auf drei Niveaustufen (BASIS, EXTRA, **PLUS**) vor. Ergänzt werden sie durch Bewertungsbögen mit Beispiellösungen. Die Klassenarbeiten erhalten Sie in editierbarer Form zur individuellen Unterrichtsgestaltung.

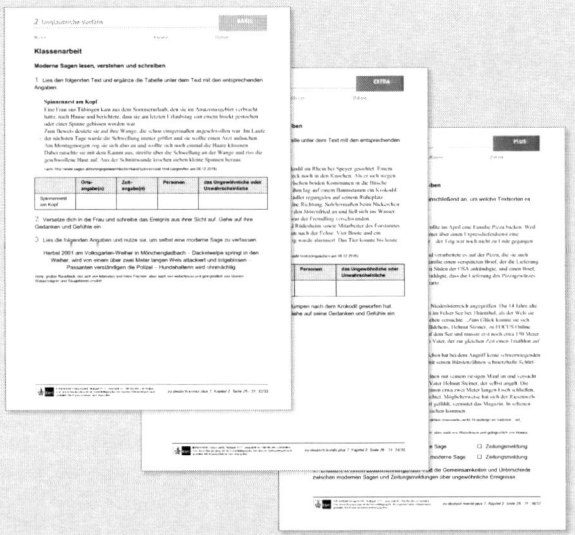

Klassenarbeiten BASIS, EXTRA, PLUS   Bewertungsbögen mit Lösungen BASIS, EXTRA, PLUS

Des Weiteren befinden sich alle Hörtexte auf einer beigelegten **AUDIO-CD**. Eine Übersicht zum Inhalt der CD-ROM sowie der AUDIO-CD finden Sie ab Seite 264 des Lehrerbandes.

Symbole/Abkürzungen im Lehrerband

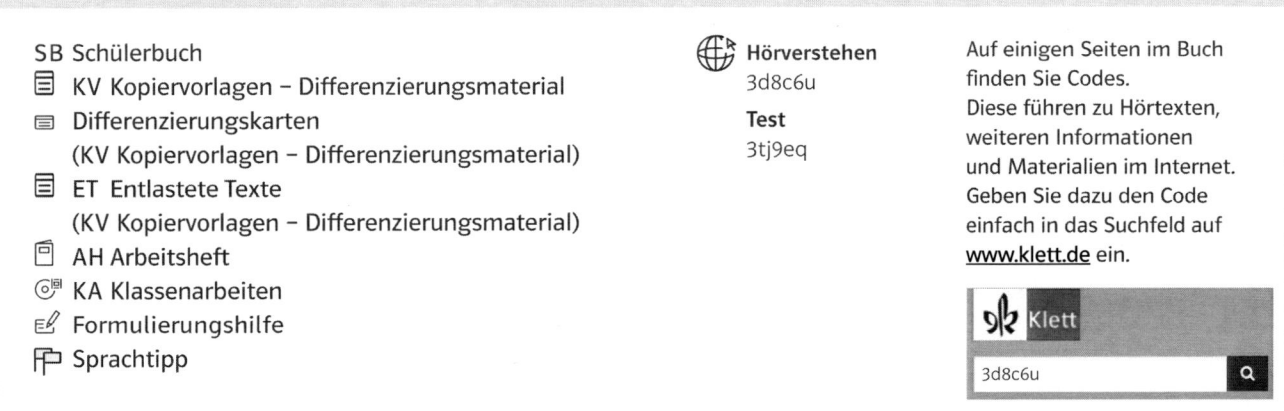

SB Schülerbuch

📋 KV Kopiervorlagen – Differenzierungsmaterial

🗂 Differenzierungskarten
   (KV Kopiervorlagen – Differenzierungsmaterial)

📑 ET Entlastete Texte
   (KV Kopiervorlagen – Differenzierungsmaterial)

📖 AH Arbeitsheft

💿 KA Klassenarbeiten

✍ Formulierungshilfe

🏳 Sprachtipp

🌐 **Hörverstehen**
3d8c6u

Test
3tj9eq

Auf einigen Seiten im Buch finden Sie Codes.
Diese führen zu Hörtexten, weiteren Informationen und Materialien im Internet.
Geben Sie dazu den Code einfach in das Suchfeld auf **www.klett.de** ein.

🟧 Klett

3d8c6u 🔍

So differenzieren Sie mit deutsch.kombi plus

deutsch.kombi plus wurde speziell für heterogene Klassen entwickelt. Daher hält dieses Lehrwerk für Sie vielfältige Möglichkeiten zum differenzierten Arbeiten mit Ihren Klassen bereit.

Die Differenzierung beruht auf einer Kombination aus Komplexität (Inhalt, Umfang) und dem Grad der Selbstständigkeit. Darüber hinaus besteht die Möglichkeit, anhand von unterschiedlichen, identischen oder reduzierten Materialien zu differenzieren.

Differenzierung nach Niveaus mit unterschiedlichem Ausgangsmaterial

Jedes Kapitel des Schülerbuchs enthält einen Differenzierungsbereich, in dem die Schülerinnen und Schüler das Erlernte auf drei Niveaus – BASIS, EXTRA, PLUS – anwenden und vertiefen können.

• Die BASIS-Seiten entsprechen dem grundlegenden Niveau (G).
• Die EXTRA-Seiten entsprechen dem mittleren Niveau (M).
• Die PLUS-Seiten entsprechen dem erweiterten Niveau (E).

Zu jedem Niveau steht eine Doppelseite zur Verfügung. Jede Doppelseite schließt mit einer Aufgabe ab, die es ermöglicht, die Arbeitsergebnisse der einzelnen Gruppen im Klassenverband vorzustellen und zu besprechen. Daran lässt sich weiteres gemeinsames Arbeiten anschließen.

BASIS – Seite

EXTRA – Seite

PLUS – Seite

Differenzierung nach Aufgaben

Im Arbeitsheft werden die Inhalte des Schülerbuchs vertiefend geübt.
Neben Aufgaben auf grundlegendem Niveau gibt es ergänzende EXTRA- und PLUS-Aufgaben für Schülerinnen und Schüler, die schon schwierigere Aufgaben lösen können.

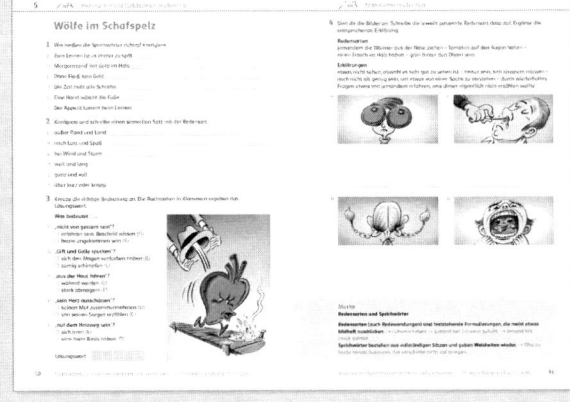

Arbeitsheft

Differenzierung nach Niveaus mit identischem Ausgangsmaterial/Differenzierung nach Aufgaben

Die Differenzierungskarten stellen eine Ergänzung zu den BASIS-, EXTRA- und PLUS-Seiten des Schülerbuches dar. Sie bieten zusätzliche differenzierende Aufgaben, d.h., zu BASIS-Seiten gibt es Differenzierungskarten auf EXTRA- und PLUS-Niveau, zu EXTRA-Seiten entsprechend BASIS- und PLUS-Karten und zur PLUS-Seite ergänzende BASIS- und EXTRA-Karten. Auf diese Weise können Sie mit Ihrer Klasse ein identisches Ausgangsmaterial auf allen drei Niveaus bearbeiten.

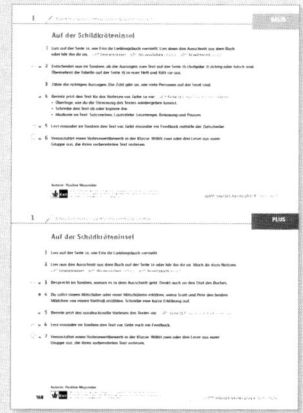

Differenzierungskarten
BASIS, EXTRA, PLUS
(KV Kopiervorlagen –
Differenzierungsmaterial)

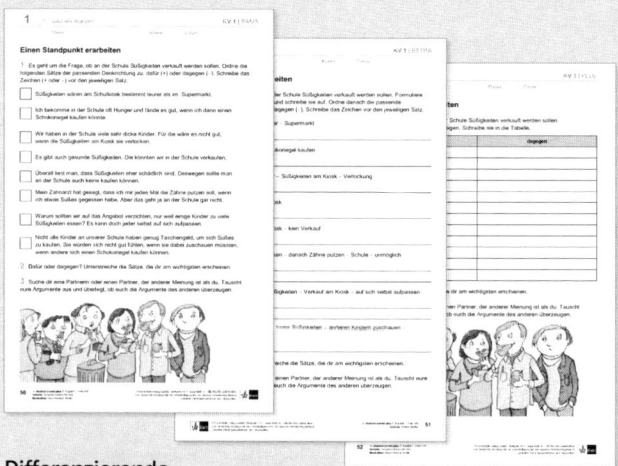

Differenzierende
Kopiervorlagen BASIS, EXTRA, PLUS
(KV Kopiervorlagen – Differenzierungsmaterial)

Zusätzlich zu den Differenzierungskarten bietet Ihnen deutsch.kombi plus Kopiervorlagen auf BASIS-, EXTRA- und PLUS-Niveau.
Mit den Kopiervorlagen können Sie bestimmte Kompetenzbereiche vertiefend mit allen Schülerinnen und Schülern behandeln oder Sie können sie für die individuelle Förderung nutzen und sie einzelnen Schülerinnen und Schülern gezielt als Zusatzmaterialien an die Hand geben.

Differenzierung mit reduziertem Material

Die differenzierenden Kopiervorlagen enthalten auch Texte aus dem Schülerbuch, die sprachlich entlastet sind. Mit diesen entlasteten Materialien ist es möglich, auch schwierigere Texte mit der gesamten Klasse zu erschließen und zu bearbeiten.

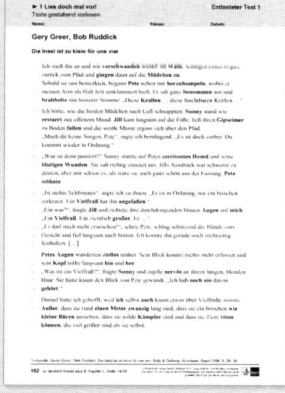

Entlastete Texte
(KV Kopiervorlagen –
Differenzierungsmaterial)

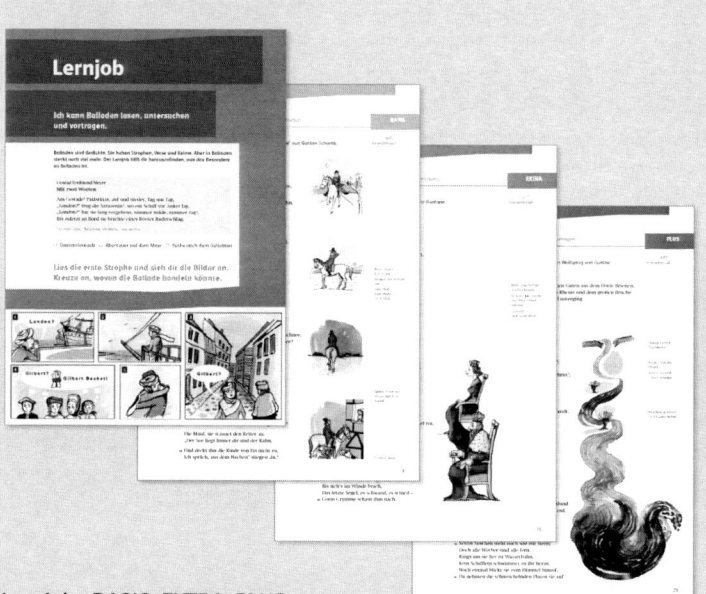

Lernjobs BASIS, EXTRA, PLUS

Differenzierung nach Niveaus als Selbstlernmaterial

Die Lernjobs gehen über die klassische Kombination von Schülerbuch und Arbeitsheft hinaus: Schülerinnen und Schüler können sich mit den Lernjobs auf den drei Niveaus – BASIS, EXTRA, PLUS – selbstständig die wichtigsten Kompetenzen erarbeiten und das Erlernte abschließend mithilfe von Checklisten und Lösungen überprüfen und sich so selbst einschätzen.

Differenzierung im Deutschunterricht auf drei Niveaustufen – wie gemeinsames Lernen gelingen kann

Die Schlagwörter Heterogenität, Inklusion und Differenzierung haben sich in den letzten Jahren im Wortschatz von Schulakteurinnen und -akteuren immer mehr etabliert. Jede Lehrkraft unterrichtet Klassen, in denen die Lernenden vielleicht hinsichtlich des Alters als homogene Gruppe zu bezeichnen sind, aber ansonsten unterscheiden sich Schülerinnen und Schüler u. a. in Interessen, Begabungen, kognitiven und sprachlichen Fertigkeiten, Kompetenzen und den familiären Hintergründen. Von Schulen wird heute erwartet, mit dieser Heterogenität umzugehen, sie fruchtbringend zu nutzen und die einzelnen Schülerinnen und Schüler ihren Begabungen entsprechend zu fördern und zu fordern. Lehrkräfte sind somit in heterogenen Klassen damit konfrontiert, differenziert oder gar individualisiert zu arbeiten. Während ein individualisierter Unterricht einzelne Schülerinnen oder Schüler betrachtet, meint eine Form des differenzierten Unterrichtens, Lernangebote auf verschiedenen Niveaustufen anzubieten. Ein solches Angebot wird auch als zieldifferente Differenzierung bezeichnet. Im Vergleich zum individualisierten Unterricht entlastet ein zieldifferenziertes Lernangebot Lehrerinnen und Lehrer, denn viele Lehrkräfte weisen mit Recht darauf hin, dass es kaum möglich sei, für jedes Kind in der Klasse ein individualisiertes Lernangebot vorzubereiten und anzubieten.

Auch in neuen Bildungsplänen wird der heterogenen Schülerschaft u. a. damit Rechnung getragen, dass Kompetenzen nun nicht mehr ausschließlich auf einer Regelstufe beschrieben werden, sondern in einem Kompetenzstufenmodell. Die KMK beschreibt in ihren Papieren in diesem Zusammenhang drei Standards. Der **Mindeststandard** bezieht sich „auf ein definiertes Minimum an Kompetenzen, das alle Schülerinnen und Schüler bis zu einem bestimmten Bildungsabschnitt erreicht haben sollen" (KMK, S. 4). Schülerinnen und Schüler, die diesen Mindeststandard erreichen, können mit entsprechender Unterstützung in die berufliche Erstausbildung integriert werden (ebd.). Im Vergleich dazu bildet der sogenannte **Regelstandard** den Durchschnitt der Schülergruppe ab. Hingegen bezieht sich der **Optimalstandard** auf Leistungserwartungen, „die bei sehr guten oder ausgezeichneten individuellen Lernvoraussetzungen und der Bereitstellung besonders günstiger Lerngelegenheiten innerhalb und außerhalb der Schule erreicht werden können und die bei Weitem die Erwartungen der Bildungsstandards übertreffen" (ebd.).

Analog zu dieser Dreiteilung ist auch das Buch **deutsch.kombi plus** als ein zieldifferenzierendes Unterrichtslehrwerk konzipiert, in dem Lernangebote auf drei Niveaustufen enthalten sind. Abbildung 1 zeigt diese drei Stufen und ihre Entsprechung mit den Standards der KMK.

Abbildung 1: Niveaustufen im Lehrwerk deutsch.kombi plus

Wichtig für den Einsatz des Buches **deutsch.kombi plus** ist jedoch, dass die Schülerinnen und Schüler nicht ausschließlich in drei Niveaugruppen arbeiten, sondern bei jedem Thema mit der ganzen Klasse ein gemeinsamer Anfang gewählt wird. Dies ist besonders wichtig für Gelegenheiten zum gemeinsamen Lernen und zur Förderung der Motivation der Schülerinnen und Schüler – vor allem auch bei den schwächeren Lernenden, denen der gemeinsame Anfang hilft, einen Einstieg in das Thema zu bekommen. Die Weiterbearbeitung der Aufgaben kann dann in den drei genannten Niveaustufen erfolgen (BASIS, EXTRA, PLUS). Die Aufgabenformate dieser Stufen unterscheiden sich einerseits hinsichtlich der Komplexität, andererseits werden mehr bzw. weniger Hilfestellungen angeboten.

Während die Differenzierung nach Niveaustufen eine Form des gemeinsamen Lernens für Schülerinnen und Schüler mit unterschiedlichen Fähigkeiten (BASIS, EXTRA, PLUS) ermöglicht, findet man in vielen Fächern und auch im Deutschunterricht darüber hinaus eine aufgabenspezifische Differenzierung, die eine Progression der Lernaufgaben hinsichtlich der Anforderungen enthalten sollte. Die jeweiligen Schülerinnen und Schüler durchlaufen folglich innerhalb ihrer Niveaustufen drei verschiedene Anforderungsbereiche, um so ihr Können auszubauen.

Worin unterscheiden sich die Anforderungsbereiche jedoch? Ziener beschreibt mit drei Begriffen eine mögliche Differenzierung in Anforderungsbereiche: die **Reproduktion**, die **Rekonstruktion** und den **Transfer**. Der Autor spezifiziert für den Bereich „Wissen, Verstehen, Durchdringen, Sich Auskennen mit, Informiertsein über" die jeweiligen Anforderungsbereiche (siehe Tabelle 1):

Reproduktion	Rekonstruktion	Transfer
Die im Unterricht erhaltenen bzw. bereits erarbeiteten Informationen in wesentlichen Grundzügen erfassen (wiederholen, wiedergeben).	Die im Unterricht u. U. auch zu unterschiedlichen Zeitpunkten erhaltenen Informationen verknüpfen und Bezüge herstellen.	Informationen selbstständig reorganisieren/ strukturieren und in einen veränderten Zusammenhang einordnen.

Tabelle 1: Konkretisierung der Anforderungsbereiche nach Ziener (2013)

Dieses dreigliedrige Schema lässt sich im Prinzip auf jeden Unterricht übertragen. Zentral ist dabei, dass die Anforderung zunimmt (Progression). Die Schülerinnen und Schüler können bei Bedarf zu Beginn über die Reproduktion zur Rekonstruktion hingeführt werden und schließlich auf ihrer Niveaustufe die höchste Könnensstufe erreichen, den Transfer.

Diese progressive Konzeption von Lernaufgaben findet sich in verschiedenen Lehrwerken, allerdings sind die Aufgaben häufig nicht in dieser Form kenntlich gemacht, wodurch im konkreten Unterrichtsalltag durch ungünstige Aufgabenverteilungen vermehrte Verstehensschwierigkeiten auf Seiten der Schülerinnen und Schüler auftreten können – vor allem, wenn die Hinführung zu Transferaufgaben nicht mit einer gewissen Systematik erfolgt. Daher sind im Lehrwerk **deutsch.kombi plus** alle Aufgaben hinsichtlich ihres Anforderungsbereichs gekennzeichnet.
Aufgaben mit einem niedrigen Anforderungsbereich (Reproduktionsaufgaben) sind mit einem ○ markiert, Aufgaben im mittleren Anforderungsbereich (Rekonstruktionsaufgaben) mit einem ◒ und Transferaufgaben mit einem ●.

Dies erleichtert die Unterrichtsdurchführung erheblich, da Lehrkräfte auf einen Blick die Schwierigkeit einer Aufgabe einschätzen und dies entsprechend in der Unterrichtsplanung berücksichtigen können. Wenngleich alle Schülerinnen und Schüler auf ihrer Niveaustufe Aufgaben in drei Anforderungsbereichen bearbeiten, ermöglicht die klare Darstellung nach Anforderungsbereichen eine noch gezieltere Differenzierung und Unterstützung.

Abbildung 2 verdeutlicht den doppelten Weg der Differenzierung, der mit dem Lehrwerk **deutsch.kombi plus** gegangen werden kann.

Im Hinblick auf Differenzierungsangebote für Kinder mit Deutsch als Zweitsprache ist eine besondere Berücksichtigung dieser speziellen Lernvoraussetzungen notwendig. Dies beinhaltet zum Beispiel, Texte und Aufgaben stets im Hinblick auf den Wortschatz zu prüfen und ggf. Erklärungen vorzubereiten. Das Lehrwerk **deutsch.kombi plus** bietet für DaZ-Lernende u. a. Formulierungshilfen und Sprachtipps an, darüberhinaus müssen Lernbedürfnisse von dieser Schülergruppe permanent in der Unterrichtsplanung mitgedacht werden.

Letztendlich erfordert Differenzierung vor allem auch Lehrkräfte, die gemeinsames Lernen unterstützen wollen und auch bei auftretenden Schwierigkeiten nach Lösungen suchen, Schülerinnen und Schüler mit unterschiedlichen Begabungen zu fördern. Differenzierendes Unterrichtsmaterial stellt dabei eine große Hilfe bei der Realisierung von differenzierten Lernangeboten im Schulalltag dar.

Hanna Sauerborn

Quellen:
Kultusministerkonferenz (KMK), Institut für Qualitätsentwicklung im Bildungswesen (Hg.): Integriertes Kompetenzstufenmodell zu den Bildungsstandards für den Hauptschulabschluss und den Mittleren Schulabschluss im Fach Deutsch für den Kompetenzbereich Lesen – mit Texten und Medien umgehen. Beschluss der Kultusministerkonferenz vom 11.12.2014. Online verfügbar unter: https://www.iqb.hu-berlin.de/bista/ksm (zuletzt geprüft am 05.11.2015).

Ziener, Gerhard: Kompetenzorientiert unterrichten – mit Methode. Methoden entdecken, verändern, erfinden. Seelze: Friedrich Verlag 2013.

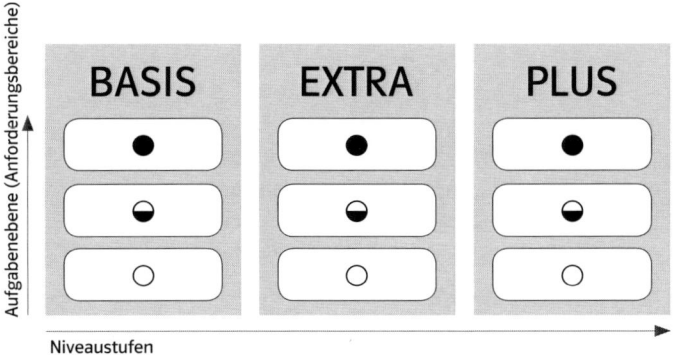

Abbildung 2: Konzeption des Lehrwerks nach Niveaustufen und Anforderungsbereichen

Dafür oder dagegen?
Diskutieren und argumentieren

Auftaktseiten – Vorwissen aktivieren

Die Auftaktseiten stellen einen Bezug zur Lebenswelt der Schülerinnen und Schüler (SuS) her und regen zu einem ersten Austausch über kontroverse Fragen an. Die SuS lernen dabei typische Formulierungen kennen, mit denen Standpunkte ausgedrückt und begründet werden können. Sie wiederholen außerdem ihr Wissen über Wortarten.

Kommentare zu den Aufgaben

Einstieg und Aufgabe 1
Die SuS betrachten die Bilder und erfassen die durch die Bildinhalte ausgedrückten Gegensätze.
Erweiterung:
Die SuS können weitere Gegensätze aus ihrer Lebenswelt (Meer oder Gebirge? Mathe oder Deutsch? Sommer oder Winter? Sport oder Musik? Usw.) formulieren, die dann an der Tafel festgehalten und in die weitere Bearbeitung (A 2 und 3) mit einbezogen werden können.

Aufgaben 2 und 3 ⏷ ✎
Die SuS formulieren ihre Meinung zu Entscheidungsfragen und begründen diese. Wichtig ist dabei, dass tatsächlich auch alle Meinungsäußerungen begründet werden.

Aufgabe 4
Die SuS finden mithilfe des Think-Pair-Share-Verfahrens (vgl. zu der Methode S. 20 im SB) Diskussionsthemen. Das methodische Vorgehen stellt dabei sicher, dass sich die SuS schon während der Themenfindung kontrovers austauschen. Die gefundenen Diskussionsthemen werden gesammelt.

Aufgabe 5 RGS🔍
Die SuS ordnen die Wörter aus drei verschiedenen Sätzen einer Wortart zu. Mit dem „sich" enthält Satz 2 ein Reflexivpronomen, das hier als Verbbestandteil aufgefasst werden sollte. Auf eine mögliche Rückfrage der SuS kann das Wort ohne genauere Bestimmung zu den Pronomen, die die SuS ja bereits aus Klasse 6 kennen, gezählt werden.
Alternative:
Die SuS arbeiten im Tandem, wobei jeweils eine leistungsstärkere Schülerin / ein leistungsstärkerer Schüler mit einer bzw. einem schwächeren zusammenarbeitet.

Das lernst du jetzt:

- deinen Standpunkt erarbeiten und begründen
- Argumente finden und formulieren
- sich auf Diskussionen vorbereiten, diese durchführen und leiten
- Sprache und Verhalten untersuchen
- Standardsprache und Jugendsprache unterscheiden
- Wortarten unterscheiden

KMK-Standards

Einen Standpunkt begründet vertreten
- die eigene Meinung begründet und nachvollziehbar vertreten
- auf Gegenpositionen sachlich und argumentierend eingehen
- kriterienorientiert das eigene Gesprächsverhalten und das anderer beobachten, reflektieren und bewerten
- Redestrategien einsetzen: z. B.: Fünfsatz, Anknüpfungen formulieren, rhetorische Mittel verwenden

Diskussionen durchführen und leiten
- Wirkungen der Redeweise kennen, beachten und situations- sowie adressatengerecht anwenden: Lautstärke, Betonung, Sprechtempo, Klangfarbe, Stimmführung; Körpersprache (Gestik, Mimik)
- Gesprächsregeln einhalten
- verschiedene Gesprächsformen praktizieren, wie z. B. Diskussionen vorbereiten und durchführen
- Gesprächsformen moderieren, leiten, beobachten, reflektieren

◯ Vorwissen aktivieren

1 Seht euch das Bild auf Seite 6 an und schreibt die Gegensatzpaare auf.

2 Formuliert zu den Gegensatzpaaren Fragen, z. B. *Würdest du lieber in einem Dorf oder in einer Stadt wohnen?*

3 Wählt nun in Kleingruppen eine Frage aus Aufgabe 2 aus. Tauscht euch darüber aus. Äußert eure Meinungen und begründet sie.

Ich bin der Meinung, dass …	Ich finde, dass …
Ich würde lieber …, weil …	Mir gefällt …, weil …
Ich habe … lieber, da …	Ich bin gegen …, denn …

4 Findet jetzt Themen, die euch beschäftigen und über die ihr gern diskutieren möchtet. Wendet die **Think-Pair-Share-Methode** an. Geht dabei so vor:
• Jeder überlegt sich, worüber er sich zuletzt geärgert hat, z. B. *Es gab letzte Woche nur Fleischgerichte in der Mensa.*
• Dann notiert jeder die zwei ärgerlichsten Dinge auf einem Zettel.
• Jeder sucht sich eine Partnerin oder einen Partner. Wählt aus euren „Ärgernissen" zwei aus. Notiert dann Entscheidungsfragen dazu, z. B. *Soll es zu jedem Mittagessen ein vegetarisches Essen geben?*
• Jedes Tandem sucht sich ein anderes Tandem. Wählt dann aus den vier „Ärgernissen" zwei aus.
• Jede Vierergruppe präsentiert ihre Themen der Klasse. Danach wird in der Klasse per Handzeichen das Thema ausgewählt, das zuerst diskutiert werden soll.
• Schreibt die anderen Themen an die Tafel, auf eine Wandzeitung oder in die Hefte. Ihr könnt sie später diskutieren.

5 Übernehmt die Tabelle. Ordnet die Wörter aus den Sätzen den Wortarten in der Tabelle zu.

| Substantiv/Nomen | Adjektiv | Verb | Präposition | Artikel |
| … | … | … | … | … |

7

Sprache und Verhalten untersuchen
– beim Sprachhandeln die Inhalts- und Beziehungsebene im Zusammenhang mit den Grundfaktoren sprachlicher Kommunikation erkennen und berücksichtigen
– „Sprachen in der Sprache" kennen und in ihrer Funktion unterscheiden, z. B.: Standardsprache, Umgangssprache, Dialekt; Gruppensprachen, Fachsprachen
Wortarten unterscheiden
– Wortarten kennen und funktional gebrauchen

Lösungen

Aufgabe 1
Stadt und Dorf (bzw. Land), Hund und Katze, Gemüse und Fleisch

Aufgabe 2
individuelle Lösungen
Beispiele:
Würdest du lieber in einem Dorf oder in einer Stadt wohnen?
Was ist in der Stadt besser als im Dorf? Hättest du lieber einen Hund oder eine Katze als Haustier? Magst du lieber Hunde oder lieber Katzen?

Aufgabe 3
individuelle Lösungen
Beispiele:
Ich finde das Leben auf dem Dorf schöner, *weil* sich dort alle kennen und man immer jemanden zum Reden findet. *Mir gefallen* Hunde als Haustiere besser, *weil* Hunde treuer und immer bei einem sind. *Ich würde lieber* auf Fleisch als auf Gemüse verzichten, *denn* Gemüse ist einfach gesünder.

Aufgabe 4
individuelle Lösungen – Idealerweise stammen die gefundenen Themen wirklich aus der Lebenswelt der SuS.

Aufgabe 5

Substantiv / Nomen	Kinder, Fahrräder, Hof (Satz 1); Luisa, Streit (Satz 2); Jungen, Fußballplatz (Satz 3)
Adjektiv	lauten (Satz 2); neuen (Satz 3)
Verb	stellen (Satz 1); ärgert sich (Satz 2); haben, gefunden (Satz 3)
Präposition	auf (Satz 1); über (Satz 2)
Artikel	Die, die, den (Satz 1); den (Satz 2); Die, einen (Satz 3)

DaZ-Kommentare

Einstieg
Es sollte sichergestellt werden, dass die SuS die Begriffe „Standpunkt" und „Dafür oder dagegen" verstehen. Ansonsten müssen diese kurz erklärt werden.

Aufgaben 3 und 4
Es ist möglich, dass die Bauweise des Konjunktivs einigen SuS unbekannt ist. In diesem Fall sollten sie die Fragen im Indikativ formulieren. Besonders in den ersten Stunden sollte die sprachliche Richtigkeit bei solchen Aufgaben nicht im Vordergrund stehen, damit sich die SuS auch trauen, am Unterricht mündlich teilzunehmen.

Schule ohne Noten?

Grundlagenseiten / 1

Die Seiten verdeutlichen den Schülerinnen und Schülern (SuS), dass man zwar immer eine spontane Meinung haben kann, sich diese aber auch als falsch herausstellen kann, überdenkt man sie genauer. Wie man zu einem begründeten Standpunkt gelangt, lernen und erproben die SuS hier.

Kommentare zu den Aufgaben

Einstieg
Der Einstiegstext in die Doppelseite kann zum Anlass genommen werden, mit den SuS über ihr „Bauchgefühl" zu sprechen: Kann sich jemand erinnern, spontan eine Entscheidung getroffen oder eine Meinung vertreten zu haben, die sich dann als falsch bzw. voreilig herausgestellt hat?

Aufgaben 1 und 2
Nachdem die SuS den Text zu Aufgabe 1 gelesen haben, kann sofort abgestimmt werden, ohne dass die Aufgabenstellung zu Aufgabe 2 von den SuS gelesen wird. Das Ergebnis dieser Abstimmung kann kurz thematisiert (Überrascht euch das Ergebnis?) und sollte mit Blick auf Aufgabe 7 festgehalten werden.
Alternative:
Zur Ermittlung des Ergebnisses kann auch eine Positionslinie durchgeführt werden (entlang einer gedachten Linie zwischen den Polen dafür und dagegen stellen sich SuS je nach ihrer Meinung auf). Anders als bei einem Abstimmungsergebnis werden so später (vgl. A7) Veränderungen im Meinungsbild besser deutlich.

Aufgaben 3 und 4
Die SuS üben, sich Äußerungen zu erschließen, und lernen außerdem weitere Argumente für und gegen Schulnoten kennen.

Aufgabe 5
Durch eine Gegenüberstellung der verschiedenen Argumente und der Bewertung von deren Wichtigkeit gelangen die SuS zu einem differenzierten Urteil, das sie dann auch schriftlich festhalten.

Aufgabe 6
Die Aufgabe verfolgt ein doppeltes Ziel: Zum einen wird noch einmal das Erschließen von Standpunkten geübt, zum anderen sollen die SuS auch ins Gespräch über ihre Meinungen kommen. – Wichtig ist (vgl. Punkt 4 in der Übersicht zur Arbeitstechnik „Einen Standpunkt erarbeiten"), dass den SuS deutlich wird, dass auch in dieser Phase der Abwägung die Meinung selbstverständlich noch geändert werden kann. Es geht bei dem Austausch also nicht darum, dass die SuS ihre Meinung verteidigen.

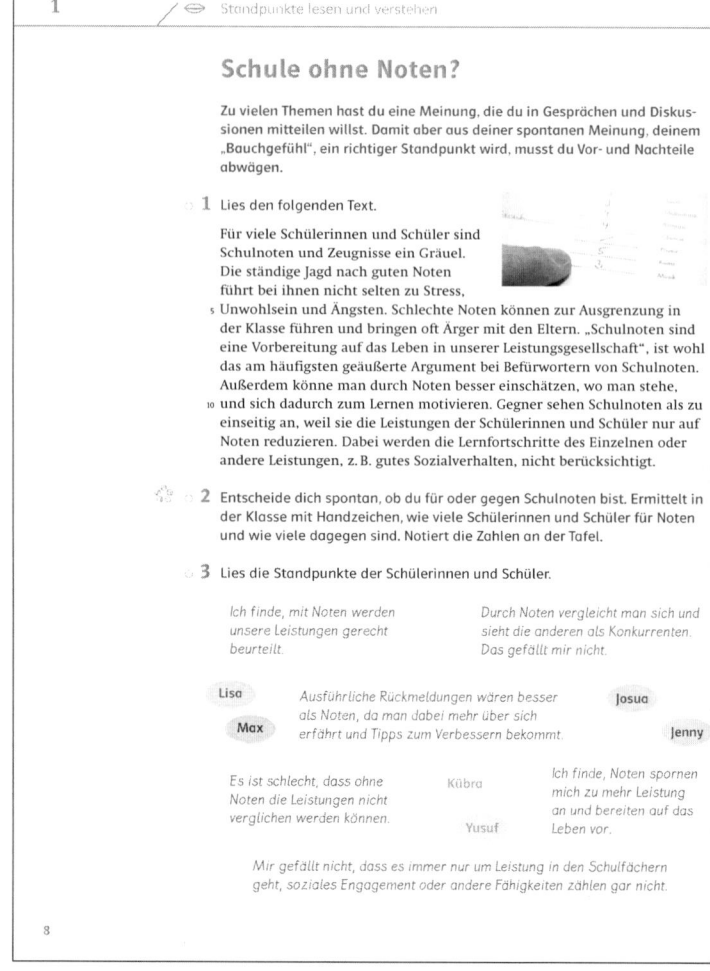

Schule ohne Noten?

Zu vielen Themen hast du eine Meinung, die du in Gesprächen und Diskussionen mitteilen willst. Damit aber aus deiner spontanen Meinung, deinem „Bauchgefühl", ein richtiger Standpunkt wird, musst du Vor- und Nachteile abwägen.

1 Lies den folgenden Text.

Für viele Schülerinnen und Schüler sind Schulnoten und Zeugnisse ein Gräuel. Die ständige Jagd nach guten Noten führt bei ihnen nicht selten zu Stress, Unwohlsein und Ängsten. Schlechte Noten können zur Ausgrenzung in der Klasse führen und bringen oft Ärger mit den Eltern. „Schulnoten sind eine Vorbereitung auf das Leben in unserer Leistungsgesellschaft", ist wohl das am häufigsten geäußerte Argument bei Befürwortern von Schulnoten. Außerdem könne man durch Noten besser einschätzen, wo man stehe, und sich dadurch zum Lernen motivieren. Gegner sehen Schulnoten als zu einseitig an, weil sie die Leistungen der Schülerinnen und Schüler nur auf Noten reduzieren. Dabei werden die Lernfortschritte des Einzelnen oder andere Leistungen, z.B. gutes Sozialverhalten, nicht berücksichtigt.

2 Entscheide dich spontan, ob du für oder gegen Schulnoten bist. Ermittelt in der Klasse mit Handzeichen, wie viele Schülerinnen und Schüler für Noten und wie viele dagegen sind. Notiert die Zahlen an der Tafel.

3 Lies die Standpunkte der Schülerinnen und Schüler.

Ich finde, mit Noten werden unsere Leistungen gerecht beurteilt.

Lisa

Durch Noten vergleicht man sich und sieht die anderen als Konkurrenten. Das gefällt mir nicht.

Josua

Max

Ausführliche Rückmeldungen wären besser als Noten, da man dabei mehr über sich erfährt und Tipps zum Verbessern bekommt.

Jenny

Es ist schlecht, dass ohne Noten die Leistungen nicht verglichen werden können.

Kübra

Yusuf

Ich finde, Noten spornen mich zu mehr Leistung an und bereiten auf das Leben vor.

Mir gefällt nicht, dass es immer nur um Leistung in den Schulfächern geht, soziales Engagement oder andere Fähigkeiten zählen gar nicht.

8

Aufgabe 7
Nachdem sich die SuS nun eingehender mit der Noten-Frage befasst haben, stimmen sie erneut ab bzw. führen eine Positionslinie durch (ein Abstimmungsergebnis kann auch in die Irre führen: wenn jede/jeder die Meinung ändert, kann das Endergebnis dasselbe sein, obwohl alle anders abgestimmt haben). Im Idealfall zeigt sich, dass viele nun die Frage anders oder doch differenzierter sehen. – In jedem Fall sollte deutlich werden, dass eine Meinungsänderung nach einer gründlichen Überlegung alles andere als eine Schande ist.

Lösungen

Aufgabe 1
Leseaufgabe – Der Text nennt wichtige Argumente für und gegen Schulnoten.

Aufgabe 2
individuelle Lösung

⌣ 4 Übernimm die folgende Tabelle und trage die Standpunkte aus den Sprechblasen ein.

Diskussionsthema: Schulnoten – Ja oder nein?

Name	dafür	dagegen	Standpunkt
Lisa	x		Leistungen werden gerecht beurteilt
...	...	...	...

⌣ 5 Erarbeite dir nun einen eigenen Standpunkt zum Thema. Gehe so vor:
• Überlege, was aus deiner Sicht für und was gegen Schulnoten spricht.
Übernimm die Tabelle und notiere deine Überlegungen.

TIPP
Der Text und die Sprechblasen auf Seite 8 helfen, Begründungen zu formulieren.

Was spricht dafür?	Was spricht dagegen?
...	

• Lies deine Begründungen für oder gegen Schulnoten durch und numme-
riere sie nach Wichtigkeit.
• Vergleiche deine Begründungen. Wäge ab, welche Gründe wichtiger sind.
Entscheide, ob du für oder gegen Zensuren bist.
• Schreibe deinen Standpunkt zum Thema auf und formuliere deine
Begründung dazu.

⌣ 6 Tauscht im Tandem die Texte zu euren Standpunkten aus. Besprecht, ob es
euch gelungen ist, euren Standpunkt überzeugend zu begründen.

⌣ 7 Führt in der Klasse eine zweite Abstimmung zum Thema durch. Vergleicht
eure Ergebnisse mit den Zahlen aus Aufgabe 2. Falls ihr jetzt ein anderes
Ergebnis erreicht, besprecht, was es für Gründe dafür geben könnte.

Arbeitstechnik
Einen Standpunkt erarbeiten

Wenn du in Diskussionen zu einem Thema deine Meinung äußern willst,
dann kannst du dir vorher einen **Standpunkt** erarbeiten.

1. Überlege, was **für die Sache** spricht. Mache dir Notizen.
2. Überlege, was **gegen die Sache** spricht. Mache dir Notizen.
3. Lies deine Notizen durch und sortiere sie nach ihrer **Wichtigkeit**.
4. **Vergleiche** deine Gründe und **wäge ab**. Entscheide, ob du dafür oder
dagegen bist.
5. Formuliere deinen **Standpunkt** und **begründe** ihn.

9

Aufgaben 3 und 4

Name	Dafür	Dagegen	Standpunkt
Lisa	x		Leistungen werden gerecht beurteilt.
Josua		x	Noten führen zum Vergleich mit anderen, wodurch diese zu Konkurrenten werden.
Max	x		Ohne Noten gibt es keinen Vergleich von Leistungen.
Kübra		x	Noten enthalten – anders als ausführliche Rückmeldungen – keine Tipps zur Verbesserung.
Jenny	x		Noten spornen an und bereiten auf das Leben vor.
Yusuf		x	Noten beurteilen nur fachliche Leistungen und keine sozialen oder sonstigen Fähigkeiten.

Aufgabe 5

individuelle Lösungen – Für die Tabelle können zunächst
die Arbeitsergebnisse aus Aufgabe 3 übernommen werden.
Ergänzt werden kann die Tabelle dann um die im Text zu
Aufgabe 1 genannten Argumente:

Vorhandenes Zusatzmaterial zu dieser Doppelseite

▤ KV 1 BASIS, S. 50
▤ KV 1 EXTRA, S. 51
▤ KV 1 PLUS, S. 52

▣ AH 7, Kap. 1, S. 4 – 6

Was spricht dafür?	Was spricht dagegen?
– Noten bereiten auf die Leistungsgesellschaft vor – Noten erleichtern die Selbsteinschätzung – Noten können motivieren	– Jagd nach guten Noten führt zu Stress – schlechte Noten können zu sozialer Ausgrenzung führen – schlechte Noten können zu Ärger mit den Eltern führen – Noten berücksichtigen nur die fachliche Leistung

Aufgabe 6
Eine exemplarische Überlegung könnte so aussehen: Die
wichtigste Aufgabe der Schule ist es, den SuS etwas beizu-
bringen. Die Frage ist also, ob Noten beim Lernen helfen
oder nicht. Manche werden durch Noten sicher motiviert,
andere aber auch abgeschreckt. Positive und negative Effek-
te dürften sich hier aufheben. Anders als Noten aber können
ausführliche Rückmeldungen Stärken und Schwächen nicht
nur genau benennen, sondern auch konkrete Verbesse-
rungstipps geben, sodass ausformulierte Rückmeldungen
für das Lernen sicher nützlicher sind.

Aufgabe 7
Der Grund für ein möglicherweise verändertes Ergebnis ist
in der Sammlung und der genaueren Abwägung der verschiedenen Argumente zu suchen.

DaZ-Kommentare

Einstieg
Es sollte sichergestellt werden, dass die SuS die Begriffe
„Bauchgefühl", „Vor- und Nachteile" verstehen.

Aufgabe 1
Da der Text viele schwierige Wörter beinhaltet, sollte er
unbedingt im Rahmen der vorherigen Hausaufgabe gelesen
und übersetzt werden. Die unbekannten Wörter sollten
immer ins Vokabelheft eingetragen und übersetzt werden.

Aufgabe 3
Die SuS sollten ermutigt werden, über das Benotungssys-
tem in ihren Heimatländern zu erzählen und evtl. Vergleiche
zu ziehen.

Aufgabe 5
Es sollte sichergestellt werden, dass die SuS den Begriff
„abwägen" verstehen.

Ich bin dafür, du bist dagegen

Grundlagenseiten / 2

Die Seiten leiten das Formulieren von vollständigen Argumentationen an. Die Schülerinnen und Schüler (SuS) identifizieren noch einmal in Äußerungen Argumente. Sie lernen dann die Bestandteile einer guten Argumentation kennen, verknüpfen sie logisch sinnvoll miteinander und erproben schließlich verschiedene Möglichkeiten der sprachlichen Präsentation von begründeten Standpunkten.

Kommentare zu den Aufgaben

Einstieg, Aufgaben 1 und 2
Indem noch einmal Äußerungen untersucht und Argumente erfasst werden müssen, schließen die Seiten unmittelbar an den vorherigen Schritt an. Ein gesonderter Einstieg ist deshalb auch nicht erforderlich.

Aufgabe 3
Wenn die Aufgabe in Partnerarbeit bearbeitet wird, bietet es sich an, leistungsschwächere und -stärkere SuS zu mischen. Hat das Erkennen der Argumente in Aufgabe 2 dagegen keine oder kaum Schwierigkeiten bereitet, kann die Aufgabe auch in Einzelarbeit erarbeitet werden.

Aufgaben 4 und 5 ⊞ ✎
Das Verknüpfen von Teilaussagen zu einer vollständigen Argumentation ist von besonderer Wichtigkeit für das eigene Schreiben. Es empfiehlt sich deshalb eine gründliche Besprechung, bei der jeweils verschiedene Formulierungsmöglichkeiten berücksichtigt werden. – Vor der Bearbeitung von Aufgabe 5 könnten gemeinsam noch weitere Formulierungsmöglichkeiten gesammelt werden.
Beispiele:
Ich lehne … ab / Ich befürworte … / Ich halte … für (nicht) sinnvoll / …

Aufgabe 6
Hier stehen weniger die sprachlichen Mittel, als vielmehr noch einmal die drei Teile einer Argumentation im Mittelpunkt, d.h., die SuS sollen sich noch einmal den Dreischritt Meinung, Argument und Erläuterung / Beispiel ins Bewusstsein rufen. Zugleich bereitet die Aufgabe schon auf das Führen von Diskussionen vor.

Ich bin dafür, du bist dagegen

Du hast dir zum Thema „Schulnoten" einen Standpunkt erarbeitet. Damit du ihn in Diskussionen überzeugend vortragen kannst, musst du ihn mit Argumenten begründen, die durch Beispiele gestützt werden.

1 Lies den Dialog zwischen der Mutter eines Schülers und einem Lehrer.

Mutter Ich bin der Überzeugung, dass es besser wäre, wenn es in der Schule keine Noten gäbe, weil Noten oftmals gar nicht die individuellen[1]
5 Fähigkeiten der Kinder und Jugendlichen berücksichtigen.
Lehrer Also Frau Lang, ich kann Ihnen da nicht zustimmen. Zensuren sind wirklich sehr wichtig. Aus meiner langjährigen Praxis kann ich Ihnen sagen, dass Noten in aller Regel eine motivierende Wirkung entfalten.
10 Erfolgreiches Arbeiten wird damit im Sinne eines „Weiter so!" bestärkt.
Mutter Herr Stade, da muss ich aber widersprechen. Viele Jugendliche sind dem Leistungsdruck nicht gewachsen. Gerade jetzt, ab der 7. Klasse, wird der Druck, gute Noten zu haben, immer stärker. Die Schülerinnen und Schüler müssen sich ja bald um eine Ausbildungsstelle bewerben und
15 nicht selten entscheiden die Noten, wer die Lehrstelle bekommt und wer leer ausgeht.
Lehrer Das kann ich natürlich verstehen, aber ohne Noten ist Leistung einfach nicht messbar und man kann die Leistungen der Schüler und Schülerinnen untereinander nicht vergleichen.

[1] individuell: persönlich

2 In dem Dialog findest du Standpunkte für und gegen Schulnoten. Übernimm die Tabelle von Seite 9 aus Aufgabe 4 und trage die Standpunkte mit ihren Begründungen ein.

3 Eine gute Argumentation besteht aus einer Meinung (Behauptung), Argumenten (Begründungen) und Beispielen (Erläuterungen). Ordnet im Tandem die Aussagen auf Seite 11 einander zu und schreibt sie in die Tabelle.

Meinung	Argument	Beispiel
Das Notensystem ist ungerecht …	… Schülerinnen und Schüler werden unterschiedlich bewertet …	In unserer Klasse hat ein Lehrer einer guten Schülerin die bessere Note gegeben, obwohl sie auch nicht mehr wusste als ich.
Ich bin für Schulnoten …	…	…

10

Lösungen

Aufgabe 1
Leseaufgabe

Aufgabe 2

Name	Dafür	Dagegen	Standpunkt
Mutter		x	Noten lassen individuelle Fähigkeiten unberücksichtigt. – Schülerinnen und Schüler stehen durch Noten unter starkem Leistungsdruck.
Lehrer	x		Noten haben in aller Regel eine motivierende Wirkung. – Noten machen Leistungen mess- und vergleichbar.

Vorhandenes Zusatzmaterial zu dieser Doppelseite

- KV 2 BASIS, S. 53
- KV 2 EXTRA, S. 54
- KV 2 PLUS, S. 55

Das folgende ist eine verkleinerte Wiedergabe der Schulbuchseite:

◯ Eine Argumentation erarbeiten

Meinungen: *Das Notensystem ist ungerecht. – Ich bin für Schulnoten. – Ich bin dagegen, dass es in der Schule Noten gibt. – Noten sind eigentlich gerecht.*

Argumente: *Man kann seine Leistungen besser einordnen. – Schülerinnen und Schüler werden unterschiedlich bewertet. – Man wird für Arbeit belohnt. – Eine gute Note bekommen zu müssen, verursacht Stress und Ängste.*

Beispiele: *Ich kann unter Druck nicht klar denken. – In unserer Klasse hat ein Lehrer einer guten Schülerin die bessere Note gegeben, obwohl sie auch nicht mehr wusste als ich. – Ich habe dann immer Lust, für das Fach mehr zu tun. – Ich weiß, in welchem Fach ich was tun muss.*

4 Schreibe die Meinungen, Argumente und Beispiele aus der Tabelle in ganzen Sätzen auf, z. B. *Das Notensystem ist ungerecht, weil Schülerinnen und Schüler unterschiedlich bewertet werden. In unserer Klasse hat ein Lehrer einer guten Schülerin die bessere Note gegeben, obwohl sie auch nicht mehr wusste als ich.*

5 Formuliere nun eine eigene Argumentation zum Thema „Schulnoten". Gehe dabei so vor:
• Notiere deine Meinung und Argumente, die deine Meinung begründen.

Ich bin dafür, weil ...   *Ich bin der Meinung, dass ..., denn ...*
Ich bin dagegen, weil ...   *Ich finde/denke/meine, dass ..., weil ...*
Ich bin für/gegen ..., da ...   *Für mich ist wichtig, dass ..., weil ...*

TIPP Verwende deine Ergebnisse aus den Aufgaben 5 und 6 von Seite 9.

• Suche passende Beispiele, die deine Argumente stützen. Schreibe sie auf.

6 Tragt einander im Tandem eure Argumentationen vor. Prüft, ob sie Meinung, Argumente und Beispiele enthalten und überzeugend sind.

Arbeitstechnik
Eine Argumentation erarbeiten

Willst du jemanden von deiner Meinung überzeugen, musst du gute Argumente formulieren und Beispiele finden, die deine Argumente stützen.
1. Formuliere deine **Meinung** (Behauptung) kurz.
2. Suche **Argumente**, die deine Meinung begründen. Notiere sie.
3. Finde **Beispiele** (Erläuterungen) aus deiner Erfahrung und deinem Wissen, die die Argumente stützen.

Meinung (Behauptung)	Argument (Begründung)	Beispiel (Erläuterung)
Ein Handy ist für mich wichtig.	weil ich dann erreichbar bin,	dann muss sich keiner sorgen.

11

Aufgabe 3

Meinung	Argument	Beispiel / Erläuterung
Das Notensystem ist ungerecht ...	*... Schülerinnen und Schüler werden unterschiedlich bewertet ...*	*In unserer Klasse hat ein Lehrer einer guten Schülerin die bessere Note gegeben, obwohl sie auch nicht mehr wusste als ich.*
Ich bin für Schulnoten ...	Man kann seine Leistungen besser einordnen.	Ich weiß, in welchem Fach ich was tun muss.
Ich bin dagegen, dass es in der Schule Noten gibt.	Eine gute Note bekommen zu müssen, verursacht Stress und Ängste.	Ich kann unter Druck nicht klar denken.
Noten sind eigentlich gerecht.	Man wird für Arbeit belohnt.	Ich habe dann immer Lust, für das Fach mehr zu tun.

Aufgabe 4
individuelle Lösung –
<u>Weitere Beispiele:</u>
Ich bin für Schulnoten, da man mit ihnen seine Leistung besser einordnen kann. So weiß ich immer, in welchem Fach ich was tun muss. – Ich bin dagegen, dass es in der Schule Noten gibt, denn eine gute Note zu bekommen, verursacht Stress und Ängste, und ich kann unter Druck nicht klar denken. – Man wird für Arbeit belohnt und deshalb sind Noten eigentlich gerecht. Ich jedenfalls habe nach einer guten Note immer Lust, für das Fach noch mehr zu tun.

Aufgabe 5
individuelle Lösung – Die SuS können inhaltlich hier auf ihre Arbeitsergebnisse aus den Aufgaben 4 und 5 auf Seite 9 im SB zurückgreifen.

Aufgabe 6
individuelle Lösung

DaZ-Kommentare

Aufgabe 1
Damit die SuS die kommenden Aufgaben im Unterricht bearbeiten können, sollte von ihnen der Text unbedingt im Rahmen der vorherigen Hausaufgabe gelesen und übersetzt werden. Die unbekannten Wörter sollten ins Vokabelheft eingetragen und auch übersetzt werden.

Aufgabe 3
Es sollte sichergestellt werden, dass die SuS die Begriffe „Behauptung", „Begründung" und „Erläuterung" verstehen.

Aufgaben 4 und 5
Die SuS sollten immer, wenn das nötig ist, dazu ermutigt werden, mit ihren Wörterbüchern zu arbeiten. Dies bezieht sich besonders auf alle schriftlichen Aufgaben.

Lasst uns diskutieren!

Grundlagenseiten / 3

Die Schülerinnen und Schüler (SuS) bereiten zum Thema Schulnoten eine durch einen Diskussionsleiter geleitete Diskussion vor und lernen dabei die Aufgaben der Diskussionsleitung kennen. Die Diskussion wird von vorher bestimmten Beobachtern unter den Aspekten Überzeugungskraft der Argumente, Vollständigkeit der Argumentation sowie Einhaltung der Gesprächsregeln bewertet.

Kommentare zu den Aufgaben

Einstieg
Die SuS können nach Diskussionen gefragt werden, die wenig erfreulich und ergiebig waren. Über die möglichen Gründe hierfür könnte nachgedacht und darüber zu den Gesprächsregeln und den Vorteilen einer Diskussionsleitung übergeleitet werden.

Aufgabe 1
Die SuS tauschen sich über Gesprächsregeln aus und erstellen auf der Grundlage ihres Gesprächs ein Plakat. Aus Vorschlägen, die als wenig hilfreich erkannt werden, können ggf. sinnvolle Regeln abgeleitet werden (vgl. hierzu den Lösungsvorschlag). Die SuS können außerdem eigene Vorschläge für Gesprächsregeln unterbreiten.

Aufgabe 2
Die SuS bereiten eine Klassendiskussion vor, indem sie eine Diskussionsleiterin bzw. einen Diskussionsleiter wählen, mindestens zwei, höchstens aber vier Beobachterinnen bzw. Beobachter bestimmen und schließlich zwei Gruppen bilden, die kontrovers diskutieren sollen. Idealerweise sind die Gruppen dabei etwa gleich groß. Gibt es in einer Klasse eine eindeutige Tendenz für oder gegen Noten, sodass eine der Gruppen sehr groß würde, können leistungsstärkere SuS auch gebeten werden, entgegen ihrer eigenen Meinung gleichsam für die Gegenseite anzutreten.

Aufgabe 3 ✏️
Im Rückgriff auf ihre bisherigen Arbeitsergebnisse stellen die SuS in ihren jeweiligen Gruppen ihre Argumente zusammen und notieren sie auf Karteikarten. Geachtet werden sollte darauf, dass Argumente nach Möglichkeit mit passenden Erläuterungen bzw. Beispielen verknüpft werden. – Im Zusammenhang mit der Überlegung, wie mit Gegenargumenten umgegangen werden kann, könnten sich die SuS auch entsprechende Formulierungen überlegen: Das stimmt zwar, zu bedenken ist aber auch / wichtiger erscheint jedoch, dass … / Das ist nur teilweise richtig, denn … / Diese Behauptung können wir nicht nachvollziehen, unserer Meinung ist es vielmehr so, dass …

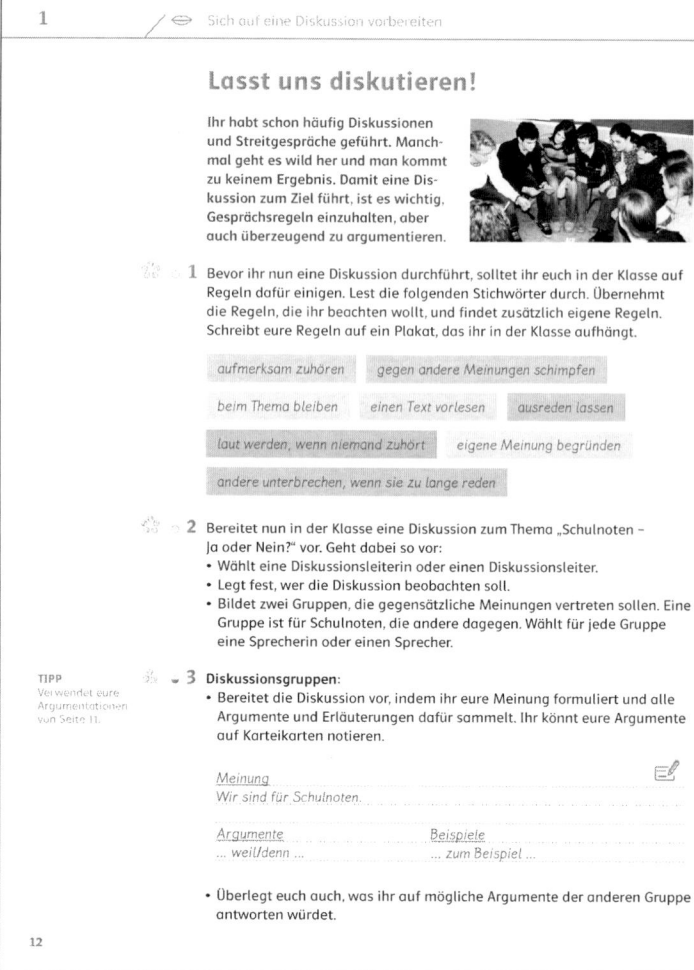

Aufgabe 4
Die SuS sollten die von ihnen genannten Aufgaben auch begründen, d.h. erklären, weshalb die Diskussionsleitung diese Aufgabe übernehmen sollte. – Über die im Merkekasten genannten Aspekte hinaus kann überlegt werden, ob die Diskussionsleitung nicht das Recht haben sollte, eventuelle Störenfriede nach mehrfacher Ermahnung auch von der Diskussion auszuschließen.

Aufgabe 5
Hier geht es darum, dass die SuS sich klarmachen, auf welche Aspekte bei der Bewertung der Diskussion zu achten ist. Die Gesichtspunkte Überzeugungskraft und Vollständigkeit der Argumentation werden dabei oft zusammenfallen, da mit Beispielen oder Erläuterungen versehene Argumente meist auch überzeugender wirken.

Aufgaben 6 und 7
Sowohl mit Blick auf die Diskussion selbst als auch mit Blick auf die sich anschließende Feedbackrunde kann noch einmal an die Gesprächsregeln erinnert werden.

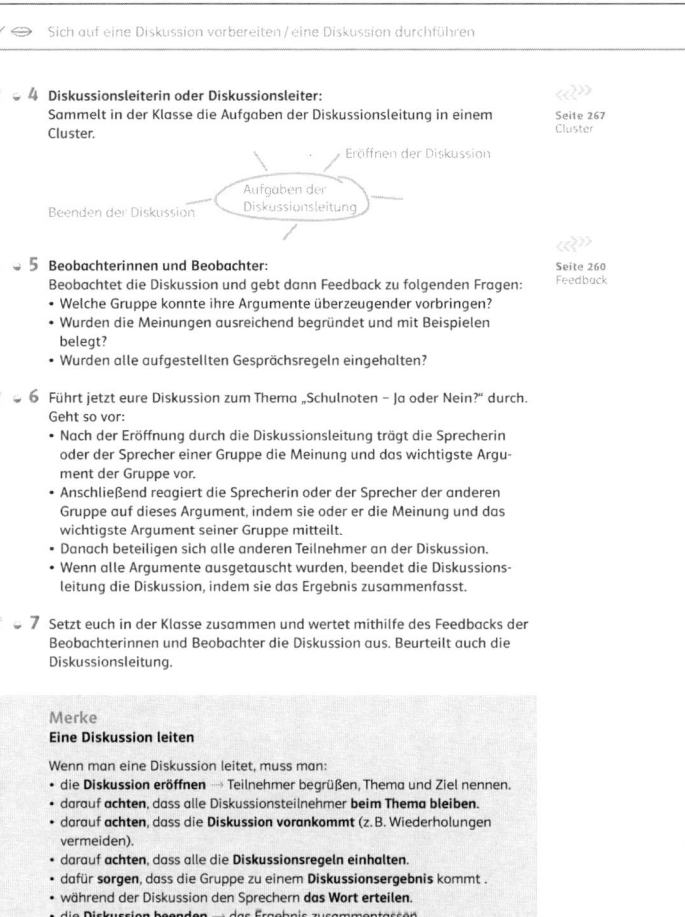

4 Diskussionsleiterin oder Diskussionsleiter:
Sammelt in der Klasse die Aufgaben der Diskussionsleitung in einem Cluster.

Seite 267
Cluster

Eröffnen der Diskussion

Aufgaben der Diskussionsleitung

Beenden der Diskussion

5 Beobachterinnen und Beobachter:
Beobachtet die Diskussion und gebt dann Feedback zu folgenden Fragen:
• Welche Gruppe konnte ihre Argumente überzeugender vorbringen?
• Wurden die Meinungen ausreichend begründet und mit Beispielen belegt?
• Wurden alle aufgestellten Gesprächsregeln eingehalten?

Seite 260
Feedback

6 Führt jetzt eure Diskussion zum Thema „Schulnoten – Ja oder Nein?" durch.
Geht so vor:
• Nach der Eröffnung durch die Diskussionsleitung trägt die Sprecherin oder der Sprecher einer Gruppe die Meinung und das wichtigste Argument der Gruppe vor.
• Anschließend reagiert die Sprecherin oder der Sprecher der anderen Gruppe auf dieses Argument, indem sie oder er die Meinung und das wichtigste Argument seiner Gruppe mitteilt.
• Danach beteiligen sich alle anderen Teilnehmer an der Diskussion.
• Wenn alle Argumente ausgetauscht wurden, beendet die Diskussionsleitung die Diskussion, indem sie das Ergebnis zusammenfasst.

7 Setzt euch in der Klasse zusammen und wertet mithilfe des Feedbacks der Beobachterinnen und Beobachter die Diskussion aus. Beurteilt auch die Diskussionsleitung.

Merke
Eine Diskussion leiten

Wenn man eine Diskussion leitet, muss man:
• die **Diskussion eröffnen** → Teilnehmer begrüßen, Thema und Ziel nennen.
• darauf **achten**, dass alle Diskussionsteilnehmer **beim Thema bleiben**.
• darauf **achten**, dass die **Diskussion vorankommt** (z. B. Wiederholungen vermeiden).
• darauf **achten**, dass alle die **Diskussionsregeln einhalten**.
• dafür **sorgen**, dass die Gruppe zu einem **Diskussionsergebnis** kommt .
• während der Diskussion den Sprechern **das Wort erteilen**.
• die **Diskussion beenden** → das Ergebnis zusammenfassen.

13

Lösungen

Aufgabe 1
Zentrale Gesprächsregeln sind: aufmerksam zuhören – beim Thema bleiben (und sich entsprechend knapp äußern) – ausreden lassen (und andere <u>nicht</u> unterbrechen) – eigene Meinung begründen
Ergänzt werden kann: nach Möglichkeit an den Vorredner anknüpfen – immer sachlich und höflich bleiben

Aufgabe 2
Die Aufgabe enthält Anweisungen zur Vorbereitung einer Klassendiskussion.

Aufgabe 3
Inhaltlich können die SuS auf ihre Arbeitsergebnisse aus den Aufgaben 5 und 6 auf Seite 11 im SB zurückgreifen.

Aufgabe 4
Die SuS können ihre Arbeitsergebnisse mithilfe des Merkekastens „Eine Diskussion leiten" auch selbst überprüfen.

Aufgabe 5
Die Aufgabe informiert über die Aspekte, auf die die Beobachterinnen und Beobachter achten sollten.

Aufgaben 6 und 7
individuelle Lösungen

DaZ-Kommentare

Einstieg
Den meisten SuS werden nur ganz wenige Redemittel für Diskussionen bekannt sein, deswegen sollte man in der vorhergehenden Stunde zumindest eine kurze Liste mit verschiedenen einfachen Redemitteln erstellen. (Ich bin der Meinung, dass …; Ich stimme dir zu … ; Ich bin der Ansicht, dass … ; Mir scheint, dass … usw.)
Die schüchternen SuS können mit den angegebenen Redemitteln / Formulierungshilfen ihre Meinungen besser formulieren bzw. ihre Aussagen beginnen.

Vorhandenes Zusatzmaterial zu dieser Doppelseite

▤ KV 3 BASIS, S. 56
▤ KV 3 EXTRA, S. 57
▤ KV 3 PLUS, S. 58

Sprachlicher Umgang miteinander

Starke Seiten

Über die Beschreibung von Bildern und dem Nachspielen der auf ihnen dargestellten Situationen machen sich die Schülerinnen und Schüler (SuS) die große Rolle von Körpersprache und Ausdrucksweise für die Kommunikation bewusst und reflektieren den eigenen Umgang miteinander. In einem zweiten Schritt lernen die SuS die Begriffe Standard- und Jugendsprache kennen und machen sich klar, in welchen Zusammenhängen sie verwendet werden. Sie übertragen außerdem einen Kurzdialog aus der Jugend- in die Standardsprache.

Kommentare zu den Aufgaben

Einstieg
Die SuS können die Bilder zu Aufgabe 1 beschreiben (noch ohne die Aufgabenstellung zu lesen) und spontan ihre Meinung zur jeweils dargestellten Situation äußern.

Aufgaben 1 und 2
Das Nachspielen der Szenen kann beim Verständnis der Situation helfen, sodass ggf. auch Aufgabe 2 vor Aufgabe 1 bearbeitet werden kann.

Aufgabe 3
Durch die Aufgabe soll den SuS die große Bedeutung des non- und paraverbalen Sprachbereichs deutlich werden. Dabei sollte der experimentelle Charakter auch wirklich im Vordergrund stehen.

Aufgaben 4 und 5
Auch hier kann es wieder einen (mehrfachen) Wechsel zwischen Spiel und Formulieren geben, d.h., dass das Nachspielen den SuS wieder helfen könnte, passendere Formulierungen zu finden.

Aufgaben 6 und 7
Aus den Erfahrungen der Kleingruppenarbeit kann sich schon ein erstes Gespräch ergeben. Klar sollte werden, dass ein freundliches und höfliches Verhalten auch im alltäglichen Umgang miteinander zu einer positiven Stimmung beiträgt.

Aufgabe 8
Vor der Bearbeitung der Aufgabe sollten die SuS den Merkekasten „Adressatengerechtes Sprechen" lesen und dessen Inhalt zur Verständnissicherung und Festigung in eigenen Worten wiedergeben.

Aufgabe 9
Aufgabe 9 dient der Verständnissicherung und bereitet zugleich Aufgabe 12 vor. Wichtig ist hier die Einsicht, dass Murat im Gespräch mit Frau Schneider die Standardsprache verwendet, im Gespräch mit Jan und Lucas auch die Jugendsprache verwenden könnte, wie Jan und Lucas im Gespräch mit Frau Schneider die Standardsprache benutzen würden.

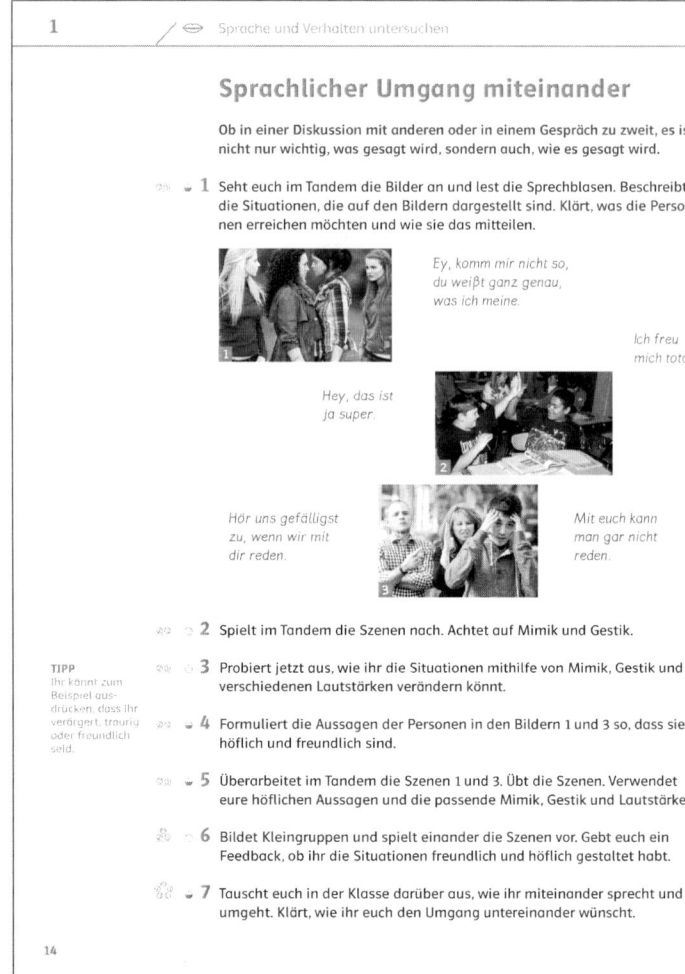

1 / ⇔ Sprache und Verhalten untersuchen

Sprachlicher Umgang miteinander

Ob in einer Diskussion mit anderen oder in einem Gespräch zu zweit, es ist nicht nur wichtig, was gesagt wird, sondern auch, wie es gesagt wird.

1 Seht euch im Tandem die Bilder an und lest die Sprechblasen. Beschreibt die Situationen, die auf den Bildern dargestellt sind. Klärt, was die Personen erreichen möchten und wie sie das mitteilen.

Ey, komm mir nicht so, du weißt ganz genau, was ich meine.

Ich freu mich total!

Hey, das ist ja super.

Hör uns gefälligst zu, wenn wir mit dir reden.

Mit euch kann man gar nicht reden.

TIPP
Ihr könnt zum Beispiel ausdrücken, dass ihr verärgert, traurig oder freundlich seid.

2 Spielt im Tandem die Szenen nach. Achtet auf Mimik und Gestik.

3 Probiert jetzt aus, wie ihr die Situationen mithilfe von Mimik, Gestik und verschiedenen Lautstärken verändern könnt.

4 Formuliert die Aussagen der Personen in den Bildern 1 und 3 so, dass sie höflich und freundlich sind.

5 Überarbeitet im Tandem die Szenen 1 und 3. Übt die Szenen. Verwendet eure höflichen Aussagen und die passende Mimik, Gestik und Lautstärke.

6 Bildet Kleingruppen und spielt einander die Szenen vor. Gebt euch ein Feedback, ob ihr die Situationen freundlich und höflich gestaltet habt.

7 Tauscht euch in der Klasse darüber aus, wie ihr miteinander sprecht und umgeht. Klärt, wie ihr euch den Umgang untereinander wünscht.

14

Aufgabe 10
Alternative / Erweiterung:
Wie Aufgabe 9 wird auch Aufgabe 10 in Partnerarbeit (dieselben Teams) bearbeitet. Die umformulierten Dialoge könnten in der Klasse vorgespielt oder doch zumindest szenisch gelesen werden.

Aufgabe 11
Inhaltlich muss man hier den SuS vertrauen. Die von den SuS gesammelten Wörter – es dürften sich dabei hauptsächlich um Substantive / Nomen, Adjektive und Verben handeln – könnten im Zusammenhang mit der Bearbeitung der RGS-Seite dann nach ihrer Wortart bestimmt werden.

Aufgabe 12
Vgl. die Hinweise zu Aufgabe 9. Wichtig ist die Erkenntnis, dass jeder mehrere „Sprachen" spricht und diese situationsabhängig verwendet. – Neben der Standard- und Jugendsprache ist außerdem die (möglicherweise dialektal gefärbte) Umgangssprache bedeutsam, die man etwa in der Unterhaltung mit den Eltern verwendet.

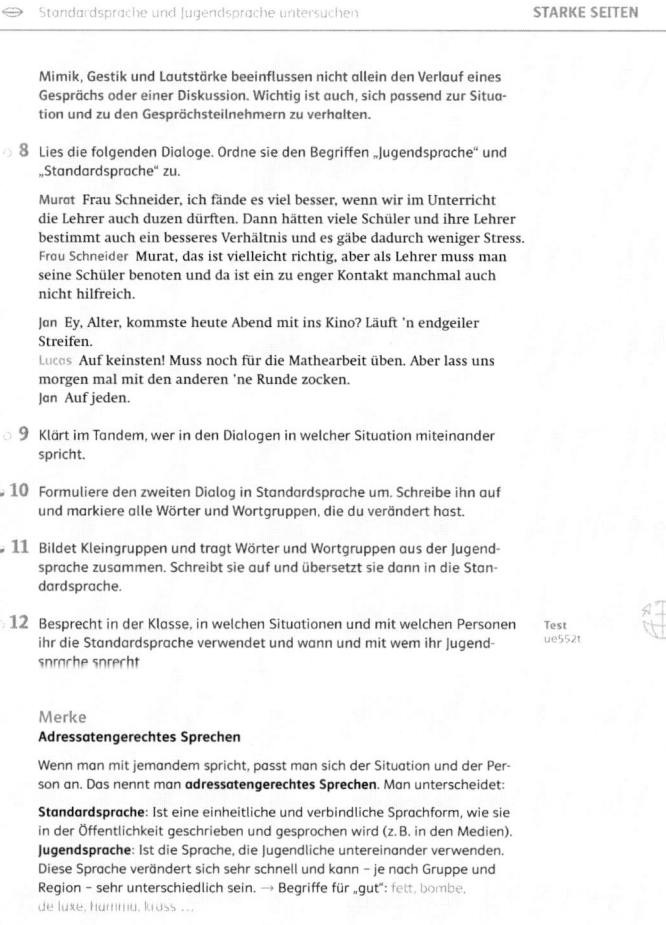

Mimik, Gestik und Lautstärke beeinflussen nicht allein den Verlauf eines Gesprächs oder einer Diskussion. Wichtig ist auch, sich passend zur Situation und zu den Gesprächsteilnehmern zu verhalten.

8 Lies die folgenden Dialoge. Ordne sie den Begriffen „Jugendsprache" und „Standardsprache" zu.

Murat Frau Schneider, ich fände es viel besser, wenn wir im Unterricht die Lehrer auch duzen dürften. Dann hätten viele Schüler und ihre Lehrer bestimmt auch ein besseres Verhältnis und es gäbe dadurch weniger Stress.
Frau Schneider Murat, das ist vielleicht richtig, aber als Lehrer muss man seine Schüler benoten und da ist ein zu enger Kontakt manchmal auch nicht hilfreich.

Jan Ey, Alter, kommste heute Abend mit ins Kino? Läuft 'n endgeiler Streifen.
Lucas Auf keinsten! Muss noch für die Mathearbeit üben. Aber lass uns morgen mal mit den anderen 'ne Runde zocken.
Jan Auf jeden.

9 Klärt im Tandem, wer in den Dialogen in welcher Situation miteinander spricht.

10 Formuliere den zweiten Dialog in Standardsprache um. Schreibe ihn auf und markiere alle Wörter und Wortgruppen, die du verändert hast.

11 Bildet Kleingruppen und tragt Wörter und Wortgruppen aus der Jugendsprache zusammen. Schreibt sie auf und übersetzt sie dann in die Standardsprache.

12 Besprecht in der Klasse, in welchen Situationen und mit welchen Personen ihr die Standardsprache verwendet und wann und mit wem ihr Jugendsprache sprecht.

Test ue552t

Merke
Adressatengerechtes Sprechen

Wenn man mit jemandem spricht, passt man sich der Situation und der Person an. Das nennt man **adressatengerechtes Sprechen**. Man unterscheidet:

Standardsprache: Ist eine einheitliche und verbindliche Sprachform, wie sie in der Öffentlichkeit geschrieben und gesprochen wird (z. B. in den Medien).
Jugendsprache: Ist die Sprache, die Jugendliche untereinander verwenden. Diese Sprache verändert sich sehr schnell und kann – je nach Gruppe und Region – sehr unterschiedlich sein. → Begriffe für „gut": fett, bombe, de luxe, hammu, krass …

15

Lösungen

Aufgabe 1
Bild 1: drohen, sich selbst behaupten – Bild 2: Begeisterung ausdrücken – Bild 3: ein kooperatives (Gesprächs-)Verhalten anmahnen bzw. dessen Unmöglichkeit behaupten (als Verteidigungsstrategie)

Aufgaben 2 und 3
individuelle Lösungen

Aufgabe 4
individuelle Lösungen – Vorschlag Bild 1 (freundlich):
Ach, komm schon, du hast mich schon verstanden, oder? –
Bild 2: Aussagen sind bereits freundlich – Bild 3: Hör uns doch bitte einmal zu. / Ich glaube, ihr versteht mich nicht richtig.

Aufgaben 5 bis 7
individuelle Lösungen

Aufgabe 8
Jugendsprachlich sprechen Jan und Lucas, standardsprachlich sprechen Murat und Frau Schneider.

Vorhandenes Zusatzmaterial zu dieser Doppelseite

⊕ Test ue552t

Aufgabe 9
Murat und Frau Schneider sprechen in einem formelleren Rahmen, vermutlich während einer Klassendiskussion, miteinander. Jan und Lucas sprechen in einem privaten, nicht-öffentlichen Rahmen miteinander.

Aufgabe 10
individuelle Lösung
Beispiel:
Jan: Ach, Lucas, kommst du heute Abend mit ins Kino? Es läuft ein sehr guter Film.
Lucas: Das geht heute unmöglich. Ich muss noch für die Mathematikarbeit lernen. Aber wir können uns ja morgen mit den anderen treffen und etwas unternehmen.
Jan: Ja, das machen wir auf jeden Fall.

Aufgabe 11
individuelle Lösungen

Aufgabe 12
Man wird im gleichaltrigen Freundes- bzw. Bekanntenkreis verstärkt Jugendsprache, im formelleren Gespräch mit Erwachsenen (v. a. in der Schule, aber auch z. B. beim Arztbesuch, im Geschäft oder auf einer Behörde) Standardsprache verwenden.

DaZ-Kommentare

Einstieg
Sehr oft ist den SuS nicht bewusst, dass ihre Intentionen aufgrund ihres mangelnden Sprachgefühls falsch verstanden werden. Daher ist es sehr wichtig, stets auf höfliche Formulierungen zu achten. Hierzu könnte man eine erweiterte Liste mit Beispielen erstellen. (Wiederholst du bitte …? Könntest du bitte …? Würden Sie bitte …? Hättest du vielleicht …? Usw.)

Unterricht ab 10 Uhr?

BASIS-Seiten

Die Schülerinnen und Schüler (SuS) erarbeiten sich einen eigenen Standpunkt zur Frage eines späteren Schulbeginns. Sie wiederholen die Untersuchung von Meinungsäußerungen und vergegenwärtigen sich dabei noch einmal die drei Teile einer guten Argumentation. In Gruppen wird dann eine Diskussion vorbereitet, durchgeführt und reflektiert, bevor abschließend die Ergebnisse in der Klasse gesammelt werden.

Kommentare zu den Aufgaben

Einstieg und Aufgabe 1
Ein gesonderter Einstieg ist nicht nötig, vielmehr sollte die Abstimmung relativ spontan erfolgen. Wie schon auf den Grundlagenseiten / 1 könnte zur Ermittlung des Meinungsbildes auch eine Positionslinie durchgeführt werden. Vgl. zu dieser Aufgabe auch Aufgabe 10.

Aufgaben 2 und 3
Die Erarbeitung der eigenen Meinung sollte in selbstständiger Eigenarbeit erfolgen. Zu achten ist darauf, dass die SuS wirklich zunächst Argumente für und gegen einen späteren Unterrichtsbeginn sammeln.

Aufgabe 4
Die SuS wiederholen den Aufbau einer guten Argumentation.

Aufgaben 5 und 6
Die Aufgabenstellung 5 erläutert die Placemat-Methode. Mit Blick auf die Vorbereitung der Diskussion sollten die SuS nicht nur die eigenen Argumente gewichten und durch Erläuterungen bzw. Beispiele ergänzen, sondern sich auch überlegen, wie sie auf Gegenargumente reagieren könnten.

Aufgabe 7
Hier sollte darauf geachtet werden, dass nicht wieder dieselben SuS als Beobachterinnen und Beobachter bzw. Leiterinnen und Leiter fungieren wie in der Diskussion über die Schulnoten (vgl. SB, S. 12 f.).

Aufgaben 8 und 9
Die Diskussion kann in derselben Weise durchgeführt werden, wie im Schülerbuch in Aufgabe 6 auf Seite 13 beschrieben ist. Beim Feedback sollte wieder auf die Aspekte Überzeugungskraft der Argumente, Vollständigkeit der Argumentation sowie Einhaltung der Gesprächsregeln eingegangen werden.

Aufgaben 10 bis 12
Der Austausch über den Vergleich mit dem Abstimmungsergebnis soll zugleich auf die abschließende Runde in der Klasse vorbereiten. – Die SuS könnten versuchen, ein Klassenfazit zu ziehen und dieses auch zu verschriftlichen (vgl. Lösung).

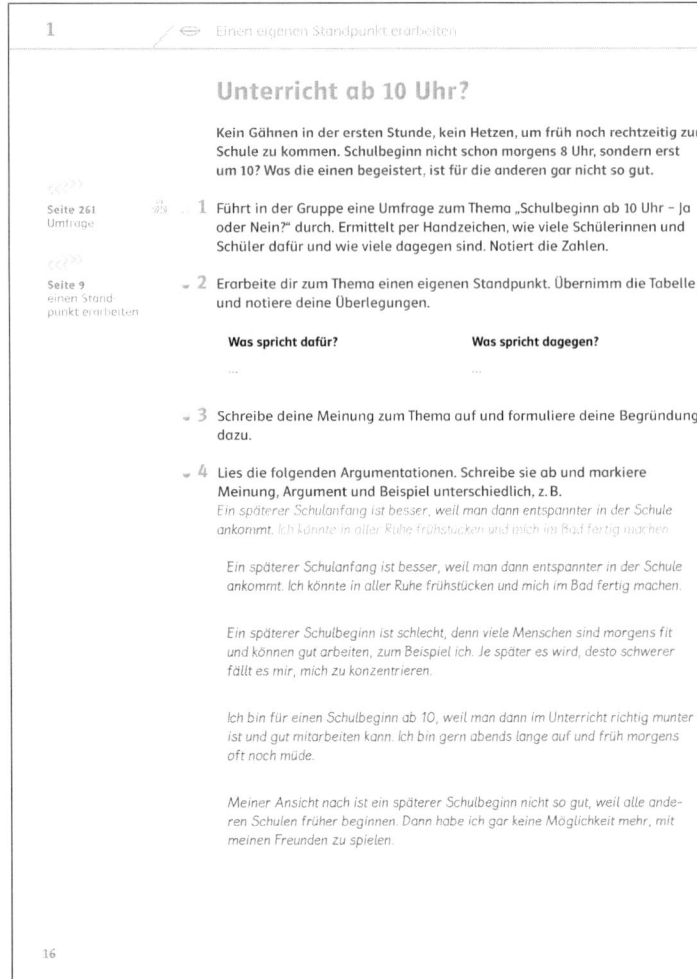

Lösungen

Aufgabe 1
Es geht darum, ein Stimmungsbild der Klasse zu erhalten.

Aufgabe 2
individuelle Lösungen
<u>Beispiele:</u>

Was spricht für einen Unterrichtsbeginn ab 10 Uhr?	Was spricht gegen einen Unterrichtsbeginn ab 10 Uhr?
– diese Zeit entspricht eher dem natürlichen Biorhythmus und man kann besser lernen – auch im Winter ist schon Tag bei Unterrichtsbeginn, was für kleinere Kinder mehr Verkehrssicherheit bedeutet – Tagesbeginn und Schulweg ohne Hetze und Müdigkeit	– auch nach dem Mittag hat man eine Schwächephase – späterer Schulschluss erschwert außerschulische Aktivitäten, z.B. in Vereinen – macht eine Mittagsverpflegung in der Schule notwendig, die viele nicht wünschen

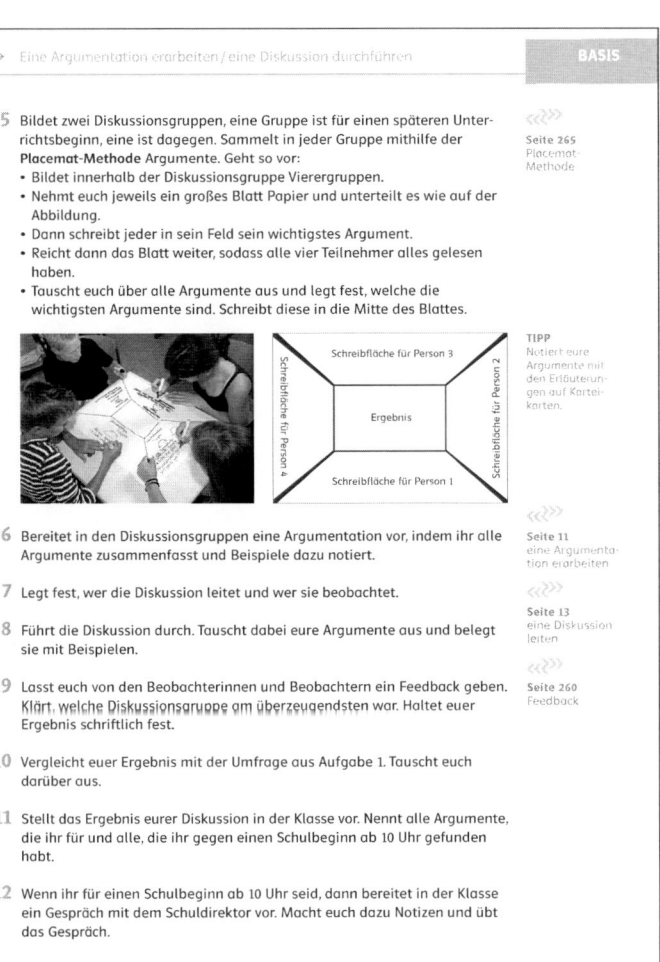

5 Bildet zwei Diskussionsgruppen, eine Gruppe ist für einen späteren Unterrichtsbeginn, eine ist dagegen. Sammelt in jeder Gruppe mithilfe der **Placemat-Methode** Argumente. Geht so vor:
- Bildet innerhalb der Diskussionsgruppe Vierergruppen.
- Nehmt euch jeweils ein großes Blatt Papier und unterteilt es wie auf der Abbildung.
- Dann schreibt jeder in sein Feld sein wichtigstes Argument.
- Reicht dann das Blatt weiter, sodass alle vier Teilnehmer alles gelesen haben.
- Tauscht euch über alle Argumente aus und legt fest, welche die wichtigsten Argumente sind. Schreibt diese in die Mitte des Blattes.

Seite 265
Placemat-Methode

TIPP
Notiert eure Argumente mit den Erläuterungen auf Karteikarten.

6 Bereitet in den Diskussionsgruppen eine Argumentation vor, indem ihr alle Argumente zusammenfasst und Beispiele dazu notiert.

Seite 11
eine Argumentation erarbeiten

7 Legt fest, wer die Diskussion leitet und wer sie beobachtet.

Seite 13
eine Diskussion leiten

8 Führt die Diskussion durch. Tauscht dabei eure Argumente aus und belegt sie mit Beispielen.

9 Lasst euch von den Beobachterinnen und Beobachtern ein Feedback geben. Klärt, welche Diskussionsgruppe am überzeugendsten war. Haltet euer Ergebnis schriftlich fest.

Seite 260
Feedback

10 Vergleicht euer Ergebnis mit der Umfrage aus Aufgabe 1. Tauscht euch darüber aus.

11 Stellt das Ergebnis eurer Diskussion in der Klasse vor. Nennt alle Argumente, die ihr für und alle, die ihr gegen einen Schulbeginn ab 10 Uhr gefunden habt.

12 Wenn ihr für einen Schulbeginn ab 10 Uhr seid, dann bereitet in der Klasse ein Gespräch mit dem Schuldirektor vor. Macht euch dazu Notizen und übt das Gespräch.

17

Vorhandenes Zusatzmaterial zu dieser Doppelseite

- Differenzierungskarte EXTRA, S. 8
- Differenzierungskarte PLUS, S. 8

Aufgabe 3

individuelle Lösung – Beachtet werden sollte, dass die SuS ihre Meinung mit einem Argument begründen und dazu auch eine Erläuterung oder ein Beispiel formulieren.

Aufgabe 4

- *Ein späterer Schulanfang ist besser* … (vgl. SB)
- Ein späterer Schulbeginn ist schlecht (Meinung), denn viele Menschen sind morgens fit und können gut arbeiten (Argument), zum Beispiel ich. Je später es wird, desto schwerer fällt es mir, mich zu konzentrieren (Erläuterung / Beispiel).
- Ich bin für einen Schulbeginn ab 10 Uhr (Meinung), weil man dann im Unterricht richtig munter ist und gut mitarbeiten kann (Argument). Ich bin gern abends lange auf und früh morgens oft noch müde (Erläuterung / Beispiel).
- Meiner Ansicht nach ist ein späterer Schulbeginn nicht so gut (Meinung), weil alle anderen Schulen früher beginnen (Argument). Dann habe ich gar keine Möglichkeit mehr, mit meinen Freunden zu spielen (Erläuterung / Beispiel).

Aufgaben 5 und 6

individuelle Lösungen – Wichtig ist, dass alle Argumente auch durch Beispiele bzw. Erläuterungen ergänzt sind.

Aufgabe 7

Die Rollen können auch lehrerseitig bestimmt werden.

Aufgaben 8 bis 12

individuelle Lösungen – mögliches Klassenfazit: Die meisten Schülerinnen und Schüler der Klasse finden, dass …
Die wichtigsten Gründe dafür sind: 1. …, 2. …, 3. …

DaZ-Kommentare

Dieses Thema bietet viele Möglichkeiten und Anregungen für eine Diskussion, an der sich durchaus auch die SuS mit geringeren Sprachkenntnissen beteiligen können. Um die SuS zu ermutigen, vor der Klasse ihren Standpunkt zu präsentieren, sollte man betonen, dass die sprachliche Richtigkeit hier nicht im Vordergrund steht.

Das etwas andere Unterrichtsfach

EXTRA-Seiten

Die Schülerinnen und Schüler (SuS) erarbeiten sich einen eigenen Standpunkt zur Frage, ob es ein Schulfach Soziales Engagement geben sollte. Sie wiederholen die Untersuchung von Meinungsäußerungen und vergegenwärtigen sich dabei noch einmal die drei Teile einer guten Argumentation. In Form eines Schreibgesprächs wird dann eine Diskussion vorbereitet, durchgeführt und reflektiert. Auf der Grundlage ihres Austausches verfassen die SuS abschließend einen argumentierenden Brief, in dem sie ihre Meinung darlegen.

Kommentare zu den Aufgaben

Einstieg und Aufgabe 1
Aufgabe 1 versteht sich als Einstiegsaufgabe, durch die die Abstimmung in Aufgabe 2 inhaltlich vorbereitet wird.

Aufgabe 2
Wie schon auf den Grundlagenseiten / 1 könnte zur Ermittlung des Meinungsbildes auch eine Positionslinie durchgeführt werden. Vgl. zu dieser Aufgabe auch Aufgabe 11.

Aufgaben 3 und 4
Die Erarbeitung der eigenen Meinung sollte in selbstständiger Eigenarbeit erfolgen.

Aufgaben 5 und 6
Die SuS wiederholen den Aufbau einer guten Argumentation.

Aufgaben 7 und 8
Die Aufgabenstellung 7 erläutert die Methode Schreibgespräch. Mit Blick auf die Diskussion sollten die SuS nicht nur die eigene Argumentation vorbereiten, sondern sich auch überlegen, wie sie auf Gegenargumente reagieren könnten.

Aufgabe 9
Es sollte darauf geachtet werden, dass nicht wieder dieselben SuS als Beobachterinnen und Beobachter bzw. Leiterinnen und Leiter fungieren wie in der Diskussion über die Schulnoten (vgl. SB, S. 12 f.) oder in der Diskussion zum Unterrichtsbeginn (vgl. SB, S. 16 f.).

Aufgabe 10
Die Diskussion kann in derselben Weise durchgeführt werden, wie es in Aufgabe 6 auf Seite 13 im Schülerbuch beschrieben ist.

Aufgabe 11
Beim Feedback sollte wieder auf die Aspekte Überzeugungskraft der Argumente, Vollständigkeit der Argumentation sowie Einhaltung der Gesprächsregeln eingegangen werden. – Der Austausch über die Diskussion und der Vergleich mit dem Abstimmungsergebnis soll das abschließende Schreiben eines argumentierenden Briefes vorbereiten.

Das etwas andere Unterrichtsfach

Viele Schülerinnen und Schüler engagieren sich in ihrer Freizeit oder nach dem Schulabschluss auf sozialem Gebiet. Sie unterstützen andere beim Lernen, setzen sich für den Umweltschutz ein oder helfen in Altenheimen und Kindergärten. Wie wäre es, wenn es das Unterrichtsfach Soziales Engagement gäbe, so wie Mathematik oder Deutsch?

Seite 261
Umfrage

Seite 9
einen Standpunkt erarbeiten

1 Besprecht in der Gruppe, was man im Unterrichtsfach Soziales Engagement lernen würde. Macht euch Notizen.

2 Führt in der Gruppe eine Umfrage zum Thema „Soziales Engagement als Unterrichtsfach – Ja oder Nein?" durch. Notiert das Ergebnis.

3 Erarbeite dir zum Thema einen eigenen Standpunkt. Schreibe auf, was dafür und was dagegen spricht.

4 Schreibe deine Meinung zum Thema auf und begründe sie.

5 Lest die Diskussion zwischen mehreren Schülern. Ergänzt im Tandem die fehlenden Meinungen, Argumente und Beispiele.

Jonas Ich fände es gut, wenn das Fach Soziales Engagement eingeführt wird, da lernt man viel mehr für das spätere Leben als bei Mathematik.
Azra Ich bin dagegen, weil ich mir gar nichts darunter vorstellen kann.
Marie Man kann sich besser entscheiden, ob man einen sozialen Beruf
5 erlernen will.
Leon Ich bin auch dafür, weil ich mich in den meisten Unterrichtsstunden langweile.
Katha Ich fände das toll.
Michail Ich bin dagegen, weil ich für solche Sachen noch zu jung bin.
10 Tarik Soziales Engagement gehört in die Freizeit!

6 Schreibe die vollständigen Argumentationen zu den Sätzen in Aufgabe 5 auf. Unterstreiche Meinung, Argument und Beispiel verschiedenfarbig.

18

Aufgabe 12
Alternative:
Die SuS arbeiten in Partnerarbeit, wobei jeweils eine leistungsstärkere Schülerin / ein leistungsstärkerer Schüler mit einer bzw. einem schwächeren zusammenarbeitet.

Aufgabe 13
Alternative:
Die Aufgabe ließe sich zu einem Schreibgespräch erweitern, in dem die SuS ihre Meinungen und Bewertungen zu den Briefen auf gesonderten Blättern notieren.

Lösungen

Aufgabe 1
individuelle Lösungen – Hier Vorschläge für mögliche Unterrichtsinhalte: Formen und Ziele des sozialen Engagements; lernen, anderen zuzuhören und auf sie zuzugehen und einzugehen; Umgangsformen; lernen, wo man im Zweifel professionelle Hilfe bekommt; Grundkenntnisse in Erster Hilfe usw.

Aufgabe 2
Es geht darum, ein Stimmungsbild der Klasse zu erhalten.

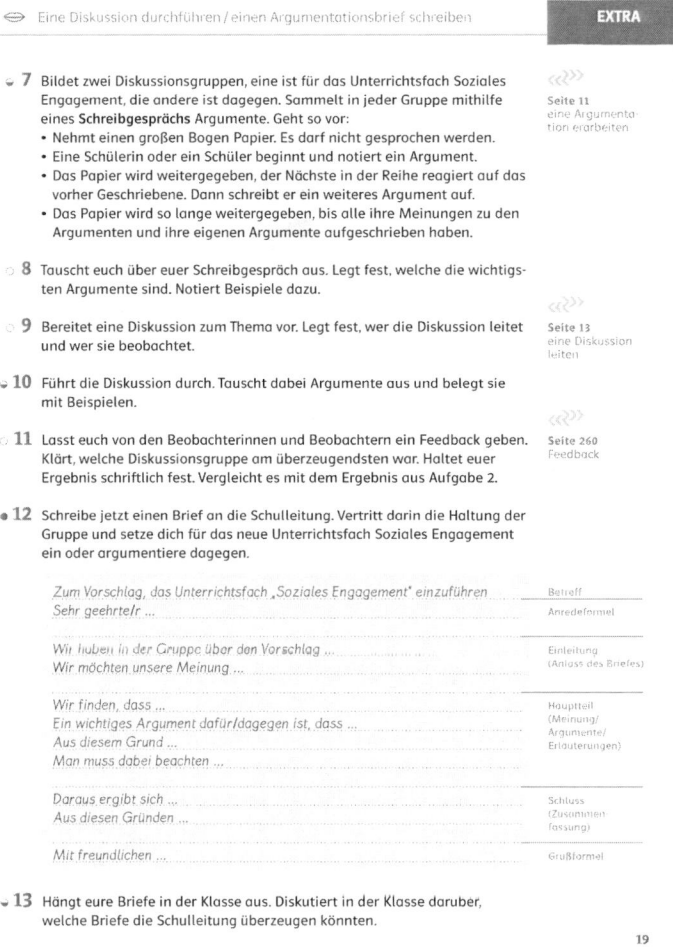

7 Bildet zwei Diskussionsgruppen, eine ist für das Unterrichtsfach Soziales Engagement, die andere ist dagegen. Sammelt in jeder Gruppe mithilfe eines **Schreibgesprächs** Argumente. Geht so vor:
- Nehmt einen großen Bogen Papier. Es darf nicht gesprochen werden.
- Eine Schülerin oder ein Schüler beginnt und notiert ein Argument.
- Das Papier wird weitergegeben, der Nächste in der Reihe reagiert auf das vorher Geschriebene. Dann schreibt er ein weiteres Argument auf.
- Das Papier wird so lange weitergegeben, bis alle ihre Meinungen zu den Argumenten und ihre eigenen Argumente aufgeschrieben haben.

Seite 11
eine Argumenta-
tion erarbeiten

8 Tauscht euch über euer Schreibgespräch aus. Legt fest, welche die wichtigsten Argumente sind. Notiert Beispiele dazu.

9 Bereitet eine Diskussion zum Thema vor. Legt fest, wer die Diskussion leitet und wer sie beobachtet.

Seite 13
eine Diskussion
leiten

10 Führt die Diskussion durch. Tauscht dabei Argumente aus und belegt sie mit Beispielen.

11 Lasst euch von den Beobachterinnen und Beobachtern ein Feedback geben. Klärt, welche Diskussionsgruppe am überzeugendsten war. Haltet euer Ergebnis schriftlich fest. Vergleicht es mit dem Ergebnis aus Aufgabe 2.

Seite 260
Feedback

12 Schreibe jetzt einen Brief an die Schulleitung. Vertritt darin die Haltung der Gruppe und setze dich für das neue Unterrichtsfach Soziales Engagement ein oder argumentiere dagegen.

Zum Vorschlag, das Unterrichtsfach „Soziales Engagement" einzuführen	Betreff
Sehr geehrte/r ...	Anredeformel
Wir haben in der Gruppe über den Vorschlag ...	Einleitung (Anlass des Briefes)
Wir möchten unsere Meinung ...	
Wir finden, dass ...	Hauptteil (Meinung/Argumente/Erläuterungen)
Ein wichtiges Argument dafür/dagegen ist, dass ...	
Aus diesem Grund ...	
Man muss dabei beachten ...	
Daraus ergibt sich ...	Schluss (Zusammenfassung)
Aus diesen Gründen ...	
Mit freundlichen ...	Grußformel

13 Hängt eure Briefe in der Klasse aus. Diskutiert in der Klasse darüber, welche Briefe die Schulleitung überzeugen könnten.

19

Vorhandenes Zusatzmaterial zu dieser Doppelseite

- Differenzierungskarte BASIS, S. 9
- Differenzierungskarte PLUS, S. 9

Aufgabe 3

Was spricht für ein Unterrichtsfach Soziales Engagement?	Was spricht gegen ein Unterrichtsfach Soziales Engagement?
– das Fach bietet Einblicke in einen wichtigen Berufszweig – das Fach hat unmittelbaren Lebensweltbezug und kann dazu beitragen, das Miteinander in der Schule zu verbessern	– Einblicke in die Berufswelt erhält man am besten über Praktika – neue Fächer bedeuten immer zugleich auch weniger Unterricht in anderen Fächern – es gibt wohl kaum genügend Lehrerinnen und Lehrer

Aufgabe 4
individuelle Lösungen – Zu achten ist darauf, dass alle Meinungen begründet und die Argumente durch Erläuterungen bzw. Beispiele gestützt sind.

Aufgaben 5 und 6
zum Teil individuelle Lösungen –
Beispiele:
- Jonas: Ich fände es gut, wenn das Fach Soziales Engagement eingeführt wird (Meinung), (denn) da lernt man viel mehr für das spätere Leben als bei Mathematik (Argument). Ich zum Beispiel kann mir einen Sozialberuf sehr gut vorstellen (Erläuterung / Beispiel).
- Azra: Ich bin dagegen (Meinung), weil ich mir gar nichts darunter vorstellen kann (Argument). Die Bezeichnung „Soziales Engagement" trifft doch für den Fußballtrainer genauso zu wie für einen Altenpfleger oder eine Nachhilfelehrerin (Erläuterung / Beispiel).
- Marie: Ich bin dafür (Meinung). Man kann sich besser entscheiden, ob man einen sozialen Beruf erlernen will (Argument). Sonst muss man vielleicht zwei, drei Praktika machen (Erläuterung / Beispiel).
- Leon: Ich bin auch dafür (Meinung), weil ich mich in den meisten Unterrichtsstunden langweile. Was wir zum Beispiel gerade in Mathe machen, das braucht man doch im eigentlichen Leben überhaupt nicht (Erläuterung / Beispiel).
- Katha: Ich fände das toll (Meinung), weil man etwas lernt, mit dem man anderen unmittelbar helfen kann (Argument). Ich zum Beispiel würde mich gerne sozial engagieren, traue mich aber nicht so recht (Erläuterung / Beispiel).
- Michael: Ich bin dagegen (Meinung), weil ich für solche Sachen noch zu jung bin (Argument). Anderen zu helfen, verlangt doch eine gewisse soziale Reife (Erläuterung / Beispiel).
- Tarik: Ich bin dagegen (Meinung), weil soziales Engagement in die Freizeit gehört (Argument). Schließlich kann die Schule unmöglich auf jedes Berufsfeld vorbereiten (Erläuterung / Beispiel).

Aufgaben 7 und 8
individuelle Lösungen

Aufgabe 9
Die Rollen können auch lehrerseitig bestimmt werden.

Aufgaben 10 bis 13
individuelle Lösungen

Schule der Zukunft

PLUS-Seiten

Die Schülerinnen und Schüler (SuS) erarbeiten sich einen eigenen Standpunkt zur Frage, ob „Tablet-Klassen" eingerichtet werden sollten. Mithilfe der Think-Pair-Share-Methode bereiten sie ihre Argumentationen vor, die zunächst in Rahmen einer Talkshow-Diskussion zur Anwendung kommen. Es folgt eine erste Reflexionsphase, die mit einer Verschriftlichung des Klassenergebnisses abgeschlossen wird. Die SuS werden sodann mit einem wissenschaftlich gestützten Argument konfrontiert, zu dem sie eine Stellungnahme verfassen. Eine zweite Reflexionsphase eröffnet die Möglichkeit zur Neubewertung des eigenen Standpunkts.

Kommentare zu den Aufgaben

Einstieg

Vor der Abstimmung über die Tablet-Klasse könnte ein kurzes Gespräch darüber geführt werden, wie sich der schulische Alltag in einer Tablet-Klasse von dem jetzigen unterscheiden würde (das ließe sich am Beispiel einer konkreten Unterrichtsstunde durchspielen).

Aufgabe 1

Wie schon auf den Grundlagenseiten / 1 könnte zur Ermittlung des Meinungsbildes auch eine Positionslinie durchgeführt werden. Vgl. zu dieser Aufgabe auch Aufgabe 9.

Aufgaben 2 und 3

Die Erarbeitung der eigenen Meinung sollte in selbstständiger Eigenarbeit erfolgen. Allerdings könnten die SuS bei der Suche nach Argumenten (vor allem gegen Tablet-Klassen) lehrerseitig unterstützt werden, wobei darauf geachtet werden sollte, dass man das Argument im Satz zu Aufgabe 10 nicht selbst frühzeitig anführt.

Aufgabe 4

Die SuS bilden Diskussionsgruppen, wobei darauf zu achten ist, dass die Gruppen in etwa gleich groß sind (ggf. könnten leistungsstarke SuS gebeten werden, entgegen ihrer eigentlichen Meinung für die Gegenseite zu sprechen).

Aufgabe 5

Mithilfe des Think-Pair-Share-Verfahrens erarbeiten sich die SuS Argumentationen und gewichten sie innerhalb der Diskussionsgruppen.

Aufgaben 6 und 7

Es sollte darauf geachtet werden, dass nicht wieder dieselben SuS eine prominente Rolle (etwa als Leiterinnen und Leiter) einnehmen wie bspw. in der Diskussion über die Schulnoten (vgl. SB, S. 12 f.). – Für das Anknüpfen an die Vorredner könnten vorab Formulierungshilfen gesammelt werden.

Schule der Zukunft

Für viele Schülerinnen und Schüler ist der Umgang mit den neuesten digitalen Medien so selbstverständlich wie lesen oder schreiben. Einige Schulen haben schon sogenannte „Tablet-Klassen". Darin wird, soweit es geht, auf Bücher und Schreibmaterial verzichtet. Schreiben, rechnen, recherchieren – für alles wird das Tablet genutzt. Doch diese Unterrichtsform hat auch Nachteile.

Seite 261
Umfrage

1 Führt in der Gruppe eine Umfrage zum Thema „Tablet-Klasse – Ja oder Nein?" durch. Notiert das Ergebnis.

Seite 9
einen Standpunkt erarbeiten

2 Erarbeite dir einen eigenen Standpunkt zum Thema. Notiere, was für und was gegen Tablet-Klassen spricht.

3 Schreibe deine Meinung auf und begründe sie.

4 Bildet zwei Diskussionsgruppen, die eine ist für Tablet-Klassen, die andere dagegen.

'Think-Pair-Share'
1. Think: ich
2. Pair: du
3. Share: wir

5 Erarbeitet in jeder Gruppe mithilfe der **Think-Pair-Share-Methode**[1] eine Argumentation. Geht so vor:
- Jeder überlegt sich allein Argumente und Beispiele und schreibt sie auf.
- Tauscht euch dann im Tandem über eure Argumente und Beispiele aus. Vergleicht und ergänzt.
- Stellt einander in der Gruppe eure Argumente und Beispiele vor.
- Legt in der Gruppe fest, welche die wichtigsten Argumente sind. Notiert sie und ergänzt die Beispiele.

Seite 11
eine Argumentation erarbeiten

20

Beispiele:
Da hast du sicher recht, zu bedenken ist aber auch …; Dem kann ich nur / nicht zustimmen, denn …; Du sprichst jetzt über …, wichtiger erscheint mir jedoch, dass …

Aufgaben 8 und 9

Beim Feedback sollte wieder auf die Aspekte Überzeugungskraft der Argumente, Vollständigkeit der Argumentation sowie auf die Einhaltung der Gesprächsregeln eingegangen werden. – Der Austausch über die Diskussion soll das Formulieren des Ergebnisses erleichtern.

Aufgaben 10 und 11

Die SuS erfassen eine Aussage zum Lernen in einer Tablet-Klasse und nehmen dazu schriftlich Stellung. Diese Stellungnahme kann dabei das eigentliche Argument des Satzes nicht entkräften (es geht um einen empirischen Beleg!), sondern nur als weniger entscheidend relativieren.

Aufgabe 12

Die Diskussion hat hier vor allem das Ziel einer erneuten Reflexion der eigenen Meinung, d.h., die SuS könnten auch gefragt werden, ob das neue (wissenschaftlich belegte) Argument aus Aufgabe 10 ihre Meinung ggf. ändert.

6 Bereitet nun eine Talkshow vor, in der ihr das Thema „Für oder gegen Tablet-Klassen" diskutiert. Geht so vor:
- Wählt eine Moderatorin oder einen Moderator.
- Legt vier Personen fest, welche sich an der Diskussion beteiligen. Dabei sollten jeweils zwei Personen die Gruppen für oder gegen Tablet-Klassen vertreten.
- Die restlichen Schülerinnen und Schüler können als Zuschauer Fragen an die Teilnehmer stellen. Außerdem sollen sie die Diskussion beobachten und später einschätzen.

«‹?»
Seite 13
eine Diskussion
leiten

7 Spielt eure Talkshow. Tauscht Argumente und Beispiele aus und geht auf eure Vorredner und die Zuschauer ein.

8 Lasst euch im Anschluss von den Zuschauern ein Feedback geben. Klärt, welche Gruppe die überzeugenderen Argumente hatte und welche Teilnehmer am besten auf die Fragen der Zuschauer reagiert haben.

«‹?»
Seite 260
Feedback

9 Haltet das Ergebnis eurer Diskussionsrunde schriftlich fest und vergleicht es mit dem Ergebnis von Aufgabe 1.

10 Lies den folgenden Satz aus einer Studie über das Lernen in Tablet-Klassen.

> Da die modernen Tablets breite Ablenkungsmöglichkeiten besitzen, zeigen die Ergebnisse der Studie, dass die Schülerinnen und Schüler in den Tablet-Klassen tendenziell weniger aufmerksam sind.

11 Setzt euch im Tandem mit dem Satz auseinander und formuliert gemeinsam eine Stellungnahme dazu. Bestätigt die Aussage oder lehnt sie ab und begründet eure Meinung. Verwendet Argumente aus eurer Diskussionsrunde.

12 Lest die Stellungnahmen in der Klasse vor. Diskutiert das Thema „Tablet-Klassen – Ja oder Nein?" in der Klasse.

21

Lösungen

Aufgabe 1
Es geht darum, ein Stimmungsbild der Klasse zu erhalten.

Aufgabe 2

Was spricht für Tablet-Klassen?	Was spricht gegen Tablet-Klassen?
– die Schlepperei von Büchern usw. entfällt – Aufgaben sind durch Lehrer leichter zu kontrollieren – Tablets sparen Kopien und erleichtern bestimmte Arbeitsformen (z. B. das Markieren von Texten) – Tablets sind zeitgemäßer und werden auch in der Berufswelt immer stärker genutzt	– Tablets sind im Umgang gerade für das Schreiben längerer Texte (virtuelle Tastatur) mühsam – Tablets verlangen aufwändige technische Unterstützung (WLAN in der ganzen Schule) und sind entsprechend störanfällig – Tablets und die entsprechenden Lernprogramme sind teurer

Aufgabe 3
individuelle Lösungen – Zu achten ist darauf, dass alle Meinungen begründet und die Argumente durch Erläuterungen bzw. Beispiele gestützt sind.

Aufgaben 4 bis 8
individuelle Lösungen

Aufgabe 9
individuelle Lösungen – Die schriftlichen Ergebniszusammenfassungen könnten folgende Form haben: Die meisten Schülerinnen und Schüler der Klasse finden, dass …
Die wichtigsten Gründe dafür sind: 1. …, 2. …, 3. …

Aufgabe 10
Leseaufgabe

Aufgabe 11
individuelle Lösungen – Relativieren lässt sich der empirische Befund, indem dieser Nachteil gegen andere Vorteile abgewogen wird. Außerdem ließe sich argumentieren, dass die größeren Ablenkungsmöglichkeiten eine stärkere Eigenverantwortung verlangen, die im Laufe der Zeit geschult werden kann.

Aufgabe 12
individuelle Lösungen

Vorhandenes Zusatzmaterial zu dieser Doppelseite

▤ Differenzierungskarte BASIS, S. 10
▤ Differenzierungskarte EXTRA, S. 10

Jede Menge Wortarten

RGS-Seiten

Die Seiten wiederholen die Wortarten Substantive / Nomen, Adjektive und Verben und vertiefen das Wortwissen der Schülerinnen und Schüler (SuS) durch die Beschäftigung mit Präpositionen, Relativ- und Demonstrativpronomen, Konjunktionen sowie Adverbien.

Kommentare zu den Aufgaben

Einstieg

Als Einstieg könnten die zu Aufgabe 11 auf Seite 15 im Schülerbuch gesammelten Wörter der Jugendsprache genutzt werden. Die SuS könnten die Wörter nach ihrer Wortart in Gruppen anordnen und dann die Wortart bestimmen (oder doch Eigenschaften der Wortart beschreiben).

Aufgabe 1

Die SuS ordnen Substantiven / Nomen passende Verben zu. Zu einzelnen Verbindungen könnten dabei Beispielsätze formuliert werden.

Aufgabe 2

Die SuS machen sich die differenzierende Funktion von Adjektiven bewusst, indem sie sie nutzen, um Substantive / Nomen genauer zu beschreiben.

Aufgaben 3 und 4

Die SuS leiten Wörter ab und machen sich so typische Wortbausteine von Adjektiven und Substantiven / Nomen bewusst. Sie erweitern bzw. festigen dabei zugleich ihren Wortschatz. – Bei Aufgabe 4 können die SuS als Adjektiv auch das Partizip II zum Verb angeben (z. B. „produziert" zu „produzieren").

Aufgabe 5

Die SuS bilden Beispielsätze mit Verben, die mit einer festen Präposition verbunden sind, und prägen sich so diese Verbindungen ein.

Aufgaben 6 und 7

Durch das Bilden von Relativsätzen machen sich die SuS klar, was Relativpronomen und Konjunktionen (weil, denn) sind.

Aufgaben 8 und 9

Die SuS ergänzen Sätze um Demonstrativpronomen bzw. Adverbien und machen sich bereits mit Blick auf Aufgabe 10 bewusst, dass manche Wortarten unveränderlich sind, andere dagegen angepasst werden müssen.

Aufgabe 10

Die Frage der Veränderbarkeit ist vor allem für die Unterscheidung zwischen Adjektiven und Adverbien von einiger Bedeutung (etwa für den Fremdsprachenunterricht), sodass das Merkmal mit Blick auf die beiden Wortarten noch einmal besonders hervorgehoben werden kann (z. B. indem die SuS einen Satz wie „Adverbien sind unveränderbar, während sich Adjektive verändern und damit an ihr Bezugswort anpassen können." rot unterstrichen in ihr Heft übernehmen).

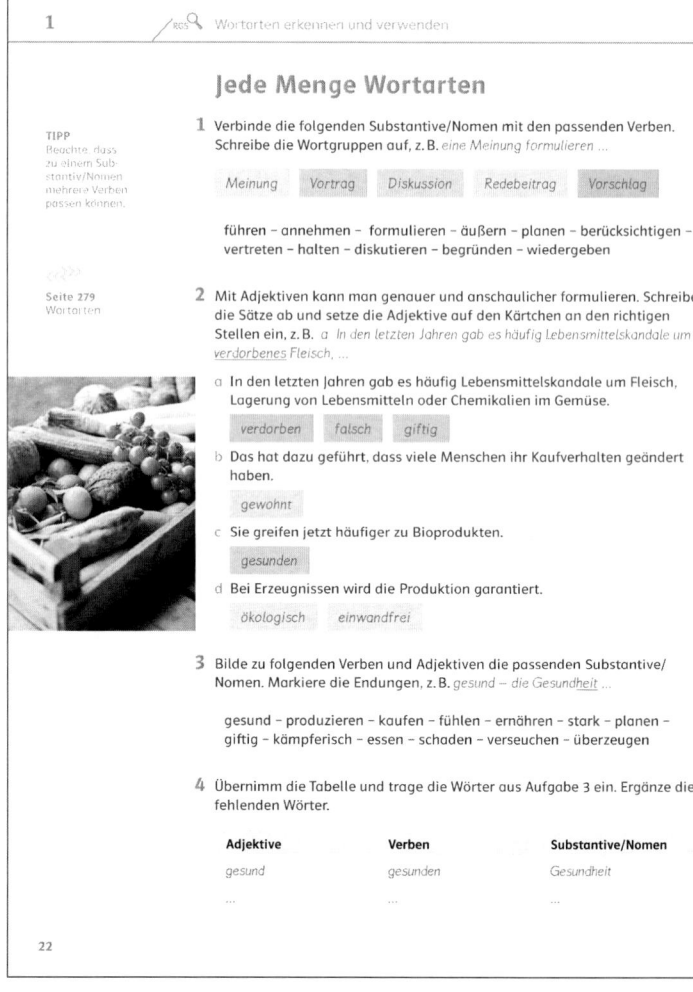

Lösungen

Aufgabe 1

Meinung formulieren, äußern, berücksichtigen, vertreten, diskutieren, begründen, wiedergeben – Vortrag planen, halten, diskutieren, wiedergeben – Diskussion führen, planen, wiedergeben – Redebeitrag formulieren, äußern, planen, berücksichtigen, diskutieren, begründen, wiedergeben – Vorschlag annehmen, formulieren, äußern, berücksichtigen, vertreten, diskutieren, begründen, wiedergeben

Aufgabe 2

a *In den letzten Jahren gab es häufig Lebensmittelskandale um verdorbenes Fleisch, falsche Lagerung von Lebensmitteln oder giftige Chemikalien im Gemüse.*
b Das hat dazu geführt, dass viele Menschen ihr gewohntes Kaufverhalten geändert haben.
c Sie greifen jetzt häufiger zu gesunden Bioprodukten.
d Bei ökologischen Erzeugnissen wird die einwandfreie Produktion garantiert.

Aufgabe 3

gesund – die Gesundheit; produzieren – die Produktion / das Produkt; kaufen – der Kauf; fühlen – das Gefühl; ernähren – die Ernährung; stark – die Stärke / die Stärkung; planen – der Plan / die Planung; giftig – das Gift / die Vergiftung; kämpfe-

5 Bilde Sätze, in denen du deine Meinung zu gesundem Essen formulierst. Verwende dazu die folgenden Verben mit den dazugehörigen Präpositionen, z. B. *Ich ärgere mich immer über das geschmacklose Gemüse in der Mensa.*

sich ärgern über	sich wundern über
sich freuen auf	sich streiten mit
sich entschließen zu	sich entscheiden für

6 Verbinde jeweils die beiden Sätze mithilfe der Relativpronomen **der, die, das, welcher, welche, welches**. Schreibe die Sätze auf, z. B. *Auf vielen Waren findest du das Biosiegel, das Produkte aus ökologischem Landbau kennzeichnet.*

a Auf vielen Waren findest du das Biosiegel. – Es kennzeichnet Produkte aus ökologischem Landbau.
b Bio-Lebensmittel dürfen keine Aromen enthalten. – Sie werden künstlich erzeugt.
c Die Bio-Bauern kämpfen für höhere Milchpreise. – Sie sind auf dem Weltmarkt stark gefallen.

7 Finde für jede Meinung ein Argument. Vervollständige die Sätze, die mit den Konjunktionen **weil** und **denn** beginnen.

a Ich esse lieber Bioprodukte, weil ...
b Er kauft gern auf dem Markt, denn ...
c Seit letztem Jahr isst sie kein Fleisch, weil ...
d Wir wollen uns gesund ernähren, denn ...

8 Schreibe die Sätze ab. Ergänze die Demonstrativpronomen **dieser, diese, dieses, diesen**.

a ▬ Meinung stimme ich zu.
b Er beschäftigt sich schon lange mit ▬ Fragen.
c Überraschend wurde ▬ Problem wieder aufgegriffen.
d Sie begeistert sich für ▬ Sache.

9 Setze die folgenden Adverbien in die Sätze ein.

sehr	heute	gern	morgen	schnell

a Er hilft ▬ beim Einkaufen.
b Sie wird ▬ die letzte Lieferung abholen.
c Das Abladen geht ▬ ▬.
d ▬ ist der Laden geschlossen.

TIPP
Beachte, dass es mehrere Möglichkeiten gibt.

10 Vergleicht im Tandem die Wortarten, um die es in den Aufgaben 1 bis 9 ging. Nennt sie und prüft, ob sie veränderbar oder unveränderbar sind. Legt eine Übersicht dazu an.

Wortarten	
verän-derbar	unverän-derbar

23

risch – der Kampf; essen – das Essen; schaden – der Schaden; verseuchen – die Verseuchung / die Seuche; überzeugen – die Überzeugung

Aufgabe 4

Adjektive	Verben	Substantive / Nomen
gesund, produziert, käuflich, fühlbar, nahrhaft, stark, planbar (geplant), giftig / vergiftet, kämpferisch, essbar, schädlich, verseucht, überzeugt	*gesunden*, produzieren, kaufen, fühlen, ernähren, (sich) stärken, planen, vergiften, kämpfen, essen, schaden, verseuchen, überzeugen	*Gesundheit*, Produktion / Produkt, Kauf, Gefühl, Ernährung, Stärke, Plan / Planung, Vergiftung / Gift, Kampf, Essen, Schaden, Seuche / Verseuchung, Überzeugung

Aufgabe 5

individuelle Lösungen – Wichtig ist, dass zu den Verben jeweils die passende Präposition verwendet wurde.

Aufgabe 6

individuelle Lösungen –
a vgl. SB
b Bio-Lebensmittel dürfen keine Aromen enthalten, die / welche ...
c Die Biobauern kämpfen für höhere Milchpreise, die / welche ...

Vorhandenes Zusatzmaterial zu dieser Doppelseite

🗎 KV 4 BASIS, S. 59
🗎 KV 4 EXTRA, S. 60
🗎 KV 4 PLUS, S. 61

🗎 AH 7, Kap. 1, S. 7–9

Aufgabe 7

individuelle Lösungen – Zu beachten ist, dass „weil" eine Endstellung des Prädikats erfordert, während „denn" eine Hauptsatzkonjunktion ist.

Aufgabe 8

a <u>Dieser</u> Meinung stimme ich zu.
b Er beschäftigt sich schon lange mit <u>diesen</u> Fragen.
c Überraschend wurde <u>dieses</u> Problem wieder aufgegriffen.
d Sie begeistert sich für <u>diese</u> Sache.

Aufgabe 9

a Er hilft <u>gern</u> beim Einkaufen.
b Sie wird <u>morgen</u> die letzte Lieferung abholen.
c Das Abladen geht <u>sehr</u> <u>schnell</u>.
d <u>Heute</u> ist der Laden geschlossen.

Aufgabe 10

veränderbare Wortarten	unveränderbare Wortarten
Substantive/Nomen, Verben, Adjektive, Relativpronomen, Demonstrativpronomen	Präpositionen, Konjunktionen, Adverbien

DaZ-Kommentare

In den ersten Stunden sollte überprüft werden, ob und welche Wortarten den SuS geläufig sind. Im Notfall sollten die nötigen Begriffe (Verb, Adjektiv usw.) unbedingt erklärt und schriftlich festgehalten werden.

Aufgaben 1 und 2

Damit die SuS im Unterricht nicht in Verzug kommen, sollten sie die ihnen unbekannten Wörter im Rahmen der vorherigen Hausaufgabe übersetzen. Diese sollen ins Vokabelheft eingetragen und übersetzt werden.

Aufgabe 3

Die SuS sollten hier im Tandem arbeiten und ihre Wörterbücher nutzen.

Hinweis

Vokabeln zu lernen, gehört zu den langweiligsten Aufgaben. Wortfamilien zu bilden, erweist sich aber als sehr hilfreich. Die SuS sollten daher ermutigt werden, Wortfamilien gelegentlich auch in ihren Vokabelheften zu bilden.

Aufgabe 5

Rektionen der Verben müssen unbedingt auswendig gelernt werden, der dazugehörige Fall darf nicht außer Acht gelassen werden (z. B.: sich ärgern über + <u>Akk.</u>).

Wörter, Wörter, Wörter!

TRAININGS-Seiten

Auf den TRAININGS-Seiten vertiefen die Schülerinnen und Schüler (SuS) den Gebrauch der Wortarten Substantive / Nomen, Präpositionen, Personalpronomen und Adverbien und üben abschließend die Bestimmung der Wortarten.

Kommentare zu den Aufgaben

Aufgabe 1
Die SuS leiten Wörter ab und machen sich so typische Wortbausteine von Substantiven / Nomen (vor allem -heit, -keit, -nis, -ung) bewusst; sie wiederholen außerdem die Pluralbildung.

Aufgaben 2 und 3
Durch das Bilden von Gegenteilen machen sich die SuS die differenzierende Funktion von Adjektiven und Adverbien bewusst und arbeiten zugleich an ihrem Wortschatz.

Aufgaben 4 und 5
Die SuS ergänzen zu Substantiven / Nomen deren feste Präpositionen und bilden mit diesen Verbindungen Sätze.

Aufgaben 6 und 7
Indem sie nominale Gruppen durch Pronomen ersetzen, machen sich die SuS die Funktion von Personalpronomen bewusst. Zugleich lernen sie Verben kennen, die mit Präpositionen eine feste Verbindung eingehen.

Aufgaben 8 und 9
Die SuS ersetzen präpositionale Fügungen durch die entsprechenden Präpositionaladverbien (der Begriff muss natürlich nicht eingeführt werden) und machen sich so bewusst, wie solche Fügungen wieder aufgegriffen werden können.

Aufgabe 10
Alternative:
Die SuS arbeiten in Partnerarbeit, wobei jeweils eine leistungsstärkere Schülerin / ein leistungsstärkerer Schüler mit einer bzw. einem schwächeren zusammenarbeitet.

Lösungen

Aufgabe 1
dumm – die Dummheit, die Dummheiten; erleben – das Erlebnis, die Erlebnisse; geschehen – das Geschehen, die Geschehnisse; feierlich – die Feier, die Feiern; ereignen – das Ereignis, die Ereignisse; nachhaltig – die Nachhaltigkeit, die Nachhaltigkeiten; krank – die Krankheit, die Krankheiten; hindern – das Hindernis, die Hindernisse; versäumen – das Versäumnis, die Versäumnisse; schwierig – die Schwierigkeit, die Schwierigkeiten; vorkommen – das Vorkommnis, die Vorkommnisse; unterstützen – die Unterstützung, die Unterstützungen; begleiten – die Begleitung, die Begleitun-

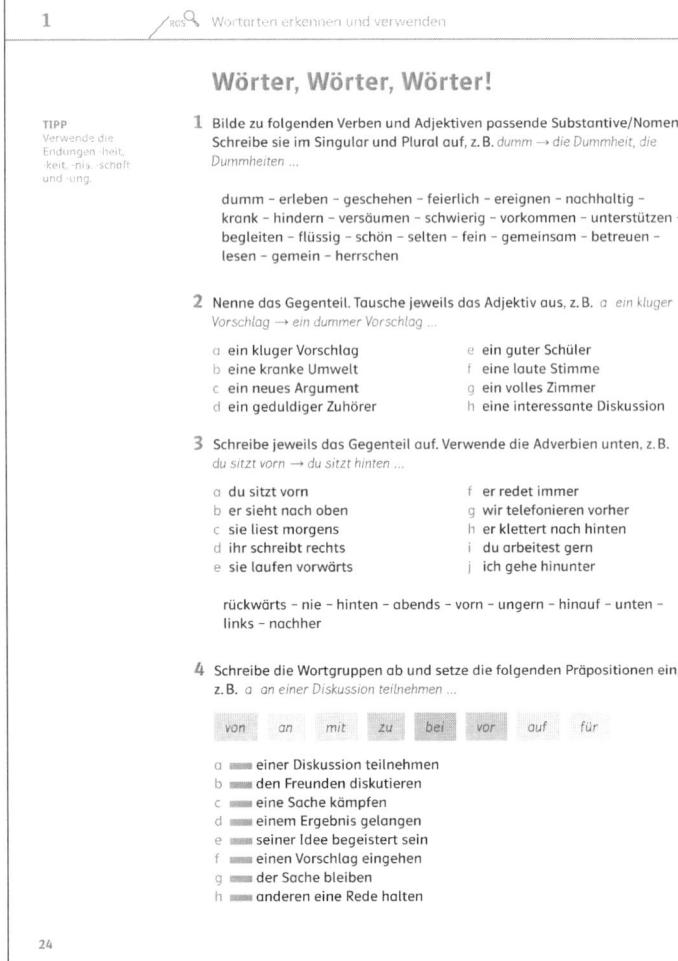

Wörter, Wörter, Wörter!

TIPP
Verwende die Endungen -heit, -keit, -nis, -schaft und -ung.

1 Bilde zu folgenden Verben und Adjektiven passende Substantive/Nomen. Schreibe sie im Singular und Plural auf, z.B. *dumm → die Dummheit, die Dummheiten ...*

> dumm – erleben – geschehen – feierlich – ereignen – nachhaltig – krank – hindern – versäumen – schwierig – vorkommen – unterstützen – begleiten – flüssig – schön – selten – fein – gemeinsam – betreuen – lesen – gemein – herrschen

2 Nenne das Gegenteil. Tausche jeweils das Adjektiv aus, z.B. *a ein kluger Vorschlag → ein dummer Vorschlag ...*

a ein kluger Vorschlag
b eine kranke Umwelt
c ein neues Argument
d ein geduldiger Zuhörer
e ein guter Schüler
f eine laute Stimme
g ein volles Zimmer
h eine interessante Diskussion

3 Schreibe jeweils das Gegenteil auf. Verwende die Adverbien unten, z.B. *du sitzt vorn → du sitzt hinten ...*

a du sitzt vorn
b er sieht nach oben
c sie liest morgens
d ihr schreibt rechts
e sie laufen vorwärts
f er redet immer
g wir telefonieren vorher
h er klettert nach hinten
i du arbeitest gern
j ich gehe hinunter

> rückwärts – nie – hinten – abends – vorn – ungern – hinauf – unten – links – nachher

4 Schreibe die Wortgruppen ab und setze die folgenden Präpositionen ein, z.B. *a an einer Diskussion teilnehmen ...*

> von   an   mit   zu   bei   vor   auf   für

a ▬ einer Diskussion teilnehmen
b ▬ den Freunden diskutieren
c ▬ eine Sache kämpfen
d ▬ einem Ergebnis gelangen
e ▬ seiner Idee begeistert sein
f ▬ einen Vorschlag eingehen
g ▬ der Sache bleiben
h ▬ anderen eine Rede halten

24

gen; flüssig – die Flüssigkeit, die Flüssigkeiten; schön – die Schönheit, die Schönheiten; selten – die Seltenheit, die Seltenheiten; fein – die Feinheit, die Feinheiten; gemeinsam – die Gemeinsamkeit, die Gemeinsamkeiten; betreuen – die Betreuung, die Betreuungen; lesen – die Lesung, die Lesungen; gemein – die Gemeinheit, die Gemeinheiten; herrschen – das Herrschen

Aufgabe 2
a *ein dummer Vorschlag*
b eine gesunde / intakte Umwelt
c ein altes Argument
d ein ungeduldiger Zuhörer
e ein schlechter Schüler
f eine leise Stimme
g ein leeres Zimmer
h eine langweilige Diskussion

Aufgabe 3
a *du sitzt hinten*
b er sieht nach unten
c sie liest abends
d ihr schreibt links
e sie laufen rückwärts
f er redet nie
g wir telefonieren nachher
h er klettert nach vorne

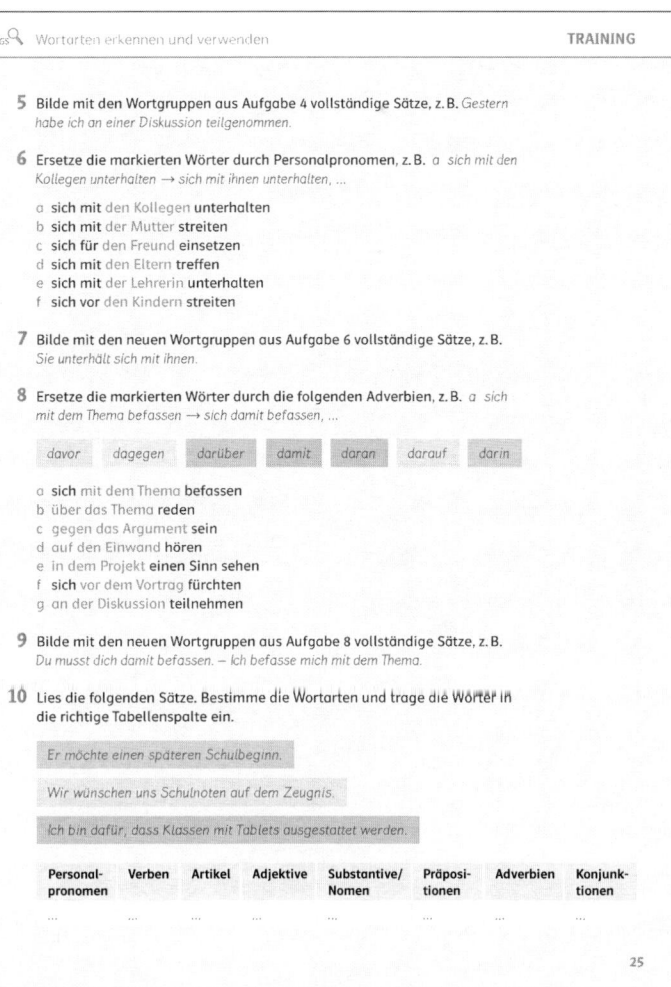

i du arbeitest ungern

j ich gehe hinauf

Aufgabe 4

a *an einer Diskussion teilnehmen*

b mit den Freunden diskutieren

c für eine Sache kämpfen

d zu einem Ergebnis gelangen

e von einer Idee begeistert sein

f auf einen Vorschlag eingehen

g bei einer Sache bleiben

h vor anderen eine Rede halten

Aufgabe 5

individuelle Lösung – Wichtig ist, dass zu den Substantiven / Nomen jeweils die passende Präposition verwendet wurde.

Aufgabe 6

a *sich mit ihnen unterhalten*

b sich mit ihr streiten

c sich für ihn einsetzen

d sich mit ihnen treffen

e sich mit ihr unterhalten

f sich vor ihnen streiten

Aufgabe 7

individuelle Lösungen

Aufgabe 8

a *sich damit befassen*

b darüber reden

c dagegen sein

d darauf hören

e darin einen Sinn sehen

f sich davor fürchten

g daran teilnehmen

Aufgabe 9

individuelle Lösungen

Aufgabe 10

Er (Personalpronomen) möchte (Verb) einen (Artikel) späteren (Adjektiv) Schulbeginn (Substantiv / Nomen). Wir (Personalpronomen) wünschen (Verb) uns (Personalpronomen) Schulnoten (Substantiv / Nomen) auf (Präposition) dem (Artikel) Zeugnis (Substantiv / Nomen). Ich (Personalpronomen) bin (Verb) dafür (Adverb), dass (Konjunktion) Klassen (Substantiv / Nomen) mit (Präposition) Tablets (Substantiv / Nomen) ausgestattet (Verb) werden (Verb).

DaZ-Kommentare

Aufgabe 1

Damit die SuS die Aufgabe bearbeiten können, sollten sie die ihnen unbekannten Wörter im Rahmen der vorherigen Hausaufgabe übersetzen.

Aufgabe 4

In der deutschen Sprache gibt es hunderte Verbrektionen, die Ausländer als „unverständlich" oder schlicht „unlogisch" empfinden. Die Verben werden nicht nur verschieden benutzt, sondern sie erhalten auch oft, je nach der zugehörigen Präposition, noch einen anderen Sinn (sowie die Präpositionen selbst). Da dies oft zur Verwirrung führt, sollte man den SuS, wenn nötig mehrmals, zeigen, dass und wie man im Wörterbuch alle Verbrektionen mit dem dazugehörigen Fall finden kann.

Aufgabe 8

Die SuS sollten darauf hingewiesen werden, dass sich Pronominaladverbien nur auf Dinge bzw. Sachen beziehen, aber nie auf Lebewesen.

Unglaubliche Vorfälle
Moderne Sagen lesen, verstehen und schreiben

Auftaktseiten – Vorwissen aktivieren

Ausgehend von Bildern mit unerklärlichem bzw. ungewöhnlichem Inhalt entwickeln die Schülerinnen und Schüler (SuS) eigene kleine Geschichten. Sie lernen ein Beispiel für eine moderne Sage kennen und tauschen sich über diese Textsorte aus. Anhand eines Lexikonartikels ziehen sie schließlich einen Vergleich zu historischen Sagen und benennen Gemeinsamkeiten und Unterschiede. Anwendungsbezogen wird außerdem auf das Sprachthema des Kapitels, Substantive / Nomen, hingeführt.

Kommentare zu den Aufgaben

Einstieg
Die SuS können sich spontan zu den Abbildungen äußern (was zu sehen ist, aber auch, wie sich die dargestellte Situation entwickeln könnte); das Gesagte muss lehrerseitig nicht kommentiert werden, ggf. wird die Bearbeitung von Aufgabe 2 bereits vorweggenommen.

Aufgabe 1
Die Aufgabe soll sicherstellen, dass die Bildinhalte richtig erfasst worden sind. Zu den Überschriften vgl. auch Aufgabe 9.

Aufgabe 2
Die Aufgabe zielt auf das zentrale Merkmal moderner Sagen und ist zugleich Hinweis auf den Charakter der Geschichte, die in den Vierergruppen erarbeitet werden soll (vgl. A 3).

Aufgaben 3 und 4
Die SuS sind hier inhaltlich frei. Schon aus Zeitgründen bieten sich formale Vorgaben an: Einteilung in Einleitung, Hauptteil und Schluss, höchstens fünf Erzählschritte mit einem klar erkennbaren Höhepunkt.

Aufgaben 5 und 6
Die SuS lesen ein Beispiel für eine moderne Sage und tauschen sich darüber aus. Haben einzelne SuS schon Erfahrungen mit modernen Sagen gesammelt, können sie diese Sagen auch erzählen (auch diese Sagen könnten dann auf ihren Wahrheitsgehalt hin überprüft werden; vgl. dazu auch A 5 auf S. 29 im SB).

Aufgaben 7 und 8
Die SuS lesen einen Lexikonartikel zum Stichwort „Moderne Sagen". Indem sie moderne mit historischen Sagen vergleichen, sichern sie nicht nur ihr Textverständnis, sondern wiederholen zugleich auch die Merkmale historischer Sagen.

Aufgabe 9 RGS 🔍
Bei der Besprechung könnten die SuS noch benennen, woran sie die Substantive / Nomen erkannt haben.

Das lernst du jetzt:

– moderne Sagen lesen und verstehen
– Merkmale einer modernen Sage erkennen
– moderne Sagen nacherzählen
– eigene moderne Sagen schreiben
– Substantive / Nomen erkennen und richtig schreiben

KMK-Standards

Moderne Sagen lesen und verstehen
– epische, lyrische, dramatische Texte unterscheiden, insbesondere epische Kleinformen
– zentrale Inhalte erschließen
– wesentliche Elemente eines Textes erfassen

Moderne Sagen schreiben
– Stoffsammlung erstellen, ordnen und eine Gliederung anfertigen
– zentrale Schreibformen beherrschen und sachgerecht nutzen: gestaltendes Erzählen, kreatives Schreiben

- produktive Schreibformen nutzen: z. B.: umschreiben, weiterschreiben, ausgestalten
- Aufbau, Inhalt und Formulierungen eigener Texte hinsichtlich der Aufgabenstellung überprüfen
- Texte sprachlich gestalten

Substantive / Nomen erkennen und richtig schreiben
- Wortarten kennen und funktional gebrauchen
- Strategien zur Überprüfung der sprachlichen Richtigkeit und Rechtschreibung anwenden

Lösungen

Aufgabe 1
EIGENARTIGE PFLANZE GEFÄHRDET FAMILIE AUS DEM RUHRGEBIET: Bild 2 – DER SELTSAME ANHALTER: Bild 1 – DER ZERSTREUTE PROFESSOR: Bild 3

Aufgabe 2
Alle Bilder zeigen etwas Ungewöhnliches bzw. etwas Unerklärliches.

Aufgaben 3 und 4
individuelle Lösungen

Aufgabe 5
Leseaufgabe

Aufgabe 6
- Wahrheitsgehalt der Geschichte: Auch wenn man sich vorstellen könnte, dass eine einzelne Familie einen Wolf mit einem Schäferhund verwechselt, ist es doch höchst unwahrscheinlich, dass in all den Jahren nie ein Nachbar, Verwandter oder auch nur ein Passant die Familie auf den Wolf angesprochen haben soll. Hinzu kommt, dass die Familie den vermeintlichen Hund irgendwo herbekommen haben muss (der Verkäufer also die Familie betrogen haben muss oder selbst nicht bemerkt haben muss, dass er eigentlich einen Wolf hat).
- Die Wahrscheinlichkeit für die Unwahrheit einer Geschichte ist umso höher, je unwahrscheinlicher (unmöglicher) das in ihr Erzählte ist.
- Quellen: Moderne Sagen werden meist mündlich weitererzählt oder in sozialen Netzwerken verbreitet (oft in der Form, dass der Erzähler behauptet, die Geschichte sei einem Bekannten passiert oder einem Bekannten von einem Freund).

Aufgabe 7
Leseaufgabe

Aufgabe 8
Zentrale Gemeinsamkeit moderner und historischer Sagen ist es, dass sie für wahr gehalten werden wollen (anders als etwa Märchen oder Fabeln) und deshalb meist auch Orts- oder Zeitangaben enthalten. Während historische Fabeln aber oft entweder ein schauriges Element enthalten oder erklärend sind, steht bei modernen Fabeln die Darstellung des Unerklärlichen und Ungewöhnlichen selbst im Mittelpunkt.

Aufgabe 9
Eigenartige Pflanze gefährdet Familie aus dem Ruhrgebiet – Der seltsame Anhalter – Der zerstreute Professor

DaZ-Kommentare

Einstieg
Es sollte sichergestellt werden, dass die SuS die Begriffe „Sage" und „Merkmal" verstehen. Ansonsten müssen diese Begriffe kurz erklärt werden.

Aufgabe 5
Da der kurze Text viele schwierige Wörter beinhaltet, sollten die SuS die ihnen unbekannten Wörter im Rahmen der vorherigen Hausaufgabe übersetzen. Alternativ können die Wörter im Plenum und / oder an der Tafel einfach erklärt werden (z. B.: besaß = hatte usw.).

Da stimmt doch etwas nicht!

Grundlagenseiten / 1

Die Schülerinnen und Schüler (SuS) lernen zwei Beispiele für moderne Sagen kennen, werten die Texte unter vorgegebenen Aspekten aus und weisen mithilfe der Textauswertung die Merkmale moderner Sagen an den Texten nach.

Kommentare zu den Aufgaben

Einstieg und Aufgabe 1
Die SuS bilden Tandems und lesen zwei Texte.
Zur Verständnissicherung erzählen sie sich den Inhalt des jeweils anderen Textes.

Aufgaben 2 und 3
Die SuS untersuchen nun den Text, den sie erzählt bekommen haben, unter vorgegebenen Aspekten. Sie könnten sich zunächst gegenseitig kontrollieren, indem sie sich über ihre Arbeitsergebnisse austauschen.
Anschließend werden die Ergebnisse tabellarisch festgehalten.

Aufgabe 4
Die SuS können vor der Bearbeitung der Aufgabe den Merkekasten „Moderne Sagen" lesen und dann die Merkmale an den Texten nachweisen.

Aufgabe 5
Die SuS tauschen sich über ihre Erfahrungen mit modernen Sagen aus und untersuchen sie ggf. inhaltlich. Falls bereits auf der Einstiegsseite weitere bekannte moderne Sagen genauer besprochen wurden (vgl. dort A 6), kann die Bearbeitung dieser Aufgabe entfallen.

Da stimmt doch etwas nicht!

1 Bildet Tandems. Einer liest Text A, der andere Text B. Erzählt einander anschließend den Inhalt des jeweiligen Textes.

A **Die verhexte Besenkammer**

Es war im letzten Jahr in der Zeit um Halloween, es regnete tagelang im irischen Kilkenny. Die Brüder Jack und Sean strit-
5 ten mal wieder miteinander. Auch heute war der Grund die Angst des jüngeren Sean vor der alten Besenkammer ihres Hauses. Er glaubte ganz sicher,
10 dass in dem staubigen Verschlag ein grausiges Etwas wohnt. Nicht nur sein Angst. Dessen Schulfreunde waren gern zu Gast und fanden es witzig, Sean damit zu ärgern. So auch an jenem Tag. Die Situation spitzte sich zu, als Jack seinen Bruder Sean zwingen wollte, die Besenkammer zu öffnen. Sean fiel in seiner Panik nur
15 noch ein, zu rufen, der Bruder solle doch selbst hineinklettern, wenn er so mutig sei. Er würde dann schon sehen, was das Ding mit ihm machen würde! Jack schloss nun mit Sean eine Wette ab: Wenn er selbst fünf Minuten in der Kammer aushält, muss Sean danach das Gleiche tun. Aus Furcht vor dem Spott der Freunde stimmte der Jüngere schließlich zu.
20 Unter den Augen aller stieg der große Bruder also durch die Tür und schloss sie hinter sich. Gleich darauf hörten die Kinder einen verzweifelten Schrei! Sie vermuteten einen Streich. Doch als es ganz still blieb, machten sie sich Sorgen. Nach einer Weile öffneten sie langsam die Kammer: Nur noch Jack's Kleidung lag da! Der Junge selbst war spurlos verschwunden.

B Facebook: Zuckerberg verschenkt 4,5 Milliarden Dollar

Achtung! Mark Zuckerberg, der Facebook-Gründer, denkt an Dich!
Mark Zuckerberg hat gestern angekündigt, dass er 4,5 Milliarden aus seinen Facebook-Aktien an 1 000 Facebook-Nutzer verschenken will. Da könntest Du dabei sein!
Alles, was Du tun musst: Verbreite ganz schnell diese Nachricht auf Facebook und Dein Name steckt in der Lostrommel. Das ist der Dank dafür, dass Du beigetragen hast, Facebook zu so einer starken Gemeinschaft zu machen.
Danke, Mark Zuckerberg

02. April um 15:03. ♡ Gefällt mir

28

Lösungen

Aufgabe 1
Leseaufgabe

Aufgaben 2 und 3

	Die verhexte Besenkammer	Zuckerberg verschenkt 4,5 Milliarden Dollar
Wann und wo?	im letzten Jahr um Halloween im irischen *Kilkenny*	USA, „gestern"
Wer war beteiligt?	die Brüder Jack und Sean, die Freunde von Jack	Mark Zuckerberg, ein anonymer Absender auf Facebook
Was geschah?	Jack macht sich über die Angst seines Bruders vor der Besenkammer lustig; im Rahmen einer Wette geht Jack in die Besenkammer und verschwindet spurlos	in der Nachricht wird behauptet, dass Zuckerberg 4,5 Milliarden Dollar unten denjenigen verlose (1 000 Gewinner), die diese Nachricht auf Facebook verbreiten
Was ist ungewöhnlich?	dass jemand aus einer Kammer spurlos verschwindet	dass jemand einfach 4,5 Milliarden Dollar verschenkt

Merkmale moderner Sagen erkennen

2 Lies nun den anderen Text und beantworte die folgenden Fragen dazu:
- Wann und wo geschah das Ereignis?
- Wer war beteiligt?
- Was geschah?
- Was ist ungewöhnlich am Text „Die verhexte Besenkammer" oder an der Facebook-Nachricht?
- Könnte diese Geschichte wahr sein? Begründe deine Meinung.

3 Übernimm die Tabelle und trage deine Ergebnisse aus Aufgabe 2 ein. Ergänze die Angaben zum zweiten Text.

	Orts-angaben	Zeit-angaben	Personen	das Ungewöhnliche oder Unwahrscheinliche
Die verhexte Besenkammer	Kilkenny	...	...	...
Facebook: Zucker-berg verschenkt 4,5 Milliarden Dollar	...	...	...	...

4 Sieh dir deine Tabelle noch einmal an. Formuliere dann in zwei bis drei eigenen Sätzen, was moderne Sagen sind.

5 Habt ihr auch schon einmal von solchen unerklärlichen Geschichten gehört oder solche Nachrichten auf dem Handy erhalten? Erzählt einander in der Klasse davon. Nennt die Themen dieser Nachrichten und überlegt gemeinsam, warum gerade diese Themen gewählt wurden.

Merke
Moderne Sagen

Moderne Sagen, auch urbane Legenden, sind ungewöhnliche Geschichten unserer Zeit, die vorgeben, wahr zu sein. Sie weisen folgende Merkmale auf:
- Sie erzählen von **unwahrscheinlichen** und **rätselhaften**, oft auch **gruseligen Begebenheiten**.
- Sie erscheinen **realistisch**, weil sie Angaben zu **Orten**, zu der **Zeit** und zu den **Personen** beinhalten.
- Häufig werden **Quellen** und **Zeugen** genannt, um die Geschichte **glaubwürdig** zu machen.
- Sie werden vor allem **mündlich**, manchmal **schriftlich** in Zeitungen, im Internet, per **E-Mail** oder über **soziale Netzwerke** verbreitet.

29

Vorhandenes Zusatzmaterial zu dieser Doppelseite

- KV 1 BASIS, S. 62
- KV 1 EXTRA, S. 63
- KV 1 PLUS, S. 64

- KV 2 BASIS, S. 65
- KV 2 EXTRA, S. 66
- KV 2 PLUS, S. 67

- AH 7, Kap. 2, S. 10

Könnten die Geschichten wahr sein?
Wie bei modernen Sagen erzählt die Geschichte „Die verhexte Besenkammer" ein in der realen Welt unmögliches Ereignis, ein rätselhaftes Geschehen. Sie erscheint aber durch die Ortsangabe und die namentliche Benennung der Personen realistisch.
Auch die Nachricht „Zuckerberg verschenkt 4,5 Milliarden Dollar" erscheint unwahrscheinlich, ist aber realistisch konstruiert und grundsätzlich auch durchaus möglich.

Aufgabe 4
siehe Merkekasten „Moderne Sagen" (SB, S. 29)

Aufgabe 5
individuelle Lösungen

DaZ-Kommentare

Aufgabe 1
Damit die SuS die kommenden Aufgaben im Unterricht bearbeiten können, sollte von ihnen der Text unbedingt im Rahmen der vorherigen Hausaufgabe gelesen und übersetzt werden. Die unbekannten Wörter sollten ins Vokabelheft eingetragen und ebenfalls übersetzt werden.

Aufgabe 2
Es sollte sichergestellt werden, dass die SuS den Begriff „Ereignis" verstehen. Ansonsten muss der Begriff kurz erklärt werden.

Merke: Moderne Sagen
Hier muss darauf geachtet werden, dass die SuS alle ihnen unbekannten Wörter übersetzt und die ganze Definition verstanden haben.

Es geschahen merkwürdige Dinge ...

Grundlagenseiten / 2

Die Schülerinnen und Schüler (SuS) erschließen sich Zeitungsmeldungen und geben sie aus veränderter Perspektive eines am Geschehen Beteiligten als moderne Sage wieder. Sie machen sich dazu noch einmal die Merkmale moderner Sagen bewusst (im Vergleich mit Zeitungsmeldungen), erweitern die Meldungen um Handlungselemente und erzählen sie anschaulich.

Kommentare zu den Aufgaben

Einstieg und Aufgabe 1
Ein gesonderter Einstieg in die Doppelseite ist nicht erforderlich, die SuS können sofort die Zeitungsmeldung „Kalb bricht in Supermarkt ein" lesen.

Aufgaben 2 und 3
Die Zeitungsmeldung „Kalb bricht in Supermarkt ein" wird mit Hilfe der W-Fragen untersucht; anschließend geben sich die SuS den Inhalt gegenseitig zur Verständnissicherung wieder.

Aufgaben 4 und 5
Die SuS schmücken die Zeitungsmeldung unter der Perspektive eines am Geschehen Beteiligten aus und erzählen sie mündlich ihrer Partnerin / ihrem Partner. Wichtig ist, dass die Erzählung nicht wie eine fantastische Geschichte übertrieben, sondern so erzählt wird, als wäre man tatsächlich Zeugin / Zeuge des Geschehens gewesen. Abschließend werden die mündlichen Erzählungen mit der Zeitungsmeldung verglichen.

Aufgabe 6
Alternative:
Die SuS arbeiten auch hier im Tandem.

Aufgaben 7 und 8
Eine weitere Zeitungsmeldung wird gelesen und inhaltlich erarbeitet.

Aufgaben 9 bis 11
Die SuS erweitern die Zeitungsmeldung um ein unwahrscheinliches Handlungselement und gestalten sie zu einer modernen Sage aus.
Alternative:
Die SuS arbeiten, vgl. Aufgabe 12, von Anfang an in Gruppen.

Aufgaben 12 und 13
Wurde bereits zuvor in Gruppen gearbeitet, könnten die Gruppen untereinander die Texte tauschen und gegenseitig bewerten (in diesem Fall werden anschließend alle entstandenen Geschichten in der Klasse vorgelesen).

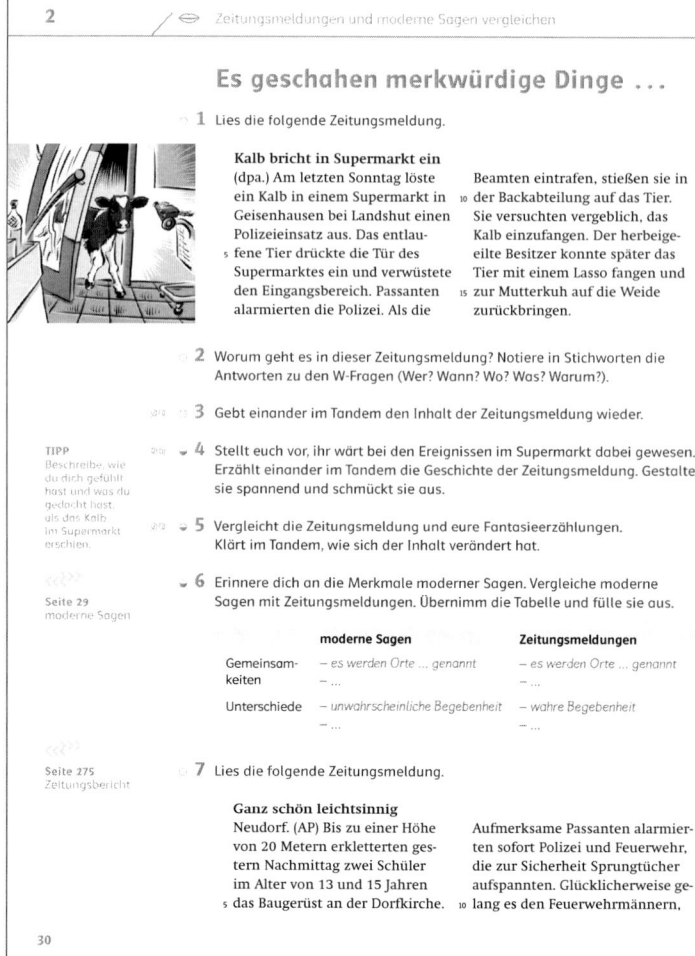

2 / Zeitungsmeldungen und moderne Sagen vergleichen

Es geschahen merkwürdige Dinge ...

1 Lies die folgende Zeitungsmeldung.

Kalb bricht in Supermarkt ein
(dpa.) Am letzten Sonntag löste ein Kalb in einem Supermarkt in Geisenhausen bei Landshut einen Polizeieinsatz aus. Das entlaufene Tier drückte die Tür des Supermarktes ein und verwüstete den Eingangsbereich. Passanten alarmierten die Polizei. Als die Beamten eintrafen, stießen sie in der Backabteilung auf das Tier. Sie versuchten vergeblich, das Kalb einzufangen. Der herbeigeeilte Besitzer konnte später das Tier mit einem Lasso fangen und zur Mutterkuh auf die Weide zurückbringen.

2 Worum geht es in dieser Zeitungsmeldung? Notiere in Stichworten die Antworten zu den W-Fragen (Wer? Wann? Wo? Was? Warum?).

3 Gebt einander im Tandem den Inhalt der Zeitungsmeldung wieder.

4 Stellt euch vor, ihr wärt bei den Ereignissen im Supermarkt dabei gewesen. Erzählt einander im Tandem die Geschichte der Zeitungsmeldung. Gestaltet sie spannend und schmückt sie aus.

TIPP
Beschreibe, wie du dich gefühlt hast und was du gedacht hast, als das Kalb im Supermarkt erschien.

Seite 29
moderne Sagen

5 Vergleicht die Zeitungsmeldung und eure Fantasieerzählungen. Klärt im Tandem, wie sich der Inhalt verändert hat.

6 Erinnere dich an die Merkmale moderner Sagen. Vergleiche moderne Sagen mit Zeitungsmeldungen. Übernimm die Tabelle und fülle sie aus.

	moderne Sagen	Zeitungsmeldungen
Gemeinsamkeiten	– es werden Orte ... genannt – ...	– es werden Orte ... genannt – ...
Unterschiede	– unwahrscheinliche Begebenheit – ...	– wahre Begebenheit – ...

Seite 275
Zeitungsbericht

7 Lies die folgende Zeitungsmeldung.

Ganz schön leichtsinnig
Neudorf. (AP) Bis zu einer Höhe von 20 Metern erkletterten gestern Nachmittag zwei Schüler im Alter von 13 und 15 Jahren das Baugerüst an der Dorfkirche. Aufmerksame Passanten alarmierten sofort Polizei und Feuerwehr, die zur Sicherheit Sprungtücher aufspannten. Glücklicherweise gelang es den Feuerwehrmännern,

30

Lösungen

Aufgabe 1
Leseaufgabe

Aufgabe 2

Wer?	ein Kalb, Passanten, Polizeibeamte, der Besitzer des Kalbs
Wann?	am letzten Sonntag
Wo?	in Geisenhausen bei Landshut
Was?	Kalb bricht in Supermarkt ein
Warum?	das Tier war entlaufen

Aufgabe 3
individuelle Lösung

Aufgaben 4 und 5
Durch die veränderte Perspektive gewinnt die Erzählung an Lebendigkeit, zugleich dürfte sie weniger sachlich sein als die Zeitungsmeldung. In der mündlichen Erzählung dürfte außerdem das Perfekt (statt des Präteritums der Meldung) gebraucht worden sein.

Eine moderne Sage nach einer Zeitungsmeldung schreiben

unter Einsatz der Drehleiter die
beide Kletterer wieder sicher
auf die Erde zurückzubringen.

Sie wurden ihren besorgten
15 Eltern unverletzt übergeben.

8 Worum geht es in der Zeitungsmeldung? Notiere in Stichworten die Antworten zu den W-Fragen (Wer? Wann? Wo? Was? Warum?).

9 Denke dir zu der wahren Zeitungsmeldung etwas Unwahrscheinliches oder Unerklärliches aus. Mache dir Notizen dazu.

TIPP
Überlege dir z. B.,
was die Jungen
auf dem Bau-
gerüst der Kirche
wollten.

10 Schreibe jetzt zu dem Geschehen in der Zeitungsmeldung eine moderne Sage. Beginne damit, einige Bestandteile der Zeitungsmeldung zu verändern. Du kannst dabei so vorgehen:
• Verändere den Ort und die Erzählreihenfolge, z. B. *Neuenkirchen. Passanten versuchten, zwei waghalsige Jungen zur Rückkehr ...*
• Lasse etwas weg, um den Ablauf der Ereignisse zu verändern, z. B. *Die Rettung gelang den Feuerwehrleuten ohne Hilfsmittel ...*
• Ergänze neue Angaben, z. B. *Die Jungen riefen vom Baugerüst ...*
• Nenne eine Quelle oder einen Zeugen, z. B. *Mein Bruder erzählte mir gestern ...*

11 Überlege, wie du deine Geschichte spannend gestalten kannst. Schreibe deine moderne Sage zu den beiden Kletterjungen auf.

Seite 267
interessant
und spannend
schreiben

12 Bildet Fünfergruppen und lest eure modernen Sagen vor. Wählt den unglaubwürdigsten oder spannendsten Text aus.

13 Erzählt eure ausgewählten Sagen in der Klasse. Besprecht, was an der Zeitungsmeldung verändert wurde und wie die Veränderungen wirken.

Test
p4zr5h

Arbeitstechnik
Eine moderne Sage schreiben

1. Wähle eine **erfundene oder wahre Begebenheit** aus, die für die Zuhörer oder Leser interessant sein könnte.
2. Überlege dir etwas **Ungewöhnliches oder Unwahrscheinliches** als Höhepunkt deiner Sage.
3. Füge **realistische Angaben** zu Ort, Zeit und Person (z. B. Zeuge) hinzu.
4. Lege den **Ablauf** der Ereignisse fest.
5. Gestalte deine Geschichte **spannend**. Beschreibe zuerst die Situation und gestalte dann einen überraschenden Schluss.
6. Verwende **Wörter**, die die **Spannung erhöhen** → unglaublich gefährlich, ein atemberaubender Anblick, es knisterte im Gebüsch ...

31

Aufgabe 6

	Moderne Sagen	Zeitungsmeldungen
Gemein-sam-keiten	– *es werden Orte*, Personen und die Zeit *genannt* – Quellen und Zeugen werden genannt	– *es werden Orte*, Personen und die Zeit *genannt* – Quellen und Zeugen werden genannt
Unter-schiede	– *unwahrscheinliche Begebenheit* – mündliche Verbreitung, Verbreitung in Netzwerken	– *wahre Begebenheit* – Meldungen werden schriftlich ausformuliert und gedruckt

Aufgabe 7
Leseaufgabe

Aufgabe 8

Wer?	zwei Schüler, deren Eltern, Passanten, die Feuerwehr, Polizei
Wann?	„gestern Nachmittag"
Wo?	Neudorf, Dorfkirche
Was?	zwei Schüler erklettern ein Baugerüst an einer Kirche
Warum?	Leichtsinn

Vorhandenes Zusatzmaterial zu dieser Doppelseite

▤ KV 3 BASIS, S. 68
▤ KV 3 EXTRA, S. 69
▤ KV 3 PLUS, S. 70

▢ AH 7, Kap. 2, S. 11/12

⊕ Test p4zr5h

Aufgabe 9
individuelle Lösungen – Denkbar wäre, dass ein Schüler aus 20 Metern Höhe abstürzt und – bis auf einige Schürfwunden – unverletzt bleibt.

Aufgaben 10 bis 13
individuelle Lösungen – Spannend (vgl. A 11) werden die Geschichten durch anschauliche Schilderungen der Gefühle, treffende Wortwahl und ein zielstrebiges Erzählen auf einen Höhepunkt hin.

DaZ-Kommentare

Aufgaben 1 und 7
Da die kurzen Texte viele schwierige Wörter beinhalten, sollten die SuS die ihnen unbekannten Wörter im Rahmen der vorherigen Hausaufgabe übersetzen. Alternativ können die Wörter im Plenum und/oder an der Tafel erklärt werden.

Aufgabe 4
Bitte auf den Tipp am Rand unbedingt verweisen.

Aufgabe 11
Die SuS könnten hier mit dem Wörterbuch arbeiten.

Arbeitstechnik: Eine moderne Sage schreiben
Hier muss darauf geachtet werden, dass die SuS alle unbekannten Wörter übersetzt und verstanden haben.

Nicht zu glauben ...

BASIS-Seiten

Die Schülerinnen und Schüler (SuS) lernen eine weitere moderne Sage kennen und erschließen sie merkmalsbezogen. Sie erarbeiten sich sodann inhaltlich Zeitungsmeldungen, erweitern und verändern sie und erzählen sie als moderne Sage. Die entstandenen Texte werden vorgelesen bzw. erzählt und formal und inhaltlich bewertet.

Kommentare zu den Aufgaben

Einstieg und Aufgabe 1
Die SuS können ausgehend vom Titel Vermutungen über das in der Sage „Das explodierende Klo" dargestellte Geschehen äußern; anschließend lesen sie den Text.

Aufgabe 2
Aufgabe 2 sichert das grundlegende Textverständnis.

Aufgaben 3 und 4
In Partnerarbeit (ggf. leistungsstärkere und -schwächere SuS gezielt mischen) untersuchen die SuS die Sage „Das explodierende Klo" unter vorgegebenen Aspekten. Anschließend werden die Ergebnisse tabellarisch festgehalten.

Aufgaben 5 und 6
Die SuS schreiben den Text der Sage aus veränderter Perspektive (der der Vermieterin) und schildern dabei die vermeintlichen Gedanken und Gefühle. Die entstandenen Texte werden getauscht und die SuS geben sich einander ein Feedback.

Aufgaben 7 bis 9
Die SuS lesen und erschließen sich die Zeitungsmeldungen und informieren sich anschließend gegenseitig darüber. Das Informieren der Mitschüler/innen bereitet dabei die Umarbeitung vor. Die SuS sollten angehalten werden, nachzufragen, wenn sie bei einem Bericht nicht alles genau verstehen.

Aufgaben 10 bis 12
Die SuS erweitern und verändern eine der Zeitungsmeldungen und gestalten sie so zu einer modernen Sage aus. Anschließend stellen sie sich die entstandenen Arbeiten vor und bewerten sie.

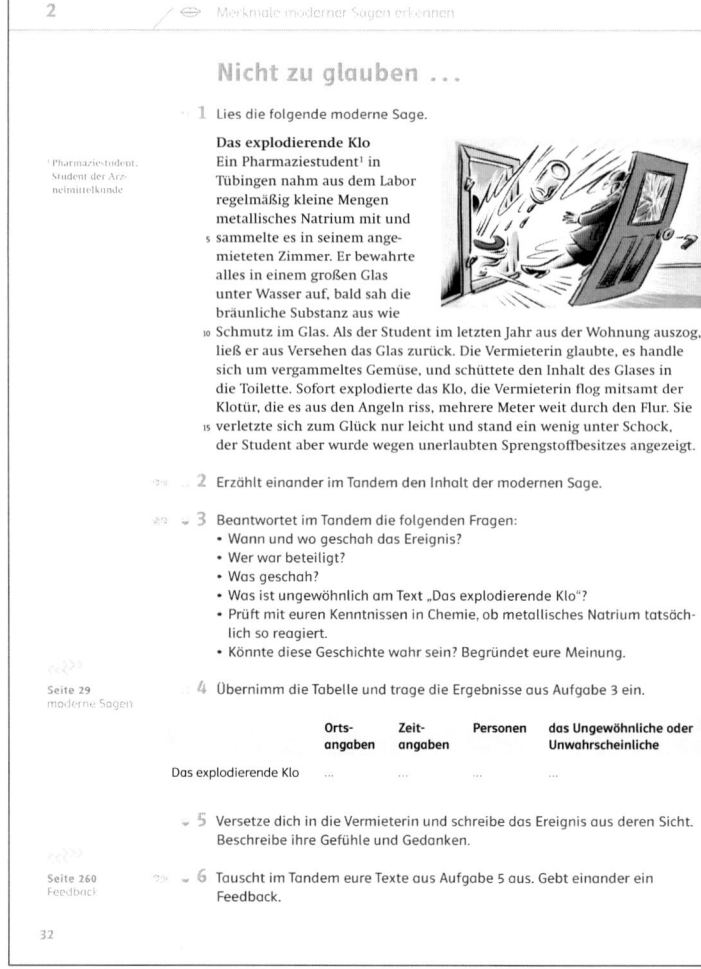

Lösungen

Aufgabe 1
Leseaufgabe

Aufgabe 2
individuelle Lösungen

Aufgabe 3
- Ort und Zeit: Tübingen, „im letzten Jahr"
- Beteiligte: Student der Pharmazie, seine Vermieterin
- Ein Student nahm regelmäßig kleine Mengen metallisches Natrium mit nach Hause und bewahrte es in einem großen Glas (mit Wasser) auf. Die Vermieterin hielt den Inhalt des Glases für vergammeltes Gemüse und schüttete das Natrium in die Toilette. Es kam zur Explosion.
- Das Ungewöhnliche: Die derart heftige Explosion („... die Vermieterin flog mitsamt der Klotür [!] ... mehrere Meter weit [!] durch den Flur", Z. 13 f.), die niemanden ernsthaft verletzte.
- Reaktion Natrium: Elementares Natrium reagiert mit Wasser tatsächlich (es entsteht Wasserstoff, der mit heller Flamme verbrennt).

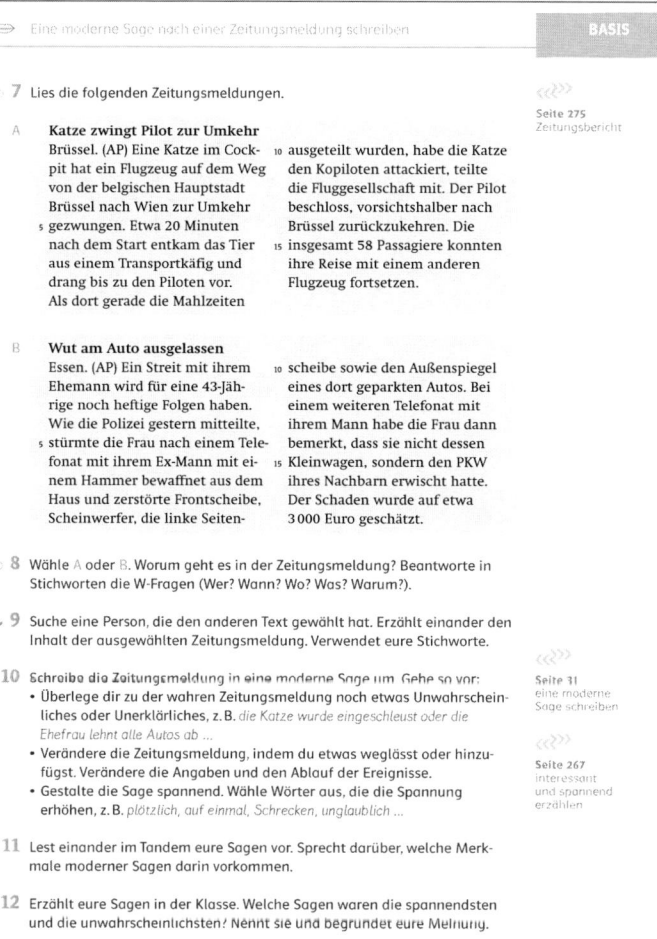

7 Lies die folgenden Zeitungsmeldungen.

Seite 275
Zeitungsbericht

A **Katze zwingt Pilot zur Umkehr**
Brüssel. (AP) Eine Katze im Cock-pit hat ein Flugzeug auf dem Weg von der belgischen Hauptstadt Brüssel nach Wien zur Umkehr gezwungen. Etwa 20 Minuten nach dem Start entkam das Tier aus einem Transportkäfig und drang bis zu den Piloten vor. Als dort gerade die Mahlzeiten ausgeteilt wurden, habe die Katze den Kopiloten attackiert, teilte die Fluggesellschaft mit. Der Pilot beschloss, vorsichtshalber nach Brüssel zurückzukehren. Die insgesamt 58 Passagiere konnten ihre Reise mit einem anderen Flugzeug fortsetzen.

B **Wut am Auto ausgelassen**
Essen. (AP) Ein Streit mit ihrem Ehemann wird für eine 43-Jäh-rige noch heftige Folgen haben. Wie die Polizei gestern mitteilte, stürmte die Frau nach einem Tele-fonat mit ihrem Ex-Mann mit ei-nem Hammer bewaffnet aus dem Haus und zerstörte Frontscheibe, Scheinwerfer, die linke Seiten-scheibe sowie den Außenspiegel eines dort geparkten Autos. Bei einem weiteren Telefonat mit ihrem Mann habe die Frau dann bemerkt, dass sie nicht dessen Kleinwagen, sondern den PKW ihres Nachbarn erwischt hatte. Der Schaden wurde auf etwa 3 000 Euro geschätzt.

8 Wähle A oder B. Worum geht es in der Zeitungsmeldung? Beantworte in Stichworten die W-Fragen (Wer? Wann? Wo? Was? Warum?).

9 Suche eine Person, die den anderen Text gewählt hat. Erzählt einander den Inhalt der ausgewählten Zeitungsmeldung. Verwendet eure Stichworte.

10 Schreibe die Zeitungsmeldung in eine moderne Sage um. Gehe so vor:
- Überlege dir die wahren Zeitungsmeldung noch etwas Unwahrschein-liches oder Unerklärliches, z. B. *die Katze wurde eingeschleust oder die Ehefrau lehnt alle Autos ab …*
- Verändere die Zeitungsmeldung, indem du etwas weglässt oder hinzu-fügst. Verändere die Angaben und den Ablauf der Ereignisse.
- Gestalte die Sage spannend. Wähle Wörter aus, die die Spannung erhöhen, z. B. *plötzlich, auf einmal, Schrecken, unglaublich …*

Seite 31
eine moderne
Sage schreiben

Seite 267
interessant
und spannend
erzählen

11 Lest einander im Tandem eure Sagen vor. Sprecht darüber, welche Merk-male moderner Sagen darin vorkommen.

12 Erzählt eure Sagen in der Klasse. Welche Sagen waren die spannendsten und die unwahrscheinlichsten? Nennt sie und begründet eure Meinung.

33

– Unglaubhaft ist schon, dass jemand Natrium sammelt und vergisst. Unglaubhaft ist außerdem, dass man Natrium in einem Glas mit vergammeltem Gemüse verwechselt, das man ausgerechnet im WC (statt mit dem Hausmüll) ent-sorgt. Und unglaubhaft ist schließlich eine derart heftige Reaktion, die keinen Personenschaden anrichtet.

Aufgabe 4

	Ortsan-gaben	Zeitan-gaben	Per-sonen	das Ungewöhn-liche oder Un-wahrscheinliche
Das explo-dierende Klo	Tübin-gen	im letzten Jahr	Student, Vermie-terin	heftige Explo-sion, die nieman-den ernsthaft verletzte

Aufgabe 5
individuelle Lösungen – Es ist darauf zu achten, dass die veränderte Perspektive streng eingehalten wird.

Aufgabe 6
individuelle Lösungen – Kritische Rückmeldungen sollten im Idealfall mit einem konkreten Verbesserungsvorschlag verknüpft werden.

Aufgabe 7
Leseaufgabe

Vorhandenes Zusatzmaterial zu dieser Doppelseite

⊟ Differenzierungskarte EXTRA, S. 11
⊟ Differenzierungskarte PLUS, S. 11

🗂 Klassenarbeitstraining 1, AH 7, S. 72 / 73

💿 KA 2 BASIS

Aufgabe 8

	A: Katze zwingt Pilot zur Umkehr	B: Wut am Auto ausge-lassen
Wer?	eine Katze, die Piloten, Passagiere	eine 43-jährige Frau
Wann?	20 Minuten nach dem Start	gestern
Wo?	Flug von Brüssel nach Wien; Cockpit	Essen
Was?	Katze attackiert den Kopiloten eines Flugzeugs, der Pilot beschließt Rückkehr	eine Frau demoliert das Auto eines Nach-barn, weil sie es für das ihres Mannes hält
Warum?	Katze ist aus einem Transportkäfig ent-kommen	aus Wut über den Ehemann

Aufgabe 9
individuelle Lösungen

Aufgaben 10 und 11
individuelle Lösungen – Die SuS sollten natürlich schon beim Schreiben die Merkmale moderner Sagen im Blick haben.

Aufgabe 12
individuelle Lösungen

DaZ-Kommentare

Aufgaben 1 und 7
Damit die SuS die kommenden Aufgaben im Unterricht be-arbeiten können, sollten von ihnen die Texte unbedingt im Rahmen der vorherigen Hausaufgabe gelesen und übersetzt werden. Die unbekannten Wörter sollten ins Vokabelheft eingetragen und ebenfalls übersetzt werden.

Aufgabe 10
Den SuS muss deutlich gemacht werden, dass bei dieser Aufgabe auf die sprachliche Richtigkeit bei der Verschrift-lichung ganz besonders geachtet werden muss. Im Zwei-felsfall sollten sie sich an die Lehrerin / den Lehrer wenden und / oder mit dem Wörterbuch arbeiten.

Unglaublich!

EXTRA-Seiten

Die Schülerinnen und Schüler (SuS) lernen eine weitere moderne Sage kennen, erschließen sie inhaltlich und weisen an ihr Merkmale moderner Sagen nach. Sie erarbeiten sich sodann zwei Zeitungsmeldungen inhaltlich, erweitern und verändern sie und erzählen sie als moderne Sage.
Die entstandenen Texte werden vorgelesen und formal und inhaltlich bewertet. Abschließend erfinden die SuS selbst eine moderne Sage.

Kommentare zu den Aufgaben

Einstieg, Aufgaben 1 und 2
Die SuS lesen die moderne Sage „Teilen ist schön …" und erschließen sich den Text inhaltlich.
Erweiterung:
Die SuS tauschen ihre Arbeitsergebnisse aus Aufgabe 2 aus und kontrollieren sie gegenseitig.

Aufgabe 3
Vor der Bearbeitung der Aufgabe sollten die SuS noch einmal den Merkekasten auf Seite 29 des Schülerbuchs lesen.

Aufgaben 4 und 5
Die SuS schreiben den Text der Sage aus veränderter Perspektive (der des jungen Mannes mit Rasta) und schildern dabei die vermeintlichen Gedanken und Gefühle. Die entstandenen Texte werden getauscht und die SuS geben sich einander ein Feedback.

Aufgabe 6
Die SuS eschließen sich zwei Zeitungsmeldungen inhaltlich.
Erweiterung:
Die SuS tauschen wieder ihre Arbeitsergebnisse und kontrollieren sie gegenseitig.

Aufgaben 7 und 8
Die SuS erweitern und verändern eine der Zeitungsmeldungen und gestalten sie zu einer modernen Sage aus. Anschließend stellen sie sich die entstandenen Arbeiten vor und bewerten sie.

Aufgaben 9 und 10
Alternative:
Die erfundenen Sagen werden schriftlich ausgearbeitet und die entstandenen Texte in Form einer Wandzeitung präsentiert. In diesem Fall könnte auch in Tandems (oder höchstens Dreiergruppen) gearbeitet werden, damit mehr Texte entstehen.

Unglaublich!

1 Lies die folgende moderne Sage.

Teilen ist schön …

Eine Frau wollte letzte Woche nach der Arbeit zu Abend in einem Fast-Food-Restaurant in Mannheim essen. Sie setzt sich an einen freien Tisch, hängt ihre Jacke über den Stuhl und bestellt ihr Lieblingsmenü. Als das Essen serviert wird, fällt ihr auf, dass der Ketchup fehlt. Also steht sie noch

5 einmal auf und geht zur Theke. Als sie zum Tisch zurückkommt, sieht sie einen jungen Mann mit Rasta und tätowierten Armen dort sitzen. Er packt gerade den Burger aus und beißt kräftig hinein. Zuerst wird die Frau zornig, denn so etwas Unverschämtes hat sie noch nie erlebt. Dann denkt sie sich, dass der junge Mann vielleicht kein Geld hat, sich selbst Essen zu

10 kaufen. Sie will die Sache mit Humor sehen. Deshalb geht sie zurück zum Tisch, setzt sich hin und nimmt dem Mann den halb aufgegessenen Burger aus der Hand und isst die restliche Hälfte auf. Er schaut sie erstaunt an, zögert kurz und lächelt. Und so teilen sich beide das ganze Menü. Dabei kommen sie ins Gespräch und unterhalten sich angeregt. Als alles auf-

15 gegessen ist, verabschiedet sich die Frau, greift hinter sich, um die Jacke anzuziehen. Doch da ist nichts. Sie dreht sich um, um nachzusehen, ob die Jacke vielleicht auf dem Boden liegt. Während sie sich umdreht, streift ihr Blick einer der benachbarten Tische, und da hängt sie, ihre Jacke. Über der Stuhllehne des Nebentisches. Auf dem Tisch steht ihr Menü.

Seite 29
moderne Sagen

2 Übernimm die Tabelle und fülle sie aus.

	Orts-angaben	Zeit-angaben	Personen	das Ungewöhnliche oder Unwahrscheinliche
Teilen ist schön …	…	…	…	…

3 Schreibe einen kurzen Text, in dem du die Merkmale der modernen Sage „Teilen ist schön …" zusammenfasst. Begründe, ob diese Geschichte wahr sein könnte.

4 Versetze dich in den jungen Mann und schreibe das Ereignis aus dessen Sicht. Beschreibe seine Gedanken und Gefühle.

Seite 260
Feedback

5 Tauscht im Tandem eure Texte aus Aufgabe 4 aus. Gebt einander ein Feedback.

Seite 275
Zeitungsbericht

6 Lies die beiden Zeitungsmeldungen auf der nächsten Seite. Wähle dann A oder B und beantworte in Stichworten die W-Fragen.

34

Lösungen

Aufgabe 1
Leseaufgabe

Aufgabe 2

	Ortsangaben	Zeitangaben	Personen	das Ungewöhnliche oder Unwahrscheinliche
Teilen ist schön …	Mannheim, Fast-Food-Restaurant	letzte Woche, abends	Frau, junger Mann	Zwei unbekannte Menschen teilen sich ein Menü, wobei jeder glaubt, dass es seins ist.

Aufgabe 3
individuelle Lösungen – Der Text „Teilen ist schön …" erzählt eine unwahrscheinliche Begebenheit, erscheint aber durch genaue Angaben (zu Ort und Zeit) realistisch.

Aufgaben 4 und 5
individuelle Lösungen

A **Junge feiert Party mit Konsequenzen**

Rheydt-Mülfort. Ein 15-jähriger Junge verursachte gestern Abend einen umfangreichen Polizeieinsatz. Wie die Gladbacher Polizei mitteilte, befand sich der Junge alleine zu Hause. Um seinen Abend interessanter zu gestalten, hatte er auf Facebook eine Einladung zu einer Hausparty an seine Freunde verschickt. Da der Schüler jedoch sein Account[1] in dem sozialen Netzwerk nicht angepasst hatte, um die Adressaten einzugrenzen, erfuhren nicht nur seine engsten Freunde von Ort und Zeit des Treffens, sondern die gesamte „Community". Dies hatte zur Folge, dass die Nachbarn gegen 23:00 Uhr wegen des Lärms und der vielen Autos die Polizei riefen. Im Haus des Schülers bot sich den Polizeibeamten ein Bild der Verwüstung. Sie mussten 180 ungebetene Gäste zum Aufbruch auffordern. Polizeisprecher Müsges sagte, der Schüler wäre mit der Situation völlig überfordert gewesen und müsse nun die Konsequenzen der Zerstörungswut seiner Gäste tragen.

[1] Account: Zugangsberechtigung zum Internet usw.

B **Glühbirnen, Socken, Steine – Haustiere fressen wirklich alles**

dpa. Jedes Jahr wählt die US-amerikanische Tierarzt-Zeitschrift *Veterinary Practice News* die skurrilsten Röntgenbilder von Mägen amerikanischer Haustiere aus. Je merkwürdiger die Gegenstände im Bauch des Tieres, desto größer die Chancen auf das Preisgeld von etwa 1 500 Dollar. Das Preisgeld erhält die Tierklinik, die das Tier geröntgt hat. In den vergangenen Jahren gewann zum Beispiel eine Dogge, die 43,5 Socken verschlungen hatte, wie der Tierarzt auf der Röntgenaufnahme feststellte. Der Verbleib des restlichen halben Strumpfs konnte nicht geklärt werden. Vor einigen Jahren war das Bild einer Schlange im Wettbewerb, die zwei völlig intakte Glühbirnen verschluckt hatte. In diesem Jahr gewann den ersten Platz das Röntgenbild eines Lurchs, der 30 Kieselsteine aus seinem Aquarium gefressen hatte.

⚬ **7** Schreibe die ausgewählte Zeitungsmeldung in eine moderne Sage um. Verändere die Angaben, überlege dir dafür etwas Unerklärliches und gestalte die Geschichte spannend.

⚬ **8** Lest einander in der Gruppe die Sagen vor und gebt euch ein Feedback.

⚬ **9** Denkt euch dann in der Gruppe eine eigene moderne Sage aus. Ihr könnt die folgenden Ideen verwenden. Macht euch Notizen zu eurer Sage.

> beim Wandern verschollen   Schule schließt   Fußballplatz geflutet

⚬ **10** Erzählt eure eigene Sage in der Klasse. Tauscht euch darüber aus, was darin unerklärlich oder unwahrscheinlich ist.

«⟨⟩⟩
Seite 31
eine moderne
Sage schreiben

TIPP
Wähle aus Text B
ein Tier aus und
erzähle seine
rätselhafte Geschichte.

35

Aufgabe 6

	A: Junge feiert Party mit Konsequenzen	B: Glühbirnen, Socken, Steine – Haustiere fressen wirklich alles
Wer?	15-jähriger Junge, 180 „Gäste", Nachbarn, Polizisten	Tiere
Wann?	gestern Abend, gegen 23 Uhr	in den vergangenen Jahren
Wo?	Rheydt-Mülfort (bei Gladbach)	in den USA
Was?	180 „Gäste" folgen einer Facebook-Party-Einladung und verwüsten ein Haus	Tiere fressen alles Mögliche
Warum?	der Junge hat seinen Account nicht angepasst	

Aufgaben 7 und 8

individuelle Lösungen – Die SuS sollten beim Schreiben die Merkmale moderner Sagen im Blick haben und etwa Zeugen angeben oder Quellen benennen.

Aufgaben 9 und 10

individuelle Lösungen

Vorhandenes Zusatzmaterial zu dieser Doppelseite

🖹 Differenzierungskarte BASIS, S. 12
🖹 Differenzierungskarte PLUS, S. 12

🗎 Klassenarbeitstraining 1, AH 7, S. 72 / 73

💻 KA 2 EXTRA

Sehr merkwürdig ...

PLUS-Seiten

Die Schülerinnen und Schüler (SuS) lernen eine weitere moderne Sage kennen, erschließen sie inhaltlich und weisen an ihr, auch auf der Grundlage einer Internetrecherche, Merkmale moderner Sagen nach.

Sie erarbeiten sich sodann zwei Zeitungsmeldungen inhaltlich, erweitern und verändern sie und erzählen sie als moderne Sage. Die entstandenen Texte werden vorgelesen und formal und inhaltlich bewertet. Abschließend erfinden die SuS selbst eine moderne Sage und erzählen sie in der Klasse.

Kommentare zu den Aufgaben

Einstieg, Aufgaben 1 und 2
Die SuS lesen die moderne Sage „Gefährliche Getränkedose" und erschließen sich den Text inhaltlich.
Erweiterung:
Die SuS tauschen ihre Arbeitsergebnisse aus Aufgabe 2 aus und kontrollieren sie gegenseitig.

Aufgabe 3
Bei der Recherche kann zunächst bei einer Suchmaschine nach „Leptospirose" gesucht werden (man findet u. a. einen Eintrag bei Wikipedia), dann nach „fulgurante" (man findet den Hinweis, dass dies das franz. Wort für „Blitz" ist).

Aufgaben 4 und 5
Vor der Bearbeitung der Aufgabe 4 sollten die SuS noch einmal im Schülerbuch den Merkekasten auf Seite 29 lesen.

Aufgabe 6
Die SuS erschließen sich zwei Zeitungsmeldungen inhaltlich.

Aufgaben 7 und 8
Die SuS erweitern und verändern eine der beiden Zeitungsmeldungen und gestalten sie so zu einer modernen Sage aus. Anschließend stellen sie sich die entstandenen Arbeiten vor und bewerten sie.

Aufgaben 9 und 10
Die erfundenen Sagen müssen nicht unbedingt Rätselcharakter haben; wichtig ist vor allem, dass die SuS sich noch einmal mit den Textsortenmerkmalen auseinandersetzen und produktiv tätig werden.

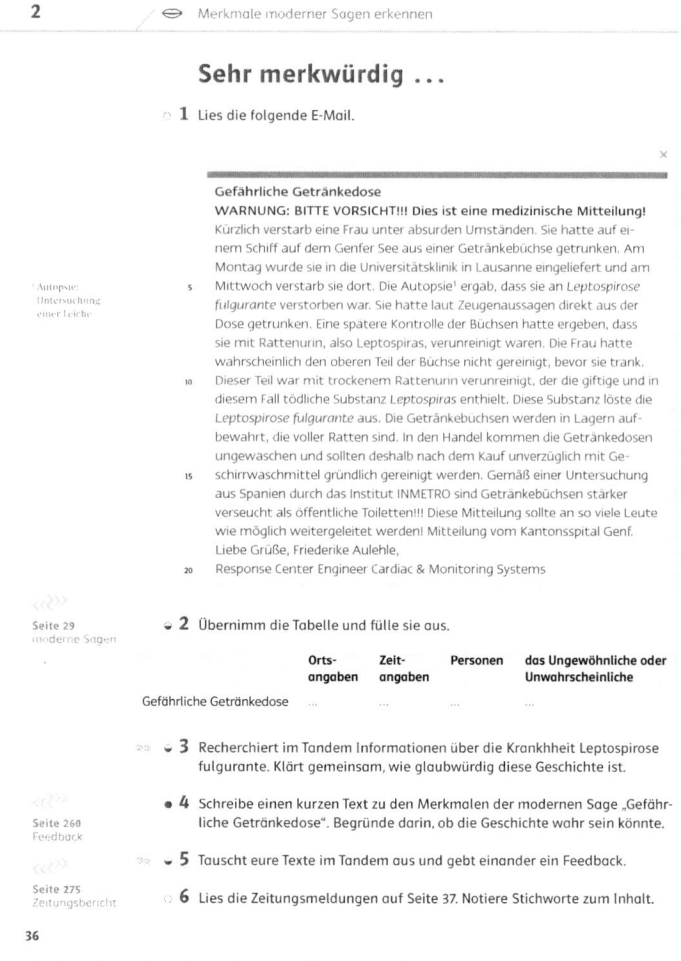

Lösungen

Aufgabe 1
Leseaufgabe

Aufgabe 2

	Ortsangaben	Zeitangaben	Personen	das Ungewöhnliche oder Unwahrscheinliche
Gefährliche Getränkedose	Schiff auf dem Genfer See, Uni-Klinik Lausanne, Kantonsspital Genf	kürzlich, Montag, Mittwoch	eine Frau, Friederike Aulehle	Eine Frau verstirbt trotz ärztlicher Hilfe, nachdem sie eingetrockneten Rattenurin geschluckt hat.

A **Eigenartiges Mittagessen**
Weilheim. (AP) Ein Mittagessen der besonderen Art erlebte gestern eine junge Frau in Weilheim. Während ihrer Mittagspause eilte sie in einen Imbiss und bestellte dort das Tagesgericht mit Hackfleisch. Das Essen konnte die Kundin jedoch nicht genießen. Nach kurzer Zeit habe sie auf „etwas sehr Hartes, Spitzes gebissen", sagte die junge Frau. Beim näheren Betrachten des Gegenstandes sei schnell klar geworden, dass es sich dabei um einen Stein handelte, der kristallisch glitzerte. Die Besitzerin des Imbisses reagierte laut Zeugenaussagen extrem auffällig und dies veranlasste die Kundin die Polizei zu rufen. Wenig später stellte diese fest, dass es sich bei dem Stein um einen Diamanten handelte. Nach Durchsuchung des Imbisses fand die Kriminalpolizei 1,5 Kilo Diamanten im Lebensmittelvorrat. Eine Diebesbande hatte offensichtlich die kostbaren Steine im Hackfleisch versteckt.

B **Vater nimmt Sohn zu Einbruch mit**
dpa Die Polizei nahm in der vergangenen Woche in der Ludwigshafener Innenstadt einen 35-jährigen Vater und seinen neunjährigen Sohn fest. Beide wurden am Mittwoch bei einem Einbruch in ein Haus in der Schillerstraße von den heimkommenden Hausbesitzern auf frischer Tat ertappt. Vater und Sohn waren gerade dabei, die Schubladen der Schlafzimmerkommode zu leeren. Da sie vorher zwei Tablets und den Fernseher neben der Haustür zum schnellen Transport deponiert hatten, ahnten die Hausbesitzer, was im Haus vor sich ging. Sie alarmierten die Polizei. Der Vater flüchtete noch schnell durch das Toilettenfenster in den Garten. Er wollte kein Risiko eingehen und den Sohn nicht mitnehmen. Er vermutete wohl, dass diesem keine Strafe drohen würde, da er noch minderjährig sei. Im Garten wurde der Vater aber vom Hausbesitzer überwältigt und festgehalten.

7 Wähle A oder B und schreibe die Zeitungsmeldung in eine moderne Sage um. Verändere die Angaben, überlege dir dafür etwas Unerklärliches und gestalte die Geschichte spannend.

8 Lest einander in der Gruppe eure Sagen vor und gebt euch ein Feedback.

9 Denkt euch im Tandem eine eigene Sage aus. Wählt dazu einen rätselhaften Ort in eurer Umgebung. Überlegt, was dort passiert sein könnte, und klärt damit das Rätsel. Macht euch Notizen.

10 Erzählt eure eigenen Sagen in der Klasse. Tauscht euch darüber aus, ob sie das Rätsel des Ortes erklären könnten.

≪≫≫
Seite 31
eine moderne
Sage schreiben

37

▤ Differenzierungskarte BASIS, S. 13
▤ Differenzierungskarte EXTRA, S. 13

▯ Klassenarbeitstraining 1, AH 7, S. 72 / 73

⊙▣ KA 2 PLUS

Aufgabe 3
„Leptospirose" ist eine Virenkrankheit, deren Übertragung durch Urin, Blut oder Gewebe auch auf den Menschen möglich ist. Das Wort „fulgurante" ist Pseudolatein (lat. fulgur „Blitz"). Getrockneter Rattenurin ist für den Menschen nicht tödlich, die Geschichte ist Unsinn (abgesehen davon, dass Getränkedosen nicht einzeln gelagert werden, sondern in großen Einheiten und durch Folie zusammengehalten).

Aufgaben 4 und 5
individuelle Lösungen – Der Text „Gefährliche Getränkedose" enthält eine unwahrscheinliche Begebenheit, erscheint aber durch genaue Angaben (zu Ort und Zeit sowie der pseudolateinischen Krankheitsbezeichnung) realistisch.

Aufgabe 6

	A: Eigenartiges Mittagessen	B: Vater nimmt Sohn zu Einbruch mit
Wer?	eine junge Frau, Besitzerin des Imbisses, Polizei, Zeugen	Vater, sein Sohn, Polizei, Hausbesitzer
Wann?	gestern, Mittagspause	vergangene Woche, Mittwoch
Wo?	Weilheim	Ludwigshafen, Innenstadt, Schillerstraße
Was?	Kundin beißt auf Diamanten im Essen.	Vater nimmt Sohn zu einem Einbruch mit, Vater flüchtet ohne den Sohn beim Eintreffen der Polizei.
Warum?	Diebesbande hat 1,5 kg Diamanten in Hackfleisch versteckt.	Vater hofft, dass der Sohn straffrei bleibt.

Aufgaben 7 und 8
individuelle Lösungen – Die SuS sollten beim Schreiben die Merkmale moderner Sagen im Blick haben und etwa Zeugen angeben oder Quellen benennen.

Aufgaben 9 und 10
individuelle Lösungen

Nicht nur am 1. April ...

RGS-Seiten

Die Schülerinnen und Schüler (SuS) wiederholen die Merkmale der Wortart Substantiv / Nomen und machen sich noch einmal Signale dieser Wortart bewusst. Sie erkennen Substantive / Nomen und bestimmen ihre Signalwörter. Dabei lernen sie Indefinitpronomen als Signalwörter für Substantive / Nomen sowie Substantivierungen / Nominalisierungen kennen. Eine Abschlussübung verfestigt das Gelernte.

Kommentare zu den Aufgaben

Einstieg
Die SuS können sich über ihre Erlebnisse, die sie an einem 1. April gemacht haben, austauschen. Einzelne Schlüsselwörter der Berichte können als Beispiele für Substantive / Nomen (zur Bearbeitung von A1) an der Tafel festgehalten werden.

Aufgabe 1
Die SuS benennen mindestens zwei Merkmale von Substantiven / Nomen (auch als Gemeinsamkeit zwischen den an der Tafel notierten Wörtern, siehe „Einstieg").

Aufgaben 2 bis 4
Die SuS erkennen Substantive / Nomen und bestimmen sie.
Alternative:
Die SuS arbeiten in Partnerarbeit, wobei jeweils eine leistungsstärkere Schülerin / ein leistungsstärkerer Schüler mit einer bzw. einem -schwächeren zusammenarbeitet.

Aufgaben 5 und 6
Die Aufgabe 5 hilft den SuS, die Indefinitpronomen bewusst als Substantiv- / Nomensignale wahrzunehmen und zugleich Substantivierungen / Nominalisierungen zu erkennen, und bereitet so Aufgabe 6 vor.

Aufgabe 7
Die SuS überprüfen das Gelernte und schreiben einen Text in der richtigen Groß- und Kleinschreibung ab.

Lösungen

Aufgabe 1
– semantisches Merkmal: Substantive / Nomen bezeichnen auch Dinge und Lebewesen
– grammatische (morphologische) Merkmale: Substantive / Nomen können einen Plural bilden und werden nach Fällen gebeugt; weisen oft typische Nachsilben (z. B.: -ung, -heit, -keit) auf
– grammatische (syntaktische) Merkmale: Substantive / Nomen können einen Begleiter haben (insbesondere Artikel)
– orthografisches Merkmal: Substantive / Nomen werden großgeschrieben

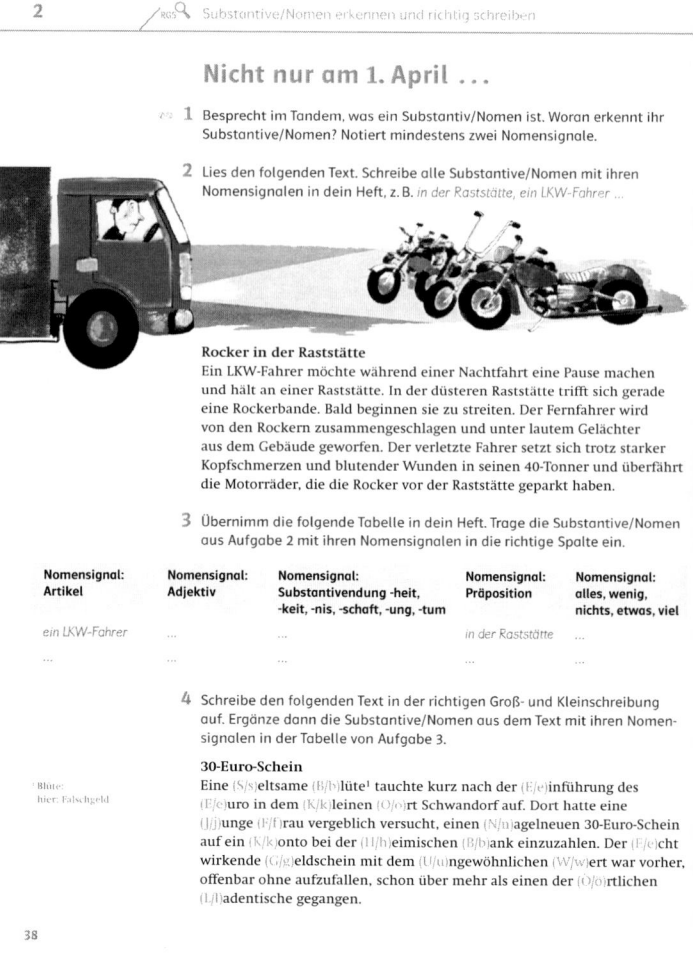

Nicht nur am 1. April ...

1 Besprecht im Tandem, was ein Substantiv/Nomen ist. Woran erkennt ihr Substantive/Nomen? Notiert mindestens zwei Nomensignale.

2 Lies den folgenden Text. Schreibe alle Substantive/Nomen mit ihren Nomensignalen in dein Heft, z. B. *in der Raststätte, ein LKW-Fahrer ...*

Rocker in der Raststätte
Ein LKW-Fahrer möchte während einer Nachtfahrt eine Pause machen und hält an einer Raststätte. In der düsteren Raststätte trifft sich gerade eine Rockerbande. Bald beginnen sie zu streiten. Der Fernfahrer wird von den Rockern zusammengeschlagen und unter lautem Gelächter aus dem Gebäude geworfen. Der verletzte Fahrer setzt sich trotz starker Kopfschmerzen und blutender Wunden in seinen 40-Tonner und überfährt die Motorräder, die die Rocker vor der Raststätte geparkt haben.

3 Übernimm die folgende Tabelle in dein Heft. Trage die Substantive/Nomen aus Aufgabe 2 mit ihren Nomensignalen in die richtige Spalte ein.

Nomensignal: Artikel	Nomensignal: Adjektiv	Nomensignal: Substantivendung -heit, -keit, -nis, -schaft, -ung, -tum	Nomensignal: Präposition	Nomensignal: alles, wenig, nichts, etwas, viel
ein LKW-Fahrer	...	...	in der Raststätte	...
...	...	...	...	...

4 Schreibe den folgenden Text in der richtigen Groß- und Kleinschreibung auf. Ergänze dann die Substantive/Nomen aus dem Text mit ihren Nomensignalen in der Tabelle von Aufgabe 3.

30-Euro-Schein
Eine (S/s)eltsame (B/b)lüte[1] tauchte kurz nach der (E/e)inführung des (E/e)uro in dem (K/k)leinen (O/o)rt Schwandorf auf. Dort hatte eine (J/j)unge (F/f)rau vergeblich versucht, einen (N/n)agelneuen 30-Euro-Schein auf ein (K/k)onto bei der (H/h)eimischen (B/b)ank einzuzahlen. Der (E/e)cht wirkende (G/g)eldschein mit dem (U/u)ngewöhnlichen (W/w)ert war vorher, offenbar ohne aufzufallen, schon über mehr als einen der (O/o)rtlichen (L/l)adentische gegangen.

Blüte: hier: Falschgeld

38

Aufgabe 2
Rocker (ohne Signalwort), *in der Raststätte, ein LKW-Fahrer,* während einer Nachtfahrt, eine Pause, an einer Raststätte, in der düsteren Raststätte, eine Rockerbande, der Fernfahrer, von den Rockern, lautem Gelächter, aus dem Gebäude, der verletzte Fahrer, starker Kopfschmerzen, blutender Wunden, in seinen 40-Tonner, die Motorräder, die Rocker, vor der Raststätte

Aufgabe 3 (vgl. auch A 4 und A 5)

	Rocker in der Raststätte	30-Euro-Schein
Nomensignal: Artikel	*ein LKW-Fahrer*, eine(r) Nachtfahrt, eine Pause, eine Rockerbande, der Fernfahrer, den Rockern, die Motorräder, die Rocker	des Euro
Nomensignal: Adjektiv	düsteren Raststätte, lautem Gelächter, verletzte Fahrer, starker Kopfschmerzen, blutender Wunden	seltsame Blüte, junge Frau, nagelneuen 30-Euro-Schein, heimischen Bank, echt wirkende Geldschein, ungewöhnlichen Wert, örtlichen Ladentische

5 Schreibe die folgenden Sätze ab. Unterstreiche die Wörter, die vor den markierten Substantiven/Nomen stehen.

 a Meine Schwester wünschte mir alles **Gute** für den Ausflug.
 b Mein Opa sagt mir immer etwas **Aufmunterndes**.
 c Im Abendprogramm habe ich viel **Aufregendes** gesehen.
 d Die drohende Stimme des Bruders bedeutete nichts **Gutes**.
 e In der Zeitungsmeldung konnte ich nur wenig **Neues** finden.

6 Formuliert im Tandem einen Merksatz, der erklärt, warum die markierten Wörter in den Sätzen von Aufgabe 5 großgeschrieben werden. Beginnt so:
Nach den Wörtern ... werden ...

7 Schreibe den Text in der richtigen Groß- und Kleinschreibung auf. Unterstreiche die Substantive/Nomen mit ihren Nomensignalen.

KINOFILM ERSTMALS AUCH ZUM RIECHEN
ERSTMALS ZEIGT EIN MÜNCHNER KINO EINEN FILM ZUM RIECHEN. BEIM BETRETEN DES KINOS ERHÄLT JEDER BESUCHER EIN GERÄT ZUM UMHÄNGEN, DAS PASSEND ZU JEDER FILMSZENE DÜFTE VERBREITET. INSGESAMT 16 VERSCHIEDENE GERÜCHE, Z. B. VON PIZZA, KAFFEE ODER
5 BLUMEN, STEHEN FÜR DAS BEREICHERN DES KINOERLEBNISSES BEREIT. MACHBAR SEI FAST JEDER DUFT, SAGT DER MÜNCHNER UNTERNEHMER UND ERFINDER STEFAN RUETZ. AUCH ETWAS UNANGENEHMES SOLLTE DABEI SEIN. DIE GERÜCHE SEIEN ABER WIE ALLE ANDEREN DÜFTE IM NU VERFLOGEN, BETONTE DER ERFINDER. DAS GERÄT, DER SNIFFMAN,
10 WIEGT 127 GRAMM UND IST LAUT RUETZ ÜBER EIN UNSICHTBARES SIGNAL MIT DER FILMPROJEKTION VERBUNDEN. DIES ERMÖGLICHT DAS EXAKTE STEUERN DES APPARATS, DIE DÜFTE KOMMEN GENAU RECHTZEITIG. IN ZUKUNFT SOLLE DER SNIFFMAN AUF DIE GRÖSSE EINER ZIGARETTENSCHACHTEL VERKLEINERT WERDEN.

Merke
Signale für die Großschreibung (Nomensignale)

So kannst du testen, ob ein Wort großgeschrieben wird:
• Kann man es mit einem der **Artikel** kombinieren (der, die, das, dem, den, ein, eine ...)?
• Endet das Wort auf **-heit, -keit, -ung, -schaft, -nis** oder **-tum**?
• Steht vor dem Wort eine **Präposition** (auf Biegen und Brechen)?
• Lässt sich direkt vor das Wort ein **Adjektiv** setzen, welches sich dabei verändert (**schöner** Baum, **langes** Leben)?
• Stehen vor dem Wort Wörter wie **alles, wenig, nichts, etwas, viel**?
Beachte: Schon wenn **ein** Nomensignal zutrifft, muss man das Wort großschreiben.

39

Nomensignal: Endung		Einführung
Nomensignal: Präposition	*in der Raststätte*, an einer Raststätte, von den Rockern, aus dem Gebäude, in seinen 40-Tonner, vor der Raststätte	nach der Einführung, in dem kleinen Ort, auf ein Konto, bei der Bank, mit dem Wert, über mehr als einen der Ladentische

Aufgabe 4
Eine seltsame Blüte tauchte kurz nach der Einführung des Euro in dem kleinen Ort Schwandorf auf. Dort hatte eine junge Frau vergeblich versucht, einen nagelneuen 30-Euro-Schein auf ein Konto bei der heimischen Bank einzuzahlen. Der echt wirkende Geldschein mit dem ungewöhnlichen Wert war vorher, offenbar ohne aufzufallen, schon über mehr als einen der örtlichen Ladentische gegangen.

Aufgabe 5
a alles Gute
b etwas Aufmunterndes
c viel Aufregendes
d nichts Gutes
e wenig Neues

Aufgabe 6
Nach den Wörtern alles, etwas, viel, nichts und wenig *werden* Adjektive (und Verben) großgeschrieben.

Vorhandenes Zusatzmaterial zu dieser Doppelseite

🗎 KV 4 BASIS, S. 71
🗎 KV 4 EXTRA, S. 72
🗎 KV 4 PLUS, S. 73

🗋 AH 7, Kap. 2, S. 13–15

Aufgabe 7
Kinofilm erstmals auch <u>zum Riechen</u> (Substantivierung) – Erstmals zeigt <u>ein Münchner</u> (Namensableitung) <u>Kino</u> <u>einen Film</u> <u>zum Riechen</u> (Substantivierung). <u>Beim</u> <u>Betreten</u> (Substantivierung) <u>des Kinos</u> erhält <u>jeder Besucher</u> <u>ein</u> <u>Gerät zum Umhängen</u> (Substantivierung), das passend zu <u>jeder Filmszene</u> <u>Düfte</u> verbreitet. Insgesamt 16 <u>verschiedene</u> <u>Gerüche</u>, z. <u>B.</u> (Abk. von „Beispiel") <u>von Pizza, Kaffee</u> oder <u>Blumen</u>, stehen für <u>das Bereichern</u> (Substantivierung) <u>des</u> <u>Kinoerlebnisses</u> bereit. Machbar sei fast <u>jeder Duft</u>, sagt <u>der</u> <u>Münchner Unternehmer</u> und <u>Erfinder</u> Stefan Ruetz. Auch <u>etwas Unangenehmes</u> (Substantivierung) sollte dabei sein. <u>Die Gerüche</u> seien aber wie alle <u>anderen Düfte</u> <u>im Nu</u> verflogen, betonte <u>der Erfinder</u>. <u>Das Gerät</u>, <u>der Sniffman</u>, wiegt <u>127 Gramm</u> und ist laut Ruetz über ein <u>unsichtbares Signal</u> mit <u>der Filmprojektion</u> verbunden. Dies ermöglicht <u>das</u> <u>exakte Steuern</u> (Substantivierung) <u>des Apparats</u>, <u>die Düfte</u> kommen genau rechtzeitig. <u>In Zukunft</u> solle <u>der Sniffman</u> auf <u>die Größe</u> <u>einer Zigarettenschachtel</u> verkleinert werden.

DaZ-Kommentare

Aufgabe 1
„Raststätte" wird den meisten SuS unbekannt sein, man kann es aber an dem Substantiv-/Nomensignal gut erkennen und den Substantiven/Nomen zuordnen.

Aufgabe 3
Die in der dritten Spalte aufgelisteten Endungen verweisen gleichzeitig auf das Genus: -heit, -keit, -schaft, -ung – feminin (die) und -nis, -tum – Neutrum (das)

Aufgaben 4 und 7
Da nicht alle Wörter in den folgenden Texten den SuS bekannt sein werden, sollten sie diese Aufgaben mit dem Wörterbuch und / oder im Tandem bearbeiten. Es ist wichtig, dass den SuS genug Zeit zur Verfügung steht und die Aufgaben im Plenum kontrolliert werden.

Merke: Signale für die Großschreibung
Da den SuS der entsprechende Wortschatz und auch das Sprachgefühl fehlen, erweisen sich die meisten Substantiv-/Nomensignale als ungenügend, um die Substantive/Nomen richtig zu identifizieren. Daher müssen die SuS immer alle Substantive/Nomen mit ihren Artikeln und der Pluralform auswendig lernen.

Überall Signale

TRAININGS-Seiten

Die Schülerinnen und Schüler (SuS) verfestigen ihr Wissen über Ableitungen von Substantiven / Nomen mit Nachsilben sowie über Substantivierungen / Nominalisierungen.

Kommentare zu den Aufgaben

Einstieg
Ein gesonderter Einstieg in die Trainings-Seiten ist nicht erforderlich.

Aufgaben 1 und 2
Die SuS üben die Ableitung von Substantiven / Nomen mit Nachsilben und prägen sich auf diese Weise diese Nachsilben als Substantiv- / Nomensignale ein.

Aufgaben 3 und 4
Mithilfe der Übungen prägen sich die SuS häufige Signale von Substantivierungen / Nominalisierungen ein.
Erweiterung:
Die SuS bilden zu den Wortgruppen Beispielsätze und schreiben diese auf.

Aufgabe 5
Die SuS schreiben einen Text in der richtigen Groß- und Kleinschreibung auf und markieren die Substantive / Nomen samt den Signalen.

Aufgaben 6 und 7
Die SuS führen ein Partnerdiktat durch und korrigieren anschließend ihre Texte gemeinsam. In der Besprechung benennen sie die Substantiv- / Nomensignale.

Überall Signale

1 Wandle die folgenden Adjektive und Verben in Substantive/Nomen um und schreibe sie auf. Verwende die Substantivendungen, z. B. *das Geheimnis* …

| -heit | -keit | -ung | -schaft | -tum | -nis |

a geheim →
b reich →
c gesund →
d beliebt →
e bereit →
f schwierig →
g erleben →

h gefangen →
i geschehen →
j verabreden →
k vorbereiten →
l veranstalten →
m gesellig →
n erlauben →

2 Wähle fünf Substantive/Nomen aus Aufgabe 1 aus. Schreibe zu jedem Substantiv/Nomen einen Satz auf. Markiere die Substantivendung, z. B. *Soll ich dir ein Geheimnis verraten?* …

3 Bilde Wortgruppen mit substantivierten Verben und schreibe sie auf, z. B. *gemein lachen → das gemeine Lachen* …

a gemein lachen
b unruhig schlafen
c schnell laufen
d langsam gehen

e geheimnisvoll flüstern
f laut schnarchen
g heimlich beobachten
h geheimnisvoll geschehen

4 Bildet im Tandem abwechselnd Wortgruppen mit den folgenden Wörtern. Schreibt die Wortgruppen auf, z. B. *gesprochen → etwas Gesprochenes* …

| etwas | alles | viel | wenig | nichts |

gesprochen – geschrieben – gehört – gelesen – abgebildet – erfunden – erzählt – gelogen – gekauft – gesammelt – geträumt – erraten – geschehen – gemeint – versucht – erledigt – erfahren – gekocht – geprüft

5 Schreibe den folgenden Text in der richtigen Groß- und Kleinschreibung auf. Unterstreiche die Substantive/Nomen und ihre Nomensignale.

nächtliche heimfahrt
eine junge Kellnerin hatte nach einer anstrengenden schicht im land-gasthof von rohrbach feierabend. sie machte sich mit ihrem neuen auto auf die heimfahrt in den nachbarort. auf der bundesstraße, die durch

---

Lösungen

Aufgabe 1

a *das Geheimnis*
b der Reichtum
c die Gesundheit
d die Beliebtheit
e die Bereitschaft
f die Schwierigkeit
g das Erlebnis

h die Gefangenschaft
i das Geschehnis
j die Verabredung
k die Vorbereitung
l die Veranstaltung
m die Geselligkeit
n die Erlaubnis

Aufgaben 2 und 3
individuelle Lösungen –
Beispiele zu A3:
a *das gemeine Lachen*
b ein unruhiges Schlafen
c das schnelle Laufen
d das langsame Gehen
e ein geheimnisvolles Flüstern

f ein lautes Schnarchen
g das heimliche Beobachten
h das geheimnisvolle Geschehen

Aufgabe 4
individuelle Lösungen –
Beispiele:
etwas Gesprochenes – alles Geschriebene – etwas Gehörtes – wenig Gelesenes – etwas Abgebildetes – etwas Erfundenes –

einen dunklen wald führt, sah sie im straßengraben eine gestalt. sie war
5 müde, trotzdem hielt sie an, um nachzusehen, ob eine verletzte person am
straßenrand läge. es waren aber nur dunkle müllsäcke, die im blassen licht
der scheinwerfer geleuchtet hatten.
es regnete und war dunkel, außerdem fühlte sie sich irgendwie beobachtet. als sie ein lautes knacken aus dem wald hörte, rannte sie zurück zu
10 ihrem auto. hinter ihr auf der straße waren schwere schritte zu hören.
schnell schlug sie mit aller kraft die tür zu und raste los.
als sie endlich zu hause angekommen war, parkte sie das auto im carport.
beim aussteigen entdeckte sie an der fahrertür blutspuren. sie machte das
licht an, um nachzusehen, woher sie kamen. da fand sie auf dem boden
15 einen blutigen finger, der von der tür abgetrennt worden und ins auto gefallen war.

6 Diktiert einander im Tandem je einen der folgenden Texte.

A **Umgekehrt**
Ein Mann, der sonst nicht so gerne in Zoos geht, wurde einmal von einem
Bekannten zu einem Besuch in den Wiener Tiergarten Schönbrunn eingeladen. Der Bekannte interessierte sich vor allem für Affen und hatte einige
Leckereien für sie mitgenommen. Lange beobachteten die beiden Männer
die Affenhorden und verfütterten nach und nach das Affenfutter. Plötzlich
begann ein Affe, alle Futterreste auf dem Käfigboden zusammenzukratzen
und diese durch das Gitter herauszureichen. Die beiden Männer waren
über das Verhalten des Affen so erschrocken, dass sie sofort kehrtmachten
und den Zoo so schnell wie es ging verließen.

B **Der Hund aus China**
Ein Pärchen war in China im Urlaub und ging dort über den Markt. Sie
entdeckten einen Stand, an dem Hundewelpen zum Verkauf angeboten
wurden. Aus Mitleid mit den Hunden kaufte das Paar einen kleinen Hund.
Um ihn nach Deutschland mitnehmen zu dürfen, beachteten sie auch alle
5 nötigen Reisevorschriften und ließen den Hund untersuchen und impfen.
Als sie endlich zu Hause angekommen waren, stürzte sich das Tier sofort
auf die Hauskatze des Nachbarn und zerfleischte sie. Das Paar fuhr sofort
mit dem Hund zum Arzt, um sich zu vergewissern, dass das Tier nicht die
Tollwut oder etwas Ähnliches hatte. Dabei stellte sich heraus, dass es sich
10 bei ihrem Welpen nicht um einen Hund handelte, sondern um eine chinesische Riesenratte.

7 Korrigiert eure Texte gemeinsam. Besprecht, welche Wörter großgeschrieben werden und warum. Nennt die Nomensignale.

41

---

viel Erzähltes – nichts Gelogenes – etwas Gekauftes – viel
Gesammeltes – alles Geträumte – viel Erratenes – alles
Geschehene – alles Gemeinte – nichts Versuchtes – viel
Erledigtes – wenig Erfahrenes – viel Gekochtes – nichts
Geprüftes

Aufgabe 5
Nächtliche Heimfahrt

Eine _junge Kellnerin_ hatte nach einer anstrengenden Schicht
im Landgasthof von Rohrbach Feierabend. Sie machte sich
mit ihrem neuen Auto auf die Heimfahrt in den Nachbarort.
Auf der Bundesstraße, die durch einen dunklen Wald führt,
sah sie im Straßengraben eine Gestalt. Sie war müde, trotzdem hielt sie an, um nachzusehen, ob eine verletzte Person
am Straßenrand läge, es waren aber nur dunkle Müllsäcke,
die im blassen Licht der Scheinwerfer geleuchtet hatten. Es
regnete und war dunkel, außerdem fühlte sie sich irgendwie
beobachtet. Als sie ein lautes Knacken aus dem Wald hörte,
rannte sie zurück zu ihrem Auto. Hinter ihr auf der Straße
waren schwere Schritte zu hören. Schnell schlug sie
mit aller Kraft die Tür zu und raste los. Als sie endlich zu
Hause angekommen war, parkte sie das Auto im Carport.
Beim Aussteigen entdeckte sie an der Fahrertür Blutspuren
(ohne Signalwort). Sie machte das Licht an, um nachzusehen, woher sie kamen. Da fand sie auf dem Boden einen
blutigen Finger, der von der Tür abgetrennt worden und
ins Auto gefallen war.

Aufgaben 6 und 7
Substantiv- / Nomensignale sind markiert:
A: **Umgekehrt** – Ein Mann, der sonst nicht so gerne in Zoos
geht, wurde einmal von einem Bekannten zu einem Besuch in den Wiener Tiergarten Schönbrunn eingeladen. Der
Bekannte interessierte sich vor allem für Affen und hatte einige Leckereien für sie mitgenommen. Lange beobachteten
die beiden Männer die Affenhorden und verfütterten nach
und nach das Affenfutter. Plötzlich begann ein Affe, alle Futterreste auf dem Käfigboden zusammenzukratzen und diese
durch das Gitter herauszureichen. Die beiden Männer waren
über das Verhalten des Affen so erschrocken, dass sie sofort
kehrtmachten und den Zoo so schnell wie es ging verließen.
B: **Der Hund aus China** – Ein Pärchen war in China im Urlaub
und ging dort über den Markt. Sie entdeckten einen Stand,
an dem Hundewelpen zum Verkauf angeboten wurden. Aus
Mitleid mit den Hunden kaufte das Paar einen kleinen Hund.
Um ihn nach Deutschland mitnehmen zu dürfen, beachteten
sie auch alle nötigen Reisevorschriften und ließen den Hund
untersuchen und impfen. Als sie endlich zu Hause angekommen waren, stürzte sich das Tier sofort auf die Hauskatze
des Nachbarn und zerfleischte sie. Das Paar fuhr sofort mit
dem Hund zum Arzt, um sich zu vergewissern, dass dieser
nicht die Tollwut oder etwas Ähnliches hatte. Dabei stellte
sich heraus, dass es sich hierbei nicht um einen Hund handelte, sondern um eine chinesische Riesenratte.

DaZ-Kommentare

Aufgabe 3
Hier die für die Aufgabe 3 relevante Artikelregel:
Alle Substantive / Nomen, die dem Infinitiv gleichen, sind
Neutrum, z. B: lachen – das Lachen, fahren – das Fahren.

Aufgabe 5
Da nicht alle Wörter in dem folgenden Text den SuS bekannt
sein werden, sollten sie diese Aufgabe mit dem Wörterbuch
und / oder im Tandem bearbeiten. Es ist wichtig, dass den
SuS genug Zeit zur Verfügung steht und die Aufgabe im
Plenum kontrolliert wird.

Aufgabe 6
Diese Aufgabe sollte am besten im Tandem mit einem
Muttersprachler bewältigt werden, der auf die richtige Aus-
sprache achten kann.

Auf dem Weg zum Beruf
Berufe erkunden und beschreiben

Auftaktseiten – Vorwissen aktivieren

Die Auftaktseiten stellen den Schülerinnen und Schülern (SuS) über Abbildungen konkreter Berufe einige Berufsfelder vor. Zu sechs Berufen werden detaillierte Informationen recherchiert; die SuS reflektieren außerdem über die Eigenschaften und Fähigkeiten, die zum Erlernen dieser Berufe nötig sind. Abschließend führen sie ein Berufsratespiel durch und tauschen sich über ihre Berufswünsche aus. Eine Übung zur Rechtschreibung rückt die Rechtschreibstrategie Ableiten ins Bewusstsein der SuS.

Kommentare zu den Aufgaben

Einstieg und Aufgabe 1
Die SuS betrachten die Bilder auf Seite 42 und beschreiben, was zu sehen ist. Aus der Beschreibung leiten sie den dargestellten Beruf ab und nutzen dazu bei Bedarf die zu Aufgabe 1 aufgeführten Berufsbezeichnungen.

Aufgabe 2
Die SuS tauschen sich über die Berufe (bzw. Berufsrichtungen) aus und begründen ihr Interesse, indem sie, bereits mit Blick auf Aufgabe 3, genauer auf die unterschiedlichen Tätigkeitsaspekte eingehen.

Aufgaben 3 ꟼ ᴇ̸ und 4
Die SuS gewinnen ein genaueres Bild über die Berufe aus Aufgabe 1. Bei Aufgabe 3 kann dazu eine einfache Internetrecherche durchgeführt werden (etwa auf der berufenet-Seite der Bundesagentur für Arbeit). Bei Aufgabe 4 kommt es darauf an, Eigenschaften bewusst wahrzunehmen und (zumindest indirekt) auf sich zu beziehen.

Aufgaben 5 und 6
Beide Aufgaben wollen Berufe mit bestimmten Eigenschaften und Fähigkeiten verknüpfen, damit die SuS Klarheit über die Voraussetzungen und damit ihre Eignung für bestimmte Berufe bekommen.

Aufgabe 7 RGS ᵠ
Mit den SuS kann vorab die Strategie zur Lösung der Aufgabe besprochen werden (z. B. mit Bezug auf den Beruf des Bestatters (Bild 6) : Grab / p → Gräber, Sarg / k → Särge).

Das lernst du jetzt:

- Informationen zu verschiedenen Berufen sammeln
- Berufe erkunden und vorstellen
- typische Männer- und Frauenberufe untersuchen
- eigene Interessen und Fähigkeiten erkennen
- Rechtschreibstrategien anwenden

3 **Auf dem Weg zum Beruf**

Berufe erkunden und beschreiben

Das lernst du jetzt:
- Informationen zu verschiedenen Berufen sammeln
- Berufe erkunden und vorstellen
- typische Männer- und Frauenberufe untersuchen
- eigene Interessen und Fähigkeiten erkennen
- Rechtschreibstrategien anwenden

42

KMK-Standards

Sachtexte lesen und ihnen Informationen entnehmen
- über grundlegende Lesefertigkeiten verfügen: flüssig, sinnbezogen, überfliegend, selektiv, navigierend (z. B. Bild-Ton-Text integrierend) lesen
- Verfahren zur Textaufnahme kennen und nutzen: z. B. Aussagen erklären und konkretisieren, Stichwörter formulieren, Texte und Textabschnitte zusammenfassen
- verschiedene Textfunktionen und Textsorten unterscheiden
- ein breites Spektrum auch längerer und komplexerer Texte verstehen und im Detail erfassen
- Informationen zielgerichtet entnehmen, ordnen, vergleichen, prüfen und ergänzen

Informationen aus Sachtexten wiedergeben
- längere freie Redebeiträge leisten, Kurzdarstellungen und Referate frei vortragen, ggf. mithilfe eines Stichwortzettels / einer Gliederung

Rechtschreibstrategien anwenden
- wichtige Regeln der Aussprache und der Orthografie kennen und beim Sprachhandeln berücksichtigen
- Strategien zur Überprüfung der sprachlichen Richtigkeit und Rechtschreibung anwenden

1 Seht euch die Bilder an. Ordnet ihnen die Berufsbezeichnungen zu.

> Bademeister/in   Optiker/in   Bestatter/in
> Tischler/in   Sekretär/in   Modedesigner/in

2 Welche Berufe davon findet ihr interessant und warum? Tauscht euch darüber aus.

⊞ 3 Bildet Gruppen und verteilt die dargestellten Berufe. Sammelt Informationen über die Tätigkeiten, die in diesen Berufen ausgeübt werden. Macht euch Notizen und stellt dann die Berufe in der Klasse vor.

> *Ein Optiker beschäftigt sich mit …   Der Beruf der Bestatterin umfasst …*
> *Ein Sekretär kümmert sich um …   Die Aufgaben einer Modedesignerin sind …*

4 Welche Eigenschaften und Fähigkeiten muss man haben, um die Berufe auf Seite 42 auszuüben? Ordnet zu.

> reaktionsschnell   handwerklich geschickt   höflich   kreativ   flexibel   exakt
> strukturiert   kontaktfreudig   sorgfältig   kräftig   mutig   mitfühlend

5 Spielt in der Klasse **Beruferaten**. Geht so vor:
- Jeder denkt sich zwei Berufe aus und schreibt sie auf Karteikarten.
- Sammelt die Karten ein und legt sie verdeckt auf einen Stapel.
- Teilt die Klasse in zwei Gruppen. Abwechselnd muss aus jeder Gruppe eine Person eine Karte aus dem Stapel ziehen und den Beruf mithilfe von Fähigkeiten und Tätigkeiten erklären, ohne ihn zu nennen.
- Beide Gruppen versuchen, den Beruf zu erraten. Die Gruppe, die den Beruf zuerst nennt, bekommt einen Punkt.

6 Tauscht euch zu euren eigenen Berufswünschen aus. Besprecht, was ihr gut können müsst und wie ihr den Beruf erlernen könnt.

🔍 7 Ordnet den folgenden Berufen die passenden Tätigkeiten zu. Ergänzt die fehlenden Buchstaben. Verlängert dazu die Wörter, wenn ihr unsicher seid.

> Revierförster   erstellt ein Angebo▪(d/t) für einen Urlau▪(b/p)
> Tourismuskauffrau   flickt den Reifen vom Fahrra▪(d/t)
> Zweiradmechaniker   kümmert sich um Fors▪(d/t) und Wil▪(d/t)

43

Lösungen

Aufgabe 1
Bademeister/in: Bild 5, unten Mitte – Optiker/in: Bild 1, oben links – Bestatter/in: Bild 6, unten rechts – Tischler/in: Bild 3, oben rechts – Sekretär/in: Bild 4, unten links – Modedesigner/in: Bild 2, oben Mitte

Aufgabe 2
individuelle Lösungen – Wichtig ist, dass das Interesse an den Berufen begründet wird.

Aufgabe 3
Beispiele:
- Optiker: Sehhilfen herstellen, reparieren und anpassen; Kunden beraten; Brillen, Kontaktlinsen und optische Geräte reparieren, kaufmännische Arbeiten durchführen
- Modedesigner: Kleidung bzw. Modekollektionen entwerfen und gestalten
- Tischler: Möbel, Türen und Fenster aus Holz und Holzwerkstoffen herstellen; Innenausbauten durchführen
- Sekretär: Büro- sowie Assistenzaufgaben (v. a. Korrespondenz und bereichsbezogene kaufmännisch-verwaltende Tätigkeiten) durchführen

- Bademeister: Wasseraufsicht in Schwimmbädern führen; Sicherheit der Badegäste gewähren; Reinigung und Desinfektion der Schwimmbecken durchführen
- Bestatter: Bestattungen und Trauerfeiern organisieren, alle anfallenden Formalitäten erledigen; Angehörige beraten und betreuen

Aufgabe 4
individuelle Lösungen – Von Nachteil ist keine der Eigenschaften in irgendeinem Beruf, doch ist es natürlich für einen Bestatter beispielsweise wichtiger, mitfühlend zu sein als für einen Tischler, während ein Tischler eher handwerklich geschickt sein sollte als ein Sekretär usw.
Beispiele:
- Optiker: höflich, exakt, sorgfältig
- Modedesigner: kreativ
- Tischler: handwerklich geschickt, reaktionsschnell, exakt, sorgfältig
- Sekretär: höflich, flexibel, exakt, strukturiert, kontaktfreudig, sorgfältig
- Bademeister: reaktionsschnell, kräftig, mutig
- Bestatter: höflich, flexibel, sorgfältig, mitfühlend

Aufgaben 5 und 6
individuelle Lösungen

Aufgabe 7
- Tourismuskauffrau: erstellt ein Angebot (→ Ableitung z. B.: Angebote) für einen Urlaub (→ Ableitung z. B.: Urlaube)
- Zweiradmechaniker: flickt den Reifen vom Fahrrad (→ Ableitung z. B.: Fahrräder)
- Revierförster: kümmert sich um Forst (→ Ableitung z. B.: Förster) und Wild (→ Ableitung z. B.: Wilderer)

DaZ-Kommentare

Einstieg
Es sollte sichergestellt werden, dass die SuS die Begriffe „erkunden" und „anwenden" verstehen. Ansonsten müssen diese kurz erklärt werden.

Aufgabe 1
Diese Aufgabe kann gut mithilfe des Wörterbuchs bewältigt werden.

Aufgabe 2
Hier kann man die SuS zum Sprechen animieren, indem man die SuS nach den für ihre Heimatländer charakteristischen Berufen fragt.

Aufgabe 3
Bitte unbedingt auf die Rektionen hinweisen:
sich beschäftigen mit + Dat., sich kümmern um + Akk.

Aufgabe 4
Diese Aufgabe ist ohne Hilfe eines Muttersprachlers nicht zu bewältigen.

Was bin ich?

Grundlagenseiten / 1

Die Schülerinnen und Schüler (SuS) machen sich mit dem Beruf des Kochs / der Köchin vertraut, indem sie zentrale Tätigkeiten beschreiben, Ausbildungsorte und -zeiten kennenlernen sowie über wichtige persönliche Voraussetzungen nachdenken. Zu dem Beruf werden sodann weitere Informationen recherchiert und auf einer Karteikarte übersichtlich festgehalten. In einem zweiten Schritt recherchieren die SuS zu einem Beruf, für den sie selbst ein besonderes Interesse haben. Mithilfe der recherchierten Informationen stellen sie sich einander die Berufe vor und tauschen sich über sie aus.

Kommentare zu den Aufgaben

Einstieg und Aufgabe 1
Die SuS betrachten die Bilder und beschreiben kurz die Bildinhalte (das, was dargestellt ist): Sie machen sich so zentrale Tätigkeiten von Köchen bewusst.

Aufgabe 2
Über die Auswertung von zwei Äußerungen erfahren die SuS mögliche Arbeitszeiten von Köchen und machen sich deren Arbeitszeiten klar.

Aufgabe 3
Die SuS sammeln Eigenschaften, die im Beruf der Köchin / des Kochs gefragt sind, und bereiten damit die Rechercheaufgabe 4 vor.
<u>Alternative:</u>
Die Aufgabe kann auch in Einzelarbeit bearbeitet werden; die Arbeitsergebnisse fließen dann in die Tandemarbeit der nachfolgenden Aufgabe ein.

Aufgaben 4 und 5
Als Rechercheausgangspunkt bieten sich wieder die Seiten der Bundesagentur für Arbeit (berufenet.arbeitsagentur.de) an. Interessiert sich eine Schülerin / ein Schüler besonders für den Kochberuf, könnte ein verwandter Beruf beschrieben werden (z. B.: Konditor, Fleischer oder Hauswirtschafter).

Aufgabe 6
Die SuS nutzen die Karteikarte, die sie zu Aufgabe 5 erstellt haben.

Was bin ich?

Bevor du dich für einen Beruf entscheidest, solltest du dich darüber informieren, was du können musst und was dich in diesem Beruf erwartet. Um viele verschiedene Berufe kennenzulernen, könnt ihr in der Klasse eine Berufekartei anlegen. Wer einen interessanten Beruf gefunden hat, schreibt die Informationen dazu auf eine Karteikarte und legt sie im Karteikasten ab.

1 Sieh dir die folgenden Bilder an. Notiere, um welchen Beruf es sich handelt und welche Tätigkeiten ausgeführt werden.

2 Lies die folgenden Aussagen aus einem Interview. Mache dir Notizen zu Arbeitsorten und Arbeitszeiten.

¹ Catering: Verpflegung, Bewirtung

Begonnen habe ich bei einer Catering¹-Firma, dann habe ich für ein paar Jahre in der Küche eines Pflegeheims gearbeitet und jetzt bin ich seit einiger Zeit in einem Hotelrestaurant tätig.

Ich habe keine Arbeitswoche von Montag bis Freitag. Gerade Samstag, Sonntag und an Feiertagen kommen die meisten Gäste, daher muss ich mich mit meinen Kollegen abstimmen, damit jeder auch freie Abende hat.

44

Lösungen

Aufgabe 1
Es handelt sich um den Beruf der Köchin / des Kochs. – Bild 1 (oben links): ein Gericht zubereiten; Bild 2 (oben rechts): Waren einkaufen; Bild 3 (unten links): Wareneingang kontrollieren; Bild 4 (unten rechts): Speisekarte erstellen

Aufgabe 2
Arbeitsorte: Catering-Firma, Küche eines Pflegeheims, Hotelrestaurant – Arbeitszeiten: oft auch an den Wochenenden, Feiertagen und abends

Aufgabe 3
individuelle Lösungen (vgl. auch die Hinweise zu A 4)

Aufgabe 4
Berufsbezeichnung: Köchin / Koch
- Arbeitsorte: in Küchen von Restaurants, Hotels, Kantinen, Krankenhäusern, Pflegeheimen, Catering-Firmen oder in der Nahrungsmittelindustrie
- Tätigkeiten: Gerichte zubereiten und anrichten, die Arbeitsabläufe in der Küche organisieren, Speisepläne aufstellen, Zutaten einkaufen und lagern

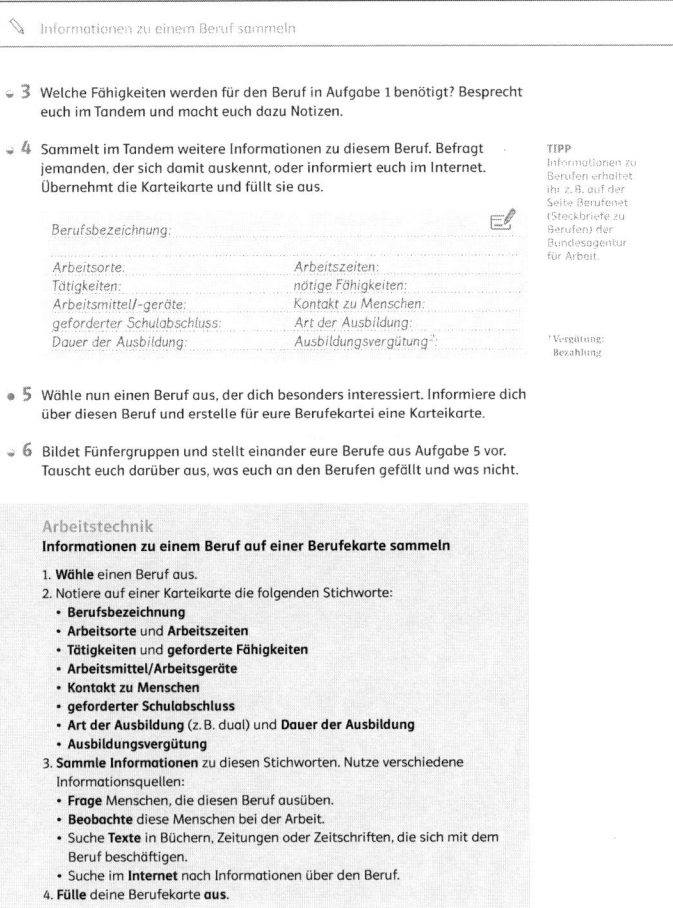

Informationen zu einem Beruf sammeln

3 Welche Fähigkeiten werden für den Beruf in Aufgabe 1 benötigt? Besprecht euch im Tandem und macht euch dazu Notizen.

4 Sammelt im Tandem weitere Informationen zu diesem Beruf. Befragt jemanden, der sich damit auskennt, oder informiert euch im Internet. Übernehmt die Karteikarte und füllt sie aus.

TIPP
Informationen zu Berufen erhaltet ihr z. B. auf der Seite Berufenet (Steckbriefe zu Berufen) der Bundesagentur für Arbeit.

Berufsbezeichnung:

Arbeitsorte: Arbeitszeiten:
Tätigkeiten: nötige Fähigkeiten:
Arbeitsmittel/-geräte: Kontakt zu Menschen:
geforderter Schulabschluss: Art der Ausbildung:
Dauer der Ausbildung: Ausbildungsvergütung:

Vergütung: Bezahlung

5 Wähle nun einen Beruf aus, der dich besonders interessiert. Informiere dich über diesen Beruf und erstelle für eure Berufekartei eine Karteikarte.

6 Bildet Fünfergruppen und stellt einander eure Berufe aus Aufgabe 5 vor. Tauscht euch darüber aus, was euch an den Berufen gefällt und was nicht.

Arbeitstechnik
Informationen zu einem Beruf auf einer Berufekarte sammeln

1. **Wähle** einen Beruf aus.
2. Notiere auf einer Karteikarte die folgenden Stichworte:
   • **Berufsbezeichnung**
   • **Arbeitsorte** und **Arbeitszeiten**
   • **Tätigkeiten** und **geforderte Fähigkeiten**
   • **Arbeitsmittel/Arbeitsgeräte**
   • **Kontakt zu Menschen**
   • **geforderter Schulabschluss**
   • **Art der Ausbildung** (z. B. dual) und **Dauer der Ausbildung**
   • **Ausbildungsvergütung**
3. **Sammle Informationen** zu diesen Stichworten. Nutze verschiedene Informationsquellen:
   • **Frage** Menschen, die diesen Beruf ausüben.
   • **Beobachte** diese Menschen bei der Arbeit.
   • Suche **Texte** in Büchern, Zeitungen oder Zeitschriften, die sich mit dem Beruf beschäftigen.
   • Suche im **Internet** nach Informationen über den Beruf.
4. **Fülle** deine Berufekarte **aus**.

45

Vorhandenes Zusatzmaterial zu dieser Doppelseite

- KV 1 BASIS, S. 74
- KV 1 EXTRA, S. 75
- KV 1 PLUS, S. 76

- AH 7, Kap. 3, S. 18

– Arbeitsmittel / -geräte: Großküchenherde, Fritteusen, Mikrowellen, Heißluftdämpfer, Garautomaten, Schneid-, Rühr- und Knetmaschinen, Temperaturfühler, Messer, Messerschärfer, Schneebesen, Töpfe, Pfannen, Geschirr, Schneidebrett, Waage, Desinfektionsmittel, …
– geforderter Schulabschluss: meist Haupt- oder mittlerer Schulabschluss
– Dauer der Ausbildung: drei Jahre
– Arbeitszeiten: je nach Einsatzort, oft jedoch auch am Wochenende und abends
– nötige Fähigkeiten: manuelles Geschick, Beobachtungsgenauigkeit, Koordinationsfähigkeit, Gespür für Ästhetik, …
– Kontakt zu Menschen: ja (Kollegen, Vorgesetzte, Lieferanten), aber nur wenig Kundenkontakt
– Art der Ausbildung: Ausbildungsberuf im Gastgewerbe (Ausbildungsbereich Industrie und Handel)
– Vergütung / Bezahlung: in der Ausbildung zwischen 450 und 900 €; nach der Ausbildung variabel (Bruttotarifvergütung ca. 2.200 €)

Aufgaben 5 und 6
individuelle Lösungen

DaZ-Kommentare

Einstieg
Es sollte sichergestellt werden, dass die SuS die Begriffe „Tätigkeit" und „Fähigkeit" verstehen. Ansonsten müssen diese kurz erklärt werden.

Aufgabe 1
Diese Aufgabe kann gut mithilfe des Wörterbuchs bzw. im Tandem bewältigt werden.

Aufgabe 4
Hier kann man die SuS darauf hinweisen, dass sie alle neuen Wörter ins Vokabelheft eintragen und übersetzen sollen.

Arbeitstechnik: Informationen zu einem Beruf
Hier muss darauf geachtet werden, dass die SuS alle ihnen unbekannten Wörter übersetzt und verstanden haben und außerdem, dass ihnen die Informationen wirklich klar sind.

Interessen und Fähigkeiten erkennen

Starke Seiten

Ziel der Seiten ist es, dass die Schülerinnen und Schüler (SuS) ein möglichst genaues Bild ihrer eigenen Fähigkeiten und Interessen erhalten. Dazu wird die Selbstwahrnehmung der SuS durch eine Fremdwahrnehmung kontrastiert.

Kommentare zu den Aufgaben

Einstieg, Aufgaben 1 und 2
Ausgehend von einem Bildimpuls ermitteln die SuS häufige Interessen und ordnen diesen passende Tätigkeiten und Fähigkeiten zu.

Aufgabe 3
Die SuS ergänzen die Tabelle zu den Aufgaben 1 und 2 um eigene Interessen bzw. Hobbys und die dazu passenden Tätigkeiten und Fähigkeiten. Wichtig ist dabei, dass die SuS ehrlich zu sich selbst sind; ggf. können sie sich zu ihrer Selbsteinschätzung schon hier eine Rückmeldung von einer Mitschülerin / einem Mitschüler geben lassen (vgl. A 7).

Aufgaben 4 bis 6
Mithilfe der Kugellager-Methode werden hier zunächst Mitschülerinnen und Mitschüler mit gemeinsamen Interessen und Fähigkeiten ermittelt. Diese tauschen sich in Gruppen über mögliche passende Berufe aus. Sie können dazu eine tabellarische Übersicht erstellen, die zu möglichen Berufen die jeweils zwei oder drei wichtigsten Fähigkeiten für diesen Beruf enthält. Anschließend werden die Ergebnisse in der Klasse präsentiert.

Aufgaben 7 und 8
Besteht eine große Differenz zwischen der Selbstwahrnehmung der einzelnen SuS und der Einschätzung durch eine andere Person, könnte noch ein weiteres Urteil eingeholt werden.

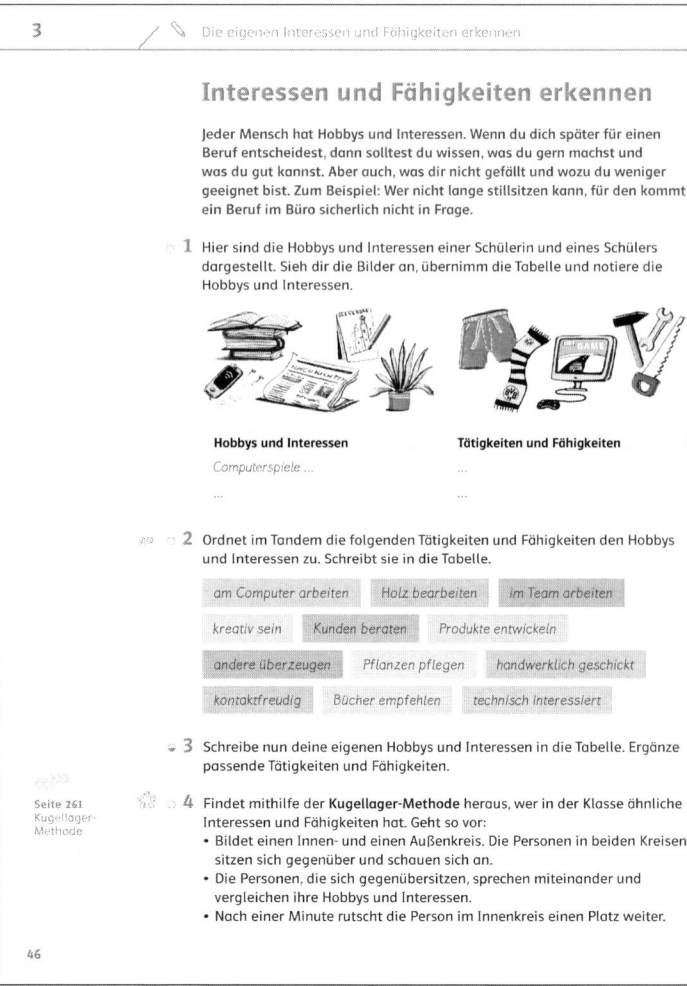

Lösungen

Aufgaben 1 und 2
Es sind Mehrfachnennungen und -zuordnungen möglich:

Hobbys und Interessen	Tätigkeiten und Fähigkeiten
Computerspiele	am Computer arbeiten, technisch interessiert sein, Produkte entwickeln
Sport	im Team arbeiten, (diszipliniert sein)
basteln, werken	handwerklich geschickt, (entwerfen können), Produkte entwickeln, Holz bearbeiten
lesen, Bücher	Bücher empfehlen, andere überzeugen, Kunden beraten
Pflanzen, gärtnern	Pflanzen pflegen, (Naturliebhaber / in)
Handy, telefonieren	andere überzeugen, kontaktfreudig, Kunden beraten
kreativ sein	(entwerfen), Produkte entwickeln, Kunden beraten, im Team arbeiten
Politik, Engagement	andere überzeugen, kontaktfreudig, Kunden beraten
zeichnen	kreativ sein, (Fantasie haben)

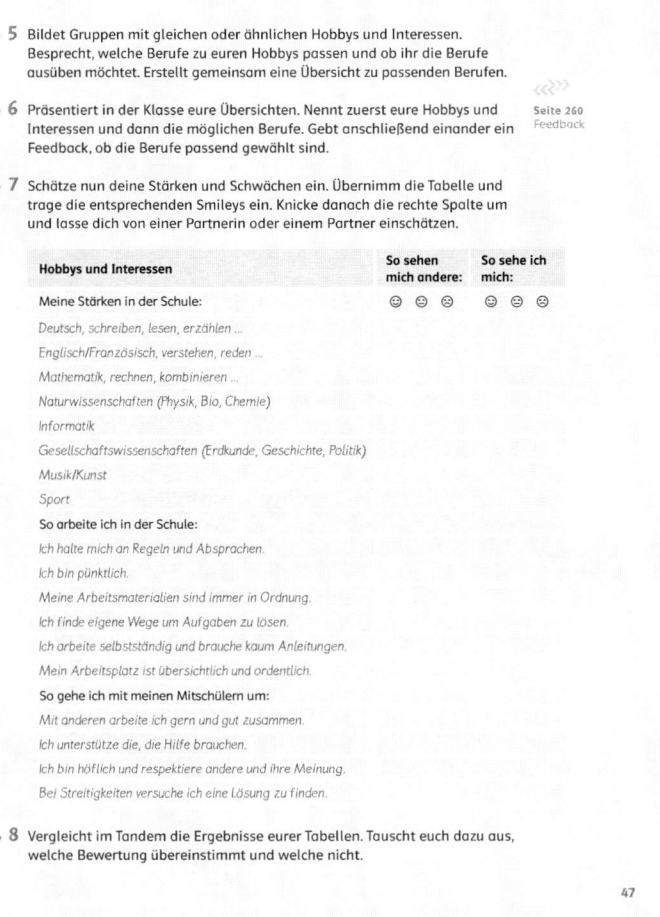

Die eigenen Interessen und Fähigkeiten erkennen STARKE SEITEN

5 Bildet Gruppen mit gleichen oder ähnlichen Hobbys und Interessen. Besprecht, welche Berufe zu euren Hobbys passen und ob ihr die Berufe ausüben möchtet. Erstellt gemeinsam eine Übersicht zu passenden Berufen.

6 Präsentiert in der Klasse eure Übersichten. Nennt zuerst eure Hobbys und Interessen und dann die möglichen Berufe. Gebt anschließend einander ein Feedback, ob die Berufe passend gewählt sind.

Seite 260
Feedback

7 Schätze nun deine Stärken und Schwächen ein. Übernimm die Tabelle und trage die entsprechenden Smileys ein. Knicke danach die rechte Spalte um und lasse dich von einer Partnerin oder einem Partner einschätzen.

Hobbys und Interessen	So sehen mich andere:	So sehe ich mich:
Meine Stärken in der Schule:	☺ ☺ ☹	☺ ☺ ☹
Deutsch, schreiben, lesen, erzählen ...		
Englisch/Französisch, verstehen, reden ...		
Mathematik, rechnen, kombinieren ...		
Naturwissenschaften (Physik, Bio, Chemie)		
Informatik		
Gesellschaftswissenschaften (Erdkunde, Geschichte, Politik)		
Musik/Kunst		
Sport		
So arbeite ich in der Schule:		
Ich halte mich an Regeln und Absprachen.		
Ich bin pünktlich.		
Meine Arbeitsmaterialien sind immer in Ordnung.		
Ich finde eigene Wege um Aufgaben zu lösen.		
Ich arbeite selbstständig und brauche kaum Anleitungen.		
Mein Arbeitsplatz ist übersichtlich und ordentlich.		
So gehe ich mit meinen Mitschülern um:		
Mit anderen arbeite ich gern und gut zusammen.		
Ich unterstütze die, die Hilfe brauchen.		
Ich bin höflich und respektiere andere und ihre Meinung.		
Bei Streitigkeiten versuche ich eine Lösung zu finden.		

8 Vergleicht im Tandem die Ergebnisse eurer Tabellen. Tauscht euch dazu aus, welche Bewertung übereinstimmt und welche nicht.

47

Vorhandenes Zusatzmaterial zu dieser Doppelseite

📋 KV 2 BASIS, S. 77
📋 KV 2 EXTRA, S. 78
📋 KV 2 PLUS, S. 79

📄 AH 7, Kap. 3, S. 18

Aufgaben 3 bis 8
individuelle Lösungen

Girls' Day und Boys' Day

Grundlagenseiten / 2

Die Schülerinnen und Schüler (SuS) machen sich durch eine Klassenumfrage und eine Statistik bewusst, dass die Berufswahl auch heute noch vielfach geschlechtsbezogen erfolgt. Über die Lektüre und die Auswertung von Informationstexten erfahren die SuS von dem Girls'- bzw. Boys' Day und tauschen sich hierüber ebenso aus wie über Berufe, die sie sich sehr gut bzw. gar nicht vorstellen können.

Kommentare zu den Aufgaben

Einstieg und Aufgabe 1
Die SuS führen eine klasseninterne Umfrage zu Lieblingsberufen durch und werten das Ergebnis geschlechtsbezogen aus.
Erweiterung:
In einer kurzen Blitzlicht-Runde (jede / jeder nur einen kurzen Gedanken) können die SuS zu dem Ergebnis der Klassenumfrage Stellung nehmen.

Aufgaben 2 und 3
Die Auswertung der Statistik bereitet den nachfolgenden Vergleich mit den Ergebnissen der Klassenumfrage vor. Weichen die Ergebnisse deutlich voneinander ab, so kann über die möglichen Gründe gesprochen werden (Klassenumfrage ist nicht repräsentativ, Prioritäten ändern sich im Laufe der Zeit, vgl. auch aktuelle Modeberufe).

Aufgabe 4
In einer Diskussion wird geklärt, weshalb es bei der Berufswahl so eindeutige geschlechtsspezifische Vorlieben gibt. Da das Thema leicht Emotionen wecken kann, könnten vorab noch einmal kurz die wichtigsten Gesprächsregeln wiederholt werden (sachlich bleiben, themenbezogen sprechen, andere nicht unterbrechen).

Aufgaben 5 und 6
Die SuS werten einen Sachtext aus und beantworten schriftlich Fragen. Die Textauswertung bereitet dabei zugleich den abschließenden Austausch in der Klasse vor.
Erweiterung:
Nach der Bearbeitung von Aufgabe 6 informieren sich die SuS gegenseitig über die zentralen Aussagen in den Texten.

Aufgabe 7
Der abschließende Austausch sollte die SuS dazu motivieren, einen Girls'- oder Boys' Day zu besuchen und sich dort über passende Berufe zu informieren.

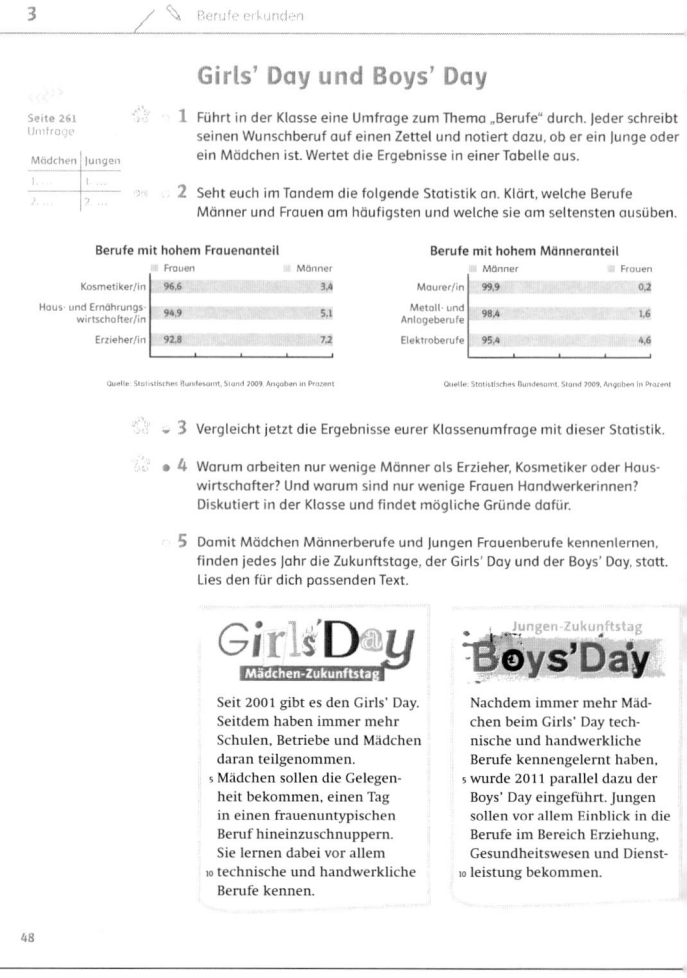

Lösungen

Aufgabe 1
individuelle Lösungen

Aufgabe 2
Die häufigsten Frauenberufe (und damit zugleich die seltensten Männerberufe) sind: Kosmetikerin, Haus- und Ernährungswirtschafterin sowie Erzieherin; die häufigsten Männerberufe (und damit zugleich die seltensten Frauenberufe) sind: Maurer, Metall- und Anlageberufe, Elektroberufe.

Aufgabe 3
individuelle Lösungen

Aufgabe 4
In den seltensten Fällen gibt es biologische Gründe für die Berufswahl (das ist etwa dann der Fall, wenn ein Beruf eine große körperliche Kraft verlangt und deshalb bevorzugt von Männern ausgeübt wird), vielmehr ist die Berufswahl in doppelter Hinsicht von traditionellen Geschlechtsbildern bestimmt: Zum einen dadurch, dass bestimmte Berufe als typische Frauen- oder Männerberufe gelten (und entsprechend als mögliche Berufe den Berufssuchenden angeboten oder von ihnen in der Erwartung, dem Berufsbild besonders zu entsprechen, angestrebt werden); zum anderen dadurch, dass bei Jungen und Mädchen schon von klein an

Die Idee war, diese Berufe für Mädchen interessant zu machen, denn 80 % der Mädchen entscheiden sich für einen
[15] typischen Frauenberuf im Dienstleistungs-, Sozial- oder Gesundheitsbereich. Das sind von etwa 330 Ausbildungsberufen in Deutschland gerade einmal 25.
[20] Der Girls' Day hat Erfolg gezeigt, denn viele Mädchen, die daran teilgenommen haben, interessierten sich für diese Berufe. Manche haben sogar in
[25] dem Betrieb, den sie auf dem Girls' Day kennengelernt haben, eine Lehre begonnen. Der Tag soll Mädchen Mut machen, neue Wege zu be-
[30] schreiten.

In diesen Bereichen arbeiten fast nur Frauen, und Jungen denken wenig daran, hier eine Ausbildung zu machen. Dabei hätten viele Jungen sicherlich
[15] Interesse, wenn sie die Berufsbilder näher kennen würden. Gerade in Grundschule und Kindergarten arbeiten nur wenige Männer und so fehlen in
[20] dieser wichtigen Lebensphase männliche Vorbilder. Viele Jungen finden diesen Tag sehr interessant und entdecken, dass auch diese Berufe
[25] Zukunftsperspektiven bieten. Der Tag soll allen Jungen Mut machen, neue Wege zu beschreiten.

6 Wähle die passenden Fragen und beantworte sie schriftlich.

- Seit wann gibt es den Girls' Day?
- Welche Berufe sollen Mädchen kennenlernen?
- In welchen Bereichen arbeiten vorwiegend Männer?
- Wie viele Ausbildungsberufe gibt es?

- Seit wann gibt es den Boys' Day?
- Welche Berufe sollen Jungen kennenlernen?
- Nenne drei Berufe, in denen vorwiegend Frauen arbeiten.
- Warum werden gerade in den Erziehungsbereichen Männer gebraucht?

7 Diskutiert in der Klasse die folgenden Fragen:
- Würdet ihr an einem Girls' Day oder Boys' Day teilnehmen?
- Welche Berufe würdet ihr gern kennenlernen?
- Welche Berufe würdet ihr niemals ausüben und warum nicht?

Test 3tj9eq

49

Vorhandenes Zusatzmaterial zu dieser Doppelseite

AH 7, Kap. 3, S. 18

Test 3tj9eq

- Nenne drei Berufe, in denen vorwiegend Frauen arbeiten. – Beispiele: Erziehung in Grundschule und Kindergarten (Grundschullehrerin, Erzieherin), im Gesundheitswesen (Krankenschwester, Arzthelferin) und im Dienstleistungsbereich (Verkäuferin, Kellnerin).
- Warum werden gerade in den Erziehungsbereichen Männer gebraucht? – Die Männer können in dieser Lebensphase wichtige Vorbilder sein (d. h., dass sich Kinder auch an einem männlichen Rollenbild orientieren sollten).

DaZ-Kommentare

Einstieg
Es sollte sichergestellt werden, dass die SuS die Begriffe „Umfrage" und „Statistik" verstehen. Ansonsten müssen diese Begriffe kurz erklärt werden.

Aufgaben 1 bis 4
Nicht alle SuS werden die Diagramme lesen und auswerten können.

Aufgabe 5
Damit die SuS die kommenden Aufgaben im Unterricht bearbeiten können, sollten von ihnen die Texte unbedingt im Rahmen der vorherigen Hausaufgabe gelesen und übersetzt werden. Die unbekannten Wörter sollten wieder ins Vokabelheft eingetragen und übersetzt werden.

Aufgabe 6
Den SuS muss deutlich gemacht werden, dass bei dieser Aufgabe auf die sprachliche Richtigkeit bei der Verschriftlichung ganz besonders geachtet werden muss.

Aufgabe 7
Kennen die SuS diese Tage aus ihren Heimatländern?

---

unterschiedliche, dem jeweiligen Rollenbild entsprechende Fähigkeiten geschult bzw. entsprechende Interessen geweckt werden (wenn, vereinfacht gesagt, der Junge immer Autos geschenkt bekommt und das Mädchen Puppen, wird der Junge auch eher KFZ-Mechatroniker werden und das Mädchen eher Erzieherin).

Aufgabe 5
Leseaufgabe

Aufgabe 6
Mädchen-Zukunftstag:
- Seit wann gibt es den Girls' Day? – Den Girls' Day gibt es seit 2001.
- Welche Berufe sollen Mädchen kennenlernen? – Mädchen sollen frauenuntypische Berufe kennenlernen.
- In welchen Bereichen arbeiten vorwiegend Männer? – Männer arbeiten v. a. in technischen und handwerklichen Berufen.
- Wie viele Ausbildungsberufe gibt es? – Es gibt insgesamt 330 Ausbildungsberufe.

Jungen-Zukunftstag:
- Seit wann gibt es den Boys' Day? Der Boys' Day wurde 2011 eingeführt.
- Welche Berufe sollen Jungen kennenlernen? – Jungen sollen Berufe im Bereich Erziehung, Gesundheitswesen und Dienstleistung kennenlernen.

Landschaft gestalten

BASIS-Seiten

Die Schülerinnen und Schüler (SuS) machen sich mit dem Beruf der Gärtnerin / des Gärtners für Garten- und Landschaftsbau vertraut, indem sie zentrale Tätigkeiten beschreiben und über wichtige individuelle Voraussetzungen nachdenken. Zu dem Beruf werden sodann weitere Informationen recherchiert und auf einer Berufekarte übersichtlich festgehalten; außerdem können sich die SuS durch das Planen eines Wunschgartens praktisch in dem Beruf versuchen. Auf der Grundlage ihrer erarbeiteten Informationen üben die SuS verschiedene Präsentationsformen: das Führen von Interviews, das Gestalten einer Wandzeitung und die mündliche Präsentation mithilfe einer Wandzeitung.

Kommentare zu den Aufgaben

Einstieg, Aufgaben 1 und 2
Die SuS betrachten die kommentierten Bilder und beschreiben kurz die Bildinhalte. Sie machen sich so zentrale Tätigkeiten vom Arbeiten im Garten- und Landschaftsbau bewusst.

Aufgabe 3
Die SuS sammeln Eigenschaften, die im Beruf der Gärtnerin / des Gärtners im Garten- und Landschaftsbau gefragt sind und bereiten damit die Rechercheaufgabe 4 vor.

Aufgabe 4
Als Rechercheausgangspunkt bieten sich wieder die Seiten der Bundesagentur für Arbeit (berufenet.arbeitsagentur.de) an.

Aufgaben 5 und 6
Die SuS überprüfen ihre Arbeitsergebnisse gegenseitig und geben sich ein Feedback zu ihren Berufekarten. Ein kritisches Feedback sollte dabei stets mit einem konkreten Verbesserungsvorschlag verbunden sein.

Aufgaben 7 und 8
Die Aufgaben bieten sich zur fächerübergreifenden Erarbeitung mit Bildender Kunst an, wobei die Wunschgärten im Kunstunterricht gemalt oder gezeichnet und im Deutschunterricht schriftlich beschrieben werden könnten.

Aufgabe 9
Die SuS leiten aus den Bezeichnungen „Zierpflanze" und „Nutzpflanze" deren Funktion ab. Die SuS können hierzu auch im Internet vertiefend recherchieren.

Aufgabe 10
Die SuS begründen schriftlich, ob sie sich persönlich vorstellen können, im Garten- und Landschaftsbau zu arbeiten. Im Vordergrund steht dabei die Begründung, die unter Rückgriff auf die bisherigen Arbeitsergebnisse erfolgen sollte.

Landschaft gestalten

1 Lies die folgenden Sätze und sieh dir die Bilder an.

Gärtnerin/Gärtner für Garten- und Landschaftsbau
Gärtnerinnen und Gärtner verschönern unser Lebensumfeld:

Sie arbeiten an verschiedenen Stellen in unserer Umgebung:

Auch folgende Aufgaben gehören dazu:

Bei jedem Wetter arbeiten Gärtnerinnen und Gärtner im Freien. Sie müssen häufig anstrengende körperliche Arbeiten verrichten:

Die Ausbildung dauert drei Jahre. Ein Schulabschluss wird nicht vorausgesetzt, aber meistens werden Bewerber mit Mittlerem Bildungsabschluss oder Hauptschulabschluss genommen.

50

Alternative:
Die Aufgabe wird abschließend, also nach der Bearbeitung der Aufgaben 11 und 12, bearbeitet.

Aufgaben 11 und 12
Die Aufgaben verstehen sich als Präsentationsaufgaben, d.h. die SuS sollen lernen bzw. üben, in der Gruppe zu arbeiten und ihre Arbeitsergebnisse vor der Klasse zu präsentieren.

Lösungen

Aufgabe 1
Leseaufgabe / Bildbetrachtung

Aufgabe 2
individuelle Lösungen –
Beispiel:
Gärtnerinnen und Gärtner im Garten- und Landschaftsbau pflegen nicht nur verschiedene öffentliche und private Grünanlagen, sondern sie legen auch Grünanlagen an.

Aufgabe 3
individuelle Lösungen (vgl. auch die Hinweise zu A 4) – Die kommentierten Bilder machen deutlich, dass Gärtnerinnen und Gärtner auch körperlich anstrengende Arbeiten durchführen müssen, sie müssen also „zupacken" können.

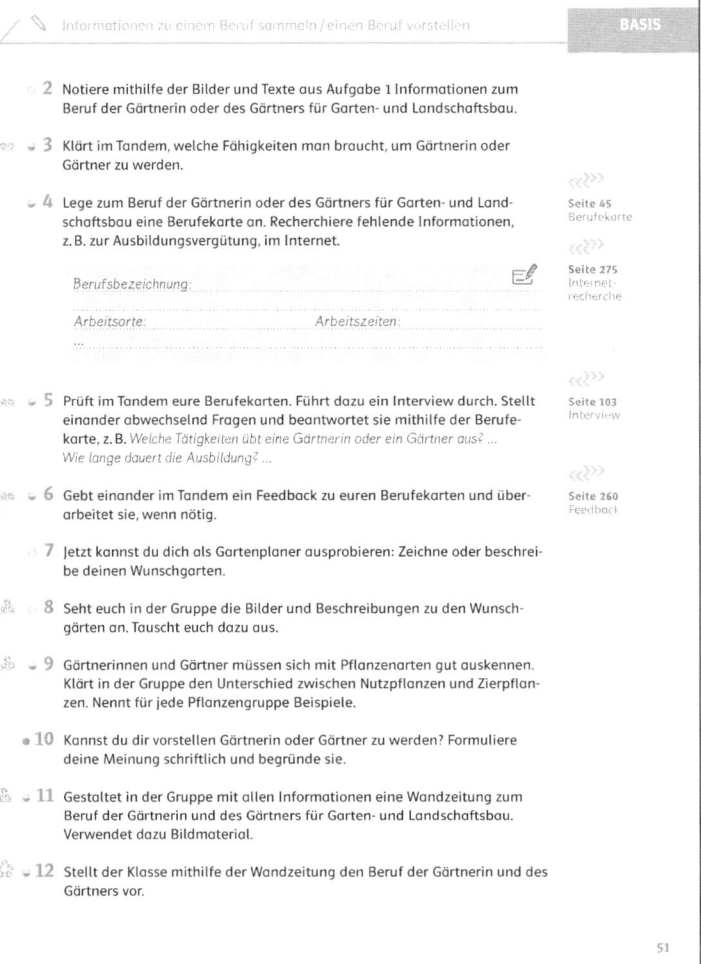

✎ Informationen zu einem Beruf sammeln / einen Beruf vorstellen | BASIS

2 Notiere mithilfe der Bilder und Texte aus Aufgabe 1 Informationen zum Beruf der Gärtnerin oder des Gärtners für Garten- und Landschaftsbau.

3 Klärt im Tandem, welche Fähigkeiten man braucht, um Gärtnerin oder Gärtner zu werden.

4 Lege zum Beruf der Gärtnerin oder des Gärtners für Garten- und Landschaftsbau eine Berufekarte an. Recherchiere fehlende Informationen, z. B. zur Ausbildungsvergütung, im Internet.

Seite 45
Berufekarte

Seite 275
Internet-recherche

Berufsbezeichnung:

Arbeitsorte: _____ Arbeitszeiten: _____

5 Prüft im Tandem eure Berufekarten. Führt dazu ein Interview durch. Stellt einander abwechselnd Fragen und beantwortet sie mithilfe der Berufe-karte, z. B. *Welche Tätigkeiten übt eine Gärtnerin oder ein Gärtner aus? ... Wie lange dauert die Ausbildung? ...*

Seite 103
Interview

6 Gebt einander im Tandem ein Feedback zu euren Berufekarten und über-arbeitet sie, wenn nötig.

Seite 260
Feedback

7 Jetzt kannst du dich als Gartenplaner ausprobieren: Zeichne oder beschrei-be deinen Wunschgarten.

8 Seht euch in der Gruppe die Bilder und Beschreibungen zu den Wunsch-gärten an. Tauscht euch dazu aus.

9 Gärtnerinnen und Gärtner müssen sich mit Pflanzenarten gut auskennen. Klärt in der Gruppe den Unterschied zwischen Nutzpflanzen und Zierpflan-zen. Nennt für jede Pflanzengruppe Beispiele.

10 Kannst du dir vorstellen Gärtnerin oder Gärtner zu werden? Formuliere deine Meinung schriftlich und begründe sie.

11 Gestaltet in der Gruppe mit allen Informationen eine Wandzeitung zum Beruf der Gärtnerin und des Gärtners für Garten- und Landschaftsbau. Verwendet dazu Bildmaterial.

12 Stellt der Klasse mithilfe der Wandzeitung den Beruf der Gärtnerin und des Gärtners vor.

51

Aufgabe 4

Berufsbezeichnung: Gärtnerinnen und Gärtner für Garten und Landschaftsbau

- *Arbeitsorte:* in Fachbetrieben des Garten-, Landschafts- und Sportplatzbaus; in städtischen Gärtnereien und auf Friedhöfen
- Tätigkeiten: Außenanlagen, insbesondere Grünanlagen aller Art, bauen, pflegen, sanieren und bepflanzen
- Arbeitsmittel / -geräte: Transportfahrzeuge, Walzen, Planierraupen, Bagger, Hacken, Scheren, Harken, Spaten, Schaufeln, ...
- nötiger Schulabschluss: überwiegend Haupt- oder mittlerer Schulabschluss, manchmal auch Abitur
- Ausbildungszeiten: drei Jahre
- *Arbeitszeiten:* geregelte Arbeitszeiten (ohne Wochenend-arbeit); Stundenzahl je nach Vereinbarung und Tarif
- nötige Fähigkeiten: handwerkliches Geschick, technisches Verständnis, Beobachtungsgenauigkeit, räumliches Vorstellungsvermögen, Gespür für Ästhetik, ...
- Kontakt zu Menschen: sowohl zu Kollegen, Vorgesetzten und Lieferanten als auch zu Kunden
- Ausbildung: Ausbildungsberuf in der Landwirtschaft
- Bezahlung: in der Ausbildung zwischen 740 und 1.000 €; nach der Ausbildung variabel (Bruttotarifvergütung ca. 2.400 €)

Vorhandenes Zusatzmaterial zu dieser Doppelseite

📑 Differenzierungskarte EXTRA, S. 14
📑 Differenzierungskarte PLUS, S. 14

Aufgaben 5 und 6
individuelle Lösungen – Das Feedback könnte sich auf die Anlage der Karte (Übersichtlichkeit, Leserlichkeit) ebenso beziehen wie auf den Inhalt (Vollständigkeit und Genauig-keit der Angaben).

Aufgaben 7 und 8
individuelle Lösungen

Aufgabe 9
- Nutzpflanzen: sind alle Pflanzen, die dem Menschen einen konkreten Nutzen bringen, seien es Nahrungs- bzw. Futtermittel (z. B.: Obstbäume, Mais, Weizen), Heil- oder Gewürzpflanzen (Thymian, Salbei) oder sei es als Rohstoff (z. B.: Hölzer wie Eiche oder Fichte als Baustoffe oder Möbelholz)
- Zierpflanzen (wie Orchideen, Pelargonien oder Fuchsien): haben dagegen eine ästhetische Funktion (bzw. dienen wie viele Sträucher als Sichtschutz bzw. als Hecken)

Aufgaben 10 bis 12
individuelle Lösungen

DaZ-Kommentare

Aufgabe 1
Die unbekannten Wörter sollten übersetzt und ins Vokabel-heft übertragen werden.

Aufgabe 4
Bitte sehr deutlich auf die Arbeitstechnik auf Seite 45 des Schülerbuchs verweisen.

Aufgaben 7 und 11
Hier können besonders sprachlich schwächere Schüler / in-nen miteinbezogen werden, indem sie den anderen SuS ihre Zeichnungen bzw. Wandzeitungen präsentieren.

Aufgabe 9
Die Begriffe „Nutzpflanzen" und „Zierpflanzen" werden den SuS unbekannt sein. Namen der Pflanzen können mithilfe des Wörterbuchs genannt werden.

Aufgabe 12
Wenn die SuS sich auf diese Aufgabe zu Hause vorberei-ten, sollten sie bei der mündlichen Präsentation auch auf die sprachliche Richtigkeit achten, insbesondere auf den Satzbau.

Irgendwas mit Medien

EXTRA-Seiten

Die Schülerinnen und Schüler (SuS) machen sich mit dem Beruf des Mediengestalters sowie eines weiteren Berufes aus der Medienbranche vertraut. Sie werten dazu ein Interview aus und recherchieren im Internet. Die Informationen werden auf Berufekarten festgehalten. Auf der Grundlage ihrer erarbeiteten Informationen üben die SuS verschiedene Präsentationsformen: das Gestalten einer Wandzeitung und die mündliche Präsentation mithilfe einer Wandzeitung.

Kommentare zu den Aufgaben

Einstieg
Die SuS äußern erste Gedanken und Vorstellungen zum Beruf einer Mediengestalterin / eines Mediengestalters. Nachvollziehbare Gedanken können an der Tafel festgehalten werden.

Aufgabe 1
Die SuS ordnen den vier zentralen Kompetenzfeldern des Medienbereichs Berufe zu und machen sich so mit dem Tätigkeitsfeld der Medienbranche vertraut.

Aufgabe 2
Die SuS recherchieren zu einem Beruf aus der Medienbranche (ohne den Beruf der Mediengestalterin Digital und Print der Fachrichtung Gestaltung und Technik). Als Rechercheausgangspunkt bieten sich erneut die Seiten der Bundesagentur für Arbeit (berufenet.arbeitsagentur.de) an. Vergleiche zur Nutzung der Rechercheergebnisse dann die Aufgaben 8 und 9.

Aufgaben 3 bis 5
Die SuS lesen ein Interview mit einer Mediengestalterin und leiten aus deren Antworten ab, was sie gefragt worden ist. Im Tandem wird das ganze Interview gelesen.

Aufgabe 6
Mithilfe des Interviews und einer zusätzlichen Internetrecherche (berufenet.arbeitsagentur.de) – insbesondere zur Bezahlung – erstellen die SuS eine Berufekarte zum Beruf der Mediengestalterin / des Mediengestalters.

Aufgabe 7
Die SuS überprüfen ihre Arbeitsergebnisse gegenseitig und geben sich ein Feedback zu ihren Berufekarten. Ein kritisches Feedback sollte dabei stets mit einem konkreten Verbesserungsvorschlag verbunden sein.

Aufgabe 8
Mithilfe der in Aufgabe 2 recherchierten Informationen legen die SuS zu einem weiteren Beruf aus der Medienbranche eine weitere Berufekarte an.

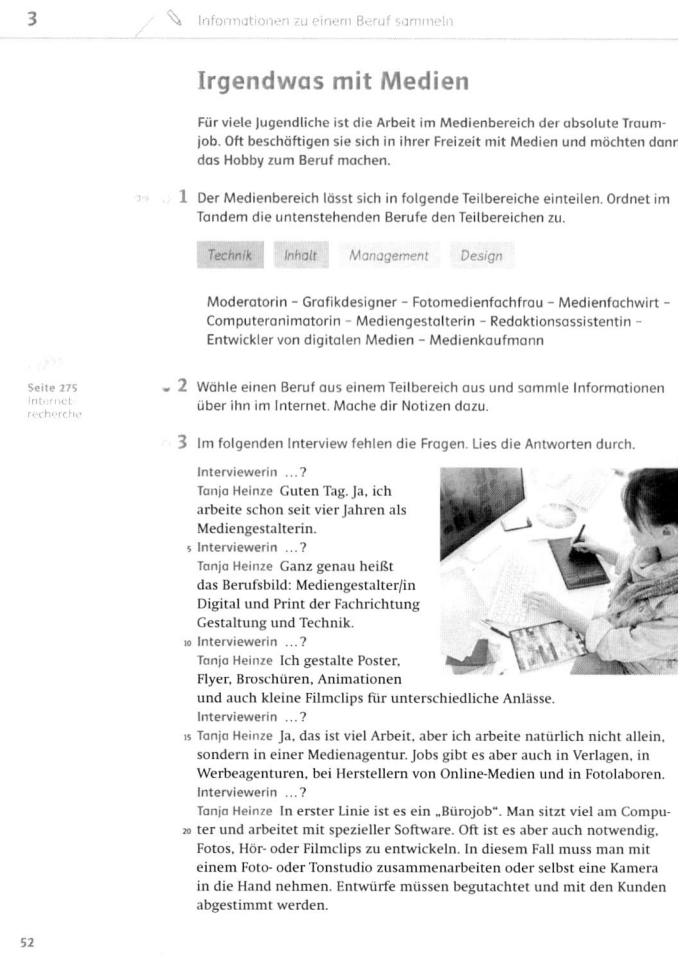

Aufgaben 9 bis 11
Die Aufgaben verstehen sich als Präsentationsaufgaben, d. h. die SuS sollen lernen bzw. üben, in der Gruppe zu arbeiten und ihre Arbeitsergebnisse vor der Klasse zu präsentieren.

Aufgabe 12
Die SuS reflektieren über die Arbeitsform Homeoffice und diskutieren dessen Vor- und Nachteile.
<u>Erweiterung:</u>
Die SuS begründen (schriftlich), warum sie sich diese Arbeitsform für sich (nicht) vorstellen können.

Lösungen

Aufgabe 1
Zuordnungen sind nicht immer eindeutig.
<u>Vorschlag:</u> Technik: Fotomedienfachfrau, Computeranimatorin, Mediengestalterin, Entwickler von digitalen Medien – Inhalt: Moderatorin, Redaktionsassistentin – Management: Medienfachwirt, Medienkaufmann – Design: Grafikdesigner, Mediengestalterin

Aufgabe 2
individuelle Lösungen

25 Interviewerin …?
Tanja Heinze Auf jeden Fall sollte man kreativ sein und gestalterische Fähigkeiten sind ebenfalls wichtig. Dass man mit Texten und Bildern gut umgehen kann, wird vorausgesetzt, ebenso wie ein Verständnis für Technik. Wenn man sich von der Konkurrenz abheben möchte, ist es auch
30 immer von Vorteil, aktuelle Trends, kulturelle Ereignisse und technische Neuerungen im Auge zu behalten.
Interviewerin …?
Tanja Heinze Ja, man sollte schon wissen, welche Stecker an welche Stelle beim Computer gehören. Kenntnisse der gängigen Text- und Bildverarbei-
35 tungsprogramme sind ebenfalls erforderlich.
Interviewerin …?
Tanja Heinze In diesem Beruf wird ein Realschulabschluss oder ein höherer Abschluss gerne gesehen, die Ausbildung dauert drei Jahre.
Interviewerin …
40 Tanja Heinze Gern geschehen. Auf Wiedersehen.

4 Formuliere Fragen, die die Interviewerin gestellt haben könnte. Schreibe sie auf.

Seite 103
Interview

5 Lest das komplette Interview im Tandem mit verteilten Rollen vor.

6 Lege zum Beruf der Mediengestalterin oder des Mediengestalters eine Berufekarte an. Recherchiere die fehlenden Informationen im Internet.

Seite 45
Berufekarte

7 Gebt einander im Tandem ein Feedback zu euren Berufekarten und überarbeitet sie, wenn nötig.

Seite 260
Feedback

8 Sieh dir jetzt noch einmal deine Informationen zu einem Medienberuf aus Aufgabe 2 an. Erstelle auch zu diesem Beruf eine Berufekarte.

9 Stellt eure ausgewählten Berufe aus Aufgabe 8 in der Gruppe vor. Tauscht euch in der Gruppe darüber aus, ob ihr diese Berufe ausüben möchtet.

10 Gestaltet in der Gruppe mit allen Informationen eine Wandzeitung zum Beruf der Mediengestalterin und des Mediengestalters. Verwendet dazu Bildmaterial.

11 Stellt der Klasse mithilfe der Wandzeitung den Beruf der Mediengestalterin und des Mediengestalters vor.

12 Häufig arbeiten Mediengestalter nicht in Büros mit anderen Menschen zusammen, sondern zu Hause. Das nennt man Homeoffice. Diskutiert in der Klasse Vor- und Nachteile dieser Arbeitsweise.

53

Vorhandenes Zusatzmaterial zu dieser Doppelseite

▦ Differenzierungskarte BASIS, S. 15
▦ Differenzierungskarte PLUS, S. 15

Aufgabe 3
Leseaufgabe

Aufgabe 4
- Zeile 1: Guten Tag. Wie lange arbeiten Sie schon als Mediengestalterin?
- Zeile 5: Wie heißt Ihr Beruf genau? / Wie lautet die genaue Bezeichnung Ihres Berufs?
- Zeile 10: Was machen Sie genau? / Worin besteht Ihre Tätigkeit im Einzelnen?
- Zeile 14: Ist das viel Arbeit? Und: Wo kann man als Mediengestalterin arbeiten?
- Zeile 18: Wie arbeiten Sie, welche Arbeitsmittel benutzen Sie?
- Zeile 25: Welche Eigenschaften und Fähigkeiten sollte man für diesen Beruf mitbringen?
- Zeile 32: Sind auch gute Computerkenntnisse nötig?
- Zeile 36: Welche schulischen Voraussetzungen muss man für eine Ausbildung erfüllen und wie lange dauert sie?
- Zeile 39: Vielen Dank für das Interview. Auf Wiedersehen.

Aufgabe 5
individuelle Lösungen – Zu achten wäre auf eine sinnbetonte Leseweise.

Aufgabe 6
Berufsbezeichnung: Mediengestalter / in Digital und Print der Fachrichtung Gestaltung und Technik
- Arbeitsorte: in Medienagenturen, Verlagen, Werbeagenturen, bei Herstellern von Online-Medien, in Fotolaboren
- Tätigkeiten: Poster, Flyer, Broschüren, Animationen, kleine Filmclips gestalten
- Arbeitsmittel / -geräte: Computer, Software, Büroartikel, Kameras, Aufnahmegeräte, …
- nötiger Schulabschluss: mittlerer Schulabschluss oder Abitur
- Ausbildungszeiten: drei Jahre
- Arbeitszeiten: meist geregelte Arbeitszeiten (ohne Wochenendarbeit); Stundenzahl je nach Vereinbarung und Tarif
- nötige Fähigkeiten: Kreativität, gestalterische Fähigkeiten, Gespür für Sprache, technisches Verständnis, Computerkenntnisse, Beobachtungsgenauigkeit, räumliches Vorstellungsvermögen, Weiterbildungsbereitschaft, Gespür für Ästhetik, …
- Kontakt zu Menschen: sowohl zu Kollegen und Vorgesetzten als auch zu Kunden
- Art der Ausbildung: Ausbildungsberuf in der Medien- und Kommunikationsbranche (Ausbildungsbereiche Industrie und Handel sowie Handwerk)
- Bezahlung: in der Ausbildung zwischen 900 und 1.000 €; nach der Ausbildung variabel (Bruttotarifvergütung ca. 2.800 €)

Aufgaben 7 bis 11
individuelle Lösungen

Aufgabe 12

Vorteile Homeoffice	Nachteile Homeoffice
- flexible Arbeitszeit - kein Zeitverlust durch Arbeitsweg - erlaubt ungestörtes Arbeiten in privater Atmosphäre	- verlangt größere Disziplin (auch tatsächlich zu arbeiten) - keine sozialen Kontakte von Angesicht zu Angesicht - kein kollegialer Austausch

Für Gesundheit und Wohlbefinden

PLUS-Seiten

Die Schülerinnen und Schüler (SuS) machen sich mit dem Beruf der Physiotherapeutin / des Physiotherapeuten sowie weiterer Berufe aus dem Gesundheitsbereich vertraut. Sie werten dazu einen Sachtext aus und recherchieren im Internet. Die Informationen werden auf Berufekarten festgehalten. Auf der Grundlage ihrer erarbeiteten Informationen üben die SuS verschiedene Präsentationsformen: das Gestalten eines Plakats und die mündliche Präsentation mithilfe eines Plakats.

Kommentare zu den Aufgaben

Einstieg und Aufgabe 1
Im Tandem tauschen sich die SuS über ihre Vorstellung vom Beruf der Physiotherapeutin / des Physiotherapeuten aus.

Aufgabe 2
Die SuS lesen einen Sachtext über den Beruf des Physiotherapeuten und werten den Text inhaltlich aus. Das Ziel der Auswertung, benötigte Fähigkeiten (vgl. A 3) sowie Berufekarte (vgl. A 4), kann hier bereits genannt werden.

Aufgabe 3
Die SuS sammeln Fähigkeiten und Eigenschaften, die im Beruf des Physiotherapeuten gefragt sind. Die Aufgabe sichert damit zum einen das Textverständnis und bereitet zum anderen die Rechercheaufgabe 4 vor.

Aufgabe 4
Die SuS recherchieren vertiefend zum Beruf des Physiotherapeuten. Als Rechercheausgangspunkt bieten sich erneut die Seiten der Bundesagentur für Arbeit (berufenet.arbeitsagentur.de) an.

Aufgabe 5
Die SuS recherchieren zu den Tätigkeiten von Physiotherapeuten im Profisport.

Aufgabe 6
Die SuS recherchieren zu weiteren Berufen aus dem Berufsfeld Gesundheitsberufe (z. B. über die Seite gesundheitsberufe.de) und untersuchen im Tandem dieses Berufsfeld.

Aufgaben 7 und 8
Die SuS gestalten auf der Grundlage ihrer Arbeitsergebnisse ein Plakat zum Berufsfeld Gesundheitsberufe und dem Beruf des Physiotherapeuten und lernen bzw. üben, in der Gruppe zu arbeiten und ihre Arbeitsergebnisse vor der Klasse zu präsentieren.

Für Gesundheit und Wohlbefinden

Das Wort Physiotherapie kommt aus dem Griechischen und setzt sich zusammen aus den Wörtern physis für Natur und therapia für Dienst oder Heilung. Physiotherapie ist ein Heilverfahren, um die Bewegungs- und Funktionsfähigkeit des menschlichen Körpers wieder herzustellen, zu verbessern oder zu erhalten.

1 Besprecht im Tandem, was ihr euch unter dem Beruf der Physiotherapeutin oder des Physiotherapeuten vorstellt.

Leseschlüssel

2 Lies den Text und notiere die wichtigsten Informationen zum Beruf der Physiotherapeutin oder des Physiotherapeuten.

In erster Linie behandeln Physiotherapeutinnen und Physiotherapeuten Menschen, die nach einer Erkrankung, Verletzung oder altersbedingt
5 unter Bewegungseinschränkungen, Fehlstellungen des Bewegungsapparates oder Schmerzen beim Bewegen oder in Ruhe leiden. Gleichzeitig können auch vorbeugende Maßnah-
10 men durchgeführt werden.
Die Kunden sind Menschen aller Altersklassen: Zum Beispiel Neugeborene, die durch eine falsche Lage im Bauch der Mutter oder durch den Geburtsvorgang Fehlstellungen haben. Einige Babys haben auch angeborene Fehlstellungen oder müssen nach einer operativen Behandlung ihre
15 Mobilität wieder erwerben. Gerade bei Säuglingen und Kleinkindern ist neben fachlichem Können Einfühlungsvermögen und die Bereitschaft zur Beratung sehr wichtig. Die Eltern werden dabei immer in die Behandlung mit einbezogen.
Bei Kindern im Grund- und Vorschulalter, aber auch bei Jugendlichen sind
20 es meistens Haltungsschäden oder Probleme wie zum Beispiel Fehlstellungen der Füße. Wenn hier frühzeitig therapiert wird, können Probleme im späteren Leben verringert werden oder sogar ganz verschwinden. Die größte Schwierigkeit besteht hier oft darin, den Jugendlichen zu vermitteln, dass die Mühe sich lohnt und für das weitere Leben positive Auswir-
25 kungen haben wird.
Sehr wichtig sind die Behandlungen nach Unfällen oder Erkrankungen. Die Patienten müssen ihre Bewegung weitestgehend oder zumindest zu einem Teil wiedererlangen. Gemeinsam mit Physiotherapeutinnen und Physiotherapeuten werden Patienten auch an den Umgang mit Gehhilfen,
30 Prothesen und anderen Hilfsmitteln gewöhnt, damit weitere Fehlbelastungen ausgeschlossen werden können.

54

Lösungen

Aufgabe 1
individuelle Lösungen

Aufgabe 2
Leseaufgabe

Aufgaben 3 und 4
Berufsbezeichnung: Physiotherapeut / in
- Arbeitsorte: eigene Praxis, Krankenhäuser, Arztpraxis, Rehaklinik, Altersheime, Behinderteneinrichtungen, Sportvereine, Wellnesshotel, Schulen (als Betreuer behinderter Kinder bspw.)
- Tätigkeiten: Fehlstellungen des Bewegungsapparates bzw. Schmerzen beim Bewegen behandeln, Haltungsschäden korrigieren, Umgang mit Gehhilfen und Prothesen erklären und einüben, Bewegungsfähigkeit erhalten, vorbeugende Maßnahmen durchführen
- Arbeitsmittel / -geräte: Gehhilfen, Prothesen, Infrarotlampen, Heizplatten zur Bestrahlung, Reizstrom- und Vakuumapplikationsgeräte, …

Bei sehr alten und kranken Menschen soll durch Physiotherapie die Beweglichkeit möglichst lange erhalten bleiben. Hier muss der tägliche Ablauf analysiert werden, um Übungen zu finden, die diesen unterstützen.
35 Auch im Bereich Wellness sind Physiotherapeutinnen und Physiotherapeuten aktiv. Hier arbeitet man vor allem vorbeugend, z.B. werden Verspannungen und Fehlbelastungen, die sich aus dem täglichen Leben ergeben, behandelt. Einige Therapeutinnen und Therapeuten arbeiten im sportlichen Bereich. Sie unterstützen Sportler vor und nach dem Sport sowie in
40 der Rehabilitation[1] nach Verletzungen. Sie können jedoch auch eigenständig Sportkurse durchführen, meist in Verbindung mit einem gesundheitlich relevanten[2] Thema, z.B. Rückenschulen.

Die Physiotherapeutinnen und Physiotherapeuten arbeiten an sehr unterschiedlichen Orten. Neben der Tätigkeit in einer eigenen Praxis gibt es
45 auch die Möglichkeit einer Anstellung in einem Krankenhaus, in einer Arztpraxis, in einer Rehaklinik, in einem Altersheim oder in einer Einrichtung für Menschen mit Behinderungen. Ebenso ist es möglich, in einer Sportstätte oder für einen Sportverein, in einem Wellnesshotel oder auch an Schulen als Betreuer von Kindern mit körperlichen und geistigen Ein-
50 schränkungen zu arbeiten.

Die Ausbildung ist bundesweit geregelt und wird in einer dreijährigen privaten oder öffentlichen Berufsfachschule für Physiotherapie durchgeführt. Daneben besteht die Möglichkeit, Physiotherapie an Hochschulen zu studieren und dies mit einem Bachelor of Arts Medizinfachberufe abzuschließen.
55 Voraussetzung für die Ausbildung ist ein Schulabschluss der Mittleren Reife, allerdings werden häufig Abiturientinnen und Abiturienten bevorzugt. Für das Studium ist das Abitur oder das Fachabitur erforderlich.

[1] Rehabilitation: Wiedereingliederung

[2] relevant: wichtig

3 Klärt im Tandem, über welche Fähigkeiten Physiotherapeutinnen und Physiotherapeuten verfügen müssen. Macht euch Notizen.

Seite 45 Berufekarte

4 Lege zum Beruf Physiotherapeutin/Physiotherapeut eine Berufekarte an. Recherchiere die fehlenden Informationen im Internet.

Seite 275 Internetrecherche

5 Auch im Profisport spielen Physiotherapeutinnen und Physiotherapeuten eine große Rolle. Notiere, welche Tätigkeiten übernommen werden und wozu sie notwendig sind.

6 Untersucht nun im Tandem das Berufsfeld der Gesundheitsberufe. Welche weiteren Ausbildungsberufe gibt es? Welche Tätigkeiten umfassen diese? Legt eine Übersicht dazu an.

7 Gestaltet in der Gruppe ein Plakat zum Berufsfeld Gesundheitsberufe im Allgemeinen und dem Beruf der Physiotherapeuten als Beispiel.

8 Stellt der Klasse mithilfe des Plakats das Berufsfeld und den Beruf vor.

55

- nötiger Schulabschluss: mittlerer Schulabschluss möglich, meist jedoch Abitur
- Ausbildungszeiten: drei Jahre
- Arbeitszeiten: meist geregelte Arbeitszeiten (ohne Wochenendarbeit); Stundenzahl je nach Vereinbarung und Tarif; bei eigener Praxis selbstständige Einteilung der Arbeitszeiten
- nötige Fähigkeiten: pädagogisches Geschick, Körperbeherrschung, manuelles Geschick, Organisationstalent, Höflichkeit und Geduld, …
- Kontakt zu Menschen: regelmäßig mit Patienten (vom Kleinkind bis zum alten Menschen) und zum Teil deren Angehörigen
- Art der Ausbildung: 3-jährige schulische Ausbildung an Berufsfachschulen für Physiotherapie oder Hochschulstudium (Abschluss „Bachelor of Arts Med.fachberufe")
- Bezahlung: unvergüteter Schulbesuch; nach der Ausbildung variabel (Bruttotarifvergütung ca. 2.800 €)

Aufgabe 5
individuelle Lösung – Sportler werden vor und nach dem Sport / der sportlichen Betätigung unterstützt, Unterstützung auch in der Rehabilitation nach Verletzungen, oft auch psychologische Betreuung (Profis werden oft rund um die Uhr betreut, besonders vor sportlichen Großereignissen)

Aufgabe 6
individuelle Lösung – häufige Berufe sind:
Krankenpfleger, Altenpfleger, Hebamme, Notfallsanitäter, Ergotherapeut, Masseur, medizinischer Bademeister, Sporttherapeut, Podologe, Logopäde, Augenoptiker, Orthoptist, Zahntechniker, Hörgeräteakustiker, Pharmazeutischkaufmännischer / technischer Angestellter, Diätassistent, Laboratoriumsassistent, Arzthelfer

Aufgaben 7 und 8
individuelle Lösungen

Vorhandenes Zusatzmaterial zu dieser Doppelseite

- Differenzierungskarte BASIS, S. 16
- Differenzierungskarte EXTRA, S. 16

- ET1: Für Gesundheit und Wohlbefinden, S. 185

Deutlich sprechen und verlängern

RGS-Seiten / 1

Die Schülerinnen und Schüler (SuS) machen sich zunächst den Unterschied zwischen der Lautung einer Sprache und deren Verschriftlichung bewusst. Mithilfe der beiden Rechtschreibstrategien Mitsprechen und Verlängern klären die SuS, wie geschrieben werden muss.

Kommentare zu den Aufgaben

Einstieg, Aufgaben 1 und 2
Um ein Bewusstsein für die Differenz zwischen Laut und Schrift zu bekommen, lesen die SuS fremdsprachige Sätze und klären deren Bedeutung sowie Herkunft und vergleichen sie mit anderen ihnen bekannten Sprachen.

Aufgabe 3
Mithilfe der Rechtschreibstrategie Mitsprechen ermitteln die SuS die Schreibung von Doppelkonsonanten.

Aufgaben 4 und 5
Die SuS wenden die Verlängerungsprobe an. Dazu bilden sie bei Verben den Infinitiv und bei Substantiven / Nomen den Plural (zur Verlängerung von Adjektiven vgl. A6).

Aufgabe 6
Die SuS verlängern Adjektive; sie können dazu das Adjektiv attributiv zu einem Substantiv / Nomen (etwa zwischen unbestimmtem Artikel und Substantiv / Nomen) verwenden.

Aufgaben 7 und 8
Die SuS wenden die Verlängerungsprobe bei rechtschreibproblematischen Verben an, die sie anschließend in ganzen Sätzen üben.
Erweiterung:
Die SuS können zu jedem Verb außerdem noch den Infinitiv notieren.

Aufgabe 9
Erweiterung:
Die SuS bilden auch zu den Substantiven / Nomen dieser Übung jeweils einen eigenen Satz.

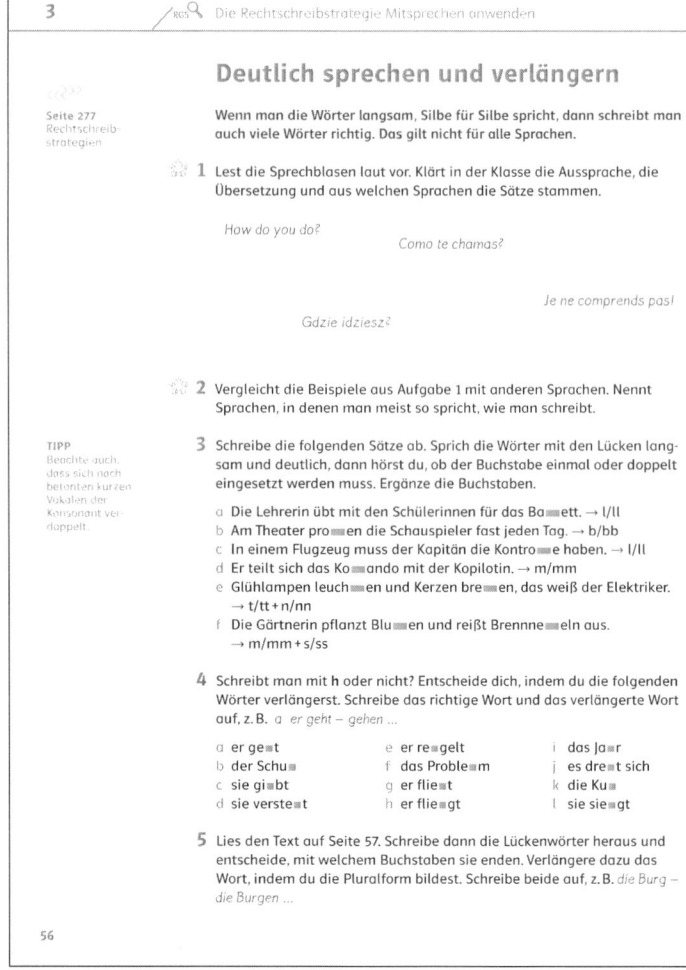

Lösungen

Aufgabe 1
- How do you do? (englisch) – „Wie geht es dir / Ihnen?"
- Como te chamas? (portugiesisch) – „Wie heißt du?"
- Gdzie idziesz? (polnisch) – „Wohin gehst du?"
- Je ne comprends pas! (französisch) – „Ich verstehe nicht!"

Aufgabe 2
Nach dem Prinzip „Schreib, wie du sprichst." müsste jeder Laut (jedes Phonem) in einem 1-zu-1-Verhältnis zum jeweiligen Schriftzeichen stehen (wie im Türkischen oder Kroatischen). Je höher die Abweichung, desto schwieriger ist die Schrift zu erlernen. Das Deutsche nimmt hier ungefähr einen mittleren Platz ein (Englisch etwa ist deutlich schwerer zu schreiben).

Aufgabe 3
a Ballett
b proben
c Kontrolle
d Kommando
e leuchten, brennen
f Blumen, Brennnesseln

RGS Die Rechtschreibstrategie Verlängern anwenden

Der Reporter hat eine unglaubliche Geschichte aufgeschrieben, die letzte Woche in der alten Bur■(g/k) im Wal■(d/t) passiert ist. Ein Die■(b/p) hat am Aben■(d/t) die ganzen Einnahmen aus dem Schran■(k/g) neben der Kasse geklaut. Die Besitzerin des Lokals stand zu der Zei■(d/t) in der Küche am Her■(d/t) und dekorierte nebenbei einen Sala■(d/t). Da sah sie aus den Augenwinkeln jemanden verschwinden. Sie wusste, dass das kein Freun■(d/t) war, konnte sich aber nur noch an sein Hem■(d/t) in Gel■(b/p) erinnern. Sie schrie lau■(d/t) und wil■(d/t), bis die Polizei kam. Der Polizis■(d/t) machte sich ein Bil■(d/t) von der Situation und trug alles in ein Hef■(d/t) ein. Die Spur führte auf den Ber■(g/k) zur Bur■(g/k). In der Nach■(d/t), als der Mon■(d/t) schien und der Hun■(d/t) laut bellte, konnte der Die■(b/p) gefasst werden.

6 Notiere die Wörter, bei denen es keine Pluralform gibt. Verlängere auch diese Wörter.

7 Auch Verben muss man verlängern, um zu wissen, ob man g oder k, b oder p schreibt. Schreibe die Sätze ab und ergänze die fehlenden Buchstaben.

a Der Polizist ja■t dem Einbrecher hinterher. → g oder k?
b Die Programmiererin gi■t den USB-Stick weiter. → b oder p?
c Der Erzieher ü■t mit dem Kind. → b oder p?
d Die Schornsteinfegerin trä■t die Leiter. → g oder k?
e Der Chorleiter sin■t mit dem Kinderchor. → g oder k?
f Die Funkerin meldet, dass das Schiff sin■t. → g oder k?

8 Schreibe zu jedem Satz in Aufgabe 7 einen eigenen Satz mit demselben Verb, z. B. a Der Hund jagt der Katze hinterher.

9 Setze den richtigen Buchstaben ein. Verlängere dazu das Wort und schreibe beide Wörter auf, z. B. Betrieb – Betriebe ...

b oder p? Betrie■ – Urlau■ – Ty■

g oder k? Wer■ – We■ – Ta■ – Fabri■ – Ber■

d oder t? Arbei■ – Gel■ – Grun■ – Gehal■ – Zei■

57

Aufgabe 4

a er geht (→ gehen); b der Schuh (→ Schuhe); c sie gibt (→ geben); d sie versteht (→ verstehen); e er regelt (→ regeln); f das Problem (→ Probleme); g er flieht (→ fliehen); h er fliegt (→ fliegen); i das Jahr (→ Jahre); j es dreht sich (→ drehen); k die Kuh (→ Kühe); l sie siegt (→ siegen)

Aufgabe 5

Burg (Burgen), Wald (Wälder), Dieb (Diebe), Abend (Abende), Schrank (Schränke), Zeit (Zeiten), Herd (Herde), Salat (Salate), Freund (Freunde), Hemd (Hemden), Polizist (Polizisten), Bild (Bilder), Heft (Hefte), Berg (Berge), Burg (Burgen), Nacht (Nächte), Mond (Monde), Hund (Hunde), Dieb (Diebe)

Aufgabe 6

in Gelb (z. B. ein gelbes Hemd), laut (z. B. ein lautes Schreien), wild (z. B. ein wildes Tier)

Aufgabe 7

a jagt (Infinitiv: jagen)
b gibt (Infinitiv: geben)
c übt (Infinitiv: üben)
d trägt (Infinitiv: tragen)
e singt (Infinitiv: singen)
f sinkt (Infinitiv: sinken)

Vorhandenes Zusatzmaterial zu dieser Doppelseite

▤ KV 3 BASIS, S. 80
▤ KV 3 EXTRA, S. 81
▤ KV 3 PLUS, S. 82

▤ KV 5 BASIS, S. 86
▤ KV 5 EXTRA, S. 87
▤ KV 5 PLUS, S. 88

▣ AH 7, Kap. 3, S. 19 – 21

Aufgabe 8

individuelle Lösungen

Aufgabe 9

– b oder p: *Betrieb (Betriebe)*, Urlaub (Urlaube), Typ (Typen)
– g oder k: Werk (Werke), Weg (Wege), Tag (Tage), Fabrik (Fabriken), Berg (Berge)
– d oder t: Arbeit (Arbeiten), Geld (Gelder), Grund (Gründe), Gehalt (Gehälter), Zeit (Zeiten)

DaZ-Kommentare

Einstieg

Den SuS ist diese Rechtschreibstrategie nicht bekannt und sie können diese nicht sinnvoll einsetzen, da sie weder über eine gute Aussprache noch über das nötige Sprachgefühl verfügen.

Aufgaben 3 bis 7 und 9

Daher können hier nur diese Wörter richtig ergänzt werden, die den SuS gut bekannt sind. Ansonsten sollten die SuS alle Aufgaben auf diesen RGS- und Trainings-Seiten im Tandem oder sogar in Gruppen erledigen. Die Arbeit mit dem Wörterbuch ist hier unentbehrlich. Trotzdem wäre es sinnvoll, die SuS immer wieder zu einer Übung zu ermutigen, in der sie versuchen, die richtige Schreibweise „herauszuhören".

Aufgabe 5

Mit diesem Text können die SuS die Aussprache üben, indem sie zuerst den Muttersprachlern gut zuhören und dann die Sätze langsam vorlesen.

Aufgabe 8

Die Bildung der Sätze mit neu erlernten Vokabeln gehört zu den bewährten Methoden zur Erweiterung des Wortschatzes.

Verwandte Wörter / Deutlich sprechen und gut zuhören

RGS-Seiten/2

Im Abschnitt „Verwandte Wörter" entscheiden die Schülerinnen und Schüler (SuS) mithilfe der Rechtschreibstrategie Ableiten, ob „ä / e" bzw. „äu / eu" geschrieben werden muss. Sie üben die Schreibung von Wörtern mit den entsprechenden Stämmen, auch durch das Bilden von Wortverwandten. Der Abschnitt „Deutlich sprechen und gut zuhören" thematisiert zunächst Äußerungen und damit verbundene Einstellungen, die, nicht zuletzt im Beruf, nützen bzw. wenig hilfreich sind. In einem Partnerdiktat üben sie die deutliche Aussprache und verfestigen Stammschreibungen häufiger Wörter mit den Fehlerschwerpunkten b, d, g im Auslaut sowie „ä / e" bzw. „äu / eu" im Stamm.

Kommentare zu den Aufgaben

Verwandte Wörter

Einstieg
Die SuS können an Beispielen eigener Wahl erklären, was man unter der Rechtschreibstrategie Ableiten versteht.

Aufgabe 1
Die SuS bilden zu Wörtern mit „ä / e" bzw. „äu / eu" Wortverwandte mit „a" bzw. „au" und schreiben sie, wenn sie welche finden, auf.

Aufgabe 2
Die SuS üben die Schreibung von Wörtern mit „ä / e" bzw. „äu / eu" und leiten sie im Zweifelsfall ab.

Aufgabe 3
Die Aufgabe sichert das Textverständnis, indem der im Text beschriebene Beruf genannt werden soll.

Aufgabe 4
Die SuS suchen Wortverwandte.

Deutlich sprechen und gut zuhören

Aufgabe 1
Die SuS schätzen Aussagen danach ein, ob sie einen weiterbringen oder nicht. In der Besprechung könnten Begründungen eingefordert und diese ggf. diskutiert werden.

Aufgaben 2 und 3
Die SuS führen ein Partnerdiktat durch und korrigieren anschließend ihre Texte gemeinsam. In der Besprechung erläutern sie sich gegenseitig, wie sie in Zweifelsfällen vorgegangen sind.

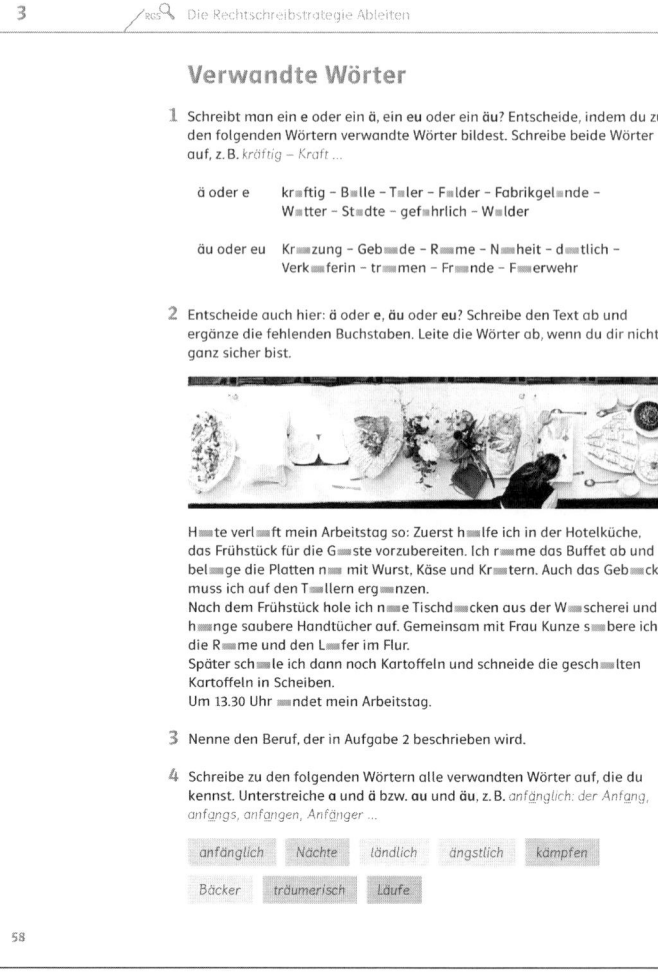

Lösungen

Verwandte Wörter

Aufgabe 1
- ä oder e: *kräftig (Kraft)*, Bälle (Ball), Täler (Tal), Felder (kein Wort mit „-fald-", daher e), Fabrikgelände (Land), Wetter (kein Wort mit „-watt-", daher e), Städte (Stadt), gefährlich (Gefahr), Wälder (Wald)
- äu oder eu: Kreuzung (kein Wort mit „-krauz-", daher eu), Gebäude (Bau), Räume (Raum), Neuheit (kein Wort mit „-nau-", daher eu), deutlich (kein Wort mit „-daut-"), Verkäuferin (Verkauf), träumen (Traum), Freunde (kein Wort mit „-fraun-"), Feuerwehr (kein Wort mit „-fauer-")

Aufgabe 2
Heute verläuft mein Arbeitstag so: Zuerst helfe ich in der Hotelküche, das Frühstück für die Gäste vorzubereiten. Ich räume das Büffet ab und belege die Platten neu mit Wurst, Käse und Kräutern. Auch das Gebäck muss ich auf den Tellern ergänzen.
Nach dem Frühstück hole ich neue Tischdecken aus der Wäscherei und hänge saubere Handtücher auf. Gemeinsam mit Frau Kunze säubere ich die Räume und den Läufer im Flur.

Vorhandenes Zusatzmaterial zu dieser Doppelseite

- KV 4 BASIS, S. 83
- KV 4 EXTRA, S. 84
- KV 4 PLUS, S. 85

- KV 5 BASIS, S. 86
- KV 5 EXTRA, S. 87
- KV 5 PLUS, S. 88

Deutlich sprechen und gut zuhören

Aufgabe 1

Solche Aussagen bringen dich nicht weiter.	Solche Aussagen helfen dir, einen Beruf zu finden und dich darauf einzulassen.
– *Du bist gemein!* – Das interessiert mich gar nicht. – Ich will mir die Hände nicht dreckig machen. – Im Praktikum lasse ich mir keine Vorschriften machen! – Mir sagt keiner, was ich machen soll. – Früh aufstehen, dazu habe ich keine Lust.	– Ich schaue mir das mal an. – Am besten frage ich einmal nach, wie das geht. – Ich versuche erst mal alles zu schaffen! – Ich mache sicherlich Fehler, ich lerne ja noch, aber ich versuche es. – Ich muss mich vielleicht in manchen Dingen umstellen.

Aufgaben 2 und 3
individuelle Lösungen

DaZ-Kommentare

Verwandte Wörter

Aufgaben 1 und 2
Die SuS werden nur die Wörter richtig ergänzen, die ihnen gut bekannt sind. Ansonsten sind diese Aufgaben ohne weitere Hilfe nicht zu bewältigen. Da die Arbeit mit dem Wörterbuch auch hier unentbehrlich ist, sollten die SuS die Nomen / Substantive ins Vokabelheft direkt mit den Artikeln übertragen.

Aufgabe 4
Die SuS sollten im Tandem und mit dem Wörterbuch arbeiten. Es wäre ratsam, die SuS erneut darauf hinzuweisen, dass sich die Vokabeln leichter einprägen lassen, wenn man große Wortfamilien bildet.

Deutlich sprechen und gut zuhören

Aufgaben 2 und 3
Hier sollten die SuS mit den Muttersprachlern zusammenarbeiten.

Später schäle ich dann noch Kartoffeln und schneide die geschälten Kartoffeln in Scheiben.
Um 13.30 Uhr endet mein Arbeitstag.

Aufgabe 3
Hotelfachmann bzw. -frau

Aufgabe 4
Beispiele:
anfänglich: der Anfang, anfangs, anfangen, Anfänger – Nächte: übernachten, umnachtet, Mitternacht – ländlich: Land, Landung, Umland – ängstlich: die Angst, verängstigt, ängstigen – kämpfen: der Kampf, bekämpfen, Kämpfer – Bäcker: backen, Bäckerei, Zwieback – träumerisch: träumen, der Traum, Träumer – Läufe: Umlauf, Ablauf, verlaufen

---

Eingebettete Buchseite:

Deutlich sprechen und gut zuhören

1 Übernimm die Tabelle und schreibe die folgenden Aussagen in die richtige Spalte. Decke beim Schreiben den Text zu. Prüfe dann, ob du alles richtig abgeschrieben hast.

Solche Aussagen bringen dich nicht weiter.	Solche Aussagen helfen dir, einen Beruf zu finden und dich darauf einzulassen.
Du bist gemein!	...

a Du bist gemein!
b Das interessiert mich gar nicht.
c Ich schaue mir das mal an.
d Ich will mir die Hände nicht dreckig machen.
e Am besten frage ich einmal nach, wie das geht.
f Im Praktikum lasse ich mir keine Vorschriften machen!
g Mir sagt keiner, was ich machen soll.
h Ich versuche erst mal alles zu schaffen.
i Ich mache sicherlich Fehler, ich lerne ja noch, aber ich versuche es.
j Früh aufstehen, dazu habe ich keine Lust.
k Ich muss mich vielleicht in manchen Dingen umstellen.

2 Lest den folgenden Text. Diktiert einander im Tandem beide Textteile. Sprecht langsam und deutlich, wechselt euch ab.

Mein erster Tag im Praktikum
Es war schon ein komisches Gefühl, als ich auf meinem Fahrrad saß und nicht zur Schule fuhr, sondern zu meinem Praktikumsbetrieb. Der Betrieb befand sich in einem großen Gebäude. Als ich dort ankam, begrüßte mich der Chef sehr nett und brachte mich in meine Abteilung. Ich musste den ganzen Tag nur Belege abheften.

Ich sollte alles nach dem Alphabet abheften. Das war gar nicht so leicht. Ich habe mich immer wieder dabei ertappt, dass ich leise mitgesprochen habe, um die richtigen Buchstaben zu finden. Ich hatte gedacht, dass die für so etwas Computer haben. Mir wurde erklärt, dass das bezahlte Eingangsrechnungen wären. Am Abend fuhr ich dann wieder nach Hause und war ziemlich müde – viel müder, als ich gedacht hätte.

3 Prüft eure Texte im Tandem. Verbessert die Fehler gemeinsam. Schreibt die Wörter, die ihr falsch hattet, richtig auf.

TIPP
Prüft, ob euch die Rechtschreibstrategien helfen konnten.

59

Sprechen – hören – schreiben

TRAININGS-Seiten

Die Schülerinnen und Schüler (SuS) verfestigen die Anwendung der Rechtschreibstrategien Mitsprechen (deutliches Sprechen), Verlängern und Ableiten und wenden sie insbesondere auch in (Partner-)Diktaten an.

Kommentare zu den Aufgaben

Einstieg
Ein gesonderter Einstieg in die Trainings-Seiten ist nicht erforderlich.

Aufgabe 1
Die Aufgabe zielt auf die Rechtschreibstrategie Mitsprechen bzw. deutliches Sprechen.

Aufgabe 2
Die Aufgabe zielt auf die Rechtschreibstrategie Verlängern.
Erweiterung:
Die SuS geben in Klammern jeweils eine Wortverlängerung an (siehe Lösung).

Aufgabe 3
Die Aufgabe zielt auf die Rechtschreibstrategie Ableiten.
Erweiterung:
Die SuS geben in Klammern jeweils ein abgeleitetes Wort an (siehe Lösung).

Aufgabe 4
Die SuS könnten sich hier noch einmal gegenseitig erklären, wie die jeweilige Rechtschreibstrategie funktioniert.

Aufgaben 5 bis 8
Mithilfe der Aufgaben wird das Gelernte geübt und durch die Anwendung gesichert. Bei der Kontrolle durch die SuS wäre es wichtig, dass sie sich gegenseitig Hilfestellungen und Erklärungen geben (vgl. A 8).

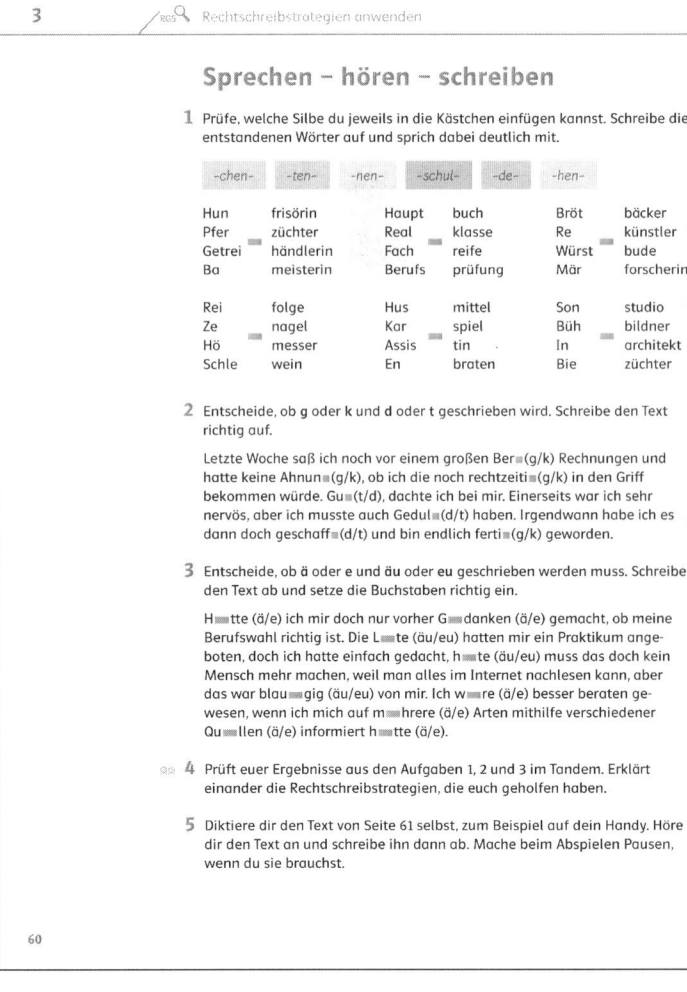

Lösungen

Aufgabe 1
Beispiele:
- Hundefrisörin (Hundezüchter), Pferdezüchter, Getreidehändlerin (Getreidezüchter), Bademeisterin
- Hauptschulbuch (Hauptschulklasse), Realschulklasse, Fachschulreife (Fachschulbuch), Berufsschulprüfung
- Brötchenbäcker, Rechenkünstler, Würstchenbude, Märchenforscherin
- Reihenfolge, Zehennagel, Höhenmesser, Schlehenwein
- Hustenmittel, Kartenspiel, Assistentin, Entenbraten
- Sonnenstudio, Bühnenbildner, Innenarchitekt, Bienenzüchter

Aufgabe 2
Letzte Woche saß ich noch vor einem großen Berg (Berge) Rechnungen und hatte keine Ahnung (Ahnungen), ob ich die noch rechtzeitig (rechtzeitiges) in den Griff bekommen würde. Gut (gute), dachte ich bei mir. Einerseits war ich sehr nervös, aber ich musste auch Geduld (geduldig) haben. Irgendwann habe ich es dann doch geschafft (geschafftes) und bin endlich fertig (fertiges) geworden.

Lokomotivführer und Lokomotivführerinnen steuern Triebwagen und
Lokomotiven im Nah-, Fern- und Werksverkehr. Dabei transportieren
sie Güter und Personen. Sie müssen dafür sorgen, dass alles reibungslos,
pünktlich und sicher ankommt. Dabei überprüfen sie regelmäßig, ob
5 die Antriebsfahrzeuge betriebsbereit sind. Sie kuppeln Waggons an und
ab. Und schließlich steuern sie die Lokomotiven unter Einhaltung der
Sicherheitsvorgaben. Außer bei der Deutschen Bahn können Lokführer
und Lokführerinnen auch im öffentlichen Nahverkehr, in Straßenbahnen,
U-Bahnen und bei Werks- und Regionalbahnen arbeiten. Die Arbeit findet
10 im Schichtdienst statt. Die Ausbildung zur Eisenbahnerin und zum Eisen-
bahner im Betriebsdienst mit Schwerpunkt Lokführer dauert drei Jahre.

6 Vergleiche deinen Text mit der abgedruckten Fassung. Markiere alle Wörter,
   die du falsch geschrieben hast, und schreibe sie noch einmal richtig auf.

7 Diktiert einander im Tandem die folgenden Sätze. Einer liest die Sätze
   a bis e vor und der andere schreibt sie auf. Tauscht dann die Rollen bei den
   Sätzen f bis j.

   a Informiere dich über einen Beruf.
   b Denke nach, was deine Stärken und Schwächen sind.
   c Überlege dir, was du in dem Beruf tun musst.
   d Frage Personen, die in diesem Beruf arbeiten.
   e Schaue im Internet nach, welche Voraussetzungen du mitbringen solltest.
   f Passen deine Vorstellungen und Fähigkeiten zu dem Beruf?
   g Frage in einem Betrieb nach, ob du mal einen Tag hineinschnuppern
      kannst.
   h Stelle so viele Fragen wie möglich.
   i Überlege gut, ob du dir vorstellen kannst, dies ein paar Jahre zu machen.
   j Welche Weiterbildungen sind in dem Beruf möglich?

8 Prüft im Anschluss eure Texte im Tandem. Verbessert gemeinsam eure
   Fehler und klärt, welche Rechtschreibstrategien euch geholfen haben.

61

Aufgabe 3

Hätte (hatte) ich mir doch nur vorher Gedanken gemacht,
ob meine Berufswahl richtig ist. Die Leute (aber: laut, der
Laut!) hatten mir ein Praktikum angeboten, doch ich hatte
einfach gedacht, heute (aber: die Haut!) muss das doch kein
Mensch mehr machen, weil man alles im Internet nachlesen kann, aber das war blauäugig (Auge) von mir. Ich wäre
(war, waren) besser beraten gewesen, wenn ich mich auf
mehrere (kein Wort mit „-mahr-", daher e) Arten mithilfe
verschiedener Quellen informiert hätte (hatte).

Aufgaben 4 bis 8
individuelle Lösungen

DaZ-Kommentare

Aufgaben 1 bis 8
Da sich auch diese Aufgaben als sehr schwierig erweisen
könnten, sollte den SuS die Bearbeitung dieser Aufgaben
im Tandem mit einem Muttersprachler bzw. zu dritt erlaubt
werden. Man sollte gleichzeitig unbedingt darauf achten,
dass die Mühe der SuS beim Lösen der Aufgaben gewürdigt
wird. Erfahrungsgemäß verzichten die entmutigten SuS im
Voraus auf alle derartigen Übungen und entziehen sich innerlich dem Unterricht im falschen Glauben, dass sie dieses
Thema nie gut beherrschen werden. Fortschritte, Fleiß und
Geduld sollten gleichermaßen belobt werden.

Trendsport – wir sind dabei!
Von Ereignissen sachlich berichten

Auftaktseiten – Vorwissen aktivieren

Die Auftaktseiten führen thematisch in das Kapitel ein. Ausgehend von Trendsportarten einerseits und den individuellen Sportaktivitäten andererseits werden die Schülerinnen und Schüler (SuS) zum persönlichen Austausch und dem eigenen Berichten geführt. Mit dem pantomimischen Darstellen und Erraten von Sportarten weisen die Auftaktseiten außerdem eine spielerische Komponente auf.

Kommentare zu den Aufgaben

Einstieg und Aufgaben 1 bis 3
Über die Beschreibung der Bilder auf Seite 62 sollen die SuS in einen Austausch über die dargestellten Sportarten kommen.

Aufgabe 4
Die SuS recherchieren zu Trendsportarten und bereiten damit zugleich die folgenden Aufgaben vor.

Aufgaben 5 und 6
Das Umfrageergebnis kann Gesprächsimpuls sein (Überrascht euch das Ergebnis? Was überrascht euch? Warum (nicht)?) und zum Berichten über die eigenen Sportaktivitäten überleiten. Diese Berichte sollten dabei schon eine gewisse Struktur in der Informationsvergabe aufweisen (etwa: Sportart und was sie ausmacht – wie ich diese Sportart betreibe – was mir an der Sportart gefällt und warum).

Aufgabe 7
Erweiterung:
Die SuS könnten auch zum Begriff Trendsportart im Internet recherchieren. In diesem Fall bietet es sich an, die Aufgabe in Verbindung mit Aufgabe 4 zu bearbeiten.

Aufgabe 8
Die Aufgabe bietet einen Spielimpuls. Auch wenn hier der motivationale Charakter im Vordergrund steht, sollten die SuS gleichwohl auf ihre Körpersprache achten.

Aufgabe 9 RGS 🔍
Die SuS ergänzen Sätze um Verben in der richtigen Zeitform. Dabei helfen ihnen Zeitadverbien. Die Zeitstufen können auch noch konkret benannt werden (z. B.: „Das Adverb *jetzt* verweist auf die Gegenwart, das Adverb *morgen* auf die Zukunft.")

Das lernst du jetzt:

- einen sachlichen Bericht über ein Ereignis schreiben
- einen Bericht untersuchen und überarbeiten
- die Zeitformen und Zeitstufen des Verbs untersuchen
- Zeitformen des Verbs bilden und verwenden
- Zeitangaben richtig schreiben

4 Trendsport – wir sind dabei!

Von Ereignissen sachlich berichten

Das lernst du jetzt:
- einen sachlichen Bericht über ein Ereignis schreiben
- einen Bericht untersuchen und überarbeiten
- die Zeitformen und Zeitstufen des Verbs untersuchen
- Zeitformen des Verbs bilden und verwenden
- Zeitangaben richtig schreiben

62

KMK-Standards

Berichte untersuchen
- über grundlegende Lesefertigkeiten verfügen: flüssig, sinnbezogen, überfliegend, selektiv, navigierend (z. B. Bild-Ton-Text integrierend) lesen
- Verfahren zur Textaufnahme kennen und nutzen: z. B. Aussagen erklären und konkretisieren, Stichwörter formulieren, Texte und Textabschnitte zusammenfassen
- verschiedene Textfunktionen und Textsorten unterscheiden
- Informationen zielgerichtet entnehmen, ordnen, vergleichen, prüfen und ergänzen

Einen sachlichen Bericht über ein Ereignis schreiben
- gemäß den Aufgaben und der Zeitvorgabe einen Schreibplan erstellen und Texte ziel-, adressaten- und situationsbezogen konzipieren
- zentrale Schreibformen beherrschen und sachgerecht nutzen: informierende (berichten, beschreiben, schildern)
- formalisierte lineare Texte / nichtlineare Texte verfassen: Ausfüllen von Formularen
- Texte sprachlich gestalten
- Aufbau, Inhalt und Formulierungen eigener Texte hinsichtlich der Aufgabenstellung überprüfen (Schreibsituation, Schreibanlass)

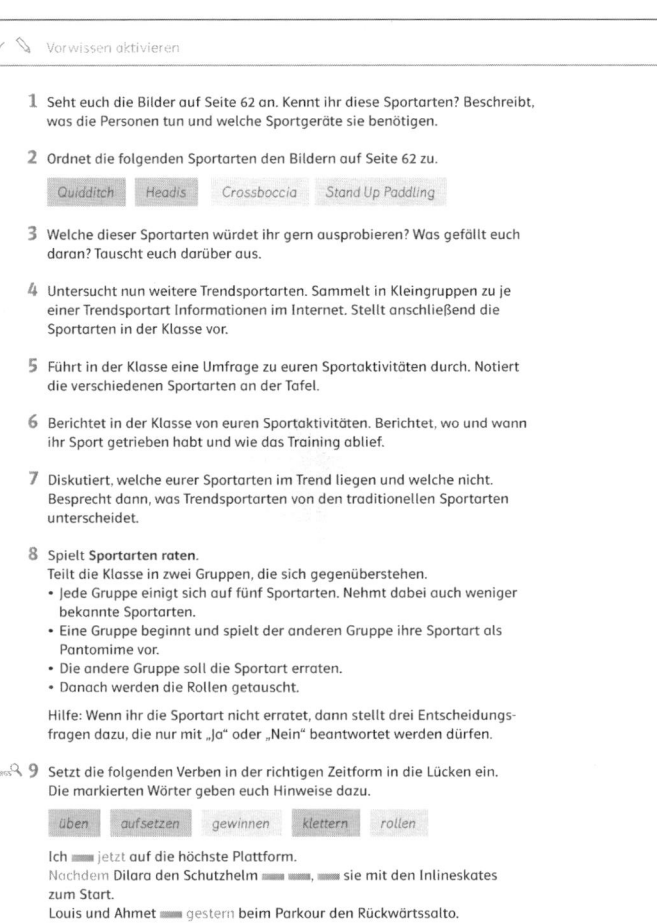

1 Seht euch die Bilder auf Seite 62 an. Kennt ihr diese Sportarten? Beschreibt, was die Personen tun und welche Sportgeräte sie benötigen.

2 Ordnet die folgenden Sportarten den Bildern auf Seite 62 zu.

> Quidditch   Headis   Crossboccia   Stand Up Paddling

3 Welche dieser Sportarten würdet ihr gern ausprobieren? Was gefällt euch daran? Tauscht euch darüber aus.

4 Untersucht nun weitere Trendsportarten. Sammelt in Kleingruppen zu je einer Trendsportart Informationen im Internet. Stellt anschließend die Sportarten in der Klasse vor.

5 Führt in der Klasse eine Umfrage zu euren Sportaktivitäten durch. Notiert die verschiedenen Sportarten an der Tafel.

6 Berichtet in der Klasse von euren Sportaktivitäten. Berichtet, wo und wann ihr Sport getrieben habt und wie das Training ablief.

7 Diskutiert, welche eurer Sportarten im Trend liegen und welche nicht. Besprecht dann, was Trendsportarten von den traditionellen Sportarten unterscheidet.

8 Spielt **Sportarten raten**.
Teilt die Klasse in zwei Gruppen, die sich gegenüberstehen.
• Jede Gruppe einigt sich auf fünf Sportarten. Nehmt dabei auch weniger bekannte Sportarten.
• Eine Gruppe beginnt und spielt der anderen Gruppe ihre Sportart als Pantomime vor.
• Die andere Gruppe soll die Sportart erraten.
• Danach werden die Rollen getauscht.

Hilfe: Wenn ihr die Sportart nicht erratet, dann stellt drei Entscheidungsfragen dazu, die nur mit „Ja" oder „Nein" beantwortet werden dürfen.

9 Setzt die folgenden Verben in der richtigen Zeitform in die Lücken ein. Die markierten Wörter geben euch Hinweise dazu.

> üben   aufsetzen   gewinnen   klettern   rollen

Ich ▬ jetzt auf die höchste Plattform.
Nachdem Dilara den Schutzhelm ▬ ▬, ▬ sie mit den Inlineskates zum Start.
Louis und Ahmet ▬ gestern beim Parkour den Rückwärtssalto.
Morgen ▬ wir beim Flagfootball ▬.

63

Zeitformen und Zeitstufen des Verbs
– Wortarten kennen und funktional gebrauchen
– grammatische Kategorien und ihre Leistungen in situativen und funktionalen Zusammenhängen kennen und nutzen, insbesondere Tempus, Modus (Indikativ, Konjunktiv I / II), Aktiv / Passiv

Lösungen

Aufgaben 1 und 2
Bild 1: Crossboccia (benötigte Sportgeräte: Markerbällchen, Spielbälle) – Bild 2: Quidditch (benötigte Sportgeräte: Spielfeld, Ball) – Bild 3: Stand Up Paddling (benötigte Sportgeräte: Surfbrett, Paddel) – Bild 4: Headis (benötigte Sportgeräte: Tischtennisplatte, Ball)

Aufgabe 3
individuelle Lösungen

Aufgabe 4
individuelle Lösungen – Gut wäre, wenn hier jede Schülerin / jeder Schüler zumindest einmal einen Sprechbeitrag leisten könnte.

Aufgaben 5 und 6
individuelle Lösungen

Aufgabe 7
individuelle Lösungen – Trendsportarten haben zwei wesentliche Merkmale: Erstens müssen sie im „Trend" liegen, dürfen also nicht etabliert sein (weshalb eine Trendsportart aus dem Jahr 2010 oder auch 2015 heute automatisch keine mehr sein kann), zum anderen darf es sich nicht um eine Breitensportbewegung handeln (so mag beispielsweise Nordic Walking einmal ein „Trend" gewesen sein, da es aber zugleich sehr populär war, war es von Anfang an keine Trendsportart).

Aufgabe 8
individuelle Lösungen

Aufgabe 9
– Ich <u>klettere</u> jetzt auf die höchste Plattform.
– Nachdem Dilara den Schutzhelm <u>aufgesetzt hatte,</u> <u>rollte</u> sie mit den Inlineskates zum Start.
– Louis und Ahmet <u>übten</u> gestern beim Parkour den Rückwärtssalto.
– Morgen <u>werden</u> wir beim Flagfootball <u>gewinnen</u>.

DaZ-Kommentare

Einstieg
Es sollte sichergestellt werden, dass die SuS die Begriffe „Trend", „Ereignis", „sachlich" und „Bericht" verstehen. Ansonsten müssen diese kurz erklärt werden.

Aufgabe 2
Die Sportarten werden den SuS unbekannt sein.

Aufgabe 3
Man könnte hier darauf hinweisen, dass es in Deutschland viele verschiedene Sportvereine für Jugendliche gibt, wo man bei gemeinsamen Sportaktivitäten relativ einfach neue Freundschaften schließen kann.

Aufgabe 7
Gibt es ungewöhnliche Trendsportarten in anderen Ländern?

Aufgabe 9
Da die Vorzeitigkeit in den Nebensätzen den SuS mit Sicherheit unbekannt sein wird und auch schwer zu verstehen ist, kann man zunächst in dieser kleinen Übung auf die Erklärung der nötigen Regeln verzichten.

Willkommen zu unserem Sportfest!

Grundlagenseiten / 1

Die Schülerinnen und Schüler (SuS) lesen verschiedene kurze Informationstexte und Äußerungen zu einem schulischen Sportfest, über das abschließend ein sachlicher Bericht verfasst werden soll. Vorbereitend auf das Schreiben reflektieren sie zunächst das Schreibziel und stellen dann alle Informationen entsprechend der W-Fragen zusammen.

Kommentare zu den Aufgaben

Einstieg und Aufgabe 1

Die SuS lesen die Informationen und Äußerungen zu einem Ereignis (hier ein schulisches Sportfest). Nach der Lektüre kann sich zur Verständnissicherung ein erster Austausch mit Blick auf die W-Fragen (vgl. A3) anschließen, d. h. die SuS benennen, worum es in den Informationen geht.

Aufgabe 2

Die SuS reflektieren, welche Funktionen ein Bericht im vorgegebenen Rahmen (Homepage der Schule) haben kann und bestimmen auf diese Weise ihr Schreibziel.

Aufgaben 3 und 4

Die SuS stellen die Antworten auf die W-Fragen zusammen und schreiben anschließend einen sachlichen Bericht. Zur Überarbeitung der Berichte vgl. die Arbeitstechnik auf der Seite 65 und die Aufgabe 7 auf Seite 67.
<u>Alternative:</u>
Auch das Schreiben des Berichtes könnte in Partnerarbeit erfolgen. Es wäre dann zu überlegen, leistungsstärkere SuS gezielt mit leistungsschwächeren zusammenarbeiten zu lassen.

Lösungen

Aufgabe 1
Leseaufgabe

Aufgabe 2
Ein Bericht über eine Schulveranstaltung auf der Homepage der Schule verfolgt meist nicht nur die Absicht zu informieren, sondern will auch zugleich für die Schule werben. Folglich wird man positive Aspekte nach Möglichkeit stärker hervorheben, so könnten die positiven Bewertungen durch den Direktor und den Schüler zitiert werden (was nicht zwingend, aber trotzdem sachlich angemessen ist).

Aufgabe 3
- Was? – Sportfest der Schule, bei dem verschiedene Trendsportarten ausprobiert werden können
- Wann? – am Samstag von 9:00 – 16:00 Uhr
- Wo? – Sporthalle und Sportplatz der Hans-Fischer-Schule
- Wer? – alle Interessenten (Schüler, Lehrer, Hausmeister, Direktor, …)
- Wie? – bei gutem Wetter; Programm: Eröffnung, Vorstellung der Sportarten durch erfahrene Sportler, Testläufe, Wettkämpfe, abschließendes Streetsoccer-Duell Schüler gegen Lehrer

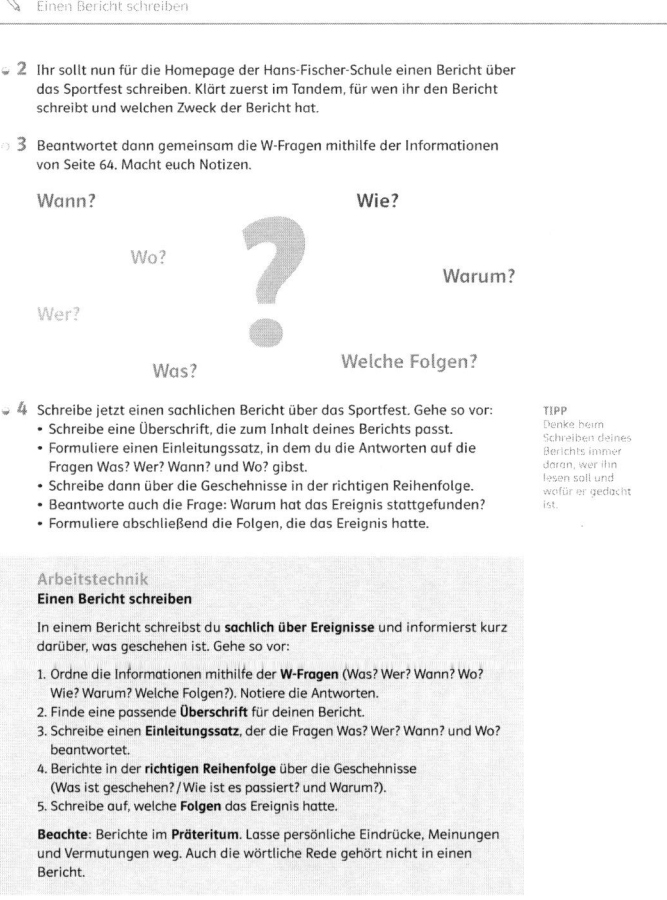

2 Ihr sollt nun für die Homepage der Hans-Fischer-Schule einen Bericht über das Sportfest schreiben. Klärt zuerst im Tandem, für wen ihr den Bericht schreibt und welchen Zweck der Bericht hat.

3 Beantwortet dann gemeinsam die W-Fragen mithilfe der Informationen von Seite 64. Macht euch Notizen.

Wann? Wie? Wo? Warum? Wer? Was? Welche Folgen?

4 Schreibe jetzt einen sachlichen Bericht über das Sportfest. Gehe so vor:
- Schreibe eine Überschrift, die zum Inhalt deines Berichts passt.
- Formuliere einen Einleitungssatz, in dem du die Antworten auf die Fragen Was? Wer? Wann? und Wo? gibst.
- Schreibe dann über die Geschehnisse in der richtigen Reihenfolge.
- Beantworte auch die Frage: Warum hat das Ereignis stattgefunden?
- Formuliere abschließend die Folgen, die das Ereignis hatte.

TIPP
Denke beim Schreiben deines Berichts immer daran, wer ihn lesen soll und wofür er gedacht ist.

Arbeitstechnik
Einen Bericht schreiben

In einem Bericht schreibst du **sachlich über Ereignisse** und informierst kurz darüber, was geschehen ist. Gehe so vor:

1. Ordne die Informationen mithilfe der **W-Fragen** (Was? Wer? Wann? Wo? Wie? Warum? Welche Folgen?). Notiere die Antworten.
2. Finde eine passende **Überschrift** für deinen Bericht.
3. Schreibe einen **Einleitungssatz**, der die Fragen Was? Wer? Wann? und Wo? beantwortet.
4. Berichte in der **richtigen Reihenfolge** über die Geschehnisse (Was ist geschehen? / Wie ist es passiert? und Warum?).
5. Schreibe auf, welche **Folgen** das Ereignis hatte.

Beachte: Berichte im **Präteritum.** Lasse persönliche Eindrücke, Meinungen und Vermutungen weg. Auch die wörtliche Rede gehört nicht in einen Bericht.

65

Vorhandenes Zusatzmaterial zu dieser Doppelseite

- KV 1 BASIS, S. 89
- KV 1 EXTRA, S. 90
- KV 1 PLUS, S. 91

- AH 7, Kap. 4, S. 22/23

- Warum? – die meisten Schülerinnen und Schüler betreiben zu wenig Sport und sollen für „coole" Sportarten begeistert werden
- Mit welchen Folgen? – alle hatten ihren Spaß, weiteres Sportfest zu Trendsportarten wird gewünscht

Aufgabe 4
individuelle Lösungen –
Beispiel:
Erstes Trendsportarten-Fest der Hans-Fischer-Schule – Am Samstag zwischen 9 und 16 Uhr gab es in der Sporthalle und dem Sportplatz der Hans-Fischer-Schule eine Premiere: Alle Interessierten waren eingeladen, verschiedene Trendsportarten auszuprobieren.
Nach der Eröffnung des Sportfestes durch unseren Schulleiter, Herrn Sonneborn, wurden die verschiedenen Trendsportarten durch erfahrene Sportler vorgestellt und man wurde auch in diese eingewiesen. Anschließend gab es die Möglichkeit, Testläufe zu absolvieren, um dann an den eigentlichen Wettkämpfen teilzunehmen. Am Ende des Festes stand schließlich noch ein Streetsoccer-Duell zwischen Schülern und Lehrern auf dem Programm.
Das Trendsportarten-Fest wurde organisiert, weil die meisten Schüler zu wenig Sport treiben. Mit dem Fest sollten sie deshalb für neue, angesagte Sportarten begeistert werden.

Und das hat funktioniert, denn schon freuen sich die ersten auf das nächste Jahr. Einer unserer Schüler sagte etwa: „Das wäre toll, wenn wir beim nächsten Sportfest auch wieder Trendsportarten ausprobieren könnten."

DaZ-Kommentare

Einstieg
Damit die SuS die kommenden Aufgaben im Unterricht bearbeiten können, sollten von ihnen die Texte unbedingt im Rahmen der vorherigen Hausaufgabe gelesen und übersetzt werden. Die unbekannten Wörter sollten ins Vokabelheft eingetragen und ebenfalls übersetzt werden.

Aufgabe 4
Bitte die SuS daran erinnern, dass sie im Präteritum schreiben müssen. Bei Bedarf können sie mit ihren Wörterbüchern oder mit der Tabelle auf Seite 280 des Schülerbuches arbeiten. Man sollte auch beachten, dass die SuS, die keine 6. Regelklasse besuchten, die sachlichen Berichte nicht schreiben können.

Das gehört nicht hinein!

Grundlagenseiten / 2

Die Schülerinnen und Schüler (SuS) werten drei Auszüge aus fehlerhaften Berichten über das Trendsportarten-Fest der Hans-Fischer-Schule mithilfe vorgegebener Fragen aus. Sie benennen die jeweils gemachten Fehler und leiten daraus eine Checkliste zur Überprüfung von Berichten ab und überlegen zu den Punkten der Checkliste passende Arbeitsanweisungen. Mithilfe ihrer Checklisten überprüfen die SuS ihre Berichte gegenseitig und überarbeiten diese anschließend.

Kommentare zu den Aufgaben

Einstieg und Aufgabe 1
Die SuS lesen drei Auszüge aus Berichten über das Trendsportarten-Fest der Hans-Fischer-Schule und äußern sich spontan dazu, welcher Text ihnen als Bericht am angemessensten erscheint und wieso (relevante Bewertungskriterien könnten an der Tafel festgehalten werden).

Aufgaben 2 und 3
Die SuS werten die drei Auszüge unter vorgegebenen Aspekten aus und halten ihre Ergebnisse in einer Übersicht fest.

Aufgabe 4
Auf der Grundlage ihrer bisherigen Arbeitsergebnisse erstellen die SuS eine Checkliste zur Überprüfung von Berichten. In dieser Checkliste sollten die wichtigsten Merkmale von Berichten enthalten sein.

Aufgaben 5 und 6
Aus den Merkmalen ihrer Checklisten werden konkrete Arbeitsanweisungen zur Überprüfung und Verbesserung abgeleitet und formuliert. Anschließend tauschen die SuS ihre Berichte (vgl. A 4 auf S. 65 im SB) und überprüfen sie mithilfe der Checklisten. Wichtig ist, dass zu allen erkannten Fehlern (bzw. Schwächen) Verbesserungsvorschläge notiert werden.

Aufgabe 7
Nachdem die SuS ihre Berichte kommentiert zurückerhalten haben, prüfen sie die unterbreiteten Verbesserungsvorschläge und überarbeiten ihre Berichte dort, wo es nötig ist bzw. sinnvoll erscheint.

Das gehört nicht hinein!

1 Lies die folgenden Ausschnitte aus drei Berichten über das Sportfest.

A — **Glückliche Sieger auf dem Schulsportfest**
Am vergangenen Samstag fand bei herrlich sonnigem Wetter in der Sporthalle und auf dem Sportplatz hinter dem riesigen Gebäude der Hans-Fischer-Schule von 10:00 bis 16:00 Uhr das alljährliche Sportfest statt. Alle Schülerinnen und Schüler und die Lehrer haben die neuesten und beliebtesten Trendsportarten ausprobiert. Und dass wirklich alle mitmachten, unterstreicht Nisa, eine Schülerin, noch einmal: „Sogar der Hausmeister war nicht zu bremsen ...". Nach der kurzen Begrüßung und Eröffnung durch den Schulleiter Herrn Sonneborn um 9 Uhr erfolgten ab 9:15 Uhr die ausführliche Vorstellung der neuesten Trendsportarten durch erfahrene Sportler und eine erste Einweisung in den Ablauf. Ab 10:00 Uhr durften die Schülerinnen und Schüler, die ungeduldig auf den Tribünen saßen, Testläufe in den einzelnen, für sie völlig fremden Sportarten, durchführen. (...)

B — **Bericht über das Sportfest der Hans-Fischer-Schule**
„Die meisten Schülerinnen und Schüler treiben zu wenig Sport, hoffentlich konnten wir sie für die neuen und coolen Sportarten begeistern." Um dieses Ziel zu erreichen, veranstaltete unsere Schule am Samstag ein Sportfest. Dort konnten von 10:00 bis 10:30 Uhr die neuen Trendsportarten ausprobiert werden. Zum Abschluss fand ein Streetsoccer-Duell zwischen Schülern und Lehrern statt. Dazwischen wurden Wettkämpfe in den einzelnen Trendsportarten durchgeführt. (...)

C — **Das Schulsportfest der Hans-Fischer-Schule**
Am Samstag findet das Schulsportfest in der Sporthalle und auf dem Sportplatz der Hans-Fischer-Schule von 9:00 bis 16:00 statt. Hier hatten alle Schülerinnen und Schüler und die Lehrer die Gelegenheit, die neuesten Trendsportarten kennenzulernen. Diese sollen helfen, die Schülerinnen und Schüler wieder für Sport zu begeistern. Wie der Sportlehrer anmerkt, sei dies besonders wichtig, da die meisten Schülerinnen und Schüler zu wenig Sport treiben. Das Sportfest beginnt um 9:00 Uhr mit einer Begrüßung durch den Schulleiter Herrn Sonneborn. Von 9:15 bis 10:00 werden die Trendsportarten durch erfahrene Sportler vorgestellt. Nach einer zusätzlichen Einweisung in den Ablauf beginnen um 10:00 die Testläufe in den einzelnen Sportarten, bis 10:30 Uhr dauern. Anschließend beginnen die Wettkämpfe, die um 14:00 Uhr abgeschlossen sind. Ab 15:30 Uhr stehen sich Schüler und Lehrer in einem abschließenden Streetsoccer-Duell gegenüber. (...)

66

Lösungen

Aufgabe 1
Leseaufgabe

Aufgaben 2 und 3
Text A:

Frage	Antwort
Passende Überschrift?	*Nein.* → *Text handelt nicht von Siegern.*
Richtige Reihenfolge?	Ja.
Antwort auf alle W-Fragen?	Ja (auf die Warum- und Folgen-Frage geht der gekürzte Textteil wahrscheinlich ein).
Richtige Zeitform?	Nein (Z. 6: „unterstreicht" statt „unterstrich").
Verzicht auf Meinungen?	Nein (z. B.: „herrlich sonnigem Wetter", „riesigen Gebäude").

2 Prüft im Tandem die Ausschnitte mithilfe folgender Fragen:
- Wurde die Überschrift passend zum Text gewählt?
- Wurde von den Ereignissen in der richtigen Reihenfolge berichtet?
- Wurden alle W-Fragen beantwortet?
- Wurde in der richtigen Zeitform geschrieben?
- Wurden persönliche Eindrücke und Meinungen weggelassen?

3 Übernimm die Tabelle und notiere die Ergebnisse aus Aufgabe 2.

Text	Frage	Antwort
A	passende Überschrift?	nein → Text handelt nicht von Siegern
	...	...
B	...	...

4 Besprecht in der Gruppe, was man beachten muss, wenn man einen sachlichen Bericht schreiben möchte. Legt dazu eine Checkliste an. Sie hilft euch, eure Berichte zu überprüfen.

TIPP
Beachtet dabei den Arbeitstechnik-Kasten auf Seite 65.

Checkliste
Einen Bericht überprüfen

☑ passende Überschrift
☑ richtige Reihenfolge
☑ ...

5 Übertrage die Checkliste in die folgende Tabelle. Ergänzt im Tandem zu jedem Punkt Verbesserungsvorschläge.

Checkliste	Verbesserungsvorschläge
passende Überschrift?	Lies den Bericht noch einmal und finde eine Überschrift, die zum Inhalt passt.
richtige Reihenfolge?	Überlege, was zuerst, was danach und was am Ende geschehen ist. Lege einen Plan an.
	...

6 Tauscht jetzt eure Berichte von Seite 65 im Tandem, überprüft sie mithilfe der Checkliste und schreibt Verbesserungsvorschläge an den Rand.

7 Überarbeite nun deinen Bericht mithilfe der Verbesserungsvorschläge.

Test ab28dc

67

Text B:

Frage	Antwort
Passende Überschrift?	Ja (allerdings wirkt die Überschrift hölzern).
Richtige Reihenfolge?	Nein → Text steigt ein mit der Antwort auf die Warum-Frage.
Antwort auf alle W-Fragen?	Nein → Wo-Frage bleibt unbeantwortet, Antwort auf die Wie-Frage fällt zu knapp aus.
Richtige Zeitform?	Ja.
Verzicht auf Meinungen?	Ja.

Text C:

Frage	Antwort
Passende Überschrift?	Ja.
Richtige Reihenfolge?	Nein → Antwort auf die Warum-Frage kommt zu früh.
Antwort auf alle W-Fragen?	Ja.
Richtige Zeitform?	Nein (z. B.: Z.1: „findet ... statt" statt „fand ... statt").
Verzicht auf Meinungen?	Ja.

Vorhandenes Zusatzmaterial zu dieser Doppelseite

▤ KV 2 BASIS, S. 92
▤ KV 2 EXTRA, S. 93
▤ KV 2 PLUS, S. 94

⊕ Test ab28dc

Aufgabe 4
individuelle Lösungen
Beispiel.
✓ Überschrift passend?
✓ Richtige Reihenfolge?
✓ Alle W-Fragen beantwortet?
✓ Zeitform richtig?
✓ Sachlich?

Aufgabe 5
Vgl. SB zu *Überschrift* und *Reihenfolge*.

Checkliste	Verbesserungsvorschläge
Alle W-Fragen beantwortet?	Prüfe Frage für Frage, ob sich in deinem Text eine ausreichende (angemessene) Antwort findet.
Zeitform richtig?	Kontrolliere Verbform für Verbform, ob dein Bericht (ohne die Zitate) im Grundtempus Präteritum geschrieben ist. Bei Vorzeitigkeit muss das Plusquamperfekt stehen.
Sachlich?	Lies noch einmal deinen Text und prüfe, ob du auf Meinungen, Wertungen, Urteile und überhaupt auf Zusätze aller Art verzichtet hast. Achte besonders auf die Adjektive.

Aufgaben 6 und 7
individuelle Lösungen

DaZ-Kommentare

Einstieg

Damit die SuS die kommenden Aufgaben im Unterricht bearbeiten können, sollten von ihnen die Texte unbedingt im Rahmen der vorherigen Hausaufgabe gelesen und übersetzt werden. Die unbekannten Wörter sollten ins Vokabelheft eingetragen und auch übersetzt werden.

Entscheidung an der Fahrradwippe

BASIS-Seiten

Die Schülerinnen und Schüler (SuS) erfassen zunächst bildgestützt ein Unfallgeschehen. Sie ordnen den Bildern vorgegebene Informationen zum Unfallhergang zu und gliedern diese Informationen anschließend mithilfe der W-Fragen. Zur Verständnissicherung wird der Unfallhergang noch einmal mündlich geschildert. Die SuS füllen sodann ein Unfallformular aus, in dem der Unfallhergang nun auch verschriftlicht wird. In zwei Korrekturdurchgängen wird der Bericht überprüft und abschließend bei Bedarf überarbeitet.

Kommentare zu den Aufgaben

Einstieg und Aufgabe 1

Die SuS betrachten im Tandem vier Bilder, die eine Ereignisfolge darstellen, und beschreiben sich gegenseitig, was dargestellt ist. In diesem ersten Schritt geht es dabei um die Erfassung des Handlungsablaufes (zu den Details vgl. A 2).

Aufgaben 2 und 3

Die SuS ordnen Einzelheiten der Ereignisfolge zunächst zur Verständnissicherung den Bildern aus Aufgabe 1 zu, anschließend den W-Fragen. Mithilfe der Antworten auf die W-Fragen berichten die SuS nun noch einmal vom Unfallhergang. Wichtig dabei ist, dass sie die in Berichten übliche Struktur der Informationsvergabe in Einleitung (Wer? Wo? Wann? Was?), Hauptteil (Wie genau?) und Schluss (Warum? Welche Folgen?) beachten.

Aufgaben 4 und 5

Die SuS füllen in zwei Schritten ein Unfallformular aus. In einem ersten Schritt notieren sie Angaben zur Person (A 4), anschließend machen sie die notwendigen Angaben zum Unfallgeschehen.
Alternative:
Die Aufgaben 4 und 5 können auch im Tandem bearbeitet werden.

Aufgaben 6 und 7

Die Berichte werden in zwei Schritten überprüft: Die Verfasser kontrollieren zunächst die Vollständigkeit der Angaben. Anschließend werden die Berichte untereinander getauscht und mithilfe der auf den Grundlagenseiten erarbeiteten Checkliste überprüft.

Aufgabe 8

Nachdem die SuS ihre Berichte kommentiert zurückerhalten haben, prüfen sie die unterbreiteten Verbesserungsvorschläge und überarbeiten ihre Berichte dort, wo es nötig bzw. sinnvoll erscheint.

Aufgabe 9

Abschließend wir der Unfallhergang noch einmal vor der Klasse geschildert. Damit kann in die Diskussion darüber eingeleitet werden, wie der Unfall hätte verhindert werden können.

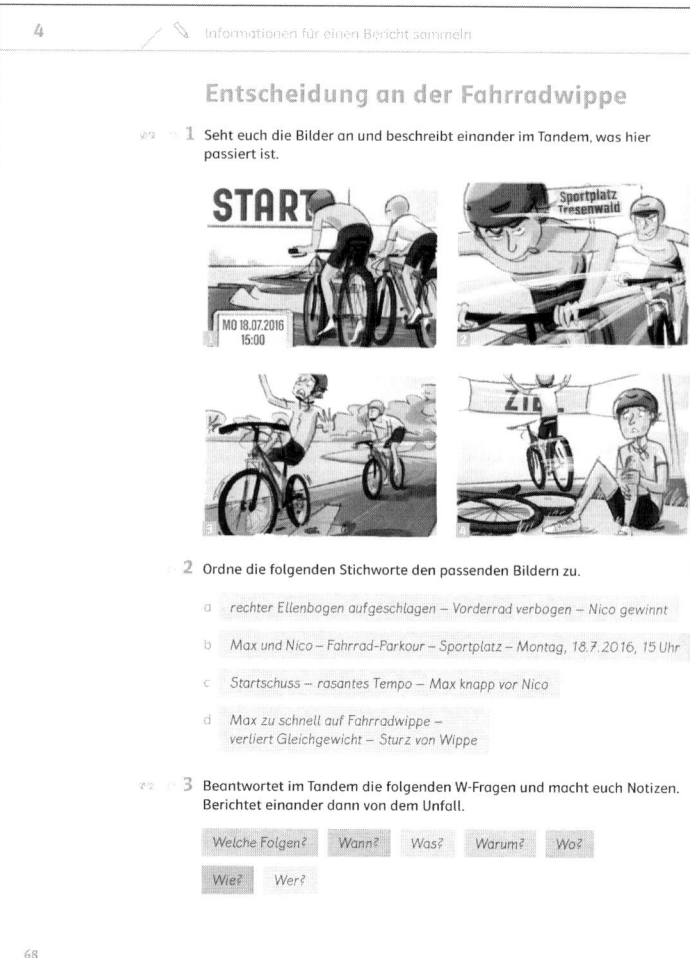

Lösungen

Aufgabe 1
individuelle Lösungen

Aufgabe 2
- Bild 1 (oben links): Max und Nico – Fahrrad-Parkour – Sportplatz – Montag, 18. 07. 2016, 15 Uhr (b)
- Bild 2 (oben rechts): Startschuss – rasantes Tempo – Max knapp vor Nico (c)
- Bild 3 (unten links): Max zu schnell auf Fahrradwippe – verliert Gleichgewicht – Sturz von Wippe (d)
- Bild 4 (unten rechts): (rechter Ellenbogen), linkes Knie aufgeschlagen – Vorderrad verbogen – Nico gewinnt (a)

Aufgabe 3
- Welche Folgen? linkes Knie aufgeschlagen, Vorderrad verbogen, Nico gewinnt
- Wann? Montag, 18. 07. 2016, 15 Uhr
- Was? Max stürzt von Wippe
- Warum? Max zu schnell auf Wippe gefahren, verliert das Gleichgewicht
- Wo? Fahrrad-Parkour, Sportplatz
- Wie? Startschuss, rasantes Tempo, Max knapp vor Nico, Max zu schnell auf Fahrradwippe
- Wer? Max und Nico

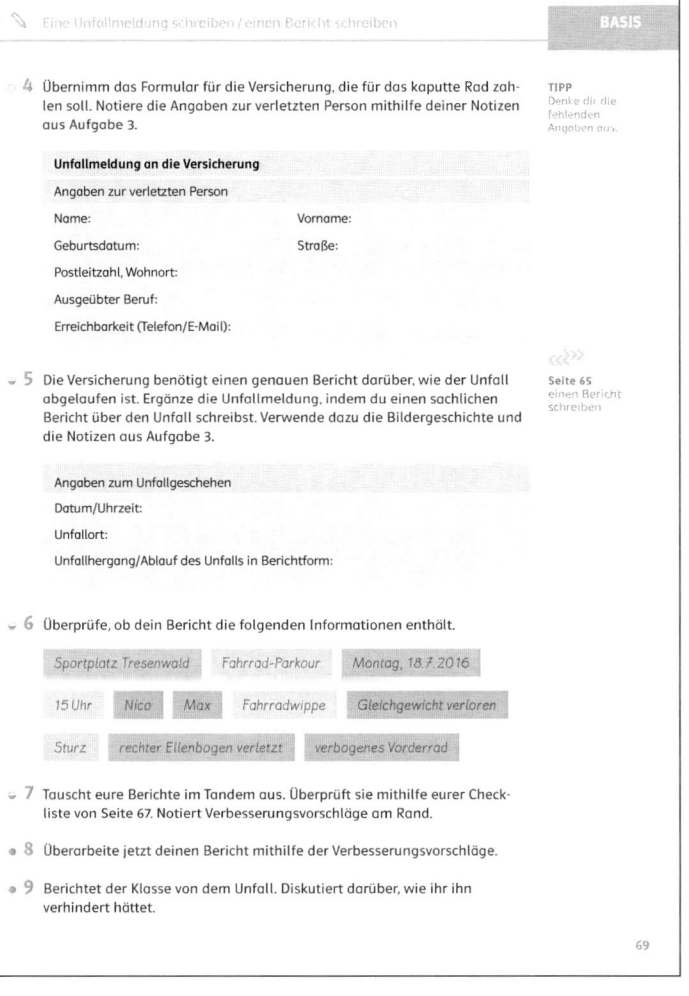

4 Übernimm das Formular für die Versicherung, die für das kaputte Rad zahlen soll. Notiere die Angaben zur verletzten Person mithilfe deiner Notizen aus Aufgabe 3.

TIPP
Denke dir die fehlenden Angaben aus.

Unfallmeldung an die Versicherung

Angaben zur verletzten Person

Name: Vorname:

Geburtsdatum: Straße:

Postleitzahl, Wohnort:

Ausgeübter Beruf:

Erreichbarkeit (Telefon/E-Mail):

5 Die Versicherung benötigt einen genauen Bericht darüber, wie der Unfall abgelaufen ist. Ergänze die Unfallmeldung, indem du einen sachlichen Bericht über den Unfall schreibst. Verwende dazu die Bildergeschichte und die Notizen aus Aufgabe 3.

Seite 65
einen Bericht
schreiben

Angaben zum Unfallgeschehen

Datum/Uhrzeit:

Unfallort:

Unfallhergang/Ablauf des Unfalls in Berichtform:

6 Überprüfe, ob dein Bericht die folgenden Informationen enthält.

Sportplatz Tresenwald	Fahrrad-Parkour	Montag, 18.7.2016
15 Uhr	Nico	Max	Fahrradwippe	Gleichgewicht verloren
Sturz	rechter Ellenbogen verletzt	verbogenes Vorderrad

7 Tauscht eure Berichte im Tandem aus. Überprüft sie mithilfe eurer Checkliste von Seite 67. Notiert Verbesserungsvorschläge am Rand.

8 Überarbeite jetzt deinen Bericht mithilfe der Verbesserungsvorschläge.

9 Berichtet der Klasse von dem Unfall. Diskutiert darüber, wie ihr ihn verhindert hättet.

69

Aufgabe 4
individuelle Lösungen – Feststehen lediglich der Vorname („Max") und der ausgeübte Beruf („Schüler").

Aufgabe 5
individuelle Lösungen –
Beispiel:
Angaben zum Unfallgeschehen:
– *Datum / Uhrzeit:* Montag, 18.07.2016, 15 Uhr
– *Unfallort:* Fahrrad-Parkour, Sportplatz Tresenwald
– *Unfallhergang:* Max (Ich) fuhr mit seinem (meinem) Freund Nico ein Fahrradrennen, bei dem Max (ich) stürzte, weil er (ich) auf der Fahrradwippe sein (mein) Gleichgewicht verloren hatte. Dabei hat sich das Vorderrad des Fahrrades verbogen und er (ich) verletzte sich (mich) am rechten Ellenbogen.

Aufgaben 6 bis 8
individuelle Lösungen

Aufgabe 9
Der Unfall hätte verhindert werden können, wenn insbesondere Max vorsichtiger gewesen (also defensiver gefahren) wäre. Das wäre vor allem dann möglich und wahrscheinlicher gewesen, wenn sich Nico und Max vor dem Wettrennen noch einmal verständigt hätten, nach dem Motto „Jeder gibt alles, aber die Sicherheit geht vor!".
Die Unfallfolgen hätten minimiert werden können, wenn beide bessere Schutzkleidung getragen hätten (hier konkret gute Ellenbogenschützer).

DaZ-Kommentare

Einstieg
Es sollte sichergestellt werden, dass die SuS die Begriffe „Fahrradwippe", „Ellenbogen", „Gleichgewicht" verstehen. Ansonsten müssen diese kurz erklärt werden.

Aufgaben 4 und 5
Es wäre sinnvoll, den SuS deutlich zu machen, dass die Fähigkeit, die Formulare gut zu verstehen und ausfüllen zu können, notwendig ist, um im Alltagsleben klarzukommen.

Vorhandenes Zusatzmaterial zu dieser Doppelseite

▤ Differenzierungskarte EXTRA, S. 17
▤ Differenzierungskarte PLUS, S. 17

▯ Klassenarbeitstraining 2, AH 7, S. 74 / 75

⊙ KA 4 BASIS

Volle Konzentration beim Parkour!

EXTRA-Seiten

Die Schülerinnen und Schüler (SuS) lesen eine persönliche E-Mail und machen sich zunächst klar, welche persönlichen Wertungen diese an sich berichtende Mitteilung enthält. Über den Vergleich mit sachlichen Berichten wiederholen die SuS noch einmal die Merkmale dieser Textart. Sie leiten dann aus der E-Mail die Antworten auf die W-Fragen ab und verfassen einen sachlichen Bericht über das in der E-Mail geschilderte Ereignis. Der Bericht wird anschließend überprüft und bei Bedarf überarbeitet. Abschließend diskutieren die SuS, ob sie einen eigenen Hindernis-Parkour gestalten und erproben wollen.

Kommentare zu den Aufgaben

Einstieg und Aufgabe 1
Die SuS lesen die E-Mail Anthonys und tauschen sich dann darüber aus, inwieweit die E-Mail auch ein Bericht ist.

Aufgabe 2
Die SuS identifizieren in Anthonys E-Mail Ausdrücke bzw. Wörter, die als Wertungen nicht in einen sachlichen Bericht gehören. Wichtig ist dabei, dass die SuS erkennen, dass nicht nur Adjektive, sondern auch Substantive / Nomen (z. B. „Weichei", Z. 15) und Verben (z. B. „hingestürmt", Z. 6) Urteile enthalten können. – Zu beachten ist, dass Anthony stellenweise recht salopp formuliert, die SuS also vielleicht nicht nur wertende, sondern auch umgangssprachliche Ausdrücke benennen. Es kann dann nach besseren Formulierungsvarianten gesucht werden (während die Wertungen in einem sachlichen Bericht einfach entfallen können).

Aufgabe 3
Die SuS vergleichen ihre Arbeitsergebnisse aus Aufgabe 2 im Tandem und vergleichen (z. B. mithilfe der auf den Grundlagenseiten erarbeiteten Checkliste) anschließend persönliche Briefe bzw. E-Mails mit sachlichen Berichten.

Aufgaben 4 und 5
Die SuS leiten aus Anthonys E-Mail die Antworten auf die W-Fragen ab und verfassen anschließend einen sachlichen Bericht über das Parkour-Erlebnis von Anthony.

Aufgaben 6 und 7
Die Berichte werden überprüft. Dazu tauschen die SuS die Berichte untereinander und gehen sie mithilfe der auf den Grundlagenseiten erarbeiteten Checkliste durch. Nachdem die SuS ihre Berichte kommentiert zurückerhalten haben, prüfen sie die unterbreiteten Verbesserungsvorschläge und überarbeiten ihre Berichte dort, wo es nötig ist bzw. sinnvoll erscheint.

Aufgaben 8 und 9
Die SuS berichten mündlich über den Hindernis-Parkour. Der Bericht kann zum Austausch darüber führen, ob und wie die SuS einen eigenen Parkour gestalten und erproben wollen.

Volle Konzentration beim Parkour!

Während des Sportfests können die Schülerinnen und Schüler auch Parkour ausprobieren. Dabei überwindet man im Lauf mit Sprüngen verschiedene Hindernisse auf einer Wegstrecke. Nur der eigene Körper wird eingesetzt, Hilfsmittel gibt es nicht.

1 Lies die E-Mail von Anthony an seinen Freund Milan.

Von: Anthony Scheer
An: Milan Petkow
Betreff: Obercool

Hi Milan,

du glaubst nicht, was ich am Samstagmorgen alles erlebt habe! Auf dem Sportfest in meiner Schule konnten wir voll coole Trendsportarten ausprobieren. Super war, dass auch Parkour dabei war. Du weißt doch, wie genial ich das finde und wie gern ich das schon immer mal machen wollte. Ab 11 ging es los und ich bin sofort hingestürmt und habe mich beim Parkour angestellt. Ich war echt aufgeregt und konnte es kaum erwarten, endlich loszulegen. Auf dem Schulhof war ein Hindernis-Parkour aufgebaut, der ganz harmlos und leicht aussah. Hatte ich jedenfalls gedacht. Nachdem uns der Trainer ein paar Tipps gegeben hatte, bin ich auf das erste Hindernis zugelaufen. Zuerst musste ich über mehrere Bänke springen. Glaub mir, dass war echt filmreif von mir, denn die Bänke waren aufeinandergestapelt. Aber ich bin da ganz locker drüber! Danach wurde es mir aber schon ein bisschen mulmig, denn als Nächstes musste ich über eine Mauer auf ein Treppengeländer springen. Aber ich wollte ja nicht als Weichei vor den anderen dastehen. Also habe ich einfach Gas gegeben und bin echt lässig über die Mauer hinweg auf das Treppengeländer gesprungen. Das Beste war aber, dass man am Schluss noch einen Rückwärtssalto an der Wand ausprobieren konnte. Da war ich sofort dabei! Aber ohne Hilfe durch die beiden Trainer durfte ich den Rückwärtssalto nicht machen. Also: Ich Anlauf genommen und auf die Wand und die beiden zugerannt. Das ist ein irres Gefühl, wenn du beim Anlaufnehmen die Wand auf dich zukommen siehst. Aber du kennst mich ja! Volle Konzentration und schon hatte ich den Rückwärtssalto ganz elegant hingelegt. Von wegen Hilfe – ich bin einfach ein Naturtalent. Deswegen habe ich mich auch gleich für den Parkour-Workshop am nächsten Wochenende eingetragen. Komm doch mit – zusammen wären wir bestimmt das Dream-Team!

Bis bald, Anthony.

70

Lösungen

Aufgabe 1
Leseaufgabe

Aufgabe 2
Persönlich wertende Stellen: voll coole (Z. 3); Super war, wie genial (Z. 4); wie gern (Z. 5); hingestürmt (Z. 6); Ich war echt aufgeregt und konnte es kaum erwarten (Z. 7); ganz harmlos und leicht (Z. 9); war echt filmreif von mir (Z. 12); ganz locker drüber (Z. 13); wurde es mir aber schon ein bisschen mulmig (Z. 13 f.); Weichei (Z. 15); echt lässig (Z. 16 f.); das Beste war aber (Z. 17 f.); Da war ich sofort dabei! (Z. 19); Das ist ein irres Gefühl (Z. 21 f.); Aber du kennst mich ja! Volle Konzentration (Z. 23); ganz elegant (Z. 24); Dream-Team (Z. 27)

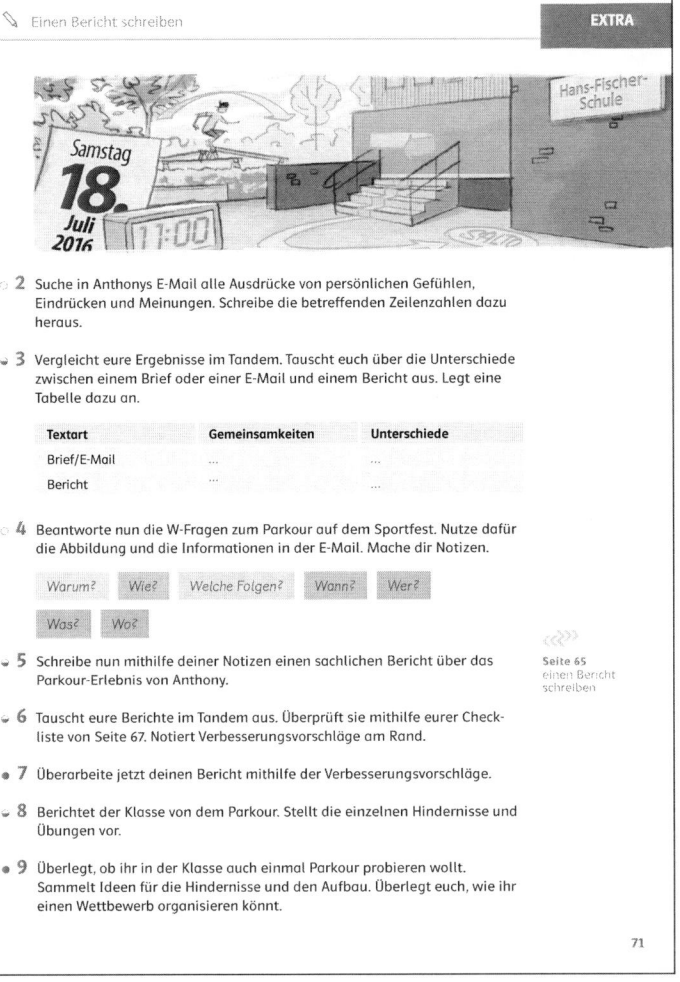

Vorhandenes Zusatzmaterial zu dieser Doppelseite

▤ Differenzierungskarte BASIS, S. 18

▤ Differenzierungskarte PLUS, S. 18

▯ Klassenarbeitstraining 2, AH 7, S. 74 / 75

⊙⊞ KA 4 EXTRA

2 Suche in Anthonys E-Mail alle Ausdrücke von persönlichen Gefühlen, Eindrücken und Meinungen. Schreibe die betreffenden Zeilenzahlen dazu heraus.

3 Vergleicht eure Ergebnisse im Tandem. Tauscht euch über die Unterschiede zwischen einem Brief oder einer E-Mail und einem Bericht aus. Legt eine Tabelle dazu an.

Textart	Gemeinsamkeiten	Unterschiede
Brief / E-Mail	...	...
Bericht	...	...

4 Beantworte nun die W-Fragen zum Parkour auf dem Sportfest. Nutze dafür die Abbildung und die Informationen in der E-Mail. Mache dir Notizen.

Warum? Wie? Welche Folgen? Wann? Wer?

Was? Wo?

5 Schreibe nun mithilfe deiner Notizen einen sachlichen Bericht über das Parkour-Erlebnis von Anthony.

《〈⟩》
Seite 65
einen Bericht
schreiben

6 Tauscht eure Berichte im Tandem aus. Überprüft sie mithilfe eurer Check-liste von Seite 67. Notiert Verbesserungsvorschläge am Rand.

7 Überarbeite jetzt deinen Bericht mithilfe der Verbesserungsvorschläge.

8 Berichtet der Klasse von dem Parkour. Stellt die einzelnen Hindernisse und Übungen vor.

9 Überlegt, ob ihr in der Klasse auch einmal Parkour probieren wollt. Sammelt Ideen für die Hindernisse und den Aufbau. Überlegt euch, wie ihr einen Wettbewerb organisieren könnt.

71

Aufgabe 3
- Gemeinsamkeiten: enthalten Antworten auf die W-Fragen (meist in der richtigen Reihenfolge)
- Unterschiede:

Brief / E-Mail	Bericht
- persönlich wertend - häufig mit Perfekt-formen (z. B.: bin hingestürmt, habe Gas gegeben) - mit Anrede	- sachlich - Zeitstufe: Präteritum - mit Überschrift

Aufgabe 4
- Warum? Weil Anthony mutig sein wollte (kein „Weichei") und die Trainer Hilfestellung gegeben haben.
- Wie? Anthony springt über aufeinandergestapelte Bänke, springt über eine Mauer auf ein Treppengeländer, macht einen Rückwärtssalto an der Wand.
- Welche Folgen? Anthony schreibt seinem Freund Milan und will an einem Parkour-Workshop teilnehmen.
- Wann? Samstagmorgen, 18. Juli 2016, 11:00 Uhr
- Wer? Anthony, zwei Trainer
- Was? Anthony bewältigt einen Hindernis-Parkour
- Wo? Sportfest der Hans-Fischer-Schule

Aufgabe 5
individuelle Lösung –
Beispiel:
Anthony meistert Hindernis-Parkour – Beim Sportfest der Hans-Fischer-Schule am Samstag, dem 18. 07. 2016, um 11:00 Uhr, bewältigte Anthony einen Hindernis-Parkour. Anthony sprang über aufeinandergestapelte Bänke, über eine Mauer auf ein Treppengeländer und machte einen Rückwärtssalto. Dies gelang ihm, weil er mutig sein woll-te und ihm die anwesenden Trainer beim Rückwärtssalto Hilfestellung gegeben hatten. Nun plant Anthony, an einem Parkour-Workshop teilzunehmen, und hat dafür bereits sei-nem Freund Milan geschrieben, der ihn begleiten soll.

Aufgaben 6 bis 9
individuelle Lösungen

Inlineskating zu zweit

PLUS-Seiten

Die Schülerinnen und Schüler (SuS) lesen Ausschnitte mit Äußerungen von verschiedenen Personen zu einem Wettkampf im Inlineskaten. Nachdem die SuS die Äußerungen bestimmten Personen zugeordnet haben, erschließen sie sich den genauen Ablauf des Ereignisses und stellen diesen in Form eines Flussdiagramms dar. Auf der Grundlage des Flussdiagramms verfassen sie einen sachlichen Bericht über den Wettkampf im Inlineskaten. Der Bericht wird anschließend überprüft und bei Bedarf überarbeitet. Abschließend diskutieren die SuS, ob sie einen eigenen Wettkampf im Inlineskaten gestalten wollen und wie sie diesen vorbereiten würden.

Kommentare zu den Aufgaben

Einstieg und Aufgabe 1
Die SuS lesen Ausschnitte mit Äußerungen von verschiedenen Personen zu einem Ereignis. Eine grundsätzliche Verständnissicherung kann erreicht werden, wenn die Antworten auf die zentralen W-Fragen (insbesondere: Wer? Was? Warum?) erfragt und festgehalten werden.

Aufgabe 2
Die SuS untersuchen die Ausschnitte nun inhaltlich genauer und bestimmen zunächst, von wem die Äußerungen stammen.

Aufgaben 3 und 4
Nun bestimmen die SuS die Reihenfolge der durch die Äußerungen beschriebenen einzelnen Handlungsschritte und ordnen sie in Form eines Flussdiagramms. Das Flussdiagramm dient dabei zugleich als Schreibplan für das Verfassen des Berichts.
<u>Erweiterung:</u>
Auf der Grundlage des Flussdiagramms werden hier die W-Fragen zu dem Ereignis mündlich beantwortet.

Aufgabe 5
Die SuS schreiben einen sachlichen Bericht über den Wettkampf im Inlineskaten.

Aufgaben 6 und 7
Die Berichte werden überprüft. Dazu tauschen die SuS die Berichte untereinander und gehen sie mithilfe der auf den Grundlagenseiten erarbeiteten Checkliste durch. Nachdem die SuS ihre Berichte kommentiert zurückerhalten haben, prüfen sie die unterbreiteten Verbesserungsvorschläge und überarbeiten ihre Berichte dort, wo es nötig ist bzw. wo es sinnvoll erscheint.

Aufgabe 8
Die SuS berichten mündlich über den Wettkampf im Inlineskaten. Der Bericht kann zum Austausch darüber führen, ob und wie die SuS einen eigenen Wettkampf vorbereiten würden.

Inlineskating zu zweit

1 Lies die folgenden Ausschnitte aus Erlebniserzählungen.

Viel Spaß beim Inlineskaten!
Beginn: am Samstag, 18.7.2016, 11 Uhr
Strecke: rund um die Hans-Fischer-Schule
Teilnehmer: Zweier-Teams

a Jasmina und ich waren startklar: Wir setzten unsere Helme auf und legten die Knie-, Hand- und Ellenbogenschoner an.

b Robin und ich fanden die Idee super! So konnte man den anderen mal zeigen, wer es wirklich richtig drauf hat!

c Jetzt hatten wir wegen des doofen Gullys den schönen Vorsprung verloren. Ich war echt sauer.

d Meine Sportkollegen und ich, wir hatten uns etwas Besonderes für das Sportfest am Samstag ausgedacht: einen Duo-Inlineskating-Wettkampf für alle Klassen rund um das Schulgelände.

e Kurz vor dem Ziel drehte sich Jasmina immer wieder nach mir um und feuerte mich an, noch schneller zu fahren. Da habe ich alles gegeben.

f Ich fuhr zusammen mit Jasmina. So ganz glücklich war ich nicht darüber, denn sie ist manchmal sehr hektisch und draufgängerisch. Da kann schon mal was passieren.

g Super! Ich bin so glücklich! Robin und ich haben ganz knapp gewonnen und können an dem Inlineskating-Workshop teilnehmen.

h Als Sportlehrerin möchte ich die Kinder motivieren, mehr Sport zu treiben und Inlineskates zu fahren. Daher gab es als Preis die Teilnahme an einem Inlineskating-Workshop zu gewinnen.

i Jasmina fuhr über einen Gully und kam ins Straucheln. Sie ruderte wild mit den Armen und versuchte, das Gleichgewicht zu halten. Zum Glück ist sie nicht gestürzt und ist sofort weitergefahren. Ich versuchte, schnell an sie heranzufahren und habe sie auch eingeholt.

j Ich sah, wie eine Schülerin plötzlich auf die Straße fuhr. Ich rief ihr zu, wieder auf den Bürgersteig zu kommen, aber sie hörte mich nicht.

k Auf dem Bürgersteig konnte man nicht so gut fahren. Also fuhr ich auf der Straße an den geparkten Autos vorbei.

l Jasmina ist so schnell gefahren, dass ich kaum mithalten konnte. Dabei hatten wir einen guten Vorsprung und hätten uns Zeit lassen können.

72

Lösungen

Aufgabe 1
Leseaufgabe

Aufgabe 2

Jasmina	Robin	Sportlehrerin Frau Münster
b, c, g, k	a, e, f, i, l	d, h, j

Aufgabe 3
Ablauf der Ereignisse (Textausschnitte ab „d"): d – b – a – f – l – k – j – i – c – e – h – g

Aufgabe 4
Ablauf der Ereignisse (Flussdiagramm): *10.45 Uhr: vor dem Start: Helme und Schoner anlegen – 11 Uhr Start – Jasmina und Robin liegen in Führung (nach 11 Uhr) – Jasmina fährt auf der Straße – Jasmina kommt wegen eines Gullys ins Straucheln – Vorsprung geht verloren – Jasmina fährt schnell und feuert Robin an – Jasmina und Robin gewinnen ganz knapp – Jasmina freut sich über die Teilnahme am Inlineskating-Workshop*

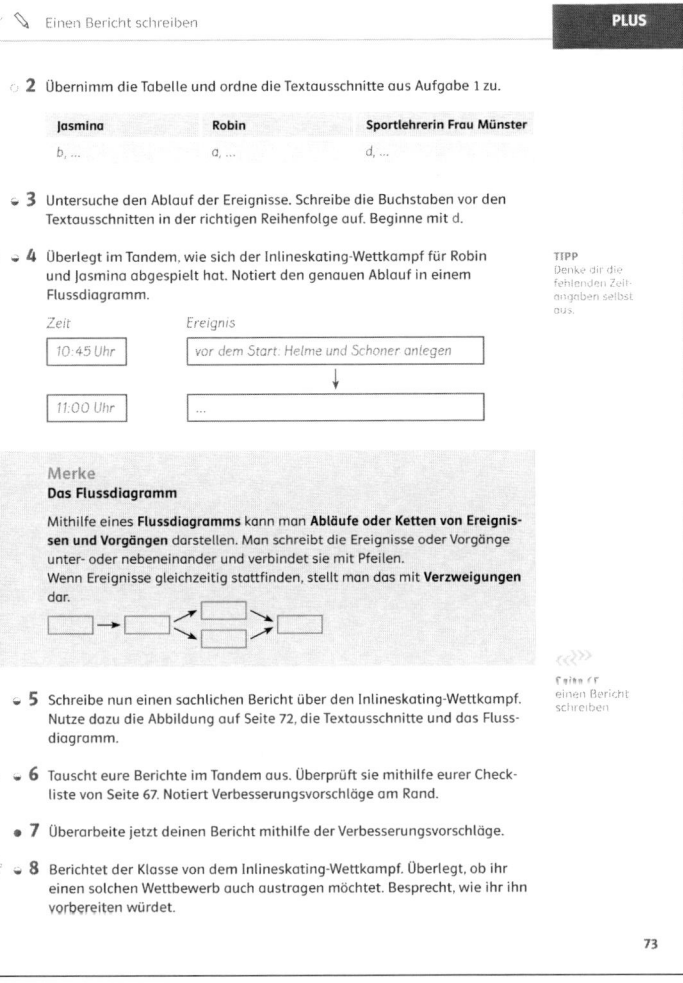

Einen Bericht schreiben   PLUS

2 Übernimm die Tabelle und ordne die Textausschnitte aus Aufgabe 1 zu.

Jasmina	Robin	Sportlehrerin Frau Münster
b, ...	a, ...	d, ...

3 Untersuche den Ablauf der Ereignisse. Schreibe die Buchstaben vor den Textausschnitten in der richtigen Reihenfolge auf. Beginne mit d.

4 Überlegt im Tandem, wie sich der Inlineskating-Wettkampf für Robin und Jasmina abgespielt hat. Notiert den genauen Ablauf in einem Flussdiagramm.

TIPP
Denke dir die fehlenden Zeitangaben selbst aus.

Zeit

Ereignis

10:45 Uhr — vor dem Start: Helme und Schoner anlegen

11:00 Uhr — ...

Merke
Das Flussdiagramm

Mithilfe eines **Flussdiagramms** kann man **Abläufe oder Ketten von Ereignissen und Vorgängen** darstellen. Man schreibt die Ereignisse oder Vorgänge unter- oder nebeneinander und verbindet sie mit Pfeilen.
Wenn Ereignisse gleichzeitig stattfinden, stellt man das mit **Verzweigungen** dar.

5 Schreibe nun einen sachlichen Bericht über den Inlineskating-Wettkampf. Nutze dazu die Abbildung auf Seite 72, die Textausschnitte und das Flussdiagramm.

6 Tauscht eure Berichte im Tandem aus. Überprüft sie mithilfe eurer Checkliste von Seite 67. Notiert Verbesserungsvorschläge am Rand.

7 Überarbeite jetzt deinen Bericht mithilfe der Verbesserungsvorschläge.

8 Berichtet der Klasse von dem Inlineskating-Wettkampf. Überlegt, ob ihr einen solchen Wettbewerb auch austragen möchtet. Besprecht, wie ihr ihn vorbereiten würdet.

73

Vorhandenes Zusatzmaterial zu dieser Doppelseite

▤ Differenzierungskarte BASIS, S. 19
▤ Differenzierungskarte EXTRA, S. 19

▯ Klassenarbeitstraining 2, AH 7, S. 74 / 75

KA 4 PLUS

Aufgabe 5
individuelle Lösung –
Beispiel:
Knapper Sieg beim Inlineskaten – Beim Sportfest der Hans-Fischer-Schule am Samstag, dem 18.07.2016, kam es zu einem knappen Sieg von Jasmina und Robin im Inlineskaten. Dabei lagen Jasmina und Robin schon bald nach dem Start um 11 Uhr deutlich in Führung. Dann jedoch fuhr Jasmina auf der Straße weiter, wo sie kurz darauf wegen eines Gullys ins Straucheln geriet und der Vorsprung verloren ging. Doch die beiden gaben nicht auf und unter Jasmins Anfeuerungsrufen konnten sie am Ende doch noch einen knappen Sieg herausfahren. Nun freut sich Jasmina über die Teilnahme am Inlineskating-Workshop, den unsere Sportlehrerin Frau Münster als ersten Preis bestimmt hatte.

Aufgaben 6 bis 8
individuelle Lösungen

Zeitenausflug

RGS-Seiten / 1

Die Schülerinnen und Schüler (SuS) machen sich zunächst noch einmal den Unterschied zwischen den Zeitstufen und den dazugehörigen verschiedenen Zeitformen bewusst. In unterschiedlichen Übungen verschiedenen Schwierigkeitsgrades erkennen, bestimmen und bilden sie verschiedene Zeitformen im Verwendungszusammenhang.

Kommentare zu den Aufgaben

Einstieg und Aufgabe 1
Mithilfe der fünf Sätze wiederholen die SuS die Zeitstufen und machen sich dabei noch einmal den Unterschied zwischen Zeitformen (z. B. Perfekt und Präteritum) und den Zeitstufen (sowohl Perfekt als auch Präteritum verweisen auf die Vergangenheit) bewusst.

Aufgaben 2 bis 4
Die SuS identifizieren und bestimmen die Zeitformen und bilden sie in einem weiteren Schritt exemplarisch selbst.

Aufgaben 5 und 6
Die SuS identifizieren und bestimmen die Zeitformen in einem Text. Vor der Bearbeitung von Aufgabe 6 könnte noch einmal darauf hingewiesen werden, dass das Perfekt je nach Verb entweder mit einer Form von „haben" (z. B.: „gewinnen" – er hat gewonnen) oder mit einer Form von „sein" (z. B.: „rennen" – sie ist gerannt) gebildet wird.

Aufgaben 7 bis 9
Die SuS bilden textbezogen Verbformen in bestimmten Tempora.

Aufgaben 10 bis 12
Die SuS bilden nun selbst Sätze in der Zeitform Futur und überprüfen untereinander die Bildung. Falls nötig, werden die Formen korrigiert. Vor der Bearbeitung der Aufgaben kann dabei noch einmal die Bildung des Futurs (gebeugte Form von „werden" + Infinitiv) wiederholt werden.

Lösungen

Aufgaben 1 und 2
- *wir veranstalten:* Gegenwart
- wir veranstalteten, wir haben veranstaltet, wir hatten veranstaltet: Vergangenheit
- wir werden veranstalten: Zukunft

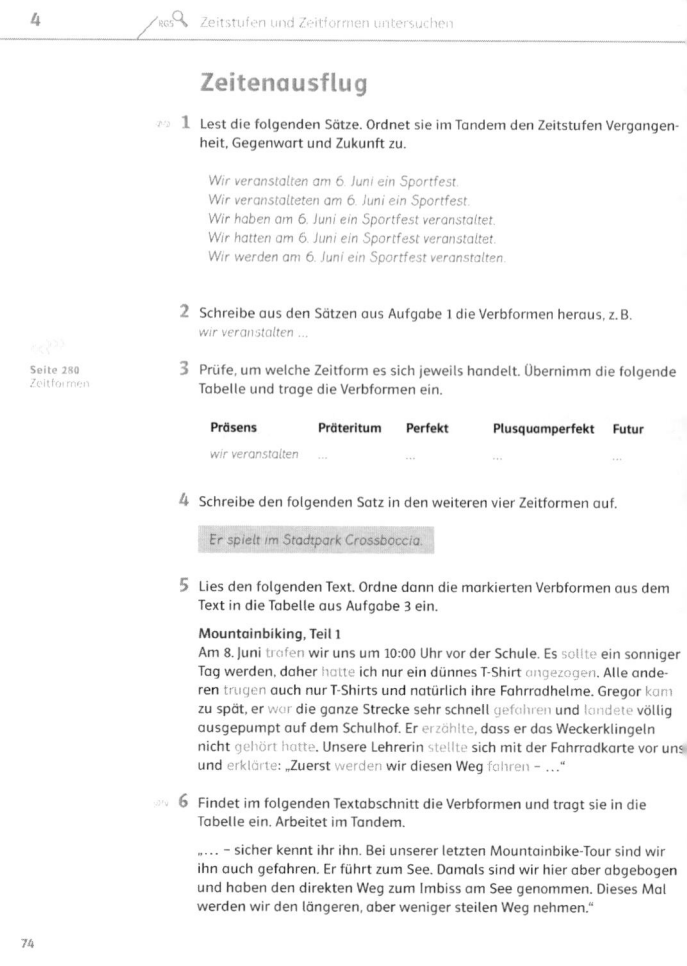

Aufgaben 3, 5 und 6

Präsens	*wir veranstalten* (A 3); kennt, führt (A 6)
Präteritum	wir veranstalteten (A 3); trafen, sollte, trugen, kam, landete, erzählte, stellte erklärte (A 5)
Perfekt	wir haben veranstaltet (A 3); sind wir gefahren, sind wir abgebogen, haben genommen (A 6)
Plusquamperfekt	wir hatten veranstaltet (A 3); hatte ich angezogen, er war gefahren, gehört hatte (A 5)
Futur	wir werden veranstalten (A 3); werden fahren (A 5); werden nehmen (A 6)

Aufgabe 4
Er spielt im Stadtpark Crossboccia (Präsens). – Er spielte im Stadtpark Crossboccia (Präteritum). – Er hat im Stadtpark Crossboccia gespielt (Perfekt). – Er hatte im Stadtpark Crossboccia gespielt (Plusquamperfekt). – Er wird im Stadtpark Crossboccia spielen (Futur).

Aufgabe 7
begaben – sollte – fuhren – kannten – kamen – bestand – war

7 Schreibe den folgenden Text ab und setze die Personalformen der Verben im Präteritum ein, z. B. *Dann begaben wir uns alle in den Wald.*

Mountainbiking, Teil 2
Dann ▪▪▪ (begeben) wir uns alle in den Wald. Unser Ziel ▪▪▪ (sollen) der Imbiss am See sein. Jonas, Esra und Christopher ▪▪▪ (fahren) voraus, denn sie ▪▪▪ (kennen) den Weg ganz genau. Noch ▪▪▪ (kommen) sie ganz gut voran, aber nach wenigen Metern ▪▪▪ (bestehen) der Weg nur noch aus Pfützen und Schlamm. Er ▪▪▪ (sein) ganz matschig.

8 Setzt im Tandem abwechselnd die Personalformen der Verben im Plusquamperfekt und Präteritum ein, z. B. *Nachdem wir beschlossen hatten, eine Pause zu machen, reinigten wir unsere Mountainbikes.*

Mountainbiking, Teil 3
Nachdem wir ▪▪▪ ▪▪▪ (beschlossen), eine Pause zu machen, ▪▪▪ (reinigen) wir unsere Mountainbikes. Als wir dann die Räder ▪▪▪ ▪▪▪ (putzen), ▪▪▪ (hören) wir plötzlich Getrappel: Nicht weit entfernt ▪▪▪ (stehen) drei Rehe. Nachdem wir leise näher ▪▪▪ ▪▪▪ (schleichen), ▪▪▪ (beobachten) wir sie eine Weile. Anschließend ▪▪▪ (gehen) es weiter. Nachdem der Weg immer anstrengender ▪▪▪ ▪▪▪ (sein), ▪▪▪ (machen) wir erneut eine Pause zum Verschnaufen.

9 Schreibe den folgenden Text ab. Setze die Personalformen der Verben im Perfekt ein, z. B. *Gestern haben wir uns um 10:00 Uhr vor der Schule getroffen.*

Zusammenfassung
Gestern ▪▪▪ wir uns um 10:00 Uhr vor der Schule ▪▪▪ (treffen). Zuerst ▪▪▪ uns Frau Maaß den Weg ▪▪▪ (erklären). Unser Weg ▪▪▪ uns zum Imbiss am See ▪▪▪ (führen). Es ▪▪▪ die Tage zuvor viel ▪▪▪ (regnet) und daher ▪▪▪ die Wege sehr schlammig ▪▪▪ (sein). Unterwegs ▪▪▪ wir dann drei Rehe (sehen). Bis zum Imbiss ▪▪▪ wir mehr als zwei Stunden ▪▪▪ (fahren). Dort ▪▪▪ wir uns ▪▪▪ (stärken). Der Rückweg ▪▪▪ nicht so lange ▪▪▪ (dauern).

10 Wie wird die nächste Mountainbike-Tour verlaufen? Schreibe mindestens fünf Sätze im Futur dazu auf.

11 Tauscht eure Sätze aus Aufgabe 10 im Tandem aus und prüft, ob die Verbformen richtig gebildet wurden.

12 Korrigiere, wenn nötig, deine Sätze.

75

Aufgabe 8

Nachdem wir beschlossen hatten, eine Pause zu machen, reinigten wir unsere Mountainbikes. Als wir dann die Räder geputzt hatten, hörten wir plötzlich Getrappel: Nicht weit entfernt standen drei Rehe. Nachdem wir leise näher geschlichen waren, beobachteten wir sie eine Weile. Anschließend ging es weiter. Nachdem der Weg immer anstrengender geworden war, machten wir erneut eine Pause zum Verschnaufen.

Aufgabe 9

Zusammenfassung – *Gestern haben wir uns um 10:00 Uhr vor der Schule getroffen.* Zuerst hat uns Frau Maaß den Weg erklärt. Unser Weg hat uns zum Imbiss am See geführt. Es hat die Tage zuvor viel geregnet und daher sind die Wege sehr schlammig gewesen. Unterwegs haben wir dann drei Rehe gesehen. Bis zum Imbiss sind wir mehr als zwei Stunden gefahren. Dort haben wir uns gestärkt. Der Rückweg hat nicht so lange gedauert.

Aufgaben 10 bis 12
individuelle Lösungen

Vorhandenes Zusatzmaterial zu dieser Doppelseite

▤ KV 3 BASIS, S. 95
▤ KV 3 EXTRA, S. 96
▤ KV 3 PLUS, S. 97

▤ KV 4 BASIS, S. 98
▤ KV 4 EXTRA, S. 99
▤ KV 4 PLUS, S. 100

▯ AH 7, Kap. 4, S. 24 – 26

DaZ-Kommentare

Aufgabe 1
Eine hervorragende Aufgabe zur Wiederholung von Zeitformen und zum Erlernen von neuen Verben. Derartige Aufgaben sollten des Öfteren gestellt und von den SuS schriftlich erledigt werden.

Aufgabe 3
Allerdings werden die meisten SuS nur wenige Zeitformen kennen. Daher ist es wichtig, zuerst zu überprüfen, welche Zeitformen (gut) bekannt sind. Da in den folgenden Aufgaben alle Zeiten bearbeitet werden sollen, wäre es ratsam, den SuS die wichtigsten Konstruktionsregeln zu erklären.

Zum Präteritum
Die Bildung des Präteritums wird vermutlich nur einigen wenigen SuS bekannt sein. Daher sollten sie zuerst auf die Konjugation der Verben hingewiesen werden, indem sie diese kurz erklärt bekommen und einige Verben (regelmäßige und unregelmäßige) schriftlich konjugieren.

Zum Perfekt
Die starken Verben bereiten den SuS einige Schwierigkeiten sowie die Frage nach ihren Hilfsverben. (Verben der Fortbewegung verlangen das Hilfsverb „sein". Drei Ausnahmen: ich bin gewesen; ich bin geblieben; ich bin geworden). Bei „haben", „sein" und „werden" wird in der Vergangenheit das Präteritum bevorzugt.

Zum Plusquamperfekt
Die Bauweise sollte nur kurz erklärt und schnell verstanden werden, da sie dem Perfekt ähnelt. Der Gebrauch des Plusquamperfekts kann erfahrungsgemäß am besten anhand von Beispielsätzen erklärt werden. Hier sollte man explizit auf die Vorzeitigkeit in den Nebensätzen hinweisen:

Nebensatz	→	Hauptsatz
Perfekt		Präsens
Plusquamperfekt		Präteritum

Ein voller Kalender

RGS-Seiten / 2

Die Schülerinnen und Schüler (SuS) lesen ein Telefongespräch vor und machen sich klar, dass sich Zeitangaben auf einzelne, aber auch auf sich regelmäßig wiederholende Zeitpunkte beziehen können. Sie lernen dabei zwischen Adverbien (montags, dienstags, …) und Substantiven / Nomen (Montag, Dienstag, …) zu unterscheiden. In verschiedenen Übungen wird diese Unterscheidung und die damit verbundene Groß- bzw. Kleinschreibung verfestigt.

Kommentare zu den Aufgaben

Einstieg und Aufgabe 1
Die SuS lesen ein Telefongespräch in verteilten Rollen vor. Vor dem Vorlesen können sie es zunächst still lesen. Beim Vorlesen wäre darauf zu achten, dass sinnbetont gelesen wird.

Aufgabe 2
Die SuS erkennen, dass Zeitangaben sich auf Einmaliges oder auf wiederholt bzw. regelmäßig Vorkommendes beziehen kann. Bei Aufgabe 2 geht es dabei nur um den Inhalt, noch nicht um die Form (vgl. dazu A 3).

Aufgabe 3
Die SuS unterscheiden die Zeitangaben nach ihrer grammatischen Form. Dazu kann auch der Merkekasten auf Seite 77 gelesen und besprochen werden.

Aufgaben 4 und 5
Die SuS bilden zu weiteren selbst gewählten Zeitangeben Beispielsätze.

Aufgaben 6 bis 8
Die SuS unterscheiden bei Zeitangaben selbst zwischen Adverbien und Substantiven / Nomen und schreiben sie entsprechend klein bzw. groß.
Erweiterung:
In den Aufgaben 6 und 7 unterstreichen die SuS die Begleiter der Substantive / Nomen bei Zeitangaben (siehe Lösung). Vorab könnte an einem Beispiel nochmal verdeutlicht werden, dass bestimmte Wörter sowohl Substantive / Nomen (z. B. der, am Morgen) als auch Begleiter von Substantiven / Nomen (z. B. morgen Früh, morgen Nachmittag) sein können.

Ein voller Kalender

1 Lest das Telefongespräch im Tandem mit verteilten Rollen vor.

Lena Hallo, hier Lena Müller.
Cihan Hallo Lena, hier ist Cihan. Gut, dass du schon wach bist, so *früh am Morgen* … Hast du Lust, *morgen Nachmittag* mit mir Inlineskaten zu gehen?
Lena Gute Idee, aber *montags* kann ich nicht. Da habe ich Tischtennis-AG.
Cihan Und geht's am *Dienstagabend*? Da ist die Skaterbahn doch bis 20:00 Uhr geöffnet.
Lena Nein, tut mir leid, *dienstags* ginge eigentlich schon, aber *übermorgen* muss ich auf meinen kleinen Bruder aufpassen. Da gehen meine Eltern kegeln.
Cihan Und *Mittwochnachmittag*? Oder am *Donnerstag*?
Lena Tja, also *mittwochnachmittags* habe ich doch Flötenstunde und *donnerstags* gehe ich reiten. Und *freitags* ist es auch schlecht, weil ich *mittags* bei meiner Oma esse. Und *nachmittags* gehe ich zur Tanzstunde.
Cihan Dann gehen wir eben *Samstag*. Am *Samstag* hast du doch Zeit, oder?
Lena Na ja, weißt du, *morgens* schlafe ich aus, *nachmittags* helfe ich meiner Mutter und *abends* gehe ich auf eine Party. Da war ich *gestern Abend* auch. Du musst unbedingt mal mitkommen.
Cihan Dann gehen wir eben jetzt gleich. Los, pack deine Sachen.
Lena Jetzt gleich? Das ist eine gute Idee. Mir ist *sonntags* immer so langweilig.

2 Seht euch die markierten Zeitangaben in dem Gespräch an. Man kann sie in zwei Gruppen einteilen. Besprecht im Tandem, welche das sind.

3 Übernimm die Tabelle und trage die Zeitangaben aus dem Gespräch in die passende Tabellenspalte.

Diese Wörter sind Adverbien. **Sie werden immer kleingeschrieben.**

früh, morgen …

Diese Wörter sind Substantive/Nomen. **Sie werden immer großgeschrieben.**

(am) Morgen …

4 Überlegt euch im Tandem weitere Zeitangaben. Schreibt sie in eure Tabellen.

5 Schreibe zu deinen ergänzten Zeitangaben jeweils einen Satz auf.

76

Lösungen

Aufgabe 1
Leseaufgabe

Aufgaben 2 und 3

Adverbien	Substantive/Nomen
früh, morgen, montags, dienstags, übermorgen, mittwochnachmittags, donnerstags, freitags, mittags, nachmittags (2x), morgens, abends, gestern, sonntags	*(am) Morgen*, Nachmittag, (am) Dienstagabend, Mittwochnachmittag, (am) Donnerstag, Samstag, Abend

Aufgaben 4 und 5
individuelle Lösungen –
Weitere Zeitangaben sind beispielsweise: vorgestern, nachts, mittwochs, vormittags, am Spätnachmittag, am Wochenende, …

6 Schreibe die folgenden Sätze ab. Entscheide, ob **morgen** oder **Morgen** eingetragen werden muss. Ergänze die Sätze.

TIPP
Prüfe, ob es sich um die Tageszeit (der Morgen) oder den nächsten Tag (morgen) handelt.

a Heute oder ▄▄ Abend würde es mir gut passen.
b Ich skate jeden ▄▄.
c Heute ▄▄ wäre ich fast gestürzt.
d Bitte frag mich ▄▄ in der Schule noch einmal.

7 Schreibe den Text in der richtigen Groß- und Kleinschreibung auf.

CIHAN HAT SEINE FREUNDIN LENA GESTERN MORGEN SCHON FÜR HEUTE ABEND ZUM INLINESKATEN EINGELADEN. SIE TREFFEN SICH IMMER FREITAGS. WENN LENA DANACH ZU AMELIE ZUM GEBURTSTAG GEHT, KOMMT SIE ERST NACHTS NACH HAUSE. ABER MORGEN IST JA WOCHENENDE.

8 Die folgenden Sätze drücken aus, dass sich eine Handlung wiederholt. Formuliere die Sätze um und verwende Adverbien. Schreibe die Sätze auf und unterstreiche die Adverbien, z. B. *Sascha und seine Freunde gehen dienstags zum Fußball.*

a Sascha und seine Freunde gehen jeden Dienstag zum Fußball.
b Der Kletterpark hat am Montag immer geschlossen.
c Maria plant, jeden Samstag an ihrem Boot weiterzubauen.
d Die Kinder wollen jeden Nachmittag im See baden.

Merke
Adverbien

Adverbien (Singular: Adverb) sind Umstandswörter, sie **bestimmen Verben oder Adjektive näher.** → abends, gern, heute, morgen, hier …

Adverbien
• können mit einer W-Frage (Wann? Wo?) erfragt werden,
• machen zusätzliche Angaben über ein Geschehen,
• werden kleingeschrieben,
• sind unveränderbar,
• können am Satzanfang stehen,
• sind im Satz leicht umstellbar.

Adverbien wie montags oder abends werden verwendet, wenn sich eine Handlung oder ein Vorgang immer zu derselben Zeit wiederholt. → Ich gehe montags (immer) zum Training. (Ich gehe jeden Montag zum Training.)
Substantive/Nomen in Zeitangaben werden großgeschrieben. Man erkennt sie oft am Begleiter → der Mittwoch, jeden Vormittag, eines Abends, am Morgen, ab Donnerstag …

77

Aufgabe 6
a Heute oder <u>morgen</u> Abend würde es mir gut passen.
b Ich skate <u>jeden</u> Morgen.
c <u>Heute</u> Morgen wäre ich fast gestürzt.
d Bitte frag mich morgen in der Schule noch einmal.

Aufgabe 7
Cihan hat seine Freundin Lena gestern Morgen schon für heute Abend zum Inlineskaten eingeladen. Sie treffen sich immer freitags. Wenn Lena danach zu Amelie zum Geburtstag geht, kommt sie erst nachts nach Hause. Aber morgen ist ja Wochenende.

Aufgabe 8
a *Sascha und seine Freunde gehen <u>dienstags</u> zum Fußball.*
b Der Kletterpark hat <u>montags</u> immer geschlossen.
c Maria plant, immer <u>samstags</u> an ihrem Boot weiterzubauen.
d Die Kinder wollen immer <u>nachmittags</u> im See baden.

Vorhandenes Zusatzmaterial zu dieser Doppelseite

📖 AH 7, Kap. 4, S. 25 – 27

DaZ-Kommentare

Aufgabe 6
Im Zweifelsfall sollten die Adverbien mit dem Wörterbuch übersetzt werden, z. B.: „morgen", „<u>der</u> Morgen" und auch „morgens".

Merke: Adverbien
Hier muss darauf geachtet werden, dass die SuS alle ihnen unbekannten Wörter übersetzt und verstanden haben und auch, dass die Informationen im Kasten von ihnen verstanden werden.

Auf zum Snowboarden

TRAININGS-Seiten

Die Schülerinnen und Schüler (SuS) wiederholen die Bildung von Zeitformen sowie die Unterscheidung von Zeitangaben mit Adverbien und Substantiven / Nomen mit der damit verbundenen Klein- bzw. Großschreibung. Abschließend wenden sie die Zeitangaben an, indem sie einen Text über ihren eigenen Tagesablauf verfassen.

Kommentare zu den Aufgaben

Einstieg
Ein gesonderter Einstieg in die Trainingsseiten ist nicht erforderlich.

Aufgabe 1
Die SuS bilden zu einer Verbform im Präsens die entsprechenden Formen im Präteritum, Perfekt und Plusquamperfekt.

Aufgabe 2
Die SuS ordnen vorgegebene Verbformen zu zusammengehörigen Stammformen.

Aufgaben 3 und 4
Die SuS bilden zu vorgegebenen Verbformen weitere Formen in allen Tempora. Anschließend wird die Bildung der Zeitformen spielerisch verfestigt.

Aufgaben 5 bis 8
In verschiedenen Übungen wird die Unterscheidung zwischen Adverbien und Substantiven / Nomen bei Zeitangaben und die damit verbundene Groß- bzw. Kleinschreibung verfestigt.

Lösungen

Aufgabe 1
a Wir fahren am Mittwoch um 9:00 Uhr los (Präsens). – Wir fuhren … los (Präteritum). Wir sind … losgefahren (Perfekt). Wir waren … losgefahren (Plusquamperfekt).

b Der Trainer empfängt uns auf dem Parkplatz (Präsens). – Er empfing … (Präteritum). Er hat … empfangen (Perfekt). Er hatte … empfangen (Plusquamperfekt).

c In der Unterkunft beziehen wir erst einmal unsere Zimmer (Präsens). – … bezogen wir … (Präteritum). … haben wir … bezogen (Perfekt). … hatten wir … bezogen (Plusquamperfekt).

d Nach einer kleinen Erfrischung erhalten wir unsere Snowboards (Präsens). – … erhielten wir … (Präteritum). … haben wir … erhalten (Perfekt). … hatten wir … erhalten (Plusquamperfekt).

---

4 / Zeitformen von Verben bilden

Auf zum Snowboarden

1 Die folgenden Sätze stehen im Präsens. Formt sie im Tandem abwechselnd um, indem ihr sie ins Präteritum, Perfekt und Plusquamperfekt setzt.

a Wir fahren am Mittwoch um 9.00 Uhr los.
b Der Trainer empfängt uns auf dem Parkplatz.
c In der Unterkunft beziehen wir erst einmal unsere Zimmer.
d Nach einer kleinen Erfrischung erhalten wir unsere Snowboards.
e Am Nachmittag kommen unsere Snowboardlehrer.
f Sie bringen uns in den nächsten Tagen das Snowboarden bei.
g Von ihnen erfahren wir viele interessante Tricks.
h Nach einer Woche nehmen wir Abschied voneinander.

TIPP
Es sind sieben Verben.

2 Finde aus den folgenden Verbformen die heraus, die zu einem Verb gehören. Man nennt sie Stammformen. Schreibe sie auf, z. B. *stehen – stand – gestanden …*

stehen – helfen – half – sein – stand – wusste – tun – war – bringen – gestanden – geholfen – gehen – getan – brachte – gebracht – tat – gegangen – wissen – gewusst – gewesen – ging

3 Übernimm die Tabelle und ergänze die fehlenden Verbformen.

Infinitiv (Grundform)	Präsens	Präteritum	Perfekt	Plusquamperfekt	Futur
sprechen	ich spreche	ich sprach	ich habe gesprochen	ich hatte gesprochen	ich werde sprechen
tragen	du …	du trugst	du …	du …	du …
…	er …	er …	er …	er …	er wird singen
laufen	sie …	sie …	sie ist gelaufen	sie …	sie …
…	wir schreiben	wir …	wir …	wir …	wir …
winken	ihr …	ihr …	ihr …	ihr …	ihr werdet winken
…	sie fallen	sie …	sie …	sie …	sie …

4 Spielt in Vierergruppen **Zeitformen bilden**. Geht so vor:
• Einer sagt lautlos das Alphabet auf, ein anderer sagt „Stopp".
• Jeder sucht sich ein Verb mit dem genannten Anfangsbuchstaben und schreibt die Zeitformen im Präsens, Präteritum, Perfekt, Plusquamperfekt und Futur auf.
• Wer fertig ist, ruft „Stopp". Lest euch eure Ergebnisse vor.
• Vergebt für jede richtig gebildete Zeitform einen Punkt.
• Wiederholt das Spiel und vergleicht eure Ergebnisse.

78

---

e Am Nachmittag kommen unsere Snowboardlehrer (Präsens). – sie kamen … (Präteritum), sie sind … gekommen (Perfekt), sie waren … gekommen (Plusquamperfekt)

f Sie bringen uns in den nächsten Tagen das Snowboarden bei (Präsens). – Sie brachten … bei (Präteritum). Sie haben … beigebracht (Perfekt). Sie hatten … beigebracht (Plusquamperfekt).

g Von ihnen erfahren wir viele interessante Tricks (Präsens). – Von ihnen erfuhren wir … (Präteritum). Von ihnen haben wir … erfahren (Perfekt). Von ihnen hatten wir … erfahren (Plusquamperfekt).

h Nach einer Woche nehmen wir Abschied voneinander (Präsens). – … nahmen wir … (Präteritum). … haben wir … genommen (Perfekt). … hatten wir … genommen (Plusquamperfekt).

Aufgabe 2
stehen / stand / gestanden – helfen / half / geholfen – sein / war / gewesen – wissen / wusste / gewusst – tun / tat / getan – bringen / brachte / gebracht – gehen / ging / gegangen

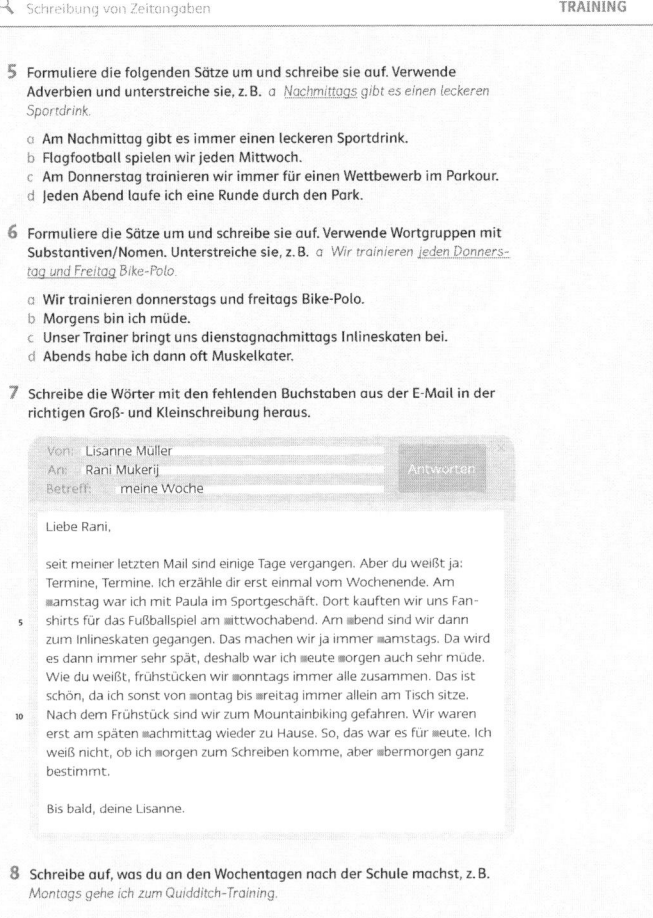

5 Formuliere die folgenden Sätze um und schreibe sie auf. Verwende Adverbien und unterstreiche sie, z. B. a *Nachmittags gibt es einen leckeren Sportdrink.*

a Am Nachmittag gibt es immer einen leckeren Sportdrink.
b Flagfootball spielen wir jeden Mittwoch.
c Am Donnerstag trainieren wir immer für einen Wettbewerb im Parkour.
d Jeden Abend laufe ich eine Runde durch den Park.

6 Formuliere die Sätze um und schreibe sie auf. Verwende Wortgruppen mit Substantiven/Nomen. Unterstreiche sie, z. B. a *Wir trainieren jeden Donnerstag und Freitag Bike-Polo.*

a Wir trainieren donnerstags und freitags Bike-Polo.
b Morgens bin ich müde.
c Unser Trainer bringt uns dienstagnachmittags Inlineskaten bei.
d Abends habe ich dann oft Muskelkater.

7 Schreibe die Wörter mit den fehlenden Buchstaben aus der E-Mail in der richtigen Groß- und Kleinschreibung heraus.

Von: Lisanne Müller
An: Rani Mukerij
Betreff: meine Woche

Antworten

Liebe Rani,

seit meiner letzten Mail sind einige Tage vergangen. Aber du weißt ja: Termine, Termine. Ich erzähle dir erst einmal vom Wochenende. Am ▪amstag war ich mit Paula im Sportgeschäft. Dort kauften wir uns Fan-shirts für das Fußballspiel am ▪ittwochabend. Am ▪bend sind wir dann zum Inlineskaten gegangen. Das machen wir ja immer ▪amstags. Da wird es dann immer sehr spät, deshalb war ich ▪eute ▪orgen auch sehr müde. Wie du weißt, frühstücken wir ▪onntags immer alle zusammen. Das ist schön, da ich sonst von ▪ontag bis ▪reitag immer allein am Tisch sitze. Nach dem Frühstück sind wir zum Mountainbiking gefahren. Wir waren erst am späten ▪achmittag wieder zu Hause. So, das war es für ▪eute. Ich weiß nicht, ob ich ▪orgen zum Schreiben komme, aber ▪bermorgen ganz bestimmt.

Bis bald, deine Lisanne.

8 Schreibe auf, was du an den Wochentagen nach der Schule machst, z. B. *Montags gehe ich zum Quidditch-Training.*

79

Aufgabe 3

Infinitiv (Grundform)	Präsens	Präteritum	Perfekt	Plusquamperfekt	Futur
tragen	du trägst	*du trugst*	du hast getragen	du hattest getragen	du wirst tragen
singen	er singt	er sang	er hat gesungen	er hatte gesungen	*er wird singen*
laufen	sie läuft	sie lief	*sie ist gelaufen*	sie war gelaufen	sie wird laufen
schreiben	*wir schreiben*	wir schreiben	wir haben geschrieben	wir hatten geschrieben	wir werden schreiben
winken	ihr winkt	ihr winktet	ihr habt gewinkt	ihr hattet gewinkt	*ihr werdet winken*
fallen	*sie fallen*	sie fielen	sie sind gefallen	sie waren gefallen	sie werden fallen

Aufgabe 4
individuelle Lösungen

Aufgabe 5
a *Nachmittags* gibt es einen leckeren Sportdrink.
b Flagfootball spielen wir *mittwochs*.
c *Donnerstags* trainieren wir immer für einen Wettbewerb im Parkour.
d *Abends* laufe ich eine Runde durch den Park.

Aufgabe 6
a *Wir trainieren jeden Donnerstag und Freitag Bike-Polo.*
b *Jeden Morgen* bin ich müde.
c Unser Trainer bringt uns *jeden Dienstagnachmittag* Inlineskaten bei.
d *Jeden Abend* habe ich dann Muskelkater. / *Am Abend* habe ich dann oft Muskelkater.

Aufgabe 7
Am Samstag – am Mittwochabend – Am Abend – immer samstags – heute Morgen – sonntags – von Montag bis Freitag – am späten Nachmittag – für heute – morgen – übermorgen

Aufgabe 8
individuelle Lösungen

DaZ-Kommentare

Aufgabe 1
Diese Aufgabe sollte zusätzlich als eine Hausaufgabe ins Heft geschrieben werden.

Aufgabe 3
Grundsätzlich sollte diese Tabelle z. B. ins Vokabelheft übertragen und regelmäßig mit neuen Verben und ihren Formen ergänzt werden.

Ich bin ich – du bist du
Gedichte und Geschichten schreiben

Auftaktseiten – Vorwissen aktivieren

Die Auftaktseite stellt bildliche Darstellungen aus der Lebenswelt der Schülerinnen und Schüler (SuS) in den Mittelpunkt. Ausgehend von der Beschreibung und Bewertung dieser Bilder erkennen die SuS zunächst, dass die Einschätzung einer Situation immer auch vom Beschreibenden abhängt. Zu den Bildern nutzen sie verschiedene kreative Arbeitsimpulse, um sich in die dargestellten Figuren hineinzuversetzen. Zugleich arbeiten sie an ihrem Wortschatz.

Kommentare zu den Aufgaben

Einstieg, Aufgaben 1 und 2
Die SuS sehen sich die Bilder auf Seite 80 an und beschreiben die auf ihnen dargestellten Situationen. Sie können dabei bereits die Sprechblasen aus Aufgabe 2 einbeziehen und über die Bewertung der Situation diskutieren.
Alternative:
Die SuS bearbeiten die Aufgaben 1 und 2 im Tandem. Bei Aufgabe 2 wird nach der Besprechung im Tandem trotzdem in der Klasse diskutiert.

Aufgabe 3
Die SuS erkennen, dass die Deutung einer Situation ein Stück weit auch von der Betrachterin / vom Betrachter (bzw. bei Texten auch von der Leserin / dem Leser) abhängt.

Aufgabe 4
Die Aufgabe kann zunächst mündlich bearbeitet werden. Die SuS sollen dabei nicht nur üben, die Ich-Perspektive einzunehmen, sondern die Aufgabe dient zugleich der Verständnissicherung (mit Blick auf A 5, A 7 und A 8).
Erweiterung:
Entweder in der Stunde, sonst auch als Hausaufgabe, kann die Beschreibung noch schriftlich ausgearbeitet werden.

Aufgabe 5
Die SuS erarbeiten eine Wörter-Collage, durch die eine auf den Bildern dargestellte Person charakterisiert wird. Die Aufgabe dient der Wortschatzarbeit, hat aber zugleich einen spielerisch-kreativen Charakter und will die SuS auch dazu motivieren, sich auf Figuren einzulassen.

Aufgabe 6 RGS🔍
Alternative:
Die Bedeutung der Sprüche kann im Tandem erarbeitet werden.

Aufgabe 7
Die Aufgabe soll vor allem sicherstellen, dass die SuS die Sprüche richtig verstehen.

Das lernst du jetzt:
• Gedichte erschließen und Gedichte schreiben
• Geschichten erschließen und weiterschreiben
• sich in literarische Figuren hineinversetzen
• aus der Sicht einer Romanfigur schreiben
• Redensarten und Sprichwörter verstehen und verwenden

80

Aufgabe 8
Bei der Entwicklung der Szene sollte den SuS allenfalls eine zeitliche Vorgabe gegeben werden; ansonsten sollten sie ihrer Fantasie freien Lauf lassen können. – Das Feedback kann sich sowohl auf die Präsentation selbst (wie gut oder schlecht sie gespielt ist) als auch auf den Bezug der Szene zu einem der Bilder beziehen.

Das lernst du jetzt:

– Gedichte erschließen und Gedichte schreiben
– Geschichten erschließen und weiterschreiben
– sich in literarische Figuren hineinversetzen
– aus der Sicht einer Romanfigur schreiben
– Redensarten und Sprichwörter verstehen und verwenden

Vorwissen aktivieren

1 Seht euch die Bilder auf Seite 80 an. Beschreibt die Situationen.

2 Findet zu jedem Bild die beiden passenden Sprechblasen. Entscheidet, welcher Satz eurer Meinung nach besser passt. Tauscht euch dazu in der Klasse aus und begründet eure Wahl.

a *Ich glaube, der lässt sie gleich fallen.*   *Die machen das richtig gut.*

b *Die kriegt doch nie ein Wort raus.*   *Der geht's heute nicht gut.*

c *Guck mal, diese Angeber!*   *Ganz schön mutig!*

d *Das sind wirklich gute Freunde.*   *Ich glaube, der fühlt sich bedrängt.*

3 Warum werden Situationen so unterschiedlich eingeschätzt? Diskutiert darüber und findet Gründe dafür.

4 Wählt eine Person aus den Bildern und versetzt euch in sie hinein. Beschreibt die Situation aus der Sicht dieser Person. Formuliert in der Ich-Form.

5 Jetzt soll jeder zu seiner Person aus Aufgabe 4 eine **Wörter-Collage** anfertigen. Geht so vor:
   • Sucht aus den Überschriften von Zeitungen oder Zeitschriften Wörter, die diese Person beschreiben. Fügt sie zu einer Collage zusammen.
   • Hängt eure Collagen im Klassenzimmer auf.
   • Lasst raten, zu welcher Person auf den Bildern die Collage gehört.

6 Sind euch die folgenden Sprüche bekannt? Besprecht, was sie bedeuten.

   Sie gehen zusammen durch dick und dünn.

   Gleich und gleich gesellt sich gern.

7 Sucht zwei Bilder von Seite 80 aus, zu denen diese Sprüche passen. Begründet eure Wahl.

8 Wählt im Tandem einen der Sprüche sowie ein Bild aus und entwickelt eine Szene dazu. Spielt sie der Klasse vor. Lasst euch ein Feedback geben.

81

KMK-Standards

Gedichte und Geschichte erschließen
- zentrale Inhalte erschließen
- wesentliche Elemente eines Textes erfassen, z. B.: Figuren, Raum- und Zeitdarstellung, Konfliktverlauf

Produktiver Umgang mit literarischen Texten
- zentrale Schreibformen beherrschen und sachgerecht nutzen: Erzählen, kreativ Schreiben
- produktive Methoden anwenden, z. B.: Perspektivenwechsel: Brief in der Rolle einer literarischen Figur; Weiterschreiben
- Texte sprachlich gestalten

Redensarten und Sprichwörter verstehen und verwenden
- beim Sprachhandeln einen differenzierten Wortschatz gebrauchen einschließlich umgangssprachlicher und idiomatischer Wendungen in Kenntnis des jeweiligen Zusammenhangs
- sprachliche Mittel zur Sicherung des Textzusammenhangs (Textkohärenz) kennen und anwenden

Lösungen

Aufgaben 1 und 2
individuelle Lösungen

Aufgabe 3
Die Situationen werden deshalb unterschiedlich eingeschätzt, weil jede Betrachterin / jeder Betrachter die eigene Stimmung, das eigene Temperament, die eigenen Erwartungen usw. mit in die Deutung bzw. die Einordnung in einen Zusammenhang einbringt.

Aufgabe 4
individuelle Lösungen – Wichtig ist, dass die Ich-Perspektive konsequent durchgehalten wird.

Aufgabe 5
individuelle Lösungen

Aufgabe 6
– *Sie gehen zusammen durch dick und dünn.* – Gemeint ist, dass sie immer zusammenstehen, gerade auch in schlechten Zeiten.
– *Gleich und gleich gesellt sich gern.* – Dieser Spruch drückt umgekehrt aus, dass sich gerade Menschen mit denselben Eigenschaften gern zusammenfinden.

Aufgaben 7 und 8
individuelle Lösungen

DaZ-Kommentare

Einstieg
Es sollte sichergestellt werden, dass die SuS die Begriffe „erschließen", „Romanfigur", „sich hineinversetzen", „einschätzen" und „Collage" verstehen. Ansonsten müssen diese Begriffe kurz erklärt werden.

Aufgaben 6 bis 8
Die Sprüche werden den SuS unbekannt sein. Redewendungen oder Sprichwörter gehören zu den ganz besonderen und mit Sicherheit zu den schwierigsten Herausforderungen für alle ausländischen SuS. Meistens müssen sie sich die Bedeutung der Redewendungen nach und nach erarbeiten. Dies bezieht sich besonders stark auf die SuS, die nicht aus dem europäischen Kulturkreis kommen.

Was ich alles bin

Grundlagenseiten / 1

Die Schülerinnen und Schüler (SuS) erschließen zwei Gedichte inhaltlich und verfassen selbst zwei Gedichte: Einmal ein Elfchen, einmal ein Parallelgedicht zu Hans Manz' Gedicht „Ich". Jeweils versuchen sie, sich selbst zu charakterisieren. Die Doppelseite kann dabei genutzt werden, um auch die Wortarten Adjektiv und Verb zu wiederholen.

Kommentare zu den Aufgaben

Einstieg und Aufgabe 1

Die SuS lesen den Anfang des „Gedichts vom Ich" des deutschen Liedermachers und Autors Fredrik Vahle (*1942) und äußern sich spontan dazu, was ein „Ich" ausmacht. Kommen die SuS auf eine Bestimmung in der Art „Summe der Eigenschaften", kann zur Bearbeitung von Aufgabe 2 übergeleitet werden.

Aufgaben 2 und 3

Die SuS sammeln Eigenschaften, die ihr „Ich" beschreiben, und stellen sie sich einander im Tandem vor.
Erweiterung:
Aufgabe 2 kann genutzt werden, um die Wortarten Adjektiv (Ich bin wild, tierlieb, …) und Verb (Ich mag lesen, reiten, …) zu wiederholen.

Aufgabe 4

Die SuS lesen die Fortsetzung des Gedichts. Zur Verständnissicherung können sie die zentrale Aussage des Gedichts in ihren eigenen Worten (siehe Lösung) wiedergeben.

Aufgaben 5 und 6

Die SuS suchen im Tandem nach weiteren wesentlichen Eigenschaften ihres Ichs und tauschen sich untereinander aus. Sie machen sich dabei ggf. auch gegenseitig auf Eigenschaften aufmerksam, d. h., dass die SuS erfahren, wie sie von anderen wahrgenommen werden. – Wichtig ist hierbei, dass alle Charakterisierungen sachlich bleiben und ohne beleidigende Absicht gegeben werden.

Aufgabe 7 ⚑

Die SuS verfassen ein Elfchen über sich. Vgl. zur Präsentation der Texte dann Aufgabe 14.

Aufgaben 8 bis 11

Die SuS lesen das Gedicht „Ich" des Schweizer Lehrers und Autors Hans Manz (1931 – 2016) und erschließen es sich inhaltlich und formal.

Aufgabe 12

Die SuS legen ein ABC-Darium zu charakterisierenden Eigenschaften an (ggf. ohne die Buchstaben x und y).

Aufgabe 13

Die SuS verfassen ein Parallelgedicht zu Manz' Gedicht „Ich" über sich.

Was ich alles bin

1 Lies den Anfang des Gedichts „Gedicht vom Ich" von Fredrik Vahle.

Fredrik Vahle
Gedicht vom Ich
Ich bin ich,
na klar, oder nicht?
Ich bin ich,
kann jeder Mensch sagen.
Aber wer oder was
ist denn nun ein „Ich"?
Schon bin ich mittendrin im Fragen. –

2 Sammle Wörter oder kurze Sätze, die dein „Ich" beschreiben, z. B. *Ich mag Reis mit Kirschen, bin ziemlich wild, tierlieb …*

3 Stellt die Ich-Sammlungen einander im Tandem vor.

4 Lies die Fortsetzung des Gedichts.

Du bist mit allem dein Ich, was du tust,
wie du gehst, wie du atmest, wachst oder ruhst,
wie du hörst, wie du siehst, wie du riechst,
wie du schmeckst und darnach dem Essen die Lippen leckst.
Dein Ich brauchst du gar nicht gesondert zu suchen.
Das ist philosophischer Käsekuchen[1].
Du bist, was du bist in diesem Leben.
Dich kann's auf der ganzen weiten Welt
so, wie du bist, nur einmal geben.

[1] philosophischer Käsekuchen: Blödsinn

5 Überlegt im Tandem, was außerdem noch zum „Ich" gehört. Formuliert Beispiele zum Gedicht, z. B. *du gehst hektisch oder bleibst gern stehen …*

6 Tauscht euch über eure Beispiele aus Aufgabe 5 in der Gruppe aus.

7 Formuliere mithilfe der Vorgaben ein Elfchen. Gehe so vor:
• Wähle die Formulierungen, die zu dir passen, oder erfinde eigene.
• Schreibe die vierte Zeile so, dass sie aus vier Wörtern besteht.
• Finde ein abschließendes Wort für die fünfte Zeile.

TIPP
Erinnere dich: Ein Elfchen besteht aus elf Wörtern, die auf fünf Zeilen verteilt werden.

Ich
als Tochter / als Sohn / bei Opa / im Klassenraum / im Traum …
bin ein wenig / bin oft genug / bin immer wieder …
erfreut über … / sauer auf … / überrascht von … / genervt von …
…

82

Aufgabe 14

Die bei der Bearbeitung der Aufgaben 7 und 13 entstandenen Gedichte werden in Form eines Rundgangs präsentiert.

Lösungen

Aufgabe 1
Leseaufgabe

Aufgaben 2 und 3
individuelle Lösungen

Aufgabe 4
Leseaufgabe – Das Gedicht behauptet, das „Ich" sei die Summe all dessen, was jemand ist bzw. tut, und als solche einmalig in dieser Welt.

Aufgaben 5 bis 7
individuelle Lösungen

Aufgabe 8
Leseaufgabe; zu den ungewöhnlichen Wörtern vgl. auch die Aufgabe 9.

✎ Ein Gedicht erschließen / ein Gedicht schreiben

8 Lies das Gedicht „Ich" von Hans Manz. Suche dir drei Wörter aus, die du ungewöhnlich findest, und notiere sie.

Hans Manz

Ich

Ich: Träumerisch, träge, schlafmützig, faul.
Und ich: Ruhelos, neugierig, hellwach, betriebsam.
Und ich: Kleingläubig, feige, zweiflerisch, hasenherzig.
Und ich: Unverblümt, frech, tapfer, gar mutig.
Und ich: Mitfühlend, zärtlich, hilfsbereit, beschützend.
Und ich: Launisch, gleichgültig, einsilbig, eigenbrötlerisch. –
Erst wir alle zusammen sind *ich*.

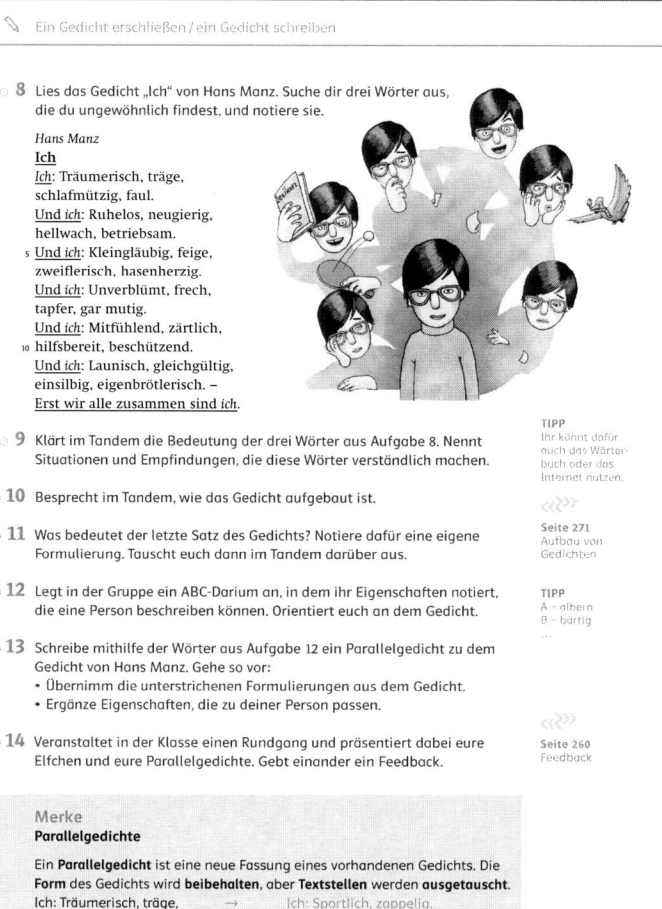

9 Klärt im Tandem die Bedeutung der drei Wörter aus Aufgabe 8. Nennt Situationen und Empfindungen, die diese Wörter verständlich machen.

> **TIPP**
> Ihr könnt dafür auch das Wörterbuch oder das Internet nutzen.

10 Besprecht im Tandem, wie das Gedicht aufgebaut ist.

> ‹‹›››
> Seite 271
> Aufbau von Gedichten

11 Was bedeutet der letzte Satz des Gedichts? Notiere dafür eine eigene Formulierung. Tauscht euch dann im Tandem darüber aus.

12 Legt in der Gruppe ein ABC-Darium an, in dem ihr Eigenschaften notiert, die eine Person beschreiben können. Orientiert euch an dem Gedicht.

> **TIPP**
> A – albern
> B – bärtig
> …

13 Schreibe mithilfe der Wörter aus Aufgabe 12 ein Parallelgedicht zu dem Gedicht von Hans Manz. Gehe so vor:
- Übernimm die unterstrichenen Formulierungen aus dem Gedicht.
- Ergänze Eigenschaften, die zu deiner Person passen.

14 Veranstaltet in der Klasse einen Rundgang und präsentiert dabei eure Elfchen und eure Parallelgedichte. Gebt einander ein Feedback.

> ‹‹›››
> Seite 260
> Feedback

Merke

Parallelgedichte

Ein **Parallelgedicht** ist eine neue Fassung eines vorhandenen Gedichts. Die **Form** des Gedichts wird **beibehalten**, aber **Textstellen** werden **ausgetauscht**.

Ich: Träumerisch, träge, → Ich: Sportlich, zappelig,
schlafmützig, faul. mutig, abenteuerlustig.

83

Aufgabe 9
individuelle Lösungen – Für die SuS ungewöhnliche Wörter könnten sein: schlafmützig (dumpf, langweilig, schwunglos), kleingläubig (zweiflerisch, argwöhnisch), hasenherzig (ängstlich, furchtsam), unverblümt (direkt, undiplomatisch), einsilbig (kurz angebunden, wortkarg), eigenbrötlerisch (kauzig, merkwürdig, seltsam)

Aufgabe 10
Das Gedicht besteht aus insgesamt sechs Aussagen eines „Ich", die jeweils aus vier Adjektiven bestehen, sodass insgesamt 24 Eigenschaften genannt werden.

Aufgabe 11
Der letzte Satz drückt aus, dass erst die Verbindung aller Eigenschaften das „Ich" des Sprechers ausmacht.

Aufgabe 12
individuelle Lösungen – Eigenschaften mit „x" könnten sein: x-beinig, x-beliebig, xantippenhaft; eine Eigenschaft mit „y" könnte sein: yuppiehaft.

Aufgaben 13 und 14
individuelle Lösungen

DaZ-Kommentare

Aufgabe 7
Die Bauweise von Elfchen sollte hier noch einmal genau erklärt werden.

Aufgabe 8
Die SuS werden vermutlich versuchen, die ungewöhnlichen Wörter im Wörterbuch zu finden, da für sie alle neuen Wörter zunächst ungewöhnlich klingen. Daher sollten die SuS diese Aufgabe mit einem Muttersprachler im Tandem erledigen.

- KV 1 BASIS, S. 101
- KV 1 EXTRA, S. 102
- KV 1 PLUS, S. 103

- AH 7, Kap. 5, S. 28

Und wie sind die anderen?

Grundlagenseiten / 2

Die Schülerinnen und Schüler (SuS) erschließen zunächst inhaltlich das Gedicht „Du und ich" von Karlhans Frank, zu dem sie angeleitet ein Parallelgedicht verfassen.

In einem zweiten Schritt lesen sie die Einleitung und einen kurzen Romanausschnitt und schildern in Form von inneren Monologen die Gedanken und Gefühle der Perspektivfigur. Die entstandenen Arbeiten stellen sich die SuS dabei jeweils untereinander vor.

Kommentare zu den Aufgaben

Einstieg und Aufgabe 1

Die SuS lesen das Gedicht „Du und ich" des deutschen Autors Karlhans Frank (1937–2007), ergänzen die fehlenden Reimwörter und sichern damit ein erstes Textverständnis.

Aufgaben 2 und 3

Die Sicherung des Textverständnisses wird vertieft, indem die SuS Inhaltsfragen zum Gedicht von Karlhans Frank beantworten. Anschließend besprechen die SuS ihre Arbeitsergebnisse in der Gruppe.

Aufgaben 4 🔲 und 5

Die SuS verfassen Parallelgedichte zu Franks Gedicht „Du und ich" und lesen sie in der Gruppe vor. – Ein kritisches Feedback sollte mit einem konkreten Verbesserungsvorschlag verbunden sein.

Aufgabe 6

Die SuS lesen die Einleitung und einen kurzen Ausschnitt aus dem Roman „Hüter der Erinnerung" der amerikanischen Kinder- und Jugendbuchautorin Lois Lowry (*1937). Sie versuchen dabei von Anfang an (und mit Blick auf A7), die Perspektive der Figur Jonas einzunehmen. – Zum Roman „Hüter der Erinnerung" siehe dann auch die Grundlagenseiten „Und jetzt bist du der Erzähler" im Schülerbuch auf den Seiten 86 / 87.

Aufgabe 7

Die SuS schildern aus der Perspektive von Jonas (Ich-Form beachten!) und im Präsens dessen Gefühle und Gedanken, als er bei der Berufsverteilung nicht aufgerufen wird.

Aufgaben 8 bis 10

Die SuS lesen nun die Fortsetzung der Episode und schildern erneut in Form eines inneren Monologs die Gedanken von Jonas. Anschließend tauschen sich die SuS untereinander aus.

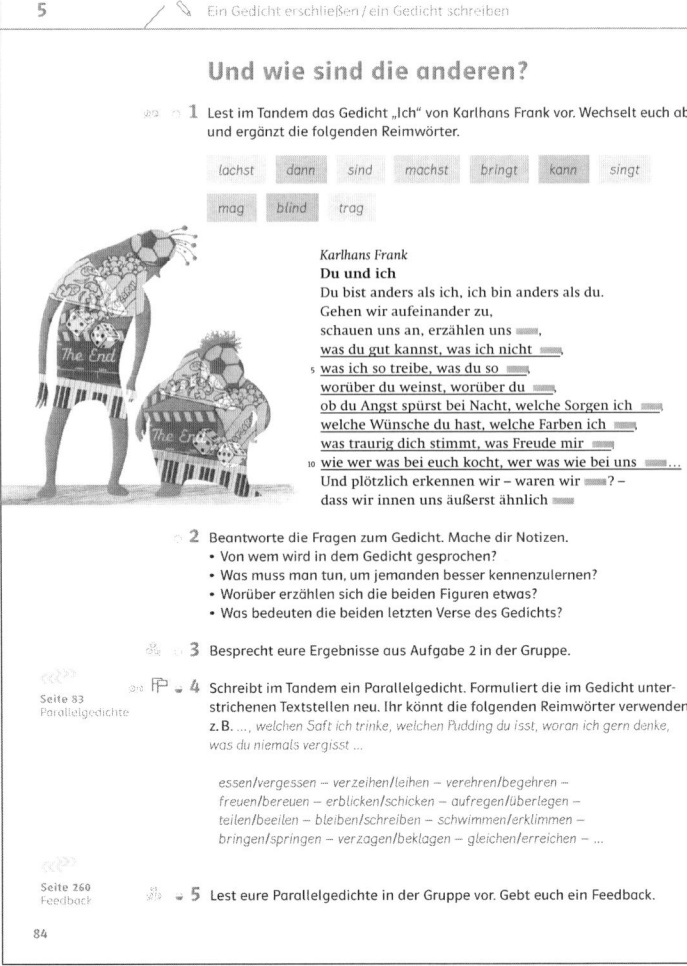

Und wie sind die anderen?

1 Lest im Tandem das Gedicht „Ich" von Karlhans Frank vor. Wechselt euch ab und ergänzt die folgenden Reimwörter.

> lachst   dann   sind   machst   bringt   kann   singt
> mag   blind   trag

Karlhans Frank
Du und ich
Du bist anders als ich, ich bin anders als du.
Gehen wir aufeinander zu,
schauen uns an, erzählen uns ▬▬,
was du gut kannst, was ich nicht ▬▬,
was ich so treibe, was du so ▬▬,
worüber du weinst, worüber du ▬▬,
ob du Angst spürst bei Nacht, welche Sorgen ich ▬▬,
welche Wünsche du hast, welche Farben ich ▬▬,
was traurig dich stimmt, was Freude mir ▬▬,
wie wer was bei euch kocht, wer was wie bei uns ▬▬...
Und plötzlich erkennen wir – waren wir ▬▬? –
dass wir innen uns äußerst ähnlich ▬▬.

2 Beantworte die Fragen zum Gedicht. Mache dir Notizen.
- Von wem wird in dem Gedicht gesprochen?
- Was muss man tun, um jemanden besser kennenzulernen?
- Worüber erzählen sich die beiden Figuren etwas?
- Was bedeuten die beiden letzten Verse des Gedichts?

3 Besprecht eure Ergebnisse aus Aufgabe 2 in der Gruppe.

Seite 83
Parallelgedichte

4 Schreibt im Tandem ein Parallelgedicht. Formuliert die im Gedicht unterstrichenen Textstellen neu. Ihr könnt die folgenden Reimwörter verwenden, z. B. ..., *welchen Saft ich trinke, welchen Pudding du isst, woran ich gern denke, was du niemals vergisst ...*

essen/vergessen – verzeihen/leihen – verehren/begehren – freuen/bereuen – erblicken/schicken – aufregen/überlegen – teilen/beeilen – bleiben/schreiben – schwimmen/klimmen – bringen/springen – verzagen/beklagen – gleichen/erreichen – ...

Seite 260
Feedback

5 Lest eure Parallelgedichte in der Gruppe vor. Gebt euch ein Feedback.

84

Lösungen

Aufgabe 1

Die Reimwörter müssen in folgender Reihenfolge ergänzt werden: dann – kann – machst – lachst – trag – mag – bringt – singt – blind – sind

Aufgaben 2 und 3

- Von wem wird das Gedicht gesprochen? – Der Sprecher verweist mit „ich" auf sich.
- Was muss man tun, um jemanden besser kennenzulernen? – Man muss auf den anderen zugehen und sich von ihm erzählen lassen, wie er ist.
- Worüber erzählen sich die beiden Figuren etwas? – Die Figuren erzählen sich von ihren Wünschen, Ängsten und Freuden.
- Was bedeuten die beiden letzten Verse des Gedichts? – Die beiden letzten Verse bedeuten, dass sich die Menschen ähnlicher sind, als man meist denkt, sie also dieselben (oder doch wenigstens ähnliche) Wünsche, Ängste und Freuden haben.

6 Lies die Einleitung und einen Ausschnitt aus dem Roman „Hüter der Erinnerung" von Lois Lowry. Versetze dich dabei in die Figur des Jonas.

TIPP
Wenn dich die Geschichte vom „Hüter der Erinnerung" mehr interessiert, dann lies das gesamte Buch oder sieh dir den gleichnamigen Film von 2014 an.

Der zwölfjährige Jonas lebt in einer Gemeinschaft, die vor sehr langer Zeit alle Gefühle und Erinnerungen aus ihrer Welt ausgeschlossen hat. Die Menschen sollen so keine Verletzungen mehr erfahren. Alle haben eine Arbeit, eine Wohnung, eine Familie und genug zu essen. Aber es ist eine
5 Welt ohne Farben, ohne Tiere, ohne Musik und ohne wirkliche Gefühle. Ein einziger Mensch dieser Gemeinschaft hat alle Gefühle und Erinnerungen übernommen, die schönen und die schrecklichen. Er wird Hüter der Erinnerungen genannt und bei wichtigen Entscheidungen fragt man ihn nach seinem Rat. Auf der jährlich stattfindenden Versammlung sollen die
10 Zwölfjährigen ihre zukünftigen Berufe erhalten und dieses Mal soll auch ein neuer Hüter bestimmt werden.

Lois Lowry
Hüter der Erinnerung
Inzwischen hatten alle Zwölfer in der Reihe vor ihm ihre Berufsschildchen bekommen. […] Jonas bereitete sich innerlich darauf vor aufzuspringen, sobald der Applaus enden und die Chefälteste das nächste Blatt in die Hand nehmen würde, um den nächsten Zwölfer auf die Bühne rufen. Das würde er sein. Jetzt, da er gleich an der Reihe war, war Jonas erstaunlich ruhig. Er holte tief Luft und strich sich über das Haar.
„Nummer zwanzig", hörte er ihre Stimme laut und deutlich. „Pierre."
Sie haben mich übersprungen, dachte Jonas bestürzt. Hatte er sich verhört? Nein. Ein Raunen ging durch das Publikum. […]

7 Stelle dir vor, du wärst Jonas. Wie würdest du dich in dieser Situation fühlen? Schreibe deine Gedanken dazu im Präsens auf, z.B. *Ich weiß nicht, wo ich hinsehen soll. Was ist denn jetzt passiert? Warum …*

8 Lies, wie es weitergeht, und versetze dich wieder in Jonas hinein.

Mit fester, ruhiger Stimme verkündete die Chefälteste: „Jonas ist dazu aus-ersehen worden, unser nächster Hüter der Erinnerungen zu werden." […] Sie wandte sich um und verließ die Bühne, ließ ihn einfach allein dort stehen, vor den vielen Reihen der Zuschauer, die nun begannen, seinen Namen zu sprechen. „Jonas." Zuerst war es nur ein Flüstern, leise, kaum hörbar. „Jonas. Jonas." Dann wurde es lauter, schneller. *„Jonas. Jonas. Jonas."* Mit dieser Litanei[1], das wusste Jonas, nahm die Gemeinschaft seine Wahl an […]

[1] Litanei: hier: monotones Hersagen

9 Schreibe auch zu dieser Situation deine Gedanken als Jonas auf.

10 Lest eure Texte einander im Tandem vor. Besprecht, wie ihr euch in den beiden Situationen verhalten würdet.

85

Vorhandenes Zusatzmaterial zu dieser Doppelseite

- KV 2 BASIS, S. 104
- KV 2 EXTRA, S. 105
- KV 2 PLUS, S. 106

- AH 7, Kap. 5, S. 28 / 29

Aufgaben 4 und 5
individuelle Lösungen

Aufgabe 6
Leseaufgabe

Aufgabe 7
individuelle Lösungen – Wichtig ist, dass die Situation erfasst ist (Jonas ist „bestürzt") und dass die formalen Vorgaben (Ich-Perspektive, Präsens) umgesetzt werden.

Aufgabe 8
Leseaufgabe

Aufgaben 9 und 10
individuelle Lösungen – Jonas könnte sich durch die Wahl einerseits geehrt fühlen, erhebt sie ihn doch über alle anderen, andererseits aber auch ausgegrenzt, denn ab sofort ist er niemals wieder wie die anderen.

DaZ-Kommentare

Aufgaben 1 und 2
Diese Aufgaben könnten sich für ungeübte SuS als kaum zu bewältigen erweisen, auch wenn die SuS mit ihren Wörterbüchern arbeiten werden. Empfehlenswert wäre hier wieder Tandemarbeit mit einem Muttersprachler.

Aufgaben 6 und 8
Damit die SuS an den Texten im Unterricht arbeiten können, sollten sie sie im Rahmen der vorherigen Hausaufgabe lesen und übersetzen.

Und jetzt bist du der Erzähler

Grundlagenseiten / 3

Die Schülerinnen und Schüler (SuS) lesen einen weiteren Ausschnitt aus dem Roman „Hüter der Erinnerung" von Lois Lowry, den sie zunächst inhaltlich auswerten. In Form eines inneren Monologs (Ich-Form der Erzählung) beschreiben sie aus der Sicht einer der beiden Romanfiguren, wie sie die jeweils andere wahrnimmt. Im Tandem planen und gestalten die SuS in einem nächsten Schritt dann eine mögliche Fortsetzung der Geschichte von Jonas (Er-/Sie-Form der Erzählung).

Kommentare zu den Aufgaben

Einstieg und Aufgabe 1

Anknüpfend an die Textausschnitte auf Seite 85 im Schülerbuch könnten die SuS gefragt werden, was Jonas als neuen Hüter der Erinnerung nun wohl erwartet. Anschließend wird der neue Romanausschnitt gelesen.

Aufgabe 2

Die Aufgabe will die SuS zur gründlichen Lektüre anhalten. Erkannt werden soll, dass der Hüter der Erinnerung zwar Teil der Gemeinschaft ist (z.B. weil auch seine Zimmer mit Standardmöbeln ausgestattet sind), er sich aber auch von der Gemeinschaft abhebt (z.B. weil er seine Tür verschlossen hält).

Aufgaben 3 und 4

Die SuS schildern aus der Perspektive einer der beiden Figuren, wie sie die jeweils andere wahrnimmt, und tauschen sich anschließend untereinander darüber aus. –
Im Anschluss an die Besprechung von Aufgabe 4 kann gemeinsam der Merkekasten gelesen und können die Begriffe Ich- bzw. Er-/Sie-Form eingeführt werden.

Aufgabe 5

Die SuS ordnen Fragen den Figuren zu. Die Aufgabe dient sowohl der Verständnissicherung als auch der Vorbereitung auf die Fortführung der Geschichte.

Aufgaben 6 bis 8

Die SuS planen im Tandem zunächst inhaltlich, wie die Geschichte fortgesetzt werden könnte. Sie entwerfen dann auf der Grundlage ihrer Arbeitsergebnisse aus Aufgabe 5 einen Dialog der beiden Figuren, wobei sie natürlich zusätzliche Angaben sinngemäß erfinden können. Abschließend lesen sie ihre Dialoge in der Klasse vor und geben sich gegenseitig ein Feedback.

Und jetzt bist du der Erzähler

Leseschlüssel

1 Lies einen weiteren Ausschnitt aus dem Roman „Hüter der Erinnerung" von Lois Lowry.

Der Anbau war ein unauffälliges Gebäude mit einer ebenso unauffälligen Tür. Jonas wollte schon zum schweren Türknopf greifen, da bemerkte er den Summer an der Wand. Er drückte darauf. „Ja?" Die Stimme kam über die kleine Sprechanlage über dem Summer. „Ich bin's, hm, Jonas. Ich bin
5 der neue … ich meine …" „Tritt ein." Ein leises Klicken und die Tür war jetzt offen.
Die Eingangshalle war recht klein. Es stand nur ein Pult darin, an dem eine weibliche Angestellte über einigen Papieren saß. [...]
Sie lächelte, drückte auf einen Knopf und er hörte ein Klicken, das die Tür
10 zu ihrer Linken entriegelte. „Du kannst gleich hineingehen", sagte sie.
Dann bemerkte sie seine Bestürzung und begriff auch, woher sie rührte. Keine Tür in der Gemeinschaft war je verschlossen, nie. [...] Jonas eilte durch die besagte Tür und stand dann in einem gemütlich eingerichteten Raum, nicht viel anders möbliert als die Zimmer zu Hause. In der ganzen
15 Gemeinschaft gab es Standardmöbel [...]
Die Wände dieses Raumes hier bestanden nur aus Bücherregalen, die bis zur Decke reichten und die mit Büchern vollgestellt waren. Es mussten Hunderte, vielleicht sogar Tausende sein und manche der Buchrücken waren mit glänzenden Buchstaben verziert. [...] Er hatte jedoch nur eine
20 Sekunde Zeit, sich umzublicken, denn er bemerkte, dass ein Mann auf einem Stuhl neben dem Tisch saß und ihn beobachtete. Hastig machte er einen Schritt vorwärts, stand vor dem Mann, verbeugte sich und sagte: „Ich bin Jonas." „Ich weiß. Willkommen, Hüter der Erinnerungen." [...]
Der Mann blickte ihn nachdenklich und schweigend an. In seinem Blick
25 lag eine Mischung aus Interesse, Neugier, Besorgnis und vielleicht auch etwas Sympathie. Endlich antwortete er. „Ab heute, ab diesem Moment, bist du der neue Hüter der Erinnerungen, zumindest für mich. Ich bin lange genug der Hüter der Erinnerungen gewesen. Eine sehr, sehr lange Zeit. Das siehst du doch ein, nicht wahr?" Jonas nickte. Das Gesicht des
30 Mannes war sehr faltig und seine Augen wirkten müde, obwohl sie wegen ihrer ungewöhnlichen hellen Farbe sehr intensiv blickten. Dunkle Schatten lagen um diese Augen. [...]
Nach einer Weile sprach er weiter. „In einfachen Worten gesagt", sagte er, „obwohl es in Wirklichkeit nicht ganz so einfach sein wird, besteht meine
35 Aufgabe darin, dir alle Erinnerungen zu übermitteln, die ich in mir trage. Erinnerungen an unsere Vergangenheit. [...]
Es sind die Erinnerungen der ganzen Welt", erklärte er seufzend. [...]

2 Schreibe die Informationen aus dem Text auf, die vom Leben in der Gemeinschaft und vom ehemaligen Hüter der Erinnerungen berichten, z.B. *keine Tür verschlossen, Standardmöbel …*

86

Lösungen

Aufgabe 1
Leseaufgabe

Aufgabe 2

Auffällig im Text werden vor allem die Unterschiede im Leben des Hüters der Erinnerung zur Gemeinschaft (zur verschlossenen Tür siehe die Hinweise zu A 2): Während von außen alles „unauffällig" (zweimal in Z. 1) erscheint, ist es im Zimmer des Hüters „gemütlich" (Z. 13). Dabei ist das Zimmer zwar „nicht viel anders möbliert" (Z. 14), dafür aber vollgestellt mit „Bücherregalen, die bis zur Decke reichten" (Z. 16 f.).

Aufgaben 3 und 4

individuelle Lösungen – Beachtet werden sollten folgende Texthinweise: Die Wahrnehmung des alten Hüters durch Jonas ist recht ausführlich beschrieben („nachdenklich und schweigend", Z. 24; „eine Mischung aus Interesse, Neugier, Besorgnis und vielleicht auch etwas Sympathie", Z. 25 f.; „seine Augen wirkten müde", Z. 30). Von Jonas erfährt man dagegen weniger; er wirkt gehetzt (vgl. „nur eine Sekunde Zeit", Z. 19 f.; „Hastig", Z. 21), woraus man auf seine Nervosität schließen kann.

Aus der Sicht einer Romanfigur schreiben / eine Geschichte weiterschreiben

3 Wählt im Tandem, aus wessen Sicht ihr die erste Begegnung zwischen Jonas und dem alten Hüter schreiben wollt. Einer schreibt aus Jonas' Sicht, der andere aus der Sicht des Hüters. Formuliert in der Ich-Form und im Präsens, z. B. *als Jonas: Ich finde den alten Mann sehr nett. Sein Haus ... – als alter Hüter: Der Junge gefällt mir. Ich glaube, dass er ...*

4 Lest einander im Tandem eure Ich-Texte vor. Tauscht euch darüber aus.

5 Lies die folgenden Fragen und ordne sie den beiden Figuren zu. Notiere dann mögliche Antworten.
- Warum dürfen die Türen abgeschlossen sein?
- Meinst du nicht, dass ich das lange genug gemacht habe?
- Ist das nicht gegen die Regeln der Gemeinschaft?
- Wer darf die Bücher lesen?
- Bist du bereit, die Erinnerungen aufzunehmen?
- Sind es wirklich Erinnerungen der ganzen Welt?

6 Besprecht im Tandem, wie die Geschichte nach dem Ausschnitt auf Seite 86 weitergehen könnte. Nutzt eure Antworten aus Aufgabe 5.

7 Schreibt im Tandem die Geschichte weiter. Verwendet die Fragen und Antworten aus Aufgabe 5 und formuliert einen Dialog zwischen Jonas und dem alten Hüter. Wechselt euch beim Formulieren ab. Achtet darauf,
- dass ihr in der Er-Form schreibt. Ihr könnt so beginnen, z. B. *Jonas schaute den alten Mann mit großen Augen an und meinte: „Ich bin sehr überrascht."* ...
- dass die Gefühle, Wahrnehmungen und Gedanken der Figuren deutlich werden, z. B. *Der alte Mann schaute ihn freundlich an.*
- dass ihr passende Begleitsätze bei der wörtlichen Rede wählt, z. B. *Jonas fragte zögernd: „..."*
- dass die Inhalte eures Dialogs zum Romanausschnitt passen, z. B. *Jonas war nicht sicher, ob er die Bücher erwähnen durfte.*

8 Lest eure Fortsetzungen in der Klasse vor. Gebt einander ein Feedback.

Seite 100 Feedback

Merke
Erzählformen

Eine Geschichte kann man in der **Ich-Form** oder in der **Er/Sie-Form** erzählen.
In der **Ich-Form** übernimmt man die Sicht <u>einer</u> Figur. Man erzählt, was <u>diese</u> Figur erlebt, was sie denkt oder was sie fühlt. → *Ich hatte Herzklopfen, als ich eintrat.*
Bei der **Er/Sie-Form** beschreibt man als <u>Erzähler</u>, was geschieht, was die Figuren denken, wahrnehmen, fühlen und sagen. Der Erzähler ist nicht am Geschehen beteiligt. → *Er war sehr aufgeregt, als er eintrat.*

Test x3a8nc

87

Aufgabe 5

Jonas' Fragen	Fragen des alten Hüters
– Warum dürfen die Türen abgeschlossen sein? – Ist das nicht gegen die Regeln der Gemeinschaft? – Wer darf die Bücher lesen? – Sind es wirklich Erinnerungen der ganzen Welt?	– Meinst du nicht, dass ich das lange genug gemacht habe? – Bist du bereit, die Erinnerungen aufzunehmen?

Aufgaben 6 bis 8
individuelle Lösungen

Vorhandenes Zusatzmaterial zu dieser Doppelseite

AH 7, Kap. 5, S. 28 / 29

 Test x3a8nc

DaZ-Kommentare

Aufgabe 1
Damit die SuS die kommenden Aufgaben im Unterricht bearbeiten können, sollte von ihnen der Text unbedingt im Rahmen der vorherigen Hausaufgabe gelesen und übersetzt werden. Die unbekannten Wörter sollten wieder ins Vokabelheft eingetragen und auch übersetzt werden.

Aufgaben 2 bis 4
Da die SuS die Möglichkeit hatten, sich zu Hause den Text zu übersetzen, sollten sie bei diesen Aufgaben verstärkt auf die sprachliche Richtigkeit achten.

Seelen

BASIS-Seiten

Die Schülerinnen und Schüler (SuS) erschließen zunächst zwei weitere Gedichte inhaltlich und im Aufbau. Zum Gedicht „Wir passen zusammen" von Jürg Schubiger schreiben die SuS dabei eine Fortsetzung.

Die SuS lesen und erschließen sich außerdem einen weiteren Ausschnitt aus dem Roman „Hüter der Erinnerung" von Lois Lowry. Sie machen sich noch einmal die Unterscheidung zwischen der Ich-Form und der Er-/Sie-Form der Erzählung bewusst und planen und gestalten dann im Tandem eine mögliche Fortsetzung der Geschichte von Jonas in der Er-/Sie-Form.

Kommentare zu den Aufgaben

Einstieg, Aufgaben 1 und 2
Die SuS lesen das Gedicht „Sieben Seelen" von Roswitha Fröhlich und erschließen es sich inhaltlich.
Erweiterung:
Die SuS erläutern den Aufbau des Gedichts und erklären, wie sich die siebente von den übrigen Seelen unterscheidet (nämlich dadurch, dass sie um den Ausgleich zwischen den übrigen, sich gegensätzlich verhaltenden Seelen bemüht ist).

Aufgaben 3 und 4
Die SuS formulieren Situationen, die die im Gedicht beschriebenen „Seelen" beschreiben und tauschen sich anschließend untereinander aus.
Erweiterung:
Die SuS denken sich weitere „Seelen" passend zu ihrer Person aus und formulieren dazu passende Situationen.

Aufgabe 5
Die SuS lesen den Ausschnitt aus dem Gedicht „Wir passen zusammen" des Schweizer Psychologen und Schriftstellers Jürg Schubiger (1936–2014).

Aufgaben 6 und 7
Die SuS beschreiben zunächst den Aufbau des Gedichts „Wir passen zusammen" und setzen es dann fort. Mit den lustigsten Versen wird eine Wandzeitung gestaltet.

Aufgabe 8
Die Aufgabe präsentiert einen weiteren Ausschnitt aus dem Roman „Hüter der Erinnerung" von Lois Lowry. Die SuS lesen diesen Auszug und versuchen von Anfang an, die Perspektive von Jonas einzunehmen.

Aufgabe 9
Einerseits zur Verständnissicherung, andererseits als weitere Übung zur Ich-Form der Erzählung geben die SuS aus der Perspektive von Jonas abwechselnd dessen Erlebnisse wieder.

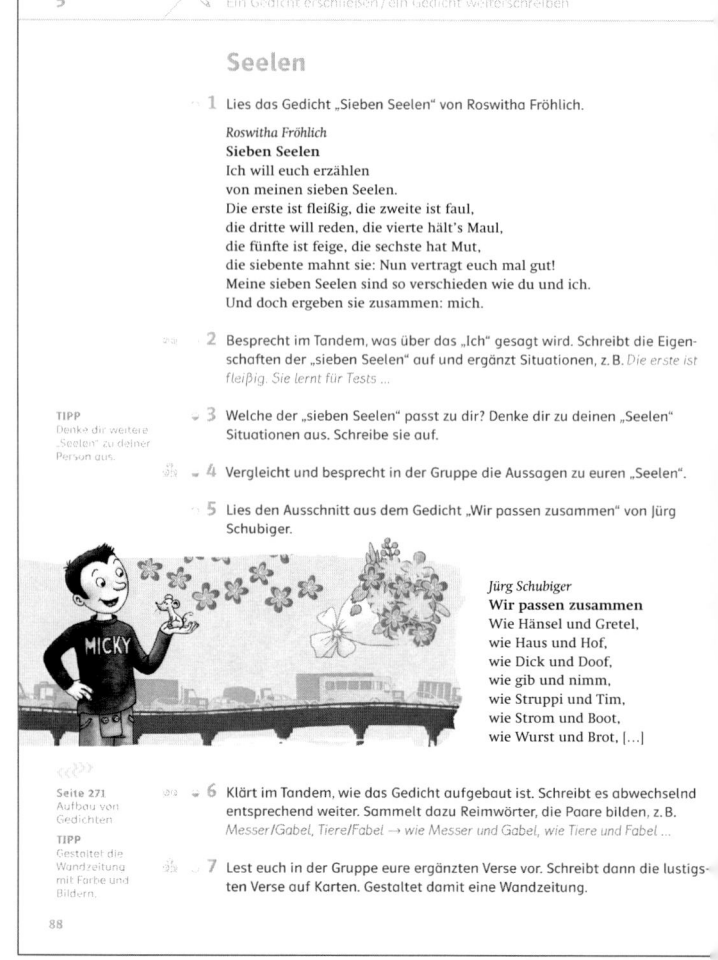

5 / Ein Gedicht erschließen / ein Gedicht weiterschreiben

Seelen

1 Lies das Gedicht „Sieben Seelen" von Roswitha Fröhlich.

Roswitha Fröhlich
Sieben Seelen
Ich will euch erzählen
von meinen sieben Seelen.
Die erste ist fleißig, die zweite ist faul,
die dritte will reden, die vierte hält's Maul,
die fünfte ist feige, die sechste hat Mut,
die siebente mahnt sie: Nun vertragt euch mal gut!
Meine sieben Seelen sind so verschieden wie du und ich.
Und doch ergeben sie zusammen: mich.

2 Besprecht im Tandem, was über das „Ich" gesagt wird. Schreibt die Eigenschaften der „sieben Seelen" auf und ergänzt Situationen, z.B. *Die erste ist fleißig. Sie lernt für Tests.*

TIPP
Denke dir weitere „Seelen" zu deiner Person aus.

3 Welche der „sieben Seelen" passt zu dir? Denke dir zu deinen „Seelen" Situationen aus. Schreibe sie auf.

4 Vergleicht und besprecht in der Gruppe die Aussagen zu euren „Seelen".

5 Lies den Ausschnitt aus dem Gedicht „Wir passen zusammen" von Jürg Schubiger.

Jürg Schubiger
Wir passen zusammen
Wie Hänsel und Gretel,
wie Haus und Hof,
wie Dick und Doof,
wie gib und nimm,
wie Struppi und Tim,
wie Strom und Boot,
wie Wurst und Brot, [...]

Seite 271
Aufbau von Gedichten
TIPP
Gestaltet die Wandzeitung mit Farbe und Bildern.

6 Klärt im Tandem, wie das Gedicht aufgebaut ist. Schreibt es abwechselnd entsprechend weiter. Sammelt dazu Reimwörter, die Paare bilden, z.B. *Messer/Gabel, Tiere/Fabel → wie Messer und Gabel, wie Tiere und Fabel ...*

7 Lest euch in der Gruppe eure ergänzten Verse vor. Schreibt dann die lustigsten Verse auf Karten. Gestaltet damit eine Wandzeitung.

88

Aufgaben 10 und 11
Die SuS planen dann im Tandem eine Fortsetzung der Geschichte. Diese Fortsetzung kann überwiegend dialogisch sein, sollte aber auch die wörtlichen Reden durch einen Erzähler (Er-/Sie-Form) vermitteln. Die entstandenen Texte werden anschließend in der Klasse vorgelesen und ggf. bewertet.

Lösungen

Aufgabe 1
Leseaufgabe

Aufgaben 2 bis 4
individuelle Lösungen

Aufgabe 5
Leseaufgabe

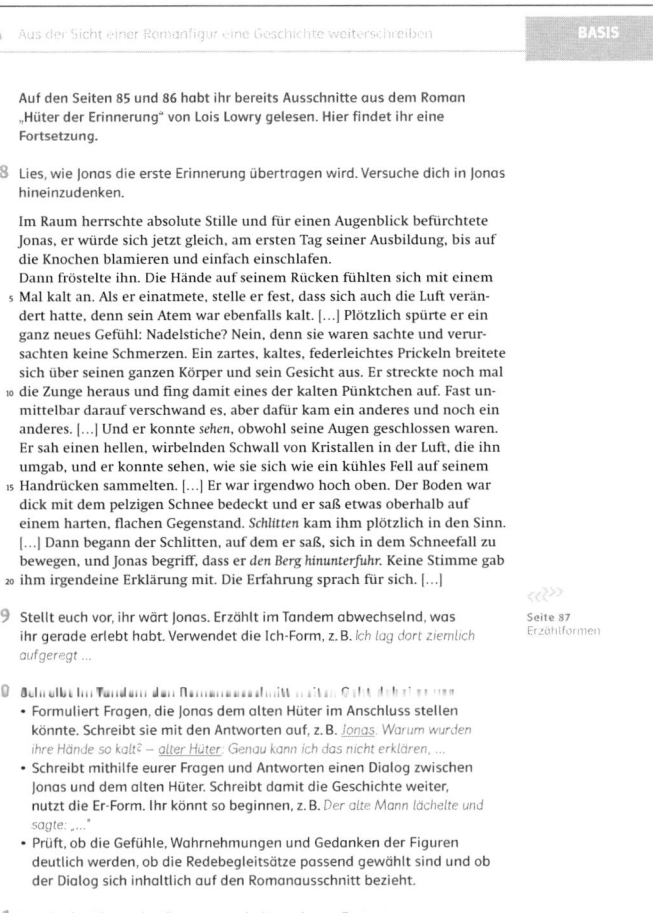

Seite 87
Erzählformen

Aufgabe 6

Das Gedicht veranschaulicht die Aussage „Wir passen zusammen" durch Vergleiche, die jeweils zwei zusammengehörige (bzw. oft zusammen genannte) Dinge aufführen.

Weitere Beispiele:

wie Ufer und Fluss / wie Liebe und Kuss / wie Wald und Wiese / wie Zwerg und Riese / wie Wasser und Wind / wie Mutter und Kind …

Aufgabe 7

individuelle Lösungen

Aufgabe 8

Leseaufgabe

Aufgabe 9

individuelle Lösungen – Wichtig ist, dass die Ich-Form konsequent eingehalten wird.

Aufgaben 10 und 11

individuelle Lösungen

DaZ-Kommentare

Einstieg

Die meisten SuS tun sich damit schwer, sich auf längere deutsche Gedichte einzulassen. Sowohl der Wortschatz als auch die Syntax scheinen den SuS unüberwindbare Hindernisse zu sein, die die SuS an den eigenen Fähigkeiten verzweifeln lassen. Daher sollte man stets die SuS ermutigen, sich der schwierigen Aufgabe der Bearbeitung von Gedichten zu stellen und die kleinsten Erfolge hervorheben.

Aufgabe 5

Nicht alle SuS werden Hänsel und Gretel, Dick und Doof oder Struppi und Tim kennen.

Aufgabe 8

Damit die SuS die kommenden Aufgaben im Unterricht bearbeiten können, sollte von ihnen der Text unbedingt im Rahmen der vorherigen Hausaufgabe gelesen und übersetzt werden. Die unbekannten Wörter sollten wieder ins Vokabelheft eingetragen und ebenfalls übersetzt werden.

Wunder

EXTRA-Seiten

Die Schülerinnen und Schüler (SuS) erschließen sich zunächst das Gedicht „Wunder des Alltags" von Hans Manz und schreiben dann auf der Grundlage ihrer Textarbeit ein Parallelgedicht. Mit den Anfängen von zwei E-Mails wird den SuS ein weiterer – und dieses Mal ein alltagsrelevanter – Schreibanlass geboten.

Die SuS lesen und erschließen sich außerdem einen weiteren Ausschnitt aus dem Roman „Hüter der Erinnerung" von Lois Lowry. Sie machen sich noch einmal die Unterscheidung zwischen der Ich-Form und der Er-/Sie-Form der Erzählung bewusst und planen und gestalten dann im Tandem eine mögliche Fortsetzung der Geschichte von Jonas in der Er-/Sie-Form.

Kommentare zu den Aufgaben

Einstieg, Aufgaben 1 und 2

Die SuS lesen das Gedicht „Wunder des Alltags" von Hans Manz (1931–2016) und tauschen sich untereinander über die innere Verfassung des Sprechers im Gedicht aus.

Aufgabe 3

Die SuS erschließen die Überschrift und das Gedichtende und machen sich dadurch die Aussage des Gedichtes bewusst.

Alternative:

Die SuS arbeiten in Partnerarbeit, wobei jeweils eine leistungsstärkere Schülerin / ein leistungsstärkerer Schüler mit einer bzw. einem schwächeren zusammenarbeitet.

Aufgabe 4

Mit Blick auf das Verfassen eines Parallelgedichtes (A 6) machen sich die SuS den Aufbau des Gedichts „Wunder des Alltags" bewusst, indem sie ihn beschreiben.

Aufgaben 5 bis 7

Die Aufgaben leiten das Verfassen eines Parallelgedichts zum Gedicht „Wunder des Alltags" von Hans Manz an. – Aufgabe 5 könnte dabei zum Anlass genommen werden, mit den SuS die Zeitangaben (Zeitadverbien) und deren Rechtschreibung (vgl. SB, Kap. 4, S. 76 f.) zu wiederholen.

Alternative:

Nicht alle SuS verfassen ein Parallelgedicht. Sowohl mit Blick auf das persönliche Interesse der SuS und deren individueller Leistungsfähigkeit als auch aus Zeitgründen könnten die SuS statt des Parallelgedichts auch die Aufgaben 8 und 9 bearbeiten.

Aufgaben 8 und 9

Aufgabe 8 präsentiert die Anfänge von zwei E-Mails, zu denen die SuS Fortsetzungen verfassen können. Es wird somit ein weiterer Schreibanlass geboten, der aber keinen literarischen Bezug hat, sondern einen alltagsrelevanten Schreibanlass aufgreift (vgl. die Hinweise zu A 5 bis A 7).

Wunder

1 Lies das Gedicht „Wunder des Alltags" von Hans Manz.

Hans Manz
Wunder des Alltags

Manchmal, da habe ich eine Angst.
Manchmal, da habe ich einen Zorn.
Manchmal, da habe ich eine Wut.

Manchmal, da habe ich keine Freude.
Manchmal, da habe ich kein Vertrauen.
Manchmal, da habe ich keinen Mut.

Aber manchmal,
da kommt plötzlich jemand
und fragt mich: „Komm du, geht's dir nicht gut?"

2 Tauscht euch im Tandem dazu aus, wie es dem „Ich" im Gedicht geht.

3 Lies noch einmal die Überschrift und die letzte Strophe. Wie könnten beide gemeint sein? Schreibe dazu drei bis vier Sätze auf.

4 Beschreibt im Tandem den Aufbau des Gedichts.

Seite 271
Aufbau von Gedichten

5 Notiere Wörter, die man anstelle des „Manchmal" und der Gefühle im Gedicht schreiben könnte, z. B. *Montags, da habe ich ...*

Seite 83
Parallelgedichte

6 Schreibe jetzt ein Parallelgedicht. Passe die letzte Strophe an deinen Text an, z. B. *Aber Sonntags, da ...*

TIPP
Prüft z. B., ob der Aufbau beibehalten wurde.

7 Lest eure Gedichte in der Gruppe vor und tauscht euch darüber aus.

8 Verteilt die beiden E-Mail-Anfänge im Tandem. Schreibt die E-Mails zu Ende.

A Du, wir verstehen uns doch sonst so gut. Warum hast du das gemacht? Ich wollte in deine Mannschaft, aber du hast mich einfach nicht beachtet ...

B Hi, ich bin ziemlich sauer, du sagst, du wärst mein Freund/meine Freundin, und dann lässt du mich die ganze Pause ...

9 Tauscht dann eure E-Mails im Tandem aus und antwortet jeweils darauf. Zeigt dabei Verständnis für die Situation des anderen. Lest euch anschließend die Antworten vor.

90

Aufgabe 10

Die Aufgabe präsentiert einen weiteren Ausschnitt aus dem Roman „Hüter der Erinnerung" von Lois Lowry. Die SuS lesen diesen Auszug und versuchen von Anfang an, die Perspektive von Jonas einzunehmen.

Aufgabe 11

Einerseits zur Verständnissicherung, andererseits als weitere Übung zur Ich-Form der Erzählung geben die SuS aus der Perspektive von Jonas abwechselnd dessen Erlebnisse wieder.

Aufgaben 12 bis 14

Die SuS planen dann im Tandem eine Fortsetzung der Geschichte. Diese Fortsetzung kann überwiegend dialogisch sein, sollte aber auch die wörtlichen Reden durch einen Erzähler (Er-Form) vermitteln. Die entstandenen Texte werden auf ihre Stimmigkeit überprüft und anschließend in der Klasse vorgelesen und ggf. bewertet.

Aus der Sicht einer Romanfigur eine Geschichte weiterschreiben

EXTRA

Auf den Seiten 85 und 86 habt ihr bereits Ausschnitte aus dem Roman „Hüter der Erinnerung" von Lois Lowry gelesen. Hier findet ihr eine Fortsetzung.

10 Lies, wie Jonas eine Erinnerung übertragen wird. Versuche dich in Jonas hineinzuversetzen.

Dieses Mal wurden die Hände nicht kalt, sondern sie fühlten sich im Gegenteil auf seinem Rücken sehr warm an. Sein Körper wurde feucht. Die Wärme breitete sich aus, zuerst über seine Schultern, dann über seinen Nacken, auf seinen Wangen. Er spürte sie auch an den Stellen, wo
5 er noch bekleidet war: ein angenehmes, ganzheitliches Gefühl; und als er sich dieses Mal mit der Zunge über die Lippen fuhr, war die Luft heiß und schwer. [...]
Er war einfach allein, irgendwo im Freien, lag auf dem Boden und die Wärme kam von weit oben. [...] Plötzlich begriff er das Wort dafür – *Son-*
10 *nenschein*. Er begriff, dass er vom Himmel kam. Plötzlich war es vorbei.
„Sonnenschein", sagte er laut und öffnete die Augen.
„Gut, du hast das Wort gefunden. Das macht mir die Sache wesentlich leichter. Ich muss nicht so viel erklären." „Und er kam vom Himmel."
„Stimmt", sagte der Alte lächelnd. „Genau so war es früher." „Vor der
15 *Gleichheit*. Vor der Klimakontrolle", ergänzte Jonas. [...]
Er schloss die Augen, wartete und spürte erneut die Hände auf dem Rücken. Dann kam die Wärme wieder [...] Sein wirkliches Bewusstsein wusste zwar, dass höchstens ein oder zwei Minuten vergingen, aber sein anderes Bewusstsein, das die Erinnerung empfing, spürte, wie die Stunden ver-
20 gingen, während er in der Sonne lag. Seine Haut begann zu stechen und zu brennen. [...] Er wusste, dass es dafür ein Wort geben musste, aber vor lauter Schmerzen konnte er es nicht finden. [...]

11 Stellt euch vor, ihr wärt Jonas. Erzählt im Tandem abwechselnd das Erlebnis aus dessen Sicht. Verwendet die Ich-Form, z. B. *Ich fühlte die Hände ...*

Seite 87
Erzählformen

12 Schreibt im Tandem den Romanausschnitt weiter. Geht dabei so vor:
• Formuliert Fragen, die Jonas dem alten Hüter im Anschluss stellen könnte. Schreibt sie mit den Antworten des Hüters auf, z. B. *Wo kam diese Wärme her? ...*
• Schreibt die Geschichte in der Er-Form weiter, indem ihr einen Dialog zwischen den beiden Figuren formuliert. Verwendet eure Fragen und Antworten.

13 Prüft im Tandem, ob in euren Fortsetzungen die Gefühle, Wahrnehmungen und Gedanken der Figuren deutlich werden, die Redebegleitsätze passend gewählt sind und sich der Dialog auf den Romanausschnitt bezieht.

14 Lest in der Klasse den Romanausschnitt und eure Fortsetzungen vor.

91

Vorhandenes Zusatzmaterial zu dieser Doppelseite

▥ Differenzierungskarte BASIS, S. 21
▥ Differenzierungskarte PLUS, S. 21

◎ᴵᴬKA 5 EXTRA

Lösungen

Aufgabe 1
Leseaufgabe

Aufgabe 2
Das „Ich" (der Sprecher im Gedicht) verspürt Angst, Zorn und Wut, ist ohne Freude, Vertrauen und Mut, ihm geht es also schlecht.

Aufgabe 3
Die letzte Strophe bezieht sich auf die Überschrift und schildert ein „Wunder des Alltags". Dieses „Wunder" besteht darin, dass es einem besser geht, wenn sich jemand um einen kümmert. Wichtig ist, dass es nicht in erster Linie um die Hilfe an sich geht, sondern dass schon das bloße Mitgefühl tröstet.

Aufgabe 4
Das Gedicht besteht aus drei dreizeiligen Strophen. Jeder Vers bildet einen weitgehend gleichlautenden Satz und benennt in der ersten Strophe ein Gefühl: eine Angst, einen Zorn, eine Wut. In der zweiten Strophe betont der parallele Satz das Fehlen eines Gefühls: keine Freude, kein Vertrauen, keinen Mut. Die dritte Strophe besteht aus einem Satz (Redebegleitsatz plus direkte Rede), der sich über drei Verse erstreckt. Dabei wird das sechsfache „Manchmal" der beiden ersten Strophen wieder aufgegriffen: „Aber manchmal".

Aufgaben 5 bis 7
individuelle Lösungen

Aufgaben 8 und 9
individuelle Lösungen – Zu achten wäre besonders auf die sprachliche Angemessenheit, d. h., dass die SuS zwar orthografisch richtig schreiben sollen, sich stilistisch aber entsprechend der Situationen an der Umgangssprache (umgangssprachlicher, vielleicht sogar salopper Wortschatz; kurze und einfache Sätze) orientieren können.

Aufgabe 10
Leseaufgabe

Aufgabe 11
individuelle Lösungen – Wichtig ist, dass die Ich-Form konsequent eingehalten wird.

Aufgaben 12 bis 14
individuelle Lösungen

Brücken

PLUS-Seiten

Die Schülerinnen und Schüler (SuS) erschließen zunächst das Gedicht „Eine Brücke aus Vertrauen" von Josef Reding und ergänzen es dann auf der Grundlage ihrer Textarbeit inhaltlich. Mit dem Anfang eines Tagebucheintrags wird den SuS ein weiterer Schreibanlass geboten, der sich insbesondere eignet, um das perspektivische Schreiben zu üben. Die SuS lesen und erschließen sich außerdem einen weiteren Ausschnitt aus dem Roman „Hüter der Erinnerung" von Lois Lowry. Sie machen sich noch einmal die Unterscheidung zwischen der Ich- Form und der Er-/Sie-Form der Erzählung bewusst und planen und gestalten dann im Tandem eine mögliche Fortsetzung der Geschichte von Jonas in der Er-/Sie-Form.

Kommentare zu den Aufgaben

Einstieg und Aufgabe 1
Die SuS lesen das Gedicht „Eine Brücke aus Vertrauen" des deutschen Schriftstellers Josef Reding (*1929) und tauschen sich untereinander über ihre Leseeindrücke aus.

Aufgabe 2
Mit Blick auf die inhaltliche Ergänzung des Gedichts „Eine Brücke aus Vertrauen" machen sich die SuS den Aufbau des Gedichts bewusst.

Aufgaben 3 bis 5
Die Aufgaben leiten die Ergänzung des Gedichts „Eine Brücke aus Vertrauen" von Josef Reding an.
Alternative:
Nicht alle SuS werden am Gedicht „Eine Brücke aus Vertrauen" arbeiten. Sowohl mit Blick auf das persönliche Interesse der SuS als auch aus Zeitgründen könnten die SuS stattdessen auch die Aufgaben 6 und 7 bearbeiten.

Aufgaben 6 und 7
Die Aufgaben bieten einen weiteren Schreibanlass (Fortsetzung eines Textes verfassen), der sich vor allem dann zur Bearbeitung anbietet, wenn die Perspektivübernahme beim Schreiben weiter geübt werden soll (vgl. außerdem die Hinweise zu A 3 bis A 5).

Brücken

1 Lies das Gedicht „Eine Brücke aus Vertrauen" von Josef Reding.

Josef Reding
Eine Brücke aus Vertrauen

Eine Brücke lasst uns bauen
von hier bis an des Himmels Rand,
eine Brücke aus Vertrauen,
jedem Menschen, jedem Land!

5 Wie stark soll unsere Brücke sein?
Sie soll alle Menschen tragen,
alle Menschen, die es wagen,
…
So stark soll unsere Brücke sein!

10 Wie breit soll unsere Brücke sein?
Dass Hand in Hand …
dass man …
dass man …
So breit soll unsere Brücke sein!

15 …
So lang soll unsere Brücke sein.

Seite 271
Aufbau von
Gedichten

2 Beschreibt im Tandem den Aufbau des Gedichts.

3 Überlegt im Tandem, wie die Strophen ergänzt werden könnten und welches Thema die letzte Strophe haben soll. Macht euch Notizen.

4 Schreibe jetzt dein Gedicht auf.

5 Lest einander im Tandem die Gedichte vor und tauscht euch dazu aus.

6 Lies den folgenden Text. Schreibe dann einen Tagebucheintrag. Notiere deine Gedanken zu der Situation.

Am frühen Morgen geht eine junge Frau/ein junger Mann auf die Ampel zu und bleibt stehen. Die Ampel ist durch einen Defekt ausgefallen. Mehrere Personen beobachten, dass diese Person blind ist, und nehmen jetzt auch den weißen langen Stock wahr. Ohne Unterbrechung fahren die Autos vorüber, keines hält. Da …

7 Präsentiert und besprecht in der Gruppe eure Tagebucheinträge.

92

Aufgabe 8
Die Aufgabe präsentiert einen weiteren Ausschnitt aus dem Roman „Hüter der Erinnerung" von Lois Lowry. Die SuS lesen diesen Auszug und versuchen von Anfang an, die Perspektive von Jonas einzunehmen.

Aufgabe 9
Einerseits zur Verständnissicherung, andererseits als weitere Übung zur Ich-Form der Erzählung geben die SuS aus der Perspektive von Jonas abwechselnd dessen Erlebnisse wieder.

Aufgaben 10 und 11
Die SuS planen dann im Tandem eine Fortsetzung der Geschichte. Diese Fortsetzung kann überwiegend dialogisch sein, sollte aber auch die wörtlichen Reden durch einen Erzähler (Er-Form) vermitteln. Die entstandenen Texte werden anschließend in der Klasse vorgelesen und ggf. bewertet.

Aus der Sicht einer Romanfigur eine Geschichte weiterschreiben **PLUS**

Auf den Seiten 85 und 86 habt ihr bereits Ausschnitte aus dem Roman „Hüter der Erinnerung" von Lois Lowry gelesen. Hier findet ihr eine Fortsetzung.

8 Lies, wie Jonas eine Erinnerung übertragen wird. Versuche dich in Jonas hineinzudenken.

Diese Erinnerung begann fast genauso wie letztes Mal, nur dass der Berg dieses Mal anders war, steiler, und dass der Schnee nicht so dicht fiel. Es war auch kälter, wie Jonas bald feststellte. Als er wartend oben auf dem Berg saß, sah er, dass der Schnee zu seinen Füßen nicht so dick und weich war
5 wie zuvor, sondern hart und sogar mit einer bläulichen Eisschicht überzogen. Als sich der Schlitten in Fahrt setzte, grinste Jonas voller Vorfreude über die unerwartete atemberaubende Abfahrt durch die kühle, erfrischende Luft. Doch dieses Mal konnten sich die Kufen nicht in die krustige Eisschicht eingraben wie damals an dem weichen Abhang. Sie rutschten zur Seite und
10 der Schlitten gewann beängstigend an Schnelligkeit. Jonas zog an dem Seil, versuchte zu lenken, aber der steile Abhang und das Tempo, das er mittlerweile erreicht hatte, ließen ihm keine Kontrollmöglichkeit. Er verspürte nicht mehr das unbändige Gefühl der Freiheit wie letztes Mal, sondern eine wachsende Angst und Ohnmacht, da sein Schlitten unkontrolliert
15 nach unten raste.
Plötzlich rutschte der Schlitten seitlich, wirbelte herum und prallte gegen ein Hindernis. Jonas wurde durch die Luft geschleudert und fiel krachend zu Boden. Er hörte das Knacken eines Knochens und er konnte sein verdrehtes Bein nicht mehr bewegen. Sein Gesicht scheuerte auf der harten
20 Eisfläche entlang, und als er endlich zum Halten kam, lag er regungslos und schockiert da und spürte zuerst nichts anderes als eine grenzenlose Angst. Dann kam die erste Welle des Schmerzes. [...]
Da er sich endlich wieder bewegen konnte, wiegte er seinen Körper vorsichtig hin und her und holte ein paarmal tief Luft, um die Erinnerung an
25 die unerträglichen Schmerzen zu verscheuchen. Verwundert saß er da und starrte auf sein Bein, das ungebrochen und völlig heil unter ihm lag. [...]

9 Erzählt euch im Tandem das Erlebnis von Jonas aus dessen Sicht. Verwendet die Ich-Form.

Seite 87
Erzählformen

10 Schreibe den Romanausschnitt weiter. Gehe dabei so vor:
• Schreibe Fragen auf, die Jonas stellen könnte, und notiere dazu mögliche Antworten des alten Hüters.
• Schreibe die Geschichte in der Er-Form weiter, indem du einen Dialog zwischen den beiden Figuren formulierst.
• Achte darauf, dass die Gefühle, Wahrnehmungen und Gedanken der Figuren deutlich werden. Nutze passende Redebegleitsätze.

11 Lest in der Klasse den Romanausschnitt und eure Fortsetzungen vor

93

Lösungen

Aufgabe 1
Leseaufgabe

Aufgabe 2
Das Gedicht beginnt mit einer vierzeiligen Strophe, die den Appell enthält, eine Brücke aus Vertrauen zu bauen. Die drei nachfolgenden Strophen haben dann denselben Aufbau: Der jeweils erste Vers stellt die rhetorische Frage nach der Beschaffenheit der Brücke („Wie stark / breit / lang soll unsere Brücke sein?"), die dann in den nächsten drei Versen mit einem dass-Satz beantwortet werden, sodass eine Reihung entsteht. Der jeweils letzte Vers der drei Strophen verweist zurück: „So stark / breit / lang soll unsere Brücke sein."

Aufgaben 3 bis 5
individuelle Lösungen – Im Original sind die Auslassungen wie folgt gefüllt:
- Z. 8: zur Gewohnheit Nein zu sagen:
- Z. 11–13: Dass Hand in Hand die Menschen schreiten, / dass man Blinde kann geleiten, / dass man Lahme kann begleiten:
- Z. 15–18: Wie lang soll unsre Brücke sein? / Dass sie den Abgrund überwindet, / dass jedermann den Himmel findet, / dass sie die Welt mit Gott verbindet:

Aufgaben 6 und 7
individuelle Lösungen

Aufgabe 8
Leseaufgabe

Aufgabe 9
individuelle Lösungen – Wichtig ist, dass die Ich-Form konsequent eingehalten wird.

Aufgaben 10 und 11
individuelle Lösungen

Vorhandenes Zusatzmaterial zu dieser Doppelseite

▤ Differenzierungskarte BASIS, S. 22
▤ Differenzierungskarte EXTRA, S. 22

◎ KA 5 PLUS

So gesagt, so gemeint

RGS-Seiten

Die Schülerinnen und Schüler (SuS) lernen eine Reihe von Redensarten und Sprichwörtern kennen bzw. erschließen sie aus dem vorgegebenen Material. Die Bedeutung der Redensarten bzw. Sprichwörter wird gesichert und durch den Gebrauch gefestigt.

Kommentare zu den Aufgaben

Einstieg
Die SuS könnten zunächst nach Redensarten oder Sprichwörtern, die sie kennen, gefragt werden. Die Bedeutung der Redensarten bzw. Sprichwörter könnte anschließend gemeinsam geklärt werden. Alternativ, aber auch zusätzlich kann mit den SuS darüber gesprochen werden, wann bzw. in welchen Situationen sie Redensarten bzw. Sprichwörter verwenden bzw. sie ihnen schon begegnet sind. – Angesprochen werden kann hier außerdem bereits die Unterscheidung zwischen Redensarten und Sprichwörtern (vgl. im SB den Merkekasten auf S. 95 unten).

Aufgaben 1 und 2
Die SuS lesen Redensarten und entscheiden sich unter zwei vorgegebenen Möglichkeiten für die mutmaßlich richtige. Sie kontrollieren die Lösungen, indem sie mithilfe von Buchstaben hinter den Bedeutungsangaben ein Lösungswort bilden. – Wichtig ist, dass das Verständnis der Redensarten vor der Bearbeitung der nachfolgenden Aufgaben gesichert ist und die SuS im Zweifelsfall nachsehen können.

Aufgaben 3 und 4
Die Aufgaben dienen der Festigung der zuvor erlernten Redensarten.

Aufgaben 5 und 6
Die SuS verbinden Satzteile zu Sprichwörtern und erkennen ihre Erklärung.

Aufgaben 7 bis 9
Die SuS leiten aus bildlichen Darstellungen Sprichwörter ab. Sie formulieren diese Sprichwörter aus und ordnen sie der passenden Erklärung zu.

So gesagt, so gemeint

1 Was bedeuten die folgenden Redensarten? Entscheidet euch im Tandem für eine der Möglichkeiten.

die Nase voll haben	→ von einer Sache genug haben → W / → sich in eine Sache einmischen → S
Blut und Wasser schwitzen	→ sich sehr anstrengen → E / → mit großem Aufwand → A
Feuer und Flamme sein	→ sich für etwas begeistern → I / → sehr unvorsichtig sein → T
nicht übers Herz bringen	→ aus Mitleid etwas nicht tun → S / → etwas nicht verschenken wollen → O
aus der Haut fahren	→ sehr wütend werden → H / → etwas Neues beginnen → L
Farbe bekennen	→ seine Meinung offen sagen → E / → eine Farbe beim Kartenspiel wählen → L
Luftschlösser bauen	→ Schlösser auf Bergspitzen bauen → H / → unrealistische Pläne machen → I
ins Fettnäpfchen treten	→ auf glatter Fläche ausrutschen → A / → durch eine Bemerkung kränken → T
sich in die Wolle kriegen	→ einen Pullover anziehen → M / → sich streiten → E
fünfe gerade sein lassen	→ es nicht so ganz genau nehmen → N / → schwach in Mathematik sein → D

2 Kontrolliert eure Lösungen aus Aufgabe 1 im Tandem. Die Buchstaben hinter den richtigen Erklärungen ergeben ein Lösungswort.

3 Bilde mit den Redensarten aus Aufgabe 1 Sätze. Überlege dir dazu passende Situationen, z. B. *die Nase voll haben: Der Junge hatte die Nase voll, weil der Getränkeautomat schon wieder kaputt war*

4 Wählt im Tandem zwei der Redensarten aus und stellt sie als kleine Szenen dar. Lasst die anderen Schülerinnen und Schüler die Redensart erraten.

94

Lösungen

Aufgaben 1 und 2
Das Lösungswort heißt: W-E-I-S-H-E-I-T-E-N

Aufgaben 3 und 4
individuelle Lösungen

Aufgabe 5
Zusammen gehören:
- a / B (Wer nicht wagt, der nicht gewinnt.)
- b / C (Geteiltes Leid ist halbes Leid.)
- c / A (Viele Köche verderben den Brei.)

Aufgabe 6
Zusammen gehören:
- a / B: Wer nichts riskiert, der hat auch keinen Erfolg (Wer nicht wagt, der nicht gewinnt.).
- b / C: Wenn zu viele mitreden, kommt nichts Gutes heraus (Viele Köche verderben den Brei.).
- c / A: Gemeinsam erlittene Erfahrungen sind leichter zu ertragen (Geteiltes Leid ist halbes Leid.).

5 Was gehört zusammen? Verbindet im Tandem beide Satzteile zu Sprichwörtern und schreibt die vollständigen Sätze auf.

a Wer nicht wagt,   A verderben den Brei.
b Geteiltes Leid ist   B der nicht gewinnt.
c Viele Köche   C halbes Leid.

6 Verbinde die Satzteile und ordne die Erklärungen den Sprichwörtern aus Aufgabe 5 zu.

a Wer nichts riskiert,   A sind leichter zu ertragen.
b Wenn zu viele mitreden,   B der hat auch keinen Erfolg.
c Gemeinsam erlittene Erfahrungen C kommt nichts Gutes heraus.

7 Findet im Tandem heraus, welche Sprichwörter hier dargestellt sind.

8 Verbindet im Tandem die folgenden Wörter und Wortgruppen zu sinnvollen Sätzen. Ordnet die Formulierungen den Bildern zu.

Fliegen – in – der Teufel – Not – der – frisst

Wald – es – man – schallt – wie – heraus – wieder – in den – hineinruft – so

Hand – auf – besser – die Taube – dem – in der – den Spatz – als – Dach

9 Schreibe die Sprichwörter aus Aufgabe 8 auf. Wähle die passende Erklärung.
• So wie man sich anderen gegenüber verhält, so reagieren diese auch.
• Es ist besser, sich mit etwas Kleinerem und Sicherem zufriedenzugeben, als nach etwas Großem und Unsicherem zu verlangen.
• In einer Notsituation tut man Dinge, die man sonst nicht tun würde.

> **Merke**
> **Redensarten und Sprichwörter**
>
> **Redensarten** (auch Redewendungen) sind feststehende Formulierungen, die meist etwas **bildhaft** ausdrücken. → Schwein haben → Jemand hat Schwein gehabt. → Jemand hat Glück gehabt.
> **Sprichwörter** bestehen aus vollständigen Sätzen und geben **Weisheiten** wieder. → Was du heute kannst besorgen, das verschiebe nicht auf morgen.

95

Vorhandenes Zusatzmaterial zu dieser Doppelseite

📄 KV 3 BASIS, S. 107
📄 KV 3 EXTRA, S. 108
📄 KV 3 PLUS, S. 109

💿 AH 7, Kap. 5, S. 30 / 31

Aufgaben 7 bis 9
– Bild 1: Besser den Spatz in der Hand als die Taube auf dem Dach. – Es ist besser, sich mit etwas Kleinerem und Sicherem zufriedenzugeben, als nach etwas Großem und Unsicherem zu verlangen.
– Bild 2: In der Not frisst der Teufel Fliegen. – In einer Notsituation tut man Dinge, die man sonst nicht tun würde.
– Bild 3: Wie man in den Wald hineinruft, so schallt es wieder heraus. – So wie man sich anderen gegenüber verhält, so reagieren diese auch.

DaZ-Kommentare

Einstieg
Sprichwörter und Redensarten in einer Fremdsprache zu verstehen, setzt ein fortgeschrittenes Sprachniveau voraus. Gleichzeitig tragen diese einen großen Teil zum Sprachverständnis und Sprachgefühl bei. Daher sollten die SuS möglichst viele, der auf diesen RGS-Seiten aufgelisteten Redensarten erklärt bekommen und sie auswendig lernen. Allerdings muss man davon ausgehen, dass die meisten Aufgaben auf den kommenden Seiten den SuS große Schwierigkeiten bereiten werden.

Hinweis:
Man kann den SuS vorschlagen, extra Plakate zu den gewählten Redensarten zu erstellen, um diese als eine Erinnerungsstütze in der Klasse aufzuhängen.
Die Arbeit im Tandem und in kleinen Gruppen, immer mit Geduld und mithilfe der Wörterbücher, ist hier sehr zu empfehlen. (Auch „mühsame") Übung macht den Meister.

Dicke Felle, fremde Federn

TRAININGS-Seiten

Die Schülerinnen und Schüler (SuS) lernen weitere Redensarten und Sprichwörter kennen bzw. erschließen sie aus
dem vorgegebenen Material. Abschließend sammeln sie
Sprichwörter aus anderen Sprachen.

Kommentare zu den Aufgaben

Einstieg

Es bietet sich an, mit den SuS wiederholend noch einmal
den Unterschied zwischen Redensart (feste Wendung, die in
einen Satz eingebaut wird und etwas bildhaft darstellt) und
Sprichwort (unveränderlicher Satz, der eine Weisheit aus-
drückt) anzusprechen. Entweder gibt man dazu Redensarten
oder Sprichwörter vor (z. B.: den Wald vor lauter Bäumen
nicht sehen / An der Frucht erkennt man den Baum.) und
lässt die SuS begründen, um was es sich jeweils handelt,
oder man lässt die SuS selbst Redensarten und Sprichwörter
nennen und bestimmen.

Aufgaben 1 und 2

Die SuS ergänzen in den Redensarten die fehlenden
Begriffe. Sie lernen dabei weitere Redensarten und ihre
Bedeutungen kennen.
Erweiterung:
Die SuS bilden zu allen Redensarten einen passenden
Beispielsatz.

Aufgaben 3 bis 5

Die SuS leiten aus bildlichen Darstellungen Sprichwörter ab.
Sie formulieren diese Sprichwörter aus und ordnen sie der
passenden Erklärung zu.

Aufgabe 6

Die SuS sammeln Sprichwörter aus anderen Sprachen und
tauschen sich über ihre Bedeutung aus.
Erweiterung:
Die Bearbeitung der Aufgabe kann auch fächerübergreifend
(mit Englisch) erfolgen. SuS mit anderen / weiteren Mutter-
sprachen sollten ausdrücklich ermuntert werden, Sprichwörter vorzustellen. Ggf. kann man ihnen diese Aufgabe auch
ein, zwei Stunden vorher ankündigen, damit sie mehr Zeit
haben, nachzudenken oder sich mit anderen (etwa ihren
Eltern) auszutauschen.

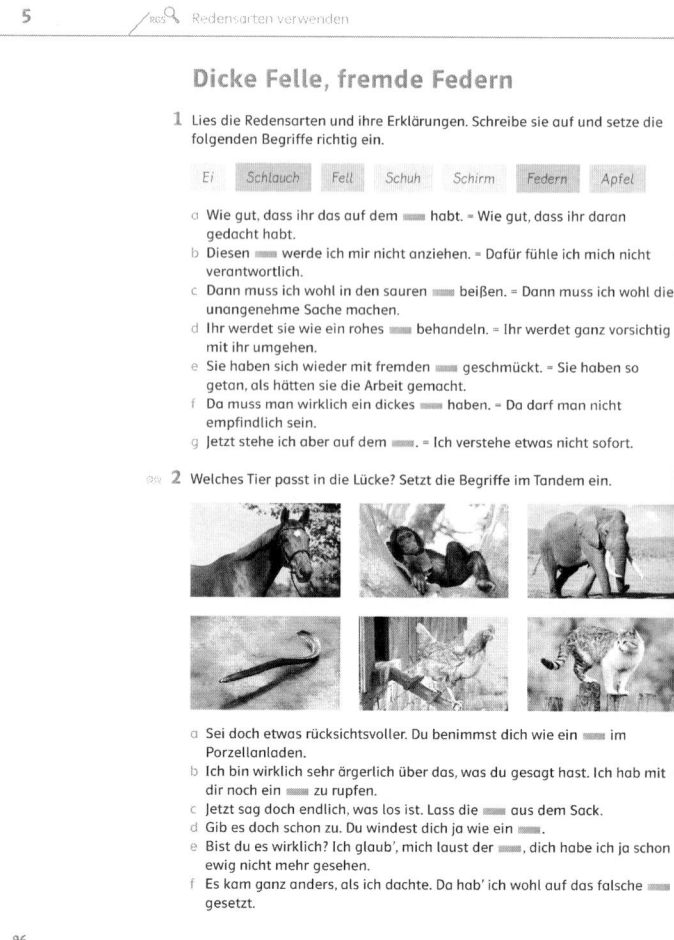

Dicke Felle, fremde Federn

1 Lies die Redensarten und ihre Erklärungen. Schreibe sie auf und setze die
folgenden Begriffe richtig ein.

Ei   Schlauch   Fell   Schuh   Schirm   Federn   Apfel

a Wie gut, dass ihr das auf dem ▬ habt. = Wie gut, dass ihr daran
gedacht habt.
b Diesen ▬ werde ich mir nicht anziehen. = Dafür fühle ich mich nicht
verantwortlich.
c Dann muss ich wohl in den sauren ▬ beißen. = Dann muss ich wohl die
unangenehme Sache machen.
d Ihr werdet sie wie ein rohes ▬ behandeln. = Ihr werdet ganz vorsichtig
mit ihr umgehen.
e Sie haben sich wieder mit fremden ▬ geschmückt. = Sie haben so
getan, als hätten sie die Arbeit gemacht.
f Da muss man wirklich ein dickes ▬ haben. = Da darf man nicht
empfindlich sein.
g Jetzt stehe ich aber auf dem ▬. = Ich verstehe etwas nicht sofort.

2 Welches Tier passt in die Lücke? Setzt die Begriffe im Tandem ein.

a Sei doch etwas rücksichtsvoller. Du benimmst dich wie ein ▬ im
Porzellanladen.
b Ich bin wirklich sehr ärgerlich über das, was du gesagt hast. Ich hab mit
dir noch ein ▬ zu rupfen.
c Jetzt sag doch endlich, was los ist. Lass die ▬ aus dem Sack.
d Gib es doch schon zu. Du windest dich ja wie ein ▬.
e Bist du es wirklich? Ich glaub', mich laust der ▬, dich habe ich ja schon
ewig nicht mehr gesehen.
f Es kam ganz anders, als ich dachte. Da hab' ich wohl auf das falsche ▬
gesetzt.

96

Lösungen

Aufgabe 1

a etwas auf dem <u>Schirm</u> haben
b sich diesen <u>Schuh</u> nicht anziehen
c in den sauren <u>Apfel</u> beißen
d jemanden wie ein rohes <u>Ei</u> behandeln
e sich mit fremden <u>Federn</u> schmücken
f ein dickes <u>Fell</u> haben
g auf dem <u>Schlauch</u> stehen

Aufgabe 2

a sich wie ein <u>Elefant</u> im Porzellanladen benehmen
b mit jemandem noch ein <u>Hühnchen</u> zu rupfen haben
c die <u>Katze</u> aus dem Sack lassen
d sich wie ein <u>Aal</u> winden
e mich laust der <u>Affe</u>
f auf das falsche <u>Pferd</u> setzen

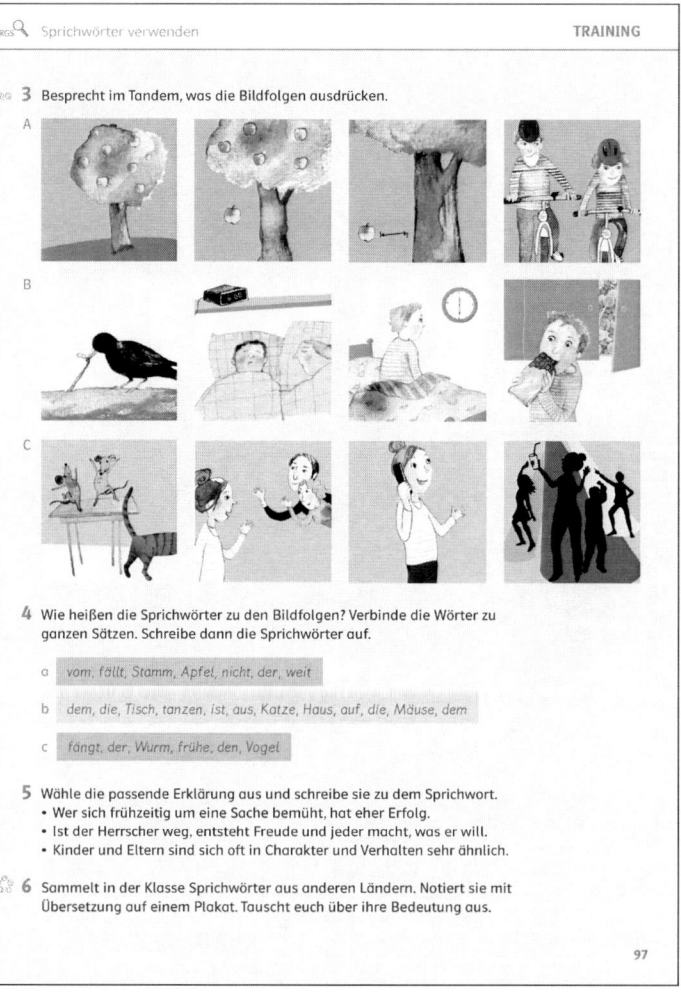

RGS Sprichwörter verwenden   TRAINING

3 Besprecht im Tandem, was die Bildfolgen ausdrücken.

A

B

C

4 Wie heißen die Sprichwörter zu den Bildfolgen? Verbinde die Wörter zu ganzen Sätzen. Schreibe dann die Sprichwörter auf.

a   vom, fällt, Stamm, Apfel, nicht, der, weit

b   dem, die, Tisch, tanzen, ist, aus, Katze, Haus, auf, die, Mäuse, dem

c   fängt, der, Wurm, frühe, den, Vogel

5 Wähle die passende Erklärung aus und schreibe sie zu dem Sprichwort.
- Wer sich frühzeitig um eine Sache bemüht, hat eher Erfolg.
- Ist der Herrscher weg, entsteht Freude und jeder macht, was er will.
- Kinder und Eltern sind sich oft in Charakter und Verhalten sehr ähnlich.

6 Sammelt in der Klasse Sprichwörter aus anderen Ländern. Notiert sie mit Übersetzung auf einem Plakat. Tauscht euch über ihre Bedeutung aus.

97

Aufgaben 3 bis 5
- Bildfolge A: Der Apfel fällt nicht weit vom Stamm. – Kinder und Eltern sind sich oft in Charakter und Verhalten sehr ähnlich.
- Bildfolge B: Der frühe Vogel fängt den Wurm. – Wer sich frühzeitig um eine Sache bemüht, hat eher Erfolg.
- Bildfolge C: Ist die Katze aus dem Haus, tanzen die Mäuse auf dem Tisch. – Ist der Erwachsene / der Erzieher / der Lehrer / *der Herrscher* … weg, entsteht Freude und jeder macht, was er will.

Aufgabe 6
individuelle Lösungen – Auf Englisch heißen die drei in den Aufgaben 3 bis 5 behandelten Sprichwörter beispielsweise:
- Bildfolge A: The apple doesn't fall far from the family.
- Bildfolge B: The early bird catches the worm.
- Bildfolge C: When the cat's away, the mice will play.

Begründer des digitalen Zeitalters
Interviews vorbereiten, durchführen und auswerten

Auftaktseiten – Vorwissen aktivieren

Die Auftaktseite präsentiert Bilder von berühmten Pionieren der modernen Medien. Nach einem ersten Austausch über diese Persönlichkeiten und ihre Erfindungen formulieren die Schülerinnen und Schüler (SuS) mögliche Interviewfragen an diese Personen. Anschließend bereiten sie ein Partnerinterview vor und führen es auch durch.
Ausgehend von einem Bildimpuls bilden die SuS außerdem Sätze mit Präpositionen.

Kommentare zu den Aufgaben

Einstieg und Aufgabe 1
Die SuS betrachten sich die Abbildungen der Personen auf Seite 98 und tauschen sich über sie und ihre Innovationen aus. Die abgebildeten Personen stehen dabei im Mittelpunkt der nachfolgenden Doppelseiten, sodass keine weiteren Informationen über sie ergänzt werden müssen. Es geht zum einen um eine thematische Hinführung der SuS in das Kapitel und zugleich um die Vorbereitung von Aufgabe 2.

Aufgabe 2
Die SuS können hier erfragen, was sie auch tatsächlich interessiert. Allerdings sollten das keine Fragen zu Angaben sein, die sich ganz leicht recherchieren lassen (z. B.: Geburtsdatum, Heimatort usw.). – Zu beachten ist, dass Steve Jobs bereits 2011 verstorben ist, es sich hier also nur um ein fiktives Interview handeln kann.
<u>Alternative:</u>
In vier Gruppen wird jeweils zu einer anderen Person ein Interview ausgearbeitet. Nach der Gruppenarbeitsphase werden die Arbeitsergebnisse im Plenum vorgestellt.

Aufgabe 3 🏳 ✍
Die SuS interviewen sich gegenseitig zu ihrem Vorwissen und ihrer Einschätzung der modernen Medien. Es bietet sich an, den SuS hierzu klare Zeitvorgaben (z. B. drei bis fünf Minuten Vorbereitungszeit, dann zweimal zwei Minuten Durchführung des Interviews) und / oder Inhaltsvorgaben zu geben (z. B. soll jede Schülerin / jeder Schüler fünf Fragen vorbreiten und dann auch stellen).

Aufgabe 4 RGS🔍
Die SuS bilden beschreibende Sätze mit Präpositionen zu den Illustrationen auf Seite 99. Bei der Besprechung könnten die verschiedenen Präpositionen („Wer hat noch einen Satz mit einer anderen Präposition?") an der Tafel gesammelt werden.
<u>Alternative:</u>
Aus Zeitgründen könnte die Zahl der zu bildenden Sätze beschränkt werden.

Das lernst du jetzt:

- Interviews lesen, erschließen und vergleichen
- Interviews vorbereiten, durchführen und auswerten
- Informationen zu Personen sammeln und wiedergeben
- Präpositionen verwenden und die Fallsetzung danach beachten

KMK-Standards

Interviews lesen und erschließen
- über grundlegende Lesefertigkeiten verfügen: flüssig, sinnbezogen, überfliegend, selektiv, navigierend (z. B. Bild-Ton-Text integrierend) lesen
- Leseerwartungen und -erfahrungen bewusst nutzen
- Verfahren zur Textaufnahme kennen und nutzen

1 Seht euch die Fotos auf Seite 98 an. Wie heißen diese Personen und wodurch sind sie berühmt geworden? Tauscht euch darüber aus.

2 Stellt euch vor, ihr könntet diese Personen interviewen. Was würdet ihr sie
   fragen? Sammelt die Fragen an der Tafel.

⚑ 3 Diese bekannten Persönlichkeiten verbindet man mit digitalen Medien.
   Wie gut kennt ihr euch in der Welt der digitalen Medien aus? Interviewt
   euch dazu gegenseitig. Geht so vor:
   • Überlegt euch passende Fragen zum Thema und schreibt sie auf.

   Welche digitalen Medien kennst du?   ✏️
   Wie und wozu nutzt du Medien?
   Kennst du die Funktionen deines ...
   Welche Vorteile oder Nachteile ...
   Welche Gefahren und Probleme ...

   • Interviewt eure Sitznachbarin oder euren Sitznachbarn und tauscht
     danach die Rollen.
   • Tauscht euch anschließend in der Klasse über eure Ergebnisse aus.

4 Seht euch die beiden Bilder genau an. Findet ihr die zehn Unterschiede?
   Beschreibt die Unterschiede einander im Tandem und verwendet dabei
   möglichst viele der folgenden Präpositionen.

| auf | unter | bei | über | neben | hinter | in | an | vor |

99

Interviews durchführen
– sich artikuliert, verständlich, sach- und situationsange-
  messen äußern
– Wirkungen der Redeweise kennen, beachten und
  situations- sowie adressatengerecht anwenden
– unterschiedliche Sprechsituationen gestalten
– durch gezieltes Fragen notwendige Informationen
  beschaffen
– Gesprächsregeln einhalten

Informationen zu Personen sammeln und wiedergeben
– Informationsmöglichkeiten nutzen: z. B. Informationen
  zu einem Thema / Problem in unterschiedlichen Medien
  suchen, vergleichen, auswählen und bewerten (Suchstrategien)

Präpositionen richtig verwenden
– Wortarten kennen und funktional gebrauchen
– grammatische Kategorien und ihre Leistungen in situativen und funktionalen Zusammenhängen kennen und
  nutzen

Lösungen

Aufgabe 1
individuelle Lösungen – Dargestellt sind: Tim Berners-Lee
(„Vater" des WWW), Sheryl Sandberg (Facebook), Steve Jobs
(Apple-Gründer) und Bill Gates (Microsoft-Gründer).

Aufgabe 2
individuelle Lösungen

Aufgabe 3
individuelle Lösungen – Auch hier sollten die SuS mit ihren
Fragen ihr tatsächliches Interesse verfolgen.

Aufgabe 4
Lösungsvorschlag:
Auf dem linken Bild liegt ein Handy auf dem Tisch, über
dem Tisch hängt eine grün-leuchtende Glühlampe. Die Box
hinter dem Jungen ist schwarz. Der Junge hat Kopfhörer
auf dem Kopf, die unterschiedlich aussehen. Ein schwarzer
MP3-Player hängt an den Kopfhörern. Der MP3-Player steckt
in der rechten Hosentasche. Auf dem Fußboden steht ein
aufgeklappter Computer, dessen Bildschirm-Rückseite den
Buchstaben S trägt. Neben dem großen Bildschirm steht ein
kleinerer und auf dem Bildschirm noch ein weiteres Gerät.
Unter dem Tisch liegt noch ein kleines schwarzes Gerät
(iPhone?). Der (DVD-)Player unter dem Tisch hat noch zwei
Buchsen mehr als der auf dem rechten Bild.

DaZ-Kommentare

Einstieg
Es sollte sichergestellt werden, dass die SuS die Begriffe
„erschließen", „vergleichen", „auswerten", und „verwenden"
verstehen. Ansonsten müssen diese kurz erklärt werden.

Aufgabe 1
Es ist anzunehmen, dass die Namen der abgebildeten Per-
sonen den SuS unbekannt sein werden, auch wenn sie die
Logos erkennen.

Aufgabe 3
Es sollte sichergestellt werden, dass die SuS den Begriff
„digitale Medien" verstehen.

Aufgabe 4
Nicht alle hier aufgelisteten Präpositionen werden den SuS
bekannt sein und auch nicht die richtige Fallsetzung.

Der Vater des WWW

Grundlagenseiten / 1

Die Schülerinnen und Schüler (SuS) erschließen sich zunächst ein Interview mit Tim Berners-Lee inhaltlich. Zu vorgegebenen Antworten formulieren sie Fragen und machen sich so klar, dass eine Antwort auch von der jeweiligen Frage abhängt. Durch den Vergleich von Antworten wird dann auf die Unterscheidung zwischen Entscheidungs- und Ergänzungsfragen hingeführt. Die SuS machen sich die Unterschiede zwischen den Frageformen klar und begründen schriftlich, welche Form sie in einem Interview bevorzugen würden.

Kommentare zu den Aufgaben

Einstieg
Die SuS könnten zunächst erläutern, was das „WWW" eigentlich ist (z. B. ein weltweites Netzwerk von miteinander verbundenen Rechnern).

Aufgaben 1 und 2
Die SuS lesen das Interview mit Tim Berners-Lee und beantworten die Fragen dazu.

Aufgabe 3
Die SuS reflektieren die Aussage von Berners-Lee, dass jeder Mensch einen freien und kostenlosen Internetzugang haben sollte, und tauschen sich untereinander aus.

Aufgabe 4
Zu vorgegebenen Antworten formulieren die SuS Fragen.
<u>Alternative:</u>
Die SuS kontrollieren ihre Arbeitsergebnisse im Tandem gegenseitig.

Aufgaben 5 bis 7
Die SuS lesen den zweiten Teil des Interviews und vergleichen ihn mit dem ersten. Sie werden dadurch auf die unterschiedlichen Frageformen aufmerksam.

Aufgaben 8 und 9
Die SuS denken über die Frageformen nach und erläutern schriftlich, welche sie (in einem Interview) bevorzugen würden.

Der Vater des WWW

¹ fiktiv: erfunden, ausgedacht
Die Informationen aus den Interviews stammen aus verschiedenen Quellen.

1989 erfand der Brite Tim Berners-Lee die Internetsprache HTML und begründete damit das World Wide Web, das sich zum Massenmedium Internet entwickelte. Heute arbeitet der Informatiker als Professor in den USA. Im folgenden Interview spricht er über seine Erfindung.

1 Lies den ersten Teil des fiktiven¹ Interviews mit Tim Berners-Lee.

Interviewer Was sagen Sie zum heutigen Internet?
Tim Berners-Lee Manchmal bin ich stolz und überrascht, was aus dem World Wide Web geworden ist, und manchmal mache ich mir Sorgen. Heutzutage kann es für gute Dinge, aber auch für schlechte genutzt werden, wie viele
5 große Erfindungen. Was wir daraus machen, liegt an jedem Einzelnen.
Interviewer Müssen wir uns denn Sorgen machen?
Tim Berners-Lee Wir müssen im Internet aufpassen. Das Internet muss offen und neutral bleiben und darf nicht von einzelnen Personen beherrscht werden. Wir sollten das Internet nutzen, um Menschen zu helfen, einan-
10 der zu verstehen.
Interviewer Warum gehen Internetnutzer so sorglos mit ihren privaten Daten um?
Tim Berners-Lee Das weiß ich leider auch nicht. Dabei ist es doch so leicht, sich sicher im Netz zu bewegen. Beispielsweise kann man seine E-Mails
15 verschlüsseln. Man muss es halt einfach machen.
Interviewer Was würden Sie sich für die Zukunft wünschen?
Tim Berners-Lee Jeder auf der Welt sollte einen freien Zugang zum Internet haben – am besten kostenlos.

2 Beantworte die folgenden Fragen schriftlich.
• Was sagt Tim Berners-Lee über die Entwicklung des Internets?
• Wovor warnt er?
• Wozu sollte das Internet seiner Meinung nach genutzt werden?

3 Berners-Lee spricht von einem freien Internetzugang für alle Menschen auf der ganzen Welt. Beantwortet im Tandem die folgenden Fragen und tauscht euch anschließend in der Klasse darüber aus.
• Warum haben viele Menschen keinen Internetzugang?
• Wie kann man erreichen, dass jeder einen kostenlosen Zugang bekommt?

4 In den Sprechblasen stehen Antworten, die Berners-Lee Kinderreportern auf ihre Fragen gegeben hat. Schreibe zu jeder Antwort die Frage auf.

Meine Eltern waren Mathematiker. Durch meine Mutter habe ich die Liebe zur Mathematik entdeckt.

Aufgewachsen bin ich in London.

Sport gehörte nicht zu meinen Lieblingsfächern, dafür Mathematik.

100

Lösungen

Aufgabe 1
Leseaufgabe

Aufgabe 2
– *Was sagt Tim Berners-Lee über die Entwicklung des Internets?* – Berners-Lee ist stolz und zugleich überrascht über die Entwicklung des Internets.
– *Wovor warnt er?* – Berners-Lee warnt davor, dass das Internet von einzelnen Personen beherrscht wird und seine Neutralität verliert.
– *Wozu sollte das Internet seiner Meinung nach genutzt werden?* – Das Internet sollte nach Ansicht von Berners-Lee dazu genutzt werden, Menschen zu helfen und einander zu verstehen.

Aufgabe 3
Viele Menschen haben entweder keinen Internetzugang, weil das Geld und in der Folge die Infrastruktur dafür fehlt, oder deshalb nicht, weil sie nicht die Ausbildung haben, das Internet auch zu nutzen (z. B. weil sie zu schlecht lesen und schreiben können). Um alle Menschen mit dem Internet zu verbinden, sind also Investitionen in Infrastruktur und Bildung nötig.

5 Lies den zweiten Teil des fiktiven Interviews mit Tim Berners-Lee.

Interviewer Sind Sie 2004 von der englischen Königin zum Ritter geschlagen worden?
Tim Berners-Lee Ja.
Interviewer Haben Sie Ihren ersten Computer aus einem Fernseher
5 gebastelt?
Tim Berners-Lee Ja.
Interviewer Stimmt es, dass Sie auch von der deutschen Bundesregierung einen Preis erhalten haben?
Tim Berners-Lee Ja.
10 Interviewer Haben Sie wirklich zwei Kinder?
Tim Berners-Lee Ja.
Interviewer Erzählen Sie uns noch etwas über Ihr Privatleben?
Tim Berners-Lee Nein.

6 Vergleiche dieses Interview mit dem auf Seite 100. Welche Unterschiede erkennst du? Mache dir Notizen.

7 Warum antwortet Berners-Lee so kurz und eintönig? Findet im Tandem Erklärungen dafür. Tauscht euch dazu in der Klasse aus.

8 Sammelt in der Klasse mögliche Erklärungen, wie sich die Frageformen auf die Antworten auswirken.

9 Welche Frageformen würdest du bevorzugen? Begründe deine Meinung schriftlich. Stelle sie anschließend der Klasse vor.

Merke
Frageformen

In einem Interview stellt man der Partnerin oder dem Partner Fragen. Man kann dafür verschiedene Formen wählen:
- **Entscheidungsfragen** (geschlossene Fragen) → Haben Sie Kinder? Man erhält als Antwort „Ja" oder „Nein". Wenn man **eindeutige Antworten** benötigt, zum Beispiel für Umfragen, formuliert man Entscheidungsfragen.
- **Ergänzungsfragen** (offene Fragen) → Was wünschen Sie sich für die Zukunft? Man erhält **ausführlichere** Antworten. → Jeder auf der Welt sollte einen freien Zugang zum Internet haben. Wenn man von seinem Interviewpartner **möglichst viel erfahren** möchte, sollte man **Ergänzungsfragen** stellen.

Vorhandenes Zusatzmaterial zu dieser Doppelseite

AH 7, Kapitel 6, S. 32 / 33

Aufgabe 4
individuelle Lösungen
Beispiele:
Wie haben Ihre Eltern Ihre Berufswahl beeinflusst? Wo sind Sie aufgewachsen? Welche Schulfächer mochten Sie und welche nicht?

Aufgabe 5
Leseaufgabe

Aufgaben 6 bis 8
Im zweiten Teil des Interviews werden Entscheidungsfragen gestellt, die auf die Antworten „Ja" oder „Nein" zielen (entsprechend antwortet auch Tim Berners-Lee); man nennt diese Fragen deshalb auch geschlossene Fragen. Im ersten Teil werden dagegen Ergänzungsfragen (auch: offene Fragen) gestellt, die eine längere Antwort erfordern.

Aufgabe 9
Entscheidungsfragen sollte man nur stellen, wenn man wirklich eine klare, kurze Antwort will. Ergänzungsfragen erfordern nicht nur eine längere Antwort, sondern ermuntern auch zum Sprechen. Wer deshalb eine ausführliche Antwort erhalten möchte, sollte Ergänzungsfragen formulieren.

DaZ-Kommentare

Aufgabe 1
Damit die schwächeren SuS die kommenden Aufgaben im Unterricht bearbeiten können, sollte von ihnen das Interview unbedingt im Rahmen der vorherigen Hausaufgabe gelesen und übersetzt werden. Die unbekannten Wörter sollten dann ins Vokabelheft eingetragen und auch von den SuS übersetzt werden.

Aufgabe 3
Wie sieht es mit dem Internetzugang in anderen Ländern aus, bspw. in den Heimatländern der SuS?

Aufgabe 5
Es sollte sichergestellt werden, dass die SuS den Begriff „zum Ritter geschlagen werden" verstehen.

Ich hab da mal eine Frage …

Grundlagenseiten / 2

Die Grundlagenseiten leiten die Schülerinnen und Schüler (SuS) dazu an, Interviews vorzubereiten, durchzuführen und auszuwerten. Die Vorbereitung umfasst dabei einen thematischen (Festlegen von Themenbereichen) und einen formalen Teil (Ausformulieren und Festhalten der Fragen auf Karteikarten). Während des Interviews werden die Antworten stichwortartig festgehalten und schließlich in einem Text zusammengefasst. Abschließend werden die im Interview gemachten Erfahrungen reflektiert.

Kommentare zu den Aufgaben

Einstieg und Aufgabe 1

Den SuS wird der geplante Verlauf der Unterrichtseinheit kurz erläutert. Anschließend suchen die SuS Interviewpartner (siehe dazu auch A 5). Bei ungerader Schülerzahl können auch zwei Schülerinnen bzw. Schüler ein Interview vorbereiten (und umgekehrt beide auf die gestellten Fragen antworten).

Aufgaben 2 und 3

Die SuS legen Themenbereiche fest, zu denen sie Fragen formulieren. Bei den Fragen wäre wichtig, dass die SuS auch über die möglichen Antworten darauf nachdenken und die Fragen entsprechend bewusst als Entscheidungs- oder Ergänzungsfrage formulieren.

Aufgaben 4 und 5

Für das Interview sollte ein klarer Rahmen bestimmt werden, entweder über die Zeit (etwa drei Minuten pro Interview) oder über die Zahl der Fragen (z. B. könnte jede Schülerin / jeder Schüler sechs Fragen stellen dürfen). Entsprechend viele Fragen müssen dann auch nur auf Karteikarten notiert werden.

Erweiterung:
Mögliche weitere Fragen notieren die SuS in ihren Heften und schreiben jeweils dazu, ob es sich um eine Entscheidungs- oder um eine Ergänzungsfrage handelt.

Aufgabe 6 ⵣ ✏

Mithilfe von Formulierungshilfen fassen die SuS die Antworten ihrer Interviewpartnerin bzw. ihres Interviewpartners zu einem kleinen Text zusammen.

Erweiterung:
Nach der Verschriftlichung tauschen die Interviewpartner und Partnerinnen ihre Karten und korrigieren sie auf sachliche Richtigkeit (Wurde richtig wiedergegeben, was ich gesagt habe?).

Aufgaben 7 bis 9

Nach dem Vorlesen der Zusammenfassungen in der Gruppe werden die Interviews und die damit gemachten Erfahrungen mithilfe von Fragen reflektiert.

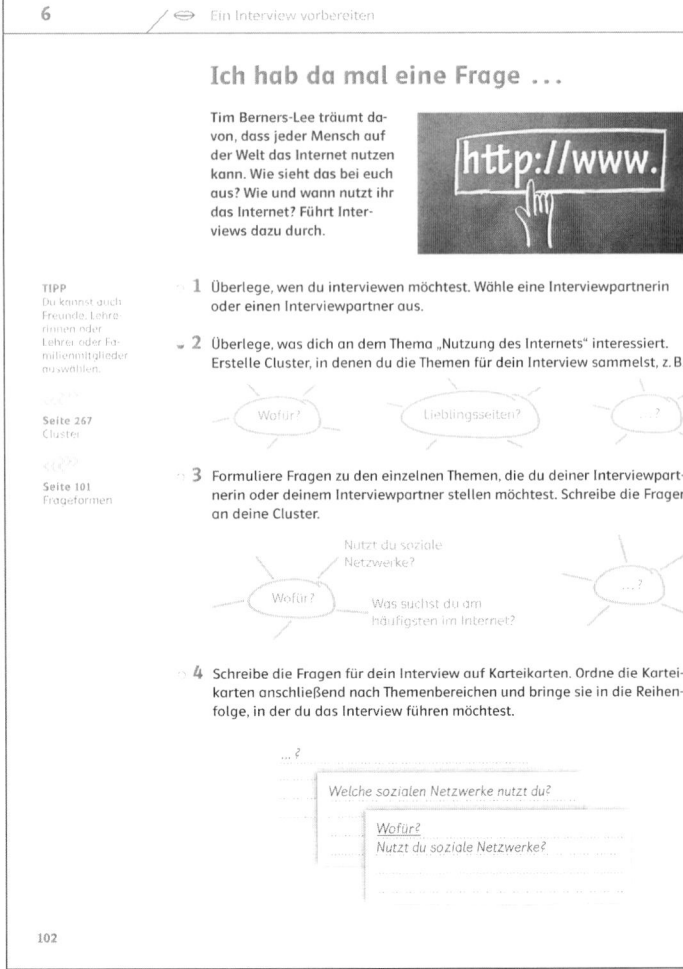

Lösungen

Aufgabe 2

individuelle Lösungen – Weitere Themenbereiche könnten sein: Geräteausstattung bzw. Zugang zum Internet, Sicherheit im Netz (Umgang mit Passwörtern, Umgang mit persönlichen Daten, …), Nutzungsverhalten (Wie oft? Wie lange? Allein oder mit Freunden?)

Aufgaben 3 und 4

individuelle Lösungen – Bei der Unterscheidung der Frageformen sollten die SuS noch einmal auf den Merkekasten „Frageformen" auf Seite 101 verwiesen werden.

Aufgabe 5

individuelle Lösungen – Die Antworten können natürlich stichwortartig festgehalten werden.

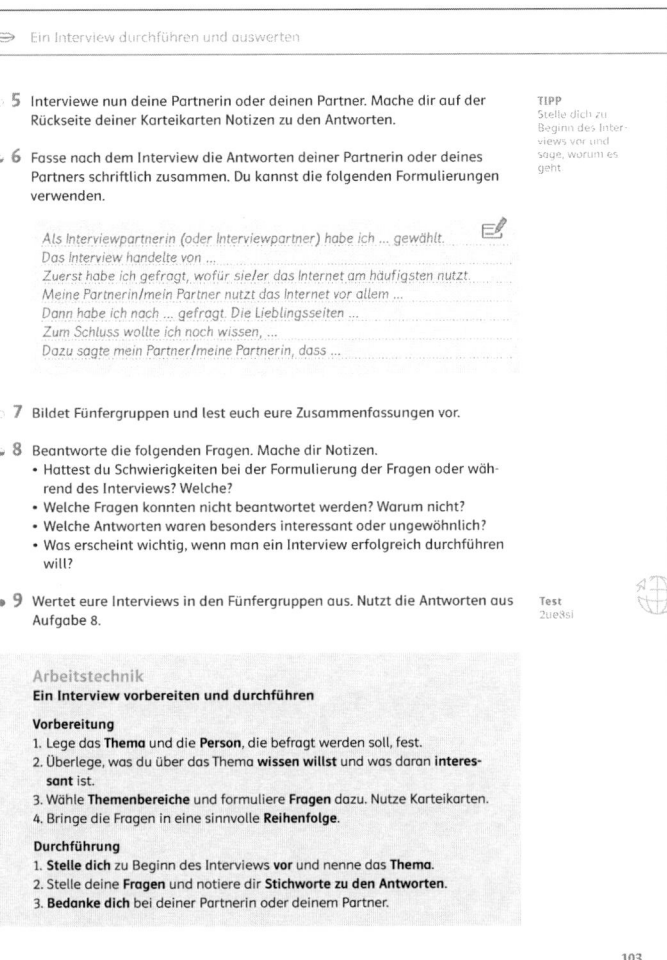

Ein Interview durchführen und auswerten

5 Interviewe nun deine Partnerin oder deinen Partner. Mache dir auf der Rückseite deiner Karteikarten Notizen zu den Antworten.

TIPP
Stelle dich zu Beginn des Interviews vor und sage, worum es geht

6 Fasse nach dem Interview die Antworten deiner Partnerin oder deines Partners schriftlich zusammen. Du kannst die folgenden Formulierungen verwenden.

Als Interviewpartnerin (oder Interviewpartner) habe ich … gewählt.
Das Interview handelte von …
Zuerst habe ich gefragt, wofür sie/er das Internet am häufigsten nutzt.
Meine Partnerin/mein Partner nutzt das Internet vor allem …
Dann habe ich nach … gefragt. Die Lieblingsseiten …
Zum Schluss wollte ich noch wissen, …
Dazu sagte mein Partner/meine Partnerin, dass …

7 Bildet Fünfergruppen und lest euch eure Zusammenfassungen vor.

8 Beantworte die folgenden Fragen. Mache dir Notizen.
• Hattest du Schwierigkeiten bei der Formulierung der Fragen oder während des Interviews? Welche?
• Welche Fragen konnten nicht beantwortet werden? Warum nicht?
• Welche Antworten waren besonders interessant oder ungewöhnlich?
• Was erscheint wichtig, wenn man ein Interview erfolgreich durchführen will?

9 Wertet eure Interviews in den Fünfergruppen aus. Nutzt die Antworten aus Aufgabe 8.

Test 2ue8si

Arbeitstechnik
Ein Interview vorbereiten und durchführen

Vorbereitung
1. Lege das **Thema** und die **Person**, die befragt werden soll, fest.
2. Überlege, was du über das Thema **wissen willst** und was daran **interessant** ist.
3. Wähle **Themenbereiche** und formuliere **Fragen** dazu. Nutze Karteikarten.
4. Bringe die Fragen in eine sinnvolle **Reihenfolge**.

Durchführung
1. **Stelle dich** zu Beginn des Interviews **vor** und nenne das **Thema**.
2. Stelle deine **Fragen** und notiere dir **Stichworte zu den Antworten**.
3. **Bedanke dich** bei deiner Partnerin oder deinem Partner.

103

Aufgaben 6 und 7
individuelle Lösungen

Aufgaben 8 und 9
individuelle Lösungen – Auch wenn alle SuS ihre eigenen Erfahrungen gemacht haben werden, sollte gleichwohl für alle deutlich werden, dass ein Interview umso besser gelingt, je gründlicher es vorbereitet worden ist.

Vorhandenes Zusatzmaterial zu dieser Doppelseite

▦ KV1 BASIS, S. 110
▦ KV1 EXTRA, S. 111
▦ KV1 PLUS, S. 112

▯ AH 7, Kapitel 6, S. 34

⊕ Test 2ue8si

DaZ-Kommentare

Aufgabe 2
Die Arbeit mit einem Cluster kann auch für das selbstständige Erlernen neuer Vokabeln mithilfe des Wörterbuches sehr nützlich sein, worauf die SuS unbedingt hingewiesen werden sollten.

Aufgabe 3
Schwächere SuS sollten unbedingt verstärkt auf die richtige Bauweise der Fragen achten.

Aufgabe 5
Vorher sollten die SuS unbedingt die Arbeitstechnik „Ein Interview vorbereiten und durchführen" (S. 103) gelesen und, wenn nötig, übersetzt haben.

Sheryl Sandberg und Facebook

BASIS-Seiten

Die BASIS-Seiten leiten die Erschließung eines Interviews und die Präsentation der darin enthaltenen Informationen an. Die Schülerinnen und Schüler (SuS) lesen dazu zunächst den Anfang eines fiktiven Interviews mit der Geschäftsführerin von Facebook und beantworten Inhaltsfragen dazu. Sie erfassen zugleich, welche thematischen Aspekte nicht angesprochen werden und formulieren dazu eigene Fragen, die sie an den zweiten Interviewteil herantragen und deren Antworten sie auch im Internet recherchieren können. In Form zunächst eines Informationstextes, dann auch als Infoplakat oder einem gespielten Interview werden die Informationen präsentiert. Abschließend wird eine Diskussion angeregt.

Kommentare zu den Aufgaben

Einstieg und Aufgabe 1

Als Einstieg in die Unterrichtseinheit kann gefragt werden, wer von den SuS Facebook nutzt. Jede Schülerin / jeder Schüler könnte dabei in einem Satz begründen, warum sie oder er Facebook nutzt bzw. warum nicht. Zum Mediennutzungsverhalten der SuS vgl. dann auch Aufgabe 10. Anschließend lesen die SuS den ersten Teil des Interviews.

Aufgaben 2 und 3

Indem die SuS Fragen zum Inhalt beantworten, sichern sie ihr Textverständnis. Dies schließt auch das Benennen thematischer Aspekte mit ein, über die man im Interview gerade nichts erfährt.

Aufgabe 4

Vorbereitend auf die Lektüre des zweiten Teils des Interviews formulieren die SuS vier persönliche Fragen an Sandberg, deren Antworten sie (im Idealfall auch wirklich) gerne wüssten. Vgl. zu diesen Fragen dann auch die Aufgaben 6 und 7.
Erweiterung:
Die SuS geben jeweils an, ob es sich um eine Entscheidungs- oder Ergänzungsfrage handelt und welche Art von Antwort sie darauf erwarten.

Aufgaben 5 und 6

Die SuS lesen nun den zweiten Teil des Interviews und sichern anschließend ihr Textverständnis. Sie kommen dabei auf die von ihnen in Aufgabe 4 formulierten Fragen zurück und klären, welche davon durch den zweiten Interviewteil beantwortet wurden.

Aufgabe 7

Noch offene Fragen der SuS werden im Internet recherchiert.
Alternative:
Es bietet sich auch Gruppenarbeit an. Die offenen Fragen werden dazu stichwortartig gesammelt. SuS mit denselben oder doch vergleichbaren Fragen schließen sich in Gruppen zusammen und recherchieren gemeinsam.

Sheryl Sandberg und Facebook

[1 Harvard University: berühmte Privatuniversität in Cambridge, Massachusetts]

Sheryl Sandberg ist eine der erfolgreichsten Unternehmerinnen der Welt. Sie studierte in Harvard[1] Wirtschaftswissenschaften, arbeitete unter anderem bei der Weltbank und im Wirtschaftsministerium der USA, bevor sie 2001 zu Google und dann 2008 zu Facebook ging. Dort ist sie Geschäftsführerin und hat das Unternehmen an die Börse gebracht. Das soziale Netzwerk Facebook gilt heute als das größte weltweit – trotz Kritik am schlechten Datenschutz. Daneben gibt es eine Vielzahl weiterer Netzwerke, die bekanntesten sind Twitter, Google+ und Instagram.

[2 fiktiv: erfunden, ausgedacht. Die Informationen aus den Interviews stammen aus verschiedenen Quellen.]

1 Lies den ersten Teil eines fiktiven[2] Interviews mit Sheryl Sandberg.

Interviewer Seit wann arbeiten Sie bei Facebook?
Sheryl Sandberg Zu Facebook ging ich 2008. Das Unternehmen war Anfang 2004 als soziales Netzwerk für Harvard-Studenten online gegangen. Seit 2006 ist Facebook für alle über 13-Jährigen offen. Als ich kam, machte das Unternehmen noch keinen Umsatz. Meine Aufgabe war es, das zu ändern. Seit einigen Jahren machen wir mit Facebook Umsatz, vor allem über Werbung. 2012 sind wir auch an die Börse gegangen.
Interviewer Welche Idee steckt hinter Facebook?
Sheryl Sandberg Die Mehrzahl der Menschen will kommunizieren. Soziale Netzwerke helfen, mit Menschen in Kontakt zu bleiben, die man auch im echten Leben kennt. Inzwischen sind soziale Netzwerke aber auch für Unternehmen wichtig.
Interviewer Wird ihr Unternehmen auch in Zukunft eine große Bedeutung haben?
Sheryl Sandberg Wir überarbeiten unser Angebot ständig. Ich denke deshalb, dass auch in Zukunft viele Menschen Facebook nutzen werden.

2 Beantworte die folgenden Fragen schriftlich.
• Wann wurde Facebook gegründet?
• Was ist Facebook?
• Mit welchem Ziel wurde Facebook gegründet?

3 Welche Themen werden im ersten Teil des Interviews angesprochen? Worüber erfahrt ihr nichts? Tauscht euch im Tandem aus.

4 Im zweiten Teil des Interviews geht es um die Person Sheryl Sandberg. Welche Fragen würden dich interessieren? Schreibe mindestens vier Fragen auf.

5 Lies nun den zweiten Teil des fiktiven Interviews.

Interviewer Haben Sie sich schon immer für Computer interessiert?
Sheryl Sandberg Nun ja, ich habe Wirtschaft studiert, da sind Computer und Mathematik natürlich wichtig. Daneben liegen mir aber vor allem

Seite 101
Frageformen

104

Aufgabe 8

Mithilfe der Informationen aus dem Interview sowie der selbst recherchierten Informationen verfassen die SuS einen Informationstext über Sheryl Sandberg. Dazu könnten eingangs Gliederungsmöglichkeiten besprochen werden (vgl. die Lösungshinweise).

Aufgabe 9

Die SuS wählen in Gruppen eine weitere Präsentationsform (Infoplakat, fiktives Interview) aus, gestalten sie und präsentieren sie schließlich in der Klasse.

Aufgabe 10

Die abschließende Aufgabe will die Reflexion des Mediennutzungsverhaltens durch die SuS anregen. Es kann dabei an den Einstieg in die Unterrichtseinheit angeknüpft werden, indem einerseits gezielt nach Nutzungsdauer und -häufigkeit sowie Erfahrungen mit den Netzwerk gefragt wird, andererseits können die SuS, die Facebook nicht oder nur selten nutzen, über die Nachteile befragt werden. Wichtig ist hierbei, dass das Mediennutzungsverhalten der SuS lehrerseitig nicht bewertet wird.

die Frauenrechte am Herzen. Ich habe viel zu Themen wie dem sozialen
5 Gefälle zwischen Ehemann und -frau geforscht. Ich finde es sehr wichtig,
Frauen zu stärken.
Interviewer Wie kann man sich einen Arbeitstag von Ihnen vorstellen?
Sheryl Sandberg Ich beginne früh zu arbeiten und bleibe bis maximal
17.30 Uhr im Büro. Dann gehe ich Hause, um mit meinen Kindern zu
10 Abend zu essen. Natürlich muss ich auch oft verreisen – dann sind die
Arbeitstage länger.
Interviewer Sie haben zwei Kinder. Wie wichtig sind Ihnen Familie und
Beruf?
Sheryl Sandberg Meine Familie steht für mich an erster Stelle. Seit mein
15 Mann gestorben ist, habe ich natürlich noch mehr Verantwortung. Aber
ich habe auch Unterstützung durch einige Angestellte. Ganz allein könnte
ich es kaum schaffen.
Interviewer Was verstehen Sie unter Chancengleichheit?
Sheryl Sandberg Ich wünsche mir, dass weltweit mehr Führungspositionen
20 von Frauen besetzt werden. Leider haben viele Frauen noch zu wenig Selbst-
vertrauen. Sie nehmen sich zurück oder kümmern sich fast allein um Haus-
arbeit und Kinder. Damit überlassen sie den Männern die Chefpositionen.
Ich möchte andere Frauen motivieren, für ihre Karriere zu kämpfen.

6 Besprecht im Tandem die folgenden Fragen. Macht euch Notizen.

TIPP
Beachte die markierten Wörter.

• Welche Themen werden im zweiten Teil des Interviews angesprochen?
• Sind eure Fragen aus Aufgabe 4 beantwortet worden?

7 Falls deine Fragen aus Aufgabe 4 nicht beantwortet wurden, dann beschaffe
dir die nötigen Informationen selbst. Sprich mit anderen Menschen oder
nutze das Internet.

«⟨⟩»
Seite 275
Internet-
recherche

8 Schreibe einen Informationstext über Sheryl Sandberg. Verwende die Informationen aus Aufgabe 7, aus der Einleitung und den beiden Teilen des Interviews.

9 Präsentiert nun eure Informationen zu Sheryl Sandberg in der Klasse.
Wählt A oder B.

A Fertigt ein Infoplakat zum Leben und Wirken von Sheryl Sandberg an.

B Spielt im Tandem ein Interview mit Sheryl Sandberg vor, in dem ihr über ihr
Leben und ihre Karriere sprecht.

«⟨⟩»
Seite 103
ein Interview
vorbereiten und
durchführen

10 Wählt Thema A oder B. Diskutiert in der Klasse darüber.

A Tauscht euch über euer eigenes Verhalten in sozialen Netzwerken und die
Vor- und Nachteile von Facebook aus.

B Tauscht euch über die verschiedenen Positionen von Frauen und Männern
in der Arbeitswelt aus.

105

Lösungen

Aufgabe 1
Leseaufgabe

Aufgabe 2
– *Wann wurde Facebook gegründet?* – Facebook gibt es seit Anfang 2004 und wurde von Harvard-Studenten gegründet.
– *Was ist Facebook?* – Facebook ist ein soziales Netzwerk.
– *Mit welchem Ziel wurde Facebook gegründet?* – Facebook wurde gegründet, um Menschen, die sich schon kennen, zu helfen, miteinander in Kontakt zu bleiben.

Aufgabe 3
Im ersten Teil des Interviews geht es um die Ursprünge der Plattform (Start der Plattform, ursprüngliche Ziele) und seine heutige Verbreitung. Nicht Thema sind unter anderem: die mit Facebook und dessen Nutzung verbundenen Gefahren bzw. Probleme.

Aufgabe 4
individuelle Lösung

Aufgabe 5
Leseaufgabe

Vorhandenes Zusatzmaterial zu dieser Doppelseite

▤ Differenzierungskarte EXTRA, S. 23
▤ Differenzierungskarte PLUS, S. 23

Aufgabe 6
Im zweiten Teil des Interviews geht es um Persönliches (Interessen Sandbergs, ihren Tagesablauf, ihre künftigen Ziele und Pläne).

Aufgabe 7
individuelle Lösung

Aufgabe 8
individuelle Lösung – Zu achten wäre darauf, dass die Texte die verschiedenen Informationen über Sandberg thematisch geordnet präsentieren, z.B. in folgender Reihenfolge: allgemeine Angaben zur Biografie (Name, Geburtsdatum, Geburtsort, Elternhaus, Schulausbildung und Studium), persönliche Interessen und Privatleben (Hobbys, Familie), Arbeit für Facebook, künftige Ziele.

Aufgaben 9 und 10
individuelle Lösungen

DaZ-Kommentare

Aufgaben 1 und 5
Damit die SuS die kommenden Aufgaben im Unterricht bearbeiten können, sollte von ihnen das Interview unbedingt im Rahmen der vorherigen Hausaufgabe gelesen und übersetzt werden. Die unbekannten Wörter sollten wieder ins Vokabelheft eingetragen und ebenfalls übersetzt werden.

Steve Jobs – Ein Apfel geht um die Welt

EXTRA-Seiten

Die Extra-Seiten leiten die Erschließung eines Interviews und die Präsentation der darin enthaltenen Informationen an. Die Schülerinnen und Schüler (SuS) lesen dazu zunächst den Anfang eines Interviews mit dem Apple-Gründer Steve Jobs und beantworten Inhaltsfragen dazu. Sie formulieren eigene Fragen, die sie an den zweiten Interviewteil herantragen und deren Antworten sie auch recherchieren können. Anhand des zweiten Interviewteils üben sie außerdem, aus Antworten Fragen abzuleiten. Sie erkennen, dass Fragen aufeinander aufbauen und an die zuvor gegebenen Antworten anknüpfen können. In Form eines Nachrichtentextes üben die SuS abschließend, die im Interview enthaltenen und von ihnen recherchierten Informationen zu präsentieren.

Kommentare zu den Aufgaben

Einstieg, Aufgaben 1 und 2
Die SuS lesen den ersten Teil eines erfundenen Interviews mit Steve Jobs und sichern ihr Textverständnis durch die Beantwortung von Inhaltsfragen.

Aufgabe 3
Vorbereitend auf die Lektüre des zweiten Teils des Interviews formulieren die SuS fünf Fragen an Steve Jobs, deren Antworten sie (im Idealfall auch wirklich) gerne wüssten. Vgl. zu diesen Fragen dann auch die Aufgaben 7 und 8.
Erweiterung:
Die SuS geben jeweils an, ob es sich um eine Entscheidungs- oder Ergänzungsfrage handelt und welche Art von Antwort sie darauf erwarten.

Aufgaben 4 und 5
Die SuS lesen nun den zweiten Teil des Interviews und ergänzen die fehlenden Fragen passend zu den vorgegebenen Antworten.

Aufgabe 6
Die SuS präsentieren ihre Arbeitsergebnisse, indem sie das gesamte Interview vortragen.

Aufgaben 7 und 8
Die SuS kommen dabei auf die von ihnen in Aufgabe 3 formulierten Fragen zurück, die sie zunächst mit den Fragen des Interviews hinsichtlich der Unterschiede und Gemeinsamkeiten vergleichen. Sie klären dann, welche ihrer Fragen durch den zweiten Interviewteil beantwortet wurden und recherchieren die Antworten auf die noch offenen Fragen.
Alternative:
Für die Recherche bietet sich Gruppenarbeit an. Die offenen Fragen werden dazu stichwortartig gesammelt. SuS mit denselben oder doch vergleichbaren Fragen schließen sich in Gruppen zusammen und recherchieren gemeinsam.

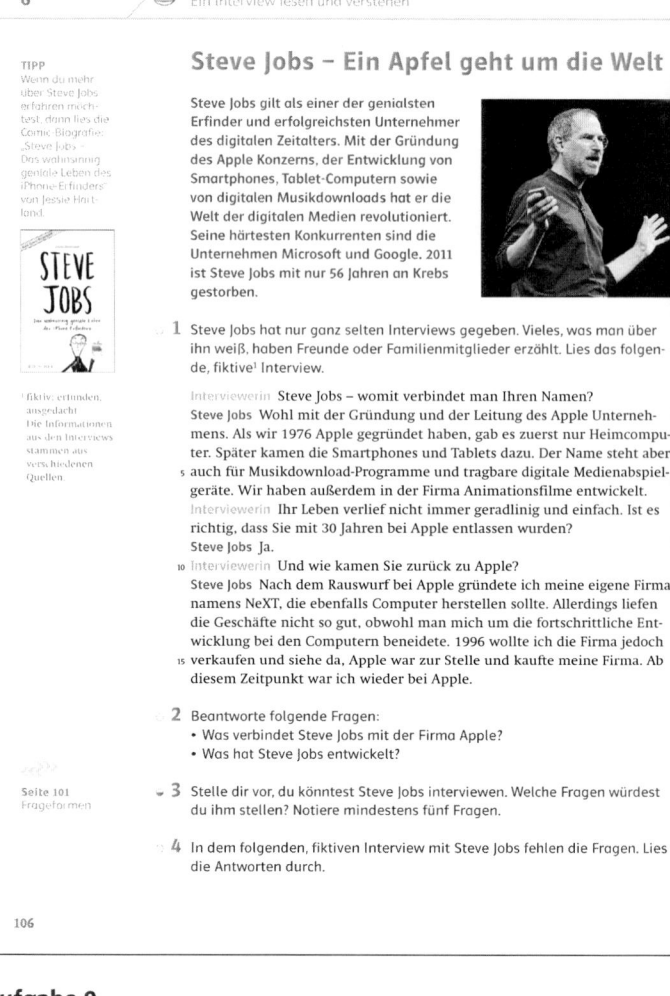

Steve Jobs – Ein Apfel geht um die Welt

TIPP
Wenn du mehr über Steve Jobs erfahren möchtest, dann lies die Comic-Biografie „Steve Jobs – Das wahnsinnig geniale Leben des iPhone-Erfinders" von Jessie Hartland.

Steve Jobs gilt als einer der genialsten Erfinder und erfolgreichsten Unternehmer des digitalen Zeitalters. Mit der Gründung des Apple Konzerns, der Entwicklung von Smartphones, Tablet-Computern sowie von digitalen Musikdownloads hat er die Welt der digitalen Medien revolutioniert. Seine härtesten Konkurrenten sind die Unternehmen Microsoft und Google. 2011 ist Steve Jobs mit nur 56 Jahren an Krebs gestorben.

[1] fiktiv: erfunden, ausgedacht Die Informationen aus den Interviews stammen aus verschiedenen Quellen.

1 Steve Jobs hat nur ganz selten Interviews gegeben. Vieles, was man über ihn weiß, haben Freunde oder Familienmitglieder erzählt. Lies das folgende, fiktive[1] Interview.

Interviewerin Steve Jobs – womit verbindet man Ihren Namen?
Steve Jobs Wohl mit der Gründung und der Leitung des Apple Unternehmens. Als wir 1976 Apple gegründet haben, gab es zuerst nur Heimcomputer. Später kamen die Smartphones und Tablets dazu. Der Name steht aber auch für Musikdownload-Programme und tragbare digitale Medienabspielgeräte. Wir haben außerdem in der Firma Animationsfilme entwickelt.
Interviewerin Ihr Leben verlief nicht immer geradlinig und einfach. Ist es richtig, dass Sie mit 30 Jahren bei Apple entlassen wurden?
Steve Jobs Ja.
Interviewerin Und wie kamen Sie zurück zu Apple?
Steve Jobs Nach dem Rauswurf bei Apple gründete ich meine eigene Firma namens NeXT, die ebenfalls Computer herstellen sollte. Allerdings liefen die Geschäfte nicht so gut, obwohl man mich um die fortschrittliche Entwicklung bei den Computern beneidete. 1996 wollte ich die Firma jedoch verkaufen und siehe da, Apple war zur Stelle und kaufte meine Firma. Ab diesem Zeitpunkt war ich wieder bei Apple.

2 Beantworte folgende Fragen:
• Was verbindet Steve Jobs mit der Firma Apple?
• Was hat Steve Jobs entwickelt?

Seite 101
Frageformen

3 Stelle dir vor, du könntest Steve Jobs interviewen. Welche Fragen würdest du ihm stellen? Notiere mindestens fünf Fragen.

4 In dem folgenden, fiktiven Interview mit Steve Jobs fehlen die Fragen. Lies die Antworten durch.

106

Aufgabe 9
Die SuS verfassen einen Nachrichtentext, in dem sie über Steve Jobs und sein Leben und seine Erfolge berichten. Vgl. zur Präsentation der Texte Aufgabe 11.

Aufgaben 10 und 11
Die SuS führen zunächst eine Blitzlichtrunde zu Steve Jobs durch. Anschließend wird ein Nachrichtentext in der Klasse präsentiert und ggf. auch durch die Klasse bewertet.

Lösungen

Aufgabe 1
Leseaufgabe

Aufgabe 2
- *Was verbindet Steve Jobs mit der Firma Apple?* – Jobs war Mitgründer und langjähriger Leiter des Unternehmens.
- *Was hat Steve Jobs entwickelt?* – Steve Jobs hat als Leiter von Apple viele Produkte (Smartphones, Tablets, Downloadprogramme) entwickelt.

Aufgabe 3
individuelle Lösung

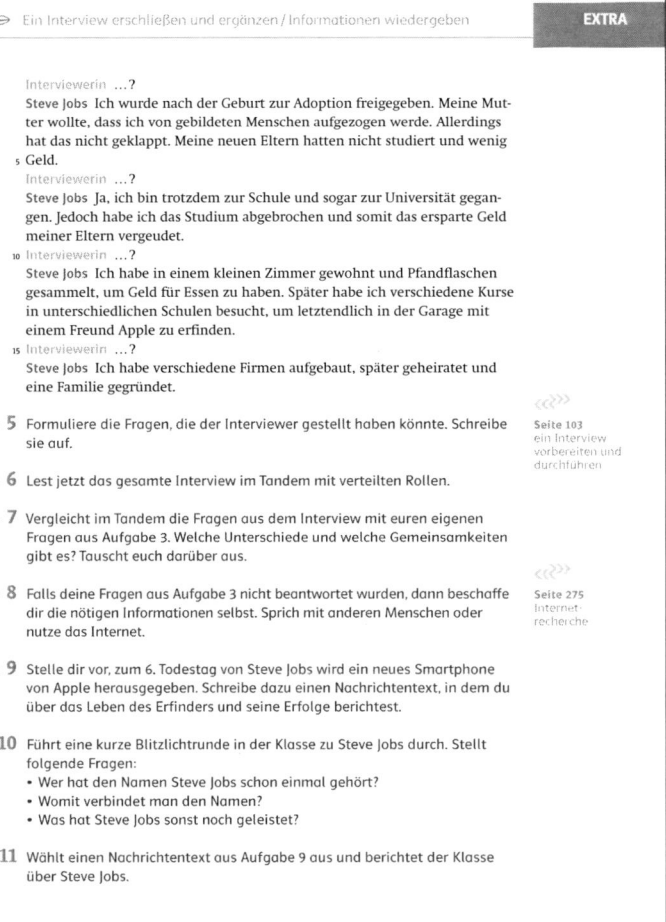

Interviewerin …?

Steve Jobs Ich wurde nach der Geburt zur Adoption freigegeben. Meine Mutter wollte, dass ich von gebildeten Menschen aufgezogen werde. Allerdings hat das nicht geklappt. Meine neuen Eltern hatten nicht studiert und wenig
5 Geld.

Interviewerin …?

Steve Jobs Ja, ich bin trotzdem zur Schule und sogar zur Universität gegangen. Jedoch habe ich das Studium abgebrochen und somit das ersparte Geld meiner Eltern vergeudet.

10 Interviewerin …?

Steve Jobs Ich habe in einem kleinen Zimmer gewohnt und Pfandflaschen gesammelt, um Geld für Essen zu haben. Später habe ich verschiedene Kurse in unterschiedlichen Schulen besucht, um letztendlich in der Garage mit einem Freund Apple zu erfinden.

15 Interviewerin …?

Steve Jobs Ich habe verschiedene Firmen aufgebaut, später geheiratet und eine Familie gegründet.

5 Formuliere die Fragen, die der Interviewer gestellt haben könnte. Schreibe sie auf.

Seite 103
ein Interview
vorbereiten und
durchführen

6 Lest jetzt das gesamte Interview im Tandem mit verteilten Rollen.

7 Vergleicht im Tandem die Fragen aus dem Interview mit euren eigenen Fragen aus Aufgabe 3. Welche Unterschiede und welche Gemeinsamkeiten gibt es? Tauscht euch darüber aus.

8 Falls deine Fragen aus Aufgabe 3 nicht beantwortet wurden, dann beschaffe dir die nötigen Informationen selbst. Sprich mit anderen Menschen oder nutze das Internet.

Seite 275
Internet-
recherche

9 Stelle dir vor, zum 6. Todestag von Steve Jobs wird ein neues Smartphone von Apple herausgegeben. Schreibe dazu einen Nachrichtentext, in dem du über das Leben des Erfinders und seine Erfolge berichtest.

10 Führt eine kurze Blitzlichtrunde in der Klasse zu Steve Jobs durch. Stellt folgende Fragen:
• Wer hat den Namen Steve Jobs schon einmal gehört?
• Womit verbindet man den Namen?
• Was hat Steve Jobs sonst noch geleistet?

11 Wählt einen Nachrichtentext aus Aufgabe 9 aus und berichtet der Klasse über Steve Jobs.

107

Aufgabe 4
Leseaufgabe

Aufgabe 5
individuelle Lösung –
Beispiele:
– Z. 1: Wer waren Ihre Eltern?
– Z. 6: Haben Ihre neuen Eltern Ihnen dennoch eine Ausbildung ermöglicht?
– Z. 10: Was haben Sie nach dem Abbruch Ihres Studiums gemacht?
– Z. 15: Und wie ging es dann weiter?

Aufgabe 6
individuelle Lösung – Auf sinnbetontes Lesen sollte geachtet werden.

Aufgabe 7
individuelle Lösung – Vergleichsaspekt könnte neben dem Inhalt auch die Frageform sein. Im Idealfall erkennen die SuS, dass Fragen aufeinander aufbauen und dabei auch an die zuvor gegebenen Antworten anknüpfen.

Aufgabe 8
individuelle Lösung

Aufgabe 9
individuelle Lösung –
Beispiel für einen Anfang:
Anlässlich des Jahrestages des Todes von Steve Jobs am 5. Oktober 2011 hat Apple eine Sonderedition des ersten iPhones aufgelegt. Das Unternehmen erinnert damit an jenen Mann, der das Unternehmen 1976 nicht nur gegründet, sondern es auch viele Jahre geleitet hatte. Steve Jobs, der am 24. Februar 1955 in Kalifornien …

Aufgaben 10 und 11
individuelle Lösungen

Vorhandenes Zusatzmaterial zu dieser Doppelseite

📑 Differenzierungskarte BASIS, S. 24
📑 Differenzierungskarte PLUS, S. 24

Bill Gates – Microsoft und die Stiftung

PLUS-Seiten

Die Schülerinnen und Schüler (SuS) werten einen Informationstext über Bill Gates aus. Sie ordnen die verschiedenen Informationen bestimmten Themenbereichen zu und bereiten ein fiktives Interview mit Bill Gates vor, indem sie zu den verschiedenen Informationen Fragen formulieren. Das Interview wird anschließend ausgearbeitet und geübt (Sprechweise, Mimik, Gestik) und schließlich vorgeführt.

Kommentare zu den Aufgaben

Einstieg
Die SuS werden befragt, ob und was sie über Bill Gates wissen. Relevante Antworten können stichwortartig an der Tafel festgehalten werden.

Aufgaben 1 und 2
Die SuS lesen einen Informationstext über Bill Gates und sichern ihr Textverständnis durch die Beantwortung von Inhaltsfragen.

Aufgaben 3 und 4
Die SuS werten den Informationstext über Bill Gates gezielt aus und formulieren zu den verschiedenen Informationen passende Interviewfragen. Die Interviewfragen werden ausgetauscht überprüft und ggf. überarbeitet.

Aufgaben 5 bis 8
Die SuS schreiben nun ein vollständiges Interview, üben es und führen es abschließend der Klasse vor.
Alternative:
Bereits Aufgabe 5 wird im Tandem (dieselben Teams wie bei A 6) bearbeitet.

Aufgabe 9
Die SuS üben die Reflexion von Informationen, indem sie über mögliche Folgen von Gates' finanziellem Einsatz bei der WHO nachdenken.

Bill Gates – Microsoft und die Stiftung

Der Programmierer und Unternehmer Bill Gates wurde durch die Einnahmen seiner Softwarefirma Microsoft zum reichsten Menschen der Welt. Nachdem er 2008 die Firma verlassen hatte, widmete er sich verstärkt seiner 1999 gegründeten Stiftung[1], die den Kampf gegen Armut und Krankheiten auf der ganzen Welt unterstützt.

1 Lies den folgenden Text.

Bill Gates wurde im Jahr 1955 in Seattle (USA) als Kind eines Rechtsanwaltes und einer Lehrerin geboren. Schon früh besuchte er eine Privatschule, auf der er bereits im Alter von 13 Jahren am PC lernen konnte. Als er mit 18 Jahren an der berühmten Harvard-Universität Jura studierte, galt sein
5 Interesse vor allem den Computerräumen. Dort traf er auch seinen späteren Freund und Mitbegründer von Microsoft Paul Allen.
Mitte der 1970er-Jahre brach Bill Gates sein Studium ab, gründete mit Allen die Firma Microsoft und widmete sich ausschließlich seiner Arbeit als Firmenchef. Bei Microsoft entstand Anfang der 1980er-Jahre das Betriebs-
10 system Windows, welches das Funktionieren eines Computers erst ermöglicht. Es entwickelte sich zum erfolgreichsten Betriebssystem weltweit und machte die Firma, neben IBM, Oracle und Apple, zu einem bedeutenden Softwarehersteller.
1994 heiratete Bill Gates die Projektmanagerin Melinda French, die beiden
15 bekamen drei Kinder. 2007 trat Bill Gates von der aktiven Firmenarbeit zurück. Er und seine Frau Melinda gründeten 1999 eine Stiftung mit dem Ziel, Gesundheitsprojekte, Forschung und Wissenschaft auf der ganzen Welt sowie UNICEF[2] und den Kampf gegen den Klimawandel zu unterstützen. Gates' Stiftung spendet in jedem Jahr Millionen Dollar für Impf-
20 aktionen gegen Infektionskrankheiten wie Kinderlähmung oder Malaria und für die AIDS-Forschung. Experten loben diese Initiative, weil sie die Kindersterblichkeit gesenkt habe. Doch es gibt auch Kritik. Gates werden Geschäfte mit der Pharmaindustrie vorgeworfen. Er würde mit dem Einsatz bestimmter Medikamente viel Geld verdienen.
25 Bill Gates und seine Frau besuchen häufig die Länder, in denen ihre Stiftung aktiv ist, um ihre Arbeit zu beobachten. Er selbst sagt, dass es ihm nicht um Ruhm gehe, sondern um jedes einzelne Menschenleben, dass man retten kann. Und er sei gern bereit, sein Vermögen mit hilfsbedürftigen Menschen zu teilen.

2 Beantworte folgende Fragen. Mache dir Notizen.
- Was hat Bill Gates berühmt gemacht?
- Was erfährst du über Bill Gates' Privatleben?
- Wofür setzt sich die Stiftung von Bill Gates und seiner Frau ein?

[1] Stiftung: Organisation, die das Geld/Vermögen einer Person nach deren Wünschen verteilt

Leseschlüssel

[2] UNICEF: Kinderhilfswerk der Vereinten Nationen

108

Lösungen

Aufgabe 1
Leseaufgabe

Aufgabe 2
- *Was hat Bill Gates berühmt gemacht?* – Bill Gates wurde als Gründer von Microsoft und Entwickler des Betriebssystems Windows berühmt.
- *Was erfährst du über Bill Gates' Privatleben?* – Man erfährt sowohl etwas über seine Eltern, seine Jugend und seine Ausbildung als auch etwas über sein jetziges Leben (verheiratet, drei Kinder).
- *Wofür setzt sich die Stiftung von Bill Gates und seiner Frau ein?* – Die Stiftung verfolgt das Ziel, Gesundheitsprojekte, Forschung und Wissenschaft sowie UNICEF und den Kampf gegen den Klimawandel zu unterstützen.

Aufgaben 3 und 4
individuelle Lösungen –
Auswertungsbeispiel:
- Gates' Herkunft und Ausbildung (geboren 1955 in Seattle, Vater Rechtsanwalt, Mutter Lehrerin, …) → Mögliche Frage: Aus welchen Familienverhältnissen stammen Sie und welche schulische Ausbildung haben Sie?

3 Schreibe den Informationstext über Bill Gates in ein Interview um.
Gehe so vor:
- Ordne den Informationstext nach Themenbereichen.
- Schreibe alle Informationen, die zu einem Themenbereich gehören, heraus.
- Sortiere die Informationen innerhalb eines Themenbereichs nach der zeitlichen oder logischen Reihenfolge.
- Formuliere zu deinen Informationen passende Interviewfragen.

TIPP
Wenn du noch weitere Informationen über Bill Gates aufnehmen willst, dann recherchiere im Internet.

«»
Seite 101
Frageformen

4 Tauscht euch im Tandem zu euren Interviewfragen aus. Überprüft sie mithilfe der folgenden Fragen. Gebt euch ein Feedback. Überarbeitet eure Fragen, wenn nötig.
- Passen die Fragen zu den Antworten?
- Sind die Fragen eindeutig und verständlich formuliert?

«»
Seite 103
ein Interview vorbereiten und durchführen

5 Schreibe nun das vollständige Interview mit den Fragen und den Antworten auf. Achte dabei auf die Formulierungen und eine logische Reihenfolge.

«»
Seite 263
szenisches Spiel

6 Bereitet im Tandem eine Vorführung des Interviews als szenisches Spiel vor. Geht so vor:
- Schreibt eine Einleitung (Anmoderation), in der ihr die Personen vorstellt und den Grund für das Interview nennt.
- Notiert Fragen und Antworten auf Karteikarten.
- Übt das Interview. Legt Sprechweise, Mimik und Gestik fest.

TIPP
Ihr könnt das Interview mit Kostümen, Requisiten und Bühnenbild ausgestalten.

7 Spielt nun das Interview der Klasse vor. Lasst euch ein Feedback geben.

«»
Seite 260
Feedback

8 Stellt jetzt der Klasse Fragen zu Bill Gates und lasst sie beantworten.

9 Bill Gates gilt als der größte private Spender der Weltgesundheitsorganisation WHO. Er darf dabei vorgeben, wofür das Geld eingesetzt wird. Diskutiert in der Klasse, was dies für Folgen haben kann.

109

Vorhandenes Zusatzmaterial zu dieser Doppelseite

▤ Differenzierungskarte BASIS, S. 25
▤ Differenzierungskarte EXTRA, S. 25

▤ ET2: Bill Gates – Microsoft und die Stiftung, S. 186

- Gates' Familienleben (1994 Heirat mit …, drei Kinder, …) → Mögliche Frage: Sind Sie verheiratet und haben Sie Kinder?
- Gründung von Microsoft und Entwicklung des Betriebssystems Windows → Mögliche Frage: Berühmt geworden sind Sie durch die Firma Microsoft. Wie kam das?
- Stiftung und deren Ziele (Gesundheitsprojekte, Forschung, …; Spenden von mehreren Millionen Dollar pro Jahr für …) → Mögliche Frage: Welche Ziele verfolgen Sie mit Ihrer Stiftung und wie arbeitet sie?
- Bewertung der Stiftung (Lob durch Experten, weil sie die Kindersterblichkeit senkt; Kritik, weil Geschäfte mit der Pharmaindustrie unterstellt werden) → Mögliche Frage: Wie wird die Arbeit Ihrer Stiftung in der Öffentlichkeit gesehen?
- Gates' persönliche Ziele (kein Streben nach Ruhm, sondern Leben retten; jedes Menschenleben zählt; teilt gern mit Hilfsbedürftigen) → Mögliche Frage: Was möchten Sie persönlich mit der Stiftung erreichen? Geht es Ihnen um Ruhm?

Aufgaben 5 und 6
individuelle Lösungen –
Beispiel (für eine Anmoderation; welche Informationen über Bill Gates in die Anmoderation fließen, hängt dabei natürlich auch vom Interview ab):
Liebe Mitschülerinnen und Mitschüler, ich freue mich, dass uns heute ein Mann für Fragen zur Verfügung steht, den jeder kennt und dessen Entwicklungen auf der ganzen Welt genutzt werden – Bill Gates.

Aufgaben 7 und 8
individuelle Lösungen – Zu beachten ist, dass ein kritisches Feedback immer mit einem konkreten Verbesserungsvorschlag verknüpft sein sollte.

Aufgabe 9
Auch wenn Spenden an sich natürlich zu begrüßen sind, hat ein derartiger Einsatz zumindest auch zwei problematische Konsequenzen. Zum einen gewinnt Gates' Einfluss auf die WHO, die eigentlich durch Staaten kontrolliert wird. Zum anderen könnten sich die Mitgliedsstaaten gleichsam an die hohen Spenden gewöhnen und ihr eigenes Engagement verringern.

Zul. online heute um ...

RGS-Seiten

Die RGS-Seiten führen in die Wortart Präposition ein. Die Schülerinnen und Schüler (SuS) machen sich durch verschiedene Übungen zunächst den Wortbestand bewusst und lernen dann, dass Präpositionen den Kasus ihres Bezugswortes bestimmen. Im Satzzusammenhang üben sie den Gebrauch der Präpositionen und achten dabei auf den richtigen Kasusgebrauch.

Kommentare zu den Aufgaben

Einstieg und Aufgabe 1
Die SuS lesen einen Text, in dem Präpositionen fehlen und machen sich dadurch die Leistung dieser speziellen Wortart, als „Verhältniswörter" Beziehungen auszudrücken, bewusst.

Aufgabe 2
Die SuS lesen den Text nun noch einmal und machen sich bewusst, welche Wörter unter anderem zu dieser Wortart gehören.

Aufgaben 3 und 4
Vor der Bearbeitung der Aufgaben 3 und 4 sollten die SuS zunächst den Merkekasten auf der Seite 110 lesen. Zu insgesamt acht der dort genannten Präpositionen bilden die SuS Sätze, in denen sie die Präpositionen und die dazugehörigen Substantive / Nomen markieren.
<u>Erweiterung:</u>
Die SuS tauschen ihre Sätze untereinander und kontrollieren die Markierungen gegenseitig.

Aufgaben 5 und 6
Die SuS machen sich bewusst, dass Präpositionen den Kasus des nachfolgenden Substantivs / Nomens bestimmen.

Aufgaben 7 bis 10
Die SuS üben den Gebrauch von Präpositionen und die Bestimmung der mit ihnen verbundenen Kasus. Bei der Verwendung von Präpositionen im Satzzusammenhang achten sie auch auf den richtigen Kasusgebrauch.

Lösungen

Aufgabe 1
Das Verständnis ist erschwert, weil „kleine" Wörter fehlen, die aber für den Zusammenhang sehr wichtig sind.

Aufgabe 2
<u>Seit</u> vielen Jahren wird das Medienverhalten <u>von</u> Kindern und Jugendlichen gründlich erforscht. Untersucht wird, welche Medien <u>durch</u> junge Menschen häufig genutzt werden und wie der Alltag <u>mit</u> Medien <u>in</u> Schule und Freizeit aussieht. <u>Bei</u> diesen Untersuchungen wurde auch festgestellt, dass heute viel mehr Kinder und Jugendliche Handys besitzen als noch <u>vor</u> fünf Jahren. Sie nutzen die Handys als Kommunikationsmittel <u>in</u> sozialen Netzwerken, sehen sich <u>auf</u> Internetplattformen Videos an und recherchieren wichtige Informationen <u>mit</u> Suchmaschinen. Vielen Kindern und Jugendlichen ist wichtig, <u>entgegen</u> der häufigen Meinung <u>von</u> Erwachsenen, den Umgang <u>mit</u> dem Internet zu erlernen. So wurde festgestellt, dass die meisten jungen Menschen auch <u>ohne</u> ausführliche Kenntnisse schon <u>nach</u> kurzer Zeit die vielfältigen Möglichkeiten der Medien kennengelernt haben.

Aufgaben 3 und 4
individuelle Lösungen

3 Wähle zu jedem Fall (Kasus) im Merkekasten auf Seite 110 zwei Präpositionen aus. Schreibe ganze Sätze mit diesen Präpositionen auf, z. B. *Ich rechne mit dem Taschenrechner.*

4 Unterstreiche in jedem Satz in Aufgabe 3 die Präposition. Markiere dann das dazugehörige Substantiv/Nomen mit dem Artikel, z. B. *Ich rechne mit dem Taschenrechner.*

5 Schreibe die folgenden Sätze ab. Setze die Wörter in den Klammern im richtigen Fall (Kasus) ein.

   a Bei ▬ kann ich mich austoben.   (mein Training)
   b Ohne ▬ gehe ich nicht aus dem Haus.   (das Handy)
   c Meine Kopfhörer liegen hinter ▬.   (das Bett)
   d Während ▬ bin ich wenig im Internet.   (die Schulzeit)

6 Denkt euch selbst drei Sätze wie in Aufgabe 5 aus. Diktiert sie euch abwechselnd im Tandem.

7 Schreibe die folgenden Sätze ab und setze dabei die fehlenden Präpositionen ein.

Laut Schulordnung ist das Telefonieren ▬ des Unterrichts verboten. An manchen Tagen dürfen wir ▬ dem Handy recherchieren, jedoch nicht ▬ die Zustimmung des Lehrers. ▬ diese Zeit freuen wir uns immer.

8 Unterstreiche in den Sätzen aus Aufgabe 7 die Präposition und das zugehörige Substantiv/Nomen mit dem Artikel.

9 Bestimmt im Tandem den Fall (Kasus), in dem das Substantiv/Nomen steht, und schreibt ihn dazu.

10 Manche Präpositionen können den Dativ oder den Akkusativ verlangen. Übernimm die Tabelle und vervollständige die Sätze. Unterstreiche die Präposition und das zugehörige Substantiv/Nomen mit dem Artikel.

Akkusativ (Wohin? – drückt eine Bewegung aus)	Dativ (Wo? – drückt eine Position aus)
Sie laufen <u>in das</u> Zimmer.	Sie stehen <u>in dem</u> Zimmer.
Er schaut hinter den Monitor.	Er sitzt hinter ... Monitor.
Er läuft hinter ... Schreibtisch.	Er sitzt an ... Schreibtisch.
Geh nicht auf ... Straße!	Geh nicht auf ... Straße!
Wir setzen uns auf ... Stuhl.	Wir sitzen auf ... Stuhl.

111

Aufgabe 5
a Bei <u>meinem Training</u> kann ich mich austoben.
b Ohne <u>das Handy</u> gehe ich nicht aus dem Haus.
c Meine Kopfhörer liegen hinter <u>dem Bett</u>.
d Während <u>der Schulzeit</u> bin ich wenig im Internet.

Aufgabe 6
individuelle Lösungen

Aufgaben 7 bis 9
Laut Schulordnung ist das Telefonieren <u>während</u> des <u>Unterrichts</u> (Genitiv) verboten. An manchen Tagen dürfen wir <u>mit</u> dem <u>Handy</u> (Dativ) recherchieren, jedoch nicht <u>ohne</u> die <u>Zustimmung</u> (Akkusativ) des Lehrers. <u>Auf</u> diese <u>Zeit</u> (Akkusativ) freuen wir uns immer.

Aufgabe 10

Akkusativ (Wohin? – drückt eine Bewegung aus)	Dativ (Wo? – drückt eine Position aus)
Sie laufen <u>in das Zimmer</u>.	Sie stehen <u>in dem Zimmer</u>.
Er schaut <u>hinter den Monitor</u>.	Er sitzt <u>hinter dem Monitor</u>.
Er läuft <u>hinter den Schreibtisch</u>.	Er sitzt <u>an dem Schreibtisch</u>.
Geh nicht <u>auf die Straße</u>!	Geh nicht <u>auf der Straße</u>!
Wir setzen uns <u>auf den Stuhl</u>.	Wir sitzen <u>auf dem Stuhl</u>.

Vorhandenes Zusatzmaterial zu dieser Doppelseite

▤ KV 2 BASIS, S. 113
▤ KV 2 EXTRA, S. 114
▤ KV 2 PLUS, S. 115

▢ AH 7, Kapitel 6, S. 35 – 37

DaZ-Kommentare

Präpositionen
Am Thema „Präpositionen" können manche SuS verzweifeln. Präpositionen haben des Öfteren mehrere Bedeutungen und bestimmen den Kasus des nachfolgenden Wortes. Dazu stehen zwar die meisten von ihnen vor einem Substantiv/Nomen, es gibt aber welche, die auch nach der Wortgruppe stehen müssen. Darüber hinaus kommen noch Wechselpräpositionen dazu und die mit ihnen verbundenen Richtungs- und Positionsverben. Dies sind die Gründe, weswegen die SuS immer alle Präpositionen mit dem entsprechenden Kasus auswendig lernen müssen.
Bei Wechselpräpositionen muss den SuS von Anfang an deutlich gemacht werden, dass sie immer zuerst überprüfen sollen, mit welchem Verb sie es zu tun haben. Nach Verben der Bewegung (zu einem Ziel hin) benutzt man Präpositionen, die den Akkusativ verlangen. Verben, die einen Zustand oder Situationen beschreiben (keine Bewegung!), folgen Dativ-Präpositionen. Bei temporalen Angaben folgt nach „an", „in", „vor", „zwischen" der Dativ (z. B: Ich stelle das Glas in den Schrank. Das Glas steht in dem Schrank. In einer Woche fliege ich nach England.). Erfahrungsgemäß hilft alleine der Verweis auf die Kasusfragen „Wo?" und „Wohin?" nur den wenigsten DaZ-SuS.

Merke: Präpositionen
Den meisten SuS werden die Präpositionen, die nach dem Genitiv verlangen, unbekannt sein und auch der Genitiv selbst.

Hinter den kleinen Wörtern

TRAININGS-Seiten

Die TRAININGS-Seiten üben den richtigen Gebrauch der Präpositionen. Die Schülerinnen und Schüler (SuS) wiederholen
dabei insbesondere die Bestimmung des mit der jeweiligen
Präposition verbundenen Kasus.

Kommentare zu den Aufgaben

Einstieg
Ein gesonderter Einstieg in die Seiten ist nicht erforderlich.

Aufgabe 1
Die SuS füllen vorgegebene Präpositionen in Lücken und
machen sich so noch einmal klar, welche Wörter zu dieser
Wortart gehören. Vgl. zu dieser Aufgabe dann auch die
Aufgabe 3.

Aufgabe 2
In einem kurzen Text erkennen die SuS die zehn darin
vorkommenden Präpositionen. Der Text enthält mit „im"
außerdem ein Schmelzwort (aus „in" und „dem"), das aber
von der Lehrkraft nicht angesprochen werden muss. Vgl. zu
dieser Aufgabe dann auch Aufgabe 3.

Aufgabe 3
Die SuS bestimmen für alle Präpositionen aus den Aufga-
ben 1 und 2, welche Kasus nach ihnen folgen.
Alternative:
Nur die leistungsstärkeren SuS bearbeiten diese Aufgabe
(dies auch im Tandem), während die leistungsschwächeren
SuS die nachfolgende Aufgabe 4 bearbeiten.

Aufgabe 4
Wieder bestimmen die SuS den Kasus, der nach einer Präpo-
sition folgt (und füllen die Tabelle zu Aufgabe 3 damit aus).
Vgl. zu dieser Aufgabe auch die Hinweise zu Aufgabe 3.

Aufgaben 5 und 6
Die SuS setzen Wortgruppen nach Präpositionen in den
richtigen Kasus.
Erweiterung:
Die SuS bestimmen jeweils den Kasus, der nach der Präposi-
tion folgt und ergänzen ihre Tabelle zu Aufgabe 3.

Aufgabe 7
Die abschließende Aufgabe festigt die Wortart noch einmal
durch die Anwendung.

Hinter den kleinen Wörtern

1 Wähle die passende Präposition aus und setze sie ein. Schreibe die
vollständigen Sätze auf.

| für | in | an | durch | nach | in | seit | mit | nach |

a Tim Berners-Lee ist ▬▬ London geboren.
b ▬▬ seine Mutter fand er Spaß ▬▬ der Mathematik.
c ▬▬ dieser Zeit gilt sein Interesse der Naturwissenschaft.
d ▬▬ der Schule studierte er ▬▬ Oxford Physik.
e Später zog er ▬▬ Genf, wo er ▬▬ der Forschung begann.
f Mittlerweile ist ▬▬ ihn die Familie das Wichtigste.

2 Schreibe den folgenden Text ab. Unterstreiche alle zehn Präpositionen.

Für Tim Berners-Lee war die Technik schon immer interessant. Er konnte
sich früh für technische Dinge begeistern. So bekam er im Alter von
elf Jahren seine erste Modelleisenbahn. Mit dieser spielte er lange und
bastelte viel an ihr herum. Erst nach seiner Schulzeit begann er an größeren technischen Geräten herumzuschrauben. So kaufte er sich ohne das
Wissen seiner Eltern ein Fernsehgerät und mithilfe anderer elektrischer
Teile baute er sich aus diesem seinen ersten Computer.

3 Übernimm die Tabelle. Trage alle Präpositionen aus den Aufgaben 1 und 2
in die richtige Spalte ein.

Präpositionen, die den **Genitiv** verlangen	Präpositionen, die den **Dativ** verlangen	Präpositionen, die den **Akkusativ** verlangen	Präpositionen, die den **Dativ oder Akkusativ** verlangen
...	...	...	...

4 Lies die folgenden Sätze. Welchen Fall (Kasus) verlangen die unterstriche-
nen Präpositionen? Schreibe die Sätze ab und ergänze den jeweiligen Fall
(Kasus), z.B. a *Berners-Lee interessierte sich außerhalb des Unterrichts für
Technik. – Die Präposition „außerhalb" verlangt den Genitiv.*

a Berners-Lee interessierte sich <u>außerhalb</u> des Unterrichts für Technik.
b <u>Nach</u> dem Fernsehen gehe ich ins Bett.
c <u>Trotz</u> seines Erfolgs blieb Tim Berners-Lee sehr bescheiden.
d <u>Ohne</u> die Hilfe seines Teams hätte er nicht so einen Erfolg gehabt.
e <u>Hinter</u> der Couch lag mein Telefon.
f Wir laufen <u>hinter</u> das Gebäude.

112

Lösungen

Aufgabe 1
a Tim Berners-Lee ist <u>in</u> London geboren.
b <u>Durch</u> seine Mutter fand er Spaß <u>an</u> der Mathematik.
c <u>Seit</u> dieser Zeit gilt sein Interesse der Naturwissenschaft.
d <u>Nach</u> der Schule studierte er <u>in</u> Oxford Physik.
e Später zog er <u>nach</u> Genf, wo er <u>mit</u> der Forschung begann.
f Mittlerweile ist <u>für</u> ihn die Familie das Wichtigste.

Aufgabe 2
<u>Für</u> Tim Berners-Lee war die Technik schon immer interes-
sant. Er konnte sich früh <u>für</u> technische Dinge begeistern. So
bekam er im Alter <u>von</u> elf Jahren seine erste Modelleisenbahn. <u>Mit</u> dieser spielte er lange und bastelte viel <u>an</u> ihr
herum. Erst <u>nach</u> seiner Schulzeit begann er <u>an</u> größeren
technischen Geräten herumzuschrauben. So kaufte er sich
<u>ohne</u> das Wissen seiner Eltern ein Fernsehgerät und <u>mit</u>hilfe
(<u>mit</u> Hilfe) anderer elektrischer Teile baute er sich <u>aus</u> diesem seinen ersten Computer.

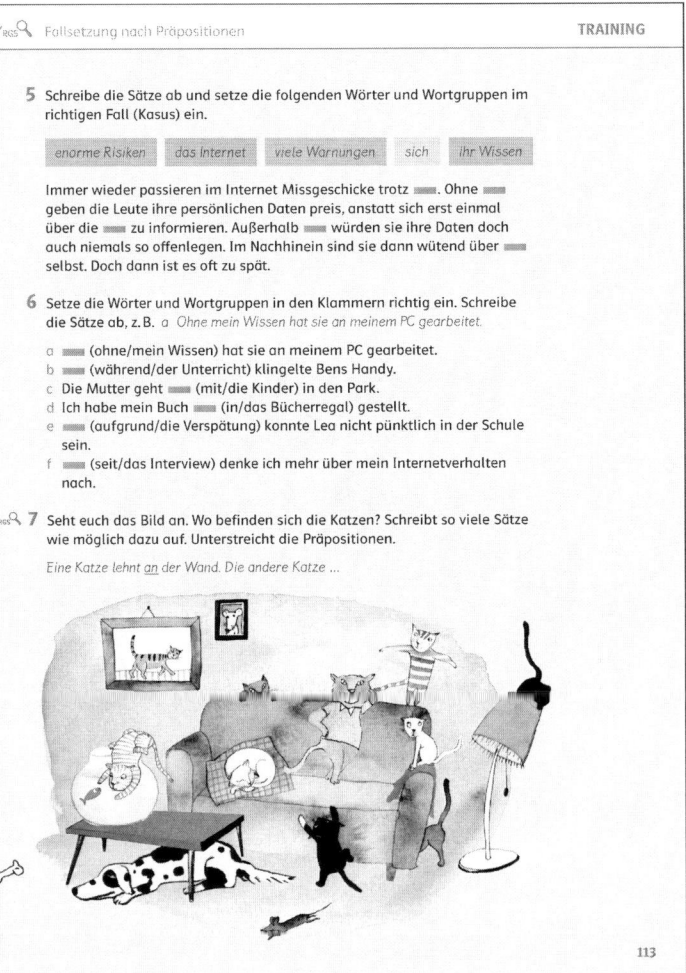

5 Schreibe die Sätze ab und setze die folgenden Wörter und Wortgruppen im richtigen Fall (Kasus) ein.

> enorme Risiken   das Internet   viele Warnungen   sich   ihr Wissen

Immer wieder passieren im Internet Missgeschicke trotz ▭. Ohne ▭ geben die Leute ihre persönlichen Daten preis, anstatt sich erst einmal über die ▭ zu informieren. Außerhalb ▭ würden sie ihre Daten doch auch niemals so offenlegen. Im Nachhinein sind sie dann wütend über ▭ selbst. Doch dann ist es oft zu spät.

6 Setze die Wörter und Wortgruppen in den Klammern richtig ein. Schreibe die Sätze ab, z. B. a *Ohne mein Wissen hat sie an meinem PC gearbeitet.*

a ▭ (ohne/mein Wissen) hat sie an meinem PC gearbeitet.
b ▭ (während/der Unterricht) klingelte Bens Handy.
c Die Mutter geht ▭ (mit/die Kinder) in den Park.
d Ich habe mein Buch ▭ (in/das Bücherregal) gestellt.
e ▭ (aufgrund/die Verspätung) konnte Lea nicht pünktlich in der Schule sein.
f ▭ (seit/das Interview) denke ich mehr über mein Internetverhalten nach.

7 Seht euch das Bild an. Wo befinden sich die Katzen? Schreibt so viele Sätze wie möglich dazu auf. Unterstreicht die Präpositionen.

Eine Katze lehnt <u>an</u> der Wand. Die andere Katze …

113

Aufgabe 3

Präpositionen mit Genitiv	Präpositionen mit Dativ	Präpositionen mit Akkusativ	Präpositionen mit Dativ oder Akkusativ
–	seit, nach, mit, von, aus	durch, für, ohne	in, an

Aufgabe 4

a Die Präposition „außerhalb" verlangt den Genitiv.
b Die Präposition „nach" verlangt den Dativ.
c Die Präposition „trotz" verlangt den Genitiv.
d Die Präposition „ohne" verlangt den Akkusativ.
e/f Die Präposition „hinter" verlangt den Dativ oder den Akkusativ.

Aufgabe 5

Immer wieder passieren im Internet Missgeschicke trotz <u>vieler Warnungen</u> (Genitiv). Ohne <u>ihr Wissen</u> (Akkusativ) geben die Leute ihre persönlichen Daten preis, anstatt sich erst einmal über die <u>enormen Risiken</u> (Akkusativ) zu informieren. Außerhalb <u>des Internets</u> (Genitiv) würden sie ihre Daten doch auch niemals so offenlegen. Im Nachhinein sind sie dann wütend über <u>sich</u> (Akkusativ) selbst. Doch dann ist es oft zu spät.

Aufgabe 6

a <u>*Ohne mein Wissen*</u> *(Akkusativ) hat sie an meinem PC gearbeitet.*
b <u>Während des Unterrichts</u> (Genitiv) klingelte Bens Handy.
c Die Mutter geht <u>mit den Kindern</u> (Dativ) in den Park.
d Ich habe mein Buch <u>in das Bücherregal</u> (Akkusativ) gestellt.
e <u>Aufgrund der Verspätung</u> (Genitiv) konnte Lea nicht pünktlich in der Schule sein.
f <u>Seit dem Interview</u> (Dativ) denke ich mehr über mein Internetverhalten nach.

Aufgabe 7 RGS

individuelle Lösungen –
Beispiele:
Eine Katze lehnt <u>an</u> der Wand. Die andere Katze sitzt <u>auf</u> der Armlehne des Sofas. Ein Kater lehnt <u>an</u> der Rückenlehne. Eine Katze taucht <u>in</u> das Aquarium. Eine Maus flitzt <u>durch</u> das Zimmer. Die weiße Katze liegt <u>auf</u> dem Kissen. Eine rote schaut <u>hinter</u> dem Sofa hervor und eine andere Katze schleicht <u>hinter</u> das Sofa. Der Hund liegt <u>unter</u> dem Tisch.

DaZ-Kommentare

Aufgabe 1

Hier führen intuitive Lernmethoden zu keinem dauerhaften Erfolg. Hier soll veranschaulicht werden, wie die SuS die Funktionen der Präpositionen identifizieren und auswendig lernen sollten:

a keine Bewegung: **in** + Dat. (Wo?)
b **durch**: immer + Akk.; Rektion der **Substantive / Nomen**: **Spaß an** + Dat. („An" gehört zwar zu den Wechselpräpositionen, aber man kann hier weder die Frage „Wo?" noch „Wohin?" stellen, sondern „Woran?".)
c **seit**: immer + Dat.
d **nach**: immer + Dat.; keine Bewegung: **in** + Dat. (Wo?)
e **nach**: immer + Dat. (<u>Trotz</u> der Frage: „**Wohin** zog er?" bzw. „Wohin zog er um?"!); Rektion des Verbs: beginnen **mit** + Dat.
f **für**: immer + Akk.

Aufgabe 7

Diese Aufgabe ist hervorragend geeignet zur Festigung und Wiederholung der Wechselpräpositionen.

Schaurige Abenteuer
Balladen lesen, untersuchen und vortragen

Auftaktseiten – Vorwissen aktivieren

Die Auftaktseiten bereiten die Unterscheidung der drei Hauptgattungen der Literatur vor und führen über das Erfinden und Fortsetzen von Geschichten in die inhaltliche Wiedergabe von Geschichten ein.
Die Schülerinnen und Schüler (SuS) wiederholen außerdem die Unterscheidung zwischen „das" und „dass" in der konkreten Anwendung.

Kommentare zu den Aufgaben

Einstieg und Aufgabe 1
Die SuS sehen sich die Bilder auf Seite 114 an und beschreiben sie. Die Bilder bereiten dabei die Lektüre der Ballade „John Maynard" von Theodor Fontane (SB, S. 116 f.) vor. Deutlich werden sollte schon hier, dass der Steuermann sich für die anderen opfert.

Aufgaben 2 und 3
Die SuS erweitern eine der drei Geschichten in der jeweils vorgegebenen Form und vergleichen im Anschluss die drei Texte miteinander. Sie stellen Gemeinsamkeiten und Unterschiede fest.
Alternative:
Es kann hier auch im Tandem gearbeitet werden.

Aufgabe 4 RGS🔍
Die SuS wiederholen die Unterscheidung von „das" und „dass".

Das lernst du jetzt:

- Inhalt und Stimmung einer Ballade erfassen
- Balladen stimmungsvoll vortragen
- den Inhalt einer Ballade mündlich und schriftlich nacherzählen
- eine Inhaltsangabe schreiben
- Balladen nach ihren Merkmalen untersuchen
- das und dass unterscheiden und verwenden

KMK-Standards

Balladen inhaltlich erfassen und untersuchen
- wesentliche Fachbegriffe zur Erschließung von Literatur kennen und anwenden, insbesondere sprachliche Bilder, Metapher, Reim, lyrisches Ich
- sprachliche Gestaltungsmittel in ihren Wirkungszusammenhängen und in ihrer historischen Bedingtheit erkennen, z. B.: Wort-, Satz- und Gedankenfiguren, Bildsprache (Metaphern)
- eigene Deutungen des Textes entwickeln, am Text belegen und sich mit anderen darüber verständigen
- analytische Methoden anwenden, z. B.: Texte untersuchen, vergleichen, kommentieren

Balladen stimmungsvoll vortragen
- Texte sinngebend und gestaltend vorlesen und (frei) vortragen

Eine Inhaltsangabe schreiben
- zentrale Inhalte erschließen
- zentrale Schreibformen beherrschen und sachgerecht nutzen
- Texte sprachlich gestalten

Das und dass unterscheiden
- wichtige Regeln der Orthografie kennen und beim Sprachhandeln berücksichtigen

1 Seht euch die Bilder auf Seite 114 an und beschreibt, was darauf zu sehen ist.

2 Lest die folgenden drei Texte durch. Wählt einen aus und erzählt die begonnene Geschichte in der vorgegebenen Form weiter.

A Wir fuhren friedlich über den See,
spazierten auf Deck und tranken Tee.
Die Sonne schien, der Tag war schön,
wir konnten manchmal das Ufer sehn.

Doch plötzlich brannte das halbe Schiff,
…

B Theo und Thea wollten ihre Ferien auf einer Ostseeinsel verbringen. Um dorthin zu kommen, nahmen sie die Fähre. Nachdem sie zwei Stunden an Bord mit Eisessen und Kartenspielen verbracht hatten, wurde ihnen langweilig. Sie gingen an Deck und hielten nach ihrer Urlaubsinsel Ausschau. Hier hörten sie den Steuermann ein fröhliches Lied pfeifen und die anderen Reisenden leise plaudern. Von ihrer Insel war noch nichts zu sehen. Plötzlich schrie jemand, es rumpelte und donnerte im Schiffsbauch und …

C Eine Reisende (zu zwei anderen Passagieren) Sehen sie doch, wie die Haie das Schiff umkreisen.
Ein Reisender (blickt zum Himmel) Es gibt auch viele Albatrosse hier.
Eine Reisende (zum Steuermann) Können die Haie uns etwas tun, greifen die an?
Steuermann (beruhigend) Das sind ganz ungefährliche Hammerhaie, die gibt es hier viel und die tun niemandem etwas.
Marie (laut) Karli, Karli, ich kann da drüben schon die Insel sehen.
Karli (vor sich hin) Ich finde die Haie viel spannender …
Marie (ängstlich) Karli, es riecht so komisch und schau mal, dahinten …

3 Vergleicht die drei Texte miteinander. Nennt Unterschiede und Gemeinsamkeiten. Stellt Vermutungen an, um welche Textarten es sich handelt.

4 Lest die folgenden Sätze. Besprecht, in welche Lücke **das** und in welche **dass** gehört. Begründet.

 das   dass

Ich mag ▬ Gedicht, ▬ ich eben gehört habe. Ich finde, ▬ die Geschichte abenteuerlich und spannend ist. Man kann sich gut vorstellen, ▬ ▬ Ereignis tatsächlich passiert ist. Ich glaube, ▬ es sich bei diesem Gedicht um eine Ballade handelt.

115

Lösungen

Aufgaben 1 und 2
individuelle Lösungen

Aufgabe 3
– Text A ist ein Gedicht:
  Abgesehen von der Form (Einteilung in Verse und Strophen) sind die rhythmisierte Sprache sowie die Reime für diese Gattung charakteristisch.
  Auch in Gedichten kann etwas (von einem Sprecher, Erzähler) erzählt werden.
– Text B ist ein Erzähltext (Geschichte):
  Typisch für diese Gattung ist der Erzähler, der das Geschehen vermittelt und über die Figuren alles wissen kann. In Erzähltexten kann außerdem Figurenrede vorkommen.
– Text C ist ein szenischer Text (Theaterstück):
  Diese Gattung ist dadurch gekennzeichnet, dass sie überwiegend aus Figurenrede besteht und es gerade keinen Erzähler gibt. Der Autor des Stückes kann Hinweise zum Ort des Geschehens, dem Verhalten oder der Sprechweise in Form von sogenannten Regieanweisungen geben.

Aufgabe 4
Ich mag <u>das</u> Gedicht, <u>das</u> ich eben gehört habe.
Ich finde, <u>dass</u> die Geschichte abenteuerlich und spannend ist.
Man kann sich gut vorstellen, <u>dass</u> <u>das</u> Ereignis tatsächlich passiert ist.
Ich glaube, <u>dass</u> es sich bei diesem Gedicht um eine Ballade handelt.

DaZ-Kommentare

Einstieg
Es sollte sichergestellt werden, dass die SuS die Begriffe „Ballade", „Stimmung", „erfassen", „Inhalt" und „verwenden" verstehen. Ansonsten müssen diese wieder kurz erklärt werden.

Aufgabe 3
A: Diese Aufgabe wird kaum zu bewältigen sein.

Der Held vom Eriesee

Grundlagenseiten / 1

Die Schülerinnen und Schüler (SuS) erschließen sich den Inhalt der Ballade „John Maynard" von Theodor Fontane (1819 – 1898), indem sie Thema und vermittelte Stimmungen benennen, die Strophen inhaltlich zusammenfassen und inhaltsbezogene Abschnittsüberschriften formulieren. Abschließend erzählen sie den Inhalt der Ballade nach.

Kommentare zu den Aufgaben

Einstieg und Aufgabe 1
Die SuS hören die Ballade oder lesen sie.
Erweiterung:
In einem Blitzlicht äußern die SuS ihre ersten Eindrücke (zur Stimmung, zu den Figuren, zur Sprache, ...).

Aufgabe 2
Die SuS erfassen das Thema und die Stimmung der Ballade.
Erweiterung:
Die SuS könnten zu der historischen Grundlage des Gedichts recherchieren (vgl. dazu A 8 auf S. 121 im SB).

Aufgabe 3
Die Aufgabe sichert das Textverständnis und bereitet die nachfolgenden, inhaltsbezogenen Aufgaben vor.

Aufgaben 4 und 5
Die SuS formulieren passende Überschriften zu vorgegebenen Abschnitten; dabei können sie Textzitate nutzen. Die Überschriften dienen dann als Gedächtnisstütze für die mündliche Nacherzählung.

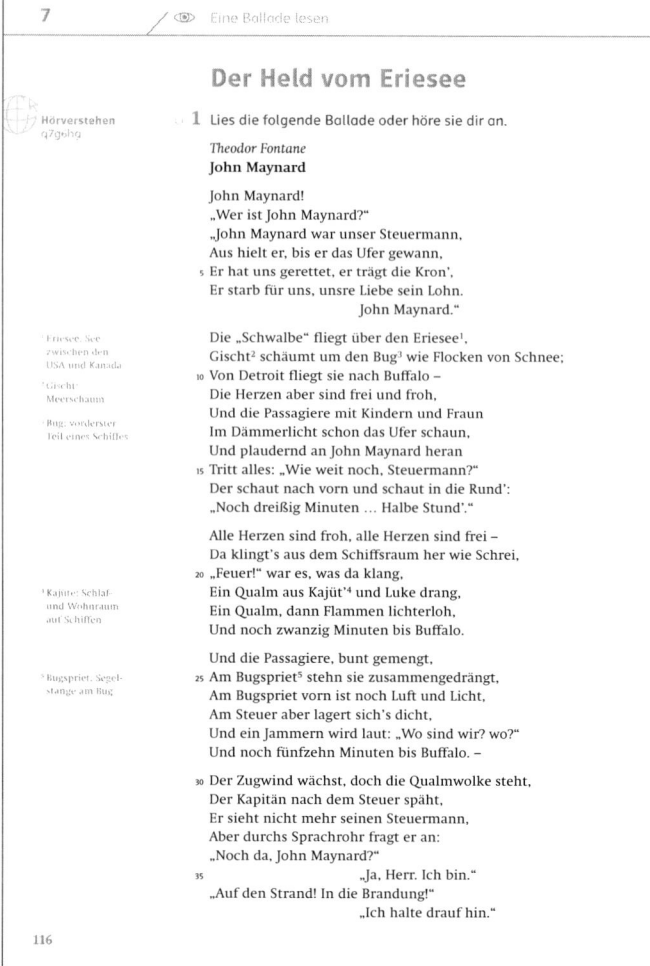

Der Held vom Eriesee

Hörverstehen
q7gobq

📖 1 Lies die folgende Ballade oder höre sie dir an.

Theodor Fontane
John Maynard

John Maynard!
„Wer ist John Maynard?"
„John Maynard war unser Steuermann,
Aus hielt er, bis er das Ufer gewann,
5 Er hat uns gerettet, er trägt die Kron',
Er starb für uns, unsre Liebe sein Lohn.
          John Maynard."

Die „Schwalbe" fliegt über den Eriesee¹,
Gischt² schäumt um den Bug³ wie Flocken von Schnee;
10 Von Detroit fliegt sie nach Buffalo –
Die Herzen aber sind frei und froh,
Und die Passagiere mit Kindern und Fraun
Im Dämmerlicht schon das Ufer schaun,
Und plaudernd an John Maynard heran
15 Tritt alles: „Wie weit noch, Steuermann?"
Der schaut nach vorn und schaut in die Rund':
„Noch dreißig Minuten ... Halbe Stund'."

Alle Herzen sind froh, alle Herzen sind frei –
Da klingt's aus dem Schiffsraum her wie Schrei,
20 „Feuer!" war es, was da klang,
Ein Qualm aus Kajüt'⁴ und Luke drang,
Ein Qualm, dann Flammen lichterloh,
Und noch zwanzig Minuten bis Buffalo.

Und die Passagiere, bunt gemengt,
25 Am Bugspriet⁵ stehn sie zusammengedrängt,
Am Bugspriet vorn ist noch Luft und Licht,
Am Steuer aber lagert sich's dicht,
Und ein Jammern wird laut: „Wo sind wir? wo?"
Und noch fünfzehn Minuten bis Buffalo. –

30 Der Zugwind wächst, doch die Qualmwolke steht,
Der Kapitän nach dem Steuer späht,
Er sieht nicht mehr seinen Steuermann,
Aber durchs Sprachrohr fragt er an:
„Noch da, John Maynard?"
35   „Ja, Herr. Ich bin."
„Auf den Strand! In die Brandung!"
               „Ich halte drauf hin."

¹ Eriesee, See zwischen den USA und Kanada
² Gischt: Meerschaum
³ Bug: vorderster Teil eines Schiffes
⁴ Kajüte: Schlaf- und Wohnraum auf Schiffen
⁵ Bugspriet: Segelstange am Bug

116

Lösungen

Aufgabe 1
Leseaufgabe / Hörverstehen

Aufgabe 2
- *Wovon handelt die Ballade?* – Die Ballade preist John Maynard, Steuermann eines Passagierschiffs auf dem Eriesee. Als auf dem Schiff gegen Ende einer Fahrt von Detroit nach Buffalo Feuer ausbricht, opfert John Maynard sein Leben, bleibt auf seinem Posten und rettet so den Passagieren das Leben. Dafür widmet die Stadt ihm eine Gedenktafel und verehrt ihn in „Liebe" (vgl. „unsre Liebe sein Lohn", V. 61).
- *Welche Gefühle und Stimmungen werden am Anfang der Ballade vermittelt? Wie verändern sie sich?* – Anfangs herrscht eine ausgelassene, fröhliche Stimmung auf dem Schiff (vgl. „Die Herzen aber sind frei und froh", V. 11 und „Alle Herzen sind froh, alle Herzen sind frei –", V. 18), die dann aber in „Jammern" (vgl. V. 28 umschlägt.) – Bei der Trauerfeier sind die Menschen voller Andacht (vgl. „kein Aug' im Zuge, das tränenleer", V. 53).

Und das Schiffsvolk jubelt: „Halt aus! Hallo!"
Und noch zehn Minuten bis Buffalo. –

40 „Noch da, John Maynard?" Und Antwort schallt's
Mit ersterbender Stimme: „Ja, Herr, ich halt's!"
Und in die Brandung, was Klippe, was Stein,
Jagt er die „Schwalbe" mitten hinein.
Soll Rettung kommen, so kommt sie nur so.
45 Rettung: der Strand von Buffalo!

Das Schiff geborsten. Das Feuer verschwelt[6].
Gerettet alle. Nur *einer* fehlt!

Alle Glocken gehn; ihre Töne schwell'n
50 Himmelan aus Kirchen und Kapell'n,
Ein Klingen und Läuten, sonst schweigt die S
Ein Dienst nur, den sie heute hat:
Zehntausend folgen oder mehr,
Und kein Aug' im Zuge, das tränenleer.

Sie lassen den Sarg in Blumen hinab,
55 Mit Blumen schließen sie das Grab,
Und mit goldner Schrift in den Marmorstein
Schreibt die Stadt ihren Dankspruch ein:
„Hier ruht John Maynard! In Qualm und Braı
Hielt er das Steuer fest in der Hand,
60 Er hat uns gerettet, er trägt die Kron',
Er starb für uns, unsre Liebe sein Lohn.
John Maynard."

[6] verschwelt:
erloschen

2 Besprecht in der Gruppe die folgenden Fragen:
• Wovon handelt die Ballade?
• Welche Gefühle und Stimmungen werden am Anfang der Ballade vermittelt? Wie verändern sie sich?

3 Lest die Ballade nun abwechselnd Strophe für Strophe im Tandem. Fasst zusammen, worum es jeweils geht.

4 Notiere passende Überschriften zu den folgenden vier Abschnitten:
Verse 1–7, Verse 8–17, Verse 18–47 und Verse 48–62.

5 Erzählt einander im Tandem die Ballade nach. Nehmt eure Überschriften zu Hilfe.

117

Aufgabe 3

- Strophe 1: Als Auftakt wird die Inschrift der Gedenktafel zitiert.
- Strophe 2: Die Strophe nennt den Ort der Handlung und schildert die Situation: alle sind „froh", noch eine halbe Stunde bis Buffalo.
- Strophe 3: Ausbruch des Feuers, noch zwanzig Minuten bis Buffalo
- Strophe 4: kaum noch „Luft und Licht" auf dem Schiff, noch fünfzehn Minuten bis Buffalo
- Strophe 5: Auf dem Schiff ist nun nichts mehr zu sehen, der Steuermann verspricht, weiter auf den Strand zuzuhalten; noch zehn Minuten bis Buffalo.
- Strophen 6/7: Der Steuermann hält das Steuer weiter, der Strand wird erreicht. Es überleben alle: „Nur *einer* fehlt!", V. 47.
- Strophe 8: Beerdigung in der Stadt. Zehntausend oder mehr Menschen sind dabei, „kein Aug' im Zuge, das tränenleer", V. 53.
- Strophe 9: John Maynard wird ins Grab hinabgelassen und die Inschrift der Gedenktafel wird noch einmal zitiert.

Vorhandenes Zusatzmaterial zu dieser Doppelseite

📄 KV 1 BASIS, S. 116
📄 KV 1 EXTRA, S. 117
📄 KV 1 PLUS, S. 118

📖 AH 7, Kapitel 7, S. 38

🌐 Hörverstehen q7g6hg

Aufgabe 4
individuelle Lösungen –
Lösungsvorschläge:
- Verse 1–7: Die Gedenktafel am Grab
- Verse 8–17: Noch sind die Herzen „frei und froh"
- Verse 18–47: Die letzte halbe Stunde (Oder: Das Schiff brennt! Oder: Die dramatische letzte halbe Stunde auf dem brennenden Schiff)
- Verse: 48–62: Die Beerdigung John Maynards

Aufgabe 5
individuelle Lösungen

DaZ-Kommentare

Einstieg
Erfahrungsgemäß wirken Balladen auf die SuS genauso abschreckend wie die Gedichte, besonders die Balladen, die lyrische Elemente enthalten. Sowohl der Wortschatz als auch die Syntax scheinen den SuS unüberwindbare Hindernisse zu sein, die die SuS an den eigenen Fähigkeiten zweifeln lassen. Daher sollte man stets die SuS ermutigen, sich der schwierigen Aufgabe der Bearbeitung von Balladen zu stellen und die kleinsten Erfolge hervorheben. Die Tatsache, dass die Balladen eine Geschichte erzählen, kann den SuS die Balladen schmackhafter machen.

Aufgabe 1
Damit die SuS die kommenden Aufgaben im Unterricht bearbeiten können, sollte von ihnen die Ballade unbedingt im Rahmen der vorherigen Hausaufgabe gelesen und übersetzt werden. Die unbekannten Wörter sollten ins Vokabelheft eingetragen und auch übersetzt werden. Zusätzlich sollten die SuS darauf hingewiesen werden, dass sie sich diese Ballade auch zu Hause anhören können.

Worum es geht

Grundlagenseiten / 2

Die Grundlagenseiten / 2 führen in das Schreiben einer Inhaltsangabe ein. Die Schülerinnen und Schüler (SuS) bereiten zunächst das Schreiben vor, indem sie die W-Fragen zum Text beantworten und ihn abschnittsweise in Stichworten zusammenfassen. Sie erarbeiten dann eine schriftliche Inhaltsangabe, korrigieren sie untereinander, wobei sie sich noch einmal alle Merkmale dieser Textsorte bewusst machen, und überarbeiten ihren Text dann gegebenenfalls. Abschließend wird die Ballade zum Vortrag vorbereitet und im Tandem (in der Klasse) vorgetragen.

Kommentare zu den Aufgaben

Einstieg und Aufgabe 1
Die SuS lesen die Ballade „John Maynard" erneut und formulieren anschließend schriftlich die Antworten auf die W-Fragen zu Ort, Zeit, Figuren und Handlung.

Aufgaben 2 und 3
Vorbereitend auf die schriftliche Inhaltsangabe fassen die SuS den Inhalt der Ballade nun Strophe für Strophe stichwortartig zusammen und machen sich außerdem bewusst, wie sich die Stimmung im Verlauf der Ballade verändert.

Aufgabe 4
Die SuS reflektieren die Erzählsituation und machen sich dadurch klar, wie die Ballade zu verstehen ist (sie stellt die Verehrung von John Maynard dar und erklärt, warum er in Buffalo so verehrt wird).

Aufgaben 5 bis 7 ⻏ ⧠
Die Aufgaben leiten das Schreiben (in individueller Einzelarbeit) einer Inhaltsangabe an.

Aufgaben 8 und 9
Die SuS prüfen ihre Inhaltsangaben untereinander mithilfe der Arbeitstechnik „Eine Inhaltsangabe schreiben". Hinweise können sie dabei mit Bleistift an den Rand der Arbeiten schreiben. Wenn nötig, werden die Inhaltsangaben überarbeitet.
<u>Erweiterung:</u>
Die Überprüfung der Inhaltsangabe erfolgt in zwei gesonderten Durchgängen: Zunächst wird der Aufbau und der Inhalt geprüft, nach einem zweiten Lesedurchgang dann die Sprache (Stil, Grammatik und Rechtschreibung).

Aufgaben 10 und 11
Die SuS bereiten die Ballade zum Vorlesen/Vortrag vor. Um bestimmte Leseweisen zu erproben, sollte ihnen hierfür auch etwas Zeit (z. B. zehn Minuten) zur Verfügung gestellt werden.
<u>Erweiterung:</u>
Der Vortrag einer Ballade (einer erfahrungsgemäß guten Schülerin bzw. eines erfahrungsgemäß guten Schülers) könnte exemplarisch in der Klasse besprochen werden.

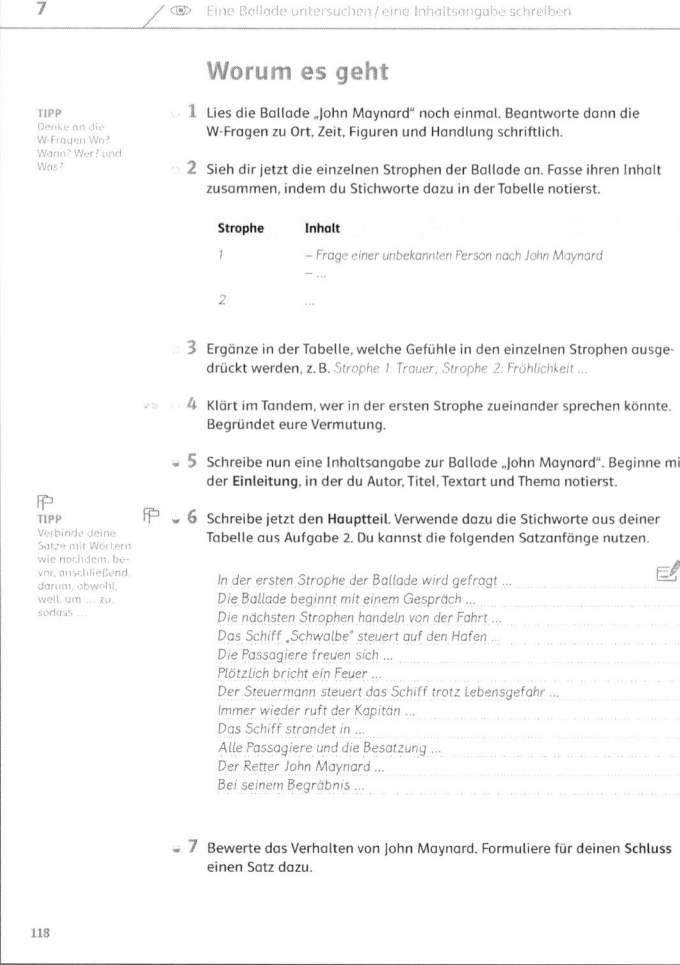

Lösungen

Aufgabe 1
- Wo? – Eriesee, auf der „Schwalbe", auf dem Friedhof der Stadt Buffalo
- Wann? – unbestimmt in der Vergangenheit; „im Dämmerlicht", V. 13. Die Zeit auf dem Schiff umfasst 30 Minuten, die erzählte Zeit mindestens zwei Tage (vom Unglück bis zur Beerdigung).
- Wer? – John Maynard, Besatzung und Passagiere der „Schwalbe", Einwohner der Stadt Buffalo
- Was? – Schiffsunglück und Rettung der Passagiere durch John Maynard, Beerdigung John Maynards
- Wie? – Ein Brand auf dem Schiff. John Maynard hält das Steuer, sodass das Schiff die Küste erreicht. John Maynard opfert sein Leben. Bei der Beerdigung sind zehntausend Trauergäste anwesend.
- Warum? – Auf der „Schwalbe" bricht ein Feuer aus. Die Menschen der Stadt sind John Maynard dankbar.
- Welche Folgen? – Rettung der Passagiere, Gedenktafel und Ehre für John Maynard

◉ Eine Ballade vortragen

8 Prüft eure Texte im Tandem. Gebt einander ein Feedback, ob alle wichtigen Angaben enthalten sind. Nehmt den folgenden Arbeitstechnik-Kasten zu Hilfe.

Seite 260
Feedback

9 Überarbeite deine Inhaltsangabe, wenn nötig.

Arbeitstechnik
Eine Inhaltsangabe schreiben

Vorbereitung
1. Stelle **W-Fragen** an den Text und beantworte sie.
2. Gliedere den Text in **Abschnitte** und fasse den Inhalt in einer Übersicht zusammen.
3. Notiere **Gefühle** und **Gedanken**, die im Text zum Ausdruck kommen.
4. Formuliere das **Thema** und die **wichtigste Aussage** des Textes.

Inhalt und Aufbau
1. Gliedere deine Inhaltsangabe in **Einleitung**, **Hauptteil** und **Schluss**.
2. Nenne in der **Einleitung**: Autorin/Autor, Titel, Textart und das Thema.
3. Stelle im **Hauptteil** die Handlung in der **richtigen Reihenfolge** dar. Verbinde sie mit den wichtigsten **Gedanken** und **Gefühlen** der Figuren.
4. Formuliere zum **Schluss**, wie der Text und das **Verhalten der Figuren** auf dich **wirken**.

Beachte: Schreibe **sachlich** und im **Präsens**. Mache **Zusammenhänge** deutlich, indem du die Sätze mit **Konjunktionen** und **Adverbien** verbindest.

---

10 Bereite jetzt die Ballade „John Maynard" für einen Vortrag vor. Gehe so vor:
- Fasse die Stimmungen in der Ballade zusammen, z.B. *Verse 1–7 feierlich; Verse 8–15 fröhlich, hoffnungsvoll; Verse 18–22 aufgeregt; Verse 23–...*
- Lege fest, wie du die Stimmungen deutlich machen willst. Mache dir Notizen, z.B.
*Verse 1–7: zwei verschiedene Stimmen, langsam, getragen
Verse 8–15: die Passagiere freuen sich auf die Ankunft – fröhlich, zügig vortragen
Verse 18–22: Ankündigung des Feuers – Pause machen, lauter und schneller werden ...*
- Unterstreiche die Wörter in der Ballade, die du besonders betonen willst.
- Markiere außerdem Pausen und lege Sprechtempo und Lautstärke fest.
- Entscheide, wie du Mimik und Gestik einsetzen möchtest.

Seite 272
ein Gedicht
betont vortragen

TIPP
Kopiere das
Gedicht oder
schreibe es ab.

11 Übt eure Vorträge. Tragt dann einander im Tandem die Ballade vor.

119

Vorhandenes Zusatzmaterial zu dieser Doppelseite

▤ KV 1 BASIS, S. 116
▤ KV 1 EXTRA, S. 117
▤ KV 1 PLUS, S. 118

▢ AH 7, Kapitel 7, S. 39

Aufgaben 2 und 3
individuelle Lösungen –
Beispiel:
- Strophe 1: *Frage einer unbekannten Person nach John Maynard*; als Antwort „John Maynard, war unser Steuermann ... Er starb für uns, unsre Liebe sein Lohn." – Stimmung: *Trauer*
- Strophe 2: „Schwalbe" ist abends auf den Eriesee auf dem Weg nach Buffalo; eine halbe Stunde vor der Ankunft sind alle froh – Stimmung: *Fröhlichkeit*
- Strophe 3: Ausbruch des Feuers, Qualm und Flammen, noch zwanzig Minuten bis Buffalo – Stimmung: Angst, Aufregung
- Strophe 4: Passagiere sammeln sich am Bugspriet, dort gibt es noch Luft und Licht, bis Buffalo sind es noch fünfzehn Minuten – Stimmung: Angst
- Strophe 5: Auf dem Schiff ist nun nichts mehr zu sehen. Kapitän spricht Steuermann an; der verspricht, weiter auf den Strand zuzuhalten; noch zehn Minuten bis Buffalo. – Stimmung: Panik und zugleich Hoffnung
- Strophen 6/7: Steuermann hält das Steuer weiter, der Strand wird erreicht; es überleben alle: „Nur *einer* fehlt!", V. 47. – Stimmung: Glück und erste Trauer
- Strophe 8: Beerdigung in der Stadt; zehntausend oder mehr Menschen sind dabei, „kein Aug' im Zuge, das tränenleer", V. 53. – Stimmung: Trauer

- Strophe 9: John Maynard wird ins Grab hinabgelassen und die Inschrift der Gedenktafel wird noch einmal zitiert. – Stimmung: feierliche Trauer

Aufgabe 4
Es ist wahrscheinlich, dass das Gespräch der ersten Strophe zwischen einem Fremden, der von John Maynard gehört hat, und einem Einheimischen stattfindet. Das Zitat der Inschrift hat in jedem Fall eine erklärende Funktion (im Sinne von „Das ist John Maynard und so viel bedeutet er uns.").

Aufgaben 5 bis 7
individuelle Lösungen

Aufgaben 8 und 9
Wichtig ist, dass die Hinweise nicht einfach blind übernommen, sondern noch einmal geprüft werden.

Aufgaben 10 und 11
individuelle Lösungen

DaZ-Kommentare

Aufgabe 9
Arbeitstechnik
Es sollte sichergestellt werden, dass die SuS alle Informationen der Arbeitstechnik gut verstanden haben. Notfalls sollten die SuS die Gelegenheit bekommen, die unbekannten Wörter aufzulisten und zu übersetzen.

Aufgabe 10
Da die SuS die Möglichkeit haben, sich die Ballade zu Hause vorher anzuhören und auf diese Weise die Aussprache zu üben, sollten die SuS zu der sonst eher schwierigen Aufgabe des Vorlesens von der Lehrkraft ermutigt werden. Es ist besonders wichtig, dass die SuS auch in diesem Bereich Erfolgserlebnisse haben.

Was geschah wirklich?

Grundlagenseiten / 3

Die Schülerinnen und Schüler (SuS) untersuchen die Gestaltung von Fontanes Ballade „John Maynard" genauer und machen sich klar, dass und wie sie Elemente der drei literarischen Hauptgattungen in sich vereint. Sie vergleichen außerdem einen Zeitungsbericht, der über den Balladenstoff informiert, mit der Ausgestaltung der Ballade. Abschließend schreiben sie aus der Perspektive eines Passagiers selbst über das Unglück.

Kommentare zu den Aufgaben

Einstieg und Aufgabe 1
Die SuS denken über die Unterschiede zwischen Balladen und anderen Gedichtformen und Geschichten nach und formulieren die Unterschiede. Was hier, auch an Details, von den SuS richtig genannt wird, kann mit Blick auf die folgenden Aufgaben an der Tafel festgehalten werden.

Aufgabe 2
Die SuS machen sich die unterschiedlichen Sprecherrollen im Balladentext klar. Leistungsstärkere und -schwächere SuS könnten hier bewusst gemischt werden.

Aufgabe 3
Die SuS beziehen hier eine bildliche Darstellung einer Spannungskurve auf den Balladentext. Indem sie die Spannungskurve beschreiben, machen sie sich den Aufbau der Ballade klar.

Aufgabe 4
Die SuS untersuchen im Tandem, wie es Fontane gelingt, Spannung zu erzeugen und zu steigern; sie machen sich dabei noch einmal grundsätzlich die Gestaltungsmittel bewusst.

Aufgabe 5
Die SuS beschreiben den Aufbau der Ballade.

Aufgaben 6 und 7
Die SuS machen sich die charakteristische Eigenschaft von Balladen, Elemente aller drei Gattungen zu mischen, bewusst.
Alternative:
Auch diese beiden Aufgaben könnten im Tandem bearbeitet werden.

Aufgaben 8 und 9
Die SuS lesen einen Informationstext zum Stoff der Ballade, den sie anschließend mit dem Balladentext vergleichen, wobei sie sich auf die wesentlichen Punkte konzentrieren können.

Aufgabe 10
Die SuS versetzen sich in einen Passagier der „Schwalbe" und schildern das Geschehen aus dessen Perspektive.

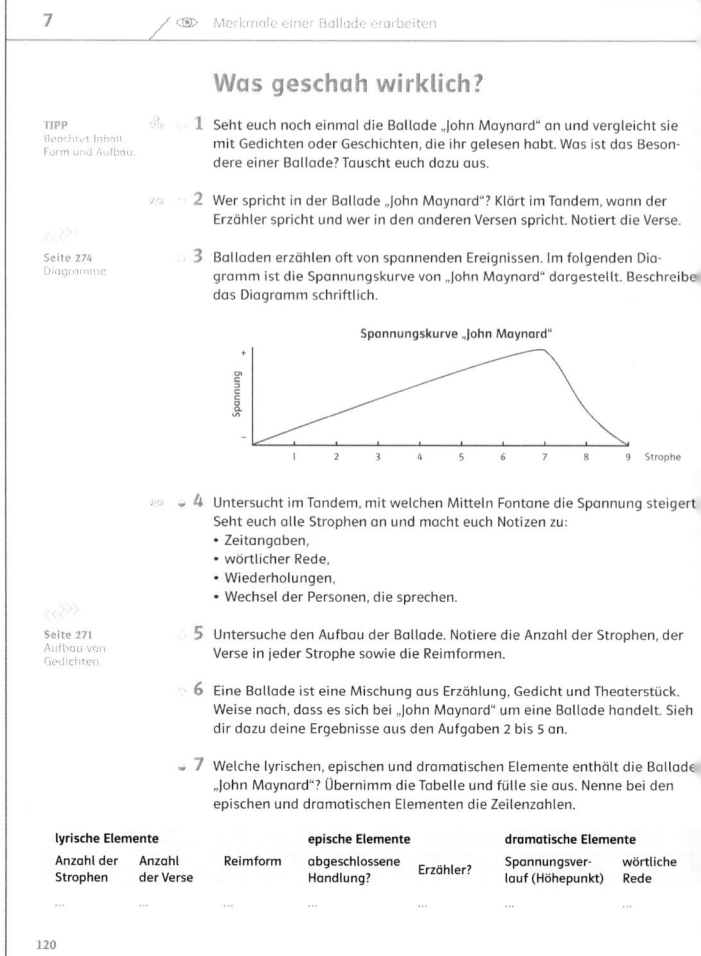

Was geschah wirklich?

TIPP
Beachtet Inhalt,
Form und Aufbau.

1 Seht euch noch einmal die Ballade „John Maynard" an und vergleicht sie mit Gedichten oder Geschichten, die ihr gelesen habt. Was ist das Besondere einer Ballade? Tauscht euch dazu aus.

2 Wer spricht in der Ballade „John Maynard"? Klärt im Tandem, wann der Erzähler spricht und wer in den anderen Versen spricht. Notiert die Verse.

Seite 274
Diagramme

3 Balladen erzählen oft von spannenden Ereignissen. Im folgenden Diagramm ist die Spannungskurve von „John Maynard" dargestellt. Beschreibe das Diagramm schriftlich.

Spannungskurve „John Maynard"

4 Untersucht im Tandem, mit welchen Mitteln Fontane die Spannung steigert. Seht euch alle Strophen an und macht euch Notizen zu:
• Zeitangaben,
• wörtlicher Rede,
• Wiederholungen,
• Wechsel der Personen, die sprechen.

Seite 271
Aufbau von
Gedichten

5 Untersuche den Aufbau der Ballade. Notiere die Anzahl der Strophen, der Verse in jeder Strophe sowie die Reimformen.

6 Eine Ballade ist eine Mischung aus Erzählung, Gedicht und Theaterstück. Weise nach, dass es sich bei „John Maynard" um eine Ballade handelt. Sieh dir dazu deine Ergebnisse aus den Aufgaben 2 bis 5 an.

7 Welche lyrischen, epischen und dramatischen Elemente enthält die Ballade „John Maynard"? Übernimm die Tabelle und fülle sie aus. Nenne bei den epischen und dramatischen Elementen die Zeilenzahlen.

lyrische Elemente			epische Elemente		dramatische Elemente	
Anzahl der Strophen	Anzahl der Verse	Reimform	abgeschlossene Handlung?	Erzähler?	Spannungsverlauf (Höhepunkt)	wörtliche Rede
...	...	...	...	...	...	...

120

Lösungen

Aufgabe 1
Wesentlich ist zunächst die Einsicht, dass Balladen etwas erzählen, also „Erzählgedichte" sind.

Aufgabe 2
V. 2: namentlich nicht benannter Fragesteller / V. 3 – 7: namentlich nicht benannte Person, die antwortet / V. 8 – 15: Erzähler / V. 15: Passagiere / V. 16: Erzähler / V. 17: John Maynard / V. 18 – 20: Erzähler / V. 20: Matrose oder John Maynard / V. 21 – 27: Erzähler / V. 28: Passagiere, Besatzung / V. 29 – 33: Erzähler / V. 34: Kapitän / V. 35: John Maynard / V. 36: Kapitän / V. 37: John Maynard / V. 38: Erzähler; dann Passagiere, Besatzung / V. 39: Erzähler / V. 40: Kapitän, Erzähler / V. 41: Erzähler, John Maynard / V. 42 – 62: Erzähler

Aufgabe 3
Das Schaubild zeigt den Verlauf der Spannungskurve für die Ballade „John Maynard": Die Spannung steigt kontinuierlich an und erreicht in der 7. Strophe (vgl. „Nur *einer* fehlt!", V. 47) ihren Höhepunkt, danach klingt die Ballade aus.

Aufgabe 4
– *Zeitangaben*: Zentrales Mittel des Spannungsaufbaus ist der Countdown (halbe Stunde, 20 Minuten, 15 Minuten, 10 Minuten) bis zum Erreichen des Strandes.

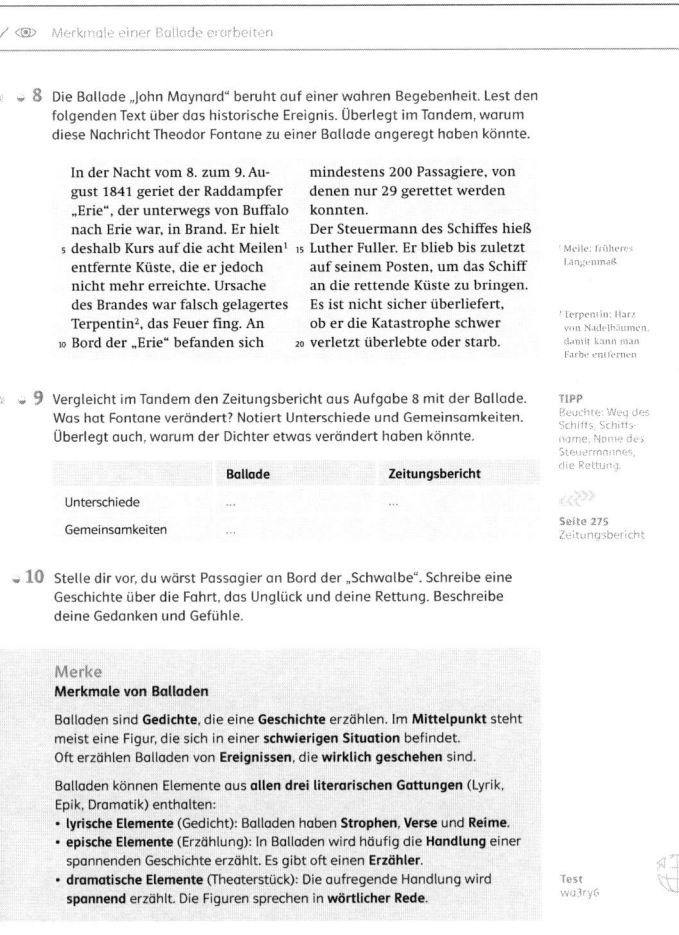

Vorhandenes Zusatzmaterial zu dieser Doppelseite

- 🗎 KV 1 BASIS, S. 116
- 🗎 KV 1 EXTRA, S. 117
- 🗎 KV 1 PLUS, S. 118

- 🗋 AH 7, Kapitel 7, S. 39

- ⊕ Test wa3ry6

Aufgabe 6
Balladen haben einen Erzähler (episches Element, A 2); der Spannungsverlauf ist dem eines Dramas vergleichbar (A 3); es wird, vgl. Aufgabe 4, wörtliche Rede eingesetzt; episches wie dramatisches Element (A 4); Balladen bestehen aus Strophen und Versen, die sich reimen (lyrische Elemente, A 5).

Aufgabe 7
- lyrische Elemente: neun Strophen mit insgesamt 62 (Halb-)Versen im Paarreim
- epische Elemente: abgeschlossene Handlung (die Fahrt der „Schwalbe" bis zum Tode des Steuermanns und dessen Beerdigung), die erzählerisch vermittelt ist (vgl. zum Erzähler detailliert A 2)
- dramatische Elemente: klarer Höhepunkt (Strophe 7), zahlreiche wörtliche Reden (vgl. dazu detailliert A 2)

Aufgabe 8
Ein Schiffsunglück mit um die 200 Toten ist an sich ein dramatisches Ereignis. Ausschlaggebend für Fontane war aber offensichtlich, dass der Steuermann bis zuletzt auf seinem Posten geblieben ist.

Aufgabe 9

	Ballade	Zeitungsbericht
Unterschiede	– nennt kein Datum – Schiff heißt „Schwalbe" und fährt in der Dämmerung nach Buffalo – Steuermann heißt John Maynard – ein Toter	– nennt Datum – Schiff heißt „Erie" und kommt nachts von Buffalo – Steuermann heißt Luther Fuller – nur 29 Überlebende
Gemeinsamkeiten	– Schiffsunglück auf dem Eriesee – Schiff fängt Feuer – Steuermann bleibt bis zuletzt an seinem Platz	

Aufgabe 10
individuelle Lösungen – Wichtig ist, dass die gewählte Perspektive konsequent eingehalten wird.

- *wörtliche Rede*: Der Einsatz wörtlicher Rede macht Texte anschaulich und, je nach Aussageinheit, auch spannend. Die schnelle Wechselrede ist dabei ein beliebtes Mittel (oft auch in szenischen Texten), um Spannung zu erzeugen (hier v. a. V. 34 – 37).
- *Wiederholungen*: Wiederholt wird zunächst die Inschrift, wobei das erste Zitat insofern für Spannung sorgt, als man wissen möchte, was es mit John Maynard auf sich hat. Für Spannung sorgen aber dann vor allem die Antworten auf die wiederholten Fragen danach, wie weit es noch bis Buffalo ist bzw. was John Maynard tut.
- *Wechsel der Personen, die sprechen*: Der Wechsel der Personen zeigt nicht nur an, dass wirklich alle innerlich beteiligt sind, sondern er ist auch die Voraussetzung für die schnelle Wechselrede.

Aufgabe 5
Die Ballade hat neun Strophen: **Strophe 1** (V. 1 – 7): 7 Verse, 2 Paarreime, identische Reime mit „Maynard"; **Strophe 2** (V. 8 – 17): 10 Verse, 5 Paarreime; **Strophe 3** (V. 18 – 23): 6 Verse, 3 Paarreime; **Strophe 4** (V. 24 – 29): 6 Verse, 3 Paarreime; **Strophe 5** (V. 30 – 39): 10 Verse (6 Verse und 4 Halbverse), 3 Paarreime; **Strophe 6** (V. 40 – 45): 6 Verse, 3 Paarreime; **Strophe 7** (V. 46 – 47): 2 Verse, 1 Paarreim; **Strophe 8** (V. 48 – 53): 6 Verse, 3 Paarreime; **Strophe 9** (V. 54 – 62): 8 Verse (+ die Nennung „John Maynard."), 4 Paarreime

Gefährliche Rettung

BASIS-Seiten

Die Schülerinnen und Schüler (SuS) lernen mit „Nis Randers" des deutschen Schriftstellers Otto Ernst (eigentlich Otto Ernst Schmidt, 1862–1926) eine weitere Ballade kennen, erschließen ihren Inhalt und erzählen sich den Inhalt zunächst gegenseitig nach. Sie verfassen sodann eine Inhaltsangabe zur Ballade und weisen an ihr Elemente der drei literarischen Hauptgattungen nach. Abschließend wird die Ballade zum Vortrag vorbereitet und vorgetragen.

Kommentare zu den Aufgaben

Einstieg und Aufgabe 1
Die SuS lesen oder hören die Ballade „Nis Randers".

Aufgabe 2
In der Gruppe tauschen sich die SuS über das Thema der Ballade und die in ihr vermittelten Gefühle aus.

Aufgaben 3 und 4
Die SuS sichern durch die Beantwortung von Inhaltsfragen das genaue Textverständnis; dies ist zusammen mit Aufgabe 2 zugleich die Vorbereitung für eine mündliche Nacherzählung des Balladeninhalts (A 4).

Aufgabe 5
Vorbereitend auf die schriftliche Inhaltsangabe formulieren die SuS schriftlich die Antworten auf die W-Fragen.

Aufgabe 6
Die SuS schreiben eine vollständige Inhaltsangabe der Ballade „Nis Randers".
Erweiterung:
Die SuS prüfen ihre Inhaltsangaben untereinander und geben sich gegenseitig konkrete Verbesserungshinweise.

Aufgabe 7
Die SuS weisen an der Ballade „Nis Randers" lyrische, epische und dramatische Elemente nach.

Aufgabe 8
Die SuS zeichnen zur Ballade „Nis Randers" inhaltlich passende Bilder, die sie bei einem Vortrag der Ballade als Bildunterstützung (wie beim Bänkelsang) einsetzen.
Sie üben den Vortrag der Ballade und tragen sie schließlich vor den anderen vor.
Erweiterung:
Das Zeichnen der Bilder könnte auch fächerübergreifend (mit Bildender Kunst) erfolgen.

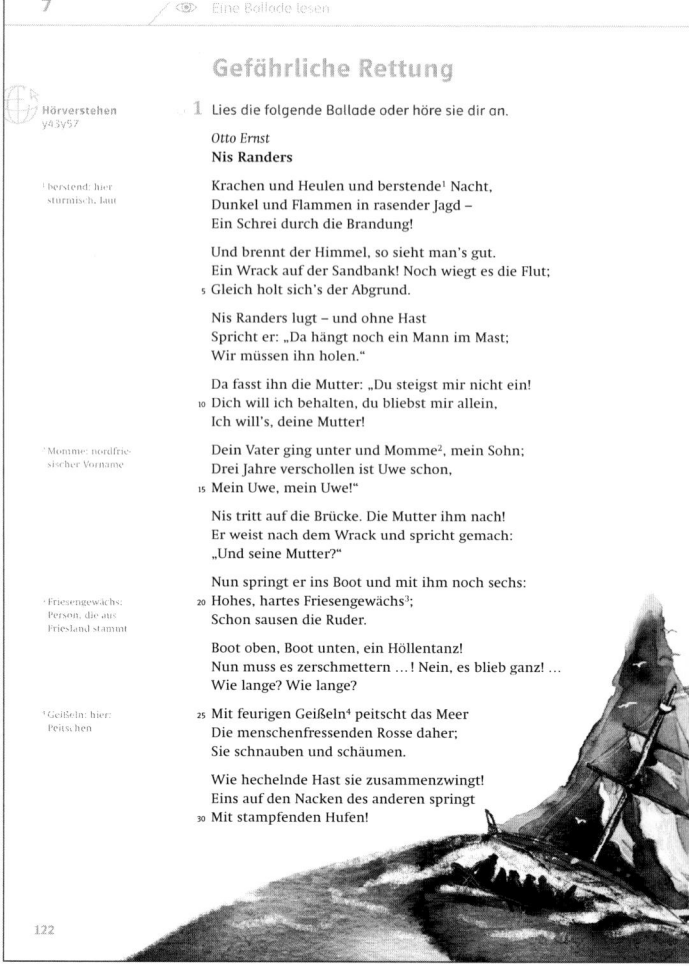

Gefährliche Rettung

Hörverstehen
y4 3y57

1 Lies die folgende Ballade oder höre sie dir an.

Otto Ernst
Nis Randers

[1] berstend: hier stürmisch, laut

Krachen und Heulen und berstende[1] Nacht,
Dunkel und Flammen in rasender Jagd –
Ein Schrei durch die Brandung!

Und brennt der Himmel, so sieht man's gut.
Ein Wrack auf der Sandbank! Noch wiegt es die Flut;
5 Gleich holt sich's der Abgrund.

Nis Randers lugt – und ohne Hast
Spricht er: „Da hängt noch ein Mann im Mast;
Wir müssen ihn holen."

Da fasst ihn die Mutter: „Du steigst mir nicht ein!
10 Dich will ich behalten, du bliebst mir allein,
Ich will's, deine Mutter!"

[2] Momme: nordfriesischer Vorname

Dein Vater ging unter und Momme[2], mein Sohn;
Drei Jahre verschollen ist Uwe schon,
15 Mein Uwe, mein Uwe!"

Nis tritt auf die Brücke. Die Mutter ihm nach!
Er weist nach dem Wrack und spricht gemach:
„Und seine Mutter?"

[3] Friesengewächs: Person, die aus Friesland stammt

Nun springt er ins Boot und mit ihm noch sechs:
20 Hohes, hartes Friesengewächs[3];
Schon sausen die Ruder.

Boot oben, Boot unten, ein Höllentanz!
Nun muss es zerschmettern …! Nein, es blieb ganz! …
Wie lange? Wie lange?

[4] Geißeln: hier: Peitschen

25 Mit feurigen Geißeln[4] peitscht das Meer
Die menschenfressenden Rosse daher;
Sie schnauben und schäumen.

Wie hechelnde Hast sie zusammenzwingt!
Eins auf den Nacken des anderen springt
30 Mit stampfenden Hufen!

Lösungen

Aufgabe 1
Leseaufgabe / Hörverstehen

Aufgabe 2
Die Ballade thematisiert den Einsatz von Nis Randers für einen Schiffbrüchigen, von dem sich am Ende herausstellt, dass es sich um seinen verschollenen Bruder handelt. Die Ballade ist dabei sehr spannend und vermittelt neben der Angst der Mutter auch das Glück der Rettung.

Aufgabe 3
– *Warum möchte die Mutter nicht, dass Nis Randers den Schiffbrüchigen rettet? (V. 10–15)* – Die Mutter hat bereits ihren Mann und einen Sohn verloren; außerdem ist Uwe, ein weiterer Sohn, schon seit drei Jahren verschollen.
– *Wie reagiert Nis Randers auf das Verbot der Mutter? (V. 16–18)* – Nis Randers verweist auf die Mutter des Schiffbrüchigen (als verkürzte Frage an die Mutter, etwa: „Du sorgst dich um mich. Aber was glaubst du, wie es der Mutter dieses Schiffbrüchigen dort ergeht, wenn sie erfährt, dass ihr Sohn nicht gerettet werden konnte?").
– *Womit wird das tosende Meer verglichen? (V. 25–30)* – Das Meer wird mit „menschenfressenden" Pferden verglichen.

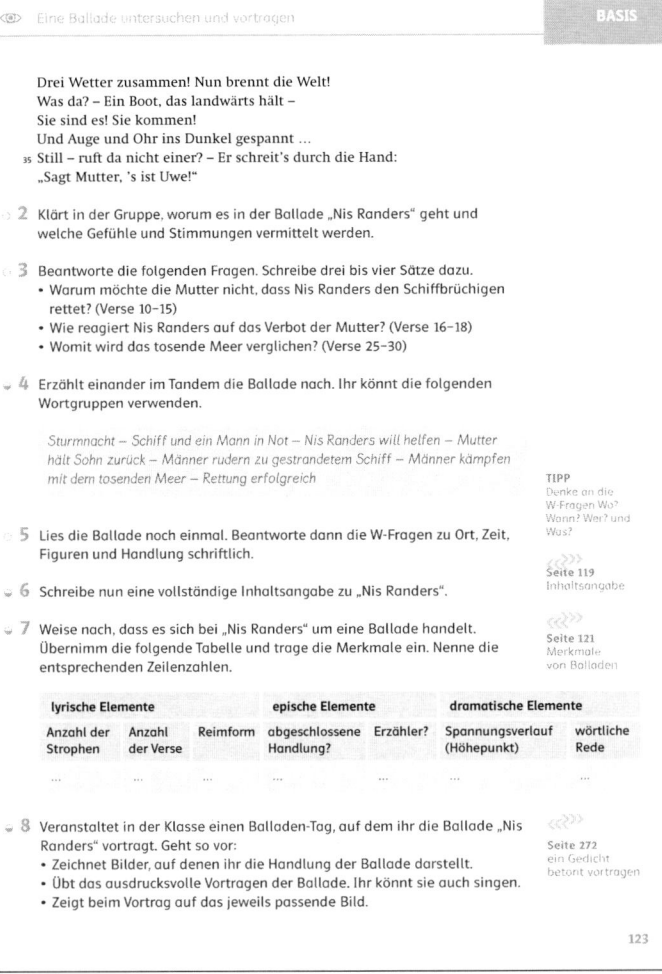

◉ Eine Ballade untersuchen und vortragen **BASIS**

Drei Wetter zusammen! Nun brennt die Welt!
Was da? – Ein Boot, das landwärts hält –
Sie sind es! Sie kommen!
Und Auge und Ohr ins Dunkel gespannt …
35 Still – ruft da nicht einer? – Er schreit's durch die Hand:
„Sagt Mutter, 's ist Uwe!"

2 Klärt in der Gruppe, worum es in der Ballade „Nis Randers" geht und welche Gefühle und Stimmungen vermittelt werden.

3 Beantworte die folgenden Fragen. Schreibe drei bis vier Sätze dazu.
• Warum möchte die Mutter nicht, dass Nis Randers den Schiffbrüchigen rettet? (Verse 10–15)
• Wie reagiert Nis Randers auf das Verbot der Mutter? (Verse 16–18)
• Womit wird das tosende Meer verglichen? (Verse 25–30)

4 Erzählt einander im Tandem die Ballade nach. Ihr könnt die folgenden Wortgruppen verwenden.

Sturmnacht – Schiff und ein Mann in Not – Nis Randers will helfen – Mutter hält Sohn zurück – Männer rudern zu gestrandetem Schiff – Männer kämpfen mit dem tosenden Meer – Rettung erfolgreich

TIPP
Denke an die W-Fragen Wo? Wann? Wer? und Was?

5 Lies die Ballade noch einmal. Beantworte dann die W-Fragen zu Ort, Zeit, Figuren und Handlung schriftlich.

⟨⟨›⟩⟩
Seite 119
Inhaltsangabe

6 Schreibe nun eine vollständige Inhaltsangabe zu „Nis Randers".

7 Weise nach, dass es sich bei „Nis Randers" um eine Ballade handelt. Übernimm die folgende Tabelle und trage die Merkmale ein. Nenne die entsprechenden Zeilenzahlen.

⟨⟨›⟩⟩
Seite 121
Merkmale von Balladen

lyrische Elemente			epische Elemente		dramatische Elemente	
Anzahl der Strophen	Anzahl der Verse	Reimform	abgeschlossene Handlung?	Erzähler?	Spannungsverlauf (Höhepunkt)	wörtliche Rede
…	…	…	…	…	…	…

8 Veranstaltet in der Klasse einen Balladen-Tag, auf dem ihr die Ballade „Nis Randers" vortragt. Geht so vor:
• Zeichnet Bilder, auf denen ihr die Handlung der Ballade darstellt.
• Übt das ausdrucksvolle Vortragen der Ballade. Ihr könnt sie auch singen.
• Zeigt beim Vortrag auf das jeweils passende Bild.

⟨⟨›⟩⟩
Seite 272
ein Gedicht betont vortragen

123

Vorhandenes Zusatzmaterial zu dieser Doppelseite

▤ Differenzierungskarte EXTRA, S. 26
▤ Differenzierungskarte PLUS, S. 26

⊕ Hörverstehen y43y57

▯ Klassenarbeitstraining 3, AH 7, S. 76 / 77

⊚ KA 7 BASIS

Aufgabe 4
individuelle Lösungen

Aufgabe 5
– Wer? – Nis Randers, seine Mutter, sechs weitere Männer, Uwe
– Wo? – irgendwo an einer Küste
– Wann? – unbestimmt in der Vergangenheit; in der Nacht
– Was? – Schiffsunglück vor der Küste, ein Schiffbrüchiger kann gerettet werden
– Wie? – Nis Randers macht sich trotz eines tosenden Sturmes und gegen den Willen der Mutter mit seinen Männern auf, einen Schiffbrüchigen zu retten, was gelingt. Der Schiffbrüchige stellt sich als der seit drei Jahren verschollene Bruder Uwe heraus.
– Warum? – Nis Randers will helfen und denkt dabei auch an die Mutter des Schiffbrüchigen.
– Welche Folgen? – Nis Randers hat seinen Bruder wieder bzw. die Mutter Uwe (und Nis).

Aufgabe 6
individuelle Lösungen – Wichtig ist, dass die Merkmale von Inhaltsangaben (vgl. dazu die Darstellung der Arbeitstechnik „Eine Inhaltsangabe schreiben" auf S. 119 im SB) berücksichtigt werden.

Aufgabe 7
– lyrische Elemente: zwölf Strophen mit insgesamt 36 Versen, von denen sich die beiden ersten jeder Strophe reimen (Paarreim)
– epische Elemente: abgeschlossene Handlung (die glückliche Rettung des Schiffbrüchigen), die erzählerisch vermittelt ist (der Erzähler tritt ab Vers 1 auf, der Erzählerbericht ist nur durch Figurenrede unterbrochen)
– dramatische Elemente: klarer Höhepunkt (V. 36: der Gerettete ist der verschollene Sohn Uwe); zahlreiche wörtliche Reden (in den Versen 7 f., V. 9 ff., V. 18, V. 36)

Aufgabe 8
individuelle Lösungen

DaZ-Kommentare

Aufgabe 1
Damit die SuS die kommenden Aufgaben im Unterricht bearbeiten können, sollte die Ballade unbedingt im Rahmen der vorherigen Hausaufgabe gelesen und übersetzt werden. Die unbekannten Wörter werden ins Vokabelheft eingetragen und auch übersetzt. Zusätzlich sollten die SuS darauf hingewiesen werden, dass sie sich diese Ballade auch zu Hause anhören können.

Aufgabe 6
Die SuS bitte dazu ermutigen, möglichst viele neue Vokabeln aus der Ballade bei der Inhaltsangabe zu benutzen.

Zaubern will gelernt sein

EXTRA-Seiten

Die Schülerinnen und Schüler (SuS) lernen mit der Ballade „Der Zauberlehrling" von Johann Wolfgang von Goethe (1749–1832) eine weitere Ballade kennen, erschließen ihren Inhalt und verfassen sodann eine Inhaltsangabe.

Die SuS weisen an der Ballade außerdem Elemente der drei literarischen Hauptgattungen nach und beschreiben die Ereignisse aus veränderter Perspektive. Abschließend wird die Ballade zum Rap umgeschrieben und vorgetragen.

Kommentare zu den Aufgaben

Einstieg und Aufgabe 1
Die SuS lesen oder hören die Ballade „Der Zauberlehrling".

Aufgabe 2
In der Gruppe tauschen sich die SuS über das Thema der Ballade und die in ihr vermittelten Gefühle aus.

Aufgabe 3
Im Tandem ordnen die SuS den Strophen vorgegebene inhaltsbezogene Überschriften zu.

Alternative:
Die Aufgabe kann auch in individueller Einzelarbeit gelingen.

Erweiterung:
Zur Sicherung des Textverständnisses könnten sich die SuS den Inhalt der Ballade gegenseitig (auch unter Zuhilfenahme der inhaltsbezogenen Überschriften) nacherzählen.

Aufgabe 4
Die SuS schreiben eine vollständige Inhaltsangabe der Ballade „Der Zauberlehrling".

Erweiterung:
Die SuS prüfen ihre Inhaltsangaben untereinander und geben sich gegenseitig konkrete Verbesserungshinweise.

Aufgabe 5
Die SuS weisen an der Ballade „Der Zauberlehrling" lyrische, epische und dramatische Elemente nach.

Aufgabe 6
Die SuS versetzen sich in den Hexenmeister und schildern das Geschehen aus dessen Perspektive (der Hexenmeister kommt zurück und sieht, was der Zauberlehrling während seiner Abwesenheit angerichtet hat).

Aufgabe 7
Die SuS schreiben die Ballade „Der Zauberlehrling" in einen Rap um und tragen diesen schließlich vor den anderen vor. – Vgl. zu Doppel-U auch die Internetseite: http://www.rap-macht-schule.de/

Erweiterung:
Der Rap könnte auch fächerübergreifend (mit Musik) geschrieben werden.

Zaubern will gelernt sein

◉ Hörverstehen
765350

1 Lies die folgende Ballade oder höre sie dir an.

Johann Wolfgang von Goethe
Der Zauberlehrling

Hat der alte Hexenmeister
Sich doch einmal wegbegeben!
Und nun sollen seine Geister
Auch nach meinem Willen leben.
5 Seine Wort und Werke
Merkt ich, und den Brauch,
Und mit Geistesstärke
Tu ich Wunder auch.

Walle! walle,
10 Manche Strecke,
Dass zum Zwecke
Wasser fließe,
Und mit reichem vollen Schwalle
Zu dem Bade sich ergieße.

15 Und nun komm, du alter Besen!
Nimm die schlechten Lumpenhüllen;
Bist schon lange Knecht gewesen;
Nun erfülle meinen Willen!
Auf zwei Beinen stehe,
20 Oben sei ein Kopf,
Eile nun und gehe
mit dem Wassertopf!

Walle! walle
Manche Strecke,
25 Dass zum Zwecke
Wasser fließe,
Und mit reichem vollen Schwalle
Zu dem Bade sich ergieße.

Seht, er läuft zum Ufer nieder;
30 Wahrlich! ist er schon an dem Flusse,
Und mit Blitzesschnelle wieder
Ist er hier mit raschem Gusse.
Schon zum zweiten Male!
Wie das Becken schwillt!
35 Wie sich jede Schale
voll mit Wasser füllt!

Stehe! stehe!
Denn wir haben
Deiner Gaben
40 Vollgemessen¹! –
Ach, ich merk es! Wehe! wehe!
Hab ich doch das Wort vergessen!

Ach das Wort, worauf am Ende
Er das wird, was er gewesen.
45 Ach, er läuft und bringt behände²!
Wärst du doch der alte Besen!
Immer neue Güsse
Bringt er schnell herein,
Ach! Und hundert Flüsse
50 Stürzen auf mich ein.

Nein, nicht länger
Kann ich's lassen;
Will ihn fassen.
Das ist Tücke³!
55 Ach! Nun wird mir immer bänger⁴!
Welche Miene! welche Blicke!

O, du Ausgeburt der Hölle!
Soll das ganze Haus ersaufen?
Seh ich über jede Schwelle
60 Doch schon Wasserströme laufen.
Ein verruchter Besen,
Der nicht hören will!
Stock, der du gewesen,
Steh doch wieder still!

65 Willst's am Ende
Gar nicht lassen?
Will dich fassen,
Will dich halten,
Und das alte Holz behände
70 Mit dem scharfen Beile spalten.

⁴vollgemessen: genug

³behände: schnell

²Tücke: Gemeinheit
⁴bänger: ängstlicher

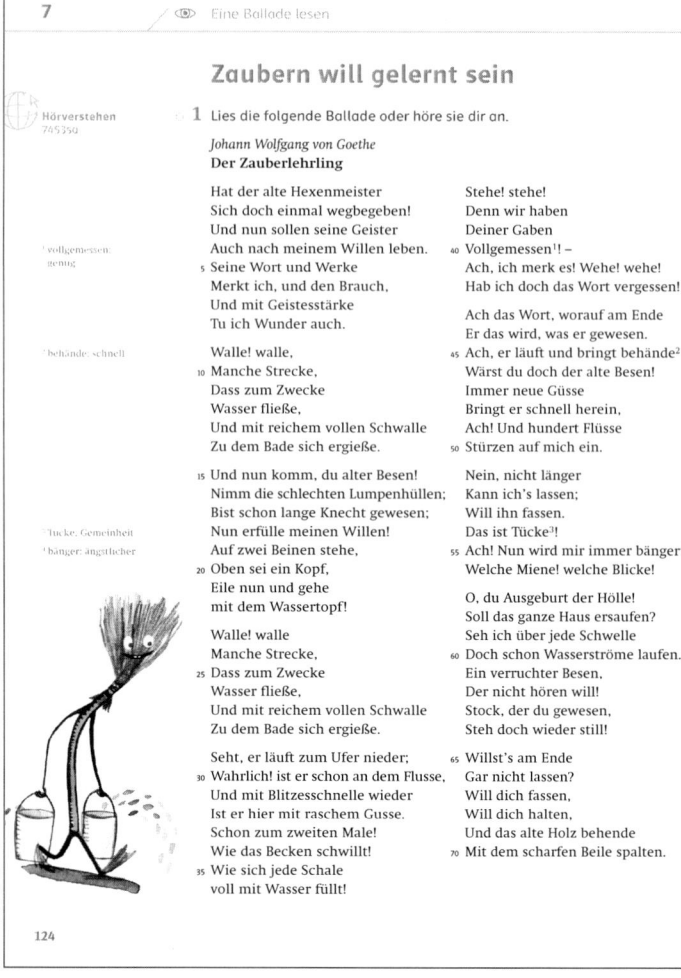

124

Lösungen

Aufgabe 1
Leseaufgabe / Hörverstehen

Aufgabe 2
Die Ballade erzählt von einem Zauberlehrling, der sich anmaßt, wie sein Meister zaubern zu können. Als er seinen Zauber nicht mehr stoppen kann, muss er erkennen, dass er noch nicht die Fähigkeiten seines Meisters hat. – Die Ballade zeugt anfangs vom Stolz des Schülers gepaart mit Selbstüberschätzung und schließlich von der panischen Angst des Zauberlehrlings.

Aufgabe 3
- Strophe 1 (V. 1–8): Überheblichkeit und Wichtigtuerei
- Strophe(n) (2) und 3 (V. 9–28): Umsetzung des Vorhabens
- Strophe 5 bis 7 (V. 29–50): Machtrausch (beginnende Unsicherheit)
- Strophen 8 und 9 (V. 51–64): Hilfloses Schimpfen
- Strophen 10 und 11 (V. 65–78): Verzweiflungstat
- Strophe 12 (V. 79–84): Hilferuf
- Strophe 13 (V. 85–92): Verzweiflung
- Strophe 14 (V. 93–98): Rettung

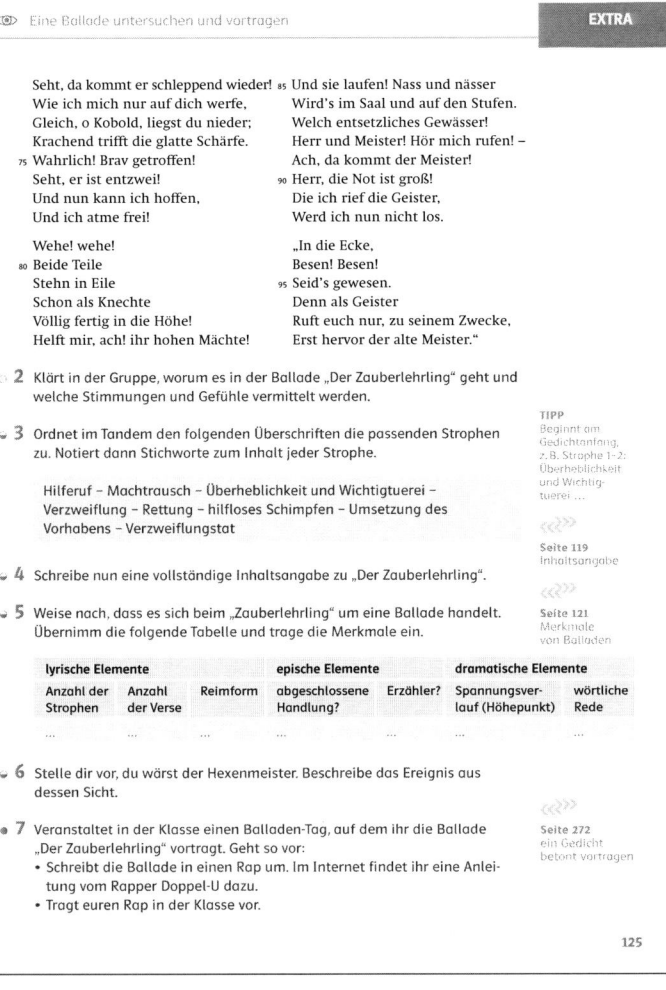

Seht, da kommt er schleppend wieder!
Wie ich mich nur auf dich werfe,
Gleich, o Kobold, liegst du nieder;
Krachend trifft die glatte Schärfe.
75 Wahrlich! Brav getroffen!
Seht, er ist entzwei!
Und nun kann ich hoffen,
Und ich atme frei!

Wehe! wehe!
80 Beide Teile
Stehn in Eile
Schon als Knechte
Völlig fertig in die Höhe!
Helft mir, ach! ihr hohen Mächte!

85 Und sie laufen! Nass und nässer
Wird's im Saal und auf den Stufen.
Welch entsetzliches Gewässer!
Herr und Meister! Hör mich rufen! –
Ach, da kommt der Meister!
90 Herr, die Not ist groß!
Die ich rief die Geister,
Werd ich nun nicht los.

„In die Ecke,
Besen! Besen!
95 Seid's gewesen.
Denn als Geister
Ruft euch nur, zu seinem Zwecke,
Erst hervor der alte Meister."

2 Klärt in der Gruppe, worum es in der Ballade „Der Zauberlehrling" geht und welche Stimmungen und Gefühle vermittelt werden.

3 Ordnet im Tandem den folgenden Überschriften die passenden Strophen zu. Notiert dann Stichworte zum Inhalt jeder Strophe.

Hilferuf – Machtrausch – Überheblichkeit und Wichtigtuerei – Verzweiflung – Rettung – hilfloses Schimpfen – Umsetzung des Vorhabens – Verzweiflungstat

TIPP
Beginnt am Gedichtanfang, z. B. Strophe 1–2: Überheblichkeit und Wichtigtuerei …

≪♪≫
Seite 119
Inhaltsangabe

4 Schreibe nun eine vollständige Inhaltsangabe zu „Der Zauberlehrling".

5 Weise nach, dass es sich beim „Zauberlehrling" um eine Ballade handelt. Übernimm die folgende Tabelle und trage die Merkmale ein.

≪♪≫
Seite 121
Merkmale von Balladen

lyrische Elemente			epische Elemente		dramatische Elemente	
Anzahl der Strophen	Anzahl der Verse	Reimform	abgeschlossene Handlung?	Erzähler?	Spannungsverlauf (Höhepunkt)	wörtliche Rede
…	…	…	…	…	…	…

6 Stelle dir vor, du wärst der Hexenmeister. Beschreibe das Ereignis aus dessen Sicht.

7 Veranstaltet in der Klasse einen Balladen-Tag, auf dem ihr die Ballade „Der Zauberlehrling" vortragt. Geht so vor:
• Schreibt die Ballade in einen Rap um. Im Internet findet ihr eine Anleitung vom Rapper Doppel-U dazu.
• Tragt euren Rap in der Klasse vor.

≪♪≫
Seite 272
ein Gedicht betont vortragen

125

Aufgabe 4
individuelle Lösungen – Wichtig ist, dass die Merkmale von Inhaltsangaben (vgl. dazu die Darstellung der Arbeitstechnik „Eine Inhaltsangabe schreiben" auf S. 119 im SB) berücksichtigt werden.

Aufgabe 5
- lyrische Elemente: 14 Strophen mit insgesamt 98 Versen, von denen sich die meisten im Kreuzreim reimen (in den Strophen 2, 4, 6, 8, 10, 12, 14 findet sich außerdem jeweils ein Paarreim)
- epische Elemente: abgeschlossene Handlung (die anmaßende Tat des Zauberlehrlings und seine Rettung aus höchster Not), die erzählerisch vermittelt ist (der Erzähler tritt ab Vers 1 auf, der Erzählerbericht ist nur durch Figurenrede unterbrochen; einen Sonderfall stellen die beiden Strophen „Walle! Walle" dar, die als Rede des Zauberlehrlings verstanden werden können, ohne dass sie als wörtliche Rede gekennzeichnet sind)
- dramatische Elemente: klarer Höhepunkt (Vers 90 ff.: höchste Not), dann Rettung durch den Meister, wörtliche Rede (in den Versen 93 ff.)

Aufgabe 6
individuelle Lösungen – Wichtig ist, dass die Perspektive konsequent eingehalten wird.

Aufgabe 7
individuelle Lösungen

Vorhandenes Zusatzmaterial zu dieser Doppelseite

▤ Differenzierungskarte BASIS, S. 27
▤ Differenzierungskarte PLUS, S. 27

⊕ Hörverstehen 7453sa

▤ KV 2 BASIS, S. 119
▤ KV 2 EXTRA, S. 120
▤ KV 2 PLUS, S. 121

▯ Klassenarbeitstraining 3, AH 7, S. 76 / 77

⊙ KA 7 EXTRA

Einstürzende Brücken

PLUS-Seiten

Die Schülerinnen und Schüler (SuS) lernen mit „Die Brück' am Tay" von Theodor Fontane (1819 – 1898) eine weitere Ballade kennen, recherchieren die ihr zugrunde liegenden historischen Ereignisse und reflektieren ihre Situierung. Die SuS verfassen sodann eine Inhaltsangabe zur Ballade und weisen Elemente der drei literarischen Hauptgattungen nach. Abschließend wird die Ballade zum Hörspiel umgestaltet und vorgeführt.

Kommentare zu den Aufgaben

Einstieg und Aufgabe 1
Die SuS lesen oder hören die Ballade „Die Brück' am Tay".

Aufgabe 2
Im Tandem recherchieren die SuS zum historischen Zugunglück, das Anlass für die Ballade Fontanes gewesen ist. Die wichtigsten Informationen dazu finden sich auf der Wikipedia-Seite zum Fontane-Gedicht. Fontanes Ballade erschien nur wenige Tage nach dem Unglück, am 10. Januar 1880, in der Literaturzeitschrift „Die Gegenwart".

Aufgabe 3
Die SuS denken darüber nach, wer die Strophen 1, 2 und 8 sprechen könnte. – Bekanntlich variiert Fontane hier ein Gespräch der drei Hexen aus dem Shakespeare-Drama „Macbeth", was durch das hier nicht abgedruckte Motto „When shall we three meet again? *Macbeth*" deutlich ausgewiesen ist. Shakespeare beschreibt die Hexen als Gebieterinnen über zivilisationszerstörende Elementarkräfte.

Aufgabe 4
Die SuS klären, wer außer den drei Hexen noch spricht.
Alternative:
Auch diese Aufgabe könnte im Tandem bearbeitet werden.

Aufgabe 5
Die SuS klären, was mit dem Hexenausspruch „Tand, Tand ist das Gebilde von Menschenhand" gemeint ist. Die Bearbeitung bzw. Besprechung der Aufgabe sollte zu einer (ersten) Deutung der Ballade führen.

Aufgabe 6
Die SuS schreiben eine Inhaltsangabe der Ballade „Die Brück' am Tay".
Erweiterung:
Die SuS prüfen ihre Inhaltsangaben untereinander und geben sich gegenseitig konkrete Verbesserungshinweise.

Aufgabe 7
Die SuS weisen an der Ballade „Die Brück' am Tay" lyrische, epische und dramatische Elemente nach.

Aufgabe 8
Die SuS gestalten in der Gruppe ein Hörspiel zur Ballade, das dann schließlich vor der Klasse vorgeführt wird.

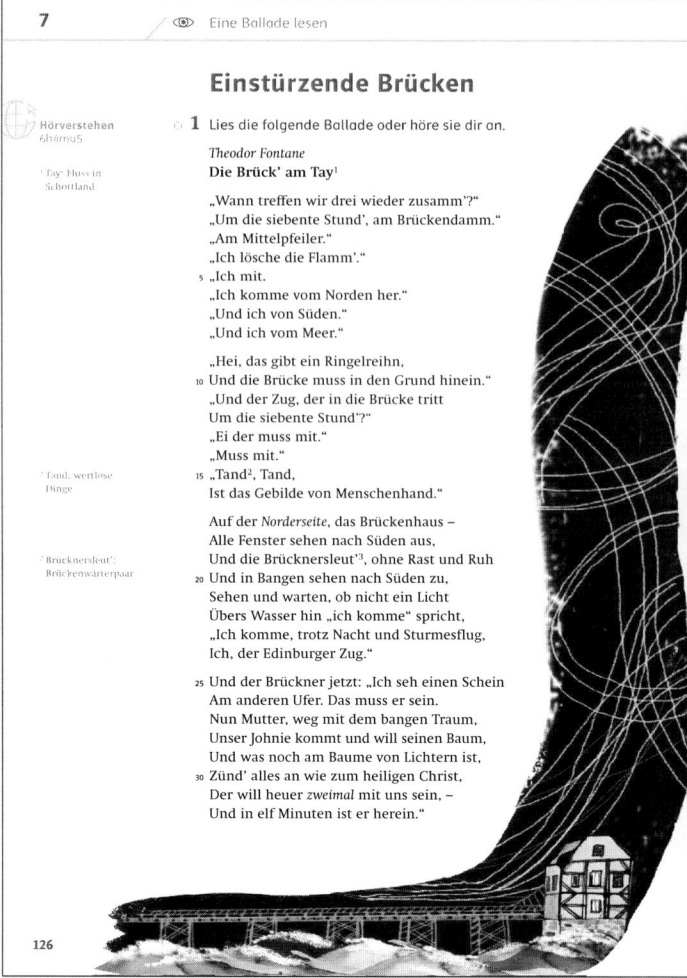

Einstürzende Brücken

🎧 Hörverstehen
6harmu5

1 Lies die folgende Ballade oder höre sie dir an.

1 Tay-Fluss in Schottland

Theodor Fontane
Die Brück' am Tay[1]

„Wann treffen wir drei wieder zusamm'?"
„Um die siebente Stund', am Brückendamm."
„Am Mittelpfeiler."
„Ich lösche die Flamm'."
5 „Ich mit."
„Ich komme vom Norden her."
„Und ich von Süden."
„Und ich vom Meer."

„Hei, das gibt ein Ringelreihn,
10 Und die Brücke muss in den Grund hinein."
„Und der Zug, der in die Brücke tritt
Um die siebente Stund'?"
„Ei der muss mit."
„Muss mit."
2 Tand: wertlose Dinge
15 „Tand[2], Tand,
Ist das Gebilde von Menschenhand."

Auf der *Norderseite*, das Brückenhaus –
Alle Fenster sehen nach Süden aus,
3 Brücknersleut': Brückenwärterpaar
Und die Brücknersleut'[3], ohne Rast und Ruh
20 Und in Bangen sehen nach Süden zu,
Sehen und warten, ob nicht ein Licht
Übers Wasser hin „ich komme" spricht,
„Ich komme, trotz Nacht und Sturmesflug,
Ich, der Edinburger Zug."

25 Und der Brückner jetzt: „Ich seh einen Schein
Am anderen Ufer. Das muss er sein.
Nun Mutter, weg mit dem bangen Traum,
Unser Johnie kommt und will seinen Baum,
Und was noch am Baume von Lichtern ist,
30 Zünd' alles an wie zum heiligen Christ,
Der will heuer *zweimal* mit uns sein, –
Und in elf Minuten ist er herein."

126

Lösungen

Aufgabe 1
Leseaufgabe / Hörverstehen

Aufgabe 2
Die „Die Brück' am Tay" ist die Firth-of-Tay-Brücke in Schottland, die zwischen 1871 und 1878 unter großem Aufwand erbaut worden war. Diese stürzte am 28. Dezember 1879 während eines Sturms zusammen.
Ein Zug wurde mit in die Tiefe gerissen, 75 Menschen starben.

Aufgabe 3
Man kann hier von personifizierten Naturgewalten ausgehen, z. B. könnten der Sturm, das Meer und die Nacht sprechen. (Es sprechen die Hexen, vgl. Kommentar zu A 3.)

Aufgabe 4
Außerdem sprechen (wobei das Verb „sprechen" hier auf alle formalen wörtlichen Reden bezogen wird): das Licht des Edinburger Zugs (V. 22 ff.), der Brückner (V. 25 – 32) und Johnie (V. 35 – 48).

Aufgabe 5
Durch den Ausspruch wird das Menschenwerk ins Verhältnis zur Naturgewalt gesetzt. Die Menschen (und hier vor allem Johnie) bilden sich viel auf ihr Können ein, sind Stolz und

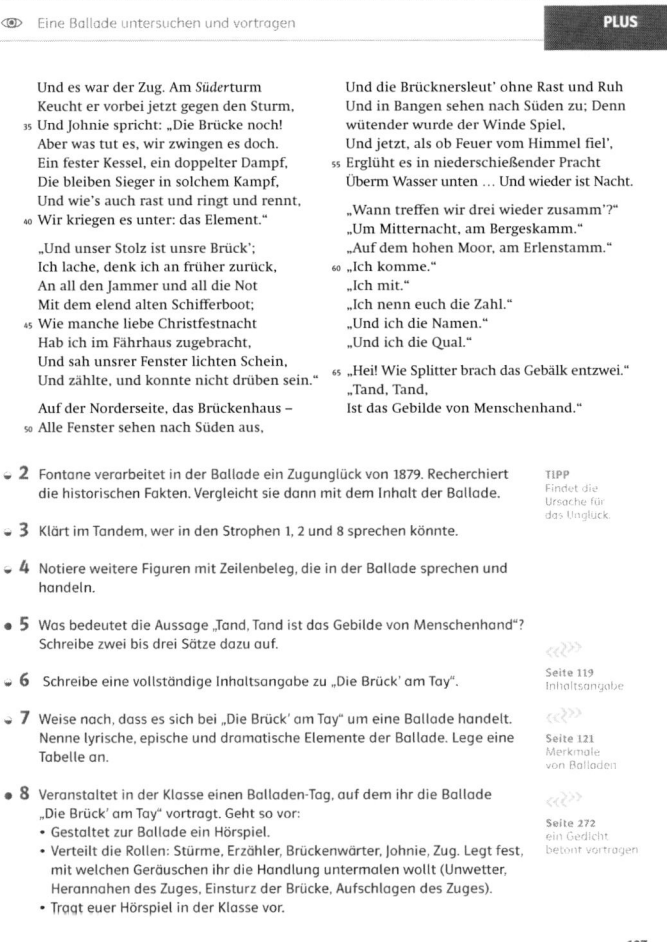

Und es war der Zug. Am *Süderturm*
Keucht er vorbei jetzt gegen den Sturm,
35 Und Johnie spricht: „Die Brücke noch!
Aber was tut es, wir zwingen es doch.
Ein fester Kessel, ein doppelter Dampf,
Die bleiben Sieger in solchem Kampf,
Und wie's auch rast und ringt und rennt,
40 Wir kriegen es unter: das Element."

„Und unser Stolz ist unsre Brück';
Ich lache, denk ich an früher zurück,
An all den Jammer und all die Not
Mit dem elend alten Schifferboot;
45 Wie manche liebe Christfestnacht
Hab ich im Fährhaus zugebracht,
Und sah unsrer Fenster lichten Schein,
Und zählte, und konnte nicht drüben sein."

Auf der Norderseite, das Brückenhaus –
50 Alle Fenster sehen nach Süden aus,

Und die Brücknersleut' ohne Rast und Ruh
Und in Bangen sehen nach Süden zu;
Denn wütender wurde der Winde Spiel,
Und jetzt, als ob Feuer vom Himmel fiel',
55 Erglüht es in niederschießender Pracht
Überm Wasser unten … Und wieder ist Nacht.

„Wann treffen wir drei wieder zusamm'?"
„Um Mitternacht, am Bergeskamm."
„Auf dem hohen Moor, am Erlenstamm."
60 „Ich komme."
„Ich mit."
„Ich nenn euch die Zahl."
„Und ich die Namen."
„Und ich die Qual."
65 „Hei! Wie Splitter brach das Gebälk entzwei."
„Tand, Tand,
Ist das Gebilde von Menschenhand."

2 Fontane verarbeitet in der Ballade ein Zugunglück von 1879. Recherchiert die historischen Fakten. Vergleicht sie dann mit dem Inhalt der Ballade.

TIPP
Findet die Ursache für das Unglück.

3 Klärt im Tandem, wer in den Strophen 1, 2 und 8 sprechen könnte.

4 Notiere weitere Figuren mit Zeilenbeleg, die in der Ballade sprechen und handeln.

5 Was bedeutet die Aussage „Tand, Tand ist das Gebilde von Menschenhand"? Schreibe zwei bis drei Sätze dazu auf.

≪≫
Seite 119
Inhaltsangabe

6 Schreibe eine vollständige Inhaltsangabe zu „Die Brück' am Tay".

≪≫
Seite 121
Merkmale von Balladen

7 Weise nach, dass es sich bei „Die Brück' am Tay" um eine Ballade handelt. Nenne lyrische, epische und dramatische Elemente der Ballade. Lege eine Tabelle an.

≪≫
Seite 272
ein Gedicht betont vortragen

8 Veranstaltet in der Klasse einen Balladen-Tag, auf dem ihr die Ballade „Die Brück' am Tay" vortragt. Geht so vor:
• Gestaltet zur Ballade ein Hörspiel.
• Verteilt die Rollen: Stürme, Erzähler, Brückenwärter, Johnie, Zug. Legt fest, mit welchen Geräuschen ihr die Handlung untermalen wollt (Unwetter, Herannahen des Zuges, Einsturz der Brücke, Aufschlagen des Zuges).
• Tragt euer Hörspiel in der Klasse vor.

127

Vorhandenes Zusatzmaterial zu dieser Doppelseite

▭ Differenzierungskarte BASIS, S. 28
▭ Differenzierungskarte EXTRA, S. 28

⊕ Hörverstehen 6h4mu5

▯ Klassenarbeitstraining 3, AH 7, S. 76 / 77

⊙ KA 7 PLUS

glauben sogar: „‚Wir kriegen es unter: das Element.'" Tatsächlich kann die menschliche Technik, können Bauwerke, die auch für den Fortschritt stehen (hier: die moderne Brücke), nicht gegen einen Sturm und das Meer bestehen. Es ist alles nur „Tand" (wertlose Dinge). Hier wird beschrieben, wie menschlicher Hochmut durch die Natur, durch Naturgewalten, bestraft wird. So stellt die Ballade „eine Mahnung vor technikgläubiger Hybris" der Menschen dar.

Aufgabe 6

individuelle Lösungen – Wichtig ist, dass die Merkmale von Inhaltsangaben (vgl. dazu die Darstellung der Arbeitstechnik „Eine Inhaltsangabe schreiben" auf S. 119 im SB) berücksichtigt werden.

Aufgabe 7

– lyrische Elemente: 8 Strophen mit insgesamt 67 Versen (die Reden der drei Gewalten in den Versen 1–16 und 57–67 bilden, wie das Reimschema zeigt, nicht immer einen eigenen Reim; in den anderen Strophen durchgängig Paarreim

– epische Elemente: abgeschlossene Handlung (die Bestrafung des menschlichen Hochmuts und Johnies Tod), die erzählerisch vermittelt ist (der Erzähler tritt ab Vers 17 auf)

– dramatische Elemente: klarer Höhepunkt (Vers 54 ff.: die „niederschießende Pracht"), wörtliche Rede (vgl. dazu A 4)

Aufgabe 8

individuelle Lösungen

Er hat geträumt, dass ...

RGS-Seiten

Die Schülerinnen und Schüler (SuS) lernen hier mit „Der Schneider von Ulm" von Bertolt Brecht (1898–1956) eine weitere Ballade kennen und tauschen sich über deren Inhalt aus. In verschiedenen Übungen verwenden sie „dass" bzw. „das" und lernen zwischen der Konjunktion und dem Relativpronomen zu unterscheiden.

Kommentare zu den Aufgaben

Einstieg und Aufgabe 1
Die SuS lesen die Ballade „Der Schneider von Ulm".
Erweiterung:
In einem Blitzlicht äußern die SuS ihre ersten Eindrücke (zu den Figuren, zur Sprache, ...).

Aufgabe 2
Die SuS tauschen sich mündlich über den Gedichtinhalt aus, sichern so ihr Textverständnis und bereiten zugleich Aufgabe 3 vor.

Aufgabe 3
Durch die Übung nehmen die SuS Verben bewusst wahr, die häufig mit der Konjunktion „dass" gebraucht werden.

Aufgabe 4
Die SuS machen sich die Funktion des Relativpronomens „das" bewusst und identifizieren in verschiedenen Satzgefügen das Bezugswort im übergeordneten Satz.
Erweiterung:
Die SuS beschreiben die inhaltliche Funktion des das-Satzes (als Attribut, d.h. als nähere Angabe zum jeweiligen Bezugswort).

Aufgaben 5 und 6
Die SuS setzen in einem Lückentext die fehlenden Wörter „dass" und „das" ein. Sie vergleichen anschließend ihre Ergebnisse und klären jeweils die Wortart.

Aufgabe 7
Die SuS verwenden Verben, die oft mit „dass" verwendet werden, um damit ihre Meinung zur Ballade zu formulieren.

Er hat geträumt, dass ...

1 Lies die Ballade „Der Schneider von Ulm" von Bertolt Brecht.

Bertolt Brecht
Der Schneider von Ulm

Bischof, ich kann fliegen,
Sagte der Schneider zum Bischof.
Pass auf, wie ich's mach!
Und er stieg mit so 'nen Dingen,
5 Die aussahn wie Schwingen[1],
Auf das große, große Kirchendach.

Der Bischof ging weiter:
Das sind lauter so Lügen,
Der Mensch ist kein Vogel,
10 Es wird nie ein Mensch fliegen,
Sagte der Bischof vom Schneider.

Der Schneider ist verschieden[2],
Sagten die Leute dem Bischof.
Es war eine Hatz[3].
15 Seine Flügel zerspellet[4],
Und er liegt zerschellet[5]
Auf dem harten, harten Kirchenplatz.

Die Glocken sollen läuten,
Es waren nichts als Lügen,
20 Der Mensch ist kein Vogel,
Es wird nie ein Mensch fliegen,
Sagte der Bischof den Leuten.

[1] Schwingen: Flügel
[2] verschieden, hier: gestorben
[3] Hatz: Hetzjagd, Hetze
[4] zerspellet: zersplittert, zerbrochen
[5] zerschellet: zerbrochen, zerstört

2 Worum geht es in der Ballade? Tauscht euch im Tandem dazu aus.

3 Formuliere den Inhalt der Ballade in dass-Sätze um. Ordne die Satzanfänge den passenden Sätzen zu. Bilde dass-Sätze und schreibe sie auf, z. B.
a *Der Schneider von Ulm glaubt, dass er fliegen kann.*

a Der Schneider von Ulm glaubt, ...	Der Mensch ist kein Vogel.
b Der Bischof meint, ...	Der Schneider ist gestorben.
c Die Leute berichten, ...	Der Schneider lügt.
d Er ärgert sich, ...	Er stürzt auf den Kirchenplatz.
e Der Schneider sieht, ...	Er kann fliegen.
f Der Bischof findet, ...	Es haben sich viele Leute versammelt.

128

Lösungen

Aufgabe 1
Leseaufgabe

Aufgabe 2
Der Schneider von Ulm prahlt vor dem Bischof, er könne fliegen. Der Bischof tut alle menschlichen Flugkünste als Lügen ab, und tatsächlich scheitert der Flugversuch des Schneiders. Wie man längst weiß, hat sich aber auch der Bischof getäuscht, wie die erfolgreiche Geschichte der Luftfahrt gezeigt hat.

Aufgabe 3
a *Der Schneider von Ulm glaubt, dass er fliegen kann.*
b Der Bischof meint, dass der Schneider lügt.
c Die Leute berichten, dass der Schneider gestorben ist.
d Er ärgert sich, dass er auf den Kirchenplatz stürzt.
e Der Schneider sieht, dass sich viele Leute versammelt haben.
f Der Bischof findet, dass der Mensch kein Vogel ist.

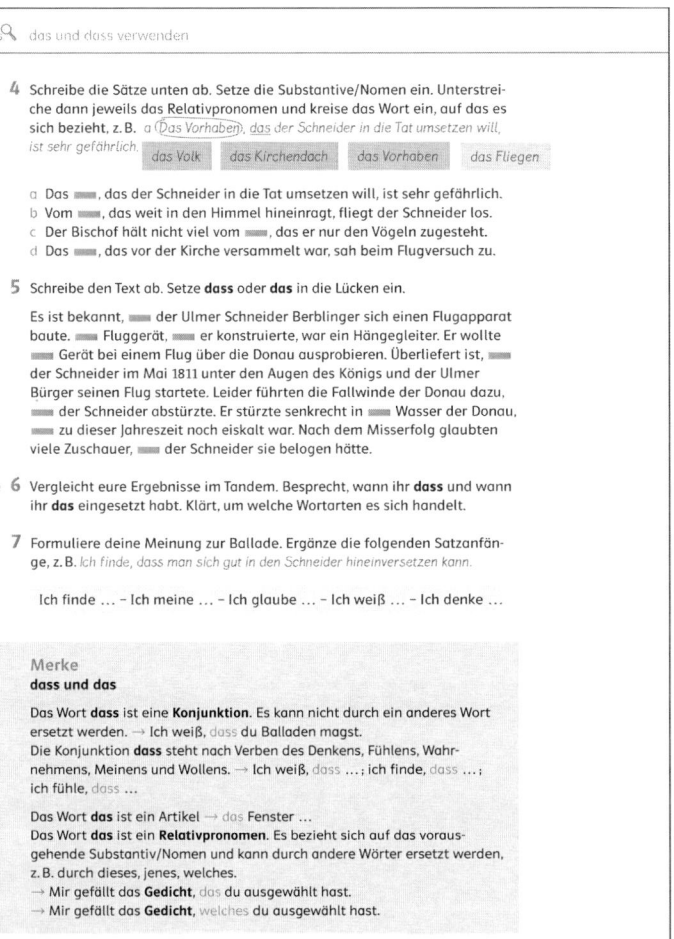

RGS das und dass verwenden

4 Schreibe die Sätze unten ab. Setze die Substantive/Nomen ein. Unterstreiche dann jeweils das Relativpronomen und kreise das Wort ein, auf das es sich bezieht, z. B. a (Das Vorhaben), das der Schneider in die Tat umsetzen will, ist sehr gefährlich. | das Volk | das Kirchendach | das Vorhaben | das Fliegen |

a Das ▬, das der Schneider in die Tat umsetzen will, ist sehr gefährlich.
b Vom ▬, das weit in den Himmel hineinragt, fliegt der Schneider los.
c Der Bischof hält nicht viel vom ▬, das er nur den Vögeln zugesteht.
d Das ▬, das vor der Kirche versammelt war, sah beim Flugversuch zu.

5 Schreibe den Text ab. Setze **dass** oder **das** in die Lücken ein.

Es ist bekannt, ▬ der Ulmer Schneider Berblinger sich einen Flugapparat baute. ▬ Fluggerät, ▬ er konstruierte, war ein Hängegleiter. Er wollte ▬ Gerät bei einem Flug über die Donau ausprobieren. Überliefert ist, ▬ der Schneider im Mai 1811 unter den Augen des Königs und der Ulmer Bürger seinen Flug startete. Leider führten die Fallwinde der Donau dazu, ▬ der Schneider abstürzte. Er stürzte senkrecht in ▬ Wasser der Donau, ▬ zu dieser Jahreszeit noch eiskalt war. Nach dem Misserfolg glaubten viele Zuschauer, ▬ der Schneider sie belogen hätte.

6 Vergleicht eure Ergebnisse im Tandem. Besprecht, wann ihr **dass** und wann ihr **das** eingesetzt habt. Klärt, um welche Wortarten es sich handelt.

7 Formuliere deine Meinung zur Ballade. Ergänze die folgenden Satzanfänge, z. B. Ich finde, dass man sich gut in den Schneider hineinversetzen kann.

Ich finde … – Ich meine … – Ich glaube … – Ich weiß … – Ich denke …

Merke
dass und das

Das Wort **dass** ist eine **Konjunktion**. Es kann nicht durch ein anderes Wort ersetzt werden. → Ich weiß, dass du Balladen magst.
Die Konjunktion **dass** steht nach Verben des Denkens, Fühlens, Wahrnehmens, Meinens und Wollens. → Ich weiß, dass …; ich finde, dass …; ich fühle, dass …

Das Wort **das** ist ein Artikel → das Fenster …
Das Wort **das** ist ein **Relativpronomen**. Es bezieht sich auf das vorausgehende Substantiv/Nomen und kann durch andere Wörter ersetzt werden, z. B. durch dieses, jenes, welches.
→ Mir gefällt das **Gedicht**, das du ausgewählt hast.
→ Mir gefällt das **Gedicht**, welches du ausgewählt hast.

129

Vorhandenes Zusatzmaterial zu dieser Doppelseite

▤ KV 3 BASIS, S. 122
▤ KV 3 EXTRA, S.123
▤ KV 3 PLUS, S. 124

▢ AH 7, Kapitel 7, S. 40/41

Aufgabe 4

a *vgl. Schülerbuch*

b Vom Kirchendach, <u>das</u> weit in den Himmel hineinragt, fliegt der Scheider los.

c Der Bischof hält nicht viel vom Fliegen, <u>das</u> er nur den Vögeln zugesteht.

d Das Volk, <u>das</u> vor der Kirche versammelt war, sah beim Flugversuch zu.

Aufgaben 5 und 6

Es ist bekannt, <u>dass</u> (Konjunktion) der Ulmer Schneider Berblinger sich einen Flugapparat baute. <u>Das</u> (Artikel) Fluggerät, <u>das</u> (Relativpronomen) er konstruierte, war ein Hängegleiter. Er wollte <u>das</u> (Artikel) Gerät bei einem Flug über die Donau ausprobieren. Überliefert ist, <u>dass</u> (Konjunktion) der Schneider im Mai 1811 unter den Augen des Königs und der Ulmer Bürger seinen Flug startete. Leider führten die Fallwinde der Donau dazu, <u>dass</u> (Konjunktion) der Schneider abstürzte. Er stürzte senkrecht in <u>das</u> (Artikel) Wasser der Donau, <u>das</u> (Relativpronomen) zu dieser Jahreszeit noch eiskalt war. Nach dem Misserfolg glaubten viele Zuschauer, <u>dass</u> (Konjunktion) der Schneider sie belogen hätte.

Aufgabe 7

individuelle Lösungen

DaZ-Kommentare

Aufgabe 1

Damit die SuS die kommenden Aufgaben im Unterricht bearbeiten können, sollte von ihnen die Ballade unbedingt im Rahmen der vorherigen Hausaufgabe gelesen und übersetzt werden. Die unbekannten Wörter sollen auch ins Vokabelheft eingetragen und übersetzt werden.

Aufgabe 3

Die SuS sollten an folgende Regel erinnert werden: „Dass" ist eine Konjunktion, die einen Nebensatz einleitet, also kann „dass" nur nach einem Komma stehen. Am Ende des eingeleiteten Satzes steht dann das Prädikat, z. B.: Ich weiß, dass ich jetzt diese Regel abschreiben soll.

Aufgabe 5

Zumindest die schwächeren SuS sollten auf den Merkekasten „dass und das" hingewiesen werden, bevor sie mit der Übung anfangen.

Die Sternlein bitten, dass ...

TRAININGS-Seiten

Die Schülerinnen und Schüler (SuS) lernen mit der „Ballade"
von Ernst Moritz Arndt (1769 – 1860) und dem folgenden
Gedicht „Mitten in der Nacht" von Paul Maar (*1937) weitere
Gedichte kennen. In Übungen mit inhaltlichem Bezug zu
den Gedichten wiederholen die SuS die Unterscheidung
zwischen „dass" bzw. „das" und üben die Verwendung.

Kommentare zu den Aufgaben

Einstieg und Aufgabe 1
Die SuS lesen die beiden Strophen der „Ballade" von Ernst
Moritz Arndt und verständigen sich im Tandem über den
Balladeninhalt.

Aufgaben 2 und 3
Die SuS wiederholen die Konjunktion „dass", indem sie
inhaltsbezogene Teilsätze zur Arndt-Ballade zu sinnvollen
Aussagen verknüpfen und mithilfe vorgegebener Satzanfänge Aussagen formulieren.

Aufgabe 4
Die SuS wiederholen das Relativpronomen „das", indem sie
Satzgefüge bilden.
<u>Erweiterung:</u>
Die SuS markieren in den neu entstandenen Gefügen das
Relativpronomen und sein jeweiliges Bezugswort.

Aufgaben 5 und 6
Die SuS lesen das Gedicht „Mitten in der Nacht" von Paul
Maar und ergänzen anschließend in einem Text über das
Gedicht die Wörter „dass" und „das".

Aufgaben 7 und 8
Zur Sicherung des Unterschieds zwischen „dass" und „das"
markieren die SuS im Text zu Aufgabe 6 die Konjunktionen
und Relativpronomen mit unterschiedlichen Farben und klären, wann „dass" und wann „das" eingesetzt werden muss.

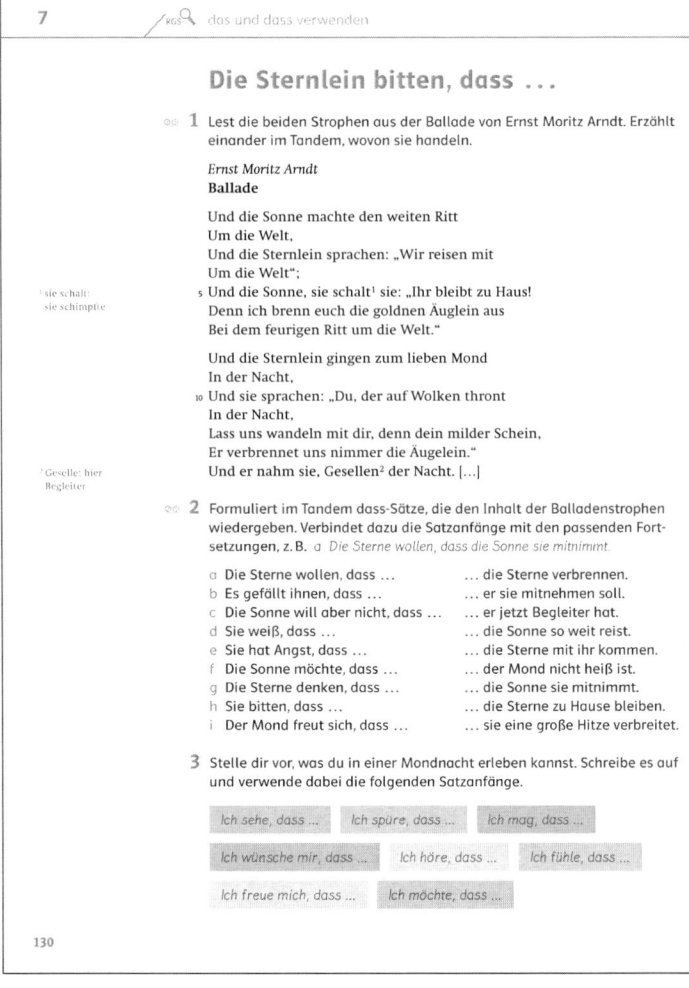

Lösungen

Aufgabe 1
Leseaufgabe

Aufgabe 2
a *Die Sterne wollen, dass die Sonne sie mitnimmt.*
b Es gefällt ihnen, dass die Sonne so weit reist.
c Die Sonne will aber nicht, dass die Sterne mit ihr kommen.
d Sie weiß, dass sie eine große Hitze verbreitet.
e Sie hat Angst, dass die Sterne verbrennen.
f Die Sonne möchte, dass die Sterne zu Hause bleiben.
g Die Sterne denken, dass der Mond nicht heiß ist.
h Sie bitten, dass er sie mitnehmen soll.
i Der Mond freut sich, dass er jetzt Begleiter hat.

Aufgabe 3
individuelle Lösungen

Aufgabe 4
a *Das <u>Mondlicht</u>, <u>das</u> ins Zimmer scheint, ist silberfarben.*
b Das <u>Sternenlicht</u>, <u>das</u> von einem fernen Stern kommt,
funkelt.
c Das <u>Weltall</u>, <u>das</u> von den Menschen erforscht wird, ist
riesig.
d Das <u>Fernrohr</u>, <u>das</u> auf den Mond gerichtet ist, zeigt die
Krater.

4 Bilde jeweils aus den folgenden zwei Sätzen einen Satz, z.B. *a Das Mond-licht, das ins Zimmer scheint, ist silberfarben.*

  a Das Mondlicht ist silberfarben. Das Mondlicht scheint ins Zimmer.

  b Das Sternenlicht funkelt. Das Sternenlicht kommt von einem fernen Stern.

  c Das Weltall ist riesig. Das Weltall wird von den Menschen erforscht.

  d Das Fernrohr zeigt die Krater. Das Fernrohr ist auf den Mond gerichtet.

5 Lies das Gedicht „Mitten in der Nacht" von Paul Maar.

Paul Maar
Mitten in der Nacht

Keine Ahnung, wo ich bin.
Nichts als Dunkel um mich her.
Wie im Bauch von einem Fisch,
meilentief im Schwarzen Meer.

5 Lebt noch jemand außer mir?
Oder bin ich ganz allein!
Diese Stille. Dieses Dunkel.
Gleich beginne ich zu schrein.

Da entdeck ich in der Schwärze
10 einen schmalen Strich aus Licht.
Das ist meine Zimmertüre!
Alles klar, ich schreie nicht.

6 Schreibe den folgenden Text ab. Setze **dass** und **das** in die Lücken ein.

Das Gedicht handelt von einem Kind, ▬ Angst hat. Sein Zimmer ist ganz dunkel. Es denkt, ▬ es von einem Fisch verschluckt wurde. Das Innere von einem Fisch muss genauso dunkel sein. Das Kind, ▬ sich allein fühlt, hat auch Angst vor der Stille. Es denkt, ▬ es gleich schreien will. Es sieht plötzlich, ▬ es ein wenig Licht im Zimmer gibt. Es ist das Licht, ▬ von einem anderen Raum unter der Zimmertür hindurchscheint. Das Kind freut sich, ▬ es sein Zimmer erkennt. Es weiß, ▬ es jetzt keine Angst mehr haben muss.

7 Unterstreiche im Text die Konjunktionen rot und die Relativpronomen grün.

8 Vergleicht im Tandem eure Lösungen. Klärt, wann **das** und wann **dass** eingesetzt werden muss.

Aufgabe 5
Leseaufgabe

Aufgaben 6 und 7
Das Gedicht handelt von einem Kind, das (Relativpronomen) Angst hat. Sein Zimmer ist ganz dunkel. Es denkt, dass (Konjunktion) es von einem Fisch verschluckt wurde. Das Innere von einem Fisch muss genauso dunkel sein. Das Kind, das (Relativpronomen) sich allein fühlt, hat auch Angst vor der Stille. Es denkt, dass (Konjunktion) es gleich schreien will. Es sieht plötzlich, dass (Konjunktion) es ein wenig Licht im Zimmer gibt. Es ist das Licht, das (Relativpronomen) von einem anderen Raum unter der Zimmertür durchscheint. Das Kind freut sich, dass (Konjunktion) es sein Zimmer erkennt. Es weiß, dass (Konjunktion) es jetzt keine Angst mehr haben muss.

Aufgabe 8
„Das" wird eingesetzt, wenn man es durch ein anderes Wort („dieses", „welches") ersetzen kann. Das Wort „dass" ist dagegen durch kein anderes Wort zu ersetzen.

DaZ-Kommentare

Aufgabe 1
Viele SuS sind daran gewöhnt, Texte (Gedichte, Balladen) auswendig zu lernen, was viele Vorteile hat, besonders wenn es auf freiwilliger Basis passiert. Da diese Texte meistens neue Vokabeln enthalten, kann man die SuS darauf hinweisen, dass das Erlernen von vielen neuen Wörtern viel leichter fällt, wenn man sie in einem Zusammenhang versteht, bspw. so wie in einem Gedicht. Die Lehrkraft kann den SuS zu diesem Zweck auch andere kurze Gedichte oder Kinderabzählreime vorlegen. Besonders dankbar werden hier lustige Gedichte angenommen.

Finde den Täter!

Kriminalgeschichten lesen, untersuchen und schreiben

Auftaktseiten – Vorwissen aktivieren

Die Auftaktseiten knüpfen an die Erfahrungen der Schülerinnen und Schüler (SuS) mit Krimis in Buchform sowie als Filme bzw. Serien an. Die SuS tauschen sich über ihre Krimierfahrungen aus und bestimmen, was sie unter einem Krimi verstehen. Ausgehend von Schreibimpulsen skizzieren sie die Handlung eines Krimis.
Außerdem wiederholen sie Satzglieder und führen die Umstellprobe zur Satzgliedbestimmung durch.

Kommentare zu den Aufgaben

Einstieg, Aufgaben 1 und 2
Ausgehend von Buchcovern und Fragen tauschen sich die SuS über Krimis aus, die sie kennen, und bestimmen, was sie unter einem Krimi verstehen.

Aufgaben 3 und 4
Die SuS nutzen Impulse, um eine eigene Krimihandlung zu skizzieren. Anschließend erzählen sie sich davon in der Klasse. Die Impulse können dabei auch später (vgl. die Grundlagenseiten / 2) für das Schreiben eines eigenen Krimis verwendet werden.
Es empfiehlt sich, für die Bearbeitung von Aufgabe 3 eine klare Zeitvorgabe (z. B. 15 Minuten) zu geben.
<u>Alternative:</u>
Die SuS arbeiten im Tandem oder in der Gruppe.

Aufgabe 5 RGS🔍
Mit vorgegebenen Satzgliedern bilden die SuS Sätze und führen die Umstellprobe durch. Sie verinnerlichen dadurch das, was ein Satzglied ist und ausmacht, und üben die Umstellprobe.

Das lernst du jetzt:

- Krimis lesen und untersuchen
- Merkmale von Krimis erkennen
- eigene Krimis schreiben
- Sätze mithilfe des Feldermodells untersuchen
- Satzglieder bestimmen
- Texte durch Umstellen, Ersetzen, Erweitern und Umformen verbessern

KMK-Standards

Krimis lesen und untersuchen
- über grundlegende Lesefertigkeiten verfügen: flüssig, sinnbezogen, überfliegend, selektiv, navigierend (z. B. Bild-Ton-Text integrierend) lesen
- wesentliche Elemente eines Textes erfassen
- zentrale Inhalte erschließen

Krimis schreiben
- gemäß den Aufgaben und der Zeitvorgabe einen Schreibplan erstellen
- Stoffsammlung erstellen, ordnen und eine Gliederung anfertigen
- Texte sprachlich gestalten
- Strategien zur Überprüfung der sprachlichen Richtigkeit und Rechtschreibung anwenden

Sätze untersuchen / Satzglieder bestimmen
- Satzstrukturen kennen und funktional verwenden: Hauptsatz, Nebensatz / Gliedsatz, Satzglied, Satzgliedteil
- grammatische Kategorien und ihre Leistungen in situativen und funktionalen Zusammenhängen kennen und nutzen

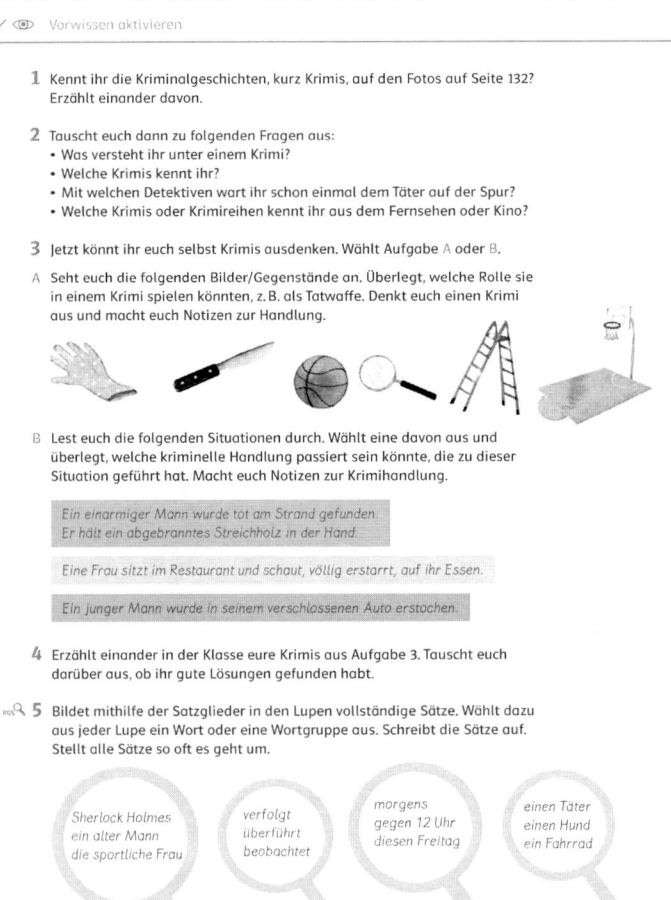

1 Kennt ihr die Kriminalgeschichten, kurz Krimis, auf den Fotos auf Seite 132? Erzählt einander davon.

2 Tauscht euch dann zu folgenden Fragen aus:
 • Was versteht ihr unter einem Krimi?
 • Welche Krimis kennt ihr?
 • Mit welchen Detektiven wart ihr schon einmal dem Täter auf der Spur?
 • Welche Krimis oder Krimireihen kennt ihr aus dem Fernsehen oder Kino?

3 Jetzt könnt ihr euch selbst Krimis ausdenken. Wählt Aufgabe A oder B.

A Seht euch die folgenden Bilder/Gegenstände an. Überlegt, welche Rolle sie in einem Krimi spielen könnten, z. B. als Tatwaffe. Denkt euch einen Krimi aus und macht euch Notizen zur Handlung.

B Lest euch die folgenden Situationen durch. Wählt eine davon aus und überlegt, welche kriminelle Handlung passiert sein könnte, die zu dieser Situation geführt hat. Macht euch Notizen zur Krimihandlung.

> *Ein einarmiger Mann wurde tot am Strand gefunden. Er hält ein abgebranntes Streichholz in der Hand.*

> *Eine Frau sitzt im Restaurant und schaut, völlig erstarrt, auf ihr Essen.*

> *Ein junger Mann wurde in seinem verschlossenen Auto erstochen.*

4 Erzählt einander in der Klasse eure Krimis aus Aufgabe 3. Tauscht euch darüber aus, ob ihr gute Lösungen gefunden habt.

5 Bildet mithilfe der Satzglieder in den Lupen vollständige Sätze. Wählt dazu aus jeder Lupe ein Wort oder eine Wortgruppe aus. Schreibt die Sätze auf. Stellt alle Sätze so oft es geht um.

Sherlock Holmes / ein alter Mann / die sportliche Frau — *verfolgt / überführt / beobachtet* — *morgens / gegen 12 Uhr / diesen Freitag* — *einen Täter / einen Hund / ein Fahrrad*

133

Lösungen

Aufgaben 1 und 2
individuelle Lösungen – Bestimmung Krimi: Kriminalgeschichten im weiteren Sinne sind Geschichten, in denen Verbrechen thematisiert werden. Mit „Krimis" bezieht man sich meist auf Detektivgeschichten, bei denen ein Detektiv ein Verbrechen aufklärt (oder manchmal auch verhindert).

Aufgaben 3 und 4
individuelle Lösungen

Aufgabe 5
individuelle Lösungen –
Beispiele:
– Sherlock Holmes überführt diesen Freitag einen Täter.
 Einen Täter überführt diesen Freitag Sherlock Holmes.
 Einen Täter überführt Sherlock Holmes diesen Freitag.
 Diesen Freitag überführt Sherlock Holmes einen Täter.
– Die sportliche Frau verfolgt gegen 12 Uhr ein Fahrrad.
 Die sportliche Frau verfolgt ein Fahrrad gegen 12 Uhr.
 Gegen 12 Uhr verfolgt die sportliche Frau ein Fahrrad.
 Ein Fahrrad verfolgt die sportliche Frau gegen 12 Uhr.

– Ein alter Mann beobachtet morgens einen Hund.
 Ein alter Mann beobachtet einen Hund morgens.
 Morgens beobachtet ein alter Mann einen Hund.
 Ein Hund wird morgens von einem alten Mann beobachtet.

DaZ-Kommentare

Einstieg
Es sollte sichergestellt werden, dass die SuS den Begriff „Krimi" verstehen. Ansonsten muss der Begriff kurz erklärt werden.

Aufgabe 1
Die meisten SuS werden vermutlich keine von diesen Geschichten kennen.

Aufgabe 5
Es sollte sichergestellt werden, dass die SuS wissen, was ein „Satzglied" ist.

Wer hat die Kasse?

Grundlagenseiten / 1

Die Schülerinnen und Schüler (SuS) erfassen einen Rate-krimi inhaltlich und lernen dabei wesentliche Merkmale von Krimis kennen.
Sie reflektieren über die Merkmale und stellen häufige Merkmale mit den entsprechenden Erklärungen dar.

Kommentare zu den Aufgaben

Einstieg, Aufgaben 1 und 2

Die SuS sehen sich die Bilder zu einem Ratekrimi an und beantworten im Tandem Inhaltsfragen zum Ratekrimi „Wer hat die Kasse?".

Aufgaben 3 bis 5

Ausgehend vom Ratekrimi auf Seite 134 denken die SuS über Krimimerkmale nach.
In einer Tabelle stellen sie den Merkmalen dann die entsprechenden Informationen aus dem Krimi „Wer hat die Kasse?" gegenüber.
Schließlich stellen die SuS Krimimerkmale mit den passenden Erklärungen dar.

Lösungen

Aufgabe 1
Leseaufgabe

Aufgabe 2
- *Worum geht es in dem Krimi „Wer hat die Kasse?" Was ist passiert?* – Es geht um die fehlende Kasse mit dem Eintrittsgeld des Baskettballturniers der Heinrich-Heine-Schule.
- *Wo ist die Tat geschehen?* – Diese Tat geschah in der Heinrich-Heine-Schule.
- *Wann ist die Tat geschehen?* – Die Tat ereignete sich während des Spiels, als die Kassiererin kurz auf Toilette war.
- *Von wem werden die Ermittlungen durchgeführt?* – Die Ermittlungen werden von der Kassiererin, von Nisa und Matti durchgeführt.
- *Was hat Nisa und Matti bei der Aufklärung geholfen?* – Den Kindern haben die Aussage eines Schülers und die Spiel-notizen geholfen.
- *Wer war der Täter?* – Der Täter war der Spieler mit der Nummer 11 – Alex.

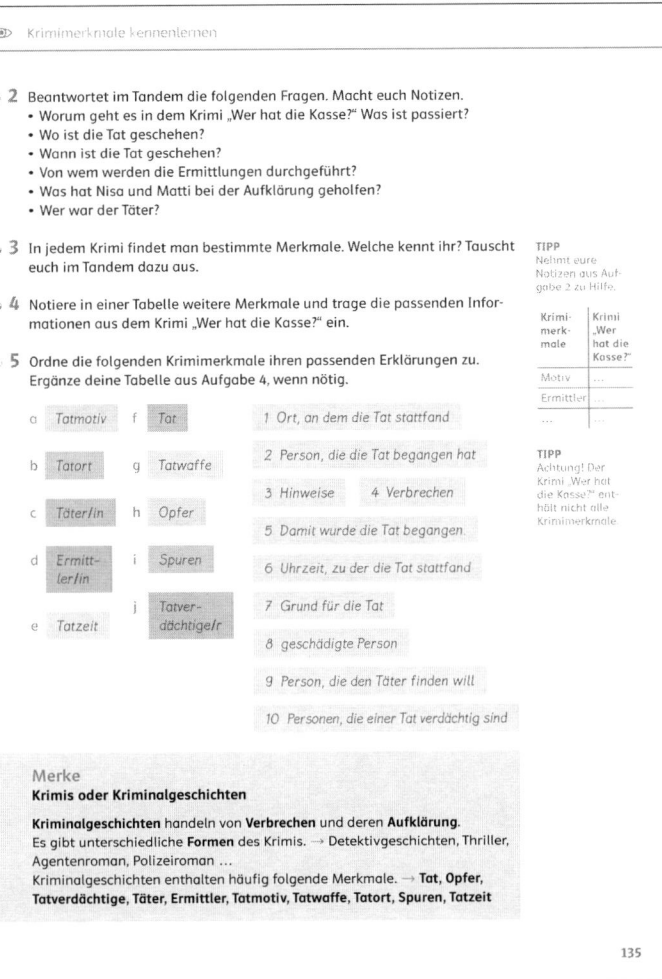

👁 Krimimerkmale kennenlernen

2 Beantwortet im Tandem die folgenden Fragen. Macht euch Notizen.
- Worum geht es in dem Krimi „Wer hat die Kasse?" Was ist passiert?
- Wo ist die Tat geschehen?
- Wann ist die Tat geschehen?
- Von wem werden die Ermittlungen durchgeführt?
- Was hat Nisa und Matti bei der Aufklärung geholfen?
- Wer war der Täter?

3 In jedem Krimi findet man bestimmte Merkmale. Welche kennt ihr? Tauscht euch im Tandem dazu aus.

4 Notiere in einer Tabelle weitere Merkmale und trage die passenden Informationen aus dem Krimi „Wer hat die Kasse?" ein.

5 Ordne die folgenden Krimimerkmale ihren passenden Erklärungen zu. Ergänze deine Tabelle aus Aufgabe 4, wenn nötig.

a Tatmotiv f Tat
b Tatort g Tatwaffe
c Täter/in h Opfer
d Ermittler/in i Spuren
e Tatzeit j Tatverdächtige/r

1 Ort, an dem die Tat stattfand
2 Person, die die Tat begangen hat
3 Hinweise 4 Verbrechen
5 Damit wurde die Tat begangen
6 Uhrzeit, zu der die Tat stattfand
7 Grund für die Tat
8 geschädigte Person
9 Person, die den Täter finden will
10 Personen, die einer Tat verdächtig sind

TIPP
Nehmt eure Notizen aus Aufgabe 2 zu Hilfe.

Krimi-merk-male	Krimi „Wer hat die Kasse?"
Motiv	...
Ermittler	...
...	...

TIPP
Achtung! Der Krimi „Wer hat die Kasse?" enthält nicht alle Krimimerkmale.

Merke
Krimis oder Kriminalgeschichten

Kriminalgeschichten handeln von **Verbrechen** und deren **Aufklärung.**
Es gibt unterschiedliche **Formen** des Krimis. → Detektivgeschichten, Thriller, Agentenroman, Polizeiroman ...
Kriminalgeschichten enthalten häufig folgende Merkmale. → **Tat, Opfer, Tatverdächtige, Täter, Ermittler, Tatmotiv, Tatwaffe, Tatort, Spuren, Tatzeit**

135

Vorhandenes Zusatzmaterial zu dieser Doppelseite

🗐 KV 1 BASIS, S. 125
🗐 KV 1 EXTRA, S. 126
🗐 KV 1 PLUS, S. 127

🗐 KV 2 BASIS, S. 128 / 129
🗐 KV 2 EXTRA, S. 130 / 131
🗐 KV 2 PLUS, S. 132 / 133

🗐 AH 7, Kap. 8, S. 42 / 43

Aufgaben 3 bis 5

Merkmal	Erklärung	„Wer hat die Kasse?"
a Tatmotiv	7 Grund für die Tat	–
b Tatort	1 Ort, an dem die Tat stattfand	Heinrich-Heine-Schule
c Täter / in	2 Person, die die Tat begangen hat	Spieler mit der Nummer 11
d Ermittler / in	9 Person, die den Täter finden will	Nisa, Matti, die Kassiererin
e Tatzeit	6 Uhrzeit, zu der die Tat stattfand	während des Spiels
f Tat	4 Verbrechen	fehlende Kasse
g Tatwaffe	5 Damit wurde die Tat begangen.	–
h Opfer	8 geschädigte Person	Besitzer der Kasse / Schule
i Spuren	3 Hinweise	Aussage der Kassiererin und des Schülers
j Tatverdächtige / r	10 Person, die einer Tat verdächtig ist	Spieler beim Turnier

DaZ-Kommentare

Aufgaben 3 und 4
Die SuS sollten unbedingt auf den Tipp am Rand hingewiesen werden.

Aufgabe 5
Die hier zu erwartenden Ergebnisse können mithilfe des Wörterbuchs erarbeitet werden. Es sollte darauf geachtet werden, dass die SuS für diese Aufgabe genug Zeit bekommen.

Merke: Krimis oder Kriminalgeschichten
Die vielen unbekannten Wörter sollen ins Vokabelheft übertragen und übersetzt werden.

Krimis schreiben – aber wie?

Grundlagenseiten / 2

Die Schülerinnen und Schüler (SuS) werden auf diesen Grundlagenseiten angeleitet, einen eigenen Krimi zu schreiben und machen sich dabei mit der Anlage eines Schreibplans vertraut.

Kommentare zu den Aufgaben

Einstieg
Den SuS wird erklärt, dass sie im Folgenden selbst einen kurzen Krimi verfassen sollen.

Aufgabe 1
Die SuS entwickeln im Tandem Ideen zu zentralen inhaltlichen Bausteinen eines Krimis. Es bietet sich dabei an, auf die auf den Auftaktseiten entwickelten Ideen (vgl. dort A 3) zurückzugreifen.

Aufgabe 2
Die SuS lesen die Arbeitstechnik „Einen Krimi mithilfe eines Schreibplans schreiben" auf Seite 137 im Schülerbuch und legen selbst für ihren Krimi einen Schreibplan an.

Aufgaben 3 bis 5
Angeregt durch Formulierungsbeispiele verfassen die SuS in drei Schritten die Einleitung, den Hauptteil und den Schluss ihres Krimis.
Erweiterung 1:
Gemeinsam mit den SuS werden weitere sprachliche Mittel gesucht und an der Tafel gesammelt, die Spannung erzeugen (insbesondere: genaue und anschauliche Wortwahl, unbestimmte Wörter wie „etwas", „irgendjemand" usw., schildern von Gefühlen und Gedanken, Verwendung wörtlicher Rede, gezielter Einsatz von Satzzeichen).
Erweiterung 2:
Zwei Tandems tauschen die entstandenen Krimis untereinander und machen sich Verbesserungsvorschläge, die geprüft und ggf. umgesetzt werden.

Aufgabe 6
Die SuS stellen ihre Krimis anderen Tandems vor und erhalten zu ihren Texten ein Feedback.

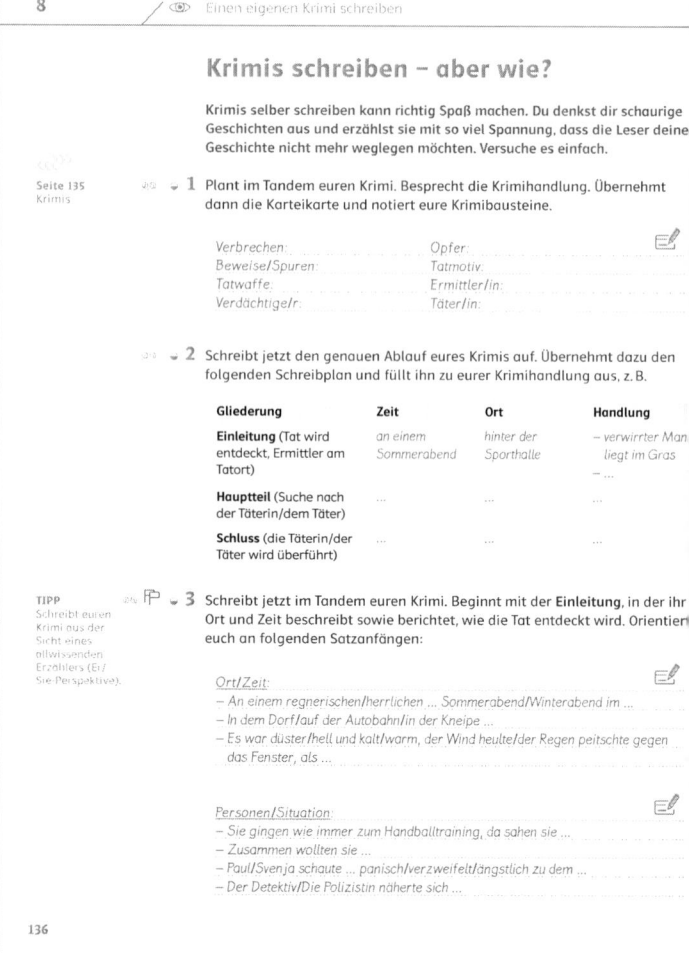

Lösungen

Aufgaben 1 bis 5
individuelle Lösungen

Aufgabe 6
individuelle Lösungen – Beim Feedback sollte darauf geachtet werden, dass Kritik immer mit einem konkreten Verbesserungsvorschlag verknüpft wird.

4 Schreibt jetzt den **Hauptteil** eures Krimis. Orientiert euch am Handlungsablauf in eurem Schreibplan. Ihr könnt folgende Satzanfänge und Wortgruppen verwenden, um Spannung aufzubauen.

≪❔≫
Seite 267
interessant
und spannend
schreiben

– Unerwartet/Plötzlich/Gerade in diesem Augenblick ...
– Besorgt sah/ging/stellte er fest, dass ...
– Hinter der dunklen Ecke ... sah gefährlich aus ...
– Ihm stockte der Atem .../Sie sah einen Schatten ...
– Die Kirchenuhr schlug Mitternacht, als ...
– Die Polizei/Die Zollstreife/Die Sirenen/Das Blaulicht ...

5 Schreibt nun den **Schluss** eures Krimis. Klärt darin, wer der Täter ist und wie er überführt wurde. Orientiert euch an folgenden Satzanfängen:

– Sie fuhren ihn zum Revier ...
– Am Ende musste der Bankräuber gestehen, dass ...
– Der Täter wehrte sich mit allen Mitteln, doch ...
– Die Beweise waren so erdrückend, dass ...
– Die Tat konnte nicht mehr abgestritten werden ...
– Sie legten das Beweismaterial/die Tatwaffe auf den Tisch ...

6 Findet euch mit einem weiteren Tandem zusammen und lest euch eure Krimis vor. Gebt einander ein kurzes Feedback.

≪❔≫
Seite 260
Feedback

Arbeitstechnik
Einen Krimi mithilfe eines Schreibplans schreiben

Ein Schreibplan hilft dir, den **Handlungsablauf** deines Krimis in der richtigen **Reihenfolge** zu schreiben.

Gliederung	Zeit	Ort	Handlung
Einleitung (Tat wird entdeckt)	...	...	...
Hauptteil (Suche nach der Täterin/ dem Täter)	...	...	...
Schluss (die Täterin/der Täter wird überführt)	...	...	...

Beachte auch, dass dein Krimi alle typischen **Krimimerkmale** enthält.

Test
2mt3kd

137

Vorhandenes Zusatzmaterial zu dieser Doppelseite

🗐 AH 7, Kap. 8, S. 44

🌐 Test 2mt3kd

DaZ-Kommentare

Aufgaben 1 bis 5
Die hier zu erwartenden Ergebnisse können von den SuS mithilfe des Wörterbuchs erarbeitet werden. Es sollte darauf geachtet werden, dass die SuS für diese Aufgaben genug Zeit bekommen.

Tod im Freibad

BASIS-Seiten

Die Schülerinnen und Schüler (SuS) lesen den Kurzkrimi „Ferien mit einer Leiche" von Sandra Grimm (*1974) und erschließen ihn inhaltlich.
Indem sie alle relevanten Angaben zum Inhalt zusammenstellen, wiederholen sie zugleich die zentralen Merkmale dieses Genres.
Sie diskutieren sodann eine mögliche Auflösung des Falls und bereiten eine Nacherzählung des Krimis vor.

Kommentare zu den Aufgaben

Einstieg und Aufgabe 1
Die SuS lesen oder hören den Anfang des Kurzkrimis „Ferien mit einer Leiche" von Sandra Grimm und äußern dazu spontan ihre ersten Eindrücke.

Aufgaben 2 und 3
Die SuS fassen den Textinhalt mündlich kurz zusammen und stellen eine begründete Vermutung dazu an, was geschehen sein könnte.

Aufgabe 4
Im Tandem stellen die SuS die wichtigsten Informationen zum Fall zusammen und suchen Krimimerkmale heraus.

Aufgaben 5 bis 7
Die SuS planen eine mögliche Auflösung des Falls. Sie diskutieren ihn und begründen ihre Meinungen. Die SuS bereiten dann Notizzettel für eine Nacherzählung des Krimis vor.
Der Krimi wird, samt möglicher Auflösung, schließlich in der Klasse erzählt.

8 / Einen Kurzkrimi lesen

Tod im Freibad

Leseschlüssel

Hörverstehen
9h8k35

1 Lies den folgenden Ratekrimi oder höre ihn dir an.

Sandra Grimm
Ferien mit einer Leiche
Als das Telefon klingelte, studierten Ella und Georg gerade die Zeitung, um herauszufinden, was sie in den Ferien machen könnten. […]
Weil niemand sonst zum Telefon lief, ging Frau Schön schließlich an den Apparat. „Detektei Rolf, Schön und Co., wer ist da bitte?" – „Ja, das ist
5 wirklich ungewöhnlich. Wir kommen gleich." Sie legte auf und sah Ella und Georg nachdenklich an. „Ihr werdet früher ins Freibad kommen, als ihr dachtet", sagte sie.
„Oh, zum Teufel, etwa eine Wasserleiche?", fragte Ella angeekelt […]
„Ja, aber eine erstochene", antwortete Frau Schön.
10 Als sie zum Freibad kamen, war der Tote schon abtransportiert worden. Auch die Badegäste waren weg, das Schwimmbad war bis auf Weiteres geschlossen. […]
Der Bademeister Sarrasini gab allen Detektiven die Hand. Dann wies er zum Sprungbecken. „Hier entlang, bitte. Ein sehr dünner, sehr aufgeregter
15 Polizist wartet schon sehnsüchtig auf Sie."
Tatsächlich stand Herr Böckl am Beckenrand und sah aus wie ein großes Fragezeichen. […]
„Was haben Sie herausgefunden?", fragte Ella. „Die Leiche haben wir geborgen […] Also, sie ist tot seit … gestern Abend zehn Uhr", sagte Herr
20 Böckl. „Und sie hatte ein Messer im Rücken." […] „Ein junger Mann, Herr Brumbach, sehr durchtrainiert. Und, wie ich schon sagte, wir haben ein Messer in seinem Rücken gefunden." […]
Ella sah ins Wasser und versuchte sich vorzustellen, wie ein Toter darin herumtrieb. Plötzlich sah sie auf dem Grund des Beckens etwas glitzern.
25 […] „Jemand muss hinuntertauchen und nachsehen", sagte Georg. […] Da platschte es: Herr Böckl sprang in das Becken und tauchte ab. […] Kurz darauf tauchte Herr Böckl wieder auf. In der Hand hielt er zwei metallen glänzende Messer. „Genau solch eins – prust! –, genau so eins hatte der Mörder im Rücken, äh, ich meine, die Leiche. Es steckte übrigens sehr
30 schräg drin, recht weit unten. Da hat jemand sich ausgekannt und gekonnt die Niere getroffen." […]
„Es scheint mir unwahrscheinlich, dass jemand den Mann am Beckenrand ersticht und dann die Messer hinterherwirft", überlegte Frau Schön laut. Herr Sarrasini gesellte sich zu ihnen. […] „Es wäre wirklich fantastisch,
35 wenn Sie das hier schnell aufklären könnten, wir haben am nächsten Wochenende eine große Veranstaltung, da müssen wir unbedingt wieder öffnen!" […] „Wir planen einen Wasserzirkus. Wir haben Leute vom Zirkus eingeladen, aber auch gute Schwimmer und Springer, und alle führen im Wasser etwas vor."

138

Lösungen

Aufgabe 1
Leseaufgabe / Hörverstehen

Aufgabe 2
individuelle Lösungen – Im Freibad wird die Leiche eines Artisten gefunden, der ein Messer im Rücken hatte, das „sehr schräg" (Z. 29f.) steckte. Der Tod des Artisten trat um zehn Uhr abends ein. Er hatte um diese Zeit für eine Aufführung geübt. Es ermittelt die Detektei „Rolf, Schön und Co.".

Aufgabe 3
individuelle Lösungen – Dass das Messer „sehr schräg" im Rücken des Opfers steckte, spricht gegen einen Mord oder Selbstmord.

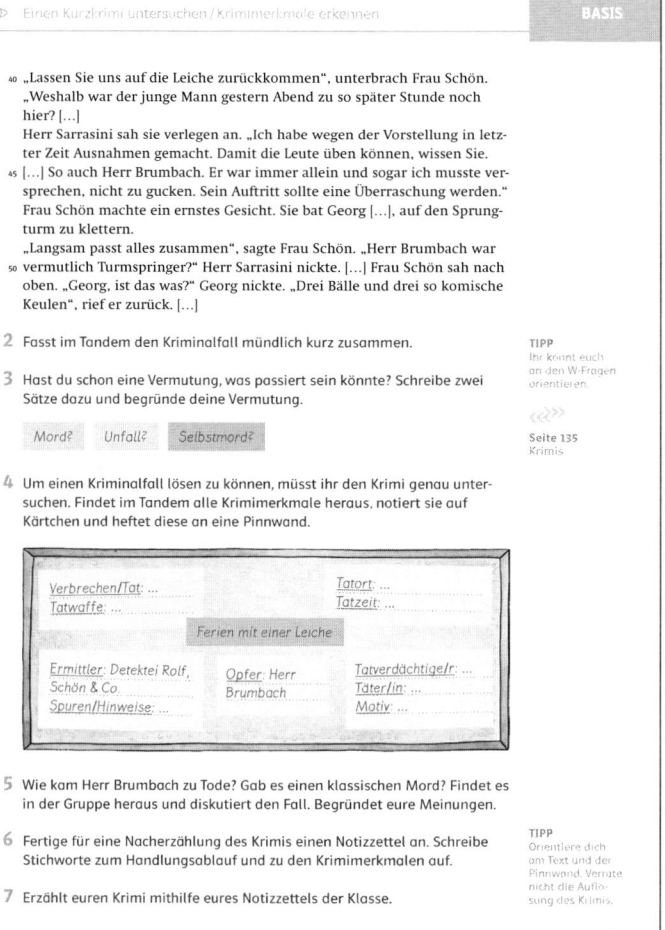

Einen Kurzkrimi untersuchen / Krimimerkmale erkennen   BASIS

40 „Lassen Sie uns auf die Leiche zurückkommen", unterbrach Frau Schön. „Weshalb war der junge Mann gestern Abend zu so später Stunde noch hier? [...]

Herr Sarrasini sah sie verlegen an. „Ich habe wegen der Vorstellung in letzter Zeit Ausnahmen gemacht. Damit die Leute üben können, wissen Sie.

45 [...] So auch Herr Brumbach. Er war immer allein und sogar ich musste versprechen, nicht zu gucken. Sein Auftritt sollte eine Überraschung werden." Frau Schön machte ein ernstes Gesicht. Sie bat Georg [...], auf den Sprungturm zu klettern.

„Langsam passt alles zusammen", sagte Frau Schön. „Herr Brumbach war

50 vermutlich Turmspringer?" Herr Sarrasini nickte. [...] Frau Schön sah nach oben. „Georg, ist das was?" Georg nickte. „Drei Bälle und drei so komische Keulen", rief er zurück. [...]

2 Fasst im Tandem den Kriminalfall mündlich kurz zusammen.

TIPP
Ihr könnt euch
an den W-Fragen
orientieren.

3 Hast du schon eine Vermutung, was passiert sein könnte? Schreibe zwei Sätze dazu und begründe deine Vermutung.

Mord?   Unfall?   Selbstmord?

‹‹‹›››
Seite 135
Krimis

4 Um einen Kriminalfall lösen zu können, müsst ihr den Krimi genau untersuchen. Findet im Tandem alle Krimimerkmale heraus, notiert sie auf Kärtchen und heftet diese an eine Pinnwand.

Verbrechen/Tat: ...   Tatort: ...
Tatwaffe: ...   Tatzeit: ...

Ferien mit einer Leiche

Ermittler: Detektei Rolf,   Opfer: Herr   Tatverdächtige/r: ...
Schön & Co.   Brumbach   Täter/in: ...
Spuren/Hinweise: ...   Motiv: ...

5 Wie kam Herr Brumbach zu Tode? Gab es einen klassischen Mord? Findet es in der Gruppe heraus und diskutiert den Fall. Begründet eure Meinungen.

6 Fertige für eine Nacherzählung des Krimis einen Notizzettel an. Schreibe Stichworte zum Handlungsablauf und zu den Krimimerkmalen auf.

TIPP
Orientiere dich
am Text und der
Pinnwand. Verrate
nicht die Auflö-
sung des Krimis.

7 Erzählt euren Krimi mithilfe eures Notizzettels der Klasse.

139

Aufgabe 4

individuelle Lösungen – Vorgaben des Textes:
- Verbrechen / Tat: mutmaßlicher Mord
- Tatwaffe: ein Messer
- Tatort: Sprungbecken im Freibad
- Tatzeit: zehn Uhr am Vorabend
- Ermittler: Detektei Rolf, Schön & Co.
- Spuren / Hinweise: das Messer, das „sehr schräg" im Rücken des Opfers steckte; ein weiteres Messer am Beckenboden; Artisten-Accessoires (Bälle, Keulen) auf dem Sprungturm
- Opfer: Herr Brumbach (ein junger, sehr durchtrainierter Mann)
- Tatverdächtiger: offen
- Täter: offen
- Motiv: offen

Aufgaben 5 bis 7

individuelle Lösungen

Vorhandenes Zusatzmaterial zu dieser Doppelseite

▤ Differenzierungskarte EXTRA, S. 29
▤ Differenzierungskarte PLUS, S. 29

⊕ Hörverstehen 9h8k35

▤ ET3: Sandra Grimm: Ferien mit einer Leiche, S. 187

DaZ-Kommentare

Aufgabe 1

Damit die SuS die kommenden Aufgaben im Unterricht bearbeiten können, sollte von ihnen der Text unbedingt im Rahmen der vorherigen Hausaufgabe gelesen und übersetzt werden. Die unbekannten Wörter sollten ins Vokabelheft eingetragen und ebenfalls übersetzt werden. Zusätzlich sollten die SuS darauf hingewiesen werden, dass sie sich den Ratekrimi zu Hause auch anhören können.

Aufgabe 2

Die SuS sollten auf den Tipp am Rand hingewiesen werden.

Einbruch im Leichenschauhaus

EXTRA-Seiten

Die Schülerinnen und Schüler (SuS) lesen einen Auszug aus dem Krimi „Die Schattenbande legt los!" von Gina Mayer und Frank M. Reifenberg und sehen sich nach einer Inhaltssicherung die Auflösung der Geschichte als Comic an.
Indem die SuS alle relevanten Angaben zum Inhalt zusammenstellen, wiederholen sie zugleich die zentralen Merkmale dieses Genres.
Sie diskutieren sodann einen möglichen Verlauf des Falls und stellen diesen als Verhör der Klasse zur Nacherzählung vor.

Kommentare zu den Aufgaben

Einstieg und Aufgabe 1
Die SuS lesen einen Auszug aus dem Krimi „Die Schattenbande legt los!" und äußern dazu spontan ihre ersten Eindrücke.

Aufgaben 2 und 3
Die SuS fassen den Inhalt des Krimianfangs mündlich im Tandem zusammen und lesen die Fortsetzung als Comic.

Aufgabe 4
Im Tandem stellen die SuS die wichtigsten Informationen zum Fall zusammen und ordnen diese den Merkmalen eines Krimis zu.

Aufgabe 5
Die SuS planen im Tandem einen möglichen Verlauf des Falls.

Aufgaben 6 und 7
Die SuS planen und spielen im Tandem ein Verhör von Herrn Budde, durch das der Verlauf des Falls deutlich wird. Nach dem Vorspielen des Verhörs erzählt die Klasse die Geschichte nach.

Einbruch im Leichenschauhaus

Die Schattenbande, das sind Klara, Otto, Paule und Lina. Sie sind immer da, wo ein Verbrechen aufgeklärt werden muss. In diesem Fall wollen sie sich auf die Spur der ermordeten Großfürstin Drosskova begeben. Sie soll im Besitz der legendären ‚Tränen der Zarin[1]' gewesen sein, eines Diamanten aus dem Erbe der Zarin Alexandra. Da gibt es zwei Dinge zu klären: Wer hat die Fürstin ermordet und wo befindet sich der Diamant?

[1] Zarin: Herrscherin, Kaiserin, z. B. in Russland

1 Lies den Krimiausschnitt.

[2] Leseschlüssel

Die Schattenbande legt los!
Um den Mordfall aufzuklären, benötigt die Schattenbande Taschenlampen. Beim Kauf erhalten sie einen entscheidenden Hinweis: „Alle wissen, dass es einen richtig gefährlichen Kerl irgendwo ganz oben bei der Polente[2] gibt, aber niemand ist ihm bisher auf die Spur gekommen. Wenn einer für
5 beide Seiten arbeitet, ist keiner mehr sicher!" „Und genau den werden wir finden und ihm das Handwerk legen", mischte Otto sich ein.
[...] Klara schnappte nach Luft, als sie kapierte, wohin Otto sie führte. „Du bist wohl bekloppt!" „Det Leichenschauhaus", ächzte Paule. Lina legte den Kopf schief und betrachtete nachdenklich das große Haus, in das die
10 Mordopfer und die Leichen aller ungeklärten Todesfälle gebracht wurden. [...] „Der öffentliche Bereich schließt um fünf Uhr, in den anderen Räumen sind nur noch ein paar Beamte. Dann können wir uns umschauen." [...] Sie betraten das Haus über eine breite Treppe und kamen durch eine Vorhalle in einen großen Saal. Zahlreiche Besucher drängten sich um große Kästen
15 mit Glasdeckeln, die auf Metalltischen standen. Und in den Kästen lagen ... „Die Toten", flüsterte Otto. [...] „Und wie finden wa raus, in welchem von die Kästen die jute Drosskova uff der ewije Ruhe wartet?", erkundigte sich Paule. Gute Frage. Der Schein der Taschenlampe streifte über die Fächer. Es standen keine Namen darauf, nur Zahlen und Buchstaben. Otto zuckte
20 die Achseln. „Da gibt es nur eine Möglichkeit." „Igitt." Klara ahnte, was er vorhatte. Sie zogen eine Schublade nach der anderen auf. Ein süßlicher Geruch, der sich mit etwas Stechendem vermischte, quoll heraus. [...]

[2] Polente: Polizei

2 Fasst im Tandem den Anfang des Krimis mündlich kurz zusammen.

3 Im folgenden Comic wird die Geschichte fortgesetzt. Sieh ihn dir an.

Lösungen

Aufgabe 1
Leseaufgabe

Aufgabe 2
Die Großfürstin Drosskova wurde ermordet.
Die Schattenbande erfährt, dass es einen gefährlichen Verbrecher in den Reihen der Polizei gibt.
Die Aufklärung des Mordes führt die Bande in das Leichenschauhaus, wo sie die Leiche der Fürstin sehen will.

Aufgabe 3
Leseaufgabe

⊚ Krimimerkmale erkennen / Ein Verhör zu einer Krimihandlung durchführen

EXTRA

4 Verschaffe dir einen Überblick über den Krimi. Ordne alle Informationen, die du bisher bekommen hast, den Krimimerkmalen zu. Schreibe sie auf Kärtchen und hefte sie an eine Pinnwand.

‹‹›››
Seite 135
Krimis

Verbrechen/Tat: ...	Tatort: ...
Tatwaffe: ...	Tatzeit: ...

Einbruch im Leichenschauhaus

Ermittler: die Schattenbande und Kommissar Trettoff	Opfer: Großfürstin Drosskova	Tatverdächtige/r: ...
Spuren/Hinweise: ...		Täter/in: ...
		Motiv: ...

5 Herr Budde wurde von der Schattenbande überführt. Aber was ist eigentlich passiert? Wie ist die Großfürstin zu Tode gekommen? Überlegt euch im Tandem einen möglichen Ablauf des Verbrechens. Macht euch Notizen.

6 Führt dann im Tandem ein Verhör³ durch, in dem ihr alle offenen Fragen des Falls klärt. Einer übernimmt die Rolle von Otto, der andere die von Herrn Budde.

TIPP
Orientiert euch
an den W-Fragen.

³ Verhör: Befragung
eines Tatverdächtigen durch die
Polizei

7 Spielt das Verhör in der Klasse vor. Lasst anschließend die Klasse die Kriminalgeschichte nacherzählen.

141

Vorhandenes Zusatzmaterial zu dieser Doppelseite

▤ Differenzierungskarte BASIS, S. 30
▤ Differenzierungskarte PLUS, S. 30

Aufgabe 4

individuelle Lösungen – Vorgaben des Textes:
- Verbrechen/Tat: Mord
- Tatwaffe: offen
- Tatort: offen
- Tatzeit: offen
- Ermittler: Klara, Otto, Paule und Lina – die Schattenbande und Kommissar Trettoff
- Spuren/Hinweise: Wissen um einen Diamanten der Zarin Alexandra: die „Tränen der Zarin"; Wissen um einen Verbrecher in den Reihen der Polizei
- Opfer: die Großfürstin Drosskova
- Tatverdächtige/r: ein Polizist
- Täter/in: Polizeichef Budde
- Motiv: Unfall und Gier

Aufgaben 5 bis 7
individuelle Lösungen

Die Gangster von Steinsund

PLUS-Seiten

Die Schülerinnen und Schüler (SuS) lesen verschiedene Ausschnitte aus dem Krimi „Die Gangster von Steinsund" von Ingvar Ambjørnsen und verschaffen sich einen Überblick über die darin vorgegebenen Handlungselemente. Sie ergänzen fehlende Handlungselemente und schreiben damit einen eigenen Krimi, den sie in der Klasse vorstellen und diskutieren.

Kommentare zu den Aufgaben

Einstieg und Aufgabe 1
Die SuS lesen verschiedene Ausschnitte aus einem Krimi und äußern ggf. dazu spontan ihre ersten Gedanken und Ideen.

Aufgabe 2
Die SuS stellen die in den Ausschnitten enthaltenen Informationen zum Fall zusammen und ordnen diese den Krimimerkmalen zu.

Aufgaben 3 und 4
Die SuS planen einen möglichen Verlauf des Falls, indem sie die fehlenden Informationen ergänzen.
Sie verfassen eine eigene Kriminalgeschichte, die sie der Klasse vorstellen und auch diskutieren.

Die Gangster von Steinsund

Nach einem Autounfall irrt Fillip umher. Dabei erreicht er ein abgelegenes Haus, wo er das Gespräch zweier Bankräuber belauscht. Als er wenig später das geheimnisvolle Mädchen Aud kennenlernt, ist er alarmiert: Was macht sie hier so allein auf der Schäreninsel[1]? Hat sie etwas mit dem Banküberfall zu tun? Fillip ist entschlossen, den Fall aufzuklären, aber zugleich will er Aud schützen. Höchste Zeit also, dass sie Fillip die Wahrheit sagt.

[1] Schäreninsel: kleine felsige Insel in Skandinavien

1 Lies die verschiedenen Textausschnitte aus dem Krimi.

Ich war knapp fünfzehn. Und ich saß doch in dieser verdammten Karre, die laut zwei unbezahlten Rechnungen im Handschuhfach einem gewissen Steinar Oppgård gehörte. Und mein Führerschein, der befand sich bestenfalls irgendwo in einer unsicheren Zukunft. (S. 5)

5 Na gut. Ich war also am Leben und gar nicht schlecht gelaunt, wenn man bedenkt, dass ich mit dem Kopf nach unten in einem Autowrack lag. (S. 8)

Ich fuhr aus dem Schlaf, als eine Autotür zuknallte. Es war fast halb vier. Mit war eiskalt, meine Zähne klapperten. Draußen auf der Wiese zwischen Haus und Bootsschuppen hörte ich leise Stimmen. (S. 18)

10 Es war Ølle. Der „dolle Ølle", wie manche ihn nannten. Ein Mann mit einem Vorstrafenregister so lang wie die E6. Was zum Teufel wollte der mitten in der Nacht hier am Ende der Welt? [...] Sie kamen näher [...] „Wie viele Tote?" Er steckte sich noch eine Zigarette an. „Sechs", sagte Ølle. „Und die müssen erst mal da liegen bleiben. Wir dürfen sie noch
15 nicht bewegen." Der andere nickte. „Okay." [...] Nein. Das konnte nicht stimmen. Wenn hier oder irgendwo in Norwegen sechs Menschen umgebracht worden wären, hätte es nicht nur eine einzige Straßensperre gegeben. Dann wäre jetzt schon die Armee im Einsatz. Vorausgesetzt die Behörden wussten davon. Ich verstand nur eins: Ich musste hier weg!
20 (S. 18–19)

Die Steinsunder Sparkasse war gestern gleich nach dem Öffnen überfallen worden. Der Täter war allein gewesen, bewaffnet mit einer Pistole oder einem Revolver. Nachdem er das Geld an sich gerissen hatte, war er durch die Straße Sildesmaut gelaufen und verschwunden. (S. 33)

25 „Hallo! Hallo, du musst aufwachen! Hallo, bist du da? Alles in Ordnung mit dir?" [...] „Pass auf, ich versuch jetzt, dich aufzusetzen." Es war die Stimme eines Mädchens oder einer jungen Frau. Sie bugsierte mich in die Sitzhaltung. Ich nahm ihren Geruch wahr: Rauch und Meer. [...] „Hier läuft irgendwo ein Irrer rum." Sie räusperte sich. „Wer bist du?" [...] Dann ging
30 mir selbst ein Licht auf: Dieses Mädchen hatte mich k.o. geschlagen! „Tut mir leid", sagte sie. [...] „Wohnst du hier?" Sie murmelte irgendeine Ant-

142

Lösungen

Aufgabe 1
Leseaufgabe

Aufgabe 2
individuelle Lösungen – Vorgaben des Textes:
- Verbrechen / Tat: bewaffneter Banküberfall (Steinsunder Sparkasse), sechs Tote
- Tatwaffe: offen (Pistole oder Revolver?)
- Tatort: Norwegen, Schäreninsel
- Tatzeit: Winter
- Ermittler / in: Fillip Moberg
- Spuren / Hinweise: Behörden wissen noch nichts von dem Verbrechen; Ølle ist ein Gewohnheitsverbrecher; die Toten müssen liegen bleiben
- Opfer: sechs Tote
- Tatverdächtige / r: Aud Olsen, Bruder von Aud
- Täter / in: Ølle und Komplize
- Motiv: Gier

Aufgaben 3 und 4
individuelle Lösungen – Neben der Frage, ob der Fall richtig aufgelöst wurde, kann auch bewertet werden, wie spannend die einzelnen Kriminalgeschichten geschrieben sind.

wort. „Und du?" „Wie du bereits gesehen hast, habe ich mich den Winter
über in der alten Leuchtturmwärterwohnung eingemietet", sagte ich und
betastete meinen lädierten Hals. „Du meinst die Wohnung des Leuchtturm-
35 gehilfen", korrigierte sie. „Na gut. Aber immerhin sind wir offenbar Nachbarn. Willst du auch hier überwintern?" (S. 59–60)

Tut mir leid, Fillip, aber Aud hat schon verloren. [...] Hier ist keine Hand-
tasche geklaut worden, das hier war ein bewaffneter Raubüberfall. Und
dann frisst die Polizei alles, was auf dem Teller liegt. Sogar eine kleine
40 Erbse wie Aud Olsen. (S. 109)

Mein Problem war jedoch, dass auch Ølle unterwegs war. Unterwegs zum
Leuchtturm, wo Aud saß und keine Ahnung davon hatte, dass ihre beiden
Freunde sie an einen Gewalttäter verraten hatten, der auf Speed[2] war. Aber
war sie wirklich schon an Land gewesen und hatte eingesackt, was ihr
45 Bruder im Grab versteckt hatte? Unwahrscheinlich. So eine war sie nicht.
Bestimmt wartete sie auf die beiden. Auf ihren Anteil, damit Aud das Land
verlassen könnte. Wie groß war wohl die Möglichkeit, anderswo ein neues
Leben anzufangen? So wie die Sache im Moment aussah, gingen Auds
Chancen gegen Null. Nur ein einziger Mensch konnte ihr aus dem Sumpf
50 heraushelfen [...] (S. 118–119)

[2] Speed: eine
Aufputschdroge

2 Verschaffe dir einen Überblick über den Krimi. Ordne alle Informationen,
die du bisher bekommen hast, den Krimimerkmalen zu. Schreibe sie auf
Kärtchen und hefte sie an eine Pinnwand.

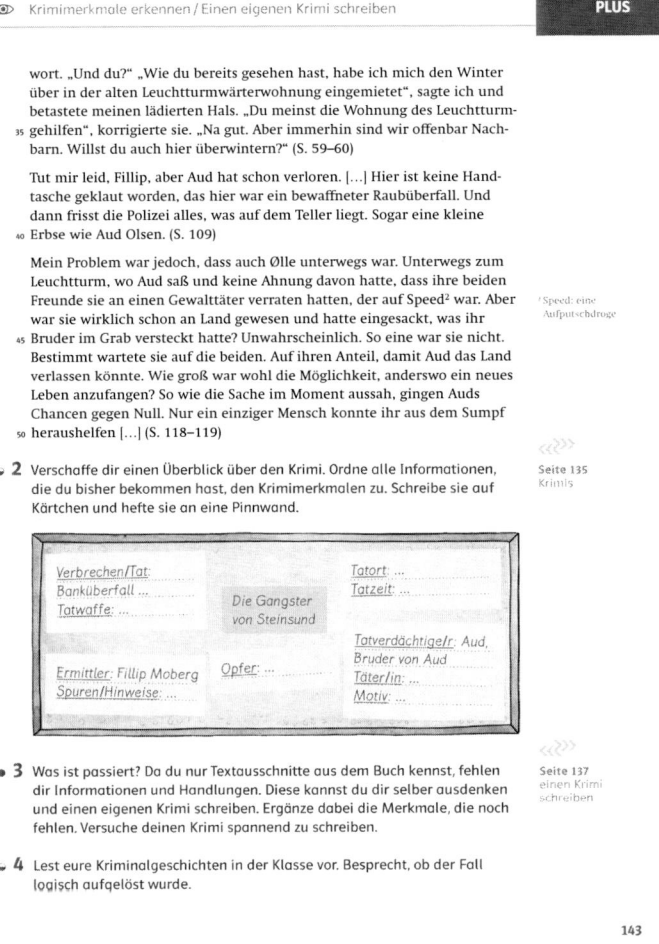

Seite 135
Krimis

3 Was ist passiert? Da du nur Textausschnitte aus dem Buch kennst, fehlen
dir Informationen und Handlungen. Diese kannst du dir selber ausdenken
und einen eigenen Krimi schreiben. Ergänze dabei die Merkmale, die noch
fehlen. Versuche deinen Krimi spannend zu schreiben.

Seite 137
einen Krimi
schreiben

4 Lest eure Kriminalgeschichten in der Klasse vor. Besprecht, ob der Fall
logisch aufgelöst wurde.

143

Vorhandenes Zusatzmaterial zu dieser Doppelseite

▤ Differenzierungskarte BASIS, S. 31
▤ Differenzierungskarte EXTRA, S. 31

Wo steht das Verb?

RGS-Seiten / 1

Durch den Vergleich eines deutschen Satzes mit fremdsprachigen Sätzen machen sich die Schülerinnen und
Schüler (SuS) die Satzklammer im Deutschen bewusst. Sie
untersuchen die Wortstellung im Deutschen genauer und
unterscheiden je nach Verbform und Stellung des Prädikats
zwischen Aussage-, Aufforderungs-, Entscheidungsfrage-
und Ergänzungsfragesätzen. Die Wortstellung wird dabei
mithilfe des Feldermodells erfasst.

Kommentare zu den Aufgaben

Einstieg und Aufgabe 1
Die SuS beschreiben für verschiedene Sprachen, an welcher
Stelle das Verb kommt.
Alternative:
Die SuS beschränken sich in der Beschreibung auf die Satzglieder Subjekt, Prädikat und Objekt, also den Satz „Filipp
hat das Auto geklaut." (in den fremdsprachigen Sätzen
lassen sie dann die beiden jeweils ersten Wörter unbeachtet
und lesen ab „Filipp").

Aufgaben 2 und 3
Die SuS ergänzen in Sätzen das Satzabschlusszeichen und
bestimmen die Satzart.
Sie machen sich dabei bewusst, dass die Stellung des Prädikats und dessen Form im Satz über die Satzart entscheidet.

Aufgabe 4
Die SuS erschließen Sätze nach dem Feldermodell. Dieses
Modell erleichtert den SuS die Wahrnehmung des Prädikats
als strukturellem Zentrum des Satzes. Dies gilt insbesondere
für das Deutsche, wo das linke und rechte Verbfeld zusammen die sogenannte Satzklammer bilden.
Es kann erklärt werden:
– Vorfeld = alles, was links des Prädikats bzw. des konjugierten Prädikatsteils steht
– linkes Verbfeld = das Prädikat bzw. der konjugierte Prädi-
  katsteil
– Mittelfeld = alles, was zwischen dem linken Verbfeld und
  dem rechten Verbfeld steht; ist das rechte Verbfeld nicht
  besetzt, stehen im Mittelfeld alle weiteren Satzglieder
  rechts des konjugierten Prädikatsteils
– rechtes Verbfeld = ggf. weitere (dann nicht konjugierte)
  Prädikatsteile

Aufgabe 5
Die SuS vergleichen die Wortstellung im Deutschen mit
einer anderen Sprache. Die Aufgabe bietet sich dabei zur
fächerübergreifenden Arbeit mit dem Fremdsprachenunterricht (Englisch) an.

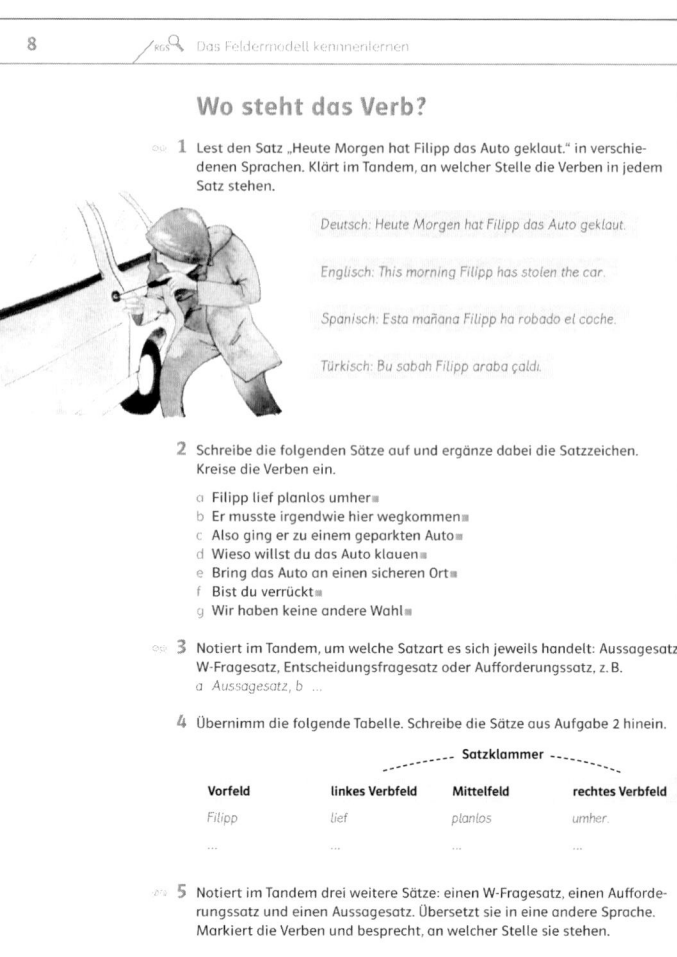

Aufgabe 6
Die SuS sichern ihr bisheriges Arbeitsergebnis, indem sie
Merksätze richtig ergänzen. Die SuS können die Aufgabe
selbstständig mithilfe des Merkekastens überprüfen.

Aufgabe 7
Die SuS machen sich abschließend bewusst, wie die Verbfel-
der gefüllt sind.

Lösungen

Aufgabe 1
Wichtig ist hier die Erkenntnis, dass das Prädikat in verschiedenen Sprachen unterschiedliche Positionen einnehmen
und im Deutschen eine Satzklammer bilden kann.

Aufgaben 2 und 3
a Filipp lief planlos umher. – Aussagesatz
b Er musste irgendwie hier wegkommen. – Aussagesatz
c Also ging er zu einem geparkten Auto. – Aussagesatz
d Wieso willst du das Auto klauen? – Fragesatz
e Bring das Auto an einen sicheren Ort! – Aufforderungssatz
f Bist du verrückt? – Fragesatz
g Wir haben keine andere Wahl. – Aussagesatz

Linke Seite (Lehrbuchseite 145)

6 Seht euch die Tabelle aus Aufgabe 4 noch einmal an. An welcher Stelle steht das **gebeugte Verb** im deutschen Satz? Ergänzt die Merksätze im Tandem und schreibt sie auf.

a Im Aussagesatz steht das gebeugte Verb an der ▬ Stelle.
b Im W-Fragesatz steht das gebeugte Verb an der ▬ Stelle.
c Im Entscheidungsfragesatz steht das gebeugte Verb an der ▬ Stelle.
d Im Aufforderungssatz steht das gebeugte Verb an der ▬ Stelle.

7 Schreibt die folgenden Sätze in die untenstehende Tabelle. Besprecht im Tandem, was im linken und was im rechten Verbfeld steht.

a Ich rufe dich heute Abend an.
b Du hast mich nicht angerufen.
c Mittwochnacht müssen wir zum Treffpunkt fahren.

TIPP
Im linken und rechten Verbfeld können stehen: ein gebeugtes Verb, ein Modalverb, ein Partizip, ein Infinitiv oder eine Vorsilbe.

------ Satzklammer ------

Vorfeld	linkes Verbfeld	Mittelfeld	rechtes Verbfeld
Ich	rufe	dich heute Abend	an.
...	...	...	...

Merke
Prädikat

Das Prädikat steht im **Zentrum** des Satzes. Es gibt an, was geschieht oder was jemand tut. Nach der **Stellung des Prädikats** kann man die **Satzarten** unterscheiden:
• Bei **Aussagesätzen** und **W-Fragesätzen** steht das Verb an **zweiter Stelle.**
• Bei **Aufforderungssätzen** und **Entscheidungsfragen** steht das Verb an **erster Stelle.**
Prädikate können aus einem oder zwei Teilen bestehen. Zweiteilige Prädikate bilden eine **Satzklammer.** Die Satzklammer teilt den Satz in drei Felder ein: **Vorfeld, Mittelfeld** und **Nachfeld.** Die Satzklammer besteht aus zwei Teilen: dem **linken** und dem **rechten Verbfeld.**

	Vorfeld	linkes Verbfeld	Mittelfeld	rechtes Verbfeld	Nachfeld
einteiliges Prädikat	Filipp	klaut	das Auto.	–	(evtl. Nebensatz)
zweiteiliges Prädikat		---- Satzklammer ----			
1. Modalverben	Filipp	möchte	das Auto	klauen.	
2. trennbare Verben	Aud	bringt	das Auto	weg.	
3. zusammengesetzte Zeitformen	Filipp	hat	das Auto	geklaut.	
	Aud	wird	das Auto	wegbringen.	

145

Aufgabe 4

Vorfeld	linkes Verbfeld	Mittelfeld	rechtes Verbfeld
Filipp	*lief*	*planlos*	*umher.*
Er	musste	irgendwie hier	wegkommen.
Also	ging	er zu einem geparkten Auto.	
Wieso	willst	du das Auto	klauen?
	Bring	das Auto an einen sicheren Ort!	
	Bist	du verrückt?	
Wir	haben	keine andere Wahl.	

Aufgabe 5
individuelle Lösungen

Vorhandenes Zusatzmaterial zu dieser Doppelseite

🗐 AH 7, Kap. 8, S. 45

Aufgabe 6
a Im Aussagesatz steht das gebeugte Verb an der <u>zweiten</u> Stelle.
b Im W-Fragesatz steht das gebeugte Verb an der <u>zweiten</u> Stelle.
c Im Entscheidungsfragesatz steht das gebeugte Verb an der <u>ersten</u> Stelle.
d Im Aufforderungssatz steht das gebeugte Verb an der <u>ersten</u> Stelle.

Aufgabe 7

Vorfeld	linkes Verbfeld	Mittelfeld	rechtes Verbfeld
Ich	rufe	dich heute Abend	an.
Du	hast	mich nicht	angerufen.
Mittwochnacht	müssen	wir zum Treffpunkt	fahren.

Im linken Verbfeld steht jeweils der gebeugte Teil des Prädikats, im rechten alle weiteren Prädikatteile.

DaZ-Kommentare

Aufgaben 1 bis 7
Die meisten SuS, die zuvor die internationalen Vorbereitungsklassen besuchten, sollten ohne große Schwierigkeiten alle Aufgaben selbstständig erledigen können.

Textüberarbeitung in vier Schritten, Teil 1

RGS-Seiten / 2

Die Schülerinnen und Schüler (SuS) wiederholen die Um-
stell- und die Ersatzprobe. Sie nutzen die Proben einerseits
für die Satzgliedermittlung und -bestimmung und nutzen sie
andererseits aber auch, um einen Text zu überarbeiten und
ihn abwechslungsreicher zu gestalten.

Kommentare zu den Aufgaben

Einstieg und Aufgabe 1
Die SuS beschreiben die Satzbaumuster eines kurzen Textes
und machen sich klar, dass ein immer gleicher Satzbau
monoton wirkt.

Aufgaben 2 und 3
Die SuS ermitteln mithilfe der Umstellprobe die Satzglieder.

Aufgabe 4
Die SuS formulieren den Text aus Aufgabe 1 mit einem ab-
wechslungsreicheren Satzbau.
Erweiterung:
Die SuS tauschen ihre Arbeiten untereinander und geben
sich ein Feedback.

Aufgaben 5 und 6
Die SuS erkennen, dass Satzglieder durch andere Wörter
ersetzt werden können und erproben das Verfahren.

Aufgabe 7
Die SuS wiederholen die Satzgliedbestimmung und formulieren zu den Satzgliedern Subjekt, Prädikat, Adverbialbestimmung sowie Objekt die entsprechenden Satzglied-
fragen.

Aufgaben 8 und 9
Die SuS überarbeiten die in Aufgabe 8 angegebenen Sätze
und den Text aus Aufgabe 1. Sie ersetzen in Sätzen zunächst
noch einmal Wörter und vorgegebene Wortgruppen und
erproben das Verfahren anschließend selbstständig.

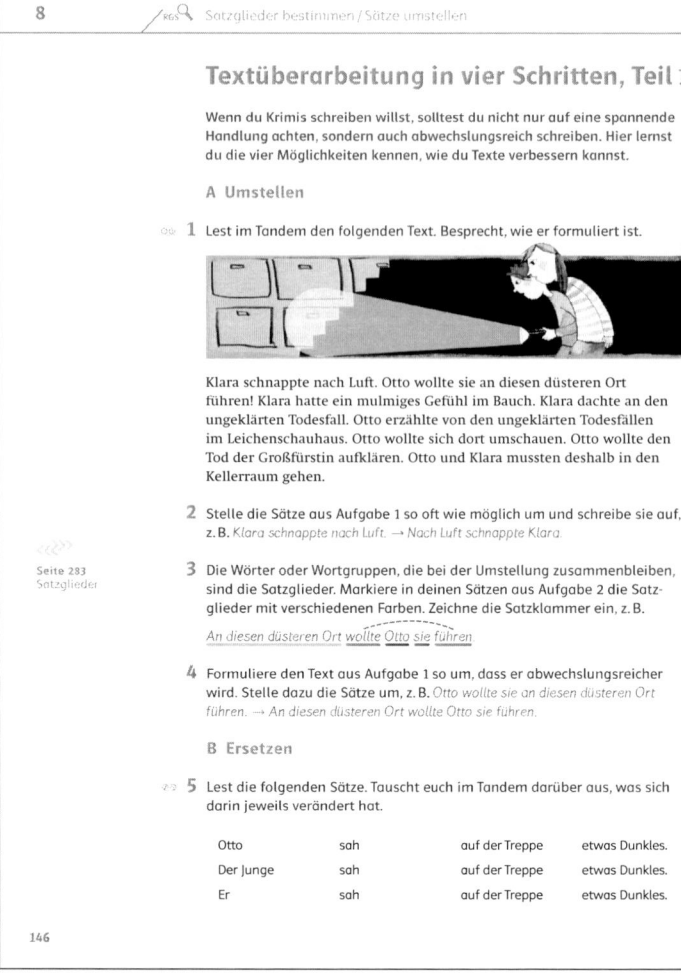

8 / Satzglieder bestimmen / Sätze umstellen

Textüberarbeitung in vier Schritten, Teil 1

Wenn du Krimis schreiben willst, solltest du nicht nur auf eine spannende
Handlung achten, sondern auch abwechslungsreich schreiben. Hier lernst
du die vier Möglichkeiten kennen, wie du Texte verbessern kannst.

A Umstellen

1 Lest im Tandem den folgenden Text. Besprecht, wie er formuliert ist.

Klara schnappte nach Luft. Otto wollte sie an diesen düsteren Ort
führen! Klara hatte ein mulmiges Gefühl im Bauch. Klara dachte an den
ungeklärten Todesfall. Otto erzählte von den ungeklärten Todesfällen
im Leichenschauhaus. Otto wollte sich dort umschauen. Otto wollte den
Tod der Großfürstin aufklären. Otto und Klara mussten deshalb in den
Kellerraum gehen.

2 Stelle die Sätze aus Aufgabe 1 so oft wie möglich um und schreibe sie auf,
z.B. *Klara schnappte nach Luft. → Nach Luft schnappte Klara.*

3 Die Wörter oder Wortgruppen, die bei der Umstellung zusammenbleiben,
sind die Satzglieder. Markiere in deinen Sätzen aus Aufgabe 2 die Satzglieder mit verschiedenen Farben. Zeichne die Satzklammer ein, z.B.
An diesen düsteren Ort wollte Otto sie führen

4 Formuliere den Text aus Aufgabe 1 so um, dass er abwechslungsreicher
wird. Stelle dazu die Sätze um, z.B. *Otto wollte sie an diesen düsteren Ort
führen. → An diesen düsteren Ort wollte Otto sie führen.*

B Ersetzen

5 Lest die folgenden Sätze. Tauscht euch im Tandem darüber aus, was sich
darin jeweils verändert hat.

Otto	sah	auf der Treppe	etwas Dunkles.
Der Junge	sah	auf der Treppe	etwas Dunkles.
Er	sah	auf der Treppe	etwas Dunkles.

Seite 283
Satzglieder

146

Lösungen

Aufgabe 1
Die Sätze beginnen alle mit dem Subjekt und dem Prädikat,
erst dann folgen die weiteren Satzglieder (Objekte, adverbi-
ale Bestimmungen).

Aufgaben 2 und 3
Beispiele:
(Satzglieder sind durch einen Strich („|") abgetrennt, die
Bestandteile der Satzklammer sind unterstrichen):
– An diesen düsteren Ort | wollte | Otto | sie | führen.
– Im Bauch | hatte | Klara | ein mulmiges Gefühl.
– An den ungeklärten Todesfall | dachte | Klara.
– Von den ungeklärten Todesfällen | im Leichenschauhaus |
  erzählte | Otto.
– Dort | wollte | Otto | sich umschauen.
– Den Tod der Großfürstin | wollte | Otto | aufklären.
– Deshalb | mussten | Otto und Klara | in den Kellerraum |
  gehen.

6 Bilde neue Sätze, in denen du eine oder mehrere Wortgruppen ersetzt.

Otto	erblickte	auf der Treppe	etwas Dunkles.
Der kluge Junge	entdeckte	auf der Treppe	etwas Dunkles.
Otto	…	…	…

7 Bestimme in den Sätzen in Aufgabe 6 die Satzglieder. Schreibe sie mit der Satzgliedfrage auf, z. B. _Wer erblickte … ? – Otto. Otto = Subjekt_

8 Überarbeite nun die folgenden Sätze, indem du die grün markierten Wörter ersetzt. Verwende die Begriffe in den Klammern. Unterstreiche die veränderten Textstellen, z. B. a _Klara schnappte nach Luft, als sie …_

a Sie schnappte nach Luft, als sie kapierte, wohin Otto sie führte. (Klara)
b „Du bist wohl bekloppt!" „Det Leichenschauhaus", ächzte Paule. (flüstern)
c Lina legte den Kopf schief und betrachtete nachdenklich das große Haus, in das die Mordopfer und die Leichen aller ungeklärten Todesfälle gebracht werden. (Leichenschauhaus)
d Der öffentliche Bereich schließt um fünf Uhr, in den anderen Räumen sind nur noch ein paar Beamte. (Museum)
e Dann können wir uns umschauen. (informieren)
f Sie betraten das Haus über eine breite Treppe und kamen durch eine Vorhalle in einen großen Saal. (Flur)
g Zahlreiche Besucher drängten sich um große Kästen mit Glasdeckeln, die auf Metalltischen standen. (große Holzständer).

9 Überarbeite nun den Text aus Aufgabe 1. Stelle Sätze um und ersetze Wortgruppen, damit der Text spannend und abwechslungsreich wird.

TIPP
Verwende auch
deine Sätze aus
Aufgabe 4.

Merke
Umstellprobe und Ersatzprobe

- Die **Umstellprobe** und die **Ersatzprobe** helfen bei der sprachlichen **Verbesserung** von Texten.
- Außerdem kann man damit die einzelnen **Satzglieder** herausfinden.

Umstellen: Wörter und Wortgruppen, die man in einem Satz umstellen kann, sind die **Satzglieder.** → Otto entdeckte den Verbrecher im Garten.
→ Im Garten entdeckte Otto den Verbrecher.
Ersetzen: Innerhalb einzelner Satzglieder kann man **Wörter oder Wortgruppen** durch **andere Wörter oder Wortgruppen** ersetzen. Man kann damit sprachliche **Wiederholungen vermeiden.** → Otto lief in den Garten. Otto sah hinter den Busch. Otto … → besser: Otto lief in den Garten. Er sah hinter den Busch …

147

Aufgabe 4
individuelle Lösungen

Aufgabe 5
Das Satzglied Subjekt wurde jeweils ersetzt.

Aufgabe 6
individuelle Lösungen –
Beispiele:

| Otto | sah | auf der Treppe | etwas Verdächtiges. |
| Klaras Freund | bemerkte | auf einer Treppenstufe | etwas Seltsames. |

Aufgabe 7
- _Wer erblickte … ? – Otto. (Subjekt)_
- Was tat Otto? – (er) erblickte (Prädikat)
- Wo erblickte Otto etwas Dunkles? – auf der Treppe (Adverbialbestimmung des Ortes)
- Was erblickte Otto auf der Treppe? – etwas Dunkles (Objekt im Akkusativ)

Aufgabe 8
a _Klara schnappte nach Luft, als sie …_
b … „Det Leichenschauhaus", <u>flüsterte</u> Paule.
c Lina legte den Kopf schief und betrachtete nachdenklich das <u>Leichenschauhaus</u>.
d <u>Das Museum</u> schließt um fünf Uhr, in den anderen Räumen sind nur noch ein paar Beamte.
e Dann können wir uns <u>informieren</u>.
f Sie betraten das Haus über eine breite Treppe und kamen durch einen <u>Flur</u> in einen großen Saal.
g Zahlreiche Besucher drängten sich um große Kästen mit Glasdeckeln, die auf <u>großen Holzständern</u> standen.

Aufgabe 9
individuelle Lösungen

DaZ-Kommentare

Aufgaben 1 bis 4
Die meisten SuS, die zuvor die internationalen Vorbereitungsklassen besuchten, sollten mit der Umstellprobe vertraut sein, daher sollten sie auch diese Aufgaben ohne große Schwierigkeiten erledigen können. Die unbekannten Wörter sollen von den SuS wieder ins Vokabelheft übertragen und übersetzt werden.

Textüberarbeitung in vier Schritten, Teil 2

RGS-Seiten / 3

Die Schülerinnen und Schüler (SuS) wiederholen die Adverbialbestimmungen. Dabei machen sie sich zunächst deren Leistung im Satz bewusst und wiederholen dann deren genauere inhaltliche Bestimmung. Sie formen außerdem Adverbialbestimmungen in bedeutungsgleiche Adverbialsätze um und machen sich bewusst, mit welchen Konjunktionen diese eingeleitet werden.

Kommentare zu den Aufgaben

Einstieg und Aufgabe 1
Die SuS lesen einen Text, in dem die meisten Umstandsangaben fehlen. Sie machen sich so bewusst, was diese Angaben leisten.

Aufgabe 2
Die SuS erweitern Sätze durch genauere Bestimmungen.

Aufgabe 3
Die SuS formulieren zu vorgegebenen Adverbialbestimmungen Fragen zur Bestimmung des Umstands.
<u>Alternative:</u>
Es kann auch im Tandem gearbeitet werden (leistungsstärkere und -schwächere SuS mischen).

Aufgaben 4 und 5
Die SuS formen Adverbialbestimmungen in Adverbialsätze um bzw. ergänzen in Adverbialsätzen die fehlenden Konjunktionen oder Adverbien.

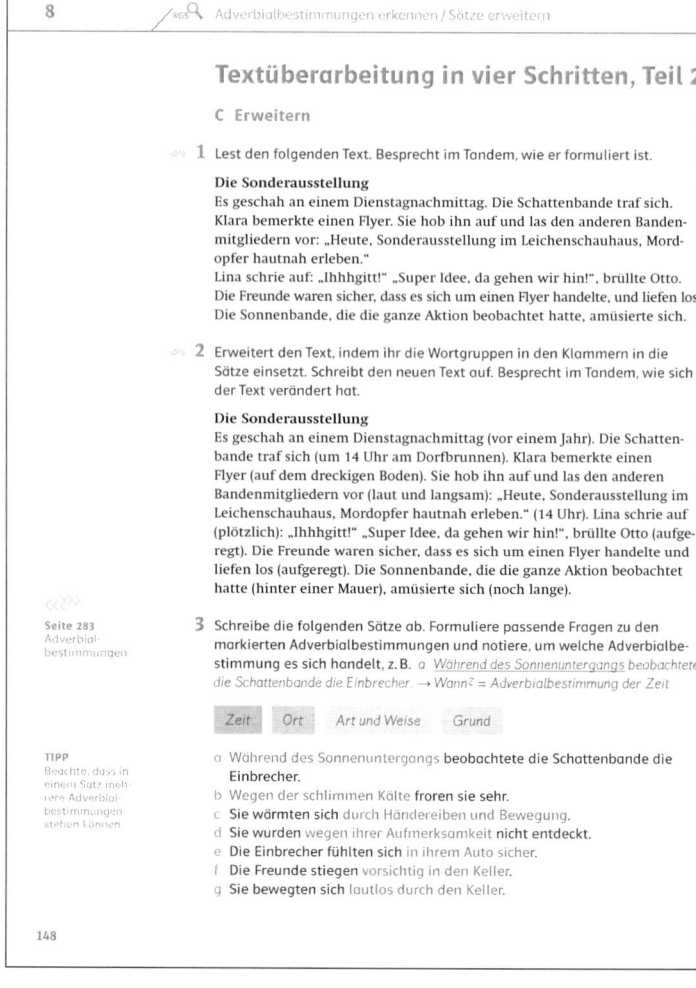

Lösungen

Aufgabe 1
In dem Text fehlen die Adverbialbestimmungen.

Aufgabe 2
Eingesetzte Bestimmungen sind unterstrichen:
Es geschah an einem Dienstagnachmittag <u>vor einem Jahr</u>. Die Schattenbande traf sich <u>um 14 Uhr am Dorfbrunnen</u>. Klara bemerkte <u>auf dem dreckigen Boden</u> einen Flyer. Sie hob ihn auf und las den anderen Bandenmitgliedern <u>laut und langsam</u> vor: „Heute, <u>14 Uhr</u>, Sonderausstellung im Leichenschauhaus, Mordopfer hautnah erleben." Lina schrie <u>plötzlich</u> auf: „Ihhhgitt!" „Super Idee, da gehen wir hin", brüllte Otto <u>aufgeregt</u>. Die Freunde waren sicher, dass es sich um einen Flyer handelte und liefen <u>aufgeregt</u> los. Die Sonnenbande, die die ganze Aktion <u>hinter einer Mauer</u> beobachtet hatte, amüsierte sich <u>noch lange</u>.

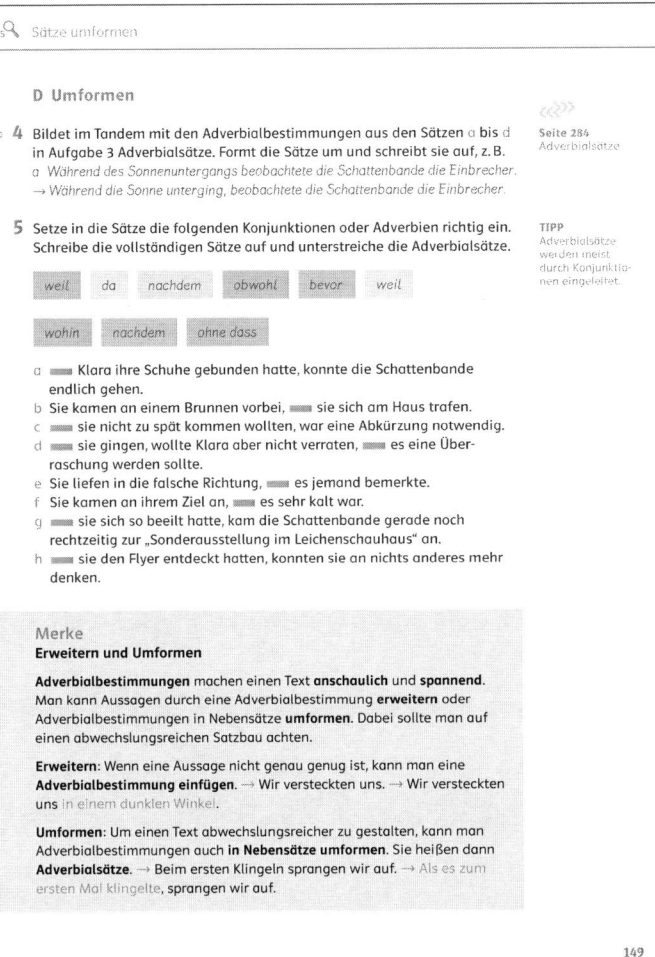

D Umformen

4 Bildet im Tandem mit den Adverbialbestimmungen aus den Sätzen a bis d in Aufgabe 3 Adverbialsätze. Formt die Sätze um und schreibt sie auf, z. B.
a *Während des Sonnenuntergangs beobachtete die Schattenbande die Einbrecher.*
→ Während die Sonne unterging, beobachtete die Schattenbande die Einbrecher.

Seite 284
Adverbialsätze

5 Setze in die Sätze die folgenden Konjunktionen oder Adverbien richtig ein. Schreibe die vollständigen Sätze auf und unterstreiche die Adverbialsätze.

TIPP
Adverbialsätze werden meist durch Konjunktionen eingeleitet.

> weil   da   nachdem   obwohl   bevor   weil

> wohin   nachdem   ohne dass

a ▬ Klara ihre Schuhe gebunden hatte, konnte die Schattenbande endlich gehen.
b Sie kamen an einem Brunnen vorbei, ▬ sie sich am Haus trafen.
c ▬ sie nicht zu spät kommen wollten, war eine Abkürzung notwendig.
d ▬ sie gingen, wollte Klara aber nicht verraten, ▬ es eine Überraschung werden sollte.
e Sie liefen in die falsche Richtung, ▬ es jemand bemerkte.
f Sie kamen an ihrem Ziel an, ▬ es sehr kalt war.
g ▬ sie sich so beeilt hatte, kam die Schattenbande gerade noch rechtzeitig zur „Sonderausstellung im Leichenschauhaus" an.
h ▬ sie den Flyer entdeckt hatten, konnten sie an nichts anderes mehr denken.

Merke
Erweitern und Umformen

Adverbialbestimmungen machen einen Text **anschaulich** und **spannend**. Man kann Aussagen durch die Adverbialbestimmungen **erweitern** oder Adverbialbestimmungen in Nebensätze **umformen**. Dabei sollte man auf einen abwechslungsreichen Satzbau achten.

Erweitern: Wenn eine Aussage nicht genau genug ist, kann man eine **Adverbialbestimmung einfügen**. → Wir versteckten uns. → Wir versteckten uns *in einem dunklen Winkel.*

Umformen: Um einen Text abwechslungsreicher zu gestalten, kann man Adverbialbestimmungen auch **in Nebensätze umformen**. Sie heißen dann **Adverbialsätze**. → Beim ersten Klingeln sprangen wir auf. → *Als es zum ersten Mal klingelte,* sprangen wir auf.

149

Aufgabe 3
a *siehe Schülerbuch*
b Warum? = Adverbialbestimmung des Grundes („Wegen der schlimmen Kälte")
c Wie? Wodurch? = Adverbialbestimmung der Art und Weise („durch Händereiben und Bewegung")
d Warum? = Adverbialbestimmung des Grundes („wegen ihrer Aufmerksamkeit")
e Wo? = Adverbialbestimmung des Ortes („in ihrem Auto") / Wie? = Adverbialbestimmung der Art und Weise („sicher")
f Wie? = Adverbialbestimmung der Art und Weise („vorsichtig") / Wohin? = Adverbialbestimmung des Ortes („in den Keller")
g Wie? = Adverbialbestimmung der Art und Weise („lautlos") / Wo? = Adverbialbestimmung des Ortes („durch den Keller")

Aufgabe 4
Beispiele:
a *siehe Schülerbuch*
b Weil eine schlimme Kälte herrschte, froren sie sehr.
c Sie wärmten sich dadurch, dass / indem sie sich bewegten und die Hände rieben.
d Weil sie aufmerksam waren, wurden sie nicht entdeckt.

Vorhandenes Zusatzmaterial zu dieser Doppelseite

▤ KV 4 BASIS, S. 137
▤ KV 4 EXTRA, S. 138
▤ KV 4 PLUS, S. 139

▯ AH 7, Kap. 8, S. 47

Aufgabe 5
a <u>Nachdem</u> Klara ihre Schuhe gebunden hatte, konnte die Schattenbande endlich gehen.
b Sie kamen an einem Brunnen vorbei, <u>bevor</u> sie sich am Haus trafen.
c <u>Weil / Da</u> sie nicht zu spät kommen wollten, war eine Abkürzung notwendig.
d <u>Wohin</u> sie gingen, wollte Klara aber nicht verraten, <u>weil / da</u> es eine Überraschung werden sollte.
e Sie liefen in die falsche Richtung, <u>ohne dass</u> es jemand bemerkte.
f Sie kamen an ihrem Ziel an, <u>obwohl</u> es sehr kalt war.
g <u>Weil / Da</u> sie sich so beeilt hatten, kam die Schattenbande gerade noch rechtzeitig zur „Sonderausstellung im Leichenschauhaus" an.
h <u>Nachdem</u> sie den Flyer entdeckt hatten, konnten sie an nichts anderes mehr denken.

DaZ-Kommentare

Aufgaben 1 und 2
Im Rahmen der vorherigen Hausaufgabe sollten die unbekannten Wörter der Texte ins Vokabelheft eingetragen und übersetzt werden.

Aufgabe 3
Man sollte beachten, dass die SuS, die keine 6. Regelklasse besuchten, Adverbien und Adverbialbestimmungen weder erkennen noch verwenden können. Zumindest die entsprechenden Fragen sollten im Heft festgehalten werden:
Zeit: Wann? Wie lange? Seit wann? Wie oft?; **Ort:** Wo? Wohin? Woher? Wie weit?; **Art und Weise:** Wie? Auf welche Weise?; **Grund:** Warum? Weshalb? Wieso?

Aufgabe 5
Als erstes muss sichergestellt werden, dass die SuS die Bedeutung **aller** aufgelisteten Konjunktionen verstehen.

Umstellen und Ersetzen / Erweitern und Umformen

TRAININGS-Seiten

Die Schülerinnen und Schüler (SuS) wiederholen sowohl die Umstell- und Ersatzprobe zur Satzgliedermittlung und -bestimmung als auch das Erweitern und Umformen, um mithilfe von Adverbialen genauere Angaben zu machen.

Kommentare zu den Aufgaben

Umstellen und Ersetzen

Einstieg
Ein gesonderter Einstieg in die Seiten ist nicht erforderlich.

Aufgaben 1 und 2
Die SuS ermitteln und bestimmen Satzglieder in Sätzen.

Aufgabe 3
Die SuS nutzen einen Wortschatzspeicher, um in Sätzen vorgegebene Satzglieder zu ersetzen.

Erweitern und Umformen

Aufgaben 1 bis 3
Die SuS erweitern Sätze durch genauere Bestimmungen und formulieren zu ihnen Fragen zur genauen Bestimmung des Umstands.
Anschließend überprüfen die SuS ihre Arbeitsergebnisse gegenseitig im Tandem.

Aufgabe 4
Die SuS formen Adverbialbestimmungen in Adverbialsätze um und achten dabei besonders auf die Kommasetzung (Adverbialbestimmung ohne, Adverbialsätze mit Komma).

Umstellen und Ersetzen

1 Stelle die folgenden Sätze so oft wie möglich um. Markiere die Satzglieder mit verschiedenen Farben, z. B.
   a *Die Schattenbande bekam in der vergangenen Nacht einen Auftrag*
   Einen Auftrag bekam die Schattenbande in der vergangenen Nacht.
   In der vergangenen Nacht bekam die Schattenbande einen Auftrag.

   a Die Schattenbande bekam in der vergangenen Nacht einen Auftrag.
   b Der Dieb war durch das Fenster in die Wohnung eingedrungen.
   c Er hatte die Kiste mit einem Schraubenzieher geöffnet.
   d Der unerfahrene Dieb hatte bei der Familie das Licht eingeschaltet.

2 Übernimm die folgende Tabelle und trage die Sätze aus Aufgabe 1 ein.

Subjekt Wer? Was?	Prädikat	Dativobjekt Wem? Was?	Akkusativobjekt Wen? Was?	Adverbialbestimmung Wo? Wann? Wie? Warum?
Die Schatten-bande	bekam	–	einen Auftrag	in der vergangenen Nacht
...	...	...	...	...

3 Ersetze in den folgenden Sätzen die grün markierten Wörter durch Wörter aus dem Wortschatzkasten. Schreibe alle neuen Sätze auf.

   a Klara betrachtete aufmerksam den Flyer.
   b Sehr schnell konnte sie die geheime Botschaft enträtseln.
   c Der Dieb war durch das Fenster in die Wohnung eingedrungen.
   d Er hatte die Kiste wahrscheinlich mit einem Schraubenzieher geöffnet.
   e In diesem Moment hörte er plötzlich Schritte im Flur.
   f Er ließ den Schraubenzieher fallen und rannte zum Fenster.

   Wortschatz:
   prüfen, ansehen, untersuchen – Blatt, Papier, Seite
   rasch, augenblicklich, nach kurzer Zeit – erschließen, entschlüsseln
   Eindringling, Täter – Zimmer, Haus, Raum, Gebäude – hereinkommen, gelangen, betreten
   sicherlich, bestimmt, zweifellos – aufgebrochen, aufgemacht
   da, nun, jetzt – Korridor, Gang, Diele
   Werkzeug, Hilfsmittel, Gerät – sausen, flitzen, stürmen

150

Lösungen

Umstellen und Ersetzen

Aufgaben 1 und 2
Beispiele
(Satzglieder sind durch einen Strich („|") abgetrennt):
a siehe Schülerbuch
b Durch das Fenster (Adverbialbestimmung) | war (Prädikat) | der Dieb (Subjekt) | in die Wohnung (Adverbialbestimmung) | eingedrungen (Prädikat).
c Mit einem Schraubenzieher (Adverbialbestimmung) | hatte (Prädikat) | er (Subjekt) | die Kiste (Akkusativobjekt) | geöffnet (Prädikat).
d Bei der Familie (Adverbialbestimmung) | hatte (Prädikat) | der unerfahrene Dieb (Subjekt) | das Licht (Akkusativobjekt) | eingeschaltet (Prädikat).

Aufgabe 3
individuelle Lösungen –
Beispiele:
a Klara prüfte aufmerksam die Seite.
b Nach kurzer Zeit konnte sie die geheime Botschaft entschlüsseln.

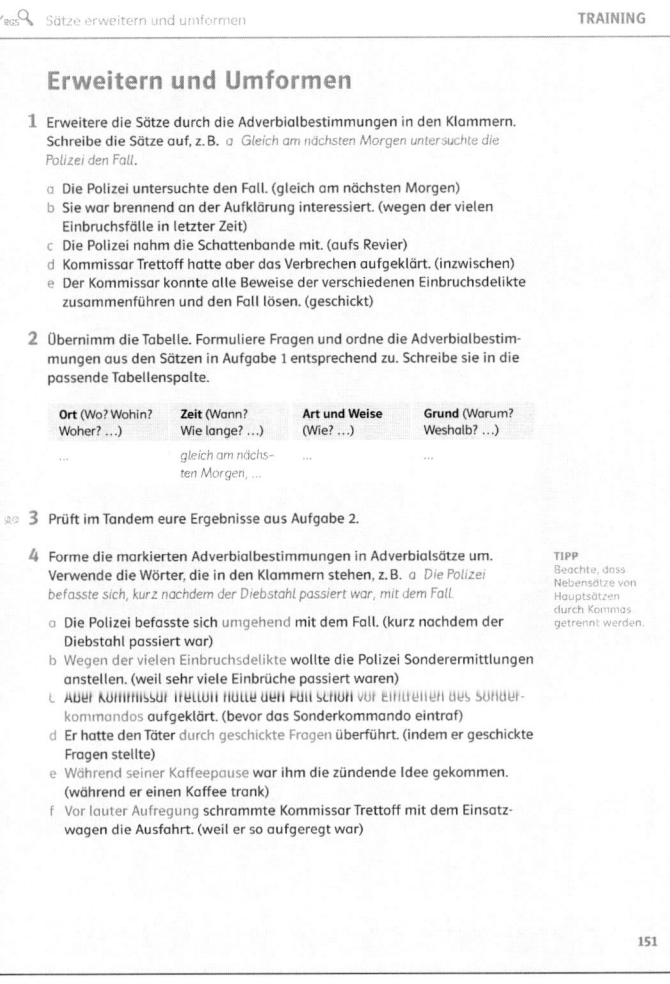

c Der Eindringling war durch das Fenster in das Gebäude gelangt.

d Er hatte die Kiste zweifellos mit einem Schraubenzieher aufgebrochen.

e Da hörte er plötzlich Schritte im Gang.

f Er ließ das Werkzeug fallen und stürmte zum Fenster.

Erweitern und Umformen

Aufgabe 1

a *Gleich am nächsten Morgen untersuchte die Polizei den Fall.*

b Sie war wegen der vielen Einbruchsfälle in letzter Zeit brennend an der Aufklärung interessiert.

c Die Polizei nahm die Schattenbande mit aufs Revier.

d Kommissar Trettoff hatte aber das Verbrechen inzwischen aufgeklärt.

e Der Kommissar konnte alle Beweise der verschiedenen Einbruchsdelikte geschickt zusammenführen und den Fall lösen.

Aufgabe 2

Ort (Wo? Wohin? Woher? …)	aufs Revier
Zeit (Wann? Wie lange? …)	*gleich am nächsten Morgen*, inzwischen
Art und Weise (Wie? …)	(brennend), geschickt
Grund (Warum? Weshalb? …)	wegen der vielen Einbruchsfälle in letzter Zeit

Aufgabe 3

individuelle Lösungen

Aufgabe 4

a *Die Polizei befasste sich, kurz nachdem der Diebstahl passiert war, mit dem Fall.*

b Weil sehr viele Einbrüche passiert waren, wollte die Polizei Sonderermittlungen anstellen.

c Aber Kommissar Trettoff hatte den Fall, schon bevor das Sonderkommando eintraf, aufgeklärt.

d Indem er geschickte Fragen stellte, hatte er den Täter überführt.

e Während er einen Kaffee trank, war ihm die zündende Idee gekommen.

f Weil er so aufgeregt war, schrammte Kommissar Trettoff mit dem Einsatzwagen die Ausfahrt.

DaZ-Kommentare

Umstellen und Ersetzen

Aufgabe 3

Bevor die SuS mit der Aufgabe beginnen, sollten die Artikel der Substantive/Nomen aus dem Wortschatzkasten ergänzt werden.

Erweitern und Umformen

Aufgabe 4

Die SuS sollten unbedingt auf den Tipp am Rand hingewiesen werden.

Bücher und Filme
Jugendbücher und ihre Verfilmungen kennenlernen und vorstellen

Auftaktseiten – Vorwissen aktivieren

Die Auftaktseiten knüpfen an die Erfahrungen der Schülerinnen und Schüler (SuS) mit Büchern und Filmen an. Die SuS tauschen sich über Genres und Figuren aus und reflektieren filmische Gestaltungsmittel, indem sie die filmische Einführung einer Figur planen.
Die SuS machen sich außerdem die Leistung von Satzzeichen bewusst.

Kommentare zu den Aufgaben

Einstieg und Aufgabe 1
Ausgehend von den Abbildungen auf Seite 152 sammeln die SuS wichtige Genres aus Literatur und Film. Die Genrebezeichnungen können dabei, auch mit einigen konkreten Beispielen, an der Tafel festgehalten werden.

Aufgaben 2 und 3
Die SuS tauschen Film- und Leseerfahrungen aus. Sie knüpfen dabei zunächst an die Abbildungen auf Seite 152 an und ziehen anschließend weitere Beispiele (etwa auch die zu A1 gesammelten Beispiele für Genres) heran.

Aufgabe 4
Die Aufgabe regt ein Ratespiel zu Filmfiguren an.

Aufgabe 5
In kleinen Gruppen entwickeln die SuS Ideen dazu, wie eine Figur in einer Situation filmisch dargestellt werden könnte. Die SuS beschäftigen sich dabei mit wichtigen filmischen Mitteln (Kameraeinstellung und -perspektive) und greifen auf ihre Erfahrungen mit Filmen zurück.

Aufgabe 6 RGS🔍
Die Beispielsätze der Übung machen deutlich, dass Satzzeichen kein Selbstzweck sind, sondern vielmehr wichtige Lesehilfen darstellen.

Das lernst du jetzt:

- zu einem Jugendbuch ein Portfolio anlegen
- eine literarische Figur beschreiben
- eine Buchszene mit ihrer Verfilmung vergleichen
- Buch und Drehbuch vergleichen
- einen Szenenplan und ein Drehbuch schreiben
- eine Szene spielen und aufnehmen
- Kommas richtig setzen
- Zeichensetzung in der wörtlichen Rede verwenden

KMK-Standards

Informationen zusammenstellen
- Inhalte veranschaulichen
- Portfolio anlegen und nutzen

Eine literarische Figur beschreiben
- wesentliche Elemente eines Textes erfassen: z. B. die Figuren

Buch und Drehbuch bzw. Verfilmung vergleichen
- medienspezifische Formen kennen
- wesentliche Darstellungsmittel kennen und deren Wirkungen einschätzen

Szenenplan und Drehbuch schreiben
- zentrale Schreibformen beherrschen und sachgerecht nutzen
- produktive Schreibformen nutzen

Szene spielen
- eigene Erlebnisse, Haltungen, Situationen szenisch darstellen
- Texte (medial unterschiedlich vermittelt) szenisch gestalten

Zeichensetzung
wichtige Regeln der Aussprache und der Orthografie kennen und beim Sprachhandeln berücksichtigen

1 Seht euch die Bilder auf Seite 152 an. Besprecht, welche Art von Geschichten die Bücher und Filme erzählen könnten.

2 Kennt ihr diese Bücher oder Filme? Erzählt den anderen davon. Berichtet auch, ob euch das Buch oder der Film gefallen hat, und begründet eure Meinung.

3 Tauscht euch über andere Verfilmungen von Büchern aus. Was hat euch besonders gut oder gar nicht gefallen?

4 Wie gut ihr euch mit Filmfiguren auskennt, könnt ihr jetzt herausfinden. Spielt **Filmfiguren raten.**
- Zuerst schreibt jeder zwei Filmfiguren (z. B. Harry Potter) auf. Ihr könnt kleine Karteikarten verwenden, die Karten werden dann gemischt.
- Besorgt euch einen Hut mit Krempe. Wählt dann eine Spielleiterin oder einen Spielleiter.
- Jetzt geht es los: Der erste Spieler setzt sich den Hut auf. Die Spielleitung stellt eine Karteikarte so auf die Hutkrempe, dass alle anderen sie sehen können, nur der Spieler nicht.
- Jetzt darf der Spieler Fragen stellen, z. B. „Bin ich eine Frau?". Die Mitspieler antworten mit „Ja", „Nein" oder „Unbekannt".
- Der Spieler hat zehn Fragen, um die Filmfigur zu erraten. Danach wird gewechselt.

5 Stellt euch vor, ihr sollt den folgenden Satz verfilmen. Bildet Kleingruppen und überlegt euch, wie ihr ihn gestalten wollt. Legt die Art der Geschichte, den Schauspielertyp, die Kameraeinstellung (von oben, von unten, ganz nah, weit entfernt) und einen Sprechtext fest.

> *John stand ganz oben auf der Klippe, das Haar vom Wind zerzaust, und rief nach seinem Freund.*

6 Lest die folgenden Sätze. Was fällt euch auf? Tauscht euch darüber aus. Klärt dann, an welchen Stellen die Kommas fehlen.

> *Tino will Tomaten Salat Gurken und Paprika zur Party mitbringen.*

> *Maria bringt den Hamster ihres Bruders um morgen wegfahren zu können.*

> *Wir essen Opa.*

Lösungen

Aufgabe 1
Wichtige Buch- bzw. Filmgenres sind: Krimi, Fantasy, Abenteuer, Liebe, Science Fiction, …

Aufgaben 2 bis 4
individuelle Lösungen

Aufgabe 5
individuelle Lösungen –
Beispiellösung:
Die Kamera könnte von oben auf John blicken (oder um ihn kreisen) und langsam näher an sein Gesicht heranfahren, d. h., dass aus der Totalen langsam eine Nahaufnahme wird. Der Schauspielertyp hängt vom gewählten Genre und der Handlung ab (z. B. ein gutaussehender Jugendlicher für einen Fantasyfilm).

Aufgabe 6
– *Tino will Tomaten, Salat, Gurken und Paprika zur Party mitbringen.* – Kommas verdeutlichen, dass Zutaten aufgezählt werden, sonst könnte man denken, dass Tino Tomatensalat oder Salatgurken mitbringen möchte.
– *Maria bringt den Hamster ihres Bruders, um morgen wegfahren zu können.* – Das Komma verhindert das mögliche Missverständnis „Maria bringt den Hamster ihres Bruders um".
– *„Wir essen, Opa."* – Ohne das Komma wäre „Opa" Objekt zu „essen" (also würde man tatsächlich den Großvater verspeisen). Das Komma macht deutlich, dass der Großvater angesprochen wird.

DaZ-Kommentare

Einstieg
Es sollte sichergestellt werden, dass die SuS die Begriffe „Verfilmung" und „Drehbuch" verstehen. Ansonsten müssen diese Begriffe kurz erklärt werden.

Aufgaben 1 und 2
Die hier vorgeschlagenen Bücher und Filme dürften den SuS in der Regel unbekannt sein. Allerdings könnten die SuS zu den Büchern und Verfilmungen Fragen stellen, sodass dadurch die anderen SuS zum Austausch animiert werden.

Stormbreaker – ein Fall für Alex Rider

Grundlagenseiten / 1

Die Grundlagenseiten regen das Anlegen eines Portfolios zum Buch und zum Film „Stormbreaker" an. Die Schülerinnen und Schüler (SuS) werden außerdem dazu angeleitet, einen Autorensteckbrief zu Anthony Horowitz (*1956), zu dem die Seiten verschiedene biografische Informationen bieten, anzulegen.

Kommentare zu den Aufgaben

Einstieg und Aufgabe 1
Die SuS stellen Vermutungen an, was der Titel „Stormbreaker" bedeuten könnte. Ggf. können sie Assoziationen äußern (etwa: Der Titel „Stormbreaker" klingt kraftvoll, stark.). Tatsächlich handelt es sich um den Namen eines Computers (vgl. dazu auch A 4 auf S. 157 im SB).

Aufgabe 2
Die SuS betrachten das Buchcover und lesen den Klappentext. Zur Verständnissicherung beantworten sie Fragen dazu.

Aufgabe 3
Die SuS legen ein Portfolio zum Buch und dem Film „Stormbreaker" an, das sie im Laufe der Bearbeitung der Grundlagenseiten ergänzen können (zusätzlich könnte als Hausaufgabe vertiefend recherchiert werden). – Vgl. zum Portfolio auch die Aufgaben 6 und 8 auf Seite 157 sowie die Aufgaben 6 und 7 auf Seite 159 des Schülerbuchs.

Aufgaben 4 bis 6
Die Aufgaben leiten die Anlage eines Autorensteckbriefs an. Vor der Bearbeitung könnten die SuS auch zunächst auf Seite 155 die Arbeitstechnik „Einen Autorensteckbrief anlegen" lesen. – Es bietet sich an, den Autorensteckbrief zunächst mit den Informationen aus dem Buch zu beginnen und weitere Informationen (vgl. A 5) als Hausaufgabe recherchieren zu lassen (ggf. auch in Kleingruppen).

Aufgaben 7 und 8
Die SuS lesen ein Interview mit Anthony Horowitz und ergänzen den zuvor begonnenen Autorensteckbrief.

Stormbreaker – ein Fall für Alex Rider

1 Hier geht es um ein Buch mit dem Titel „Stormbreaker". Findet im Tandem heraus, was dieser Titel bedeuten könnte. Notiert eure Ideen.

2 Sieh dir das Buchcover an und lies den Klappentext. Beantworte die folgenden Fragen schriftlich.
• Wer hat das Buch geschrieben?
• Wie heißt die Hauptfigur?
• Wovon handelt die Geschichte?
• Was erwartest du von diesem Buch?

Klappentext
Als Alex' Onkel Ian bei einem Verkehrsunfall ums Leben kommt, ahnt Alex, dass an dem „Unfall" etwas nicht stimmt. Alex wird zum britischen Geheimdienst zitiert und muss feststellen, dass sein Onkel gar kein Banker war, wie er immer behauptete, sondern Agent. Ein Top-Agent, der allerdings einen ungelösten Fall zurückließ. Und nun verlangt der Geheimdienstchef von Alex, den Fall „Stormbreaker" abzuschließen. Alex gerät in ein lebensgefährliches Abenteuer, denn Stormbreaker ist ein Projekt, das nicht nur Englands Schulen auslöschen könnte …

Seite 263
Portfolio

3 Lege ein Portfolio für deine Notizen, Bilder und Aufsätze rund um das Buch und den Film „Stormbreaker" an. Ergänze es fortlaufend. Gehe so vor:
• Lege ein Inhaltsverzeichnis an und vervollständige es am Ende.
• Hefte deine bisher gesammelten Informationen dazu.
• Ergänze auch Materialien, die du selbst gefunden oder angefertigt hast.
• Gestalte die erste Seite (oder den Einband) wie ein Buchcover oder ein Filmplakat.

4 Oft kann man ein Buch besser verstehen, wenn man etwas über die Autorin oder den Autor weiß. Lies die Informationen über die Kindheit von Anthony Horowitz, dem Autor von „Stormbreaker".

Anthony Horowitz wurde 1956 im britischen Stanmore geboren. Mit acht Jahren schickten ihn die Eltern in ein Internat nach London. Dort erlebte er strenge und brutale Lehrer, was dazu führte, dass er sich in die eigene Fantasie flüchtete und sich Geschichten ausdachte. Zu dieser Zeit beschloss er, Schriftsteller zu werden.

154

Lösungen

Aufgabe 1
Das Wort erinnert an den Ausdruck „wave-breaker" („Wellenbrecher") und könnte analog auch „Brecher" eines Sturms bedeuten.

Aufgabe 2
– *Wer hat das Buch geschrieben?* – Der Autor heißt Anthony Horowitz.
– *Wie heißt die Hauptfigur?* – Die Hauptfigur heißt Alex (Rider).
– *Wovon handelt die Geschichte?* – Alex soll den ungelösten und offenbar sehr gefährlichen Fall übernehmen, den sein zu Tode gekommener Onkel, ein Geheimagent, nicht mehr lösen konnte.
– *Was erwartest du von diesem Buch?* – Der Klappentext lässt auf ein sehr spannendes Buch mit „Action" schließen.

Aufgabe 3
individuelle Lösungen

Aufgabe 4
Leseaufgabe

5 Informiere dich weiter über Anthony Horowitz. Notiere dann Informationen zu den Stichworten: Name, Geburtsdatum und Geburtsort, Kindheit, besondere Ereignisse im Leben, Wohnort, Hobbys und Interessen, weitere Bücher, Auszeichnungen und gewonnene Preise.

TIPP
Verwende auch die Angaben aus Aufgabe 4.

<<<>>>
Seite 275
Internet-recherche

6 Lege mithilfe der Angaben aus Aufgabe 5 einen Autorensteckbrief zu Anthony Horowitz an.

7 Lest das Interview mit Anthony Horowitz. Tauscht euch im Tandem darüber aus, was für ein Mensch der Autor sein könnte. Macht euch Notizen.

Interviewerin Ihre Mutter soll Ihnen als Kind „Frankenstein"- und „Dracula"-Romane vorgelesen haben. Stimmt das?
Anthony Horowitz Ja. Meine Gutenachtgeschichten waren „Frankensteins Braut" oder „Draculas Rückkehr aus dem Grab". […] Meine Mutter hatte
5 mir aber nicht die Romane vorgelesen, sondern lediglich die Filme nacherzählt. […] Ich muss damals sieben oder acht Jahre alt gewesen sein.
Interviewerin Als Sie 13 waren, hat Ihnen Ihre Mutter dann einen menschlichen Schädel geschenkt. Wie kommt man auf so was?
Anthony Horowitz […] Es handelt sich um einen echten menschlichen Schä-
10 del. Ich wollte damals unbedingt einen haben, weil ich mich brennend für unser Gehirn interessierte, die Art, wie wir denken. Und für den Tod.

8 Ergänze dein Portfolio mit dem Autorensteckbrief und den weiteren Informationen aus Aufgabe 7.

Arbeitstechnik
Einen Autorensteckbrief anlegen

1. Lege einen Steckbrief mit den folgenden **Stichworten** an:
   • Name
   • Geburtsdatum und Geburtsort
   • Kindheit und besondere Ereignisse im Leben
   • Wohnort
   • Hobbys und Interessen
   • weitere Bücher (Hörspiele, Filme)
   • Auszeichnungen und Preise
2. Sammle **Informationen** über die Autorin/den Autor:
   • im **Buch** selbst: auf den Seiten vor der Geschichte oder im Klappentext
   • im **Internet**: z.B. auf der Website der Autorin/des Autors oder des Verlages, in dem das Buch erschienen ist
   • im **Lexikon**: z.B. in speziellen Autorenlexika
3. Schreibe die gefundenen Informationen zu den Stichworten im Steckbrief.
   Beachte: Wenn die Autorin/der Autor schon lange tot ist, dann informiere dich unbedingt, in welcher Zeit er gelebt hat.

155

Vorhandenes Zusatzmaterial zu dieser Doppelseite

🖻 AH 7, Kapitel 9, S. 48

Aufgaben 5 und 6
individuelle Lösungen – Im Text zu Aufgabe 4 sind bereits folgende Informationen enthalten:
- Name: Anthony Horowitz
- Geburtsjahr: 1956
- Geburtsort: Stanmore (Großbritannien)
- besondere Ereignisse: Internatsbesuch in London (bereits mit acht Jahren; dort sehr strenge Lehrer)
- Hobbys: dachte sich schon früh Geschichten aus und wollte Schriftsteller werden

Aufgabe 7
Leseaufgabe

Aufgabe 8
Im Interview finden sich folgende Informationen:
- Kindheit: bekam mit sieben oder acht Jahren die Filme „Frankensteins Braut" und „Draculas Rückkehr aus dem Grab" als Gutenachtgeschichten nacherzählt.
- Mit 13 bekam er einen menschlichen Schädel von der Mutter geschenkt (Interesse für das Gehirn und den Tod).

DaZ-Kommentare

Aufgaben 2, 4, 5 und 7
Die hier zu erwartenden Ergebnisse können mithilfe des Wörterbuchs erarbeitet werden. Es sollte darauf geachtet werden, dass die SuS für diese Aufgaben genug Zeit bekommen.

Aufgabe 3
Den SuS wird der Begriff „Portfolio" nicht bekannt sein. Es muss kurz erklärt werden, was gemacht werden soll, um ein Portfolio zu erstellen.

„Stormbreaker" von Anthony Horowitz

Grundlagenseiten / 2

Die Schülerinnen und Schüler (SuS) lesen oder hören einen ersten Ausschnitt aus dem Buch „Stormbreaker" von Horowitz und machen sich so mit der Ausgangssituation der Geschichte vertraut, zu der sie außerdem vertiefend recherchieren. Die Arbeitsergebnisse werden im Portfolio gesichert.

Kommentare zu den Aufgaben

Einstieg, Aufgaben 1 und 2
Die SuS lesen einen Textausschnitt aus dem Jugendroman „Stormbreaker" oder hören sich ihn als Hörtext an. Anschließend sichern sie das Textverständnis.

Aufgabe 3
Die SuS denken über das Genre des Romans nach. Wichtiger als die tatsächliche Lösung ist hier die Reflexion selbst, d.h. das bewusste Wahrnehmen von Erwartungen, die man an bestimmte Bücher (Filme) hat.

Aufgabe 4
Die Aufgabe erfragt eine Textinformation und hält die SuS somit zum genauen Lesen an.

Aufgabe 5
Die Aufgabe regt eine weitere Recherche, hier über Geheimdienste in Deutschland, an. – Das Kürzel „MI6" steht im Text für „Military Intelligence", Abteilung 6; es ist ein anderer Name für den britischen Auslandsgeheimdienst Secret (Intelligence) Service.

Aufgaben 6 bis 8
Die SuS ergänzen ihr Portfolio (vgl. A 3 auf S. 154 im SB) um ihre weiteren Arbeitsergebnisse.

9 / 👁 Einem Jugendbuchausschnitt Informationen entnehmen

„Stormbreaker" von Anthony Horowitz

Alex erfährt, dass sein Onkel als Agent für den britischen Geheimdienst MI6[1] gearbeitet hat. Die MI6-Mitarbeiter Mrs Jones und Mr Blunt wollen, dass Alex den Auftrag seines Onkels zu Ende führt.

1 Lies den Textausschnitt oder höre ihn dir an.

„Nun ...", Blunt warf Mrs Jones einen schnellen Blick zu, der fast Hilfe suchend wirkte. „Wir haben gewisse Zweifel an Sayle, schicken ihm also einen unserer Agenten auf den Hals. Unseren besten Mann. Er findet etwas heraus, und kurz darauf wird er erschossen. Vielleicht hat Rider die Wahr-
5 heit entdeckt ..."
„Das verstehe ich nicht!", unterbrach ihn Alex. „Sayle verschenkt die Computer. Er verdient ja nicht mal Geld dabei. Zum Dank bekommt er diesen Orden von der Königin. Ist doch prima! Was soll daran faul sein?"
„Das wissen wir nicht", gab Blunt zu. „Wir wissen es einfach nicht. Aber
10 wir wollen es wissen. Und zwar sehr bald. Jedenfalls bevor diese Computer von der Fabrik ausgeliefert werden."
„Sie werden am 31. März ausgeliefert", fügte Mrs Jones hinzu. „Das ist in nur zwei Wochen." Sie sah Blunt an, der ihr zunickte. „Deshalb ist es für uns sehr wichtig, dass wir jemanden nach Port West schicken. Jemanden,
15 der dort weitermacht, wo dein Onkel aufhören musste."
Alex spürte ein flaues Gefühl im Magen. Er grinste ein wenig schief. „Es ist hoffentlich reiner Zufall, dass Sie gerade mich ansehen."
„Wir können nicht noch einmal einen unserer Agenten nach Port West schicken", sagte Mrs Jones kühl und sachlich. „Der Feind hat seine Karten
20 aufgedeckt. Er hat Ian Rider[2] ermordet. Er wird mit Sicherheit erwarten, dass wir einen Ersatzmann schicken. Wir müssen ihn also irgendwie austricksen."
„Wir müssen jemanden entsenden, der nicht auffällt", fügte Blunt hinzu. „Jemanden, der sich in der Fabrik umschauen und uns darüber berichten
25 kann, ohne selbst gesehen zu werden. Wir haben schon überlegt, ob wir eine Frau hinschicken. Wir hätten sie vielleicht als Sekretärin oder Empfangsdame einschleusen können. Aber dann kam mir eine viel bessere Idee."
Alex' Hände verkrampften sich um das Wasserglas. Ihm wurde heiß.
30 „Vor ein paar Monaten startete eines dieser Computermagazine einen Wettbewerb. *Teste als Erste oder Erster den neuen Stormbreaker! Gewinne einen Aufenthalt in Port West und lerne Herod Sayle persönlich kennen!* Das war der erste Preis – und ein Junge hat ihn gewonnen, der angeblich ein richtiges PC-Genie sein soll. Er heißt Felix Lester. Vierzehn Jahre alt. Also genau so
35 alt wie du, Alex. Ihr seht euch sogar ein wenig ähnlich. Er wird in knapp zwei Wochen in Port West erwartet."
„Jetzt mal langsam ...", begann Alex. [...]

156

[1] MI6, sprich em ei six

👁 Leseschlüssel

Hörverstehen i8t6i

[2] Ian Rider: Onkel von Alex

Lösungen

Aufgabe 1
Leseaufgabe / Hörverstehen

Aufgabe 2
individuelle Lösungen – Inhalt des Ausschnitts:
Der Geheimdienst MI6 möchte überprüfen, ob mit Sayle, der am 31. März an Schulen Computer verschenkt, alles in Ordnung ist. Alex' Onkel, der diesen Auftrag ausführen sollte, wurde ermordet. Da der Feind nun einen neuen Agenten erwartet, wird eine unauffällige Person gesucht. Diese Person soll Alex sein, um das Werk seines Onkels fortzuführen. Er soll als Felix Lester, der als Preis in einem Wettbewerb einen Aufenthalt in der Fabrik in Port West als Computer-Tester gewonnen hat, dort eingeschleust werden.

Aufgabe 3
Es handelt sich um eine Mischung aus Krimi (Spionagethriller) und Abenteuergeschichte. Das Krimielement besteht in dem Mordfall, wobei der Täter unbekannt ist, also entdeckt werden muss. Das Abenteuerelement besteht darin, dass ein vierzehnjähriger Junge mit einer Situation konfrontiert wird (nämlich als Agent für den Geheimdienst eine lebensgefährliche Aktion auszuführen), der man normalerweise in dem Alter nicht gewachsen ist.

 Informationen zu einem Jugendbuch sammeln

2 Erzählt einander im Tandem den Inhalt des Textausschnitts.

3 Finde heraus, um welche Art von Geschichte es sich handelt. Abenteuer-geschichte, Krimi, Science-Fiction oder Liebesgeschichte? Belege deine Meinung mit Textstellen.

4 Wer oder was könnte „Stormbreaker" sein? Suche nach Hinweisen im Text.

5 In der Geschichte spielt der britische Geheimdienst MI6 eine wichtige Rolle. Informiert euch im Tandem über die Aufgaben dieses Geheim-dienstes. Gibt es eine vergleichbare Organisation in Deutschland? Macht euch Notizen.

TIPP
Nutzt dafür Bü-cher oder Lexika, die Website des MI6 oder andere Internetquellen.

6 Ergänze dein Portfolio mit den Arbeitsergebnissen aus den Aufgaben 3 bis 5.

7 Du hast nun schon einiges über das Buch erfahren. Fasse die wichtigsten Informationen zusammen. Du kannst die Stichworte in den Sternen verwenden.

TIPP
Wenn du mehr über Alex Rider und seine Er-lebnisse lesen möchtest: Es gibt viele Folgebände.

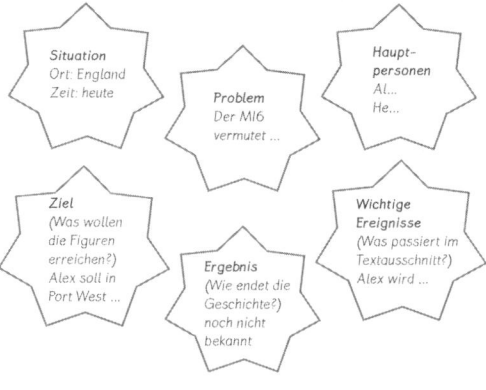

8 Hefte deine Übersicht über die Geschichte in dein Portfolio. Ergänze das Inhaltsverzeichnis.

157

Vorhandenes Zusatzmaterial zu dieser Doppelseite

- KV 1 BASIS, S. 140
- KV 1 EXTRA, S. 141
- KV 1 PLUS, S. 142

- KV 2 BASIS, S. 143/144
- KV 2 EXTRA, S. 145/146
- KV 2 PLUS, S. 147/148

- ET4: Anthony Horowitz: Stormbreaker, S. 188

- Hörverstehen i8t64i

- AH 7, Kapitel 9, S. 49/50

Aufgabe 4
„Stormbreaker" ist ein Computer, wie der Wettbewerb („Teste als Erste oder Erster den neuen Stormbreaker!", Z. 31) eines Computermagazins verdeutlicht.

Aufgabe 5
Geheimdienste (auch: Nachrichtendienste) sind Organisa-tionen (meist Behörden), die heimlich Informationen von staatsrelevanter Bedeutung sammeln. Meist geht es dabei um Informationen über innere und äußere Staatsfeinde. In Deutschland gibt es mit dem Bundesnachrichtendienst (Ausland), dem Militärischen Abwehrdient (Bundeswehr) sowie dem Bundesamt für Verfassungsschutz (Inland) drei Nachrichtendienste mit unterschiedlichen Aufgabenschwer-punkten.

Aufgaben 6 bis 8
individuelle Lösungen – Vgl. zu Aufgabe 7 auch die Lösung zu Aufgabe 2.

DaZ-Kommentare

Aufgabe 1
Damit die SuS die kommenden Aufgaben im Unterricht bearbeiten können, sollte von ihnen der Text unbedingt im Rahmen der vorherigen Hausaufgabe gelesen und übersetzt werden. Die unbekannten Wörter sollten ins Vokabelheft eingetragen und ebenfalls übersetzt werden. Zusätzlich sollten die SuS unbedingt darauf hingewiesen werden, dass sie sich den Textausschnitt zu Hause auch anhören können.

Wer sind Alex Rider und Herod Sayle?

Grundlagenseiten / 3

Die Schülerinnen und Schüler (SuS) lesen weitere Ausschnitte aus „Stormbreaker" und setzen sich mit der Gestaltung der beiden Hauptfiguren auseinander. Die SuS reflektieren außerdem über den möglichen Erfolg der Reihe.
Die Arbeitsergebnisse werden wieder im Portfolio gesichert, das abschließend der Klasse in einem Museumsrundgang präsentiert wird.

Kommentare zu den Aufgaben

Einstieg und Aufgabe 1
Die SuS lesen zwei kurze Ausschnitte aus „Stormbreaker" und äußern dazu ihre ersten Eindrücke (erkannt werden kann schon hier, dass die beiden Figuren bereits durch ihr Äußeres als Kontrastfiguren angelegt sind).

Aufgabe 2
Die SuS fertigen eine Collage zum Aussehen der beiden Figuren Alex Rider und Herod Sayle an, die im Idealfall verdeutlicht, dass Sayle wie eine „Reflexion in einem Zerrspiegel auf der Kirmes" (vgl. Z. 1f. im zweiten Ausschnitt) erscheint. – Die Collage könnte auch fächerübergreifend mit Bildender Kunst entstehen.

Aufgaben 3 und 4
Die SuS lesen einen weiteren Ausschnitt aus „Stormbreaker" und verfassen anschließend einen Text über die Figur Alex Rider. Vorbereitend darauf sollte mit den SuS auch die Arbeitstechnik „Eine literarische Figur beschreiben" (S. 159 im SB) gelesen werden.
Außerdem kann mit den SuS über einen möglichen Textaufbau gesprochen werden, um zu verhindern, dass die Antworten auf die Fragen zu Aufgabe 4 einfach nur „abgearbeitet" werden.

Aufgabe 5
Die SuS reflektieren über die Gründe für den Erfolg der Buchreihe und halten ihr Ergebnis schriftlich fest.

Aufgaben 6 und 7
Die SuS ergänzen ihr Portfolio (vgl. A3 auf S. 154) um ihre weiteren Arbeitsergebnisse. Anschließend präsentieren sie ihr Portfolio der Klasse.

Wer sind Alex Rider und Herod Sayle?

Alex Rider ist die Hauptfigur, der Held des Buches „Stormbreaker". Sein wichtigster Gegner ist Herod Sayle. In den folgenden Ausschnitten werden die beiden Figuren vorgestellt.

1 Lies die beiden Textausschnitte.

Alex rollte sich aus dem Bett und ging zum offen stehenden Fenster. Seine nackten Füße sanken in den weichen Teppichflor. Mondlicht fiel auf seinen Oberkörper. Alex war vierzehn, schon jetzt kräftig und athletisch gebaut. Sein blondes Haar war kurz geschnitten, bis auf zwei dicke Strähnen, die ihm über die Stirn fielen. Seine blauen Augen blickten ernst. Einen Moment lang stand er völlig still am Fenster, halb verborgen im Schatten, und sah hinaus. [...]

Herod Sayle war klein – so klein, dass sich Alex an die Reflexion in einem Zerrspiegel auf der Kirmes erinnert fühlte. Der Mann war makellos und teuer gekleidet – er trug einen schwarzen Anzug und hochglanzpolierte schwarze Schuhe. An seiner Hand funkelte ein überdimensionaler goldener Siegelring. Er wirkte wie die verkleinerte Ausgabe eines erfolgreichen millionenschweren Konzernchefs. Seine Haut war sehr dunkel, sodass seine gepflegten Zähne bei jedem Lächeln aufleuchteten. Er hatte einen runden, völlig kahlen Kopf und sehr unangenehme Augen – die graue Iris war so klein, dass man auf den ersten Blick fast nur das Weiße des Augapfels sah. Alex dachte unwillkürlich an einen Fisch. Als der Mann schließlich vor ihm stand, stellte Alex fest, dass Sayle kleiner war als er selbst. In seinem Blick lag weniger Wärme als im Blick eines Hais. [...]

TIPP
Wenn du mehr über Mr Sayle erfahren möchtest, lies im Buch auf S. 52–60 nach.

2 Fertige für dein Portfolio eine Collage zu Alex und Herod Sayle an, die die beiden Figuren beschreibt. Du kannst Bilder aus Zeitschriften und eigene Zeichnungen verwenden.

3 Lies den folgenden Textausschnitt.

Nun befindet sich Alex im 15. Stock des Geheimdienstgebäudes. Aus Neugier will er in das ehemalige Büro seines Onkels einsteigen.

Er öffnete das Fenster und stieg auf das Sims. Wahrscheinlich war es besser, überhaupt nicht mehr an die Höhe zu denken, sondern die Sache einfach durchzuziehen. Er musste nur so tun, als säße er auf einem Klettergerüst im Park – ein Kinderspiel. Nur sah er eben doch die senkrechte Backsteinmauer unter sich, die Autos und Busse auf der Straße, klein wie Spielzeugautos, und außerdem blies ihm der Wind heftig ins Gesicht. Keine Frage: Alex hatte Angst.
Nicht denken!, befahl er sich. Tu es einfach.
Alex ließ sich mit dem Rücken zu Crawleys Büro aus dem Fenster gleiten,

158

Lösungen

Aufgabe 1
Leseaufgabe

Aufgabe 2
individuelle Lösungen

Aufgabe 3
Leseaufgabe

Aufgabe 4
individuelle Lösungen – zentrale Informationen in Stichpunkten:
- Alex ist 14 Jahre
- er ist kräftig und athletisch gebaut
- kurze, blonde Haare; blaue Augen
- er ist mutig; erkennt aber auch die Gefahren, in die er sich begibt

10 bis seine Füße auf dem Mauervorsprung standen. Die Hände klammerten sich an den Fensterrahmen. Er holte tief Luft, ging so weit wie möglich in die Knie und spannte alle Muskeln.
Und sprang. [...]
Alex hatte seinen Sprung falsch kalkuliert. Er verpasste die Fahnenstange
15 um einen Zentimeter und wäre 70 Meter tief auf den Gehsteig gestürzt, wenn seine Finger sich nicht in letzter Sekunde in den Union Jack[1] verkrallt hätten. Jetzt hing er an der Fahne und baumelte wild hin und her. [...]

[1] Union Jack: Flagge von Großbritannien

● 4 Schreibe einen Text über die Figur Alex Rider. Nutze dafür deine Collage sowie die Informationen aus dem Text von Aufgabe 3. Orientiere dich an den folgenden Fragen.
  • Wie alt ist Alex und wie sieht er aus?
  • Welche Eigenschaften hat er?
  • Wie verhält er sich?
  • Welche Gedanken und Gefühle hat er?
  • Gibt es etwas, was dich an ihm stört?
  • Wie könnte er sprechen?
  • Möchtest du gerne mit Alex befreundet sein? Begründe.

TIPP
Du kannst Fehlendes mithilfe deiner Einfühlungsgabe und Fantasie ergänzen.

● 5 Über die Abenteuer von Alex Rider gibt es acht Bände. Könnt ihr euch vorstellen, warum diese Reihe so beliebt ist? Diskutiert in der Gruppe darüber und haltet eure Ergebnisse schriftlich fest.

● 6 Ergänze dein Portfolio mit den Arbeitsergebnissen dieser Seite. Vervollständige dann das Inhaltsverzeichnis.

TIPP
Lies das Buch „Stormbreaker" und lege dazu ein Lesetagebuch an, in dem du zu jedem Kapitel die Handlung notierst.

● 7 Präsentiert in der Klasse eure Portfolios in einem Museumsrundgang.

‹‹›››
Seite 263
Museums-rundgang

Arbeitstechnik
Eine literarische Figur beschreiben

Um die **Handlungen und Gefühle** einer Figur in einer Geschichte besser zu **verstehen**, kannst du Folgendes untersuchen:
• Alter und Aussehen
• Lebenssituationen oder Lebensumstände (Familie, Herkunft)
• typische Eigenschaften
• Gedanken und Gefühle in bestimmten Situationen (Wünsche, Ängste)
• typische Verhaltensweisen
• Beziehungen zu anderen Figuren
• Was sagt die Figur über sich selbst?
• Was sagen andere über die Figur?
Beachte: Sammle Informationen zu den Stichworten und fasse sie in einem Text zusammen. Schreibe sachlich und im Präsens.

159

Aufgabe 5
Der Hauptgrund für die Beliebtheit von Alex Rider ist sicher, dass die Bücher spannend sind und sich insbesondere Jungen gut mit der Figur „Alex Rider" identifizieren können. Zum Bekanntheitsgrad hat darüber hinaus die Verfilmung beigetragen, außerdem gibt es Alex Rider auch als Spiel für Nintendo und Game Boy, sodass sich die Medien hier gegenseitig bestärken.

Aufgaben 6 und 7
Die SuS ergänzen ihr Portfolio.
Anschließend präsentieren sie ihr Portfolio der Klasse in einem Museumsrundgang.

Vorhandenes Zusatzmaterial zu dieser Doppelseite

▤ KV 1 BASIS, S. 140
▤ KV 1 EXTRA, S. 141
▤ KV 1 PLUS, S. 142

▤ KV 2 BASIS, S. 143 / 144
▤ KV 2 EXTRA, S. 145 / 146
▤ KV 2 PLUS, S. 147 / 148

▤ AH 7, Kapitel 9, S. 49

DaZ-Kommentare

Aufgaben 1 und 3
Damit die SuS die kommenden Aufgaben im Unterricht bearbeiten können, sollten von ihnen die Textausschnitte unbedingt im Rahmen der vorherigen Hausaufgabe gelesen und übersetzt werden. Die unbekannten Wörter sollten wiederum ins Vokabelheft eingetragen und auch übersetzt werden.

Arbeitstechnik
Die SuS sollten unbedingt die Arbeitstechnik „Eine literarische Figur beschreiben" genau lesen und, wenn nötig, übersetzen.

Vom Buch zum Film

Grundlagenseiten / 4

Die Schülerinnen und Schüler (SuS) denken zunächst über das Verhältnis von einem Buch und dessen Verfilmung nach und befassen sich mit den verschiedenen Filmberufen. Die Grundlagenseiten leiten dann die Umsetzung eines Buchausschnitts zunächst in einen Szenenplan, dann in ein Drehbuch an. Abschließend kann das Drehbuch in einen kleinen Handyfilm umgesetzt und vorgeführt werden.

Kommentare zu den Aufgaben

Einstieg und Aufgabe 1
Die SuS tauschen sich über ihre Erfahrungen mit Büchern und deren Verfilmungen aus und denken über das Verhältnis der beiden Medien zueinander nach. Dabei sollte deutlich werden, dass Buch und Film jeweils eigenständige Werke sind, die über Figuren und die Handlung zwar Gemeinsamkeiten aufweisen, aber nicht (völlig) übereinstimmen können.

Aufgabe 2
Die SuS informieren sich im Internet über den Film „Stormbreaker" (Hauptdarsteller, Regisseur, Produktionsländer und Erscheinungsjahr).

Aufgabe 3
Die SuS beschreiben die Aufgaben der unterschiedlichen Beteiligten an einem Film und machen sich dadurch zugleich natürlich mit den anfallenden Aufgaben bei einer Verfilmung vertraut (vgl. dazu auch A 7). Falls nötig, nehmen sie dazu die vorgegebenen Kurzbeschreibungen zu Hilfe.
Alternative:
Die SuS verfassen im Tandem eigene Definitionen der verschiedenen Filmberufe.

Aufgaben 4 bis 9
Die Aufgaben leiten das Umsetzen eines Buchausschnitts in eine Filmszene an, die dann auch gespielt, aufgenommen und vorgeführt wird. Es bietet sich dabei eine Arbeit in Fünfergruppen (drei Schauspieler / innen + Kamerafrau / Kameramann und Regisseur / in) an.
Der zugrunde gelegte Ausschnitt (vgl. S. 156) besteht dabei fast ausschließlich aus wörtlicher Rede, die wenigen Erzählerhinweise betreffen darüber hinaus ausschließlich das Verhalten der Figuren. Gleichwohl werden die SuS einen Eindruck von der Komplexität einer Verfilmung bekommen (sie können auch gefragt werden, was die Verfilmung gerade dieses Ausschnitts verhältnismäßig leicht macht).

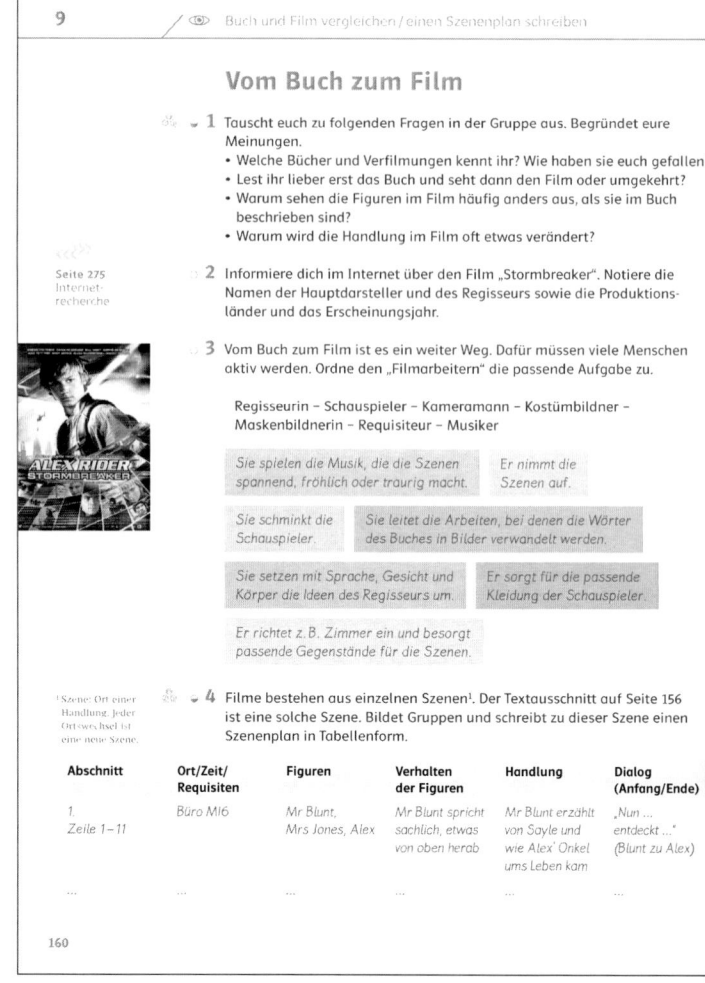

Lösungen

Aufgabe 1
individuelle Lösungen – Dass die Figuren im Film anders aussehen als im Buch beschrieben, liegt auch daran, dass im Buch meist keine wirklich existierenden Menschen (und schon gar keine wirklich existierenden Schauspieler / innen) beschrieben werden: Einen echten Alex Rider gibt es eben nicht. Dass die Handlung oft verändert wird, hat zwei Gründe: Zum einen sind Filme zeitlich begrenzt, sodass Kürzungen notwendig sind, zum anderen lässt sich nicht alles genauso gut im Bild zeigen, wie es im Buch erzählt wird (z. B. die Gedanken, Träume oder Wünsche der Figuren).

Aufgabe 2
- Darsteller / in: Alex Pettyfer, Ewan Mc Gregor, Alicia Silverstone, Mickey Rourke
- Regisseur: Geoffrey Sax
- Drehbuch: Anthony Horowitz
- Musik: Alan Parker
- Kostümbild: John Bloomfield
- Erscheinungsdatum: 21. Juli 2006 (Vereinigtes Königreich)

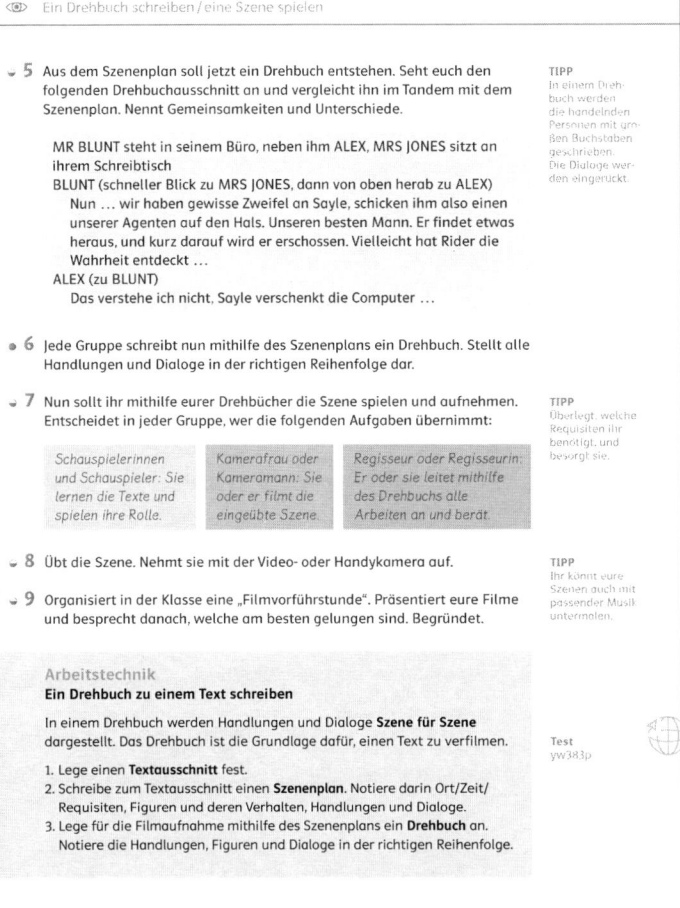

5 Aus dem Szenenplan soll jetzt ein Drehbuch entstehen. Seht euch den folgenden Drehbuchausschnitt an und vergleicht ihn im Tandem mit dem Szenenplan. Nennt Gemeinsamkeiten und Unterschiede.

TIPP
In einem Drehbuch werden die handelnden Personen mit großen Buchstaben geschrieben. Die Dialoge werden eingerückt.

> MR BLUNT steht in seinem Büro, neben ihm ALEX, MRS JONES sitzt an ihrem Schreibtisch
> BLUNT (schneller Blick zu MRS JONES, dann von oben herab zu ALEX)
> Nun ... wir haben gewisse Zweifel an Sayle, schicken ihm also einen unserer Agenten auf den Hals. Unseren besten Mann. Er findet etwas heraus, und kurz darauf wird er erschossen. Vielleicht hat Rider die Wahrheit entdeckt ...
> ALEX (zu BLUNT)
> Das verstehe ich nicht, Sayle verschenkt die Computer ...

6 Jede Gruppe schreibt nun mithilfe des Szenenplans ein Drehbuch. Stellt alle Handlungen und Dialoge in der richtigen Reihenfolge dar.

7 Nun sollt ihr mithilfe eurer Drehbücher die Szene spielen und aufnehmen. Entscheidet in jeder Gruppe, wer die folgenden Aufgaben übernimmt:

TIPP
Überlegt, welche Requisiten ihr benötigt, und besorgt sie.

Schauspielerinnen und Schauspieler: Sie lernen die Texte und spielen ihre Rolle.	*Kamerafrau oder Kameramann: Sie oder er filmt die eingeübte Szene.*	*Regisseur oder Regisseurin: Er oder sie leitet mithilfe des Drehbuchs alle Arbeiten an und berät.*

8 Übt die Szene. Nehmt sie mit der Video- oder Handykamera auf.

TIPP
Ihr könnt eure Szenen auch mit passender Musik untermalen.

9 Organisiert in der Klasse eine „Filmvorführstunde". Präsentiert eure Filme und besprecht danach, welche am besten gelungen sind. Begründet.

Arbeitstechnik

Ein Drehbuch zu einem Text schreiben

In einem Drehbuch werden Handlungen und Dialoge **Szene für Szene** dargestellt. Das Drehbuch ist die Grundlage dafür, einen Text zu verfilmen.

1. Lege einen **Textausschnitt** fest.
2. Schreibe zum Textausschnitt einen **Szenenplan**. Notiere darin Ort/Zeit/ Requisiten, Figuren und deren Verhalten, Handlungen und Dialoge.
3. Lege für die Filmaufnahme mithilfe des Szenenplans ein **Drehbuch** an. Notiere die Handlungen, Figuren und Dialoge in der richtigen Reihenfolge.

Test yw383p

161

Aufgabe 3

- Regisseurin: Sie leitet die Arbeiten, bei denen die Wörter des Buches in Bilder verwandelt werden.
- Schauspieler: Sie setzen mit Sprache, Gesicht und Körper die Ideen des Regisseurs um.
- Kameramann: Er nimmt die Szenen auf.
- Kostümbildner: Er sorgt für passende Kleidung der Schauspieler.
- Maskenbildnerin: Sie schminkt die Schauspieler.
- Requisiteur: Er richtet z. B. Zimmer ein und besorgt passende Gegenstände für die Szenen.
- Musiker: Sie spielen die Musik, die die Szenen spannend, fröhlich oder traurig macht.

Aufgaben 4 bis 9

individuelle Lösungen – Abgesehen von der Szene im Büro (mit der entsprechenden Büroausstattung und den entsprechenden -möbeln) wird zur Ausstattung noch ein Glas (vgl. Z. 29: „Alex' Hände verkrampften sich um das Wasserglas.") benötigt.

Vorhandenes Zusatzmaterial zu dieser Doppelseite

AH 7, Kapitel 9, S. 51/52

Test yw383p

DaZ-Kommentare

Aufgabe 3
Die hier zu erwartenden Ergebnisse können mithilfe des Wörterbuchs erarbeitet werden. Es sollte darauf geachtet werden, dass die SuS für diese Aufgabe genug Zeit bekommen.

Aufgaben 7 und 8
Handlungsorientierte Aufgaben kommen bei den SuS sehr gut an, weil die sprachliche Richtigkeit bei der Realisierung solcher Aufgaben nie im Vordergrund steht. Darüber hinaus haben die SuS nicht nur Spaß, sondern bekommen dabei die Gelegenheit, unbewusst auch ihre sprachlichen Kenntnisse auszubauen und zu systematisieren.

Max Minsky und ich

BASIS-Seiten / 1

Die Schülerinnen und Schüler (SuS) lernen mit „Max Minsky und ich" einen weiteren Jugendroman kennen, aus dem sie den Klappentext und auch einen längeren Ausschnitt lesen. Die SuS legen ein Portfolio an. Sie informieren sich über die Autorin und legen zu ihr einen Autorensteckbrief für das Portfolio an.

Kommentare zu den Aufgaben

Einstieg, Aufgaben 1 und 2
Die SuS betrachten das Cover des Jugendbuchs „Max Minsky und ich" der amerikanischen Schriftstellerin Holly-Jane Rahlens (*1950) und lesen den entsprechenden Klappentext. Zur Verständnissicherung beantworten die SuS dazu schriftlich Inhaltsfragen. Sie legen ein Portfolio an.

Aufgaben 3 und 4
Die SuS lesen einen Informationstext über die Autorin Holly-Jane Rahlens und legen einen Autorensteckbrief (vgl. S. 155) an. Die dazu nötigen weiteren Informationen recherchieren die SuS anschließend selbstständig (im Internet).
Alternative:
Die SuS können den Autorensteckbrief auch im Tandem anlegen.

Aufgaben 5 und 6
Die SuS lesen (oder hören) einen Ausschnitt aus dem Jugendroman „Max Minsky und ich" und beantworten zur Verständnissicherung Inhaltsfragen zum Text.
Die SuS arbeiten im Tandem.

Max Minsky und ich

1 Sieh dir das Buchcover an und lies den Klappentext.

¹ Thora: die Bibel des Judentums
² Bat-Mizwa: im Judentum die religiöse Mündigkeit, die 12-jährige Mädchen erhalten

Klappentext
Nelly Sue Edelmeister ist zukünftige Weltraumforscherin, brillante Schülerin und – total verliebt. In einen Prinzen. Und zwar in einen echten! Nellys amerikanische Mutter findet zwar, dass ihre Tochter statt königlicher Websites lieber die Thora¹ studieren soll (schließlich steht Nellys „Bat-Mizwa²" bevor), aber das sieht Nelly ganz anders. Als die Basketballmannschaft der Schule zu einem Auswärtsspiel eingeladen wird, bei dem der Prinz persönlich der Siegermannschaft gratulieren soll, ist die unsportliche Nelly fest entschlossen: Sie will in die Mannschaft! Bloß wie? Vielleicht lässt sich ja ein Deal mit dem Basketball-Crack, diesem unsäglichen Max Minsky, arrangieren ...

Seite 263
Portfolio

2 Beantworte die folgenden Fragen schriftlich. Lege ein Portfolio an.
• Wer hat das Buch geschrieben?
• Wie heißen die Hauptfiguren?
• Wo spielt die Geschichte?
• Wovon handelt die Geschichte?
• Was erwartest du von diesem Buch?

Seite 275
Internetrecherche

3 Informiere dich über die Autorin. Lies dazu den folgenden Text und sammle weitere Informationen in Lexika oder im Internet.

Holly-Jane Rahlens
kam nach dem Studium der Literaturwissenschaft und Theater Arts (Schauspiel und Regie) aus ihrer Heimatstadt New York nach Berlin. Mit Radioerzählungen, Hörspielen und Solo-Bühnenshows machte sie sich dort in den achtziger und neunziger Jahren einen Namen. Außerdem arbeitete sie als Journalistin, Moderatorin und Regisseurin. [...]

Seite 155
Autorensteckbrief

4 Lege einen Steckbrief zu Holly-Jane Rahlens für dein Portfolio an.

5 Lies den folgenden Textausschnitt oder höre ihn dir an.

Hörverstehen
xh2q7f

Nelly hat fleißig mit Max Basketball spielen geübt. Jetzt findet das Auswahlspiel für die Mannschaft statt.

162

Lösungen

Aufgabe 1
Leseaufgabe

Aufgabe 2
– *Wer hat das Buch geschrieben?* – Holly-Jane Rahlens
– *Wie heißen die Hauptfiguren?* – Die Hauptfiguren sind Nelly Sue Edelmeister und Max Minsky.
– *Wo spielt die Geschichte?* – Die Geschichte spielt in Deutschland.
– *Wovon handelt die Geschichte?* – Nelly ist in einen Prinzen verliebt, den sie nur treffen kann, wenn sie mit einer Basketballmannschaft erfolgreich ist. Dazu ist sie aber auf Max Minskys Hilfe angewiesen, den sie eigentlich „unsäglich" (vgl. Z. 16) findet.
– *Was erwartest du von diesem Buch?* – Zu erwarten ist ein Buch, dass das Erwachsenwerden einer Zwölfjährigen und die damit verbundenen Probleme auf unterhaltsame und/ oder spannende Weise schildert.

Aufgaben 3 und 4
– individuelle Lösungen – Alle wesentlichen Informationen finden sich auf der Wikipedia-Seite zu Holly-Jane Rahlens (https://de.wikipedia.org/wiki/Holly-Jane_Rahlens); von dort aus gibt es auch einen Link zur Website der Autorin.

⊙ Eine literarische Figur beschreiben · **BASIS**

„Na los, Brillenschlange", höhnte Yvonne, „versuch doch, mir den Ball
abzunehmen. Das kannst du nämlich nicht. Hat Max mir erzählt."
„Hat er nicht, ich kann's nämlich!"
„Hat er wohl. Und du kannst es nicht. Guck, da sitzt er. Und er hält zu *mir*."
5 Ich sah mich um, und tatsächlich, da saß Max, neben Caroline und Nicole.
Verärgert drehte ich mich wieder um. Aber es war schon zu spät. Yvonne
zielte bereits. Der Ball zischte durch die Luft wie eine Kanonenkugel. Oh,
ich hätte mich ohrfeigen können! Wie konnte ich nur so dämlich sein?
Warum hatte ich mich von ihr ablenken lassen?
10 Aber, o Wunder! Ihr Ball verfehlte den Korb! Er prallte von der Kante ab
und fiel runter. Sie stürzte los, um ihn für den Rebound[3] zu fangen, aber
ich war eine Nanosekunde[4] schneller. Ich schnellte hoch, und – zack! –
hatte ich den Ball. [...]
Und so lief das Spiel weiter. Sekunde für Sekunde. Minute für Minute. Ich
15 verlor jedes Zeitgefühl – so sehr hielt es mich in Atem. Ich war völlig ent-
rückt – wie es mir sonst nur beim Betrachten der Sterne ging. Oder wie in
einem Traum, als ich durch das All schwebte und fliegen konnte, vor lauter
Verzückung über das Wunder des Universums. [...]
Während die Jury sich beriet, zog ich mich rasch um. Zurück in der Halle,
20 hoffte ich, Max zu finden. Er fand mich.
„Und?", sagte ich.
„Du warst gut", sagte er.
„Gut? Ist das dein ganzer Kommentar? Ich war grandios!"
Max zuckte die Achseln. „Verglichen damit, wie du früher warst, schon."
25 „Ich komme in die Mannschaft! Und nach England!"
„Prinz William wird bestimmt sehr stolz auf dich sein", sagte er, nicht frei
von Sarkasmus[5]. Er sah mich an, als erwarte er etwas von mir. „Und?"
„Was, und?"
„Schon mal von den Worten „danke schön" gehört?", sagte er. [...]
30 Mir fiel auf, dass er sein Sweatshirt nicht anhatte. Ich sah zur Tribüne
hinüber. Und tatsächlich, da saß Yvonne; mit Max' Sweatshirt um die
Schultern.
„Du hast doch gesagt, wir hätten einen Deal gehabt und dass der jetzt erledigt ist", sagte ich wütend. „Muss ich mich da für den Rest meines Lebens
35 bei dir bedanken?" Ich war den Tränen nah. [...]

6 Beantwortet im Tandem die folgenden Fragen. Macht euch Notizen dazu.
Schreibt dann einen kurzen Text über Nelly für euer Portfolio.
• Was erfahrt ihr über Nelly? Was erfahrt ihr über Max?
• Was hätte sich Nelly wohl nach dem Spiel von Max gewünscht?
• Warum ist Nelly verärgert, als sie Max neben Caroline und Nicole
  entdeckt?
• Was erfahrt ihr über das Verhältnis von Nelly und Yvonne?
• Warum ist Nelly nach dem Spiel den Tränen nah?

Leseschlüssel

[3] 'Rebound': un-
kontrollierter
Ball nach einem
misslungenen
Korbwurfversuch

[4] Nanosekunde:
1/10 000 000 000
Sekunde

«‹?›»
Seite 159
eine litera-
rische Figur
beschreiben

163

Vorhandenes Zusatzmaterial zu dieser Doppelseite

▤ Differenzierungskarte EXTRA, S. 32
▤ Differenzierungskarte PLUS, S. 32

⊕ Hörverstehen xh2q7f

🗐 Klassenarbeitstraining 4, AH 7, S. 78/79

⊙⊞KA 9 BASIS

Aufgabe 5
Leseaufgabe / Hörverstehen

Aufgabe 6
– *Was erfahrt ihr über Nelly? Was erfahrt ihr über Max?* –
Nelly hat mit Max einen „Deal", der vorsieht, dass Max
ihr das Basketballspielen beibringt. Tatsächlich hat sich
Nelly auch sehr verbessert. Max scheint mit Nellys Rivalin
Yvonne zusammen zu sein.
– *Was hätte sich Nelly wohl nach dem Spiel von Max ge-
wünscht?* – Nelly hätte sich gewünscht, von Max für ihr
„grandioses" Spiel gelobt zu werden und mit ihm Zeit zu
verbringen.
– *Warum ist Nelly verärgert, als sie Max neben Caroline und
Nicole entdeckt?* – Nelly muss annehmen, dass Max tat-
sächlich nicht mehr zu ihr hält, da der Hinweis von Yvonne
stammt.
– *Was erfahrt ihr über das Verhältnis von Nelly und Yvonne?* –
Das Verhältnis der beiden ist sehr angespannt, sie sind
zumindest große Rivalinnen, vielleicht sogar verfeindet.
– *Warum ist Nelly nach dem Spiel den Tränen nah?* – Nelly
sieht, dass ihre Rivalin Yvonne Max' Sweatshirt um die
Schultern hängen hat, und schließt daraus, dass Max zu
Yvonne eine engere Beziehung als zu ihr hat.

DaZ-Kommentare

Aufgaben 1, 3 und 5
Damit die SuS die kommenden Aufgaben im Unterricht
bearbeiten können, sollten von ihnen die Texte auf jeden
Fall im Rahmen der vorherigen Hausaufgabe gelesen und
übersetzt werden. Die unbekannten Wörter sollten ins Vokabelheft eingetragen und auch übersetzt werden. Zusätzlich
sollten die SuS unbedingt darauf hingewiesen werden, dass
sie sich den Textausschnitt zur Aufgabe 5 auch zu Hause
anhören können.

Film ab!

BASIS-Seiten / 2

Die Schülerinnen und Schüler (SuS) fassen ihre bisherigen Informationen zum Buch „Max Minsky und ich" zusammen und stellen einander das Buch mündlich vor.
Vorbereitend auf die Verfilmung eines Szenenausschnitts reflektieren die SuS über das Verhältnis Buch und Film sowie über die Gestaltung der Figuren. Anschließend wird zu einem Textausschnitt ein Szenenplan, dann ein Drehbuch geschrieben, das abschließend in einen Handyfilm umgesetzt und vorgeführt werden kann.

Kommentare zu den Aufgaben

Einstieg
Die SuS sammeln Ideen, wie die Figuren Nelly und Max in einer Verfilmung besetzt werden könnten, und begründen ihre Entscheidung.

Aufgaben 1 und 2
Zur Verständnissicherung und als Übung zur Buchvorstellung verfassen die SuS einen Informationstext zum Buch „Max Minsky und ich" und stellen einander das Buch vor.

Aufgaben 3 und 4
Die SuS lesen Textausschnitte und betrachten sich Filmbilder. Diese werden dann einander zugeordnet. Nachdem die dargestellten Situationen erfasst worden sind, tauschen sich die SuS über die dargestellten Szenen aus.

Aufgabe 5
Die SuS wählen sich eine Szene aus Aufgabe 3 aus, lesen die passende Textstelle und sehen sich obendrein diese Stelle im Film an.

Aufgabe 6
Indem die SuS noch einmal (vgl. die Hinweise zum Einstieg) über die Gestaltung einer Figur nachdenken, wird die Besetzung der Rolle vorbereitet (vgl. A 9). Die SuS sollen dabei auch entlastet werden, denn natürlich sieht niemand so aus, wie Max hier beschrieben wird.

Aufgaben 7 bis 10
Die Aufgaben leiten das Umsetzen eines Buchausschnitts in eine Filmszene an (Arbeit in Fünfergruppen: drei Schauspieler/innen für Nelly, Max und Yvonne + Kameramann und Regisseur), die dann auch gespielt, aufgenommen und vorgeführt wird. Die Vorführung kann dabei gemeinsam mit den SuS, die die EXTRA- und PLUS-Seiten bearbeitet haben, stattfinden.

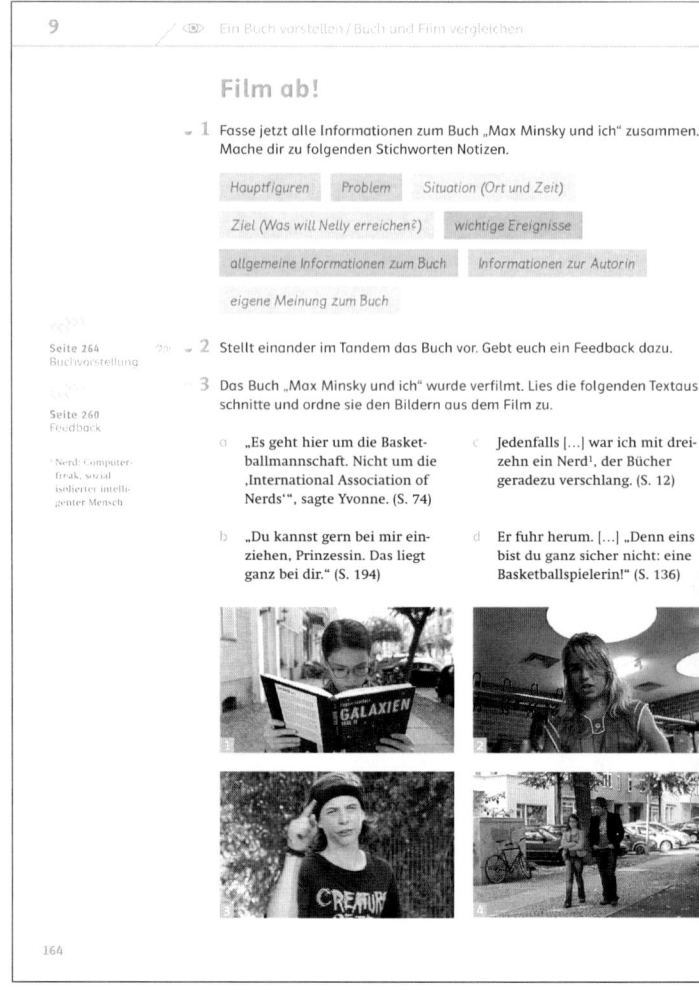

Lösungen

Aufgabe 1
individuelle Lösungen –
Beispiel:
In dem Buch „Max Minsky und ich" von Holly-Jane Rahlens will die hochbegabte zwölfjährige Nelly Sue Edelmeister unbedingt in die Basketball-Mannschaft der Schule aufgenommen werden, die ein Auswärtsspiel in England bestreitet. Dort nämlich soll die Sieger-Mannschaft von Prinz William geehrt werden. Und genau in Prinz William ist Nelly verliebt. Um ihr Ziel zu erreichen, schließt sie mit dem Basketball-Crack Max Minsky, den sie eigentlich überhaupt nicht leiden kann, einen Deal.
Das Buch der 1950 in New York geborenen und in Berlin lebenden Autorin wurde 2003 mit dem Deutschen Jugendliteraturpreis ausgezeichnet und wurde 2007 auch verfilmt.

Aufgabe 2
individuelle Lösungen

Aufgabe 3
- – Bild 1: Textausschnitt c
- – Bild 2: Textausschnitt a
- – Bild 3: Textausschnitt d
- – Bild 4: Textausschnitt b

4 Tauscht euch in der Gruppe über die dargestellten Szenen aus. Klärt, worum es geht.

5 Wählt eine Szene aus Aufgabe 3 aus. Lest die passende Textstelle und seht euch diese Szene im Film an. Vergleicht.

6 Lest die folgende Beschreibung von Max am Anfang der Geschichte. Ändert sich danach euer Bild von Max? Tauscht euch im Tandem aus.

Auch dieses Zimmer war ziemlich duster, abgesehen von einem dünnen Lichtstrahl, der auf ein Bett gerichtet war, auf dem ich ein Gespenst erblickte, nein, einen siechen, leichenblassen Schwindsüchtigen, nein, einen gesunden Vampir. Ausgestreckt lag er dort und las ein großes, in schwarzes
5 Leinen gebundenes Buch mit Goldlettern. [...] Sein Gesicht war weiß, im wahrsten Sinne des Wortes kreideweiß. Eine Art schwarzes Spinnennetz zierte die Wangen. Dunkles, angetrocknetes Gel betonte Haaransatz und Augenbrauen. Auch das Haar war steif von Gel und stand in schwarzen Stacheln ab. Die Schuhe waren abgetreten, schwarz und spitz. Als er den
10 Mund öffnete, war ich froh, dass keine Fangzähne zum Vorschein kamen.

7 Bildet Gruppen. Schreibt gemeinsam einen Szenenplan zum Textausschnitt auf Seite 162/163.

Abschnitt	Ort/Zeit/ Requisiten	Figuren	Verhalten der Figuren	Handlung	Dialog (Anfang/Ende)
1. Zeile	Turnhalle	Nelly, Yvonne	Nelly reagiert trotzig, Yvonne ...	Yvonne ärgert Nelly ...	„Na los, ... erzählt."
...	...	...	...	...	...

8 Schreibt nun in der Gruppe mithilfe des Szenenplans ein Drehbuch. Ihr könnt so beginnen:

NELLY und YVONNE während des Basketballspiels in der Turnhalle
YVONNE (höhnisch, zu Nelly)
   Na los, Brillenschlange ...

《》》
Seite 161
ein Drehbuch
schreiben

9 Verteilt jetzt die Rollen in der Gruppe (Schauspieler/in, Regisseur/in, Kameramann/frau) und übt die Szene mehrmals.

10 Nehmt die Szene mit der Video- oder Handykamera auf.

11 Organisiert in der Klasse eine „Filmvorführstunde". Stellt zuerst das Buch „Max Minsky und ich" vor. Präsentiert dann eure Filme und besprecht danach, welche am besten gelungen sind. Begründet eure Meinung.

165

Vorhandenes Zusatzmaterial zu dieser Doppelseite

▤ Differenzierungskarte EXTRA, S. 33
▤ Differenzierungskarte PLUS, S. 33

🗎 Klassenarbeitstraining 4, AH 7, S. 78/79

⌨ KA 9 BASIS

Aufgabe 4
Die Filmbilder zeigen jeweils, dass ein Textausschnitt inhaltlich angemessen umgesetzt worden ist. Die Unterschiede liegen dabei zum einen in der Erzählperspektive (Ich-Erzählerin im Buch, die dort etwas sagt, was im Film nur gezeigt wird), zum anderen in der Fokussierung auf die Figuren (während bspw. im Buch erzählt wird, was Yvonne sagt, ist sie im Film gleichzeitig auch mit ihrem ganzen Umfeld zu sehen).

Aufgabe 5
individuelle Lösungen

Aufgabe 6
Der Ausschnitt spricht Max buchstäblich gespensterhafte Züge zu (vgl. Z. 2 f.: „auf dem ich ein Gespenst erblickte") und zeichnet ihn schwarz-weiß:
„leichenblass", „Gesicht war weiß", „kreideweiß", „schwarzes Spinnennetz zierte die Wangen", „das Haar ... stand in schwarzen Stacheln ab".

Aufgaben 7 bis 11
individuelle Lösungen

DaZ-Kommentare

Aufgaben 5 und 6
Die hier zu erwartenden Ergebnisse können mithilfe des Wörterbuchs erarbeitet werden. Es sollte darauf geachtet werden, dass die SuS für diese Aufgaben genug Zeit bekommen.

Aufgaben 8 und 9
Die Lehrkraft sollte sich vergewissern, dass die SuS aktiv an der Arbeit teilnehmen.

Die Brücke nach Terabithia

EXTRA-Seiten / 1

Die Schülerinnen und Schüler (SuS) lernen mit „Die Brücke nach Terabithia" einen weiteren Jugendroman kennen, aus dem sie auch zwei längere Ausschnitte lesen. Sie informieren sich über die Autorin, legen zu ihr einen Autorensteckbrief an und reflektieren über die Figurengestaltung.

Kommentare zu den Aufgaben

Einstieg und Aufgabe 1

Die SuS betrachten das Buchcover des Jugendbuchs „Die Brücke nach Terabithia" der amerikanischen Schriftstellerin Katherine Paterson (*1932) und lesen den entsprechenden Klappentext. Zur Verständnissicherung fassen sie die wichtigsten Informationen schriftlich zusammen. Damit beginnen die SuS mit ihrem Portfolio.
Erweiterung:
Die SuS recherchieren vertiefend zum Buchinhalt (vgl. https://de.wikipedia.org/wiki/Die_Br%C3%BCcke_nach_Terabithia) und beziehen die Informationen in ihren Text ein.

Aufgaben 2 und 3

Die SuS informieren sich (im Internet) über die in China geborene Missionarstochter. Dann legen sie einen Autorensteckbrief (vgl. S. 155) zu ihr an und ergänzen damit das Portfolio.
Alternative:
Die in der Lösung angesprochene Website der Autorin Katherine Paterson gibt es (bislang) nur auf Englisch, sodass sich auch eine fächerübergreifende Arbeit mit dem Fach Englisch anbietet.

Aufgaben 4 und 5

Die SuS lesen (oder hören) einen Ausschnitt aus dem Jugendroman „Die Brücke nach Terabithia" und tauschen sich zur Verständnissicherung über Jess und sein Verhältnis zu Leslie aus.

Aufgabe 6

Die SuS wählen sich eine der beiden Hauptfiguren aus und beschreiben sie in einem Text so, wie sie sie sich vorstellen. Im Anschluss daran können einige der Texte in der Klasse vorgelesen und – mit Blick bereits auf die Verfilmung (vgl. A7 und A8 auf S. 169) – über die Figuren diskutiert werden.

Aufgaben 7 und 8

Die SuS lesen (oder hören) einen weiteren Ausschnitt aus dem Jugendroman und setzten sich weiter mit der Figur Jess auseinander. In dem Ausschnitt wird erwähnt, dass Leslie gestorben ist. Im Roman versucht Leslie, während Jess mit seiner Kunstlehrerin in Washington ist, allein nach Terabithia zu gelangen. Dabei reißt das Seil, sie stürzt schwer und stirbt an den Folgen ihrer Kopfverletzung.

Die Brücke nach Terabithia

Seite 263
Portfolio

1 Sieh dir das Buchcover an und lies den Klappentext. Schreibe die Informationen zu Autorin, Hauptfiguren und Inhalt des Buches auf und beginne damit dein Portfolio.

Klappentext

„Weißt du, was wir brauchen, Jess?" Leslie senkte die Stimme zu einem Flüstern. „Wir brauchen einen Ort für uns ganz allein. Einen Ort, der so geheim ist, dass wir niemandem auf der ganzen Welt je von ihm erzählen dürfen. Es könnte ein geheimes Königreich sein", fuhr sie fort, „und wir sind seine Herrscher."
5 Als Jess das geheime Land jenseits des Flusses zum ersten Mal betritt, ahnt er sofort: Dieser Ort ist verzaubert. Und nur hier – in Terabithia – sind Leslie und er unbesiegbar. Zum Glück, denn furchterregende Riesen und mächtige Waldgeister treiben im dunklen Pinienhain ihr Unwesen. Doch dann droht ein böser Fluch das fantastische Königreich für immer zu
10 zerstören …

Seite 275
Internet-recherche

2 Informiere dich über die Autorin. Nutze dazu ihre Homepage, Lexika oder andere Quellen.

Seite 155
Autoren-steckbrief

3 Lege einen Steckbrief zur Autorin an. Ergänze damit dein Portfolio.

Leseschlüssel

4 Lies den folgenden Textausschnitt oder höre ihn dir an.

Hörverstehen
w92emä

Leslie kommt neu in die Klasse zu Jess. Sie ist anders als die anderen Mädchen: wild und unangepasst. Die beiden werden Freunde. In dieser Szene fahren sie gemeinsam mit dem Schulbus nach Hause.

Nach der Schule stieg Leslie vor ihm in den Bus und marschierte geradewegs auf die Bank in der letzten Reihe zu – dem Stammplatz der Siebtklässler. Jess gab ihr mit dem Kopf ein Zeichen, um sie zu warnen. Er wollte ihr zu verstehen geben, dass sie sich zu ihm nach vorne setzen
5 sollte, aber sie schaute ihn nicht einmal an. Er sah die Siebtklässler kommen – die riesengroßen, hundsgemeinen Mädchen und die fiesen, knochigen, schmaläugigen Jungen. Die würden Leslie dafür umbringen, dass sie es gewagt hatte, in ihr Territorium einzudringen! Er sprang auf, rannte nach hinten und packte Leslie am Arm. „Komm mit nach vorne, Leslie."
10 Als er sprach, konnte er bereits spüren, wie sich in seinem Rücken die Älteren den schmalen Gang entlangschoben. Tatsächlich stand hinter ihm schon Janice Avery, eine Siebtklässlerin, deren Lebensinhalt darin bestand, alle zu Tode zu erschrecken, die kleiner waren als sie.
„Aus dem Weg, Kleiner", sagte sie.
15 Er stemmte sich mit aller Kraft gegen sie, obwohl ihm das Herz bis zum Hals schlug. „Ach komm, Leslie", sagte er, nahm allen Mut zusammen und drehte sich zu Janice Avery um. Er musterte sie von oben bis unten, von

166

Lösungen

Aufgabe 1

individuelle Lösungen – Die beiden Schüler Jess und Leslie suchen einen geheimen Ort für sich allein, den sie in ihrer Fantasie im nahegelegenen Wald finden und den sie „Terabithia" nennen. Terabithia ist nur zu erreichen, wenn man sich an einem alten Seil über einen kleinen Fluss schwingt. Jess und Leslie stellen sich vor, dass sie als König und Königin über Terabithia herrschen und im Kampf gegen mächtige Trolle / Waldgeister bestehen.

Aufgaben 2 und 3

individuelle Lösungen – Alle wesentlichen Informationen finden sich auf der Wikipedia-Seite zu Katherine Paterson (https://de.wikipedia.org/wiki/Katherine_Paterson); von dort aus gibt es auch einen Link zur Website der Autorin.

Aufgabe 4

Leseaufgabe / Hörverstehen

⊙ Eine literarische Figur beschreiben   **EXTRA**

den gekräuselten blonden Haaren über die zu enge Bluse und ihre unförmige Hose bis hinab zu den gigantischen Turnschuhen.

20 Jess schluckte, starrte ihr mitten ins finstere Gesicht und sagte beinahe ohne zu zittern: „Sieht nicht so aus, als wär hier hinten genug Platz für dich *und* Janice Avery."

Jemand johlte. „Die *Weight Watchers*[1] warten auf dich, Janice!"

Janices Augen sprühten Funken vor Wut und Hass, aber sie machte Jess

25 und Leslie Platz, als sie zurück zu ihren gewohnten Plätzen gingen. […]

[1] Weight Watchers: US-amerikanisches Unternehmen, das eine Diät vermarktet

5 Was erfahrt ihr in diesem Ausschnitt über Jess und sein Verhältnis zu Leslie? Tauscht euch im Tandem dazu aus und macht euch Notizen.

6 Wähle eine der beiden Hauptfiguren, Jess oder Leslie, aus. Beschreibe sie in einem kurzen Text.

Seite 159 eine literarische Figur beschreiben

7 Einige Kapitel danach schildert Katherine Paterson, wie der leidenschaftliche Zeichner Jess mit seiner Lehrerin nach Washington fährt, um dort ein Kunstmuseum zu besuchen. Lies den Schluss dieses Kapitels oder höre ihn dir an.

Hörverstehen 56z7qv

Er blickte dem Auto nach, bis er es aus den Augen verlor, drehte sich um und lief zum Haus, so schnell er konnte. Er fühlte sich beinahe schwerelos vor Glück und es hätte ihn nicht gewundert, wenn seine Füße plötzlich vom Boden abgehoben wären. Manchmal taten sie das in seinen Träumen

5 und plötzlich schwebte er über die Dächer.

[…] ehe er bemerkte, dass etwas nicht stimmte. […] seine Eltern und seine kleinen Schwestern saßen am Küchentisch. Ellie und Brenda hockten auf der Couch. Sie aßen nicht. Auf dem Tisch stand kein Essen. Sie sahen auch nicht fern. Der Fernseher lief nicht einmal. Er stand ein paar Sekunden

10 lang unbeweglich da, während sie ihn anstarrten.

Plötzlich stieß seine Mutter einen lauten, zitternden Schluchzer aus. „Oh mein Gott." Sie sagte es immer wieder und wieder und ließ den Kopf auf die Arme fallen. Sein Vater ging zu ihr und legte unbeholfen seinen Arm um sie, aber er ließ Jess dabei nicht aus den Augen.

15 „Ich hab euch ja gesagt, dass er irgendwo anders hin ist", sagte May Belle leise und monoton, als hätte sie das schon ein paarmal gesagt und keiner hätte ihr geglaubt.

Jess kniff die Augen zusammen, als würde er versuchen, in ein dunkles Abwasserrohr zu blicken. Er wusste nicht einmal, was er sie fragen sollte.

20 „Was …?", versuchte er es.

Doch da unterbrach ihn Brendas schrille Stimme. „Deine Freundin ist tot, und Mum hat gedacht, dass du auch tot bist." […]

8 Beschreibe die Stimmung der Familienmitglieder in diesem Ausschnitt. Ergänze deine Notizen zu Jess.

167

Vorhandenes Zusatzmaterial zu dieser Doppelseite

▭ Differenzierungskarte BASIS, S. 34
▭ Differenzierungskarte PLUS, S. 34

⊕ Hörverstehen w92em4
⊕ Hörverstehen 56z7qv

▢ Klassenarbeitstraining 4, AH 7, S. 78 / 79

⊙ KA 9 EXTRA

Aufgabe 5
Leslie kommt neu in die Klasse zu Jess. Zu Beginn der Szene erscheint er als angepasst und ängstlich, da er sich im Bus ohne Widerspruch mit einem vorderen Platz zufrieden gibt. Als Leslie dann in das „Territorium" der Siebtklässler geht, will Jess sie beschützen und zeigt sich der Siebtklässlerin Janice Avery gegenüber sehr mutig.

Aufgabe 6
individuelle Lösungen – Zu beachten ist der Kontrast zu dem kräftigen Mädchen Janice Avery, d. h., dass Jess und Leslie eher kleiner und schlanker (schmaler) und vielleicht sogar ein Stück weit unscheinbar sein müssten.

Aufgabe 7
Leseaufgabe / Hörverstehen

Aufgabe 8
individuelle Lösungen – Wichtig ist, dass Jess die Fähigkeit besitzt, sich so wegzuträumen, dass er anderen schon als tot erscheint.

Aus Worten Bilder machen

EXTRA-Seiten / 2

Nachdem die Schülerinnen und Schüler (SuS) ihre bisherigen Informationen zum Buch „Die Brücke nach Terabithia" und seiner Autorin zusammengefasst haben, vergleichen sie einen Textausschnitt (vgl. S. 167 des SB) mit dem entsprechenden Auszug aus einem Drehbuch.
Anschließend wird zu einem weiteren Textausschnitt (vgl. S. 166 f.) ein Szenenplan, dann ein Drehbuch geschrieben, das abschließend in einen Handyfilm umgesetzt und vorgeführt werden kann.

Kommentare zu den Aufgaben

Einstieg, Aufgaben 1 und 2
Die SuS fassen ihre bisherigen Informationen zum Buch „Die Brücke nach Terabithia" zusammen und stellen einander das Buch mündlich vor; dabei äußern sie sich auch begründet dazu, ob ihnen das Buch (bislang) gefällt oder nicht.

Aufgaben 3 und 4
Die SuS lesen einen Auszug aus dem Drehbuch zur Verfilmung und vergleichen diesen mit dem entsprechenden Textausschnitt auf Seite 167 auf Unterschiede und Gemeinsamkeiten.

Aufgaben 5 bis 9
Die Aufgaben leiten das Umsetzen eines Buchausschnitts in eine Filmszene an, die dann auch gespielt, aufgenommen und vorgeführt wird.
Die Vorführung kann dabei gemeinsam mit den SuS, die die BASIS- und PLUS-Seiten bearbeitet haben, stattfinden.
Alternative:
Es wird bereits ab Aufgabe 5 in Fünfergruppen (die späteren drei Schauspieler/innen für Less, Leslie und Janice Avery sowie Kameramann und Regisseur) gearbeitet.

9   Ein Buch vorstellen / Buch und Film vergleichen

Aus Worten Bilder machen

1 Fasse jetzt alle Informationen zum Buch „Die Brücke nach Terabithia" schriftlich zusammen. Begründe, warum dir das Buch gefällt oder nicht gefällt.

Seite 264
Buchvorstellung

2 Stellt einander im Tandem das Buch vor. Gebt euch ein Feedback dazu.

Seite 260
Feedback

3 Lies den Ausschnitt aus dem Drehbuch für den Film „Die Brücke nach Terabithia". Sieh dir auch die Bilder aus dem Film an.

¹ Überblende: Übergang von einer Kameraeinstellung in eine andere

TIPP
Kamera- und Toneinstellungen werden in Klammern wiedergegeben.

JESS steigt aus dem Auto von Miss Edmund – heller Nachmittag
(ÜBERBLENDE¹ INS HAUSINNERE)
JESS im Flur (fröhlich)
    Hey, Leute.
MAY BELLE (aus dem Hintergrund)
    Seht ihr, hab ich doch gesagt.

² Schwenk: Kamera dreht sich

(SCHWENK² INS WOHNZIMMER – MUTTER, BRENDA, MAY BELLE auf dem Sofa, Ruhe, versteinerte Gesichter)
MUTTER (steht auf, ein Schrei, dann schluchzend)
    Oh mein Gott, Jess!
VATER (streicht MUTTER beruhigend über den Arm, zu JESS)
    Wo in Gottes Namen hast du gesteckt?

³ Halbtotale: Darsteller von Kopf bis Fuß

(HALBTOTALE³ MUTTER und JESS)
MUTTER (umarmt JESS)
    Wo warst du denn?
JESS (schaut die MUTTER erstaunt an)
    Mama, ich hab dich doch gefragt. Ich war doch nie …
(SCHWENK AUF SOFA, BRENDA, MAY BELL zu ihren Füßen)

⁴ Großaufnahme: Kopf des Darstellers

BRENDA (GROSSAUFNAHME⁴ BRENDA)
    Wir dachten, du wärst tot."
(SCHWENK auf Vater)

168

Lösungen

Aufgaben 1 und 2
individuelle Lösungen – Bei der Begründung, ob einem das Buch gefallen hat oder nicht, könnte man bspw. auch auf die Figurengestaltung (die Figuren sind glaubwürdig oder nicht) oder das Genre (Jugendroman mit Fantasy-Elementen) eingehen.

Aufgabe 3
Leseaufgabe

Einen Szenenplan und ein Drehbuch schreiben / eine Szene spielen | **EXTRA**

Vater (mit strengem Blick auf BRENDA)
Brenda, sei still.
(SCHWENK auf alle Gesichter, JESS mit Rücken zur Kamera)
JESS (kneift die Augen zusammen, öffnet den Mund langsam)
Tot … Was läuft'n hier?
VATER (NAH[5],im Sessel, ruhig)
Deine Freundin Leslie ist tot …

[5] Nah: Kopf und Oberkörper des Darstellers

4 Vergleicht im Tandem das Drehbuch mit dem Textausschnitt auf Seite 167. Welche Gemeinsamkeiten und Unterschiede gibt es? Übernehmt die Tabelle in euer Portfolio und füllt sie aus.

	Textausschnitt	Drehbuch
Gemeinsamkeiten	Ort, …	
Unterschiede	– beschreibt die Gefühle von Jess	– beschreibt, wie sich Jess verhalten soll
	– …	– …

5 Bildet Dreiergruppen und schreibt einen Szenenplan zur Szene im Schulbus, dem Textausschnitt auf Seite 166/167.

6 Schreibe nun mithilfe des Szenenplans ein Drehbuch. Stelle Handlungen und Dialoge in der richtigen Reihenfolge dar.

Seite 161
ein Drehbuch
schreiben

7 Verteilt jetzt in der Gruppe die Rollen (Schauspieler/in, Regisseur/in, Kameramann/frau). Entscheidet euch für ein Drehbuch und übt die Szene mehrmals.

8 Nehmt die Szene mit der Video- oder Handykamera auf.

9 Organisiert in der Klasse eine „Filmvorführstunde". Stellt zuerst das Buch „Die Brücke nach Terabithia" vor. Präsentiert dann euren Film und besprecht anschließend, was besonders gut gelungen ist.

169

Vorhandenes Zusatzmaterial zu dieser Doppelseite

▤ Differenzierungskarte BASIS, S. 35
▤ Differenzierungskarte PLUS, S. 35

▯ Klassenarbeitstraining 4, AH 7, S. 78/79

▣ KA 9 EXTRA

Aufgabe 4

	Textausschnitt	Drehbuch
Gemeinsam-keiten	Ort, Figuren, Schauplatz, wörtliche Rede der Figuren (weitgehend), Verhalten der Figuren (weitgehend)	
Unterschiede	– *beschreibt die Gefühle von Jess*	– *beschreibt, wie sich Jess verhalten soll* (welches Gesicht Jess machen soll)
	– mit Erzähler	– ohne Erzähler
	– Vater ist unbeholfen	– Vater wirkt beruhigend, aber auch streng
	– abrupter Wechsel	– mit Überblendung

Aufgaben 5 bis 9
individuelle Lösungen

Krabat

PLUS-Seiten / 1

Die Schülerinnen und Schüler (SuS) lernen mit „Krabat" einen weiteren Jugendroman kennen, aus dem sie auch einen längeren Ausschnitt lesen.
Sie informieren sich über den Autor, Otfried Preußler, und legen zu ihm einen Autorensteckbrief an.
Die SuS üben, sich in literarische Figuren hineinzuversetzen und lernen in diesem Zusammenhang auch das Verfahren der Rollenbiografie kennen.

Kommentare zu den Aufgaben

Einstieg und Aufgabe 1

Die SuS betrachten das Cover des Jugendbuches „Krabat" von Otfried Preußler (1923 – 2013) und lesen den entsprechenden Klappentext.
Zur Verständnissicherung fassen sie die wichtigsten Informationen schriftlich zusammen. Ein Portfolio wird angelegt.
Erweiterung:
Die SuS recherchieren viertiefend zum Inhalt und dem Stoff des Buches (vgl. https://de.wikipedia.org/wiki/Krabat_(Roman)) und beziehen diese Informationen in ihren Text ein.

Aufgabe 2

Die SuS informieren sich (im Internet) über Otfried Preußler und legen einen Autorensteckbrief (vgl. S. 155) zu ihm an.

Aufgaben 3 bis 5

Die SuS lesen (oder hören) einen Ausschnitt aus dem Jugendroman „Krabat" und tauschen sich zur Verständnissicherung über die Situation, in der sich Krabat und Kantorka befinden, aus. Anschließend vergleichen sie die Situation mit eigenen Erfahrungen bzw. analogen Buch- und Filmdarstellungen. Dieser Vergleich soll den SuS helfen, sich besser in die Figuren hineinzuversetzen.

Aufgaben 6 und 7

Die Aufgaben regen zwei Verfahren an, mit denen sich die SuS in die Figuren eines Buches besser hineinversetzen können. Sie gestalten ein Interview und lernen das Verfahren der Rollenbiografie kennen. Achtung, beide Aufgaben sind vergleichsweise zeitaufwändig, was bei der Unterrichtsplanung zu berücksichtigen ist.
Alternative:
Die SuS bearbeiten nur eine der beiden Aufgaben. Dazu lesen sich alle SuS beide Aufgaben durch (wichtig ist insbesondere, dass alle SuS auch den Merkekasten „Rollenbiografie" gelesen haben, wenn sie ein Interview gestalten). Anschließend entscheiden sie sich für die Bearbeitung einer Aufgabe. Die Ergebnispräsentation beider Aufgaben kann im Plenum erfolgen.

Krabat

KRABAT

Seite 263
Portfolio

Seite 275
Internet-recherche

Seite 155
Autoren-steckbrief

Leseschlüssel

Hörverstehen
y9b99k

1 Sieh dir das Buchcover an und lies den Klappentext. Was erfährst du über das Buch? Lege ein Portfolio an und mache dir dafür Notizen.

Klappentext
Vier bedeutende Auszeichnungen hat „Krabat" erhalten; die Kritik hob den Roman als Otfried Preußlers bedeutendstes Werk hervor, der hier Motive der Volkssage zu einer Geschichte von unheimlicher Spannung verwoben hat, die Jugendliche wie Erwachsene gleichermaßen zu fesseln versteht. Die klare, einfache Sprache und die überlegene Komposition dieser Geschichte vom magischen Spiel um die Freiheit eines Menschen verleihen ihr Eindringlichkeit und hohen literarischen Rang.

2 Informiere dich über den Autor. Nutze dafür Lexika oder das Internet. Schreibe einen Autorensteckbrief und ergänze damit dein Portfolio.

3 Lies den folgenden Textausschnitt oder höre ihn dir an.

Krabat ist als Zauberlehrling in der Mühle im Koselbruch gefangen. Er kann nur freikommen, wenn sein Mädchen beim Meister für ihn bittet. Dafür muss die Kantorka ihren Liebsten unter allen Müllersburschen erkennen. Um die Aufgabe fast unmöglich zu machen, hat der Meister die Burschen in Raben verwandelt. Erkennt das Mädchen den Liebsten nicht, müssen beide sterben. Die Kantorka und Krabat wollen dieses Wagnis eingehen.

Gegen Abend, es wollte schon dunkeln, fand sich die Kantorka auf der Mühle ein, in der Abendmahltracht mit dem weißen Stirnband. Hanzo empfing sie und fragte nach ihrem Begehr, sie verlangte den Müller zu sprechen.
„Der Müller bin ich."
5 Die Burschen beiseiteschiebend, trat ihr der Meister entgegen, in schwarzem Mantel und Dreispitz, bleich im Gesicht, wie mit Kalk bestrichen.
„Was willst du?"
Die Kantorka blickte ihn furchtlos an.
„Gib mir", begehrte sie, „meinen Burschen heraus!"
10 „Deinen Burschen?" Der Müller lachte. Es hörte sich an wie ein böses Meckern, ein Bocksgelächter. „Ich kenne ihn nicht."
„Es ist Krabat", sagte die Kantorka, „den ich liebhabe."
„Krabat?" Der Meister versuchte sie einzuschüchtern. „Kennst du ihn überhaupt? Bist du fähig, ihn unter den Burschen herauszufinden?"
15 „Ich kenne ihn", sagte die Kantorka.
„Das kann jede sagen!"
Der Meister wandte sich den Gesellen zu. „Geht in die Schwarze Kammer und stellt euch in einer Reihe auf, nebeneinander, und rührt euch nicht!"
Krabat erwartete, dass sie sich nun in Raben verwandeln müssten. Er stand
20 zwischen Andrusch und Staschko.

170

Lösungen

Aufgabe 1
individuelle Lösungen

Aufgabe 2
individuelle Lösungen – Alle wesentlichen Informationen finden sich auf der Wikipedia-Seite zu Otfried Preußler (https://de.wikipedia.org/wiki/Otfried_Preußler); von dort aus gibt es auch vertiefende Links, u. a. zur Website des Autors.

Aufgabe 3
Leseaufgabe / Hörverstehen

„Bleibt, wo ihr seid – und dass keiner mir einen Mucks macht! Auch du nicht, Krabat! Beim ersten Laut, den ich von dir höre, stirbt sie!"
Der Meister zog aus der Manteltasche ein schwarzes Tuch, das band er der Kantorka vor die Augen, dann führte er sie herein.

25 „Wenn du mir deinen Burschen zeigen kannst, darfst du ihn mitnehmen."
Krabat erschrak, damit hatte er nicht gerechnet. Wie sollte er nun dem Mädchen helfen? Da nützte ihm auch der Ring von Haar[1] nichts!
Die Kantorka schritt die Reihe der Burschen ab, einmal und zweimal. Krabat vermochte sich kaum auf den Beinen zu halten. Sein Leben, das

30 spürte er, war verwirkt. Und das Leben der Kantorka!
Angst übermannte ihn – Angst, wie er nie zuvor sie gespürt hatte. „Ich bin schuld, dass sie sterben muss", ging es ihm durch den Kopf. „Ich bin schuld daran …" […]

[1] Ring von Haar: Haarring, der Krabat hilft, seine Gedanken vor dem Meister zu verschließen

4 Welches Wagnis wollen Krabat und die Kantorka eingehen? Warum tun sie das? Tauscht euch im Tandem darüber aus und macht euch Notizen.

5 Kennt ihr Situationen, in denen Menschen so ein Wagnis eingehen? Berichtet in der Gruppe über Selbsterlebtes, Filme oder Bücher.

6 Gestaltet ein Interview im Tandem. Geht so vor:
- Einer wählt eine der Figuren aus: Krabat, den Meister oder die Kantorka. Er versetzt sich in sie hinein.
- Der andere ist Reporter einer Tageszeitung und interviewt die Figur zu den Erlebnissen dieses Tages in der Mühle.
- Formuliert Fragen, wie Wie lief der Tag ab? Wie haben Sie sich in dieser Situation gefühlt?
- Denkt euch die Antworten passend zum Charakter der Figur aus.
- Macht euch Notizen zu den Antworten.

7 Wähle eine der drei Hauptfiguren aus. Schreibe eine Rollenbiografie zu dieser Figur: Versetze dich in sie hinein und beschreibe aus ihrer Sicht die Situation in dem Textabschnitt. Schreibe in der Ich-Form.

Seite 103
ein Interview
vorbereiten und
durchführen

> Merke
> **Rollenbiografie**
>
> In einer Rollenbiografie versetzt man sich in die **Rolle einer Figur**. Man schreibt in der **Ich-Form** und gibt wieder, was die Figur in der Situation **denkt** und **fühlt** → Ich bin Krabat … Ich stand mit den Burschen … Als … habe ich mich erschreckt …

171

Aufgabe 4

- *Welches Wagnis wollen Krabat und Kantorka eingehen?* – Krabat und Kantorka gehen das Risiko ein, sterben zu müssen (vgl. im Text: „,Ich bin schuld, dass sie sterben muss', ging es ihm durch den Kopf.", Z. 31 f.).
- *Warum tun sie das?* – Sie tun das, weil sie sich lieben (vgl. im Text: „,Es ist Krabat', sagte die Kantorka, ,den ich liebhabe.'", Z. 12).

Aufgaben 5 bis 7
individuelle Lösungen

Vorhandenes Zusatzmaterial zu dieser Doppelseite

- Differenzierungskarte BASIS, S. 36
- Differenzierungskarte EXTRA, S. 36

- ET5: Otfried Preußler: Krabat, S. 189

- Hörverstehen y9b99k

- Klassenarbeitstraining 4, AH 7, S. 78 / 79

- KA 9 PLUS

Krabat im Film

PLUS-Seiten / 2

Nachdem die Schülerinnen und Schüler (SuS) ihre bisherigen Informationen zum Buch „Krabat" und seinem Autor, Otfried Preußler, zusammengefasst haben, vergleichen sie einen Textausschnitt (vgl. S. 170 f.) mit dem entsprechenden Auszug aus einem Drehbuch.

Anschließend schreiben sie zu diesem Ausschnitt einen Szenenplan, dann ein Drehbuch, das abschließend in einen Handyfilm umgesetzt und vorgeführt werden kann.

Kommentare zu den Aufgaben

Einstieg, Aufgaben 1 und 2

Die SuS fassen ihre bisherigen Informationen zum Buch „Krabat" zusammen und stellen einander das Buch mündlich vor; dabei äußern sie sich auch begründet dazu, ob ihnen das Buch (bislang) gefällt oder nicht.

Aufgaben 3 und 4

Die SuS lesen einen Auszug aus dem Drehbuch zur Verfilmung „Krabat" und vergleichen diesen mit dem entsprechenden Textausschnitt auf Seite 170 f. auf wesentliche (!) Unterschiede und Gemeinsamkeiten.

Aufgaben 5 bis 9

Die Aufgaben leiten das Umsetzen eines Buchausschnitts in eine Filmszene an (Arbeit in Fünfergruppen: die späteren drei Schauspieler / innen für Krabat und Kantorka und den Meister sowie Kameramann und Regisseur), die dann auch gespielt, aufgenommen und vorgeführt wird.

Die Vorführung kann dabei gemeinsam mit den SuS, die die BASIS- und EXTRA-Seiten bearbeitet haben, stattfinden.

Krabat im Film

Seite 264
Buchvorstellung

1 Fasse alle Informationen zum Buch „Krabat" schriftlich zusammen. Begründe, warum dir das Buch gefällt oder nicht gefällt.

Seite 260
Feedback

2 Stellt einander im Tandem das Buch vor. Gebt euch ein Feedback dazu.

TIPP
Kamera- und Toneinstellungen werden in Klammern wiedergegeben.

3 Lies den Ausschnitt aus dem Drehbuch für den Film „Krabat". Sieh dir auch die Bilder aus dem Film an.

[1] Totale: Darsteller vollständig in Umgebung

[2] Überblende: Übergang von einer Kameraeinstellung in eine andere

[3] Nah: Kopf und Oberkörper des Darstellers

[4] Schwenk: Kamera dreht sich

Mühle – Winter, Außenansicht
(TOTALE[1], Rückenansicht der KANTORKA im langen schwarzen Umhang, geht auf Mühle zu)
(ÜBERBLENDE[2] in das Innere der Mühle)
(NAH[3], JURO und KRABAT)
JURO (aufgeregt, flüsternd)
    Krabat, ich hab den Ring versteckt, so wie du wolltest.
(SCHWENK[4], MEISTER schaut durch Luke)
MEISTER (streng)
    Was gibt es?
(TOTALE, Dachboden, MÜLLERBURSCHEN, sitzend, stehen, sehen Meister an, verschiedene Ausdrücke von Ablehnung, Angst, Unsicherheit)
MEISTER (beunruhigt)
    Geht in die schwarze Kammer und dann wartet dort auf mich.
MEISTER (dreht sich um und geht die Treppe hinunter)

[5] Halbnah: Darsteller von Kopf bis Hüfte

(SCHRITTE ENTFERNEN SICH)
ein BURSCHE (steht auf, guckt durch die Dachluke)
    Ein Mädchen.
(HALBNAH[5], KRABAT von vorn, JURO von hinten)
JURO (tonlos)
    Was?
KRABAT (zu JURO)
    Du hast es mir versprochen.

172

Lösungen

Aufgaben 1 und 2

individuelle Lösungen – Bei der Begründung, ob einem das Buch gefallen hat oder nicht, könnte man bspw. auf die Figurengestaltung (die Figuren sind glaubwürdig oder nicht) oder das Genre (Jugendroman mit Fantasy- bzw. Sagen-Elementen) eingehen.

Aufgabe 3

Leseaufgabe – Außerdem sollen sich die SuS auch die Filmbilder ansehen.

Vorraum der Mühle – Nacht
KANTORKA (HALBTOTALE[6], im schwarzen Umhang, Kapuze auf dem Kopf; steht am Fuß der Treppe im Vorraum der Mühle)
MEISTER (steht oben an der Treppe)
　　Was willst du hier?
KANTORKA (GROßAUFNAHME[7], ängstlich, nervös)
　　Ich bitte dich um meinen Burschen.

[6] Halbtotale: Darsteller von Kopf bis Fuß

[7] Großaufnahme: Kopf des Darstellers

MEISTER (kommt die Treppe hinunter)
　　So, so. Deinen Burschen.
(GROßAUFNAHME KANTORKA, nimmt die Kapuze ab)
MEISTER (geht langsam die Treppe hinunter)
　　Und wer soll das sein?
(SCHWENK auf KANTORKA, HALBNAH)
KANTORKA
　　Es ist Krabat, den ich liebhab.

4 Vergleiche das Drehbuch mit dem Text auf Seite 170/171. Welche Gemeinsamkeiten und Unterschiede gibt es? Halte die Ergebnisse in deinem Portfolio fest.

《≫》
Seite 161
ein Drehbuch
schreiben

5 Wählt in der Gruppe einen anderen Ausschnitt aus dem Buch. Schreibt dazu einen Szenenplan.

6 Schreibe mithilfe des Szenenplans zu der ausgewählten Szene ein Drehbuch.

7 Verteilt in der Gruppe die Rollen. Entscheidet euch für ein Drehbuch und übt die Szene mehrmals.

8 Nehmt die Szene mit der Video- oder Handykamera auf.

9 Organisiert in der Klasse eine „Filmvorführstunde". Stellt zuerst das Buch „Krabat" vor. Präsentiert dann euren Film und besprecht anschließend, was besonders gut gelungen ist.

173

Vorhandenes Zusatzmaterial zu dieser Doppelseite

▤ Differenzierungskarte BASIS, S. 37
▤ Differenzierungskarte EXTRA, S. 37

▯ Klassenarbeitstraining 4, AH 7, S. 78 / 79

⊙▣ KA 9 PLUS

Aufgabe 4

Wichtige Gemeinsamkeiten und Unterschiede zwischen dem Drehbuchauszug und dem Textausschnitt sind:

	Textausschnitt	Drehbuch
Gemeinsamkeiten	Ort, Hauptfiguren, Schauplatz, Situation (Kantorka will Krabat auslösen)	
Unterschiede	– mit Erzähler (z.T. abweichende wörtliche Rede) – ohne die Figur Juro; die Figuren Andrusch und Staschko werden erwähnt – Meister Hanzo befragt Kantorka eingehender – der Meister versucht Kantorka einzuschüchtern	– ohne Erzähler (z.T. abweichende wörtliche Rede) – die Müllerburschen werden insgesamt stärker fokussiert – Krabat und Juro haben eine Vereinbarung – Kantorka ist „ängstlich, nervös"

Aufgaben 5 bis 9
individuelle Lösungen

Nelly, Pia und Prinz William / Der Meister befiehlt:

RGS-Seiten

Die Schülerinnen und Schüler (SuS) wiederholen zunächst die Kommasetzung bei der Aufzählung, bei der Trennung von Haupt- und Nebensätzen sowie bei Ausrufen und Anreden. Sie üben anschließend die Zeichensetzung bei der wörtlichen Rede.

Kommentare zu den Aufgaben

Nelly, Pia und Prinz William

Einstieg, Aufgaben 1 und 2
Es kann an die Beispiele der Auftaktseiten angeknüpft und noch einmal die Funktion der Satzzeichen zur Verbesserung der Übersichtlichkeit hervorgehoben werden, was bei den Kommas zur Abgrenzung der Glieder einer Aufzählung auch unmittelbar einleuchtet. Vgl. hierzu auch bei Aufgabe 1c) den Unterschied zwischen einer sauberen und geputzten zu einer sauber geputzten Küche.

Aufgabe 3
Die SuS verknüpfen Hauptsätze mit inhaltlich passenden Nebensätzen und wiederholen so die Kommasetzung bei Satzgefügen.

Aufgabe 4
Vor der Bearbeitung der Aufgabe könnten die SuS die entsprechende Regel zunächst noch einmal im Merkekasten „Das Komma" auf Seite 174 im Schülerbuch nachlesen.

Der Meister befiehlt:

Aufgaben 1 und 2
Die SuS sollten vor der Bearbeitung der Aufgaben den Merkekasten „Zeichensetzung bei wörtlicher Rede" (SB, S. 175) lesen.
<u>Alternative:</u>
Aufgabe 1 bietet sich auch zur Bearbeitung im Tandem an; die entstandenen Dialoge könnten dann auch vorgelesen werden.

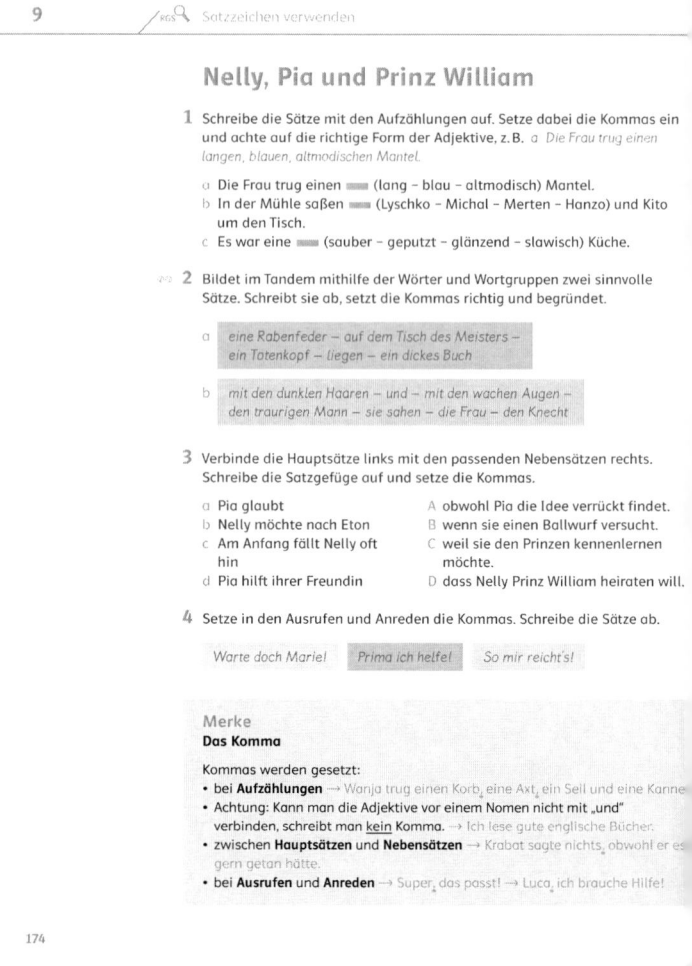

Lösungen

Nelly, Pia und Prinz William

Aufgabe 1
a *Die Frau trug einen langen, blauen, altmodischen Mantel.*
b In der Mühle saßen Lyschko, Michal, Merten, Hanzo und Kito um den Tisch.
c Es war eine saubere, geputzte, glänzende, slawische Küche.

Aufgabe 2
Die Glieder der Aufzählung können auch anders gereiht bzw. die Attribute auch anders zugeordnet werden.
<u>Lösungsvorschlag:</u>
a Auf dem Tisch des Meisters liegen eine Rabenfeder, ein Totenkopf, ein dickes Buch.
b Sie sahen die Frau mit den dunklen Haaren, den traurigen Mann und den Knecht mit den wachen Augen.

Aufgabe 3
a/D Pia glaubt, dass Nelly Prinz William heiraten will.
b/C Nelly möchte nach Eton, weil sie den Prinzen kennenlernen möchte.
c/B Am Anfang fällt Nelly oft hin, wenn sie einen Ballwurf versucht.
d/A Pia hilft ihrer Freundin, obwohl Pia die Idee verrückt findet.

Der Meister befiehlt:

1 Krabat und Tonda unterhalten sich über die Arbeit in der Mühle. Schreibe einen kleinen Dialog mit passenden Begleitsätzen. Diese sollen vor, zwischen und nach der wörtlichen Rede stehen, z. B. Tonda sagt: „Der Meister hat befohlen, dass wir heute Abend noch arbeiten sollen."

heute Abend arbeiten

dicke, schwere, prall gefüllte Getreidesäcke schleppen

Getreide schroten

Mühlsteine schleifen

feines Mehl mahlen

Arbeit nachts besonders schwer

Tragen fällt mit der Zeit leichter

Mund und Augen verklebt von Mehlstaub

Michal, Andrusch, Merten zum Essen holen

gerne auf taufeuchter, grüner Wiese ausruhen

2 Im folgenden Text fehlen sieben Kommas. Schreibe die Sätze ab und setze die Kommas an die richtigen Stellen.

Mrs Jones meinte: „Wir brauchen deine Hilfe." „Wozu brauchen Sie meine Hilfe?" fragte Alex. „Wir müssen in das große leere, einsame Haus eindringen" erwiderte Mrs Jones „und es sprengen." Plötzlich stutzten Alex, Mr Blunt und Crawley. „Äh, Entschuldigung" stammelte Mrs Jones „ich habe da gerade etwas verwechselt." „Was wollten Sie denn eigentlich sagen?" fragte Alex. „Wir wollen dich als Spion anwerben" meinte Mrs Jones.

Merke
Zeichensetzung bei wörtlicher Rede

In Texten werden Gespräche mithilfe der **wörtlichen Rede** wiedergegeben. Die wörtliche Rede wird durch **Anführungszeichen** gekennzeichnet.

Wer etwas sagt, steht im **Redebegleitsatz**. Dieser kann **vor, zwischen** oder **nach** der **wörtlichen Rede** stehen. Man trennt mit Doppelpunkt und Kommas ab.
vor → Alex rief: „Ich möchte für Sie nicht als Spion arbeiten!"
zwischen → „Hat eine Qualle", fragte Alex, „überhaupt ein Gehirn?"
nach → „Weißt du, was dein Onkel gemacht hat?", fragte Mr Blunt.

175

Aufgabe 4
– Warte doch, Marie!
– Prima, ich helfe!
– So, mir reicht's!

Der Meister befiehlt:

Aufgabe 1
individuelle Lösungen –
Beispiel:
„Müssen wir die dicken, schweren, prall gefüllten Getreidesäcke schleppen?", fragte Krabat.
„Nein", antwortete Tonda, „wir sollen die Mühlsteine schleifen."

Aufgabe 2
Mrs Jones meinte: „Wir brauchen deine Hilfe." „Wozu brauchen Sie meine Hilfe?", fragte Alex. „Wir müssen in das große, leere, einsame Haus eindringen", erwiderte Mrs Jones, „und es sprengen." Plötzlich stutzten Alex, Mr. Blunt und Crawley. „Äh, Entschuldigung", stammelte Mrs Jones, „ich habe da gerade etwas verwechselt." „Was wollten Sie denn eigentlich sagen?", fragte Alex. „Wir wollen dich als Spion anwerben", meinte Mrs Jones.

Vorhandenes Zusatzmaterial zu dieser Doppelseite

📑 KV 3 BASIS, S. 149
📑 KV 3 EXTRA, S. 150
📑 KV 3 PLUS, S. 151

📖 AH 7, Kapitel 9, S. 53 – 55

DaZ-Kommentare

Nelly, Pia und Prinz William

Einstieg
Die Zeichensetzung, im Besonderen die von vielen als schwierig empfundene Kommasetzung, gehört zu den meisten Schreibfehlern. Daher sollte sichergestellt werden, dass die SuS die im Unterricht behandelten Regeln gut verstehen und praktisch lernen, indem sie viele Übungen schriftlich erledigen.

Aufgabe 2
Da sich diese Aufgabe als sehr schwer erweisen kann, sollten die SuS auf den Merkekasten „Das Komma" hingewiesen werden, bevor sie mit der Übung anfangen.

Der Meister befiehlt:

Merke: Zeichensetzung bei wörtlicher Rede
Die SuS, die keine 6. Regelklasse besuchten, wissen nicht, was der Begriff „wörtliche Rede" bedeutet.

Zeichen beachten!

TRAININGS-Seiten

Die Schülerinnen und Schüler (SuS) üben die Zeichensetzung bei der Aufzählung, bei Satzgefügen bzw. Satzverbindungen sowie bei der wörtlichen Rede.

Kommentare zu den Aufgaben

Einstieg
Ein gesonderter Einstieg in die Seiten ist nicht erforderlich.

Aufgaben 1 und 2
Die SuS wiederholen die Zeichensetzung bei Aufzählungen. Mit Aufgabe 2 wird dabei auch ein spielerischer Akzent gesetzt.
Erweiterung:
Zusätzlich könnte die Spielidee „Ich packe meinen Koffer und nehme mit: …" aufgegriffen und adaptiert werden („Ich gehe in die Schule und nehme mit: …").

Aufgabe 3
Die Aufgabe wiederholt die Zeichensetzung bei einfachen Satzgefügen (Hauptsatz und Nebensatz) bzw. Satzverbindungen (Hauptsatz und Hauptsatz).

Aufgaben 4 bis 6
Die Aufgaben wiederholen die Zeichensetzung bei der wörtlichen Rede. Vor der Bearbeitung der Aufgaben könnten sich die SuS noch einmal den Merkekasten auf Seite 175 im Schülerbuch durchlesen.

Aufgabe 7
Diese Aufgabe verlangt mit Ausnahme der Kommas bei Ausrufen und Anreden alle Bereiche der in diesem Kapitel behandelten Zeichensetzung.
Die SuS sollten dabei die Setzung der einzelnen Zeichen auch begründen (vgl. Lösung).

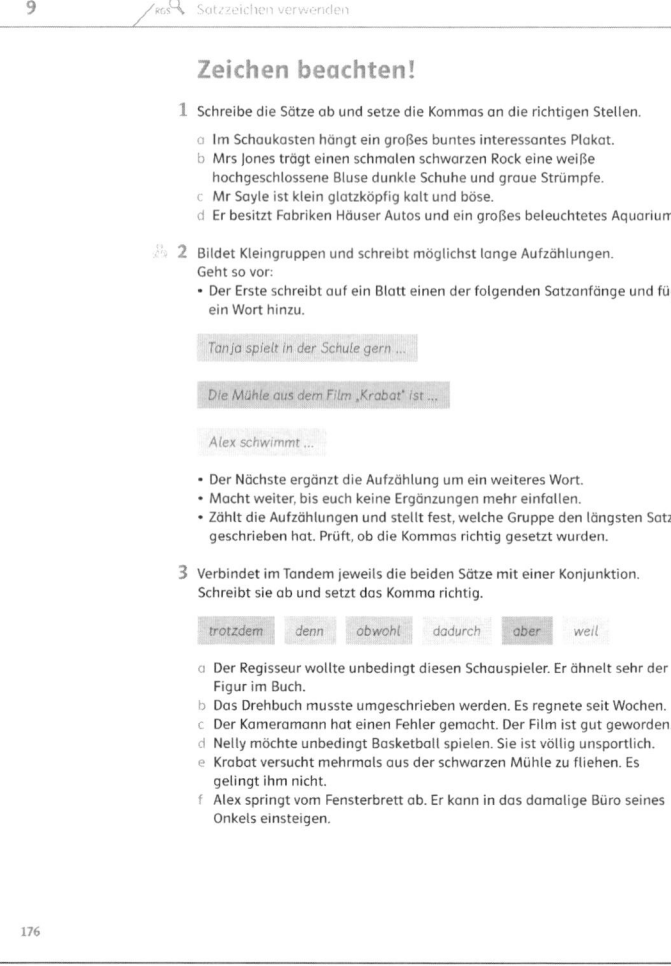

Lösungen

Aufgabe 1
a Im Schaukasten hängt ein großes, buntes, interessantes Plakat.
b Mrs Jones trägt einen schmalen, schwarzen Rock, eine weiße, hochgeschlossene Bluse, dunkle Schuhe und graue Strümpfe.
c Mr Sayle ist klein, glatzköpfig, kalt und böse.
d Er besitzt Fabriken, Häuser, Autos und ein großes, beleuchtetes Aquarium.

Aufgabe 2
individuelle Lösungen

Aufgabe 3
a Der Regisseur wollte unbedingt diesen Schauspieler, weil er sehr der Figur im Buch ähnelt.
b Das Drehbuch musste umgeschrieben werden, denn es regnete seit Wochen.
c Der Kameramann hat einen Fehler gemacht, trotzdem ist der Film gut geworden.
d Nelly möchte unbedingt Basketball spielen, obwohl sie völlig unsportlich ist.
e Krabat versucht mehrmals aus der schwarzen Mühle zu fliehen, aber es gelingt ihm nicht.

/RGS🔍 Satzzeichen verwenden   TRAINING

4 Schreibe die folgenden Sätze so um, dass der Begleitsatz nach der wörtlichen Rede steht, z. B. a *„Kann ich jetzt mit der Arbeit aufhören?", fragte Krabat den Meister.*

  a Krabat fragte den Meister: „Kann ich jetzt mit der Arbeit aufhören?"
  b Lyschko sagte: „Er hat sich davongemacht."
  c Juro erwiderte: „Er hat einen Pakt mit dem Herrn Gevatter."
  d „Du aber", sagte Krabat, „kannst lesen!"
  e Der Meister rief: „Im Koselbruch gibt es ein Grab zu schaufeln."
  f Krabat staunte: „Den Zauber musst du mich lehren, Staschko!"

5 Schreibe die folgenden Sätze so um, dass der Begleitsatz zwischen der wörtlichen Rede steht, z. B. a *„Woher weiß ich", fragte Jess, „welcher Janices Tisch ist?"*

  a Jess fragte: „Woher weiß ich, welcher Janices Tisch ist?"
  b „Ich dachte, du weißt, wo sie sitzt", erwiderte Leslie.
  c Miss Edmunds sagte: „Ich hab mir überlegt, heute nach Washington zu fahren."
  d „Geht in Ordnung, das erledige ich, Miss Edmunds", antwortete Jess.

6 Schreibe die folgenden Sätze ab. Ergänze dabei die fehlenden Satzzeichen und die Zeichen der wörtlichen Rede.

  a Ich möchte gerne neben dir sitzen meinte Pia
  b Ich hasse sie schrie Nelly völlig außer sich
  c Möchtest du wirklich in die Basketballmannschaft aufgenommen werden fragte Pia
  d Mein Freund meinte Coco ruft nie bei mir an
  e Kannst du nicht rief Max endlich mal den Ball fangen
  f Wie schade dass du von Max einen so negativen Eindruck bekommen hast sagte sie zu mir

7 Wie viele Kommas fehlen im Text? Schreibe den Text ab und ergänze sie.

„Wenn du Handball Volleyball oder Basketball spielen möchtest solltest du etwas Ballgefühl haben" meint Max. „Ich glaube dass ich genügend Ballgefühl habe" erwidert Nelly. „Ich muss nur etwas mehr Übung haben." „Das" wirft Max ein „werden wir ja sehen."

177

f Alex springt vom Fensterbrett ab, durch das er in das damalige Büro seines Onkels einsteigen kann.

Aufgabe 4

a *vgl. Schülerbuch*

b „Er hat sich davongemacht", sagte Lyschko.

c „Er hat einen Pakt mit dem Herrn Gevatter", erwiderte Juro.

d „Du aber kannst lesen!", sagte Krabat.

e „Im Koselbruch gibt es ein Grab zu schaufeln", rief der Meister.

f „Den Zauber musst du mich lehren, Staschko!", staunte Krabat.

Aufgabe 5

a *„Woher weiß ich", fragte Jess, „welcher Tisch Janices Tisch ist?"*

b „Ich dachte", erwiderte Leslie, „du weißt, wo sie sitzt."

c „Ich habe mir überlegt", sagte Miss Edmunds, „heute nach Washington zu fahren."

d „Geht in Ordnung", antwortete Jess, „das erledige ich, Miss Edmunds."

Aufgabe 6

Zu beachten ist, dass in einem Satz ein Komma zwischen Haupt- und Nebensatz sowie in mehreren Sätzen außerdem die Satzabschlusszeichen fehlen.

a „Ich möchte gern neben dir sitzen", meinte Pia.

b „Ich hasse sie!", schrie Nelly völlig außer sich.

c „Möchtest du wirklich in die Basketballmannschaft aufgenommen werden?", fragte Pia.

d „Mein Freund", meinte Coco, „ruft nie bei mir an."

e „Kannst du nicht", rief Max, „endlich mal den Ball fangen?"

f „Wie schade, dass du von Max einen so negativen Eindruck bekommen hast", sagte sie zu mir.

Aufgabe 7

Es fehlen 7 Kommas:

„Wenn du Handball, (Komma wegen Aufzählung) Volleyball oder Basketball spielen möchtest, (Komma zwischen Neben- und Hauptsatz) solltest du etwas Ballgefühl haben", (Komma zwischen Redebegleitsatz und wörtlicher Rede) meint Max. „Ich glaube, (Komma zwischen Haupt- und Nebensatz) dass ich genügend Ballgefühl habe", (Komma zwischen Redebegleitsatz und wörtlicher Rede) erwidert Nelly. „Ich muss nur etwas mehr Übung haben." „Das", (Komma zwischen Redebegleitsatz und wörtlicher Rede) wirft Max ein, (Komma zwischen Redebegleitsatz und wörtlicher Rede) „werden wir ja sehen."

DaZ-Kommentare

Aufgabe 3

Manche SuS neigen dazu, die Kommas nach der Konjunktion zu setzen. Darauf sollte verstärkt geachtet und sofort korrigiert werden. Die Konjunktionen sollen unbedingt übersetzt werden.

Hinweise:

- Diese Konjunktionen verbinden einen Hauptsatz mit einem Nebensatz: obwohl, weil.
- Das Prädikat steht in Nebensätzen immer am Satzende.

Gewaltige Natur – Naturgewalten
Sachtexte lesen, verstehen und zusammenfassen

Auftaktseiten – Vorwissen aktivieren

Die Auftaktseiten führen die Schülerinnen und Schüler (SuS) inhaltlich zum Kapitelthema. Hier werden die SuS angehalten, eigene Erfahrungen mit Naturphänomenen darzustellen und ihr Interesse an ihnen zu formulieren.
Außerdem werden die SuS an das Thema Fremdwörter herangeführt.

Kommentare zu den Aufgaben

Einstieg und Aufgabe 1
Die SuS betrachten die Bilder auf Seite 178 und beschreiben kurz, was jeweils zu sehen ist. Anschließend können sie schon hier, mit Blick auf Aufgabe 7, nach eigenen Naturerfahrungen gefragt werden.

Aufgabe 2
Die Aufgabe bereitet bereits Aufgabe 7 vor: Indem die SuS über ihre Gedanken und Gefühle beim Anblick der Bilder sprechen, stellen sie gedankliche Verbindungen zu eigenen Erlebnissen her.

Aufgabe 3
Die SuS tauschen sich über ihre Interessen bezüglich der Natur aus und werden so inhaltlich auf das Thema des Kapitels eingestimmt. Sie üben außerdem das Richten von Fragen an ein Thema.

Aufgaben 4 bis 6
Die SuS reflektieren im Rückgriff auf die Bilder auf Seite 178 über die Begriffe „gewaltige Natur" und „Naturgewalten".

Aufgaben 7   und 8
Die SuS schreiben eine kurze Erzählung auf der Grundlage eines eigenen Naturerlebnisses und tragen sie in der Klasse vor.

Aufgabe 9   RGS
Die SuS erklären geläufige Fremdwörter und stellen sie in einen thematischen Zusammenhang. Wichtig wäre, dass sie sich der Fachsprache und damit auch Fremdwörtern als Merkmale von Sachtexten (auch über Naturereignisse) bewusst werden.

Das lernst du jetzt:

- Sachtexte lesen und verstehen
- Sachtexten Informationen entnehmen und ordnen
- eine Mindmap erstellen
- Informationen aus Sachtexten zusammenfassen
- eine Textzusammenfassung schreiben
- Fremdwörter und Lehnwörter kennenlernen
- Merkmale von Fremdwörtern erkennen

/ ⟨⊙⟩ Vorwissen aktivieren

1 Seht euch die Bilder auf Seite 178 an und beschreibt, was dort zu sehen ist.

2 Welche Gedanken und Gefühle lösen diese Bilder bei euch aus? Macht euch Notizen dazu und tauscht euch dann im Tandem darüber aus.

3 Welches Naturthema, das auf den Fotos abgebildet ist, interessiert euch am meisten? Was möchtet ihr dazu wissen? Schreibt Fragen auf.

4 Würdet ihr einen Vulkanausbruch eher als „gewaltige Natur" oder als „Naturgewalt" bezeichnen? Tauscht euch darüber aus. Klärt dabei, was die Begriffe „gewaltige Natur" und „Naturgewalt" unterscheidet.

5 Ordnet die Bilder auf Seite 178 den Begriffen „Naturgewalt" oder „gewaltige Natur" zu. Begründet eure Entscheidung.

6 Findet noch weitere Beispiele für „Naturgewalt" und „gewaltige Natur". Schreibt sie an die Tafel.

⌕⁷ 7 Naturerlebnisse vermitteln oft starke Eindrücke. Was habt ihr in der Natur erlebt, was hat euch beeindruckt? Schreibt dazu kurze Erlebniserzählungen. Ihr könnt so beginnen:

Es war an einem stürmischen Ferientag ...
Als wir im letzten Jahr Urlaub am Meer gemacht haben ...
Ich erinnere mich noch genau an ...
Vergangene Woche fuhren wir ...
Einmal war ich ganz allein in ...

8 Lest eure Erlebniserzählungen in der Klasse vor und tauscht euch darüber aus.

⌕⁹ 9 Häufig begegnen euch in Sachtexten Fremdwörter. Ihr könnt sie leichter verstehen, wenn ihr sie „übersetzt".
   • Versucht, die folgenden Fremdwörter zu erklären. Wo oder in welchem Zusammenhang habt ihr schon einmal von ihnen gehört?

| Spektakel | Erosion | Solarstrom | Fossil | Therme |

179

KMK-Standards

Sachtexte lesen und verstehen
- ein breites Spektrum auch längerer und komplexerer Texte verstehen und im Detail erfassen
- Informationen zielgerichtet entnehmen, ordnen, vergleichen, prüfen und ergänzen
- aus Sach- und Gebrauchstexten begründete Schlussfolgerungen ziehen

Textzusammenfassungen schreiben
- Informationsquellen gezielt nutzen
- Stoffsammlungen erstellen, ordnen und Gliederungen anfertigen, z. B. in Form einer Mindmap
- Ergebnisse einer Textuntersuchung darstellen: z. B. Informationen aus linearen und nichtlinearen Texten zusammenfassen
- Texte sprachlich gestalten

Fremdwörter und Lehnwörter
- ausgewählte Erscheinungen des Sprachwandels kennen und bewerten, z. B. Bedeutungswandel, fremdsprachliche Einflüsse

Lösungen

Aufgabe 1
Die Bilder zeigen: Hochgebirge, Polarlicht, Tornado, Wüste, Schneemassen

Aufgaben 2 und 3
individuelle Lösungen

Aufgaben 4 bis 6
Im Ausdruck „gewaltige Natur" überwiegt das beeindruckende Moment (das Gewaltige, Herrliche, Große, ...), das mit der Natur verbunden sein kann. In diesem Sinne zeigen die Bilder des Gebirges, des Polarlichts und der Wüste gewaltige Natur. In diese Reihe gehören u. a. auch Wasserfälle, Schluchten oder Gletscher.
Im Ausdruck „Naturgewalt" schwingt das für den Menschen Bedrohliche und Unbeherrschbare mit. In diesem Sinne zeigen die Bilder des Vulkanausbruchs, des Tornados und der Schneemassen Naturgewalt. Weitere Naturgewalten sind: Erdbeben oder Hochwasser.

Aufgaben 7 und 8
individuelle Lösungen

Aufgabe 9
- Spektakel: ein Aufsehen erregendes Ereignis
- Erosion: natürliche Abtragung von Boden und Gestein durch Wasser, Eis und Wind
- Solarstrom: durch Sonnenenergie gewonnener Strom
- Fossil: umgangssprachlich „Versteinerung"; im engeren Sinne jedes Zeugnis vergangenen Lebens, das älter als 10.000 Jahre alt ist
- Therme: ein Bad um eine heiße Quelle

DaZ-Kommentare

Einstieg
Es sollte sichergestellt werden, dass die SuS die Begriffe „gewaltig", „Gewalt", „entnehmen" und „Sachtext" verstehen. Ansonsten müssen diese den SuS erklärt werden.

Aufgabe 1
Es ist zu erwarten, dass den SuS nötiges Vokabular fehlt. Es wäre ratsam, zumindest einige Wörter während der Besprechung an die Tafel zu schreiben, damit die SuS die Gelegenheit bekommen, sie richtig ins Vokabelheft zu übertragen.

Aufgaben 2, 6 bis 9
Diese Aufgaben können mithilfe des Wörterbuchs bewältigt werden. Es soll darauf geachtet werden, dass die SuS für diese Aufgaben genug Zeit bekommen.

Gewaltiges Wasser

Grundlagenseiten / 1

Die Grundlagenseiten / 1 leiten das Erschließen eines Textes an. Durch überfliegendes Lesen erfassen die Schülerinnen und Schüler (SuS) das Thema des Textes. Nachdem sie unbekannte Wörter geklärt haben, lernen sie mit Abschnittsüberschriften, Schlüsselwörtern und W-Fragen drei Erschließungswege kennen und erproben sie.

Die Textgrundlage ist zugleich die Basis der beiden nachfolgenden Doppelseiten (eine Mindmap anlegen, eine Textzusammenfassung schreiben); je gründlicher der Text hier also erfasst wird, desto leichter fällt die Erarbeitung der beiden nächsten Abschnitte.

Kommentare zu den Aufgaben

Einstieg und Aufgabe 1
Die SuS betrachten das Bild der Niagarafälle und überfliegen den Text. Hierbei sollten neben dem übergeordneten Thema „Niagarafälle" bereits ein oder zwei weitere Themenaspekte, z. B. Lage der Fälle, Breite und Höhe der Fälle, erkannt worden sein (vgl. zu den verschiedenen Themenaspekten auch A 4).

Aufgaben 2 und 3
Die SuS lesen den Text noch einmal oder hören ihn sich an; anschließend klären sie die ihnen unbekannten Wörter.

Aufgaben 4 und 5
Die SuS erfassen abschnittsweise die inhaltlichen Schwerpunkte des Textes. Im ersten Schritt ordnen sie dabei Überschriften dem inhaltlich passenden Abschnitt zu, im zweiten Schritt formulieren sie selbst eine mögliche Überschrift.

Aufgabe 6
Die SuS üben die Textauswertung und das genaue Lesen, indem sie abschnittsweise die Schlüsselwörter notieren. In der Besprechung sollte deutlich werden, dass die Lösung zwar nicht beliebig ist, aber auch vom Vorwissen und dem Interesse der Leserin / des Lesers abhängig ist.
Alternative:
Die Erarbeitung erfolgt im Tandem oder in Kleingruppen, sodass die SuS untereinander diskutieren und sich die Abhängigkeit der Lösung vom Interessensstandpunkt schon während der Erarbeitung klarmachen können.

Aufgaben 7 bis 9
Die SuS üben das genaue Erfassen von Textinformationen, indem sie Fragen zum Text beantworten und anschließend eigene Fragen formulieren, die sie mit Textverweisen auch beantworten.

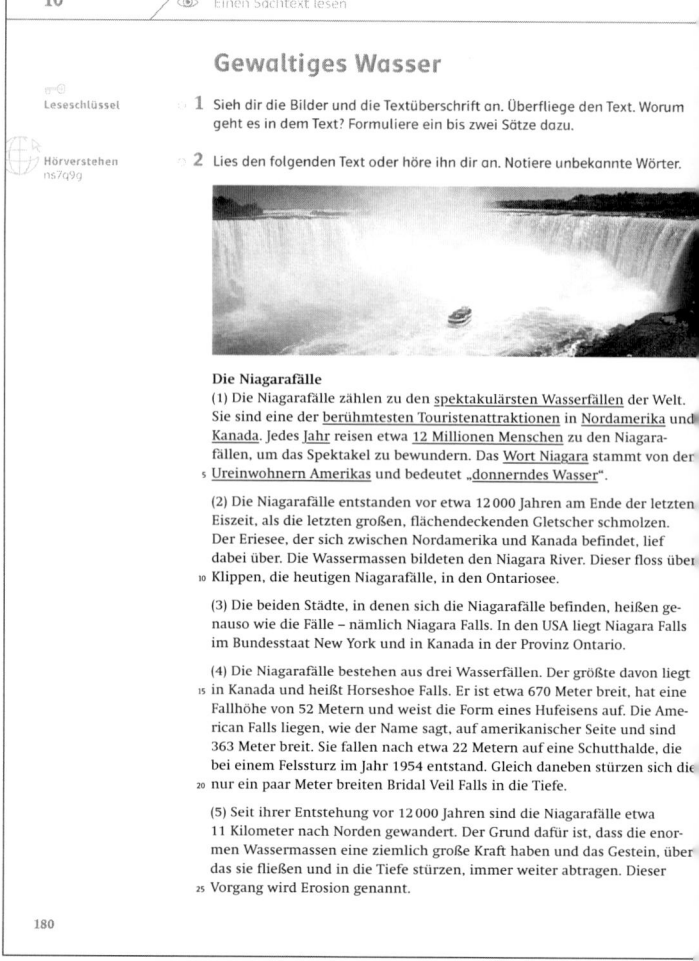

Gewaltiges Wasser

🔑 Leseschlüssel

1 Sieh dir die Bilder und die Textüberschrift an. Überfliege den Text. Worum geht es in dem Text? Formuliere ein bis zwei Sätze dazu.

🌐 Hörverstehen ns7q9g

2 Lies den folgenden Text oder höre ihn dir an. Notiere unbekannte Wörter.

Die Niagarafälle

(1) Die Niagarafälle zählen zu den spektakulärsten Wasserfällen der Welt. Sie sind eine der berühmtesten Touristenattraktionen in Nordamerika und Kanada. Jedes Jahr reisen etwa 12 Millionen Menschen zu den Niagarafällen, um das Spektakel zu bewundern. Das Wort Niagara stammt von der
5 Ureinwohnern Amerikas und bedeutet „donnerndes Wasser".

(2) Die Niagarafälle entstanden vor etwa 12 000 Jahren am Ende der letzten Eiszeit, als die letzten großen, flächendeckenden Gletscher schmolzen. Der Eriesee, der sich zwischen Nordamerika und Kanada befindet, lief dabei über. Die Wassermassen bildeten den Niagara River. Dieser floss über
10 Klippen, die heutigen Niagarafälle, in den Ontariosee.

(3) Die beiden Städte, in denen sich die Niagarafälle befinden, heißen genauso wie die Fälle – nämlich Niagara Falls. In den USA liegt Niagara Falls im Bundesstaat New York und in Kanada in der Provinz Ontario.

(4) Die Niagarafälle bestehen aus drei Wasserfällen. Der größte davon liegt
15 in Kanada und heißt Horseshoe Falls. Er ist etwa 670 Meter breit, hat eine Fallhöhe von 52 Metern und weist die Form eines Hufeisens auf. Die American Falls liegen, wie der Name sagt, auf amerikanischer Seite und sind 363 Meter breit. Sie fallen nach etwa 22 Metern auf eine Schutthalde, die bei einem Felssturz im Jahr 1954 entstand. Gleich daneben stürzen sich die
20 nur ein paar Meter breiten Bridal Veil Falls in die Tiefe.

(5) Seit ihrer Entstehung vor 12 000 Jahren sind die Niagarafälle etwa 11 Kilometer nach Norden gewandert. Der Grund dafür ist, dass die enormen Wassermassen eine ziemlich große Kraft haben und das Gestein, über das sie fließen und in die Tiefe stürzen, immer weiter abtragen. Dieser
25 Vorgang wird Erosion genannt.

180

Lösungen

Aufgabe 1
individuelle Lösungen

Aufgabe 2
Leseaufgabe / Hörverstehen

Aufgabe 3
individuelle Lösungen – Möglicherweise unbekannt sind:
Attraktionen (etwas Außergewöhnliches von großer Anziehungskraft auf Menschen), enorm (sehr; ungewöhnlich groß, viel), stabilisieren (dauerhafter, beständiger, sicherer machen), Erosion (natürliche Abtragung von Boden und Gestein durch Wasser, Eis und Wind)

Aufgabe 4
– *Entstehung der Niagarafälle:* Abschnitt (2)
– *Maßnahmen gegen die Erosion:* Abschnitt (6)
– *Niagarafälle als Touristenattraktion:* Abschnitt (1)

Aufgabe 5
individuelle Lösungen –
Beispiele:
– Abschnitt (3): Zwei Städte namens Niagara Falls
– Abschnitt (4): Lage und Beschreibung der Fälle
– Abschnitt (5): Wanderung nach Norden durch Erosion

⌐◉ Einen Sachtext erschließen

(6) Die Wanderung der Fälle konnte allerdings seit Mitte des 20. Jahrhunderts von über einem Meter pro Jahr auf etwa einen Meter alle 30 Jahre verringert werden. Dafür wurde die amerikanische Seite der Fälle ab Juni 1969 für fünf Monate trockengelegt, indem das Wasser oberhalb des Flusses umgeleitet wurde. Während dieser Zeit konnte das Gestein untersucht und mit Beton stabilisiert werden. Eine andere Maßnahme zur Verlangsamung der Erosion war die teilweise Umleitung des Flusses Niagara in ein Wasserkraftwerk, sodass durch die Wasserentnahme weniger Wassermassen die Fälle herunterstürzen.

3 Kläre die Bedeutung der unbekannten Wörter aus dem Textzusammenhang oder mithilfe eines Lexikons oder des Internets.

4 Lies den Text jetzt abschnittweise. Ordne die folgenden Überschriften den drei passenden Sinnabschnitten zu.

> Entstehung der Niagarafälle | Maßnahmen gegen die Erosion | Niagarafälle als Touristenattraktion

5 Denke dir für die anderen drei Sinnabschnitte eigene Überschriften aus. Schreibe sie auf.

6 Im ersten Abschnitt sind die wichtigsten Wörter und Wortgruppen unterstrichen. Notiere dir aus jedem weiteren Abschnitt die wichtigsten Wörter und Wortgruppen.

7 Suche im Text Antworten auf die folgenden W-Fragen. Übernimm die Tabelle, beantworte die ersten drei Fragen und notiere die entsprechenden Zeilenangaben.

W-Fragen	Antworten	Textbeleg
Wo liegen die Niagarafälle?	...	Zeile 2 und 3
Woher stammt das Wort Niagara?	...	...
Wann sind die Niagarafälle entstanden?	...	...
...	...	...

8 Formuliere weitere W-Fragen zum Text. Schreibe sie in deine Tabelle, beantworte sie und notiere die Zeilenangaben.

9 Vergleicht im Tandem eure Tabellen. Gebt einander ein Feedback und überarbeitet eure Tabelle, wenn nötig.

Seite 260
Feedback

181

Vorhandenes Zusatzmaterial zu dieser Doppelseite

▤ KV 1 BASIS, S. 152
▤ KV 1 EXTRA, S. 153
▤ KV 1 PLUS, S. 154

⊕ Hörverstehen ns7q9g

AH 7, Kapitel 10, S. 56/57

Aufgaben 8 und 9

individuelle Lösungen –
<u>Beispiele</u> (je eine Frage pro Abschnitt):

W-Fragen	Antworten	Textbeleg
Wie viele Besucher kommen jährlich?	etwa 12 Millionen Menschen	Zeile 3
Wohin fließt das Wasser der Niagarafälle?	in den Ontariosee	Zeile 10
Wie heißen die beiden Städte an den Fällen?	wie die Fälle selbst, nämlich Niagara Falls	Zeile 12
Wie breit ist der größte der drei Fälle?	etwa 670 Meter	Zeile 15
Wie weit sind die Fälle gewandert?	etwa 11 Kilometer nach Norden	Zeile 22
Wann wurde die Wanderung verlangsamt?	in der Mitte des 20. Jahrhunderts	Zeile 26 ff.

DaZ-Kommentare

Aufgabe 1

Damit die SuS die kommenden Aufgaben im Unterricht bearbeiten können, empfiehlt es sich, den anspruchsvollen Text auf jeden Fall im Rahmen der vorherigen Hausaufgabe zu lesen und zu übersetzen. Die unbekannten Wörter sollen ins Vokabelheft eingetragen und auch übersetzt werden. Zusätzlich sollten die SuS unbedingt darauf hingewiesen werden, dass sie den Text auch zu Hause anhören können.

Aufgabe 4

Diese Aufgabe kann mithilfe des Wörterbuchs bewältigt werden. Es soll darauf geachtet werden, dass die SuS für diese Aufgabe genug Zeit bekommen.

Aufgabe 6

<u>Vorschlag:</u>

- Abschnitt (2): entstanden vor 12.000 Jahren – Gletscher schmolzen – Niagara River
- Abschnitt (3): Niagara Falls im Bundesstaat New York und in Kanada in der Provinz Ontario
- Abschnitt (4): drei Wasserfälle: „Horseshoe Falls" – 670 Meter Breit, Fallhöhe von 52 Metern; „American Falls" – 363 Meter breit, Fallhöhe von 22 Metern und die „Bridal Veil Falls" (nur einige Meter breit)
- Abschnitt (5): seit ihrer Entstehung sind die Fälle 11 Kilometer nach Norden gewandert – Erosion
- Abschnitt (6): Wanderung – Mitte des 20. Jahrhunderts – Wanderung verringert – weniger Wassermassen

Aufgabe 7

W-Fragen	Antworten	Textbeleg
Wo liegen die Niagarafälle?	in Nordamerika und Kanada	Zeile 2 f.
Woher stammt das Wort Niagara?	von den Ureinwohnern Amerikas	Zeile 4 f.
Wann sind die Fälle entstanden?	vor etwa 12.000 Jahren	Zeile 6 u. Zeile 21

Alles Wichtige sortieren

Grundlagenseiten / 2

Die Grundlagenseiten / 2 leiten, als Verfahren zum Sammeln und Gliedern von Informationen, das Erstellen einer Mindmap an. Die Schülerinnen und Schüler (SuS) erproben das Verfahren zunächst am Beispiel der Textinformationen des Textes auf Seite 180 f. im Schülerbuch, dann anhand eines selbst recherchierten Themas.

Kommentare zu den Aufgaben

Einstieg und Aufgabe 1

Die SuS machen sich mit der Form und dem Aufbau einer Mindmap vertraut, indem sie zunächst die Arbeitstechnik „Informationen in einer Mindmap sammeln und ordnen" auf Seite 183 lesen und anschließend die einzelnen Schritte der Aufgabenstellung (A1) nachvollziehen. – Inhaltlich kann auf die Lösungen der Aufgaben 4 bis 6 der Grundlagenseiten / 1 zurückgegriffen werden; wesentlich ist hier das Verständnis der Methode.

Aufgabe 2

Die SuS vervollständigen ihre Mindmap um weitere Informationen. Ein inhaltlicher Abgleich kann über die Schlüsselwörter (vgl. Lösung zu A 6 von S. 181) erfolgen.

Aufgaben 3 bis 5

Die SuS wählen nun ein Thema für eine Recherche aus. Im Tandem werden die Informationen beschafft und mithilfe einer Mindmap übersichtlich dargestellt. – Wird das Thema USA / Kanada bearbeitet, könnte dies auch fächerübergreifend mit Englisch geschehen.
Alternative:
Die SuS bearbeiten ein engeres Thema eigener Wahl, z.B. könnten sie ein Naturdenkmal (eine Höhle, eine Schlucht, einen See, …) aus der Region vorstellen.

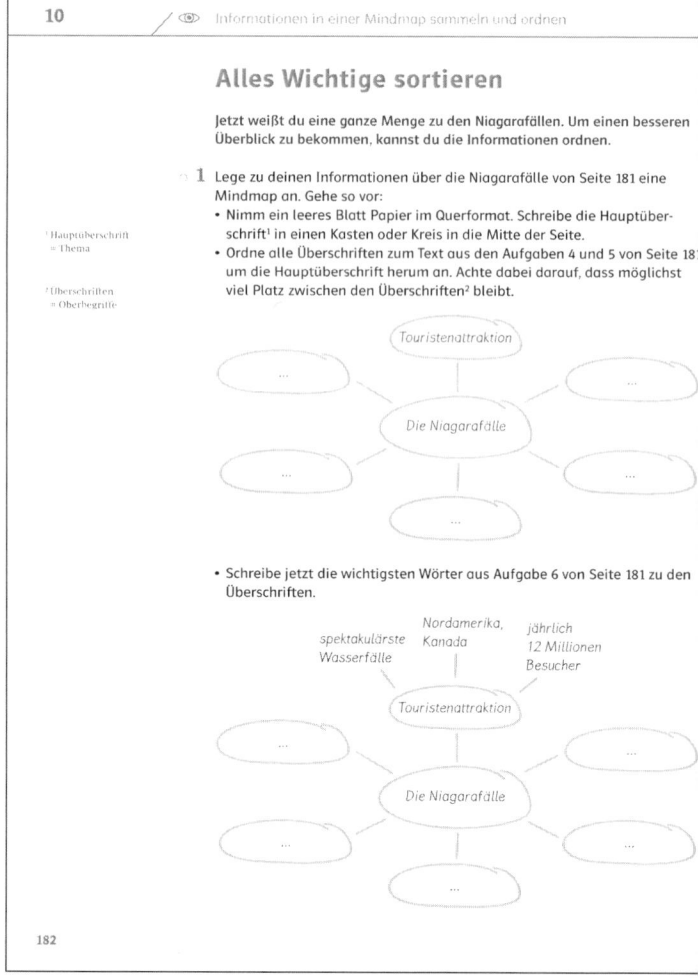

Lösungen

Aufgaben 1 und 2

individuelle Lösungen –
Zu den Inhalten der Mindmap vgl. die Lösungen zu den Aufgaben 4 bis 6 im Schülerbuch auf Seite 181.

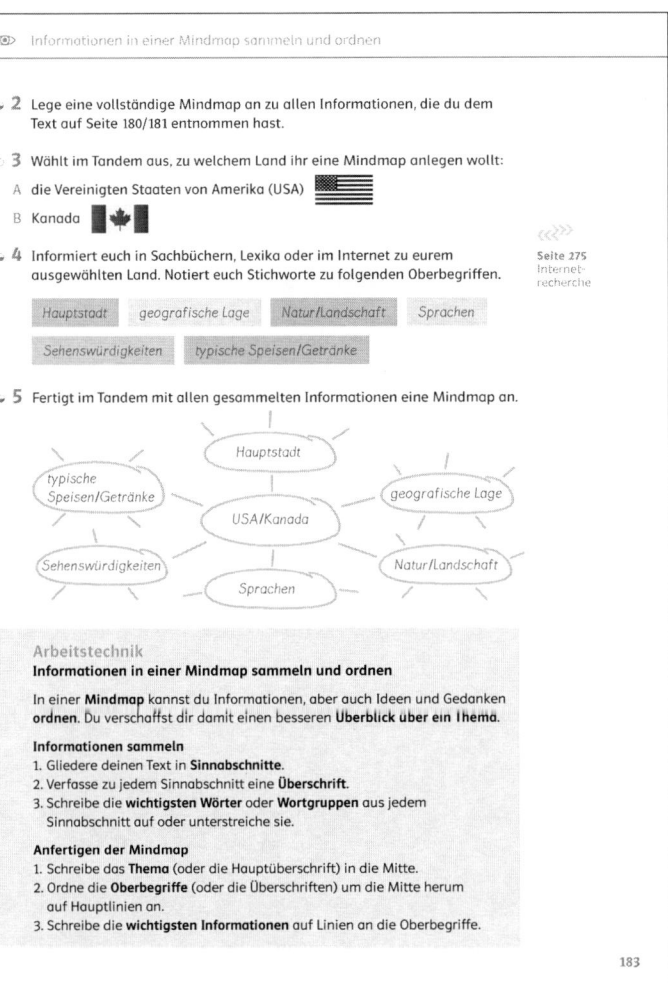

Informationen in einer Mindmap sammeln und ordnen

2 Lege eine vollständige Mindmap an zu allen Informationen, die du dem Text auf Seite 180/181 entnommen hast.

3 Wählt im Tandem aus, zu welchem Land ihr eine Mindmap anlegen wollt:

A die Vereinigten Staaten von Amerika (USA)

B Kanada

4 Informiert euch in Sachbüchern, Lexika oder im Internet zu eurem ausgewählten Land. Notiert euch Stichworte zu folgenden Oberbegriffen.

Seite 275
Internet-
recherche

Hauptstadt   geografische Lage   Natur/Landschaft   Sprachen

Sehenswürdigkeiten   typische Speisen/Getränke

5 Fertigt im Tandem mit allen gesammelten Informationen eine Mindmap an.

Arbeitstechnik

Informationen in einer Mindmap sammeln und ordnen

In einer **Mindmap** kannst du Informationen, aber auch Ideen und Gedanken **ordnen**. Du verschaffst dir damit einen besseren **Überblick über ein Thema**.

Informationen sammeln
1. Gliedere deinen Text in **Sinnabschnitte**.
2. Verfasse zu jedem Sinnabschnitt eine **Überschrift**.
3. Schreibe die **wichtigsten Wörter** oder **Wortgruppen** aus jedem Sinnabschnitt auf oder unterstreiche sie.

Anfertigen der Mindmap
1. Schreibe das **Thema** (oder die Hauptüberschrift) in die Mitte.
2. Ordne die **Oberbegriffe** (oder die Überschriften) um die Mitte herum auf Hauptlinien an.
3. Schreibe die **wichtigsten Informationen** auf Linien an die Oberbegriffe.

183

Aufgaben 3 bis 5
individuelle Lösungen –
Beispiele / Stichwörter:

	USA	Kanada
Hauptstadt	Washington	Ottawa
geografische Lage	zwischen Kanada im Norden und Mexiko im Süden	nördlich der USA, reicht bis zur Arktis
typische Speisen und Getränke	Truthahn, Hamburger, Hot-Dogs, Chicken-Wings, Muffins	Clam-Chowder-Suppe, Roggenwhiskey
Sehenswürdigkeiten	Freiheitsstatue, Grand Canyon, Golden-Gate-Bridge, Walk of Fame	CN-Tower, Niagarafälle, Capilano Hängebrücke,
Sprachen	Englisch, Spanisch	Englisch, Französisch
Natur, Landschaft	zahlreiche Nationalparks, Niagarafälle, Grand Canyon	zahlreiche Nationalparks, Niagarafälle, Rocky Montains

DaZ-Kommentare

Aufgaben 1 und 2
Die SuS sollten auf die Arbeitstechnik „Informationen in einer Mindmap sammeln und ordnen" hingewiesen werden, bevor sie mit der Übung anfangen.
Das Anfertigen einer Mindmap gehört zu den bewährten Methoden der Erweiterung des Wortschatzes.

Aufgaben 3 und 4
Alternative:
Viele SuS präsentieren sehr gerne, auch größeren Gremien, kleine Vorträge, selbstgebastelte Plakate usw., die von ihren Heimatländern erzählen.

Vorhandenes Zusatzmaterial zu dieser Doppelseite

AH 7, Kapitel 10, S. 57

Die Niagarafälle

Grundlagenseiten / 3

Die Grundlagenseiten / 3 leiten die Auswertung einer Grafik (samt der Verschriftlichung der Auswertungsergebnisse) sowie das Schreiben, Untersuchen und Überarbeiten einer Textzusammenfassung an.

Kommentare zu den Aufgaben

Einstieg und Aufgabe 1
Der Einstieg in die Doppelseite erfolgt über die Grafik „Erosion der Horseshoe Falls 1678 – 2011". Mit Blick auf Aufgabe 2 können die Schülerinnen und Schüler (SuS) mündlich benennen, was sie darstellt.

Aufgaben 2 bis 4
Die SuS verschriftlichen nun den Inhalt der Grafik „Erosion der Horseshoe Falls 1678 – 2011". Sie notieren dazu zunächst im Tandem die unterschiedlichen Angaben, zu denen sie im nächsten Schritt einige Sätze ausformulieren. Anschließend können sie ihre Mindmap um die entsprechenden Informationen (vgl. S. 182, A 1) ergänzen.

Aufgaben 5 ⬚ ✎ bis 7
Die Aufgaben leiten das Verfassen und Überarbeiten einer Textzusammenfassung an. Die SuS sollten sich, bevor sie mit der Arbeit beginnen, zunächst die Arbeitstechnik „Einen Sachtext zusammenfassen" auf der Seite 185 des Schülerbuchs durchlesen sowie sich mit den Bewertungskriterien (vgl. A 6) vertrautmachen.

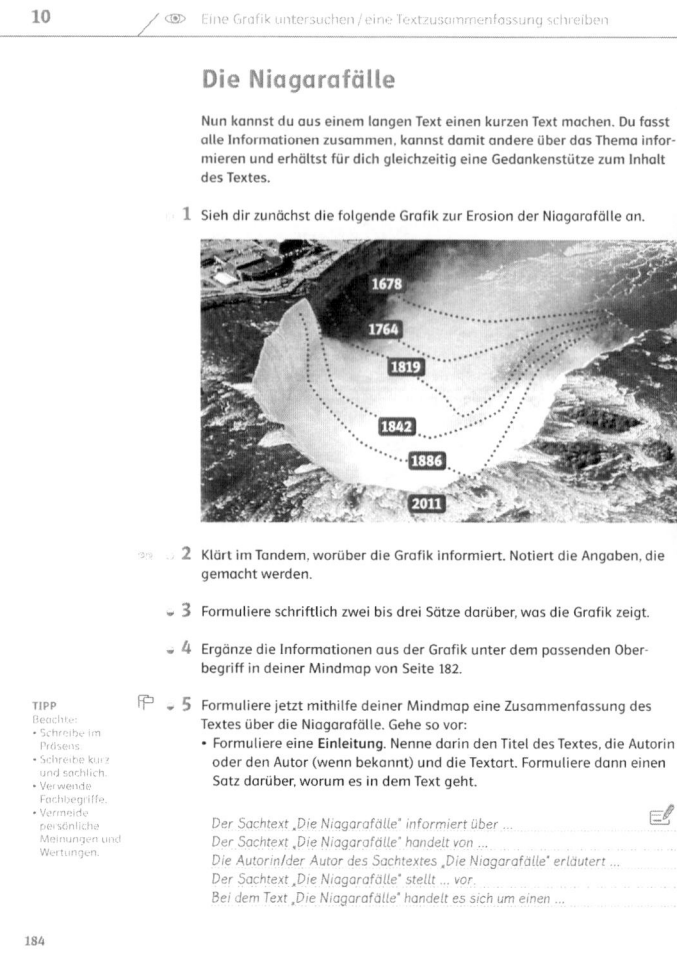

Die Niagarafälle

Nun kannst du aus einem langen Text einen kurzen Text machen. Du fasst alle Informationen zusammen, kannst damit andere über das Thema informieren und erhältst für dich gleichzeitig eine Gedankenstütze zum Inhalt des Textes.

1 Sieh dir zunächst die folgende Grafik zur Erosion der Niagarafälle an.

2 Klärt im Tandem, worüber die Grafik informiert. Notiert die Angaben, die gemacht werden.

3 Formuliere schriftlich zwei bis drei Sätze darüber, was die Grafik zeigt.

4 Ergänze die Informationen aus der Grafik unter dem passenden Oberbegriff in deiner Mindmap von Seite 182.

TIPP
Beachte:
• Schreibe im Präsens.
• Schreibe kurz und sachlich.
• Verwende Fachbegriffe.
• Vermeide persönliche Meinungen und Wertungen.

⬚ 5 Formuliere jetzt mithilfe deiner Mindmap eine Zusammenfassung des Textes über die Niagarafälle. Gehe so vor:
• Formuliere eine **Einleitung**. Nenne darin den Titel des Textes, die Autorin oder den Autor (wenn bekannt) und die Textart. Formuliere dann einen Satz darüber, worum es in dem Text geht. ✎

Der Sachtext „Die Niagarafälle" informiert über …
Der Sachtext „Die Niagarafälle" handelt von …
Die Autorin/der Autor des Sachtextes „Die Niagarafälle" erläutert …
Der Sachtext „Die Niagarafälle" stellt … vor.
Bei dem Text „Die Niagarafälle" handelt es sich um einen …

184

Lösungen

Aufgabe 1
Leseaufgabe

Aufgaben 2 und 3
individuelle Lösungen –
Beispiel:
Die Grafik „Erosion der Horseshoe Falls 1678 – 2011" zeigt insgesamt sechs Verläufe der Horseshoe Falls. Nach dem Verlauf aus dem Jahr 1678 folgen die Verläufe von 1764, 1819, 1842, 1886 sowie 2011. Deutlich wird, wie sich im Laufe der Zeit die charakteristische Hufeisenform herausgebildet hat.

Aufgabe 4
individuelle Lösung –
Beispiel:
Hufeisenform seit Mitte des 19. Jahrhunderts

Aufgabe 5
individuelle Lösung –
Beispiel:
Der Sachtext „Die Niagarafälle" informiert über die wichtigsten Fakten zu diesen Wasserfällen.
Der Abschnitt 1 stellt die Wasserfälle, deren Name von den Ureinwohnern stammt und „donnerndes Wasser" bedeutet, als eine der spektakulärsten der Welt vor, die jährlich von

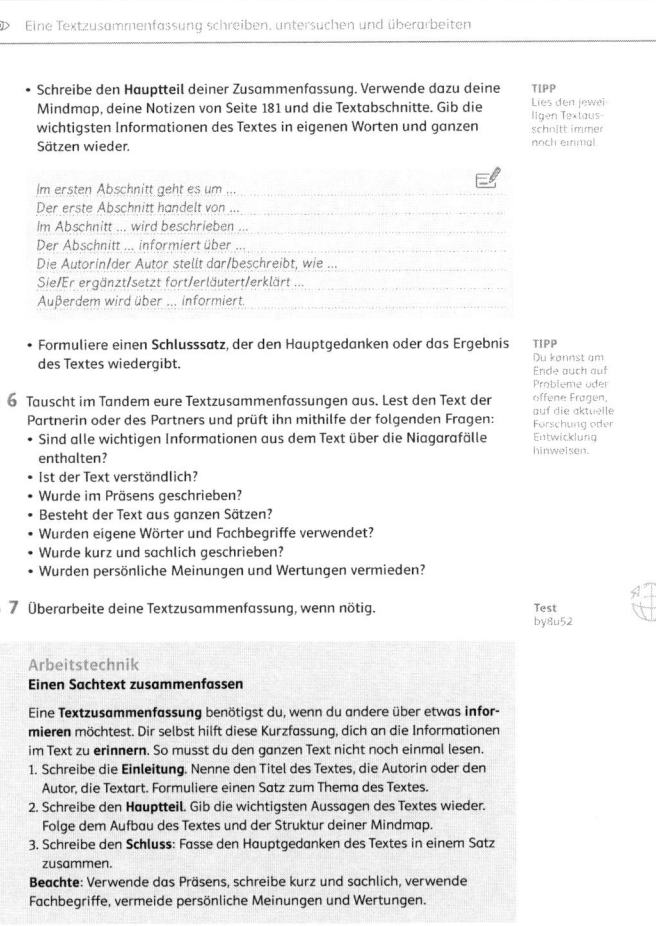

- Schreibe den **Hauptteil** deiner Zusammenfassung. Verwende dazu deine Mindmap, deine Notizen von Seite 181 und die Textabschnitte. Gib die wichtigsten Informationen des Textes in eigenen Worten und ganzen Sätzen wieder.

  TIPP
  Lies den jeweiligen Textabschnitt immer noch einmal.

  Im ersten Abschnitt geht es um ...
  Der erste Abschnitt handelt von ...
  Im Abschnitt ... wird beschrieben ...
  Der Abschnitt ... informiert über ...
  Die Autorin/der Autor stellt dar/beschreibt, wie ...
  Sie/Er ergänzt/setzt fort/erläutert/erklärt ...
  Außerdem wird über ... informiert.

- Formuliere einen **Schlusssatz**, der den Hauptgedanken oder das Ergebnis des Textes wiedergibt.

  TIPP
  Du kannst am Ende auch auf Probleme oder offene Fragen, auf die aktuelle Forschung oder Entwicklung hinweisen.

6 Tauscht im Tandem eure Textzusammenfassungen aus. Lest den Text der Partnerin oder des Partners und prüft ihn mithilfe der folgenden Fragen:
- Sind alle wichtigen Informationen aus dem Text über die Niagarafälle enthalten?
- Ist der Text verständlich?
- Wurde im Präsens geschrieben?
- Besteht der Text aus ganzen Sätzen?
- Wurden eigene Wörter und Fachbegriffe verwendet?
- Wurde kurz und sachlich geschrieben?
- Wurden persönliche Meinungen und Wertungen vermieden?

7 Überarbeite deine Textzusammenfassung, wenn nötig.

Test by8u52

Arbeitstechnik
Einen Sachtext zusammenfassen

Eine **Textzusammenfassung** benötigst du, wenn du andere über etwas **informieren** möchtest. Dir selbst hilft diese Kurzfassung, dich an die Informationen im Text zu **erinnern**. So musst du den ganzen Text nicht noch einmal lesen.
1. Schreibe die **Einleitung**. Nenne den Titel des Textes, die Autorin oder den Autor, die Textart. Formuliere einen Satz zum Thema des Textes.
2. Schreibe den **Hauptteil**. Gib die wichtigsten Aussagen des Textes wieder. Folge dem Aufbau des Textes und der Struktur deiner Mindmap.
3. Schreibe den **Schluss**: Fasse den Hauptgedanken des Textes in einem Satz zusammen.

Beachte: Verwende das Präsens, schreibe kurz und sachlich, verwende Fachbegriffe, vermeide persönliche Meinungen und Wertungen.

185

Vorhandenes Zusatzmaterial zu dieser Doppelseite

AH 7, Kapitel 10, S. 57

Test by8u52

12 Millionen Menschen besucht werden. Abschnitt 2 informiert über die Entstehung vor 12.000 Jahren, als nach der Gletscherschmelze der Eriesee überlief und das Wasser den Niagara River bildete. Der dritte Absatz erwähnt die beiden Städte in Kanada bzw. den USA, die am Wasserfall liegen und wie die Fälle heißen. Im vierten Absatz werden die drei Fälle genauer beschrieben: Der größte ist der „Horseshoe Falls" in Kanada mit einer Breite von 670 Metern und einer Fallhöhe von 52 Metern, die American Falls sind 363 Meter breit und fallen 22 Meter. 1954 bildete sich außerdem der wesentlich kleinere Wasserfall Bridal Veil Falls. Der fünfte Abschnitt informiert über die fortlaufende Erosion, die bewirkt, dass die Wasserfälle seit ihrer Entstehung schon elf Kilometer nach Norden gewandert sind. Der sechste Abschnitt schließlich berichtet über Maßnahmen zur Eindämmung der Erosion. So wurde 1969 das Wasser umgeleitet und das Gestein befestigt, sodass die Erosion jetzt nur noch etwa einen Meter alle 30 Jahre beträgt.
Insgesamt macht der Text deutlich, dass die Niagarafälle ein beeindruckendes Naturschauspiel darstellen.

Aufgabe 6
individuelle Lösung – Zu beachten ist, dass Kritik immer mit einem konkreten Verbesserungsvorschlag verknüpft sein sollte.

Aufgabe 7
individuelle Lösungen

DaZ-Kommentare

Aufgabe 5
Die SuS sollten auf die Arbeitstechnik „Einen Sachtext zusammenfassen" hingewiesen werden, bevor sie mit der Übung anfangen, sowie auf alle drei Tipps am Rand der Seiten.

Feuer, Asche und Gestein

BASIS-Seiten

Die Schülerinnen und Schüler (SuS) erfassen durch überfliegendes Lesen das Thema des Textes, den sie anschließend schrittweise durch das Klären unbekannter Wörter, das Notieren von Schlüsselwörtern sowie dem Formulieren von Abschnittsüberschriften erschließen. Die Erschließungsergebnisse werden als Mindmap dargestellt und schließlich für eine Textzusammenfassung verwendet.

Kommentare zu den Aufgaben

Einstieg und Aufgabe 1
Die SuS betrachten das Bild und überfliegen den Text. Hierbei sollten neben dem übergeordneten Thema „Vulkane" bereits ein oder zwei weitere Themenaspekte, z.B. Entstehung der Vulkane, Ziegen als Warnsystem, erkannt worden sein (vgl. zu den verschiedenen Themenaspekten auch A 5 und A 6).

Aufgaben 2 und 3
Die SuS lesen den Text noch einmal oder hören ihn sich an; anschließend klären sie die ihnen unbekannten Wörter.

Aufgaben 4 und 5
Die SuS notieren abschnittsweise die Schlüsselwörter und erfassen dabei die inhaltlichen Schwerpunkte des Textes, die sie als Überschriften formulieren.

Aufgabe 6
Die SuS halten ihre Erschließungsergebnisse in Form einer Mindmap fest.

Aufgaben 7 und 8
Die SuS nutzen ihre Erschließungsergebnisse nun, um eine Textzusammenfassung zu schreiben. Anschließend wird die Zusammenfassung im Tandem bewertet und ggf. überarbeitet.

Aufgabe 9
Die Aufgabe regt ein kleines Quiz zu Vulkanen an. Dazu können die SuS Fragen zu den Textinformationen formulieren, die nach dem Vorlesen der Zusammenfassungen von der Klasse beantwortet werden sollen.

Feuer, Asche und Gestein

Leseschlüssel

Hörverstehen
n333mb

1 Sieh dir das Bild an und lies die Textüberschrift. Überfliege den Text. Formuliere ein bis zwei Sätze, worum es in dem Text geht.

2 Lies den folgenden Text oder höre ihn dir an. Notiere unbekannte Wörter.

Von Katastrophen und Ziegen

(1) Schon immer haben Vulkane die Menschen fasziniert und erschreckt. Früher glaubte man, ein Vulkan sei ein heiliger Feuerberg und Sitz der Götter. Diese ließen den Vulkan ausbrechen, wenn sie mit den Menschen unzufrieden waren.

5 (2) Was sind Vulkane? Vulkane sind Öffnungen in der Erdkruste, aus denen geschmolzenes Gestein aus dem Inneren der Erde entweicht. Das geschmolzene Gestein kann ruhig aus der Öffnung ausfließen oder unter starken Explosionen ausgespien werden. Diesen Vorgang nennt man Vulkanausbruch.

10 (3) [...] Das Fachwort für einen Vulkanausbruch lautet Eruption. Bei einer Eruption tritt nicht nur Lava aus, sondern auch viel Gas. [...] Bei einem Vulkanausbruch übernimmt der Vulkan die Funktion eines Überdruckventils, das verhindert, dass die Erde irgendwann wie eine überreife Tomate aufplatzt. Die Lava kommt aus dem Inneren der Erde und besteht 15 aus geschmolzenem Gestein. Bei einem Vulkanausbruch kann die Lava wie ein zähflüssiger Brei an den Flanken eines Vulkanberges hinabfließen und Lavaströme bilden. Sie kann aber auch durch Explosionen aus dem Vulkan geschleudert werden. Häufig mischen sich bei einem Vulkanausbruch glühende Gesteinsbrocken mit schon erkalteter Gesteinsasche und Wasser-20 dampf. Man sieht dann eine Ausbruchswolke, die manchmal sogar viele Kilometer hoch sein kann.

(4) Zu den bekanntesten Vulkanausbrüchen mit den schlimmsten Folgen zählt der Ausbruch des Vesuvs im Jahre 79 in Italien, der Pompeji und Herculaneum vollständig ausgelöscht hat. 36000 Menschen starben 1883 25 bei der Explosion des indonesischen Vulkans Krakatau, der eine Druckwelle auslöste, die sieben Mal um die Welt raste. 1902 wurde die Stadt St. Pierre auf der Insel Martinique beim Ausbruch des Mont Pelée völlig zerstört und alle Einwohner kamen ums Leben.

(5) Obwohl Vulkane eine zerstörerische Gefahr bedeuten, gibt es weltweit 30 etwa 500 Millionen Menschen, die in der Nähe aktiver Vulkane leben. Sie nutzen die fruchtbare Vulkanerde für die Landwirtschaft und haben aus diesem Grund sehr dicht an den Vulkanhängen Siedlungen errichtet. Die Vulkanasche enthält wichtige Nährstoffe wie Phosphor, Calium und Calcium. Die porösen Teilchen speichern Feuchtigkeit und Sonnenwärme, 35 die sie nach und nach an die Pflanzen abgeben. Zudem regnen sich an hohen Vulkanhängen die Wolken ab. In einem solch natürlichen Treibhaus mit perfekter Düngung und Bewässerung sind zwei bis vier Ernten pro Jahr

186

Lösungen

Aufgabe 1
individuelle Lösungen

Aufgabe 2
Leseaufgabe / Hörverstehen

Aufgabe 3
individuelle Lösungen – Möglicherweise unbekannt sind: faszinieren (begeistern, fesseln), porös (porig, durchlässig, mit kleinen Löchern versehen), seismische Aktivitäten (Bewegungen, die auf ein Erdbeben deuten), intuitiv (gefühlsmäßig) – Aus dem Textzusammenhang erschlossen werden können außerdem: Lava (geschmolzenes Gestein aus dem Erdinneren), Eruption (Vulkanausbruch)

Aufgabe 4
individuelle Lösungen

Aufgabe 5
- *Warnung vor Ausbrüchen:* Abschnitt (6)
- *Verhältnis Mensch – Vulkan früher:* Abschnitt (1)
- *Bekannteste Vulkanausbrüche:* Abschnitt (4)
- Abschnitt (2): Was sind Vulkane?
- Abschnitt (3): Entstehung und Verlauf eines Vulkanausbruchs

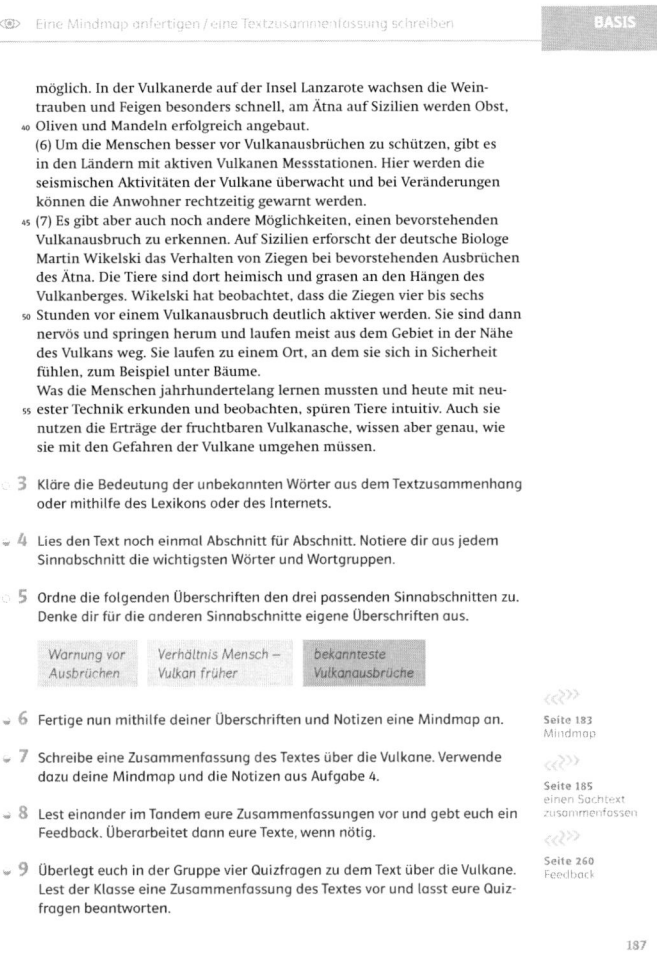

- Abschnitt (5): Vulkane schaffen Treibhausbedingungen für die Landwirtschaft
- Abschnitt (7): Ziegenwarnsystem vor Vulkanausbrüchen

Aufgabe 6
individuelle Lösungen

Aufgabe 7
individuelle Lösungen –

Beispiel:

Der Sachtext „Von Katastrophen und Ziegen" informiert über Vulkane.

Im ersten Abschnitt wird erläutert, dass Menschen schon immer von Vulkanen fasziniert waren und in ihnen früher einen Sitz der Götter sahen. Abschnitt 2 erklärt, was Vulkane sind, nämlich Öffnungen in der Erdkruste, aus denen geschmolzenes Gestein entweicht. In Abschnitt 3 werden die Entstehung und der Verlauf eines Vulkanausbruchs beschrieben: Die Erde öffnet sich wie ein Überdruckventil. Lava, also geschmolzenes Gestein aus dem Erdinneren, entweicht, entweder als zähflüssiger Strom oder sie wird wie bei einer Explosion herausgeschleudert. In Abschnitt 4 werden mit Pompeji (79,) Krakatau (1883) sowie Mont Pelée (1902) berühmte Vulkanausbrüche genannt. Abschnitt 5 erklärt dann, warum trotz der Gefahr, die von Vulkanen ausgeht, dennoch viele Menschen dort siedeln. Vulkane sorgen nämlich durch Vulkanasche für einen nährstoffreichen Boden. Da sich

Vorhandenes Zusatzmaterial zu dieser Doppelseite

- 🗐 Differenzierungskarte EXTRA, S. 38
- 🗐 Differenzierungskarte PLUS, S. 38

- 🌐 Hörverstehen n333mb

- 🗐 Klassenarbeitstraining 5, AH 7, S. 80 / 81

- ⊙⊞ KA 10 BASIS

Wolken außerdem oft an Vulkanen abregnen, entsteht ein natürliches Treibhaus, das für die Landwirtschaft hervorragende Bedingungen schafft. In Abschnitt 6 wird berichtet, dass Messstationen die seismischen Aktivitäten von aktiven Vulkanen überwachen, um Menschen vor einem Ausbruch zu warnen. Über ein besonderes Warnsystem berichtet schließlich der Abschnitt 7. Ziegen werden nämlich vier bis sechs Stunden vor einem Vulkanausbruch deutlich aktiver und versuchen sich in Sicherheit zu bringen.
Der Text informiert so umfassend über die wichtigsten Aspekte von Vulkanen.

Aufgabe 8
individuelle Lösungen – Zu beachten ist, dass ein Feedback und ganz besonders Kritik, immer mit einem konkreten Verbesserungsvorschlag verknüpft sein sollte.

Aufgabe 9
individuelle Lösungen –

Beispiele für mögliche Quizfragen:
- Was versteht man unter „Eruption"? (Vulkanausbruch) – Wann war der Vulkanausbruch in Pompeji? (im Jahr 79)
- Was enthält Vulkanasche, was sie für die Landwirtschaft wertvoll macht? (Nährstoffe)

DaZ-Kommentare

Aufgabe 2
Damit die SuS die kommenden Aufgaben im Unterricht bearbeiten können, sollte von ihnen der anspruchsvolle Text unbedingt im Rahmen der vorherigen Hausaufgabe gelesen und übersetzt werden. Die unbekannten Wörter werden ins Vokabelheft eingetragen und ebenfalls übersetzt. Zusätzlich sollten die SuS unbedingt darauf hingewiesen werden, dass sie den Text auch zu Hause anhören können.

Aufgabe 5
Diese Aufgabe kann mithilfe des Wörterbuchs bewältigt werden. Es soll darauf geachtet werden, dass die SuS für diese Aufgabe genug Zeit bekommen.

Heiße Quellen

EXTRA-Seiten

Die Schülerinnen und Schüler (SuS) erschließen durch das Klären unbekannter Wörter, das Notieren von Schlüsselwörtern sowie dem Formulieren von Abschnittsüberschriften schrittweise einen Sachtext über Geothermie. Die Erschließungsergebnisse werden als Mindmap dargestellt und für eine Textzusammenfassung verwendet. Außerdem nutzen die SuS Textinformationen, um einen Flyer zu gestalten, der für die Nutzung der Erdwärme als Energiequelle wirbt.

Kommentare zu den Aufgaben

Einstieg und Aufgabe 1
Die SuS betrachten das Bild, überfliegen den Text und halten in ein, zwei Sätzen fest, worum es im Text geht.

Aufgaben 2 und 3
Die SuS lesen den Text noch einmal oder hören ihn sich an; anschließend klären sie die ihnen unbekannten Wörter.

Aufgaben 4 und 5
Die SuS notieren abschnittsweise die Schlüsselwörter und erfassen dabei die inhaltlichen Schwerpunkte des Textes, die sie als Überschriften formulieren.

Aufgabe 6
Die SuS halten ihre Erschließungsergebnisse in Form einer Mindmap fest.

Aufgaben 7 und 8
Die SuS nutzen ihre Erschließungsergebnisse nun, um eine Textzusammenfassung zu schreiben. Anschließend wird die Zusammenfassung im Tandem bewertet und, wenn nötig, überarbeitet.

Aufgaben 9 bis 11
Die SuS lesen den Text noch einmal und machen sich die Vorteile der Geothermie als Energiequelle bewusst. Sie gestalten einen Flyer, der für die Nutzung der Geothermie wirbt. Abschließend wird über die Vor- und Nachteile dieser Energieform diskutiert.

Heiße Quellen

Leseschlüssel

Hörverstehen
3d8c6u

1 Sieh dir die Bilder an, lies die Textüberschrift und überfliege den Text. Formuliere ein bis zwei Sätze, worum es in dem Text geht.

2 Lies den folgenden Text oder höre ihn dir an. Notiere unbekannte Wörter.

Grenzenlose Energie aus der Erde
Du fährst mit dem Bus, fliegst in den Urlaub und drehst in deinem Zimmer die Heizung auf, wenn es draußen kalt wird. Für all diese Dinge wird Energie benötigt, die in Deutschland vor allem durch die Verbrennung von Erdöl, Erdgas und Kohle gewonnen wird. Dabei entsteht das in großen
5 Mengen umweltbelastende Kohlenstoffdioxid. Aber das ist nicht das einzige Problem: Jährlich wird auf der ganzen Welt so viel Erdöl und Erdgas verbraucht, wie in einigen Millionen Jahren gebildet wurde. Irgendwann wird der Vorrat dieser fossilen Brennstoffe zu Ende gehen und man muss heute schon nach Alternativen suchen. Eine davon ist die Wärme im Erd-
10 inneren.
Die Erdwärme ist eine grenzenlose Energiequelle. Sie wird Geothermie genannt, was von den griechischen Worten gé = Erde und thermós = warm kommt. An den meisten Orten auf der Erde können wir sie nicht direkt wahrnehmen, aber in wenigen hundert Metern Tiefe herrschen bereits
15 Temperaturen von bis zu 350 Grad Celsius. In einigen Regionen der Erde wird die Geothermie allerdings sichtbar und tritt in Form von Vulkanen, Geysiren oder heißen Quellen zutage.
Geysire und heiße Quellen sind solche Stellen, an denen die Erdwärme nahe an die Erdoberfläche kommt und das Wasser im Boden zum Kochen
20 bringt, sodass auf natürliche Weise überhitzter Wasserdampf produziert wird. Das Wasser von heißen Quellen, auch Thermalquellen genannt, ist wärmer als das umgebende Grundwasser. Geysire, die ebenfalls zu den heißen Quellen gezählt werden, stoßen ihr heißes Wasser immer wieder in einer bis zu 60 Meter hohen Fontäne aus der Erde.
25 Island ist eines der Länder mit den meisten sichtbaren Zeichen der enormen geothermischen Energie unserer Erde. Dort gibt es nicht nur 37 aktive Vulkane, sondern auch unzählige Geysire und heiße Quellen. Viele von ihnen liegen in Nationalparks und werden gerne von Touristen und Einheimischen besucht. Hier kann man die Erdwärme sogar am eigenen Leib
30 spüren, denn es gibt zahlreiche Freibäder, die durch Geothermie geheizt werden und bis zu 42 Grad Celsius heiß sind, aber auch fast naturbelassenen heiße Quellen, in denen man baden kann.
Die Nutzung der Erdwärme geht in Island weit über die badewannenwarmen Schwimmbecken hinaus. Hier erzeugen Geothermie-Kraftwerke
35 aus dem heißen Wasserdampf mehr Wärmeenergie, als man braucht, um 90 Prozent aller Haushalte zu heizen. Gleichzeitig wird der Wasserdampf auch benutzt, um über Turbinen Strom zu erzeugen. Island will sich in

188

Lösungen

Aufgabe 1
individuelle Lösungen

Aufgabe 2
Leseaufgabe / Hörverstehen

Aufgabe 3
individuelle Lösungen – Möglicherweise unbekannt sind: Alternativen (andere Möglichkeiten), Turbine (Maschine, die mit Wasserkraft, Dampf oder Gas elektrischen Strom erzeugt), geologisch (auf die Wissenschaft von der Erdkruste bezogen), intensiv (eingehend, gründlich) – Aus dem Textzusammenhang erschlossen werden können außerdem: Geothermie (Erdwärme), Geysire (heiße Quellen, die ihr Wasser als Fontäne ausstoßen)

Aufgaben 4
individuelle Lösungen

Aufgabe 5
individuelle Lösungen –
Beispiele:
- Abschnitt 1 (Z. 1–10): Problematische Energiegewinnung durch fossile Brennstoffe in Deutschland
- Abschnitt 2 (Z. 11–17): Erdwärme

seiner Energieversorgung unabhängig von fossilen Brennstoffen machen. Mit überschüssiger Energie wird Wasserstoff erzeugt, der als Energieträger
40 der Zukunft gilt.
Natürlich sind die Voraussetzungen für die Erdwärmenutzung in Island dank der besonderen geologischen Situation mit den vielen Vulkanen einzigartig. Aber auch in Mitteleuropa könnte man Erdwärme nutzen. In Regionen, in denen heiße Gesteinsschichten nahe der Erdoberfläche
45 liegen, lässt sich Wasserdampf erzeugen, indem man durch ein Bohrloch Wasser in das heiße Gestein presst. Beim Kontakt mit dem Gestein erhitzt sich das Wasser und der erzeugte Dampf tritt durch ein zweites Bohrloch wieder an die Oberfläche, um schließlich Turbinen zur Stromerzeugung anzutreiben. Man nennt dieses Verfahren Hot-Dry-Rock-Technik.
50 Auch Privathaushalte haben die Möglichkeit, die Geothermie mithilfe von Erdwärmeheizungen zu nutzen. Die geothermische Stromerzeugung befindet sich in Deutschland noch in den Anfängen. Unter anderem beschäftigt sich das Deutsche GeoForschungsZentrum in Potsdam intensiv damit, wie man die Nutzung der Erdwärme vorantreiben kann.

3 Kläre die Bedeutung unbekannter Wörter aus dem Textzusammenhang oder mithilfe des Lexikons oder des Internets.

4 Lies den Text noch einmal abschnittweise. Notiere dir aus jedem Sinn-abschnitt die wichtigsten Wörter und Wortgruppen.

5 Formuliere zu jedem Sinnabschnitt eine passende Überschrift.

6 Fertige nun mithilfe deiner Überschriften und Notizen eine Mindmap an.

Seite 183 Mindmap

7 Schreibe eine Zusammenfassung des Textes über Geothermie und Geysire. Verwende deine Mindmap und die Notizen aus Aufgabe 4.

Seite 185 einen Sachtext zusammenfassen

8 Lest einander im Tandem eure Textzusammenfassungen vor und gebt euch ein Feedback. Überarbeitet eure Texte, wenn nötig.

Seite 260 Feedback

9 Lies den Text über Geothermie noch einmal und notiere dir alle Vorteile der Nutzung von Erdwärme.

10 Gestaltet in der Gruppe einen Werbeflyer, in dem ihr die Nutzung der Geothermie empfehlt. Zählt alle Vorteile auf und versucht die Leser zu überzeugen.

11 Kopiert euren Flyer und verteilt ihn in der Klasse. Stellt die Vorteile der Geothermie vor und diskutiert darüber. Besprecht mögliche Nachteile.

189

Vorhandenes Zusatzmaterial zu dieser Doppelseite

- Differenzierungskarte BASIS, S. 39
- Differenzierungskarte PLUS, S. 39

- Hörverstehen 3d8c6u

- Klassenarbeitstraining 5, AH 7, S. 80 / 81

- KA 10 EXTRA

– Abschnitt 3 (Z. 18 – 24): Entstehung heißer Quellen
– Abschnitt 4 (Z. 25 – 32): Island – Land der heißen Quellen
– Abschnitt 5 (Z. 33 – 40): Geothermie als Energieträger der Zukunft
– Abschnitt 6 (Z. 41 – 49): Nutzung der Erdwärme auch in Mitteleuropa möglich
– Abschnitt 7 (Z. 50 – 54): Erdwärmeheizungen im Privat-haushalt

Aufgabe 6
individuelle Lösungen

Aufgabe 7
individuelle Lösungen –
<u>Beispiel:</u>
Der Sachtext „Grenzenlose Energie aus der Erde" informiert über Geothermie und ihre Nutzungsmöglichkeiten.
Abschnitt 1 informiert darüber, dass in Deutschland Energie vor allem mithilfe fossiler Brennstoffe gewonnen wird, die aber umweltbelastendes Kohlenstoffdioxid ausstoßen und außerdem nur begrenzt zur Verfügung stehen. Abschnitt 2 benennt die Erdwärme, nach den griechischen Wörtern auch Geothermie, als Alternative. Schon nach wenigen hundert Metern ist es unter der Erde bis zu 350 Grad Celsius warm. Abschnitt 3 nennt heiße Quellen und Geysire, die das Wasser in Fontänen ausstoßen, als Stellen, an denen Erdwärme nahe an die Erdoberfläche kommt und das Wasser im Boden erhitzt. In Abschnitt 4 wird Island als Land der heißen Quellen vorgestellt. In Island gibt es 37 aktive Vulkane und unzählige Geysire, heiße Quellen und Freibäder, die bis zu 42 °C heiß sind. In Island, so wird in Abschnitt 5 ausgeführt, gibt es auch Geothermie-Kraftwerke, die den Wasserdampf nutzen, um durch Turbinen Strom zu erzeugen. Dieser Energiegewinnung könnte die Zukunft gehören. Abschnitt 6 informiert dann darüber, dass auch in Mittel-europa Erdwärme mithilfe der sogenannten Hot-Dry-Rock-Technik genutzt werden kann. Abschnitt 7 erklärt abschlie-ßend noch, dass durch Erdwärmeheizungen Erdwärme auch in Privathaushalten genutzt werden kann.
Der Text macht deutlich, dass das Naturereignis Erdwärme die Energiequelle der Zukunft ist.

Aufgabe 8
individuelle Lösungen – Zu beachten ist, dass Kritik immer mit einem konkreten Verbesserungsvorschlag verknüpft sein sollte.

Aufgabe 9
Vorteile der Geothermie:
– kein Ausstoß von Kohlenstoffdioxid, keine Umweltbelas-tung
– steht als Energiequelle unbegrenzt zur Verfügung
– ist überall (auch in Mitteleuropa) verfügbar
– in Island bereits vielfach erprobt und bewährt

Aufgabe 10
individuelle Lösungen – Zur Gestaltung des Flyers können auch Bilder (von heißen Quellen in Island, von in Thermen badenden Menschen, von Turbinen usw.) verwendet werden, solange sie den werbenden Charakter betonen.

Aufgabe 11
individuelle Lösungen – Kurzfristige Nachteile bestehen in den enormen Kosten einer Energiewende.

Wüstenlandschaften

PLUS-Seiten

Die Schülerinnen und Schüler (SuS) erschließen durch das Klären unbekannter Wörter, das Notieren von Schlüsselwörtern sowie dem Formulieren von Abschnittsüberschriften schrittweise einen Sachtext über Wüsten. Die Erschließungsergebnisse werden als Mindmap dargestellt und für eine Textzusammenfassung verwendet. Außerdem nutzen die SuS Textinformationen, um einen Artikel für die Schülerzeitung zu schreiben.

Kommentare zu den Aufgaben

Einstieg und Aufgabe 1
Die SuS betrachten das Bild, überfliegen den Text und halten in ein, zwei Sätzen fest, worum es im Text geht.

Aufgaben 2 und 3
Die SuS lesen den Text noch einmal oder hören ihn sich an; anschließend klären sie die ihnen unbekannten Wörter.

Aufgabe 4
Die SuS notieren abschnittsweise die Schlüsselwörter und erfassen dabei die inhaltlichen Schwerpunkte des Textes, die sie als Überschriften formulieren. Dazu müssen sie den umfangreichen zweiten Textabsatz noch einmal unterteilen.

Aufgabe 5
Die SuS halten ihre Erschließungsergebnisse in Form einer Mindmap fest.

Aufgaben 6 und 7
Die SuS nutzen ihre Erschließungsergebnisse nun, um eine Textzusammenfassung zu schreiben. Anschließend wird die Zusammenfassung im Tandem bewertet und ggf. überarbeitet.

Aufgaben 8 bis 10
Die SuS suchen im Text gezielt nach Informationen zu den Ursachen der fortschreitenden Wüstenbildung und nutzen diese Informationen für einen Artikel für die Schülerzeitung, über den abschließend diskutiert wird.

---

10 / 👁 Einen Sachtext lesen und erschließen

Wüstenlandschaften

Leseschlüssel

🌐 Hörverstehen
7c26wb

1 Sieh dir die Bilder an, lies die Textüberschrift und überfliege den Text. Formuliere ein bis zwei Sätze, wovon der Text handelt.

2 Lies den folgenden Text oder höre ihn dir an. Notiere unbekannte Wörter.

Bedrohung durch wachsende Trockengebiete

Wenn der Begriff Wüste fällt, denken viele an die Sahara, die sich über elf nordafrikanische Staaten zieht. Sie nimmt fast das ganze obere Drittel des afrikanischen Kontinents vom Roten Meer bis zum Atlantik ein. Ebenfalls sehr bekannt ist die Wüste Gobi in der Mongolei und im Norden Chinas.
5 Auch die in der Mitte Australiens gelegenen rotsandigen Trockenlandschaften der Großen Sandwüste, der Großen Victoriawüste, der Gibson- und der Simpsonwüste, die das „rote Herz" des fünften Kontinents bilden, zählen zu den drei größten Wüstengebieten der Erde. Allein die Victoriawüste ist ungefähr so groß wie ganz Deutschland.
10 Gemeinsamkeit dieser Wüsten ist die Trockenheit. Und so stellt man sich eine Wüste vor – trocken und ohne Pflanzen. Als Trockenwüste wird eine Landschaft bezeichnet, wenn sie jährlich weniger als 150 Liter Niederschlag pro Quadratmeter erhält. In der Zentralsahara gibt es Gebiete, wo es innerhalb von 20 Jahren kein einziges Mal geregnet hat. Dagegen mangelt
15 es den Kältewüsten unseres Planeten, der Arktis und Antarktis, nicht an Wasser, sondern an ausreichender Wärme. Da der Boden die meiste Zeit des Jahres gefroren ist, können auch in Kältewüsten nur sehr wenige Pflanzen gedeihen. Von Lava- oder Vulkanwüsten spricht man, wenn nach Vulkanausbrüchen ausströmende Lava und graue, giftige Ascheregen weite
20 Gebiete verödet haben. Weil die Bodendecke dort meist durchlässig ist, versickert der Regen rasch. Die Böden bleiben für lange Zeit öde und unbewachsen, bis das erstarrte Gestein allmählich zur Bodenkrume verwittert. Die riesigen vegetationslosen Flächen der Trockenwüsten gibt es mittlerweile nicht nur in Afrika, Asien und Australien, sondern auch in Nord-
25 und Südamerika und sogar in Südeuropa. Der Klimawandel bringt es mit sich, dass es in einigen Regionen der Erde immer weniger regnet. Die Sahara zum Beispiel wächst jedes Jahr um 1,7 Kilometer nach Süden. Die Wüstenbildung sorgt nicht nur unmittelbar für schlechtere Ernten, sondern auch für Migration. Wissenschaftler sehen einen engen Zusammenhang zwi-
30 schen Migration, Armut und Umweltbelastung. Bereits gut ein Drittel aller landwirtschaftlich nutzbaren Flächen der Erde sind nach Angaben der Vereinten Nationen von Bodenzerstörung betroffen. So fliehen immer mehr Menschen aus der Sahelzone zu den Küstenstädten, deren Bevölkerungszahl sich in den letzten zwanzig Jahren verdreifacht hat. Die Migra-
35 tion von Mexiko in die USA wird auch mit der Wüstenbildung begründet. Jedes Jahr verlassen etwa 800 000 Mexikaner ihre Heimat, um ihren Lebensunterhalt in den USA zu bestreiten.

190

Lösungen

Aufgabe 1
individuelle Lösungen

Aufgabe 2
Leseaufgabe / Hörverstehen

Aufgabe 3
individuelle Lösungen – Möglicherweise unbekannt sind: Bodenkrume (Bodenstruktur), vegetationslos (ohne Pflanzenbewuchs), Parabolspiegel (Hohlspiegel), synthetisch (künstlich hergestellt) – Aus dem Textzusammenhang erschlossen werden können außerdem: Migration (Wanderung), Desertifikation (Ausbreitung der Wüsten)

Aufgabe 4
individuelle Lösungen –
<u>Beispiele für Abschnittsüberschriften:</u>
- Abschnitt 1 (Z. 1–9): Bekannte Wüsten
- Abschnitt 2 (Z. 10–22): Wüstenarten
- Abschnitt 3 (Z. 23–37): Klimawandel, Wüstenbildung und Migration
- Abschnitt 4 (Z. 38–46): Ursachen der Desertifikation
- Abschnitt 5 (Z. 47–60): Solarstromgewinnung in der marokkanischen Wüste

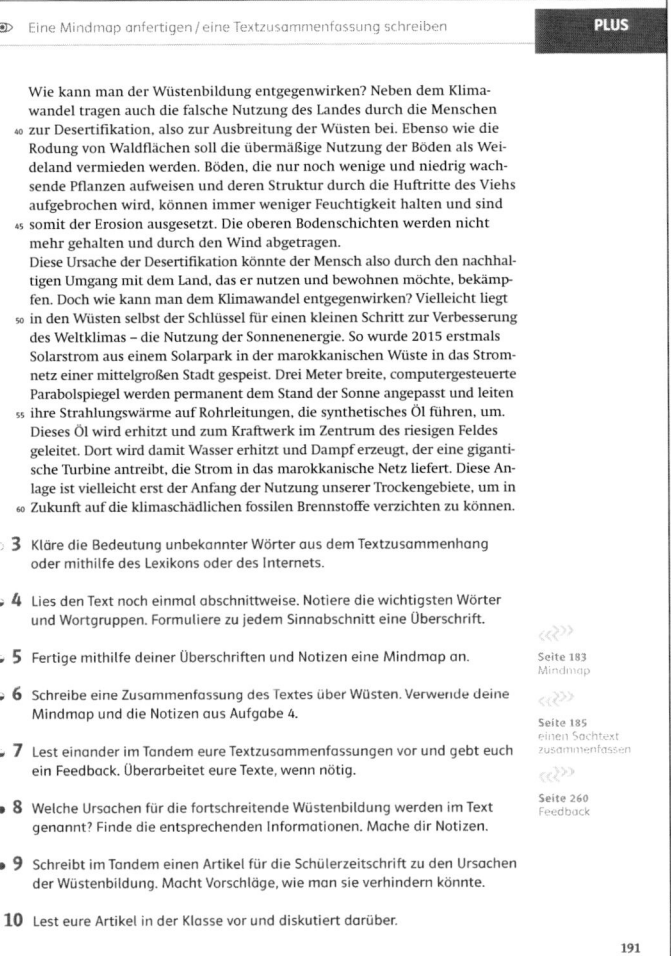

Wie kann man der Wüstenbildung entgegenwirken? Neben dem Klimawandel tragen auch die falsche Nutzung des Landes durch die Menschen
40 zur Desertifikation, also zur Ausbreitung der Wüsten bei. Ebenso wie die Rodung von Waldflächen soll die übermäßige Nutzung der Böden als Weideland vermieden werden. Böden, die nur noch wenige und niedrig wachsende Pflanzen aufweisen und deren Struktur durch die Huftritte des Viehs aufgebrochen wird, können immer weniger Feuchtigkeit halten und sind
45 somit der Erosion ausgesetzt. Die oberen Bodenschichten werden nicht mehr gehalten und durch den Wind abgetragen.
Diese Ursache der Desertifikation könnte der Mensch also durch den nachhaltigen Umgang mit dem Land, das er nutzen und bewohnen möchte, bekämpfen. Doch wie kann man dem Klimawandel entgegenwirken? Vielleicht liegt
50 in den Wüsten selbst der Schlüssel für einen kleinen Schritt zur Verbesserung des Weltklimas – die Nutzung der Sonnenenergie. So wurde 2015 erstmals Solarstrom aus einem Solarpark in der marokkanischen Wüste in das Stromnetz einer mittelgroßen Stadt gespeist. Drei Meter breite, computergesteuerte Parabolspiegel werden permanent dem Stand der Sonne angepasst und leiten
55 ihre Strahlungswärme auf Rohrleitungen, die synthetisches Öl führen, um. Dieses Öl wird erhitzt und zum Kraftwerk im Zentrum des riesigen Feldes geleitet. Dort wird damit Wasser erhitzt und Dampf erzeugt, der eine gigantische Turbine antreibt, die Strom in das marokkanische Netz liefert. Diese Anlage ist vielleicht erst der Anfang der Nutzung unserer Trockengebiete, um in
60 Zukunft auf die klimaschädlichen fossilen Brennstoffe verzichten zu können.

3 Kläre die Bedeutung unbekannter Wörter aus dem Textzusammenhang oder mithilfe des Lexikons oder des Internets.

4 Lies den Text noch einmal abschnittsweise. Notiere die wichtigsten Wörter und Wortgruppen. Formuliere zu jedem Sinnabschnitt eine Überschrift.

5 Fertige mithilfe deiner Überschriften und Notizen eine Mindmap an.
《²》 Seite 183 Mindmap

6 Schreibe eine Zusammenfassung des Textes über Wüsten. Verwende deine Mindmap und die Notizen aus Aufgabe 4.
《²》 Seite 185 einen Sachtext zusammenfassen

7 Lest einander im Tandem eure Textzusammenfassungen vor und gebt euch ein Feedback. Überarbeitet eure Texte, wenn nötig.
《²》 Seite 260 Feedback

8 Welche Ursachen für die fortschreitende Wüstenbildung werden im Text genannt? Finde die entsprechenden Informationen. Mache dir Notizen.

9 Schreibt im Tandem einen Artikel für die Schülerzeitschrift zu den Ursachen der Wüstenbildung. Macht Vorschläge, wie man sie verhindern könnte.

10 Lest eure Artikel in der Klasse vor und diskutiert darüber.

191

Vorhandenes Zusatzmaterial zu dieser Doppelseite

▥ Differenzierungskarte BASIS, S. 40
▥ Differenzierungskarte EXTRA, S. 40

▤ ET6: Bedrohung durch wachsende Trockengebiete, S. 190

⊕ Hörverstehen 7c26wb

▯ Klassenarbeitstraining 5, AH 7, S. 80 / 81

◎ KA 10 PLUS

Aufgabe 5
individuelle Lösungen

Aufgabe 6
individuelle Lösungen –
Beispiel:
Der Sachtext „Bedrohung durch wachsende Trockengebiete" informiert über die Ursachen, Folgen und die Bekämpfung der zunehmenden Ausbreitung von Trockenwüsten.
Abschnitt 1 nennt zunächst die bekanntesten Wüstengebiete der Welt: die Sahara in Nordafrika, die Wüste Gobi in der Mongolei und dem Norden Chinas sowie die Wüsten Australiens. Abschnitt 2 informiert dann über die verschiedenen Arten von Wüsten. Neben Trockenwüsten, worunter man Landschaften mit weniger als 150 Liter Niederschlag pro Jahr und Quadratmeter versteht, sind das die Kältewüsten Arktis und Antarktis sowie Lava- oder Vulkanwüsten, in denen giftiger Ascheregen die Landschaft verödet hat. In Abschnitt 3 wird darüber informiert, dass Trockenwüsten als Folge des Klimawandels zunehmend wachsen. Schon heute ist nach Angaben der Vereinten Nationen ein Drittel aller landwirtschaftlich nutzbaren Flächen von Bodenzerstörung betroffen. Um ihren Lebensunterhalt zu verdienen, fliehen so auch immer mehr Menschen, vor allem aus der Sahelzone zu den Küstenstädten Afrikas und aus Mexiko in die USA.

Abschnitt 4 nennt dann weitere Ursachen der Desertifikation, also der Ausbreitung von Wüsten: Rodung von Waldflächen und übermäßige Bodennutzung als Weideland. Im letzten Abschnitt wird darauf hingewiesen, dass die Wüsten selbst helfen könnten, ihre Ausbreitung zu verhindern, indem sie zur Solarstromerzeugung genutzt werden, wie dies heute schon in Marokko geschieht. Hier könnte eine Möglichkeit bestehen, um in Zukunft auf klimaschädliche fossile Brennstoffe verzichten zu können.
Der Text macht deutlich, dass Wüsten nicht nur Naturphänomene sind, sondern die Menschen durch ihre fortschreitende Ausbreitung bedrohen.

Aufgabe 7
individuelle Lösungen – Zu beachten ist, dass Kritik immer mit einem konkreten Verbesserungsvorschlag verknüpft sein sollte.

Aufgabe 8
Auf die Ursachen der Desertifikation geht Abschnitt 4 (Z. 38 – 46) ein: Neben Klimawandel tragen die Rodung von Waldflächen und übermäßige Bodennutzung als Weideland (niedrig wachsende Pflanzen und durch Huftritte aufgebrochene Bodenstrukturen erleichtern die Erosion des Bodens) zur Ausbreitung der Trockenwüsten bei.

Aufgaben 9 und 10
individuelle Lösungen

Wörter unterwegs

RGS-Seiten / 1

Die Schülerinnen und Schüler (SuS) lernen die Unterscheidung von Fremd- und Lehnwort kennen. Indem sie die Herkunft und die Bedeutung von verschiedenen Lehn- und Fremdwörtern klären, machen sie sich klar, wie stark das Deutsche von anderen Sprachen beeinflusst worden ist.

Kommentare zu den Aufgaben

Einstieg und Aufgabe 1
Die SuS schließen aus der Lautung der Ausgangssprachen auf Lehnwörter im Deutschen und machen sich so schon bewusst, dass sich Lehnwörter von Fremdwörtern dadurch unterscheiden, dass sie an die fremde Sprache (also hier an das Deutsche) angepasst worden sind.

Aufgabe 2
Am Beispiel des aztekischen Wortes „xocólatl" machen sich die SuS nicht nur klar, dass es Lehnwörter in vielen Sprachen gibt, sondern manche Wörter auch international verbreitet sind.

Aufgaben 3, 4 und 6
Die SuS nehmen verschiedene Wörter als Lehnwörter wahr und machen sich zugleich bewusst, aus wie vielen unterschiedlichen Sprachen und Kulturen Einflüsse auf das Deutsche ausgegangen sind.

Aufgabe 5
Die SuS erklären die Bedeutung von Fremd- und Lehnwörtern (vgl. dazu auch A7). Sie bereiten dadurch die Bearbeitung der Aufgaben 6 und 7 vor.
Erweiterung:
Die SuS lesen den Merkekasten „Fremdwörter und Lehnwörter" und ordnen die Wörter aus Aufgabe 5 entsprechend zu: Grill, Döner und Köfte sind Lehn-, alle übrigen Fremdwörter.

Aufgabe 7
Die SuS ergänzen in einem Lückentext die fehlenden Fremdwörter.

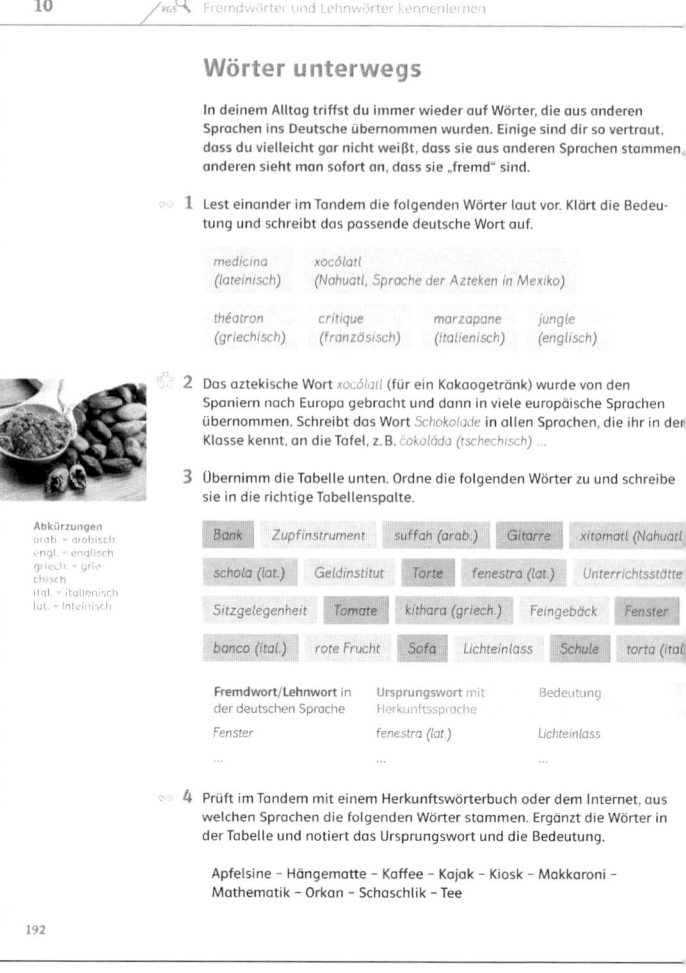

Wörter unterwegs

In deinem Alltag triffst du immer wieder auf Wörter, die aus anderen Sprachen ins Deutsche übernommen wurden. Einige sind dir so vertraut, dass du vielleicht gar nicht weißt, dass sie aus anderen Sprachen stammen, anderen sieht man sofort an, dass sie „fremd" sind.

1 Lest einander im Tandem die folgenden Wörter laut vor. Klärt die Bedeutung und schreibt das passende deutsche Wort auf.

medicina (lateinisch)   *xocólatl* (Nahuatl, Sprache der Azteken in Mexiko)

théatron (griechisch)   *critique* (französisch)   *marzapane* (italienisch)   *jungle* (englisch)

2 Das aztekische Wort *xocólatl* (für ein Kakaogetränk) wurde von den Spaniern nach Europa gebracht und dann in viele europäische Sprachen übernommen. Schreibt das Wort *Schokolade* in allen Sprachen, die ihr in der Klasse kennt, an die Tafel, z.B. *čokoláda (tschechisch)* ...

3 Übernimm die Tabelle unten. Ordne die folgenden Wörter zu und schreibe sie in die richtige Tabellenspalte.

Bank   Zupfinstrument   suffah (arab.)   Gitarre   xitomatl (Nahuatl

schola (lat.)   Geldinstitut   Torte   fenestra (lat.)   Unterrichtsstätte

Sitzgelegenheit   Tomate   kithara (griech.)   Feingebäck   Fenster

banco (ital.)   rote Frucht   Sofa   Lichteinlass   Schule   torta (ital

Fremdwort/Lehnwort in der deutschen Sprache	Ursprungswort mit Herkunftssprache	Bedeutung
Fenster	fenestra (lat.)	Lichteinlass
...	...	...

4 Prüft im Tandem mit einem Herkunftswörterbuch oder dem Internet, aus welchen Sprachen die folgenden Wörter stammen. Ergänzt die Wörter in der Tabelle und notiert das Ursprungswort und die Bedeutung.

Apfelsine – Hängematte – Kaffee – Kajak – Kiosk – Makkaroni – Mathematik – Orkan – Schaschlik – Tee

Abkürzungen
arab. = arabisch
engl. = englisch
griech. = griechisch
ital. = italienisch
lat. = lateinisch

192

Lösungen

Aufgabe 1
- medicina: Medizin
- xocólatl: Schokolade
- théatron: Theater
- critique: Kritik
- marzapane: Marzipan
- jungle: Dschungel

Aufgabe 2
individuelle Lösungen –
Beispiele:
chocolate (englisch, spanisch), chocolat (französisch), çikolata (türkisch), cioccolato (italienisch), ...

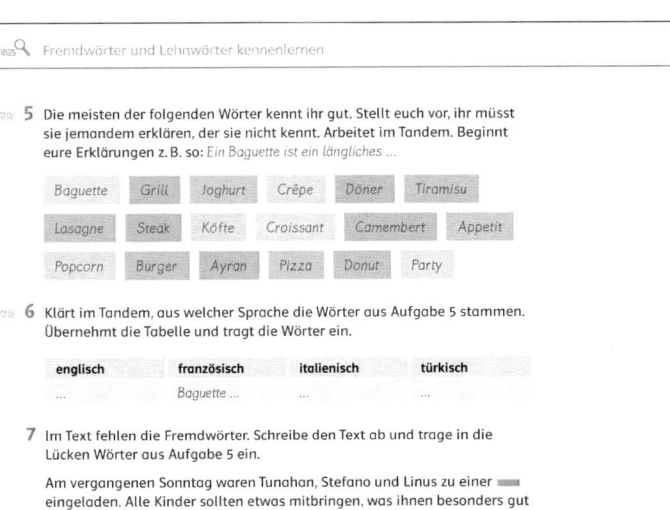

5 Die meisten der folgenden Wörter kennt ihr gut. Stellt euch vor, ihr müsst sie jemandem erklären, der sie nicht kennt. Arbeitet im Tandem. Beginnt eure Erklärungen z. B. so: *Ein Baguette ist ein längliches …*

Baguette	Grill	Joghurt	Crêpe	Döner	Tiramisu
Lasagne	Steak	Köfte	Croissant	Camembert	Appetit
Popcorn	Burger	Ayran	Pizza	Donut	Party

6 Klärt im Tandem, aus welcher Sprache die Wörter aus Aufgabe 5 stammen. Übernehmt die Tabelle und tragt die Wörter ein.

englisch	französisch	italienisch	türkisch
…	Baguette …	…	…

7 Im Text fehlen die Fremdwörter. Schreibe den Text ab und trage in die Lücken Wörter aus Aufgabe 5 ein.

Am vergangenen Sonntag waren Tunahan, Stefano und Linus zu einer ▄▄ eingeladen. Alle Kinder sollten etwas mitbringen, was ihnen besonders gut schmeckt. Zur Begrüßung gab es für alle erst einmal ein ▄▄. Das türkische Getränk schmeckte wunderbar erfrischend. Simon zog seine Freunde schnell weiter, denn auf einem ▄▄ entdeckte er kleine ▄▄, die man mit Käse und einem Brötchen zu einem leckeren Essen zubereiten konnte. Tunahan hatte darauf aber keine Lust. Er wollte viel lieber einen ▄▄ mit Salat und Fleisch. Stefano hatte auf all das keinen ▄▄. Er stürzte sich auf eine ▄▄, bestehend aus Nudelplatten und Gemüse. Anschließend hatten die drei Jungen Lust auf etwas Süßes! Linus entschied sich für ▄▄, das im heißen Öl so herrliche Geräusche macht. Luigi schnappte sich einen ▄▄ und bestrich ihn mit reichlich Schokolade. Und Tunahan? Der entschied sich für ▄▄, die mit dem Loch in der Mitte.

Merke
Fremdwörter und Lehnwörter

Die deutsche Sprache enthält viele Wörter, die aus anderen Sprachen stammen. Man unterscheidet in:
Fremdwörter: Wörter, die **kaum verändert** wurden. → Pizza (ital. pizza), Computer (engl. computer), Jeans (engl. jeans)
Lehnwörter: Wörter, die in **Aussprache und Schreibung verändert** wurden. Sie wurden der deutschen Sprache angepasst. → Mauer (lat. murus), Gulasch (ungar. gulyás), Wein (lat. vinum)

193

Aufgabe 3

Fremdwort / Lehnwort	Ursprungswort / Herkunftssprache	Bedeutung
Fenster	*fenestra (lat.)*	*Lichteinlass*
Bank	banco (ital.)	Geldinstitut
Gitarre	kithara (griech.)	Zupfinstrument
Torte	torta (ital.)	Feingebäck
Tomate	xitomatl (Nahuatl)	rote Frucht
Sofa	suffah (arab.)	Sitzgelegenheit
Schule	schola (lat.)	Unterrichtsstätte

Aufgabe 4
- Apfelsine: niederdeutsch *appelsina* „Apfel aus China"
- Hängematte: haitianisch *hamáka* „Schlafnetze"
- Kaffee: arabisch *qahwa* „anregendes Getränk"
- Kajak: grönländisch *Qajaq*
- Kiosk: persisch *gōše* bzw. türkisch *köşe* „Winkel, Ecke"
- Makkaroni: griech. *makaría* „Glückseligkeit"
- Mathematik: griech. *mathēmatikē téchnē* „Kunst des Lernens"
- Orkan: Taino-Wort: für die für Stürme verantwortliche Gottheit
- Schaschlik: über das russische *šašlýk* aus dem Turkotatarischen
- Tee: chinesisch (Pinyin) *chá*

Aufgabe 5
individuelle Lösungen

Aufgabe 6

englisch	Grill, Steak, Popcorn, Burger, Donut, Party
französisch	*Baguette*, Crêpe, Croissant, Camembert, Appetit
italienisch	Tiramisu, Lasagne, Pizza
türkisch	Joghurt, Döner, Köfte, Ayran

Aufgabe 7
Nacheinander müssen eingesetzt werden:
Party, Ayran, Grill, Köfte, Burger / Döner, Appetit, Lasagne, Popcorn, Crêpe, Donut(s)

DaZ-Kommentare

Aufgaben 3 bis 5
Die Lehrkraft sollte bei diesen Aufgaben entscheiden, ob die SuS zu allen hier aufgelisteten Substantiven / Nomen die Artikel finden und notieren sollen.

Vorhandenes Zusatzmaterial zu dieser Doppelseite

☰ KV 2 BASIS, S. 155
☰ KV 2 EXTRA, S. 156
☰ KV 2 PLUS, S. 157

▢ AH 7, Kapitel 10, S. 58 / 59

Typisch Fremdwort

RGS-Seiten / 2

Die Schülerinnen und Schüler (SuS) machen sich für Fremd-wörter sowohl typische schriftbezogene Kennzeichen als auch häufige Wortbildungselemente (Prä- und Suffixe) bewusst. Sie erweitern außerdem ihren Wortschatz um häufiger vorkommende Fremdwörter.

Kommentare zu den Aufgaben

Einstieg und Aufgabe 1
Die SuS lesen einen Sachtext über Südtirol und klären die Bedeutung ihnen unbekannter Fremdwörter.

Aufgaben 2 und 3
Am Beispiel der Fremdwörter aus dem Text machen sich die SuS häufige schriftbezogene Kennzeichen von Fremd-wörtern klar und ergänzen zu diesen Merkmalen eigene Beispiele.

Aufgabe 4
Die SuS suchen die übrigen Fremdwörter im Text. Sie kön-nen dazu ein Wörterbuch zu Hilfe nehmen.

Aufgaben 5 und 6
Die SuS entscheiden bei Wörtern, ob ein v oder w bzw. ph oder f geschrieben werden muss. Im Tandem und ggf. mit-hilfe eines Wörterbuchs kontrollieren sie sich untereinander.

Aufgaben 7 und 8
Die SuS gewinnen ein Bewusstsein für Wortbildungselemen-te (Suffixe) bei fremdsprachigen Wörtern.

Aufgaben 9 und 10
Die SuS machen sich die Bedeutung häufiger fremdsprachi-ger Präfixe bewusst und suchen nach weiteren Beispielen für entsprechende Bildungen.

Typisch Fremdwort

Seite 279
Fremdwörter

1 Lest den folgenden Text. Klärt im Tandem unbekannte Begriffe. Schlagt in einem Lexikon nach oder recherchiert im Internet.

Unterwegs in Südtirol
Im Norden Italiens, in Südtirol, wird in erster Linie die deutsche Sprache gesprochen. Das Gebiet besteht aus zwei Provinzen, Bozen (ital. Bolzano) und Trient (ital. Trento). Das vor allem agrarische Südtirol zählt zu den wohlhabendsten Gebieten Italiens und der Europäischen Union. Südtirol lässt sich sprachlich differenzieren; es werden diverse Sprachen gespro-chen: Italienisch, Deutsch und Ladinisch.
Die Südtiroler fühlen sich mit ihrer Tradition sehr verbunden, zum Beispiel tragen die deutschsprachigen Männer häufig eine blaue Schürze, deren „Schnitt" variiert: Im Ladinischen trägt man einen einfachen Schurz, in den Grenzregionen zur Schweiz und zu Österreich ein blaues Hemd.
Neben der triumphalen Natur locken auch interessante kulturelle Sehens-würdigkeiten die Touristen nach Südtirol. Zum Beispiel entdeckten Archäologen prähistorische Relikte aus der Römerzeit sowie alte Bauten und Kunstwerke. Einer der bekanntesten Funde ist die Gletschermumie „Ötzi", die im Archäologiemuseum in Bozen zu sehen ist. Zu Forschungs-zwecken wurden ihr Alter, ihre Herkunft und vor allem ihre Physiologie genau untersucht.

2 Fremdwörter erkennt man oft an bestimmten Buchstaben oder typischen Buchstabenkombinationen. Übernimm die Tabelle und schreibe die 13 Fremdwörter aus dem Text in Aufgabe 1 in die passende Spalte.

typische Merkmale von Fremdwörtern	Fremdwörter
v gesprochen wie **w**, z.B. violett	*Provinzen, ...*
ph gesprochen wie **f**, z.B. Triumph	...
i gesprochen wie **ie**, z.B. Klima	...
Vorbausteine (Präfixe), z.B. **sub-, ex-, kom-, inter-, prä-**	...
Endbausteine (Suffixe), z.B. **-ion, -tät, -ik, -ieren, -iell, -ell, -ment, -ant**	...

3 Ergänzt im Tandem zu jedem Merkmal mindestens zwei eigene Beispiele.

4 Findet im Tandem die restlichen Fremdwörter im Text. Überprüft mithilfe eines Wörterbuchs, ob es sich tatsächlich um Fremdwörter handelt.

TIPP
Im ersten Absatz sind die entspre-chenden Fremd-wörter markiert.

194

Lösungen

Aufgabe 1
Möglicherweise unbekannte Fremdwörter:
Linie: hier in redensartlicher Bedeutung von „hauptsäch-lich" – Provinz: Verwaltungseinheit – Union: Zusammen-schluss von Staaten mit dem Ziel, die Interessen gemeinsam besser zu vertreten – differenzieren: unterscheiden – diverse: mehrere, verschiedene – Tradition: etwas, das seit vielen Generationen überliefert ist und als kultureller Wert gilt – variieren: abwechseln, sich leicht unterscheiden – triumphal: große Begeisterung weckend – kulturell: die Kultur betreffend – Archäologen: Altertumskundler – prähis-torisch: vorgeschichtlich – Relikte: Überbleibsel – Physiolo-gie: Lehre von der Funktionsweise des Körpers und seiner Organe

Aufgaben 2 und 3
individuelle Lösungen bei Aufgabe 3 (Beispiele hier kursiv):

typische Merkmale von Fremdwörtern	Fremdwörter
v gesprochen wie **w**, z.B. violett	Provinzen, divers, Vase, *vakant, Klavier*
ph gesprochen wie **f**, z.B. Triumph	triumphal, Physiologie, *Philosophie, Phänomen*

Vorhandenes Zusatzmaterial zu dieser Doppelseite

▤ KV 3 BASIS, S. 158
▤ KV 3 EXTRA, S. 159
▤ KV 3 PLUS, S. 160

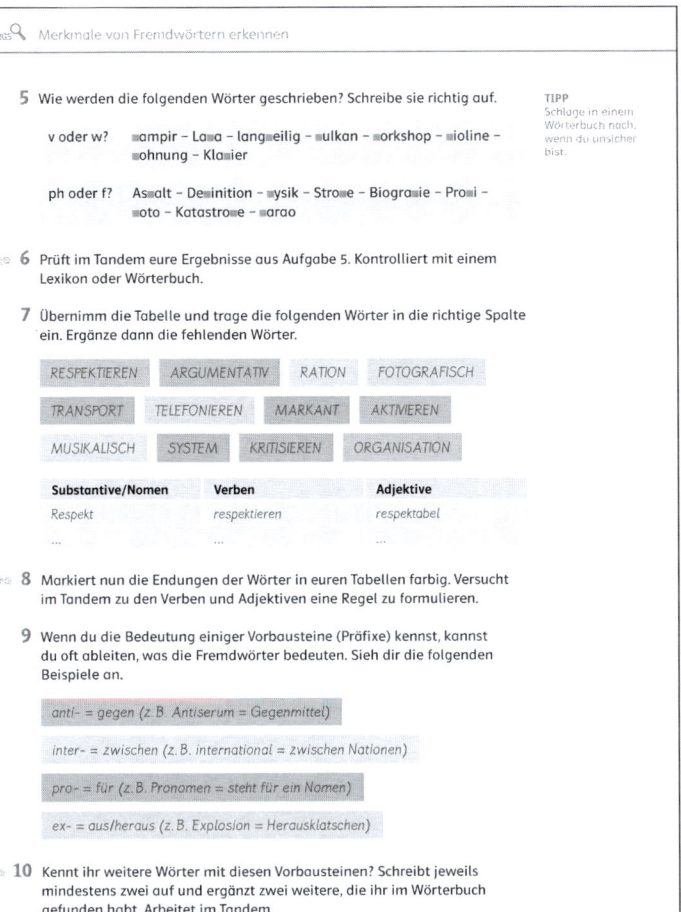

Ration	rationieren	rational
Fotografie	fotografieren	fotografisch
Transport	transportieren	transportabel
Telefon	telefonieren	telefonisch
Markierung	markieren	markant
Aktion	aktivieren	aktiv
Musik	musizieren	musikalisch
System	systematisieren	systematisch
Kritik	kritisieren	kritisch
Organisation	organisieren	organisatorisch

Aufgabe 8
Von lateinischen Wörtern abgeleitete Verben werden auf
-ieren gebildet. Häufiges fremdsprachiges Suffix für Adjektive ist -iv.

Aufgabe 9
Leseaufgabe

Aufgabe 10
individuelle Lösungen –
Beispiele:
- anti-: *Antiserum*, Antifaschismus, Antibabypille, Antikörper
- inter-: *international*, interkontinental, Intervall, Interpretation
- pro-: *Pronomen*, Prophet, Promotor, Proportion
- ex-: *Explosion*, Exkurs, Exil, Examen

DaZ-Kommentare

Aufgabe 1
Damit die SuS die kommenden Aufgaben im Unterricht
bearbeiten können, sollte von ihnen der anspruchsvolle Text
unbedingt im Rahmen der vorherigen Hausaufgabe gelesen
und übersetzt werden. Die unbekannten Wörter werden ins
Vokabelheft eingetragen und übersetzt.

Aufgaben 2, 5, 6 und 7
Es wäre ratsam, den SuS zu erlauben, diese Übungen im
Tandem mit einem Muttersprachler zu bearbeiten.

Aufgaben 9 und 10
Diese Übungen sind für die SuS außerordentlich wichtig,
daher soll darauf geachtet werden, dass die SuS für diese
Aufgaben genug Zeit bekommen.

i gesprochen wie **ie**, z. B. Klima	Linie, Kino, *prima*, *Krise*
Vorbausteine (Präfixe), z. B. **sub-, ex-, kom-, inter-, prä-**	interessant, prähistorisch, *subtrahieren, Experte, Kommissar*
Endbausteine (Suffixe), z. B. **-ion, -tät, -ik, -ieren, -iell, -ment, -ant**	Union, differenzieren, Tradition, variieren, kulturell, Archäologie, *Nationalität, antik, industriell, Garant*

Aufgabe 4
Weitere Fremdwörter, soweit in Aufgabe 1 und 2 nicht bereits angeführt: Regionen, Touristen, Mumie, Museum

Aufgaben 5 und 6
- v oder w? – Vampir, Lava, langweilig, Vulkan, Workshop, Violine, Wohnung, Klavier
- ph oder f? – Asphalt, Definition, Physik, Strophe, Biografie (alte Rechtschreibung: Biographie), Profi, Foto (alte Rechtschreibung: Photo), Katastrophe, Pharao

Aufgabe 7

Substantive / Nomen	Verben	Adjektive
Respekt	*respektieren*	*respektabel*
Argumentation	argumentieren	argumentativ

Wörter gehen auf Reisen

TRAININGS-Seiten

Die Schülerinnen und Schüler (SuS) verfestigen ihren Wortschatz häufiger Fremdwörter im Deutschen, indem sie die Bedeutung der Fremdwörter klären. Außerdem vertiefen sie die Wortbildung mit fremdsprachigen Suffixen und üben desweiteren das Verfahren der Ableitung.

Kommentare zu den Aufgaben

Einstieg
Die SuS wiederholen noch einmal die Unterscheidung zwischen Fremd- und Lehnwort und erläutern sie in ihren eigenen Worten und Beispielen.

Aufgaben 1 und 2
Die SuS ordnen Fremdwörtern Bedeutungsangaben zu und sammeln sie unter gemeinsamen Oberbegriffen.

Aufgaben 3 bis 5
Die SuS klären bzw. prüfen mithilfe eines Wörterbuchs Herkunft und / oder Bedeutung von Fremdwörtern und kontrollieren ihre Arbeitsergebnisse gegenseitig. Sie üben dabei auch noch einmal den Gebrauch von Wörterbüchern.

Aufgaben 6 bis 9
Die SuS vertiefen die Wortbildung mit fremdsprachigen Suffixen und üben zugleich das Verfahren der Ableitung.

Aufgabe 10
Die SuS unterscheiden ähnlich klingende Fremdwörter. Im Zweifelsfall greifen sie auf ein Wörterbuch zurück.

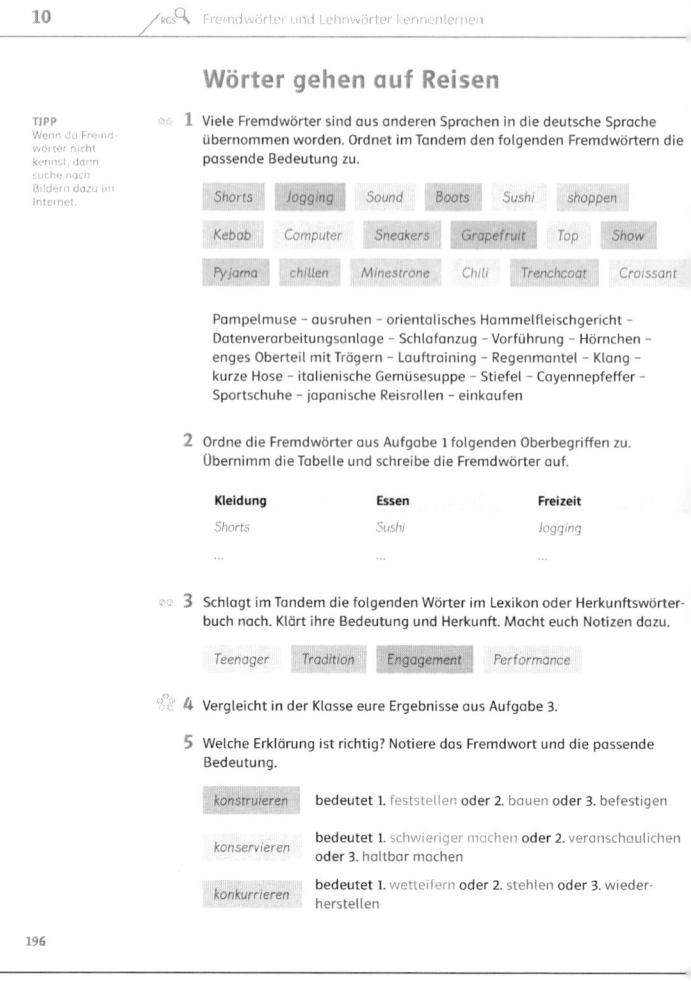

Lösungen

Aufgabe 1
Shorts: kurze Hose – Jogging: Lauftraining – Sound: Klang – Boots: Stiefel – Sushi: japanische Reisrollen – shoppen: einkaufen – Kebab: orientalisches Hammelfleischgericht – Computer: Datenverarbeitungsanlage – Sneakers: Sportschuhe – Grapefruit: Pampelmuse – Top: enges Oberteil mit Trägern – Show: Vorführung – Pyjama: Schlafanzug – chillen: ausruhen – Minestrone: italienische Gemüsesuppe – Chili: Cayennepfeffer – Trenchcoat: Regenmantel – Croissant: Hörnchen

Aufgabe 2

Kleidung	Essen	Freizeit
Shorts, Boots, Sneakers, Top, Pyjama, Trenchcoat	*Sushi*, Kebab, Grapefruit, Minestrone, Chili, Croissant	*Jogging*, Sound, shoppen, Computer, Show, chillen

Aufgaben 3 und 4
– Teenager: Jugendliche der Altersgruppe zwischen 13 und 19 Jahren (nach den englischen Zahlwörtern, die entsprechend auf -*teen* enden, sowie age „Alter")

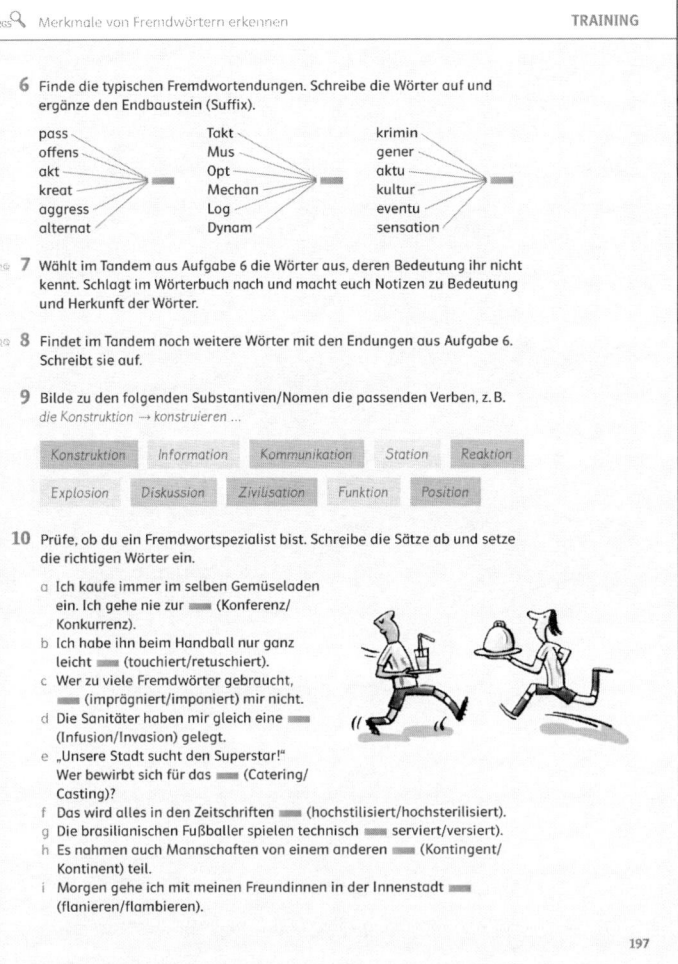

6 Finde die typischen Fremdwortendungen. Schreibe die Wörter auf und ergänze den Endbaustein (Suffix).

pass, offens, akt, kreat, aggress, alternat — Takt, Mus, Opt, Mechan, Log, Dynam — krimin, gener, aktu, kultur, eventu, sensation

7 Wählt im Tandem aus Aufgabe 6 die Wörter aus, deren Bedeutung ihr nicht kennt. Schlagt im Wörterbuch nach und macht euch Notizen zu Bedeutung und Herkunft der Wörter.

8 Findet im Tandem noch weitere Wörter mit den Endungen aus Aufgabe 6. Schreibt sie auf.

9 Bilde zu den folgenden Substantiven/Nomen die passenden Verben, z. B.
die Konstruktion → konstruieren …

Konstruktion   Information   Kommunikation   Station   Reaktion

Explosion   Diskussion   Zivilisation   Funktion   Position

10 Prüfe, ob du ein Fremdwortspezialist bist. Schreibe die Sätze ab und setze die richtigen Wörter ein.

a Ich kaufe immer im selben Gemüseladen ein. Ich gehe nie zur ▬ (Konferenz/Konkurrenz).
b Ich habe ihn beim Handball nur ganz leicht ▬ (touchiert/retuschiert).
c Wer zu viele Fremdwörter gebraucht, ▬ (imprägniert/imponiert) mir nicht.
d Die Sanitäter haben mir gleich eine ▬ (Infusion/Invasion) gelegt.
e „Unsere Stadt sucht den Superstar!" Wer bewirbt sich für das ▬ (Catering/Casting)?
f Das wird alles in den Zeitschriften ▬ (hochstilisiert/hochsterilisiert).
g Die brasilianischen Fußballer spielen technisch ▬ (serviert/versiert).
h Es nahmen auch Mannschaften von einem anderen ▬ (Kontingent/Kontinent) teil.
i Morgen gehe ich mit meinen Freundinnen in der Innenstadt ▬ (flanieren/flambieren).

197

– Tradition: Überlieferung, Brauch (von lat. *traditio* „Übergabe, Bericht")
– Engagement: Einsatz, Verpflichtung (von franz. *engagement* „Verpflichtung")
– Performance: Auftritt, künstlerische Aktion (von engl. *performance* „Aufführung, Darstellung")

Aufgabe 5
– konstruieren: 2. bauen
– konservieren: 3. haltbar machen
– konkurrieren: 1. wetteifern

Aufgabe 6
Es geht um die Suffixe -iv, -ik und -ell.

Aufgabe 7
individuelle Lösungen

Aufgabe 8
individuelle Lösungen –
Beispiele:
– -iv: primitiv, naiv, passiv, defensiv, …
– -ik: Hektik, Aromatik, Lyrik, Metrik, …
– -ell: nominell, provinziell, manuell, intellektuell, …

Aufgabe 9
Konstruktion: konstruieren – Information: informieren – Kommunikation: kommunizieren – Station: stationieren – Reaktion: reagieren – Explosion: explodieren – Diskussion: diskutieren – Zivilisation: zivilisieren – Funktion: funktionieren – Position: positionieren

Aufgabe 10
a Ich kaufe immer im selben Gemüseladen. Ich gehe nie zur Konkurrenz.
b Ich habe ihn beim Handball nur ganz leicht touchiert.
c Wer zu viele Fremdwörter gebraucht, imponiert mir nicht.
d Die Sanitäter haben mir gleich eine Infusion gelegt.
e „Unsere Stadt sucht den Superstar!" Wer bewirbt sich für das Casting?
f Das wird alles in den Zeitschriften hochstilisiert.
g Die brasilianischen Fußballer spielen technisch versiert.
h Es nahmen auch Mannschaften von einem anderen Kontinent teil.
i Morgen gehe ich mit meinen Freundinnen in der Innenstadt flanieren.

DaZ-Kommentare

Aufgaben 1 und 2
Die Arbeit mit Unter- und Oberbegriffen gehört zu den vielen Möglichkeiten und Techniken, dank derer die SuS nicht nur anhand der „langweiligen" Vokabeltabellen sich den neuen Wortschatz aneignen, erweitern und vertiefen können. Wenn nötig, sollte den SuS erklärt werden, was mit den „Oberbegriffen" gemeint ist und die SuS noch ein paar weitere Wortreihen bilden lassen.

Aufgabe 9
Hier kann direkt darauf hingewiesen werden, dass alle Verben auf -ieren das Partizip II mit dem Verbstamm und der Endung „t" bilden, z. B. konstruiert, informiert usw.

Faszinierendes aus anderen Ländern
Sich und andere informieren

Auftaktseiten – Vorwissen aktivieren

Die Auftaktseiten führen die Schülerinnen und Schüler (SuS) thematisch in das Kapitel ein. Zugleich machen sich die SuS mit wichtigen Textsorten und deren Funktionen vertraut. Sie wiederholen außerdem Satzverbindungen mit Konjunktionen.

Kommentare zu den Aufgaben

Einstieg und Aufgabe 1
Die SuS sehen sich die Bilder auf Seite 198 an und lesen die Textausschnitte zu Aufgabe 1. Anschließend können sie die Bilder den jeweiligen Texten zuordnen.

Aufgabe 2
Die SuS ordnen die Textausschnitte aus Aufgabe 1 vorgegebenen Textsorten zu und tauschen sich darüber aus, woran sie die Textsorte jeweils erkannt haben bzw. welche Merkmale die Texte in der Regel aufweisen. Ein solches Gespräch kann dabei direkt zu Aufgabe 3 überleiten.

Aufgabe 3
Die SuS tauschen sich über die Textsorten aus und bestimmen deren Funktion.

Aufgabe 4
In Form einer kurzen Internetrecherche sammeln die SuS weitere Informationen zu den vier durch die Textausschnitte angesprochenen Themenbereichen und informieren sich gegenseitig. Es empfiehlt sich dabei eine klare Zeitvorgabe (z. B. 10 bis 15 Minuten Recherche).

Aufgabe 5 RGS🔍
Einführend in die Bearbeitung der Aufgabe können die Wortarten Konjunktion (als Bindewörter, die Haupt- und Nebensätze oder Wortgruppen verknüpfen) und Relativpronomen wiederholt werden.

Das lernst du jetzt:

- Informationen aus verschiedenen Quellen untersuchen, zusammentragen und ordnen
- verschiedene Recherchemöglichkeiten anwenden
- Informationen in einem Kurzreferat präsentieren
- Präsentationsfolien gestalten
- Satzverbindungen (Satzreihen, Satzgefüge) bilden
- Relativpronomen und Konjunktionen verwenden

11 Faszinierendes aus anderen Ländern

Sich und andere informieren

Das lernst du jetzt:
- Informationen aus verschiedenen Quellen untersuchen, zusammentragen und ordnen
- verschiedene Recherchemöglichkeiten anwenden
- Informationen in einem Kurzreferat präsentieren
- Präsentationsfolien gestalten
- Satzverbindungen (Satzreihe, Satzgefüge) bilden
- Relativpronomen und Konjunktionen verwenden

198

KMK-Standards

Informationen zusammentragen (recherchieren) und ordnen
- Informationsmöglichkeiten nutzen: z. B. Informationen zu einem Thema / Problem in unterschiedlichen Medien suchen, vergleichen, auswählen und bewerten (Suchstrategien)
- Verfahren zur Textaufnahme kennen und nutzen: z. B. Aussagen erklären und konkretisieren, Stichwörter formulieren, Texte und Textabschnitte zusammenfassen
- verschiedene Textfunktionen und Textsorten unterscheiden
- Informationen zielgerichtet entnehmen, ordnen, vergleichen, prüfen und ergänzen

Informationen in einem Kurzvortrag wiedergeben
- Texte sinngebend und gestaltend vorlesen und (frei) vortragen
- längere freie Redebeiträge leisten, Kurzdarstellungen und Referate frei vortragen: ggf. mithilfe eines Stichwortzettels / einer Gliederung
- verschiedene Medien für die Darstellung von Sachverhalten nutzen (Präsentationstechniken, wie z. B. Tafel, Folie, Plakat, Moderationskarten)

1 Seht euch die Bilder auf Seite 198 an und lest die folgenden Textausschnitte. Tauscht euch darüber aus, wovon sie handeln.

Machu Picchu
Ruinenstadt in Peru. Die geheimnisvolle Stadt M. wurde im 15. Jahrhundert von den Inka erbaut. Sie liegt auf einem Bergrücken der Anden auf einer Höhe von etwa 2 400 m. Über 400 Jahre blieb M. verborgen, erst im Jahr 1911 …

Kleines Felskänguru vom Aussterben bedroht
Canberra – Australische Medien vermelden seit Jahren den rasanten Rückgang der Bestandszahlen des Kleinen Felskängurus, sodass es heute …

Vietnam – ein Land für alle Sinne
Lassen Sie sich auf einer Traumreise in ein fernes, faszinierendes Land entführen. Erleben Sie die gastfreundlichsten Menschen der Welt …

Der Kampf der Tuareg
Wir trafen die Rebellen dort, wo die Ténéré-Wüste vom Aïr-Gebirge begrenzt wird. In einer Wolke aus Sand kamen uns die wilden Männer entgegengeritten, von ihren Gesichtern hinter den schwarzen Turbanen waren nur die dunklen Augen …

2 Ordnet die vier Textausschnitte den folgenden Textarten zu.

Reiseprospekt   Zeitungsartikel   Reportage   Lexikoneintrag

3 Besprecht, wo euch solche Texte bereits begegnet sind, für wen sie geschrieben sind und welche Funktion sie haben.

4 Bildet vier Gruppen und verteilt die Texte. Sammelt weitere Informationen zu diesen Themen. Stellt die Informationen in der Klasse vor.

5 „Aus zwei mach eins". Verbindet mit den folgenden Wörtern zwei Sätze zu einem Satz. Stellt dazu den zweiten Satz um. Achtet auf die Kommas.

aber   das   dass

a Die Tuareg sind ein Nomadenvolk. Es lebt seit Jahrhunderten in der Sahara-Wüste.
b Die Felskängurus ernähren sich hauptsächlich von Gras. Sie fressen auch Blätter, Kräuter und Früchte.
c Es ist verständlich. Machu Picchu blieb 400 Jahre verborgen.

199

Satzverbindungen bilden / Relativpronomen und Konjunktionen
- Wortarten kennen und funktional gebrauchen
- sprachliche Mittel zur Sicherung des Textzusammenhangs (Textkohärenz) kennen und anwenden: Wortebene (morphologische Mittel): Beziehungswörter (z. B. Konjunktion, Adverb)
- Satzstrukturen kennen und funktional verwenden: Hauptsatz, Nebensatz / Gliedsatz, Satzglied, Satzgliedteil
- Grundregeln der Rechtschreibung und Zeichensetzung sicher beherrschen

Lösungen

Aufgabe 1
- Bild 1 (Südamerika): Text: „Machu Picchu"
- Bild 2 (Afrika): Text: „Der Kampf der Tuareg"
- Bild 3 (Australien): Text: „Kleines Felskänguru vom Aussterben bedroht"
- Bild 4 (Asien): Text: „Vietnam – ein Land für alle Sinne"

Aufgabe 2
- Text „Machu Picchu": Lexikoneintrag
- Text „Kleines Felskänguru vom Aussterben bedroht": Zeitungsartikel
- Text „Vietnam – ein Land für alle Sinne": Reiseprospekt
- Text „Der Kampf der Tuareg": Reportage

Aufgabe 3
individuelle Lösungen – Funktion der Texte:
- Reiseprospekt: werben, appellieren
- Zeitungsartikel: (aktuell) informieren
- Reportage: informieren, unterhalten
- Lexikoneintrag: informieren

Aufgabe 4
individuelle Lösungen

Aufgabe 5
a Die Tuareg sind ein Nomadenvolk, das seit Jahrhunderten in der Sahara-Wüste lebt.
b Die Felskängurus ernähren sich hauptsächlich von Gras, aber sie fressen auch Blätter, Kräuter und Früchte.
c Es ist verständlich, dass Machu Picchu 400 Jahre verborgen blieb.

DaZ-Kommentare

Einstieg
Es sollte sichergestellt werden, dass die SuS die Begriffe „Quelle" und „Recherche" verstehen. Ansonsten müssen diese Begriffe kurz erklärt werden.

Die Tiere mit dem Beutel

Grundlagenseiten / 1

Die Schülerinnen und Schüler (SuS) bereiten eine Internetrecherche vor. Sie halten dazu ihre Interessenschwerpunkte fest und üben verschiedene Fähigkeiten zur Bewertung der Brauchbarkeit von Informationen bzw. (Internet-) Quellen. Anschließend erproben sie eine Stichwortsuche im Internet und tauschen sich Vor- und Nachteile verschiedener Informationsquellen aus.

Kommentare zu den Aufgaben

Einstieg und Aufgabe 1
Die SuS sammeln im Tandem, was sie bereits über Beuteltiere wissen. Sie können dabei zu den Beuteltieren gehörende Tiere (z. B. Känguru, Koala, Opossum und Wombat) ebenso benennen wie Informationen über deren Verbreitung, Fortpflanzung oder Körperbau. Sie sammeln dadurch zugleich mögliche Rechercheaspekte.

Aufgabe 2
Die SuS sehen sich ein Cover an, lesen ein Inhaltsverzeichnis zu einem Sachbuch über Beuteltiere und beantworten dazu Fragen. Sie machen sich dadurch klar, auf welche Art von Informationen die Kapitelbezeichnungen jeweils verweisen.

Aufgabe 3
Als ersten Schritt auf dem Weg zur Planung eines Kurzvortrags besprechen die SuS ihre Interessen und formulieren entsprechende Fragen an das Thema (vgl. auch A 6).

Aufgabe 4
Die SuS überprüfen Klappentextauszüge darauf, ob das Buch, zu dem sie gehören, ihnen bei der Beantwortung einer bestimmten Frage hilfreich ist. Sie üben damit eine Fähigkeit, die bei der Informationsbeschaffung (nicht nur in der Bibliothek, vgl. A 5) von großer Bedeutung ist.

Aufgaben 5 und 6
Die SuS bewerten Suchergebnisse einer Stichwortsuche im Internet und führen selbst eine Stichwortsuche durch.

Aufgabe 7
Abschließend werden Erfahrungen aus Recherchen ausgetauscht (Vor- und Nachteile der Recherchewege) und Merkmale geeigneter Internetquellen gesammelt.

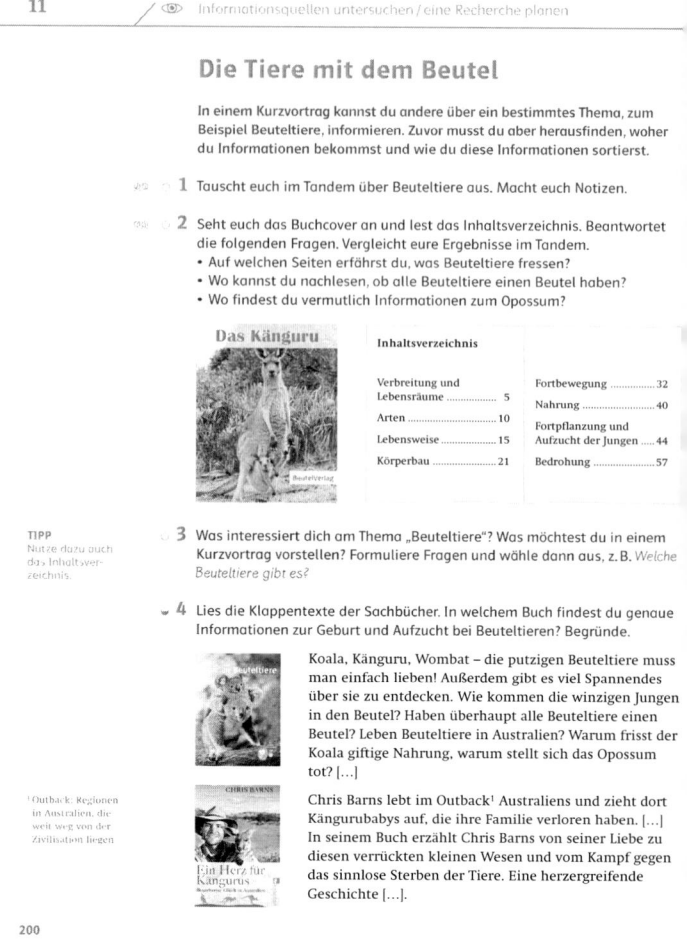

Die Tiere mit dem Beutel

In einem Kurzvortrag kannst du andere über ein bestimmtes Thema, zum Beispiel Beuteltiere, informieren. Zuvor musst du aber herausfinden, woher du Informationen bekommst und wie du diese Informationen sortierst.

1 Tauscht euch im Tandem über Beuteltiere aus. Macht euch Notizen.

2 Seht euch das Buchcover an und lest das Inhaltsverzeichnis. Beantwortet die folgenden Fragen. Vergleicht eure Ergebnisse im Tandem.
• Auf welchen Seiten erfährst du, was Beuteltiere fressen?
• Wo kannst du nachlesen, ob alle Beuteltiere einen Beutel haben?
• Wo findest du vermutlich Informationen zum Opossum?

Das Känguru

Inhaltsverzeichnis

Verbreitung und Lebensräume 5
Arten 10
Lebensweise 15
Körperbau 21
Fortbewegung 32
Nahrung 40
Fortpflanzung und Aufzucht der Jungen 44
Bedrohung 57

TIPP
Nutze dazu auch das Inhaltsverzeichnis.

3 Was interessiert dich am Thema „Beuteltiere"? Was möchtest du in einem Kurzvortrag vorstellen? Formuliere Fragen und wähle dann aus, z. B. *Welche Beuteltiere gibt es?*

4 Lies die Klappentexte der Sachbücher. In welchem Buch findest du genaue Informationen zur Geburt und Aufzucht bei Beuteltieren? Begründe.

Koala, Känguru, Wombat – die putzigen Beuteltiere muss man einfach lieben! Außerdem gibt es viel Spannendes über sie zu entdecken. Wie kommen die winzigen Jungen in den Beutel? Haben überhaupt alle Beuteltiere einen Beutel? Leben Beuteltiere in Australien? Warum frisst der Koala giftige Nahrung, warum stellt sich das Opossum tot? [...]

Chris Barns lebt im Outback[1] Australiens und zieht dort Kängurubabys auf, die ihre Familie verloren haben. [...] In seinem Buch erzählt Chris Barns von seiner Liebe zu diesen verrückten kleinen Wesen und vom Kampf gegen das sinnlose Sterben der Tiere. Eine herzergreifende Geschichte [...].

[1] Outback: Regionen in Australien, die weit weg von der Zivilisation liegen

200

Lösungen

Aufgabe 1
individuelle Lösungen

Aufgabe 2
- *Auf welchen Seiten erfährst du, was Beuteltiere fressen?* – im Kapitel „Nahrung" auf den Seiten 40 bis 43
- *Wo kannst du nachlesen, ob alle Beuteltiere einen Beutel haben?* – im Kapitel „Körperbau" auf den Seiten 21 bis 31
- *Wo findest du vermutlich Informationen zum Opossum?* – im Kapitel „Arten" auf den Seiten 10 bis 14

Aufgabe 3
individuelle Lösungen

Aufgabe 4
Genaue Angaben wird man im Buch „Entdecke die Beuteltiere" finden, das wissenschaftlich ausgerichtet ist. Das zweite Buch ist dagegen aus subjektiver Sicht verfasst und schildert nicht zuletzt Einzelfälle, die nicht unbedingt verallgemeinerbar sind.

5 Seht euch das abgebildete Ergebnis einer Internetrecherche[2] zum Thema „Beuteltiere" an. Besprecht im Tandem, welche Links nützlich[3] sein könnten und welche nicht. Begründet eure Meinung.

[2] Recherche: Nachforschung, Untersuchung

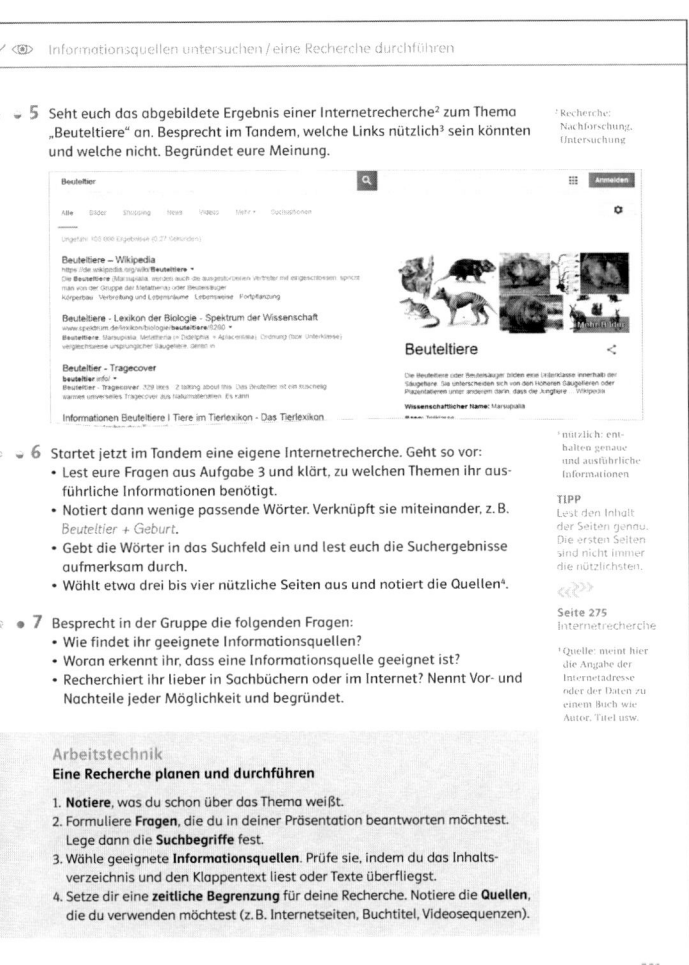

6 Startet jetzt im Tandem eine eigene Internetrecherche. Geht so vor:
- Lest eure Fragen aus Aufgabe 3 und klärt, zu welchen Themen ihr ausführliche Informationen benötigt.
- Notiert dann wenige passende Wörter. Verknüpft sie miteinander, z. B. *Beuteltier + Geburt*.
- Gebt die Wörter in das Suchfeld ein und lest euch die Suchergebnisse aufmerksam durch.
- Wählt etwa drei bis vier nützliche Seiten aus und notiert die Quellen[4].

[3] nützlich: enthalten genaue und ausführliche Informationen

TIPP
Lest den Inhalt der Seiten genau. Die ersten Seiten sind nicht immer die nützlichsten.

≪2≫
Seite 275
Internetrecherche

[4] Quelle: meint hier die Angabe der Internetadresse oder der Daten zu einem Buch wie Autor, Titel usw.

7 Besprecht in der Gruppe die folgenden Fragen:
- Wie findet ihr geeignete Informationsquellen?
- Woran erkennt ihr, dass eine Informationsquelle geeignet ist?
- Recherchiert ihr lieber in Sachbüchern oder im Internet? Nennt Vor- und Nachteile jeder Möglichkeit und begründet.

Arbeitstechnik

Eine Recherche planen und durchführen

1. **Notiere**, was du schon über das Thema weißt.
2. Formuliere **Fragen**, die du in deiner Präsentation beantworten möchtest. Lege dann die **Suchbegriffe** fest.
3. Wähle geeignete **Informationsquellen**. Prüfe sie, indem du das Inhaltsverzeichnis und den Klappentext liest oder Texte überfliegst.
4. Setze dir eine **zeitliche Begrenzung** für deine Recherche. Notiere die **Quellen**, die du verwenden möchtest (z. B. Internetseiten, Buchtitel, Videosequenzen).

201

Aufgabe 5
Am geeignetsten ist hier der erste Treffer (Wikipedia-Artikel), der sich allgemein mit Beuteltieren befasst. Der zweite Treffer führt zu einem Lexikonartikel über Beuteltiere in Spektrum Biologie. Treffer 3 schließlich hat keinen Bezug zu Beuteltieren als Lebewesen, sondern verwendet lediglich den Begriff.

Aufgabe 6
individuelle Lösungen – Bei der Stichwortsuche im Internet sollte die Anfrage so genau wie möglich, also am besten immer mit mehreren Begriffen, eingegrenzt werden.

Aufgabe 7
individuelle Lösungen – Informationsquellen sollten zunächst inhaltlich dem Interesse entsprechen (vgl. A 5). Ist dies gegeben, ist speziell im Internet den Seiten der Vorzug zu geben, die von offizieller Seite betrieben werden (Schulen und Hochschulen, Verbände, Vereine, Behörden, …). Grundsätzlich sollte außerdem darauf geachtet werden, dass Informationsquellen relativ aktuell sind (ein Sachbuch über Beuteltiere aus dem Jahr 1980 ist vielleicht mittlerweile wissenschaftlich überholt). – Grundsätzlich liegen die Vorteile des Internets in der leichten Verfügbarkeit; anders als Bücher kostet es außerdem nichts. Der Nachteil ist, dass es im Internet kaum Kontrollinstanzen gibt, weshalb man sich auf die Informationen nicht immer ohne Weiteres verlassen kann.

DaZ-Kommentare

Einstieg
Es sollte sichergestellt werden, dass die SuS die Begriffe „Beutel" und „Beuteltier" verstehen. Ansonsten müssen die Begriffe den SuS erklärt werden.

Aufgabe 4
Diese Aufgabe kann mithilfe des Wörterbuchs bewältigt werden. Es soll darauf geachtet werden, dass die SuS für diese Aufgabe genug Zeit bekommen.

Aufgabe 5
An derartigen Aufgaben arbeiten die SuS meist sehr gerne. Die Lehrkraft sollte aber stets kontrollieren, ob die SuS nicht zu viel Zeit verlieren, indem sie jedes einzelne Wort übersetzen, was enorm viel Zeit kostet und kontraproduktiv ist. Die SuS sollten sich hier, z. B. anhand von Stichwörtern und Bildern, zuerst grob orientieren, ob die Seiten tatsächlich nützliche Informationen liefern können.

Vorhandenes Zusatzmaterial zu dieser Doppelseite

Kindheit im Beutel

Grundlagenseiten / 2

Die Schülerinnen und Schüler (SuS) werten Sachtextauszüge zu Beuteltieren (Geburt und Säugezeit) aus. Mithilfe ihrer Notizen zur Auswertung beantworten sie Inhaltsfragen zu den Texten und überprüfen so die Vollständigkeit und Genauigkeit ihrer Notizen. Anschließend ordnen sie ihre Notizen mithilfe einer Mindmap und wiederholen so diese wichtige Arbeitstechnik.

Kommentare zu den Aufgaben

Einstieg und Aufgabe 1
Die SuS betrachten das Bild zu Aufgabe 1 und formulieren Fragen, die sich für sie aus dem Bild ergeben.

Aufgaben 2 und 3
Die SuS lesen drei Textauszüge und halten die Hauptaussagen jeweils in Stichworten fest. Mithilfe dieser Stichworte beantworten sie anschließend Inhaltsfragen zum Text und können so selbst überprüfen, ob ihre Notizen ausreichend waren.

Aufgabe 4
Indem die SuS prüfen, welcher der drei Textauszüge ihnen am hilfreichsten für die Beantwortung der Fragen war, machen sie sich bewusst, dass Texte bei einer Recherche immer auch auf ihre Ergiebigkeit hin geprüft werden sollten (vgl. Schritt 1 der Arbeitstechnik); sie richten ihre Aufmerksamkeit außerdem auf die Textart (Text C ist berichtend und könnte z. B. Teil einer Meldung sein).

Aufgabe 5
Die SuS ordnen die gewonnenen Informationen in einer Mindmap. Vorab lesen sie ggf. noch einmal die Arbeitstechnik „Informationen in einer Mindmap sammeln und ordnen" auf Seite 183 im Schülerbuch (vgl. zur Mindmap auch die nachfolgende Doppelseite 204 / 205).

Aufgabe 6
Die SuS recherchieren Bildmaterial zum Thema Geburt (Stichwortsuche: Beuteltiere + Geburt + Bilder) und Aufzucht (Beuteltiere + Aufzucht + Bilder) bei Beuteltieren. Das Bildmaterial wird dann zur Vorbereitung eines Stichwortzettels sowie zur Gestaltung einer Präsentationsfolie auf der nachfolgenden Doppelseite benötigt.
Alternative:
Die Recherche kann auch im Tandem oder in Kleingruppen (bis zu fünf SuS) erfolgen.

Kindheit im Beutel

1 Sieh dir das Bild an. Was interessiert dich an Geburt und Aufzucht von Beuteltieren?
Notiere Fragen dazu, z. B. *Wie groß sind die Jungtiere bei der Geburt?*

2 Die folgenden drei Texte informieren über den Nachwuchs bei Beuteltieren. Lies die Texte und mache dir zu jedem Text Notizen.

Leseschlüssel

A [...] Beuteltiere sind nahe mit uns „höheren Säugetieren" (Plazentatieren) verwandt. Dennoch zeigen sich schon früh in der Schwangerschaft Unterschiede. Während bei uns die Gliedmaßen des Embryos allmählich wachsen und lange hinter Gehirn und inneren Organen zurückbleiben, reifen die Arme – nicht aber die Hinterbeine – bei den Beutelsäugern schon extrem früh. [...] Bei einigen Familien, darunter den Kängurus, gibt es zusätzlich eine so genannte verzögerte Geburt. Sie paaren sich direkt nach der Geburt wieder, das jetzt befruchtete Ei teilt sich aber nur bis zu einer Größe von etwa 100 Zellen und ruht dann. Es wächst erst weiter, wenn das ältere Jungtier den Beutel verlässt oder stirbt. Auf diese Weise kann die Mutter sogar drei Kinder zugleich haben: eins als Embryo, eins im Inneren und eins außerhalb des Beutels, das aber noch gestillt wird.

B [...] Meist wird nur ein Junges geboren, das winzig ist – etwa so groß wie ein Gummibärchen – und weniger als ein Gramm wiegt. Die Neugeborenen sind kaum entwickelt und ähneln einem Embryo: Die Augen und Ohren sind kaum ausgebildet, der Körper ist nackt und die Hinterbeine sind noch ganz kurz.
Dennoch krabbelt das Neugeborene durch das Fell der Mutter, bis es innerhalb weniger Minuten nach der Geburt den Beutel an ihrem Bauch erreicht hat. Den richtigen Weg findet es mit Hilfe seines Geruchssinns. Die Mutter hat eine Speichelspur von der Geburtsöffnung bis zum Beutel gelegt. Dieser Spur folgt das Neugeborene. Im Beutel saugt es sich an der Zitze der Mutter fest. Die Zitze schwillt dann an, sodass das Neugeborene sie nicht mehr loslassen kann. Anfangs ist es auch zu schwach zum Saugen, deshalb spritzt die Mutter ihrem Kind die Milch in den Mund. Das Neugeborene verbringt die nächsten neun Monate ausschließlich im Beutel der Mutter. In dieser Zeit reift es zum jungen, fertig entwickelten Känguru heran. Auch wenn es den Beutel verlassen hat, säugt die Mutter ihr Junges oft noch lange – bis es etwa 12 bis 17 Monate alt ist.

C Bettina lebt im Zoo von Sydney und ist ein Waisenkind: Als Ersatzmutter kommt nun ein kuscheliges Plüschkänguru zum Einsatz – sehr zur Freude des Beuteltierbabys. Passanten hatten das kaum handflächengroße Fuchs-

202

Lösungen

Aufgabe 1
individuelle Lösungen

Aufgabe 2
Leseaufgabe

Aufgabe 3
- *Wie sehen die Jungtiere bei der Geburt aus?* – Die Jungtiere sind etwa gummibärchengroß, wiegen weniger als ein Gramm, sind kaum entwickelt und ähneln einem Embryo (kaum entwickelte Augen und Ohren, nackter Körper, kurze Hinterbeine).
- *Wie gelangen die Jungtiere in den Beutel?* – Die Jungtiere krabbeln durch das Fell der Mutter; mithilfe ihres Geruchssinns folgen sie einer Schleimspur, die die Mutter von der Geburtsöffnung bis zum Beutel gelegt hat.
- *Wie werden die Jungen ernährt?* – Sie saugen sich an der Zitze der Mutter fest, aus der sie die Milch dem Jungen zunächst in den Mund spritzt.
- *Wie lange bleiben die Jungtiere im Beutel?* – Die Jungtiere bleiben dort die nächsten neun Monate.
- *Wann bringen die Beuteltiere ihre Jungen zur Welt?* – Die Jungen kommen zur Welt, nach dem zuvor ein Junges den Beutel verlassen hat oder gestorben ist.

kusu auf der Straße gefunden und zum Zoo gebracht. Dort versucht Tierpflegerin Felicity Evans, es wieder aufzupäppeln, wie der Taronga-Zoo mitteilte. Evans flößt ihm Nahrung mit einer Minispritze in den Mund. „In diesem Alter wäre das Kleine eigentlich noch bei seiner Mutter", sagte die Tierpflegerin dem Sender 9News. „Das Kuscheltier gibt ihm wohl Wärme und Trost."

3 Beantworte mithilfe deiner Notizen aus Aufgabe 2 die folgenden Fragen.
   • Wie sehen die Jungtiere bei der Geburt aus?
   • Wie gelangen die Jungtiere in den Beutel?
   • Wie werden die Jungen ernährt?
   • Wie lange bleiben die Jungtiere im Beutel?
   • Wann bringen die Beuteltiere ihre Jungen auf die Welt?

4 Besprecht im Tandem, mit welchem Text aus Aufgabe 2 ihr die meisten Fragen beantworten konntet und mit welchem nicht. Begründet eure Meinung.

5 Trage jetzt alle Informationen zur Geburt und Aufzucht von Beuteltieren zusammen. Verwende deinen ausgewählten Text und die Antworten aus Aufgabe 3. Lege eine Mindmap an.

Seite 183
Mindmap

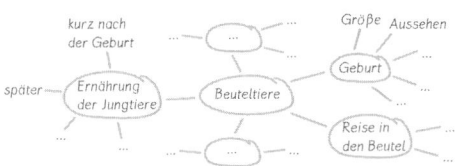

TIPP
Du kannst weitere Informationen im Internet recherchieren. Nutze deine Quellen aus Aufgabe 6 von Seite 201.

6 Sammle Bildmaterial zum Thema „Geburt und Aufzucht von Beuteltieren".

Arbeitstechnik
Informationsmaterial auswerten und zusammenfassen

1. **Sichte das Material** aus deiner Recherche. Überfliege die Texte. Entscheide, welche Texte du wirklich nutzen kannst.
2. Lies die Texte gründlich. Schreibe **wichtige Informationen** aus den Texten heraus und ordne sie, z. B. nach Stichworten.
3. Prüfe, ob du deine Fragen ausreichend beantworten kannst.
4. Schreibe eine **Gliederung** und notiere die **wesentlichen Informationen** auf Stichwortzetteln, Karteikarten oder in einer Mindmap.
5. Wähle passendes **Bildmaterial**, **Diagramme**, **Schaubilder** oder **Videos** aus, mit denen du deine Präsentation anschaulich gestalten kannst.

203

Aufgabe 4
Die meisten Fragen (vier von fünf) lassen sich mithilfe von Text B beantworten, der die Geburt und Entwicklung der Beuteltiere zum Schwerpunkt hat. Text C beantwortet keine Frage; bei Text C geht es um einen Einzelfall eines Beuteltier-Babys, das ohne Mutter im Zoo von Sydney aufgezogen wird.

Aufgabe 5
Als Hauptäste können noch ergänzt werden: Aufenthalt im Beutel, Geburtszyklus.

Aufgabe 6
individuelle Lösungen

DaZ-Kommentare

Aufgabe 1
Damit die SuS die kommenden Aufgaben im Unterricht bearbeiten können, sollten von ihnen die schwierigen Texte unbedingt im Rahmen der vorherigen Hausaufgabe gelesen und übersetzt werden. Die unbekannten Wörter werden ins Vokabelheft eingetragen und ebenfalls übersetzt.

Arbeitstechnik: Informationsmaterial auswerten und zusammenfassen
Die SuS sollten unbedingt die Arbeitstechnik genau lesen und, wenn nötig, übersetzen.

Mein Thema: Die Beuteltiere

Grundlagenseiten / 3

Die Grundlagenseiten leiten das Vorbereiten eines Kurzvortrags samt der Gestaltung von Präsentationsfolien an. Wichtig ist dabei, dass sich die Schülerinnen und Schüler (SuS) die Arbeitsweise bzw. -technik bewusst machen. Inwieweit man das Anlegen eines Stichwortzettels oder das Gestalten einer Präsentationsfolie an dieser Stelle vertieft oder erst im Zusammenhang mit der Bearbeitung der BASIS-, EXTRA- und PLUS-Seiten mit Inhalten füllt, muss je nach Lerngruppe entschieden werden.

Kommentare zu den Aufgaben

Einstieg

Die SuS könnten gefragt werden, ob sich eine Mindmap auch als Grundlage für das Halten eines Kurzvortrags eignet. Aus den Antworten können Merkmale eines Stichwortzettels abgeleitet und an der Tafel festgehalten werden.

Aufgabe 1

Vor der Ausarbeitung des Stichwortzettels sollte die Arbeitstechnik „Einen Kurzvortrag vorbereiten" auf Seite 204 gelesen werden. Die SuS übernehmen dann die vorgegebene Gliederung und ergänzen sie. Inhaltlich können sie dabei auf ihre Arbeitsergebnisse von der vorhergehenden Doppelseite zurückgreifen.

Aufgabe 2

Die Aufgabe regt das Halten der Kurzvorträge im Tandem an. Bevor die SuS die Vorträge halten, sollten sie die Gelegenheit haben, sie auch (zumindest einmal) zu üben.
Alternative:
Die SuS arbeiten zunächst eine Präsentationsfolie zu dem Vortrag aus (vgl. A 6) und halten das Referat erst dann, wobei sie die Präsentationsfolie natürlich auch nutzen.

Aufgaben 3 bis 5

Ausgehend von der Beurteilung zweier Präsentationsfolien reflektieren die SuS über Merkmale von gelungenen Folien und halten diese in Form einer Checkliste fest, die sie mithilfe der Arbeitstechnik „Präsentationsfolien gestalten" auf Seite 205 auch selbst überprüfen können.
Erweiterung:
Die SuS könnten zu den Funktionen von Präsentationsfolien sowohl für die Zuhörerinnen und Zuhörer (ihnen helfen sie vor allem, dem Vortrag besser zu folgen) als auch für die Vortragenden selbst (ihnen geben sie als roter Faden vor allem Sicherheit) befragt werden.

Aufgabe 6

Die SuS erarbeiten selbst eine Folie zu einem Aspekt ihres Kurzvortrags und präsentieren sie (ggf. im Rahmen des eigentlichen Vortrags, vgl. die Alternative zu A 2).

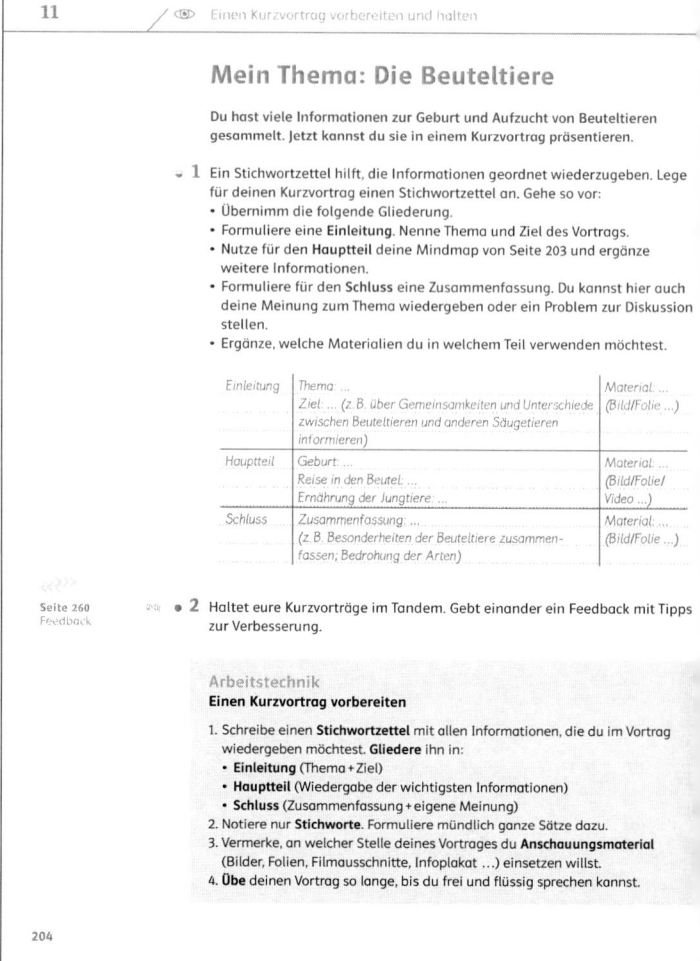

Lösungen

Aufgabe 1
individuelle Lösungen

Aufgabe 2
individuelle Lösungen – Kritik im Rahmen eines Feedbacks sollte immer mit einem konkreten Verbesserungsvorschlag verbunden sein.

Aufgaben 3 und 4
Die Folie rechts ist gut gelungen: klare, übersichtliche Gestaltung mit Überschrift, den wichtigsten Informationen in Stichworten und einem hinreichend großen Bild.

Aufgabe 5
Vergleiche (für die Checkliste) zur Gestaltung der Folien die Hinweise in der Arbeitstechnik „Präsentationsfolien gestalten" auf Seite 205.

Aufgabe 6
individuelle Lösungen – Wird die Präsentationsfolie im Rahmen eines Kurzvortrags genutzt, ist darauf zu achten, dass die Stichworte auf der Folie nicht einfach nur vorgelesen, sondern vielmehr mit eigenen Worten ausformuliert bzw. erläutert werden.

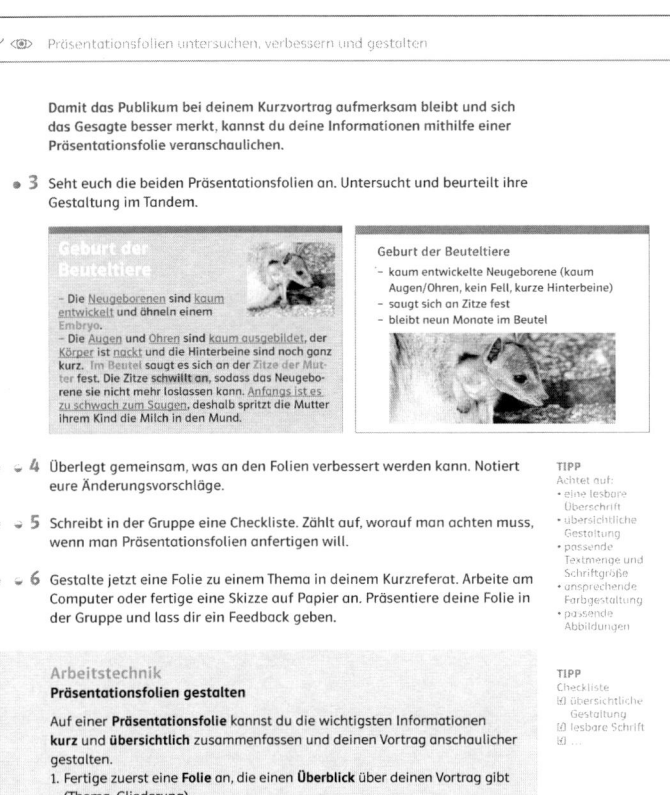

Vorhandenes Zusatzmaterial zu dieser Doppelseite

📄 KV 1 BASIS, S. 161
📄 KV 1 EXTRA, S. 162
📄 KV 1 PLUS, S. 163

📄 KV 2 BASIS, S. 164
📄 KV 2 EXTRA, S. 165
📄 KV 2 PLUS, S. 166

📄 KV 3 BASIS, S. 167
📄 KV 3 EXTRA, S. 168
📄 KV 3 PLUS, S. 169

📄 KV 4 BASIS, S. 170
📄 KV 4 EXTRA, S. 171
📄 KV 4 PLUS, S. 172

📄 AH 7, Kapitel 11, S. 62

🌐 Test 882qt8

DaZ-Kommentare

Aufgabe 6

Da nicht alle SuS so gut mit dem Computer umgehen können, dass sie eine Präsentationsfolie gestalten können, sollte es ihnen erlaubt werden, diese Aufgabe im Tandem zu erledigen.

Arbeitstechniken

Die SuS sollten unbedingt beide Arbeitstechniken („Einen Kurzvortrag vorbereiten" und „Präsentationsfolien gestalten) genau lesen und, wenn nötig, übersetzen.

Vietnam – zauberhaftes Land im Süden

BASIS-Seiten / 1

Die Schülerinnen und Schüler (SuS) verfestigen Fähigkeiten, die sie für die Recherche in Büchern wie im Internet benötigen. Ausgehend von einem thematischen Impuls richten sie selbst Fragen an ein Thema, bereiten eine entsprechende Stichwortsuche im Internet vor und führen sie schließlich im Netz oder in Sachbüchern durch.

Kommentare zu den Aufgaben

Einstieg und Aufgabe 1
Ausgehend von einem kurzen Informationstext über Vietnam sowie von drei Bildern tauschen sich die SuS über ihr Vorwissen zu Vietnam aus und bereiten damit die folgenden Aufgaben thematisch vor.
Alternative:
Erste Fragen zu Vietnam könnten schon hier (vgl. dann dazu A 4) gesammelt und an der Tafel festgehalten werden.

Aufgaben 2 und 3
Die SuS lesen das Inhaltsverzeichnis eines Online-Reiseführers und überprüfen es darauf, ob die Bereiche, die es ausweist, ihnen bei der Beantwortung bestimmter Fragen hilfreich sind. – Bei Aufgabe 3 sind teilweise auch mehrere Lösungen möglich bzw. sinnvoll, weshalb die SuS angehalten werden sollten, ihre Auswahl zu begründen.

Aufgabe 4
Die SuS formulieren Fragen an Vietnam bzw. an eine Reise dorthin und notieren sie. – Vgl. zu den Fragen dann die Aufgaben 8 und 9.

Aufgabe 5
Die SuS entscheiden sich anhand der Buchcover und Klappentexte für einen bestimmten Reiseführer und begründen ihre Wahl.

Aufgaben 6 und 7
Die SuS bewerten Suchergebnisse einer Stichwortsuche im Internet.

Aufgaben 8 und 9
Die SuS leiten aus ihren Fragen aus Aufgabe 4 Stichwörter für eine Stichwortsuche ab und führen eine entsprechende Recherche durch.
Erweiterung:
Die SuS arbeiten in Gruppen (bis zu fünf SuS) und dokumentieren ihre Recherche (Stichwörter der Suche, besuchte Seiten). Anschließend werden Erfahrungen aus den Recherchen ausgetauscht.

Vietnam – zauberhaftes Land im Süden

1 Lest den Text und seht euch die Bilder an. Besprecht in der Gruppe, was ihr über Vietnam wisst.

Der langgestreckte Küstenstaat am Chinesischen Meer zählt zu den faszinierendsten Ländern Südostasiens. Als Reiseziel wird Vietnam immer beliebter. Trotzdem ist das Land eines der ärmsten Länder Asiens, da es immer noch mit den Spätfolgen des Krieges zu kämpfen hat.

2 Stelle dir vor, in den nächsten Ferien kannst du nach Vietnam reisen. Darauf möchtest du dich vorbereiten. Sieh dir das Inhaltsverzeichnis aus einem Online-Reiseführer an.

3 In welchen Kapiteln des Reiseführers findest du Informationen zu folgenden Begriffen? Schreibe die Kapitelnummern auf.
- beste Reisezeit
- notwendige Impfungen
- geeignete Reisebekleidung
- Übernachtungsmöglichkeiten
- Einreisebestimmungen
- Orte, die man unbedingt besuchen sollte

4 Was interessiert dich an Vietnam? Formuliere Fragen dazu, z. B. *Welche Speisen sind in Vietnam beliebt?*

206

Lösungen

Aufgabe 1
individuelle Lösungen

Aufgabe 2
Leseaufgabe

Aufgabe 3
- *beste Reisezeit* – Kapitel 11: Reise- und Sicherheitshinweise, 4: Wetter und Klima
- *notwendige Impfungen* – Kapitel 12: Gesundheit, 3: Visum
- *geeignete Reisebekleidung* – Kapitel 4: Wetter und Klima, 9: Verhaltensregeln
- *Übernachtungsmöglichkeiten* – Kapitel 6: Unterkunft
- *Einreisebestimmungen* – Kapitel 3: Visum
- *Orte, die man unbedingt besuchen sollte* – Kapitel 1: Städte und Sehenswürdigkeiten

Aufgabe 4
individuelle Lösungen

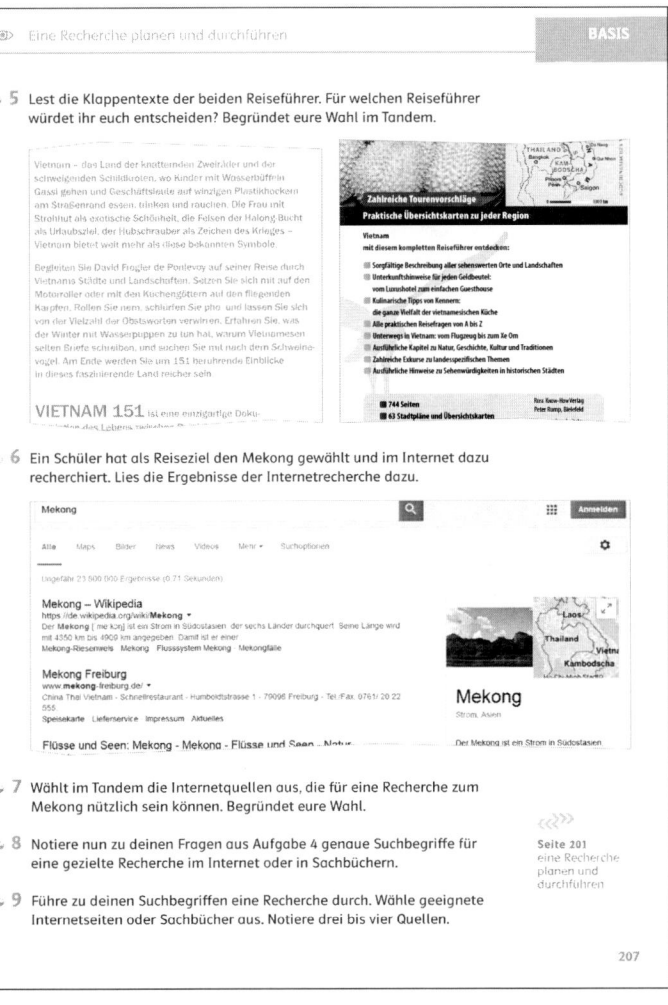

Vorhandenes Zusatzmaterial zu dieser Doppelseite

📰 Differenzierungskarte EXTRA, S. 41
📰 Differenzierungskarte PLUS, S. 41

Aufgabe 5

Der Reiseführer aus dem REISE KNOW-HOW VERLAG enthält sicher mehr praktische Tipps und konkrete, für eine Reise nach Vietnam nützliche Hinweise. Das Buch „Vietnam 151" ist eher beschreibend und will den Lesern das Land nahebringen. Auch das ist für Reisende sicher sehr interessant, aber von geringerer praktischer Bedeutung.

Aufgabe 6

Leseaufgabe

Aufgabe 7

Nützlich sind insbesondere der erste und der dritte Treffer, da hier der Mekong im Mittelpunkt steht. Der zweite Treffer verweist dagegen auf eine Seite, die sich auf ein Freiburger Restaurant, das nach dem Delta benannt ist, bezieht.

Aufgaben 8 und 9

individuelle Lösungen

DaZ-Kommentare

Aufgaben 1 bis 5

Diese Aufgaben können mithilfe des Wörterbuchs bewältigt werden. Es sollte darauf geachtet werden, dass die SuS für diese Aufgaben genug Zeit für die Bearbeitung bekommen.

Die schwimmenden Märkte

BASIS-Seiten / 2

Die Schülerinnen und Schüler (SuS) werten Auszüge aus einem Informationstext über das Mekong-Delta aus (Überprüfung des Textverständnisses, Formulieren von Abschnittsüberschriften, stichwortartige Inhaltszusammenfassung). Die SuS vertiefen das Thema durch eine eigene (Internet-) Recherche. Sachinformationen und Bildmaterial werden zu einem Stichwortzettel für einen Kurzvortrag zusammengefügt. Der Kurzvortrag wird geübt und schließlich gehalten.

Kommentare zu den Aufgaben

Einstieg und Aufgabe 1
Ausgehend von Bildern sowie einer Textüberschrift leiten die SuS das Textthema ab.

Aufgaben 2 bis 4
Die SuS lesen jetzt Auszüge aus einer Reisereportage von Alexander Del Regno und beantworten zur Verständnissicherung Inhaltsfragen dazu. Anschließend sichern sie den Textinhalt durch das Formulieren von Abschnittsüberschriften und Stichworten zu den Hauptinformationen.
Alternative:
Die Bearbeitung von Aufgabe 4 erfolgt im Tandem oder der Kleingruppe. – Die SuS bewerten ihre Arbeitsergebnisse untereinander und geben sich ein Feedback.

Aufgaben 5 bis 8
Die SuS recherchieren selbstständig weitere Aspekte zum Mekong-Delta, halten dazu die wichtigsten Informationen fest und legen einen Stichwortzettel für einen Kurzvortrag an, den sie auch mit Bildern unterstützen.
Alternative:
Sind die SuS hier noch unsicher, könnte auch im Tandem gearbeitet werden (dann empfiehlt es sich, leistungsstärkere und -schwächere SuS zu mischen).

Aufgaben 9 und 10
Abschließend wird der Kurzvortrag eingeübt und schließlich gehalten.
Erweiterung:
Vorab werden mit den SuS die Feedback-Kriterien erarbeitet. Z. B.: Frei vorgetragen, laut und verständlich gesprochen, dem Publikum zugewandte Körperhaltung, klare Gliederung, Inhalt verständlich und informativ, Inhalt durch Bilder unterstützt, auf das Publikum eingegangen (Fragen zugelassen und beantwortet?)?

Die schwimmenden Märkte

1 Lies die Textüberschrift und sieh dir die Abbildungen an. Stelle Vermutungen an, worum es in dem folgenden Text geht.

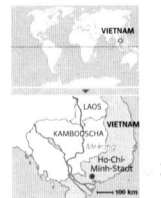

2 Lies den folgenden Text oder höre ihn dir an.

Alexander Del Regno
Mekong-Delta in Vietnam: Alles im Fluss
(1) Lange bevor die ersten Sonnenstrahlen den Dunst durchbrechen, schippern die ersten Boote über den Strom. Das monotone Knattern der alten Dieselmotoren kündigt sie schon aus der Ferne an. Es ist noch nicht einmal 5 Uhr morgens, wenn auf dem schwimmenden Markt von Cai Rang die
5 geschäftigste Zeit des Tages beginnt. Reis, Gemüse und Früchte aller Art werden auf dem Fluss gehandelt. Bis zum Anschlag sind die Laderäume der bunten Holzboote gefüllt – und wenn der Platz darin nicht reicht, türmen sich die Berge aus Zuckerrohr, Kokosnüssen, Bananen, Mangos und Ananas an Deck. Manche der schwimmenden Marktstände trudeln schwerfällig
10 und mit abenteuerlichem Tiefgang durch die Fluten. Am Heck ragen Stangen in die Höhe, daran baumelt für alle Markttreibenden weithin sichtbar die jeweilige Ware – quasi als Verkaufsschild. [...]

(2) Seit Menschengedenken funktioniert das so im Mekong-Delta, in dem sich der 4 500 Kilometer lange Fluss aus dem Himalaja in mächtige Arme
15 aufteilt und ins Südchinesischen Meer mündet. Unzählige Frachter und Passagierschiffe, ebenso wie Motor- und Ruderboote schippern über die breiten Wasserstraßen, bevor sie in einem Labyrinth aus schmalen Flussarmen, Kanälen und Inselchen verschwinden. Der Begriff „Lebensader" ist hier zu Hause, denn in der sogenannten Reiskammer Vietnams, treffend, der Fluss
20 bestimmt alles: die Ernte, den Transport von Gütern und das Fortkommen der Menschen, die zumeist auch auf ihren Booten leben. [...]

(3) Mittendrin im Markttreiben ist derjenige, der sich von einem Anrainer im Kahn zu den Handelsbooten rudern lässt. Dazu muss man zuvor direkt in die kleinen Marktorte reisen, was nicht immer auf Anhieb gelingt. Denn
25 oft steuern nur klappernde, überfüllte Kleinbusse die Nähe dieser Orte an. Nicht gerade erholsam, aber abenteuerlich ist die holprige Fahrt neben Kisten, Körben und Hühnerkäfigen – bevor man sich schließlich am Rande einer Schnellstraße wiederfindet. [...]

208

Lösungen

Aufgabe 1
individuelle Lösungen – Das Mekong-Delta als Thema des Informationstextes sollte erkannt worden sein.

Aufgabe 2
Leseaufgabe / Hörverstehen

Aufgabe 3
- *Welche Waren werden auf dem Mekong verkauft?* – Es werden Reis, Gemüse und Früchte aller Art gehandelt.
- *Wie machen die Händler auf sich aufmerksam?* – Die Händler befestigen an Stangen, die am Heck nach oben ragen, Waren als eine Art Verkaufsschild.
- *Warum wird der Mekong als „Lebensader" bezeichnet?* – Der Fluss wird so genannt, weil er alles bestimmt: Ernte, Transport von Waren und Menschen; viele Menschen leben außerdem auf ihren Booten.
- *Wie gelangen die Käufer zu den Booten der Händler?* – Zunächst wird man in Bussen an die kleinen Marktorte gefahren und von dort von Anrainern in Booten zu den Händlern gerudert.
- *Was ist „Pho"?* – Pho ist der Name einer Reisnudelsuppe mit Fleisch, Sojasprossen und Kräutern – das beliebteste Frühstück der Vietnamesen.

(4) Während in Cai Be der schwimmende Markt den ganzen Tag dauert,
30 wird es in Cai Rang ab acht Uhr bereits beschaulich. Die größeren Geschäfte
sind erledigt, die Bootsleute frühstücken. Jetzt ist die Zeit der kleinen
Verkaufskähne. Sie transportieren Thermoskannen mit Kaffee und ganze
Garküchen, die vor allem Pho servieren. Die Reisnudelsuppe mit Fleisch,
Sojasprossen und Kräutern ist mit Abstand das beliebteste Frühstück der
35 Vietnamesen. Die Schälchen sammeln die Köchinnen später wieder ein
und spülen sie für den nächsten Kunden – selbstverständlich im Fluss. [...]

3 Beantwortet die folgenden Fragen schriftlich. Tauscht euch im Tandem
dazu aus.
• Welche Waren werden auf dem Mekong verkauft?
• Wie machen die Händler auf sich aufmerksam?
• Warum wird der Mekong als „Lebensader" bezeichnet?
• Wie gelangen die Käufer zu den Booten der Händler?
• Was ist „Pho"?

4 Lies den Text ein weiteres Mal. Schreibe die wichtigsten Informationen aus
jedem Sinnabschnitt in Stichworten auf. Verwende dazu folgende Tabelle.

Abschnittnummer	Überschrift	Hauptinformation
1	Marktvorbereitung am Morgen ...	– 5 Uhr geschäftigste Zeit des Tages ... – Waren aller Art auf bunten Holzbooten ...
...	...	...

5 Recherchiere weiter zum Thema Mekong und „schwimmende Märkte".
Notiere die Quellen, die du verwenden möchtest.

Seite 203
Informationsmaterial auswerten und zusammenfassen

6 Lies die Texte aus deinen Quellen gründlich. Überlege dir Stichworte
für deinen Kurzvortrag, z.B. geografische Lage, Waren, Ablauf des Handels,
Verständigung, Lebensweise/Rituale ...

7 Notiere zu jedem Stichwort die wichtigsten Informationen. Wähle dann
passendes Bildmaterial aus.

TIPP
Gestalte eine Präsentationsfolie.

8 Schreibe einen Stichwortzettel für deinen Kurzvortrag. Schreibe alle Informationen für den Hauptteil mithilfe deiner Notizen aus Aufgabe 7 auf.
Ergänze eine Einleitung und den Schluss.

Seite 204
einen Kurzvortrag vorbereiten

9 Übe deinen Kurzvortrag so lange, bis du frei und sicher sprechen kannst.

10 Halte deinen Kurzvortrag im Tandem oder vor der Klasse. Lass dir ein Feedback geben.

Seite 260
Feedback

Aufgabe 4
Beispiellösung:

Abschnitt / Überschrift	Hauptinformationen
1 Marktvorbereitung am Morgen	– 5 Uhr geschäftigste Zeit des Tages – Waren aller Art auf bunten Holzbooten: Reis, Gemüse, Früchte – Stangen mit angebundener Ware als Verkaufsschild
2 „Lebensader" Mekong-Delta	– Mekong-Delta des 4500 Kilometer langen Flusses als „Lebensader" – Mekong-Delta bildet Labyrinth aus Wasserstraßen
3 Weg zum Händler	– Busfahrt in die Marktorte – Anrainer rudern Besucher zum Händler
4 Frühstück nach dem Markt	– Markt in Cai Rang bereits um 8 Uhr weitgehend beendet – Frühstück der Händler – Pho (Reissuppe mit Fleisch) als Lieblingsgericht

Aufgaben 5 bis 10
individuelle Lösungen

Vorhandenes Zusatzmaterial zu dieser Doppelseite

📰 Differenzierungskarte EXTRA, S. 42
📰 Differenzierungskarte PLUS, S. 42

🌐 Hörverstehen f4rh8i

DaZ-Kommentare

Aufgabe 1
Damit die SuS die kommenden Aufgaben im Unterricht
bearbeiten können, sollte von ihnen der schwierige Text
unbedingt im Rahmen der vorherigen Hausaufgabe gelesen
und übersetzt werden.
Die unbekannten Wörter werden ins Vokabelheft eingetragen und ebenfalls übersetzt.

Die Tuareg – blaue Reiter der Wüste

EXTRA-Seiten / 1

Die Schülerinnen und Schüler (SuS) bewerten themenbezogen verschiedene Textauszüge und erschließen sie entsprechend. Auf der Grundlage dieser Informationen werden weitere Fragen an das Thema „Tuareg und ihre Wohnformen" formuliert und recherchiert, wobei nützliche Informationsquellen festgehalten werden.

Kommentare zu den Aufgaben

Einstieg und Aufgabe 1
Die SuS betrachten sich drei Bilder zu den Tuareg, lesen die Seitenüberschrift und leiten daraus erste Informationen über die Tuareg ab.

Aufgaben 2 und 3
Die SuS lesen verschiedene Textauszüge und bewerten ihre Nützlichkeit für die Vorbereitung eines Kurzvortrags zum Thema „Wohnformen der Tuareg".

Aufgabe 4
Die ergiebigen Texte werden nun noch einmal genau gelesen und ausgewertet. Die SuS ordnen die Textinformationen in einer Mindmap an. – Vgl. zu den Arbeitsergebnissen dieser Aufgabe auch die Aufgabe 4 auf Seite 213 des Schülerbuches.
Alternative:
Auch hier kann wieder zu zweit gearbeitet werden. Insbesondere könnte die Mindmap im Tandem erstellt werden.

Aufgabe 5
Die SuS formulieren weitere Fragen an das Thema, die sie in einem Kurzvortrag beantworten sollen und zu denen sie vorab entsprechend recherchieren. Bei der Recherche als nützlich erkannte Informationsquellen werden schriftlich festgehalten. – Vgl. wieder die Aufgabe 4 auf Seite 213.
Erweiterung:
Die SuS tauschen anschließend ihre Rechercheerfahrungen und auch vielversprechende Quellen untereinander aus.

Die Tuareg – blaue Reiter der Wüste

1 Seht euch die Bilder an und lest die Seitenüberschrift. Was erfahrt ihr über die Tuareg? Tauscht euch im Tandem aus.

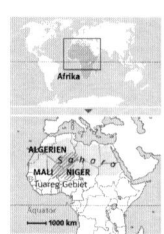  

2 Zum Thema „Tuareg und ihre Wohnformen" haben Schüler im Internet recherchiert und die folgenden Texte gefunden. Lies die vier Texte.

A Wirtschaftsweise
Die wirtschaftliche Grundlage des Nomadismus in der Sahara ist die Zucht und Haltung von Ziegen, Schafen und Eseln, die aber meist nur zur Selbstversorgung, weniger zum Verkauf dienen. Die Tuareg sind wohl die berühmtesten Kamelreiter. In erster Linie werden die Tiere aber als Lastenträger gezüchtet, nicht als schnelle, elegante Reittiere. Um ihre Viehherden in der kargen Landschaft zu weiden, ziehen die Tuareg ständig umher – immer in einem eingeschränkten Territorium, da in der Sahara noch andere nomadische Völker leben. Aus diesem Grund hausen sie nur in Lederzelten, die schnell auf- und abgebaut werden können. […]

B Tuareg
Großzügig gestaltetes Pyramidenzelt mit hoher Seiten- und Mittelhöhe sowie sehr großem Raumangebot. Gefertigt aus sehr starkem und reißfestem, naturellem Baumwolle/Polyester Mischgewebe ca. 420 g/m².
2 Eingänge mit Schlingen- und Ösenverschluss, in 2 Seitenwänden, je 2 Gazefenster mit Stoffladenabdeckung. Gestänge: gefertigt aus verzinktem Stahlrohr 28/1 mm, Alu-Mittelmast 55/2
Zubehör inkl.: Starke T-Stahl- und Blechheringe, Sturmabspannleinen sowie Packsäcke für Zelthaut und Gestänge
Gegen Aufpreis: Bodendecke mit stark beschichtetem Gewebe. […]

C Mobile Architektur
Das Zelt der Imuhar (Tuareg) ist der zentrale Lebensraum der Frau, in dem der Mann nur Gast zu sein scheint. Das Zelt wird benannt nach dem

210

Lösungen

Aufgabe 1
Deutlich geworden sein sollte, dass die Tuareg Wüstennomaden der Sahara sind, in einfachen Hütten leben, blau gekleidet sind und Kamele als Reit- und Lasttiere haben.

Aufgabe 2
Leseaufgabe

Aufgabe 3
Am ergiebigsten für das Thema „Wohnformen der Tuareg" ist Text C; ungeeignet ist Text B (dieser beschreibt lediglich ein Pyramidenzelt aus einem Baumwoll-Polyester-Mischgewebe, das offenbar „Tuareg" heißt). Brauchbare Einzelinformationen enthalten die Texte A (Lederzelte können schnell auf- und abgebaut werden) sowie D (Tuareg betreiben auch Landwirtschaft: Viehzucht und Ackerbau; Zelte bestehen aus Leder und sind großzellig; Lederverarbeitung ist Aufgabe der Frau).

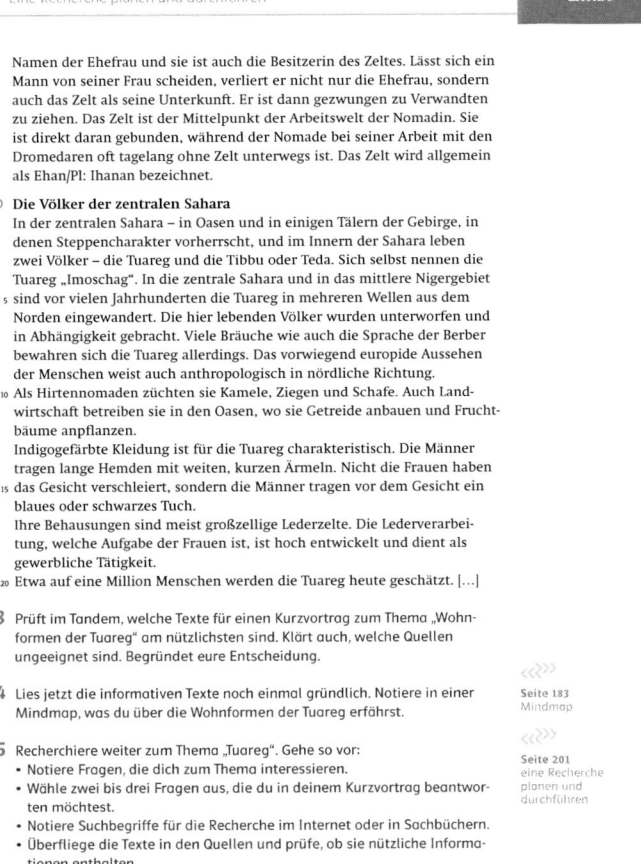

◉ Eine Recherche planen und durchführen

EXTRA

Namen der Ehefrau und sie ist auch die Besitzerin des Zeltes. Lässt sich ein Mann von seiner Frau scheiden, verliert er nicht nur die Ehefrau, sondern auch das Zelt als seine Unterkunft. Er ist dann gezwungen zu Verwandten zu ziehen. Das Zelt ist der Mittelpunkt der Arbeitswelt der Nomadin. Sie ist direkt daran gebunden, während der Nomade bei seiner Arbeit mit den Dromedaren oft tagelang ohne Zelt unterwegs ist. Das Zelt wird allgemein als Ehan/Pl: Ihanan bezeichnet.

D **Die Völker der zentralen Sahara**
In der zentralen Sahara – in Oasen und in einigen Tälern der Gebirge, in denen Steppencharakter vorherrscht, und im Innern der Sahara leben zwei Völker – die Tuareg und die Tibbu oder Teda. Sich selbst nennen die Tuareg „Imoschag". In die zentrale Sahara und in das mittlere Nigergebiet
5 sind vor vielen Jahrhunderten die Tuareg in mehreren Wellen aus dem Norden eingewandert. Die hier lebenden Völker wurden unterworfen und in Abhängigkeit gebracht. Viele Bräuche wie auch die Sprache der Berber bewahren sich die Tuareg allerdings. Das vorwiegend europide Aussehen der Menschen weist auch anthropologisch in nördliche Richtung.
10 Als Hirtennomaden züchten sie Kamele, Ziegen und Schafe. Auch Land-wirtschaft betreiben sie in den Oasen, wo sie Getreide anbauen und Frucht-bäume anpflanzen.
Indigogefärbte Kleidung ist für die Tuareg charakteristisch. Die Männer tragen lange Hemden mit weiten, kurzen Ärmeln. Nicht die Frauen haben
15 das Gesicht verschleiert, sondern die Männer tragen vor dem Gesicht ein blaues oder schwarzes Tuch.
Ihre Behausungen sind meist großzellige Lederzelte. Die Lederverarbei-tung, welche Aufgabe der Frauen ist, ist hoch entwickelt und dient als gewerbliche Tätigkeit.
20 Etwa auf eine Million Menschen werden die Tuareg heute geschätzt. […]

⌣ 3 Prüft im Tandem, welche Texte für einen Kurzvortrag zum Thema „Wohn-formen der Tuareg" am nützlichsten sind. Klärt auch, welche Quellen ungeeignet sind. Begründet eure Entscheidung.

⌣ 4 Lies jetzt die informativen Texte noch einmal gründlich. Notiere in einer Mindmap, was du über die Wohnformen der Tuareg erfährst.

‹‹⟩⟩⟩
Seite 183
Mindmap

● 5 Recherchiere weiter zum Thema „Tuareg". Gehe so vor:
• Notiere Fragen, die dich zum Thema interessieren.
• Wähle zwei bis drei Fragen aus, die du in deinem Kurzvortrag beantwor-ten möchtest.
• Notiere Suchbegriffe für die Recherche im Internet oder in Sachbüchern.
• Überfliege die Texte in den Quellen und prüfe, ob sie nützliche Informa-tionen enthalten.
• Notiere alle Quellen, die du verwenden möchtest.

‹‹⟩⟩⟩
Seite 201
eine Recherche planen und durchführen

211

Aufgabe 4
individuelle Lösungen – Hauptäste der Mindmap könnten sein: Name (Bezeichnung Ehan, Mehrzahl: Ihanan; Zelt wird nach der Frau benannt); Grund (Nomaden brauchen Be-hausungen, die schnell auf- und abgebaut werden können); Aussehen und Material (großzellige Lederzelte); Verant-wortliche (zentraler Lebensraum der Frau; sie besitzt und bewohnt das Zelt)

Aufgabe 5
individuelle Lösungen

Vorhandenes Zusatzmaterial zu dieser Doppelseite

▤ Differenzierungskarte BASIS, S. 43
▤ Differenzierungskarte PLUS, S. 43

Nomaden der Sahara

EXTRA-Seiten / 2

Die Schülerinnen und Schüler (SuS) werten einen weiteren Text über die Tuareg detailliert aus und ergänzen damit ihre zuvor begonnene Mindmap (A 4 auf S. 211). Nachdem sie geeignetes Bildmaterial recherchiert haben, bereiten sie Präsentationsfolien und Stichwortzettel für Kurzvorträge vor. Die Kurzvorträge werden geübt und gehalten.

Kommentare zu den Aufgaben

Einstieg und Aufgabe 1
Die SuS lesen oder hören einen weiteren Text zu den Tuareg und fassen ihn zur ersten Verständnissicherung anschließend im Tandem mündlich zusammen.

Aufgaben 2 und 3
Die SuS erschließen sich den Text genau, indem sie Abschnittsüberschriften formulieren und die zentralen Informationen in Stichworten zusammenfassen.

Aufgabe 4
Die zu Aufgabe 4 auf Seite 211 angelegte Mindmap wird um die weiteren Informationen zu den Tuareg ergänzt.

Aufgabe 5
Die SuS recherchieren nach geeignetem Bildmaterial, das sie für Präsentationsfolien verwenden können. Sie können dazu bspw. die Bildersuche bei google.com (Suchwörter: „Tuareg + Nomaden", „Tuareg + Kleidung", „Tuareg + Zelt" usw.) verwenden. Zu achten ist auf die richtige Schreibung (es gibt ein Fahrzeug, das „Touareg" heißt und ebenfalls viele Suchergebnisse liefert).

Aufgaben 6 bis 8
Die SuS bereiten nun Präsentationsfolien sowie Stichwortzettel für ihre Kurzvorträge vor. Sie üben ihre Vorträge und halten sie anschließend vor der Klasse.
Erweiterung:
Gemeinsam mit den SuS werden die Feedback-Kriterien erarbeitet. Z. B.: Frei vorgetragen, laut und verständlich gesprochen, dem Publikum zugewandte Körperhaltung, klare Gliederung, Inhalt verständlich und informativ, Inhalt durch Bilder unterstützt, auf das Publikum eingegangen (Fragen zugelassen und beantwortet?)?

Aufgabe 9
Die Aufgabe regt einen abschließenden Austausch über unterschiedliche Themen an, der zum Anlass genommen werden könnte, weitere mögliche Themen für Kurzvorträge zu sammeln.

Nomaden der Sahara

Leseschlüssel
Hörverstehen
wv43qh

1 Lest den folgenden Text oder hört ihn euch an. Fasst ihn anschließend im Tandem kurz zusammen.

Annina-Kim

Tuareg – das von Gott verlassene Wüstenvolk

[…] Wo gestern noch kühles Wasser floss, liegt heute ein Teppich aus grünem Gras und morgen heißer Sand. Für Menschen und Tiere in den extrem heißen und trockenen afrikanischen Regionen heißt das weiterziehen, dorthin, wo es Wasser gibt. Trotz des extremen Klimas schaffen es zahlreiche Volks-
5 gruppen, in der Wüste zu überleben. Eines der bekanntesten Wüstenvölker der Erde sind die Tuareg. Sie leben nicht in Häusern, sondern in Zelten und bleiben nie sehr lange an einem Ort. Die Tuareg leben in der größten Wüste der Erde – der Sahara. Ihre Kultur ist stark bedroht. Ihren Namen haben sie von ihren arabischen Nachbarn bekommen. Tuareg bedeutet übersetzt
10 „das von Gott verlassene Volk". In seiner eigenen Sprache bezeichnet sich das Wüstenvolk hingegen entweder als „Kel Tugulmust", was übersetzt „Menschen, die den indigoblauen Schleier tragen" bedeutet. Oder sie nennen sich einfach „Imouhar, Imajeghan" – freie Menschen. Denn sie fürchten sich nicht vor der Natur, sondern fühlen sich als ein Teil von ihr. Sie sind frei,
15 weil sie gehen können, wohin sie wollen – so war es zumindest früher. […]

Die Tuareg haben gelernt, mit wenig auszukommen und in der Wüste zu überleben. Die Tuareg-Männer tragen einen Schleier vor ihrem Gesicht, den sie „Tugulmust" nennen. Er soll sie vor den Wüstengeistern und dem „bösen Blick" schützen. Als zusätzlichen Schutz hängen sich die Tuareg
20 große Silberketten um den Hals. Die Frauen haben in den Zelten das Sagen und tragen nur manchmal einen Schleier. […]

Tuareg sind sehr gastfreundlich. Die Teezeremonie ist ein wichtiger Bestandteil ihrer Kultur. Ein Gast, der neu zu ihnen stößt, bekommt drei Gläser Tee gereicht. Das erste schmeckt bitter wie das Leben, das zweite
25 süß wie die Liebe und das dritte sanft wie der Tod. Hat der Gast alle drei Gläser getrunken, so steht er unter dem Schutz der Tuareg.

Zwischen 1990 und 1995 kam es zu Aufständen der Tuareg in Mali und dem Niger. Das Wüstenvolk wehrte sich dagegen, dass es von den Regierungen dieser beiden Länder unterdrückt und ausgebeutet wurde. […]
30 Auch heute noch werden die Tuareg in vielen Dingen benachteiligt. Darum haben viele von ihnen das Nomadenleben aufgegeben und sind sesshaft geworden. Es gibt zwar noch vereinzelt Rebellen, die sich gegen ihre Regierungen auflehnen, doch sie haben nur wenig Erfolg. Deshalb ist es ungewiss, ob und wann die Tuareg wieder – wie vor Jahren – als „freie
35 Menschen" durch die Wüste ziehen werden. Sicher ist aber, dass die Tuareg immer bekannt bleiben werden und viele Menschen faszinieren.

212

Lösungen

Aufgabe 1
individuelle Lösungen – Zu den wichtigsten Textinhalten vgl. hier die Lösungen zu den Aufgaben 2 und 3.

Aufgaben 2 und 3
individuelle Lösungen –
Beispiele:

Abschnitt / Überschrift	Hauptinformationen
1 Freie Menschen	– Tuareg als bekanntestes Wüstenvolk der Erde – Name „Tuareg" stammt aus dem Arabischen und bedeutet „das von Gott verlassene Volk". – Eigenbezeichnung: „Kel Tugulmust" (Menschen, die den indigoblauen Schleier tragen) oder „Imouhar, Imajeghan" („freie Menschen")

Die Tuareg feiern viele Feste. […] Bei dem Ahal tragen junge Männer selbst komponierte Lieder und eigene Gedichte vor. Sie besingen die Schönheit ihrer Angebeteten und vergleichen sie zum Beispiel mit ihrem schönsten
40 Kamel. Außerdem preisen sie ihren eigenen Mut und erzählen von ihren Heldentaten. Das Ahal erfordert einigen Mut und kann Männer bis auf die Knochen blamieren, wenn ihre Gedichte nicht gut ankommen oder sie einfach schlecht singen. Gedichte und Lieder sind sehr wichtig für die Tuareg. […] Ilugan ist ein Kamelreitspiel, bei dem die Tuareg ihre besten Kleider
45 anziehen. Die Männer reiten auf ihren schönsten Kamelen. Die Frauen sitzen dicht beieinander und spielen auf Trommeln und feuern die Männer auf ihren Kamelen, die in einem Kreis um sie reiten, mit Trillerschreien an. Der Hintergrund dieses Spiels ist ernst. Früher sind die Männer bei Kämpfen schützend um die Frauen geritten, damit ihnen nichts passierte. Bei
50 den Festen fließt dagegen kein Blut. Stattdessen werden Lieder gesungen und einige Frauen spielen auf der Imzad, das ist eine Geige, die nur eine Saite hat.

2   Notiere dir zu jedem Sinnabschnitt eine Überschrift.

3   Lies den Text noch einmal gründlich. Schreibe zu jedem Sinnabschnitt die wichtigsten Informationen heraus.

4   Ergänze diese Notizen mit weiteren Informationen zu den Tuareg aus den Aufgaben 4 und 5 von Seite 211.

5   Bereite deinen Kurzvortrag vor, indem du passendes Anschauungsmaterial auswählst.

6   Fertige Präsentationsfolien und einen Stichwortzettel für deinen Kurzvortrag an. Verwende für die Gliederung des Hauptteils deine Überschriften aus Aufgabe 2.

7   Übe deinen Kurzvortrag so lange, bis du frei und sicher sprechen kannst.

8   Halte deinen Kurzvortrag im Tandem oder vor der Klasse. Lass dir ein Feedback geben.

9   Tauscht euch in der Klasse zu folgenden Themen aus.
- Nomaden und wandernde Völker gibt es auf allen Kontinenten. Nennt ihre Namen oder die Regionen, in denen sie unterwegs sind.
- Ein „Zuhause" wie wir es kennen, haben Nomaden wie die Tuareg nicht. Warum leben sie seit Jahrhunderten auf diese Art? Sammelt Ideen und diskutiert sie.

≪?≫
Seite 203
Informationsmaterial auswerten und zusammenfassen

≪?≫
Seite 204
einen Kurzvortrag vorbereiten

≪?≫
Seite 205
Präsentationsfolien gestalten

≪?≫
Seite 260
Feedback

213

Vorhandenes Zusatzmaterial zu dieser Doppelseite

▭ Differenzierungskarte BASIS, S. 44
▭ Differenzierungskarte PLUS, S. 44

▤ ET7: Annina-Kim: Tuareg – das von Gott verlassene Wüstenvolk, S. 191

⊕ Hörverstehen wv43qh

---

2 Verschleierte Männer	– Tuareg-Männer tragen Schleier namens „Tugulmust". – Schleier soll wie auch die Silberkette vor Wüstengeistern und dem „bösen Blick" schützen.
3 Tee-Zeremonie	– Tee-Zeremonie als wichtiger Kulturbestandteil – Tee-Zeremonie als Ritual zur Gastaufnahme
4 Aufstände	– zwischen 1990 und 1995 Aufstände der Tuareg in Mali und Niger – Kampf gegen die Unterdrückung durch die Regierungen
5 Fortgesetzte Unterdrückung	– Tuareg immer noch als Nomaden unterdrückt – viele Tuareg sind sesshaft geworden – einzelne Rebellen kämpfen weiter

6 Feste der Tuareg	– Ahal: junge Männer tragen selbst komponierte Lieder vor, mit denen sie sich selbst oder ihre Angebetete preisen. – Ilugan: Kamelreitspiel, das die frühere Kampfsituation nachstellt und heute feierlich begangen wird.

Aufgabe 4
Die Abschnittsüberschriften können zugleich weitere Hauptäste der Mindmap (vgl. A 4 auf S. 211) bezeichnen.

Aufgaben 5 bis 8
individuelle Lösungen – Zu beachten ist, dass Kritik im Rahmen eines Feedbacks auch immer mit konkreten Verbesserungsvorschlägen verbunden sein sollte.

Aufgabe 9
individuelle Lösungen

Die Inka

PLUS-Seiten / 1

Die PLUS-Seiten thematisieren neben der Textauswertung auch die Unterscheidung zwischen sachlich informierenden und meinungswiedergebenden Textsorten. Die Schülerinnen und Schüler (SuS) sollen dabei auch ihre eigenen Leseerfahrungen einbringen. Die SuS werten außerdem, themenbezogen, verschiedene Textauszüge aus. Auf der Grundlage dieser Informationen werden weitere Fragen an das Thema „Machu Picchu" formuliert und recherchiert.

Kommentare zu den Aufgaben

Einstieg und Aufgabe 1
Die SuS sehen sich die Bilder an, lesen einen kurzen Informationstext über die Inka und tauschen sich untereinander darüber aus (weiteres Vorwissen, Interessen, offene Fragen).

Aufgaben 2 und 3
Die SuS lesen vier Textausschnitte und ordnen sie vorgegebenen Textsorten zu. – Vgl. zu den Merkmalen der Textsorten auch die Aufgaben 5 und 6.

Aufgabe 4
Die SuS untersuchen den Informationsgehalt der Textauszüge mit Blick auf einen Kurzvortrag über Machu Picchu. Sie tauschen sich dazu untereinander im Tandem aus.

Aufgaben 5 und 6
Die SuS bewerten Textsorten hinsichtlich ihrer Objektivität. Sie müssen dabei auch zwischen objektiven und subjektiven Urteilen unterscheiden: So enthält etwa Text A durchaus Urteile (z. B.: „Der Anblick ist atemraubend", „die majestätischen Gipfel der Anden"), die aber eine Mehrheitsmeinung wiedergeben (der Ort wäre kaum Anziehungspunkt für Massentourismus, wenn er nicht „atemraubend" wäre). Umgekehrt enthält Text C kaum wertende Passagen, ist aber seiner Funktion nach werbend, will also die Leserinnen und Leser dazu bringen, sich den Film anzusehen.

Aufgabe 7
Die SuS halten hier die wichtigsten Informationen aus den Texten A, C und D in Stichworten fest. Text B ist bereits so faktenorientiert, dass eine weitere inhaltliche Reduktion nicht mehr zielführend ist (was nicht bedeutet, dass deshalb auch alle in ihm enthaltenen Informationen in einen Kurzvortrag einfließen müssen).

Aufgabe 8
Die SuS formulieren weitere Fragen an das Thema, die sie in einem Kurzvortrag beantworten wollen und zu denen sie entsprechend recherchieren.
<u>Erweiterung:</u>
Die SuS tauschen anschließend ihre Rechercheerfahrungen untereinander aus.

Die Inka

1 Was wisst ihr über die Inka? Seht euch die Abbildungen an und lest den Text. Tauscht euch im Tandem darüber aus.

Im Hochland der Anden, vom heutigen Kolumbien über Ecuador, Peru, Bolivien bis in den Norden Chiles und Argentiniens, erstreckte sich vom 13. bis 16. Jahrhundert das Reich der Inka. Durch die Unterwerfung benachbarter Völker errichteten sie in 300 Jahren ein Großreich und erschufen eine einzigartige Hochkultur, von der heute nur noch wenig übrig geblieben ist. Ein Zeugnis dieser Hochkultur ist die noch erhaltene Ruinenstadt Machu Picchu.

2 Lies die Textausschnitte. Sie stammen aus verschiedenen Quellen, die in einer Recherche zum Thema „Machu Picchu" ausgewählt wurden.

A Machu Picchu: Weltwunder in Gefahr
Seit Jahren haben die Unesco-Experten ein kritisches Auge auf die berühmte Ausgrabungsstätte. Sie fürchten, dass der Massentourismus die legendäre Sehenswürdigkeit langfristig zerstört. Präzise warnen die Wächter des Welterbes vor „Abholzung, dem Risiko von Erdrutschen, unkontrollierter städtischer Entwicklung und illegalem Zugang zur Stätte". [...] Täglich fallen Tausende von Besuchern aus der ganzen Welt ein, um über die Ruinen zu klettern. Der Anblick ist atemraubend: im Vordergrund die Terrassen mit den glattgeschliffenen Steinen, ringsum die majestätischen Gipfel der Anden. Sie scheinen den Himmel zu küssen.

B Daten & Fakten
Natur- und Kulturdenkmal: Gesamtanlage aus einem urbanen und einem landwirtschaftlichen Teil
UNESCO-Ernennung: 1983
15. Jh.: vermutlich Anlage von Machu Picchu („alter Gipfel")
1776 und 1782: urkundlich belegter Verkauf von Machu Picchu
1895: Anlage eines Weges von Cuzco in den unteren Teil des „Heiligen Tals der Inka"
1911: unter Schirmherrschaft der amerikanischen Yale University Expedition der Wissenschaftler Hiram Bingham, Harry Foote und Isaia Bowman
1912 und 1915: weitere Aufenthalte Binghams
1934: Forschung des peruanischen Archäologen Luis E. Valcárcel
1940/41: Forschungsexpedition unter Paul Fejos

214

Lösungen

Aufgabe 1
individuelle Lösungen

Aufgabe 2
Leseaufgabe

Aufgabe 3
– Text „Machu Picchu: Weltwunder in Gefahr": Zeitschriftenartikel
– Text „Daten & Fakten": Lexikonartikel
– Text „Machu Picchu – Ruinenstadt der Inka": TV-Filmbeschreibung
– Text „Die geheimnisvolle Ruinenstadt Machu Picchu in Peru": Reisebericht

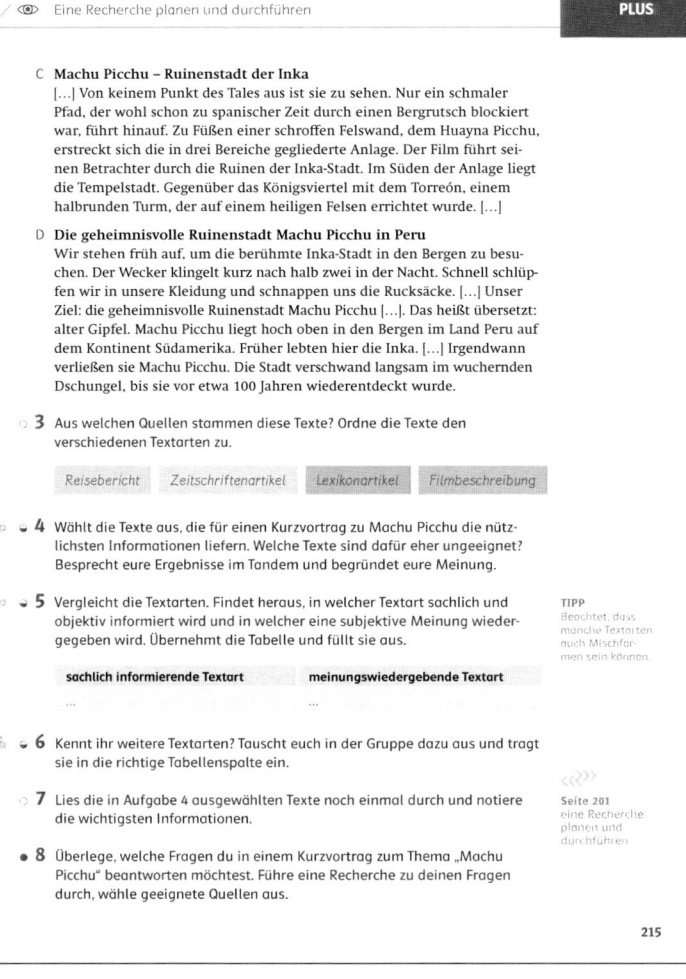

C **Machu Picchu – Ruinenstadt der Inka**
[…] Von keinem Punkt des Tales aus ist sie zu sehen. Nur ein schmaler Pfad, der wohl schon zu spanischer Zeit durch einen Bergrutsch blockiert war, führt hinauf. Zu Füßen einer schroffen Felswand, dem Huayna Picchu, erstreckt sich die in drei Bereiche gegliederte Anlage. Der Film führt seinen Betrachter durch die Ruinen der Inka-Stadt. Im Süden der Anlage liegt die Tempelstadt. Gegenüber das Königsviertel mit dem Torreón, einem halbrunden Turm, der auf einem heiligen Felsen errichtet wurde. […]

D **Die geheimnisvolle Ruinenstadt Machu Picchu in Peru**
Wir stehen früh auf, um die berühmte Inka-Stadt in den Bergen zu besuchen. Der Wecker klingelt kurz nach halb zwei in der Nacht. Schnell schlüpfen wir in unsere Kleidung und schnappen uns die Rucksäcke. […] Unser Ziel: die geheimnisvolle Ruinenstadt Machu Picchu […]. Das heißt übersetzt: alter Gipfel. Machu Picchu liegt hoch oben in den Bergen im Land Peru auf dem Kontinent Südamerika. Früher lebten hier die Inka. […] Irgendwann verließen sie Machu Picchu. Die Stadt verschwand langsam im wuchernden Dschungel, bis sie vor etwa 100 Jahren wiederentdeckt wurde.

3 Aus welchen Quellen stammen diese Texte? Ordne die Texte den verschiedenen Textarten zu.

Reisebericht   Zeitschriftenartikel   Lexikonartikel   Filmbeschreibung

4 Wählt die Texte aus, die für einen Kurzvortrag zu Machu Picchu die nützlichsten Informationen liefern. Welche Texte sind dafür eher ungeeignet? Besprecht eure Ergebnisse im Tandem und begründet eure Meinung.

5 Vergleicht die Textarten. Findet heraus, in welcher Textart sachlich und objektiv informiert wird und in welcher eine subjektive Meinung wiedergegeben wird. Übernehmt die Tabelle und füllt sie aus.

TIPP
Beachtet, dass manche Textarten auch Mischformen sein können.

sachlich informierende Textart	meinungswiedergebende Textart
…	…

6 Kennt ihr weitere Textarten? Tauscht euch in der Gruppe dazu aus und tragt sie in die richtige Tabellenspalte ein.

7 Lies die in Aufgabe 4 ausgewählten Texte noch einmal durch und notiere die wichtigsten Informationen.

Seite 201
eine Recherche planen und durchführen

8 Überlege, welche Fragen du in einem Kurzvortrag zum Thema „Machu Picchu" beantworten möchtest. Führe eine Recherche zu deinen Fragen durch, wähle geeignete Quellen aus.

215

Vorhandenes Zusatzmaterial zu dieser Doppelseite

▤ Differenzierungskarte BASIS, S. 45
▤ Differenzierungskarte EXTRA, S. 45

Aufgabe 4
Text B, „Daten & Fakten", enthält wichtige Basis-Informationen zum Thema und ist am nützlichsten. Text A macht auf die Bedrohung Machu Picchus durch den Massentourismus aufmerksam und enthält Hinweise auf die Lage und das Aussehen der Stadt, die allerdings subjektiv gefärbt sind. Ebenfalls Angaben zur Lage bzw. zum Aussehen enthält Text C. Gänzlich ungeeignet ist dagegen der subjektive Bericht (Text D).

Aufgaben 5 und 6
(weitere Textsorten kursiv gedruckt)

sachlich informierende Textart	meinungswiedergebende Textart
– Lexikonartikel	– Reisebericht
– Zeitschriftenartikel	– TV-Film-Beschreibung
– *Sachbuch*	– *Reportage*
– *Zeitungsbericht*	– *Kommentar*
– *wissenschaftlicher Artikel*	– *Rezension*

Aufgabe 7
– Text A: „Machu Picchu: Weltwunder in Gefahr": Massentourismus bedroht Ausgrabungsstätte (Abholzung, Erdrutsche, unkontrollierte städtische Entwicklung), atemberaubende Lage mit Blick auf die Anden
– Text B: „Daten & Fakten": zahlreiche Daten und Fakten (vgl. Schülerbuch)
– Text C: „Machu Picchu – Ruinenstadt der Inka": Anlage liegt auf dem Huayna Picchu, ist in drei Teile gegliedert: Ruinenstadt, Tempelstadt im Süden, Königsviertel mit dem halbrunden Turm Torreón, der gegenüber liegt
– Text D: „Die geheimnisvolle Ruinenstadt Machu Picchu in Peru": „Machu Picchu" heißt übersetzt „alter Gipfel", Lage in Peru (Südamerika), früher bewohnt von den Inkas, Stadt nach dem Verlassen vom Dschungel überwuchert, erst vor etwa 100 Jahren wiederentdeckt

Aufgabe 8
individuelle Lösungen

Das Reich des Sonnengottes Inti

PLUS-Seiten / 2

Die Schülerinnen und Schüler (SuS) werten einen Text über die Azteken, Maya und Inka detailliert aus. Nachdem sie einen Schwerpunkt für ein Referat festgelegt und eine Gliederung erstellt haben, recherchieren sie nach weiteren Informationen. Sie bereiten dann Stichwortzettel und Präsentationsfolien für Kurzvorträge vor, die anschließend geübt und gehalten werden.

Kommentare zu den Aufgaben

Einstieg und Aufgabe 1
Die SuS lesen oder hören einen Text über Azteken, Maya und Inka und fassen ihn zur ersten Verständnissicherung anschließend kurz schriftlich zusammen.

Aufgabe 2
Die SuS erschließen sich den Text genau, indem sie die zentralen Informationen in Stichworten zusammenfassen (Die Sus könnten auch noch zusätzlich Abschnittsüberschriften formulieren.).

Aufgaben 3 und 4
Die SuS planen einen Vortrag über die Inka. Sie legen dazu zunächst einen Inhaltsschwerpunkt fest (z. B.: „Machu Picchu" oder „Die Hochkultur der Inka") und schreiben dann eine Gliederung, die sie zunächst mithilfe ihrer aus den Materialien des Buches gewonnenen Informationen füllen, dann um weitere, selbst recherchierte.

Aufgaben 5 bis 7
Die SuS bereiten nun Stichwortzettel und Präsentationsfolien für ihre Kurzvorträge vor. Sie üben ihre Vorträge und halten sie anschließend vor der Klasse.
Erweiterung:
Gemeinsam mit den SuS werden die Feedback-Kriterien erarbeitet. Z. B.: Frei vorgetragen, laut und verständlich gesprochen, dem Publikum zugewandte Körperhaltung, klare Gliederung, Inhalt verständlich und informativ, Inhalt durch Bilder unterstützt, auf das Publikum eingegangen (Fragen zugelassen und beantwortet?)?

Aufgabe 8
Die Aufgabe regt einen abschließenden Austausch über Massentourismus und seine Auswirkungen an (hier können auch näher gelegene Ziele mit einbezogen werden, z. B. werden auch das Kolosseum in Rom oder die Akropolis in Athen von mehreren Millionen Menschen pro Jahr besucht und damit leider auch zerstört).

Lösungen

Aufgabe 1
Leseaufgabe / Hörverstehen

Das Reich des Sonnengottes Inti

Leseschlüssel

Hörverstehen
q9f2be

1 Lies den Text oder höre ihn dir an. Fasse ihn kurz schriftlich zusammen.

Nicole Potthoff

Azteken, Maya und Inka – Goldene Zeiten und ihr schlimmes Ende
Die Natur ist etwas, das der Mensch nicht geschaffen hat. Das Gegenteil von ihr ist die Kultur. Sie ist eine rein menschliche Leistung. […]
Alles was eine Gemeinschaft – ein Volk – im Laufe von Jahren, Jahrzehnten oder Jahrtausenden erdenkt, erfindet, entwickelt und hervorbringt, ist eine
5 gewaltige Ansammlung von Wissen und Informationen. Sprache, Bildung, Wissenschaft, Religion, Kunst und Politik – das alles ist Kultur. […] Manchmal geht sie unter, wie bei den Maya, Inka und Azteken in Mittel- und Südamerika. Diese drei großen Reiche waren sogenannte Hochkulturen. Was bedeutet, dass sie im Vergleich zu anderen Völkern ihrer Zeit bereits einen sehr
10 hohen Entwicklungsstand hatten.
Die Völker der Maya, Inka und Azteken lebten in Städten, hatten eine gesellschaftliche und staatliche Ordnung, eine Religion, betrieben Ackerbau und Handel, hatten jeweils eine eigene Schrift und eigene Kunstformen. Im Gegensatz zu den Stämmen der nordamerikanischen Indianer gründe-
15 ten sie Staaten. […]

Den größten Indianerstaat bildeten die Inka im Hochland des heutigen Peru. Sie herrschten vom 13. bis 16. Jahrhundert von Ecuador bis nach Chile, in einem Gebiet so groß wie halb Europa. Wahrscheinlich kamen sie ursprünglich aus dem Tiefland des Amazonasgebietes. Sie nannten sich Töch-
20 ter und Söhne der Sonne, als Nachfahren des großen Sonnengottes Inti. Ihre Sprache ist *Quechua*, die „Sprache der Menschen". Neben einer anderen Göttern wurden auch alle Inkaherrscher wie Götter verehrt. Ihr Titel war *Sapa Inka*. Die Inka-Hauptstadt *Cuzco* liegt in 3 500 m Höhe im Hochgebirge und war das religiöse, wirtschaftliche, politische und kulturelle
25 Zentrum des Reiches. Aus gewaltigen Steinblöcken schufen die Bewohner Häuser, Paläste und in der Mitte der Stadt den Sonnentempel.

Wie bei den Azteken und Maya hatten die Inka eine strenge Gesellschaftsordnung[1], an deren Spitze der Inkaherrscher stand. Beamte wurden eingesetzt, um das Riesenreich zahlenmäßig zu erfassen und die Arbeit der
30 Bauern zu überwachen. Dem Sapa Inka wurden dann die Zahlen über Geburten, Sterbefälle, Höhe der Mais- und Kartoffelernten, Anzahl der Lamas und Meerschweinchen des Reiches vorgelegt.
Das Zählen erfolgte mit Hilfe von farbigen Schnüren und Knoten, den so genannten Quipus. Geld kannten die Inka nicht. Statt Abgaben steuerten
35 die Einwohner mit ihrer Arbeitskraft zum Wohlstand des Reiches bei. Ihre Arbeitszeit teilte sich in drei gleiche Teile auf: Ein Drittel mussten sie für den Sonnenkult arbeiten. Das zweite Drittel wurde beim Militär oder beim Adel abgeleistet. Das letzte Drittel durften die Menschen für den eigenen Lebensunterhalt und den ihrer Familien aufwenden.

[1] Gesellschaftsordnung: Struktur und Aufbau einer Gesellschaft

216

Aufgabe 2
Beispiellösungen:

Abschnitt / Überschrift	Hauptinformationen
1 Untergegangene Hochkulturen in Mittel- und Südamerika	– Kultur im Gegensatz zur Natur: alles vom Menschen Geschaffene – Hochkultur als Kultur mit vergleichsweise hohem Entwicklungsstand – Maya, Inka und Azteken als Beispiel für untergegangene Hochkulturen
2 Töchter und Söhne der Sonne	– Inka herrschten vom 13. bis 16. Jhd. von Ecuador bis Chile – kamen ursprünglich aus dem Tiefland des Amazonasgebiets – nannten sich „Töchter und Söhne der Sonne", Nachfahren des Sonnengottes Inti – Sprache Quechua („Sprache der Menschen") – Inka-Herrscher heißen „Sapa Inka" und wurden wie Götter verehrt – Inka-Hauptstadt Cuzco mit vielen Bauten aus großen Steinblöcken

40 Die Inka waren hervorragende Landwirte. Nur so lässt sich die Bevölkerung eines solchen großen Staates auch ernähren. Sie kannten 20 verschiedene Maissorten, 240 Kartoffelarten, dazu kamen Bohnen, verschiedene Getreide wie Quinoa und Amarant, Kürbis, Tomaten, Paprika und exotische Früchte. Zu ihren Haustieren zählten Lamas, Alpakas, Enten und Meer-
45 schweinchen. An den Hängen des Hochgebirges wurden Terrassenfelder angelegt, die mit Kanälen bewässert wurden.

Die Baukunst der Inka reichte weit über das Bauen von Festungen wie *Machu-Picchu* oder die Felsenterrassen hinaus. Die 5 200 km lange Andenstraße und die 4 000 km lange Küstenstraße sind beachtliche Leistungen
50 der Straßenbauer, aber auch der Arbeiter.
Über den *Rio Apurimac*, einen Abschnitt des Amazonas, führt eine 60 m lange, aus Pflanzenfasern geflochtene Hängebrücke, die von den *Chasqui*, den Stafettenläufern, genutzt wurde, um Nachrichten und Befehle des Sapa Inka zu überbringen. Die Stafettenläufer konnten auf diese Weise
55 bis zu 400 km am Tag in dem 40 000 km umfassenden Straßennetz zurücklegen. [...]

Doch all ihr Wissen nutzte den Inka nicht, als am 15. November 1533 der spanische Eroberer und Abenteurer Francisco Pizarro mit nur wenigen hundert Männern die Hauptstadt Cuzco fast ohne Widerstand der Bevölke-
60 rung einnahm. [...] Die spanischen Eroberer zerstörten die Stadt Cuzco fast vollständig. Der letzte Inkaherrscher starb 1572, mit ihm auch der letzte Widerstand gegen die spanischen Eroberer. [...]

⟲ **2** Lies den Text noch einmal gründlich. Notiere dir zu jedem Sinnabschnitt die wichtigsten Informationen.

⟲ **3** Überlege, was du in deinem Kurzvortrag über die Inka mitteilen möchtest. Schreibe eine Gliederung und notiere Stichworte für den Hauptteil.

● **4** Verwende für deinen Vortrag die Informationen aus dem Text und recherchiere zu deinen Stichworten im Internet oder in Sachbüchern.

⟲ **5** Schreibe einen Stichwortzettel und fertige Präsentationsfolien für deinen Kurzvortrag an. Wähle passendes Anschauungsmaterial.

○ **6** Übe deinen Kurzvortrag so lange, bis du frei und sicher sprechen kannst.

⟲ **7** Halte deinen Kurzvortrag im Tandem oder vor der Klasse. Lass dir ein Feedback geben.

● **8** Machu Picchu wird täglich von etwa 2 000 Touristen besucht. Diskutiert in der Klasse, welche Auswirkungen der Tourismus auf die Kulturstätte hat.

≪⟩⟩ Seite 203
Informationsmaterial auswerten und zusammenfassen

≪⟩⟩ Seite 204
einen Kurzvortrag vorbereiten

≪⟩⟩ Seite 205
Präsentationsfolien gestalten

≪⟩⟩ Seite 260
Feedback

217

Vorhandenes Zusatzmaterial zu dieser Doppelseite

🖿 Differenzierungskarte BASIS, S. 46
🖿 Differenzierungskarte EXTRA, S. 46

📄 ET8: Nicole Potthoff: Azteken, Maya und Inka – Goldene Zeiten und ihr schlimmes Ende, S. 192

⊕ Hörverstehen q9f2be

3 Gesellschaftsordnung der Inkas	– strenge Gesellschaftsordnung mit dem Sapa Inka an der Spitze – Organisation des Reichs durch Beamte mit genauen Zahlen zu Einwohnern, Tieren und Ernteerträgen – Zählhilfe „Quipus" – Inkas kannten kein Geld, zahlten mit der eigenen Arbeitskraft (ein Drittel für den Sonnenkult, ein Drittel für Militär oder Adel und ein Drittel für sich und ihre Familien)
4 Landwirtschaft	– Inkas waren hervorragende Landwirte – 20 Maissorten, 240 Kartoffelarten – weitere Getreide und Früchte – Tierhaltung (u. a. Lamas, Alpakas) – Anlage von Terrassenfeldern, die mit Kanälen bewässert wurden
5 Baukunst	– neben Festungen wie Machu-Picchu und Felsenterrassen auch Straßen, z. B. die 5.200 Kilometer lange Andenstraße (insgesamt 40.000 km langes Straßennetz) – 60 Meter lange Hängebrücke über den Rio Apurimac – Nachrichtenaustausch mit Stafettenläufern, die 400 km am Tag zurücklegen konnten
6 Untergang des Sonnenreichs	– 15. 11. 1533: der spanische Eroberer Pizarro nimmt Hauptstadt Cuzco ein – vollständige Zerstörung der Hauptstadt – 1572: letzter Inka-Herrscher stirbt, Ende des Widerstands gegen die spanischen Eroberer

Aufgaben 3 und 4
individuelle Lösungen

Aufgaben 5 bis 7
individuelle Lösungen – Zu beachten ist, dass Kritik im Rahmen eines Feedbacks auch immer mit konkreten Verbesserungsvorschlägen verbunden sein sollte.

Aufgabe 8
individuelle Lösungen

Die sieben Weltwunder

RGS-Seiten / 1

Die Schülerinnen und Schüler (SuS) unterscheiden zunächst Haupt- und Nebensätze anhand der Stellung des finiten Prädikatsteils. Indem sie mit Konjunktionen Satzgefüge und Satzreihen bilden, wiederholen sie nicht nur die Konjunktionen an sich, sondern machen sich auch deren Rolle für die Zeichensetzung bewusst (als entsprechende Signalwörter werden sie noch einmal eigens auf Karteikarten notiert).

Kommentare zu den Aufgaben

Einstieg
Die SuS können sich darüber austauschen, ob sie schon einmal von den sieben Weltwundern der Antike (oder der Neuzeit) gehört haben und welche sie kennen. Sie können auch Bauwerke nennen, die sie für ein „Weltwunder" halten.

Aufgaben 1 bis 3
Die SuS lesen einen kurzen Infotext, in dem die gebeugten Verbformen markiert sind. Anhand dieser Verbformen klären sie zunächst die Stellung des Prädikats im Haupt- und Nebensatz und formulieren dazu einen Merksatz.

Aufgaben 4 bis 7
Die SuS bilden Satzgefüge bzw. Satzreihen und machen sich noch einmal die unterschiedliche Stellung des Prädikats im Haupt- und Nebensatz klar.

Aufgabe 8
Im Tandem (auch in Gruppenarbeit möglich) sammeln die SuS typische Konjunktionen für Satzgefüge und Satzreihen und halten sie auf Karteikarten fest. Wichtig wäre, die Konjunktionen als Signalwörter für die Zeichensetzung noch einmal eigens hervorzuheben und so fest im Bewusstsein der SuS zu verankern; vgl. zu dieser Aufgabe dann auch Aufgabe 11.

Aufgaben 9 und 10
Die SuS setzen in einem Text die fehlenden Satzzeichen vor Konjunktionen und verdeutlichen sich noch einmal die Stellung des Prädikats im Haupt- und Nebensatz, die sie unterschiedlich markieren.

Aufgabe 11
Die SuS ergänzen ggf. ihre Karteikarten mit den Konjunktionen für Satzgefüge und Satzreihen.

Die sieben Weltwunder

∞ 1 Lest die folgenden beiden Sätze. Seht euch die markierten Verbformen an. Klärt im Tandem, an welcher Stelle im Satz sie stehen.

> Auf der Erde gibt es nicht nur von der Natur erschaffene Wunder, sondern man findet auch von Menschenhand erschaffene Wunderwerke. Es gab daher den Vorschlag, dass man die großartigsten und außergewöhnlichsten Bauwerke der Welt kürt.

TIPP
Beachte, dass Hauptsätze für sich allein stehen können, Nebensätze aber nicht.

2 Schreibe die beiden Sätze aus Aufgabe 1 ab. Markiere die Hauptsätze mit einer geraden Linie, die Nebensätze mit einer Wellenlinie.

3 Prüfe jetzt, an welcher Stelle das gebeugte Verb im Hauptsatz und an welcher es im Nebensatz steht. Formuliere einen Merksatz dazu.

TIPP
Merke dir:
Hauptsatz +
Nebensatz =
Satzgefüge

4 Verbinde mithilfe der Konjunktion jeweils die folgenden beiden Sätze zu einem Satzgefüge. Schreibe es ab und setze die Kommas. Achte dabei auf die Stellung der gebeugten Verbform, z. B.
a *2007 sollten sieben neue Weltwunder gewählt werden, weil von den alten Weltwundern nur noch ein einziges übrig war.*

a 2007 sollten sieben neue Weltwunder gewählt werden. | weil
Von den alten Weltwundern war nur noch ein einziges übrig.
b Es wurden 21 Bauwerke aus der ganzen Welt ausgewählt. | nachdem
Die Abstimmung erfolgte im Internet und per Handy.
c Die Abstimmung über die neuen Weltwunder ist jetzt | obwohl
anerkannt. Das Verfahren wurde von der UNESCO kritisiert.
d Die UNESCO ist eine weltweite Organisation. Sie setzt sich | die
für das Weltkulturerbe ein.

TIPP
Merke dir:
Hauptsatz +
Hauptsatz =
Satzreihe

5 Verbinde mithilfe der Konjunktion jeweils die folgenden beiden Sätzen zu einer Satzreihe. Schreibe sie ab und setze die Kommas.
a Nicht nur das Kolosseum in Rom und die Chinesische Mauer | sondern
gehören zu den neuen Weltwundern. Das Taj Mahal in
Indien und Machu Picchu in Peru gehören auch dazu.
b Es sind nur sieben neue Weltwunder gewählt worden. Jedes | aber
der nominierten Bauwerke ist einzigartig in seiner Bauweise.

6 Unterstreiche in jedem Satz in Aufgabe 5 die gebeugten Verbformen. Prüfe, an welcher Stelle sie stehen. Formuliere einen Merksatz dazu.

218

Lösungen

Aufgabe 1
Die markierten Verbformen stehen entweder an zweiter oder letzter Satzgliedstelle; vgl. hierzu auch Lösung 3.

Aufgabe 2
<u>Auf der Erde gibt es nicht nur von der Natur erschaffene Wunder</u>, sondern <u>man findet auch von Menschenhand erschaffene Wunderwerke.</u> <u>Es gab daher den Vorschlag</u>, dass ~~man die großartigsten und außergewöhnlichsten Bauwerke der Welt kürt.~~

Aufgabe 3
Das gebeugte Verb steht im Hauptsatz (als Aussagesatz) an erster oder zweiter Stelle; das gebeugte Verb steht im Nebensatz an letzter Satzgliedstelle.

Aufgabe 4
a *2007 <u>sollten</u> sieben neue Weltwunder gewählt werden, **weil** von den alten nur noch ein einziges übrig <u>war</u>.*
b Es <u>wurden</u> 21 Bauwerke aus der ganzen Welt ausgewählt, **nachdem** die Abstimmung im Internet und per Handy <u>erfolgte</u>.
c Die Abstimmung über die neuen Weltwunder <u>ist</u> jetzt anerkannt, **obwohl** das Verfahren von der UNESCO kritisiert wurde.

---

8 Legt im Tandem Karteikarten mit typischen Konjunktionen für Satzgefüge und für Satzreihen an.

TIPP
Sieh dir dazu noch einmal die Aufgaben 4 und 6 an.

> Satzgefüge
> weil, nachdem ...

9 Lies den folgenden Text. Schreibe ihn ab und setze in allen Sätzen die fehlenden Kommas.

Was ist gemeint wenn man von den „Weltwundern" spricht? Bei den Weltwundern der Antike handelt es sich um eine besondere Auflistung denn sie umfasst die eindrucksvollsten Bauwerke und prunkvollsten Standbilder des damaligen Kulturkreises. Die erste vollständige Liste entstand im
5 2. Jahrhundert vor Christus als der griechische Schriftsteller Antipatros von Sidon einen Reiseführer für den Mittelmeerraum und Vorderasien schrieb. Die Liste besteht aus sieben Weltwundern weil die Zahl 7 in der Antike als „vollkommen" galt. Von den sieben Weltwundern der Antike existieren nur noch die Pyramiden von Gizeh denn alle anderen wurden zerstört oder
10 sind zerfallen.

10 Unterstreiche nun im Text die Hauptsätze mit einer geraden Linie und die Nebensätze mit einer Wellenlinie. Markiere die Konjunktionen farbig.

11 Ergänze deine Karteikarten aus Aufgabe 8 mit den Konjunktionen aus dem Text aus Aufgabe 9.

> Merke
> **Haupt- und Nebensätze**
>
> **Hauptsätze** sind **selbstständige** Sätze, die für sich allein stehen können. Die gebeugte Verbform steht an der **ersten** oder **zweiten Stelle** im Satz.
>
> **Nebensätze** sind **unselbstständige** Sätze, die nicht für sich allein stehen können. Die gebeugte Verbform steht immer **am Ende** des Satzes.
>
> Verbindungen aus **Hauptsätzen** nennt man **Satzreihen**. Die Hauptsätze werden durch ein **Komma** getrennt. → Es gibt keine archäologischen Funde zum Koloss von Rhodos, aber viele Schriften beweisen seine Existenz. HS, HS.
>
> Verbindungen aus **Haupt- und Nebensatz** nennt man **Satzgefüge**. Sie werden durch ein **Komma** getrennt. → Ein Erdbeben brachte den Koloss von Rhodos zum Einsturz, obwohl die riesige Standfigur aus Bronze war. HS, NS.

219

Vorhandenes Zusatzmaterial zu dieser Doppelseite

- KV 5 BASIS, S. 173
- KV 5 EXTRA, S. 174
- KV 5 PLUS, S. 175

- AH 7, Kapitel 11, S. 63

---

d Die UNESCO ist eine weltweite Organisation, **die** sich für das Weltkulturerbe einsetzt.

Aufgaben 5 und 6

a Nicht nur das Kolosseum in Rom und die Chinesische Mauer gehören zu den neuen Weltwundern, sondern auch das Taj Mahal in Indien und Machu Picchu in Peru gehören dazu.

b Es sind nur sieben neue Weltwunder gewählt worden, aber jedes der nominierten Bauwerke ist einzigartig in seiner Bauweise.

Aufgaben 8 und 11

- Satzgefüge: *weil*, *nachdem*, dass, da, ob, falls, wenn, als, bevor, seitdem, während, obwohl, damit, ...
- Satzreihen: und so, weder – noch, nicht nur – sondern auch, sondern, aber, entweder – oder, denn, als, wie, ...

Aufgaben 9 und 10

Was ist gemeint, wenn man von den sieben „Weltwundern" spricht? Bei den Weltwundern der Antike handelt es sich um eine besondere Auflistung, denn sie umfasst die eindrucksvollsten Bauwerke und prunkvollsten Standbilder des damaligen Kulturkreises.
Die erste vollständige Liste entstand im 2. Jahrhundert vor Christus, als der griechische Schriftsteller Antipatros von Sidon einen Reiseführer für den Mittelmeerraum und Vorderasien schrieb.
Die Liste besteht aus sieben Weltwundern, weil die Zahl 7 in der Antike als „vollkommen" galt.
Von den sieben Weltwundern der Antike existieren nur noch die Pyramiden von Gizeh, denn alle anderen wurden zerstört oder sind zerfallen.

DaZ-Kommentare

Aufgaben 1 bis 3, 5 und 6

Die meisten SuS, die zuvor die internationalen Vorbereitungsklassen besuchten, sollten ohne große Schwierigkeiten alle Aufgaben selbstständig bearbeiten können.

Aufgabe 4

Als erstes muss sichergestellt werden, dass die SuS die Bedeutung der aufgelisteten Konjunktionen verstehen.
Die SuS sollten an die Vorzeitigkeit in den temporalen Sätzen mit „nachdem" erinnert werden.

Spannendes aus anderen Ländern

RGS-Seiten / 2

Die Seiten vertiefen durch weitere Übungen zunächst die Konjunktionen bei Satzgefügen und Satzreihen und damit auch die entsprechende Zeichensetzung. Die Schülerinnen und Schüler (SuS) verknüpfen dann Haupt- und Relativsätze miteinander und rücken so den Relativanschluss in ihr Bewusstsein, der daraufhin mit weiteren Aufgaben geübt wird.

Kommentare zu den Aufgaben

Einstieg
Als thematischer Einstieg kann ein kurzes Gespräch über unterschiedliche Sitten in verschiedenen Kulturen dienen.

Aufgaben 1 und 2
Indem die SuS Konjunktionen in Satzgefüge einsetzen und selbst mithilfe von Konjunktionen Satzreihen bilden, werden die verschiedenen Konjunktionen und die mit ihnen einhergehende Zeichensetzung fester im Bewusstsein verankert.

Aufgaben 3 und 4
Indem die SuS Haupt- und Relativsätze miteinander verknüpfen, rücken sie diese Form des Nebensatzanschlusses ins Bewusstsein und markieren dann auch alle vorkommenden Relativpronomen.

Aufgaben 5 und 6
Zur Festigung der Relativpronomen ergänzen die SuS zunächst in Sätzen die fehlenden Pronomen und bilden im nächsten Schritt selbst Relativsätze.
<u>Alternative:</u>
Die SuS bearbeiten die Aufgaben (insbesondere A 6) im Tandem (leistungsstärkere und -schwächere SuS mischen).

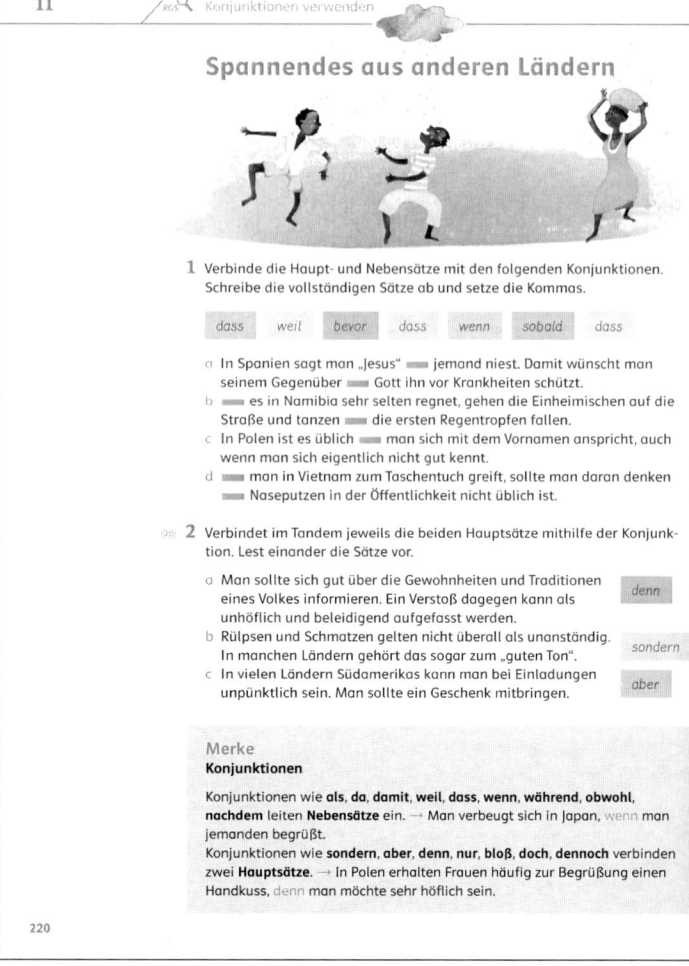

Lösungen

Aufgabe 1
a In Spanien sagt man „Jesus", wenn jemand niest. Damit wünscht man seinem Gegenüber, dass Gott ihn vor Krankheiten schützt.
b Weil es in Namibia sehr selten regnet, gehen die Einheimischen auf die Straße und tanzen, sobald die ersten Regentropfen fallen.
c In Polen ist es üblich, dass man sich mit dem Vornamen anspricht, auch wenn man sich eigentlich nicht gut kennt.
d Bevor man in Vietnam zum Taschentuch greift, sollte man daran denken, dass Naseputzen in der Öffentlichkeit nicht üblich ist.

Aufgabe 2
a Man sollte sich gut über die Gewohnheiten und Traditionen eines Volkes informieren, denn ein Verstoß dagegen kann als unhöflich und beleidigend aufgefasst werden.
b Rülpsen und schmatzen gelten nicht überall als unanständig, sondern in manchen Ländern gehört das sogar zum „guten Ton".
c In vielen Ländern Südamerikas kann man bei Einladungen unpünktlich sein, aber man sollte ein Geschenk mitbringen.

_{RGS} Relativsätze bilden / Relativpronomen verwenden

3 Welche Sätze gehören zusammen? Verbinde sie und schreibe sie ab. Setze dabei die fehlenden Kommas.

a Einem alten Brauch zufolge knüpfen Zulu-Frauen in Südafrika einen Liebesbrief aus Perlen

b In Japan gibt es gesonderte Toilettenschuhe

c In Thailand ist jedem Wochentag eine spezielle Farbe zugeordnet

d Eine für manche Touristen befremdliche Angewohnheit ist das öffentliche Ausspucken

A nach der sich sogar viele Einwohner bei der Wahl ihrer Kleidung richten.

B den sie dem Mann ihres Herzens überreichen.

C das in China als gesund gilt und daher völlig normal ist.

D die beim Betreten des WCs angezogen werden müssen.

4 Unterstreiche in den Sätzen in Aufgabe 3 die Relativpronomen, die den Nebensatz einleiten.

5 Lies die Sätze. Ergänze dabei die passenden Relativpronomen.

a Manche Italiener glauben, dass Schirme, ▄▄ aufgespannt stehen gelassen werden, Unglück über die Familie bringen.

b In Russland sollte ein Mann, ▄▄ eine Frau liebt, keinen gelben Blumenstrauß schenken. Die Farbe Gelb steht für Untreue und Eifersucht.

c Wer sich in Sri Lanka mit dem Rücken zu einer Buddha-Statue fotografieren lässt, ▄▄ muss mit einer Strafe rechnen.

6 Forme die Sätze in den Klammern zu eingeschobenen Relativsätzen um. Schreibe sie auf und setze die Kommas.

a Menschen in Frankreich ▄▄ (Sie kennen sich gut.) begrüßen oder verabschieden sich mit einem „bise". Das kann ein richtiger Kuss, ein angedeuteter Kuss oder nur eine Berührung der Wange sein.

b Auf Mallorca sind Touristen ▄▄ (Sie spazieren in Badehose oder Bikini durch die Stadt) nicht erwünscht.

> **Merke**
> **Relativsätze und Relativpronomen**
>
> **Relativsätze** sind Nebensätze. Sie werden mit einem **Relativpronomen** (der, die, das, welcher, welche, welches) eingeleitet.
> Das **Relativpronomen** bezieht sich auf das vorausgehende Substantiv/ Nomen. → Es gibt in Japan Reis, der pur gegessen wird.
> Der **Relativsatz** erklärt das Substantiv/Nomen näher und wird durch Kommas abgetrennt. → In arabischen Ländern darf die linke Hand, die als unrein gilt, nicht zum Essen benutzt werden.

221

Vorhandenes Zusatzmaterial zu dieser Doppelseite

▤ KV 5 BASIS, S. 173
▤ KV 5 EXTRA, S. 174
▤ KV 5 PLUS, S. 175

▯ AH 7, Kapitel 11, S. 64 / 65

Aufgaben 3 und 4

a/B Einem alten Brauch zufolge knüpfen Zulu-Frauen in Südafrika einen Liebesbrief aus Perlen, <u>den</u> sie dem Mann ihres Herzens überreichen.

b/D In Japan gibt es gesonderte Toilettenschuhe, <u>die</u> beim Betreten des WCs angezogen werden müssen.

c/A In Thailand ist jedem Wochentag eine spezielle Farbe zugeordnet, nach <u>der</u> sich sogar viele Einwohner bei der Wahl ihrer Kleidung richten.

d/C Eine für manche Touristen befremdliche Angewohnheit ist das öffentliche Ausspucken, <u>das</u> in China als gesund gilt und daher völlig normal ist.

Aufgabe 5

a Manche Italiener glauben, dass Schirme, <u>die</u> aufgespannt stehen gelassen werden, Unglück über die Familie bringen.

b In Russland sollte ein Mann, <u>der</u> eine Frau liebt, keinen gelben Blumenstrauß schenken. Die Farbe Gelb steht für Untreue und Eifersucht.

c Wer sich in Sri Lanka mit dem Rücken zu einer Buddha-Statue fotografieren lässt, <u>der</u> muss mit einer Strafe rechnen.

Aufgabe 6

a Menschen in Frankreich, die sich gut kennen, begrüßen oder verabschieden sich mit einem „bise". Das kann ein richtiger Kuss, ein angedeuteter Kuss oder nur eine Berührung der Wange sein.

b Auf Mallorca sind Touristen, die in Badehose oder (im) Bikini durch die Stadt spazieren, nicht erwünscht.

DaZ-Kommentare

Aufgabe 1

Als erstes muss sichergestellt werden, dass die SuS die Bedeutung der aufgelisteten Konjunktionen verstehen.

Aufgabe 2

Hinweis:

„Aber" und „sondern" bezeichnen eine Einschränkung oder einen Gegensatz.

Merkwürdigkeiten aus aller Welt

TRAININGS-Seiten

Die Schülerinnen und Schüler (SuS) wiederholen die Unterscheidung zwischen Satzreihen (SR) und Satzgefügen (SG) und üben die entsprechende Zeichensetzung.
Sie vertiefen außerdem ihre Beschäftigung mit Relativsätzen und deren grammatischer und inhaltlicher Beziehung zu Substantiven / Nomen im übergeordneten Satz.

Kommentare zu den Aufgaben

Einstieg
Ein gesonderter Einstieg in die Seiten ist nicht erforderlich.

Aufgaben 1 und 2
Die SuS setzen zunächst in Satzgefügen und -reihen die fehlenden Kommas und bestimmen dann, ob es sich jeweils um eine Satzreihe oder ein -gefüge handelt. Sie wiederholen dabei die Konjunktionen und Relativpronomen genauso wie die Unterscheidung Haupt- und Nebensatz (Erkennungsmerkmal Konjunktion sowie Stellung des Prädikats).
<u>Erweiterung:</u>
Die SuS markieren in den Sätzen alle gebeugten Verbformen (siehe Lösung).

Aufgabe 3
Die SuS verbinden Sätze mit passenden Konjunktionen und setzen die fehlenden Kommas bei den Satzgefügen und Satzreihen.

Aufgaben 4 und 5
Die SuS verknüpfen Haupt- und Relativsätze miteinander und ergänzen die jeweils fehlenden Relativpronomen. Sie machen sich dadurch bewusst, dass die Nebensätze ein Bezugswort im übergeordneten Satz haben (und welches). Anschließend überprüfen die SuS ihre Arbeitsergebnisse untereinander.

Aufgabe 6
Die SuS erkennen eingeschobene Nebensätze und setzen die fehlenden Kommas.

Aufgabe 7
Indem die SuS selbst Relativsätze zu vorgegebenen Substantiven / Nomen bilden, machen sie sich deren grammatische Funktion (als Bestimmung zu diesem Substantiv / Nomen) bewusst.

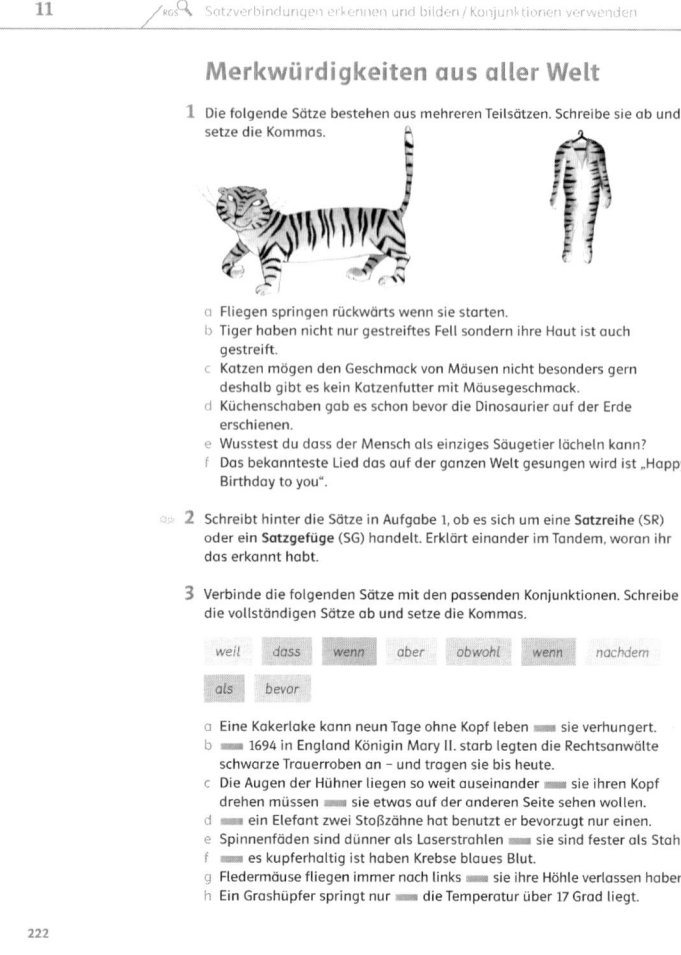

Merkwürdigkeiten aus aller Welt

1 Die folgende Sätze bestehen aus mehreren Teilsätzen. Schreibe sie ab und setze die Kommas.

   a Fliegen springen rückwärts wenn sie starten.
   b Tiger haben nicht nur gestreiftes Fell sondern ihre Haut ist auch gestreift.
   c Katzen mögen den Geschmack von Mäusen nicht besonders gern deshalb gibt es kein Katzenfutter mit Mäusegeschmack.
   d Küchenschaben gab es schon bevor die Dinosaurier auf der Erde erschienen.
   e Wusstest du dass der Mensch als einziges Säugetier lächeln kann?
   f Das bekannteste Lied das auf der ganzen Welt gesungen wird ist „Happy Birthday to you".

2 Schreibt hinter die Sätze in Aufgabe 1, ob es sich um eine **Satzreihe** (SR) oder ein **Satzgefüge** (SG) handelt. Erklärt einander im Tandem, woran ihr das erkannt habt.

3 Verbinde die folgenden Sätze mit den passenden Konjunktionen. Schreibe die vollständigen Sätze ab und setze die Kommas.

   weil   dass   wenn   aber   obwohl   wenn   nachdem
   als   bevor

   a Eine Kakerlake kann neun Tage ohne Kopf leben ▬ sie verhungert.
   b ▬ 1694 in England Königin Mary II. starb legten die Rechtsanwälte schwarze Trauerroben an – und tragen sie bis heute.
   c Die Augen der Hühner liegen so weit auseinander ▬ sie ihren Kopf drehen müssen ▬ sie etwas auf der anderen Seite sehen wollen.
   d ▬ ein Elefant zwei Stoßzähne hat benutzt er bevorzugt nur einen.
   e Spinnenfäden sind dünner als Laserstrahlen ▬ sie sind fester als Stahl.
   f ▬ es kupferhaltig ist haben Krebse blaues Blut.
   g Fledermäuse fliegen immer nach links ▬ sie ihre Höhle verlassen haben.
   h Ein Grashüpfer springt nur ▬ die Temperatur über 17 Grad liegt.

222

Lösungen

Aufgaben 1 und 2
a Fliegen <u>springen</u> rückwärts, wenn sie <u>starten</u>. – SG
b Tiger <u>haben</u> nicht nur gestreiftes Fell, sondern ihre Haut <u>ist</u> auch gestreift. – SR
c Katzen <u>mögen</u> den Geschmack von Mäusen nicht besonders gern, deshalb <u>gibt</u> es kein Katzenfutter mit Mäusegeschmack. – SR
d Küchenschaben <u>gab</u> es schon, bevor die Dinosaurier auf der Erde <u>erschienen</u>. – SG
e <u>Wusstest</u> du, dass der Mensch als einziges Säugetier lächeln kann? – SG
f Das bekannteste Lied, das auf der ganzen Welt gesungen <u>wird</u>, <u>ist</u> „Happy Birthday to you". – SG

Aufgabe 3
a Eine Kakerlake kann neun Tage ohne Kopf leben, bevor sie verhungert.
b Als 1694 in England Königin Mary II. starb, legten die Rechtsanwälte schwarze Trauerroben an – und tragen sie bis heute.

4 Welche Satzteile passen zueinander? Verbinde die passenden Teile und schreibe sie ab. Ergänze dabei die fehlenden Relativpronomen und setze die Kommas.

a Neuseeland ist das einzige Land der Welt …
b Eulen sind die einzigen Vögel …
c Australien ist der einzige Kontinent …
d Der Gepard ist die einzige Katze …
e Elefanten sind die einzigen Tiere …
f Cola ist ein Getränk …
g Es gibt Fische mit Beinen …
h Delfine können unter Wasser Geräusche hören …

A … die Farbe Blau sehen können.
B … mehr als 24 km entfernt sind.
C … ihre Krallen nicht einziehen kann.
D … ursprünglich als Medizin erfunden wurde und Kokain enthielt.
E … am Meeresgrund gehen können.
F … keine Gletscher hat.
G … nicht springen können.
H … jede Klimazone umfasst.

5 Prüft im Tandem eure Ergebnisse aus Aufgabe 4. Falls ihr bei den Zuordnungen der Sätze unsicher seid, recherchiert im Internet.

6 Schreibe die folgenden Sätze ab. Unterstreiche die eingeschobenen Nebensätze und markiere die Relativpronomen. Setze die fehlenden Kommas.

a Thomas Edison der Erfinder der Glühbirne fürchtete sich im Dunkeln.
b Die beiden höchsten IQs die je nach Standardtests ermittelt wurden gehören Frauen.
c Der Ton in dem die meisten amerikanischen Autohupen tuten ist ein F.
d Fünfundzwanzig Prozent des Sauerstoffs den der Mensch einatmet verbraucht allein das Gehirn.
e Das längste englische Wort das nur mit den Tasten der linken Hand (nach dem Zehnfingersystem) getippt wird ist „Stewardess".

7 Bildet im Tandem zu folgenden Substantiven/Nomen Relativsätze und beendet die Sätze, z. B. a *Die Gruppe, die früh aufgebrochen war, erreichte die Oase zuerst.*

a Die Gruppe, die …
b Der Berggipfel, der …
c Die Boote, die …
d Das Kamel, das …
e Die Beuteltiere, die …
f Die Schlucht, die …

223

Vorhandenes Zusatzmaterial zu dieser Doppelseite

📄 AH 7, Kapitel 11, S. 66 / 67

---

c Die Augen der Hühner liegen so weit auseinander, dass sie ihren Kopf drehen müssen, wenn sie etwas auf der anderen Seite sehen wollen.
d Obwohl ein Elefant zwei Stoßzähne hat, benutzt er bevorzugt nur einen.
e Spinnenfäden sind dünner als Laserstrahlen, aber sie sind fester als Stahl.
f Weil es kupferhaltig ist, haben Krebse blaues Blut.
g Fledermäuse fliegen immer nach links, nachdem sie ihre Höhle verlassen haben.
h Ein Grashüpfer springt nur, wenn die Temperatur über 17 Grad liegt.

Aufgaben 4 und 5
a/H Neuseeland ist das einzige Land der Welt, das jede Klimazone umfasst.
b/A Eulen sind die einzigen Vögel, die die Farbe blau sehen können.
c/F Australien ist der einzige Kontinent, der keine Gletscher hat.
d/C Der Gepard ist die einzige Katze, die ihre Krallen nicht einziehen kann.
e/G Elefanten sind die einzigen Tiere, die nicht springen können.
f/D Cola ist ein Getränk, das ursprünglich als Medizin erfunden wurde und Kokain enthielt.
g/E Es gibt Fische mit Beinen, die am Meeresgrund gehen können.
h/B Delfine können unter Wasser Geräusche hören, die mehr als 24 km entfernt sind.

Aufgabe 6
a Thomas Edison, <u>der Erfinder der Glühbirne</u>, fürchtete sich im Dunkeln.
b Die beiden höchsten IQs, <u>**die** je nach Standardtests ermittelt wurden</u>, gehören Frauen.
c Der Ton, <u>**in dem** die meisten amerikanischen Autohupen tuten</u>, ist F.
d Fünfundzwanzig Prozent des Sauerstoffs, <u>**den** der Mensch einatmet</u>, verbraucht allein das Gehirn.
e Das längste englische Wort, <u>**das** nur mit den Tasten der linken Hand</u> (nach dem Zehnfingersystem) <u>getippt wird</u>, ist „Stewardess".

Aufgabe 7
individuelle Lösungen

Lass dich unterhalten!

Das Fernsehen, seine Funktionen und Inhalte untersuchen

Auftaktseiten – Vorwissen aktivieren

Die Auftaktseiten knüpfen an die Fernseherfahrungen der Schülerinnen und Schüler (SuS) an und regen die Reflexion des eigenen Fernsehverhaltens an – sowohl mit Blick auf technische als auch mit Blick auf die inhaltliche Seite.

Kommentare zu den Aufgaben

Einstieg und Aufgabe 1
Die SuS ordnen Sendungen charakteristische Zitate zu und kommen darüber in ein Gespräch über ihr eigenes Fernsehverhalten (Welche dieser Sendungen seht ihr regelmäßig? Warum? (Warum nicht?).

Aufgaben 2 und 3
Die SuS notieren ihre eigenen Fernsehgewohnheiten (wann, wo und wie geschaut wird) mit denen von früher. – Auch hier sollen die SuS wieder in ein Gespräch über ihr eigenes Fernsehverhalten finden.

Aufgabe 4
Die SuS befragen ihre Eltern, wie diese als Kinder ferngesehen haben und was ihnen gefallen hat, und nehmen dadurch die Veränderungen in der Medienwelt wahr.

Aufgaben 5 bis 7
Die SuS tauschen sich über ihr eigenes Fernsehverhalten (Arten und Inhalte der Sendungen) aus und gehen dabei auch auf Mediatheken und YouTube-Kanäle ein.

Aufgabe 8 RGS🔍
Die Aufgabe bereitet die Beschäftigung mit der Rechtschreibung rechtschreibschwieriger Wörter vor.

Das lernst du jetzt:

- Fernsehen in allen Formen untersuchen
- Sendeformate und ihre Funktionen sowie Inhalte untersuchen
- eine Umfrage mit Auswertung durchführen
- Steckbriefe zu Fernsehsendungen schreiben
- eine eigene Sendung gestalten
- Wörter mit besonderer Schreibung einprägen

KMK-Standards

Fernsehen / Sendeformate untersuchen
- Informations- und Unterhaltungsfunktion unterscheiden
- Intentionen und Wirkungen erkennen und bewerten
- wesentliche Darstellungsmittel kennen und deren Wirkungen einschätzen
- zwischen eigentlicher Wirklichkeit und virtuellen Welten in Medien unterscheiden, z. B. Fernsehserien, Computerspiele

Diagramme lesen / Umfragen durchführen und auswerten
- über grundlegende Lesefertigkeiten verfügen: flüssig, sinnbezogen, überfliegend, selektiv, navigierend (z. B. Bild-Ton-Text integrierend) lesen
- nichtlineare Texte auswerten, z. B. Schaubilder
- formalisierte lineare Texte / nichtlineare Texte verfassen, z. B. Diagramm, Schaubild, Statistik

Wörter mit besonderer Schreibung einprägen und richtig schreiben
- wichtige Regeln der Aussprache und der Orthografie kennen und beim Sprachhandeln berücksichtigen
- Grundregeln der Rechtschreibung und Zeichensetzung sicher beherrschen und häufig vorkommende Wörter, Fachbegriffe und Fremdwörter richtig schreiben

1 Ordnet die Zitate den abgebildeten Sendungen auf Seite 224 zu.

a *Wir sind die Kids von morgen.*

d *Ruf für mich an.*

b *Möge die Macht mit dir sein.*

e *Wenn du mehr darüber wissen willst, schau nach unter ...*

c *Sie haben noch einen Telefonjoker.*

2 Wie seht ihr fern? Erstellt eine Liste, an welchen Orten und mit welchen Medien oder Geräten ihr Fernsehen schaut, z. B. im Bus: *Handy ...*

3 So wurde vor 40 Jahren ferngesehen. Vergleicht das Bild mit euren eigenen Fernsehgewohnheiten.

4 Befragt eure Eltern, wie sie als Kinder ferngesehen haben und welche Sendungen ihnen gefielen. Tauscht euch dann in der Klasse darüber aus, wie sich das Fernsehen und die Medien verändert haben.

5 Bildet Kleingruppen und berichtet einander von euren Lieblingssendungen im Fernsehen. Orientiert euch an folgenden Fragen:
• Wie heißen eure Lieblingssendungen?
• Worum geht es in diesen Sendungen?
• Welches sind die Hauptfiguren?
• Wann laufen diese Sendungen?
• Warum gefallen euch diese Sendungen?

6 Habt ihr schon einmal die Mediathek eines TV-Senders genutzt? Nennt die Vorteile dieser Möglichkeit.

7 Welche Inhalte interessieren euch auf Youtube? Beschreibt die Youtube-Channels, die ihr am liebsten nutzt und warum sie euch gefallen.

8 Schreibt die Sätze richtig ab. Entscheidet euch bei den Wörtern in den Klammern für die richtige Schreibung.

In der Werbung geht es um frische (Erdbeeren/Erdbären/Erdberen).
Das (Fideo, Wideo, Video) ist besonders schön geworden.
Der Fernsehkoch legt das Essen auf die (Wage, Waage, Vage).
Heute Abend sehe ich mir einen gruseligen (Triller/Sriller/Thriller) an.

225

Lösungen

Aufgabe 1

a Wir sind die Kids von morgen. – Sendung „KiKa Live" (Bild 4)

b Möge die Macht mit dir sein. – Sendung „Star Wars" (Bild 3)

c Sie haben noch einen Telefonjoker. – Sendung „Wer wird Millionär?" (Bild 1)

d Ruf für mich an. – Sendung „DSDS" (Bild 2)

e Wenn du mehr darüber wissen willst, schau nach unter ... – Sendung „Schloss Einstein" (Bild 5)

Aufgabe 2
individuelle Lösungen

Aufgabe 3
individuelle Lösungen – Auch wenn es immer noch gemeinsame (generationenübergreifende) Fernseheereignisse gibt (etwa bei Live-Übertragungen von sportlichen Großereignissen), so hat sich das Fernsehen doch stärker individualisiert. Auf mehr und unterschiedlichen Geräten können mehr Angebote wahrgenommen werden (eben der klassische Krimi vor dem Fernsehschirm, der Clip aus einem YouTube-Kanal auf dem Handy oder die Serie aus dem Netz am PC).

Aufgabe 4
individuelle Lösungen – Die meisten Eltern werden bereits mit Privatfernsehen (ab Mitte der 1980er Jahre v. a. SAT1 und RTL) großgeworden sein. Sie haben dann nicht nur einen ersten Serienboom erlebt, sondern auch die Geburt von Fernseh-,Talk- und Reality-Formaten.

Aufgaben 5 bis 7
individuelle Lösungen – Die Vorteile von Mediatheken (siehe A 6) liegt in der längeren und sendezeitunabhängigeren Verfügbarkeit der Inhalte. Leichter geworden ist außerdem die Suche nach bestimmten Inhalten.

Aufgabe 8
In der Werbung geht es um frische Erdbeeren. Das Video ist besonders schön geworden. Der Fernsehkoch legt das Essen auf eine Waage. Heute Abend sehe ich mir einen gruseligen Thriller an.

DaZ-Kommentare

Einstieg
Es sollte sichergestellt werden, dass die SuS die Begriffe „Sendeformat", „Umfrage", „Auswertung" und „einprägen" verstehen. Ansonsten müssen diese den SuS kurz erklärt werden.

Aufgabe 1
Es ist zu erwarten, dass nicht alle SuS die Zitate den Sendungen richtig zuordnen können.

Ordnung im TV-Dschungel

Grundlagenseiten / 1

Diese Grundlagenseiten führen verschiedene Begriffe ein, die den Schülerinnen und Schülern (SuS) eine bessere Orientierung im Fernsehprogramm ermöglichen sollen. Neben den fiktiven und non-fiktiven Sendeformaten liegt ein besonderer Schwerpunkt auf den sogenannten Reality-TV-Formaten (insbesondere Doku-Soaps). Hier sollen die SuS erkennen, dass diesen Sendungen oft eine „fingierte Realität" zugrunde liegt.

Kommentare zu den Aufgaben

Einstieg, Aufgaben 1 und 2
Die SuS benennen Sendungen (Titel, Sender und Sendezeit) und beschreiben einander, worum es in der Sendung geht. Die Aufgabe zielt dabei auf die Funktion der Sendung (vgl. A3) und leitet damit zur Beschäftigung mit Sendeformaten über.

Aufgabe 3
Die SuS unterscheiden zentrale Funktionen von Sendeformaten (informieren, unterhalten) und ordnen bestimmte Formate diesen Funktionen zu. – Sollten einzelne Sendungen nicht bekannt sein, müssten sich die SuS vorab gegenseitig informieren.

Aufgaben 4 bis 6
Die SuS unterscheiden bei Sendungen zwischen fiktiven und non-fiktiven Formaten. Sie können dabei ihre Arbeitsergebnisse selbstständig mithilfe des Merkekastens „Sendeformate" überprüfen.

Aufgaben 7 bis 9
Die SuS untersuchen das aktuelle Fernsehprogramm nach den Sendezeiten der Formate Zeichentrickfilme, Spielfilme, Nachrichten und Doku-Soaps. Es empfiehlt sich dabei eine Beschränkung auf einen bestimmten Werktag; auch kann aus Zeitgründen die Zahl der Sender auf fünf bis zehn beschränkt werden (wobei außerdem zu beachten wäre, dass etwa gleichviel öffentlich-rechtliche wie private Sender vertreten sind, z. B.: ARD, ZDF, SWR, 3SAT, SAT.1, RTL, PRO 7, Kabel 1).

Aufgaben 10 bis 13
Die Aufgaben regen die SuS zur Beschäftigung mit den verschiedenen Reality-Formaten an. Zentral ist hierbei zum einen die Einsicht, dass es Formate gibt, die zwischen fiktiven und non-fiktiven Formaten angesiedelt sind. Zum anderen sollen die SuS erkennen, dass die im TV abgebildete Realität notwendig gefiltert ist, oft sogar einem Drehbuch folgt (die sogenannte „Scripted Reality").

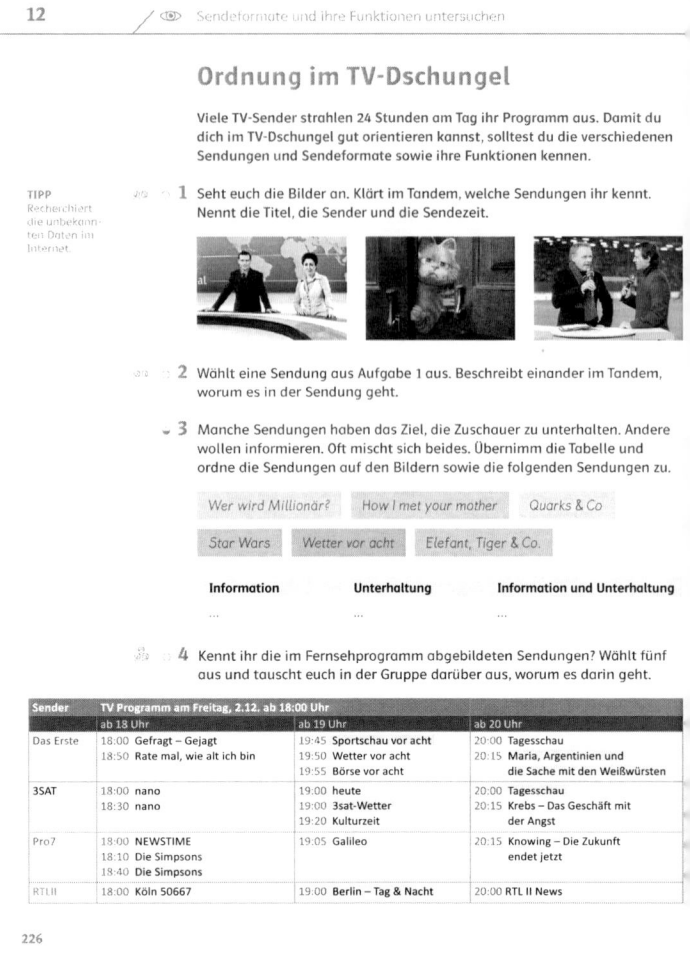

Lösungen

Aufgabe 1
Bild 1: heute-Nachrichten (ZDF, Hauptsendung um 19 Uhr); Bild 2: Garfield (u. a. bei KiKA); Bild 3: Champions League (aktuell beim ZDF)

Aufgabe 2
individuelle Lösungen

Aufgabe 3

Information	Unterhaltung	Information und Unterhaltung
Wetter vor acht Quarks & Co heute-Nachrichten	How I met your mother Star Wars Garfield Champions League	Wer wird Millionär? Elefant, Tiger & Co.

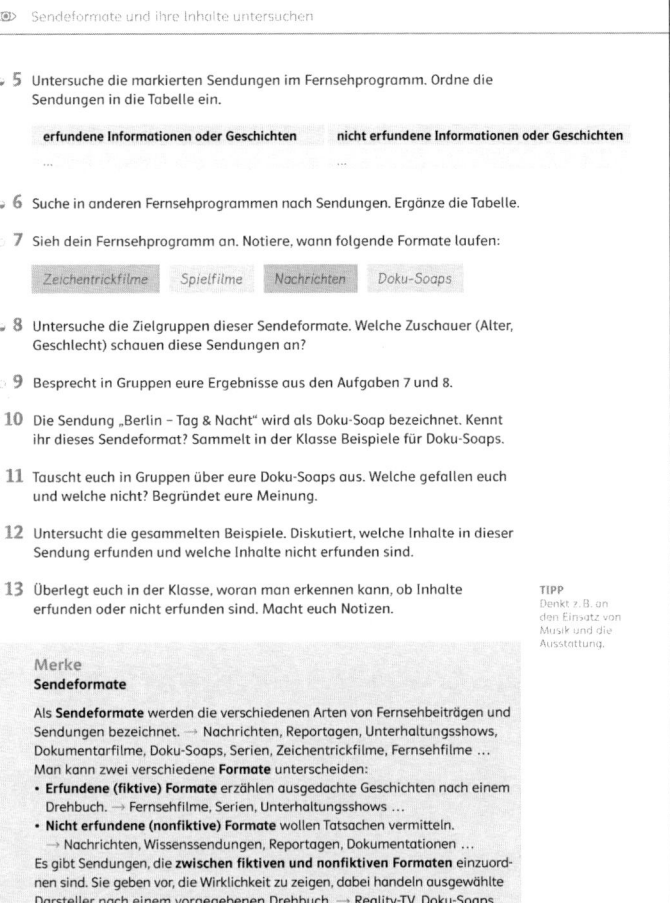

Sendeformate und ihre Inhalte untersuchen

5 Untersuche die markierten Sendungen im Fernsehprogramm. Ordne die Sendungen in die Tabelle ein.

erfundene Informationen oder Geschichten	nicht erfundene Informationen oder Geschichten
...	...

6 Suche in anderen Fernsehprogrammen nach Sendungen. Ergänze die Tabelle.

7 Sieh dein Fernsehprogramm an. Notiere, wann folgende Formate laufen:

Zeichentrickfilme   Spielfilme   Nachrichten   Doku-Soaps

8 Untersuche die Zielgruppen dieser Sendeformate. Welche Zuschauer (Alter, Geschlecht) schauen diese Sendungen an?

9 Besprecht in Gruppen eure Ergebnisse aus den Aufgaben 7 und 8.

10 Die Sendung „Berlin – Tag & Nacht" wird als Doku-Soap bezeichnet. Kennt ihr dieses Sendeformat? Sammelt in der Klasse Beispiele für Doku-Soaps.

11 Tauscht euch in Gruppen über eure Doku-Soaps aus. Welche gefallen euch und welche nicht? Begründet eure Meinung.

12 Untersucht die gesammelten Beispiele. Diskutiert, welche Inhalte in dieser Sendung erfunden und welche Inhalte nicht erfunden sind.

13 Überlegt euch in der Klasse, woran man erkennen kann, ob Inhalte erfunden oder nicht erfunden sind. Macht euch Notizen.

TIPP
Denkt z. B. an den Einsatz von Musik und die Ausstattung.

Merke
Sendeformate

Als **Sendeformate** werden die verschiedenen Arten von Fernsehbeiträgen und Sendungen bezeichnet. → Nachrichten, Reportagen, Unterhaltungsshows, Dokumentarfilme, Doku-Soaps, Serien, Zeichentrickfilme, Fernsehfilme ...
Man kann zwei verschiedene **Formate** unterscheiden:
• **Erfundene (fiktive) Formate** erzählen ausgedachte Geschichten nach einem Drehbuch. → Fernsehfilme, Serien, Unterhaltungsshows ...
• **Nicht erfundene (nonfiktive) Formate** wollen Tatsachen vermitteln.
→ Nachrichten, Wissenssendungen, Reportagen, Dokumentationen ...
Es gibt Sendungen, die **zwischen fiktiven und nonfiktiven Formaten** einzuordnen sind. Sie geben vor, die Wirklichkeit zu zeigen, dabei handeln ausgewählte Darsteller nach einem vorgegebenen Drehbuch. → Reality-TV, Doku-Soaps

227

Aufgaben 4 und 5

erfundene Informationen oder Geschichten	nicht erfundene Informationen oder Geschichten
Die Simpsons	Sportschau vor acht
Berlin – Tag & Nacht	3sat-Wetter
Maria, Argentinien und die Sache mit den Weißwürsten	Tagesschau

Aufgabe 6
individuelle Lösungen

Aufgaben 7 und 8
– Zeichentrickfilme (nachmittags oder Vorabendprogramm): meist Kinder beiderlei Geschlechts
– Spielfilme (den ganzen Tag): Zahlreiche Subformate (u.a. Familienfilme, Kinderfilme), sodass jeder als Zuschauer in Frage kommt.
– Nachrichten (den ganzen Tag auf div. Sendern): Abgesehen von speziellen Kindernachrichten (z.B. logo! bei ZDFtivi) sind Nachrichten an Jugendliche und Erwachsene beiderlei Geschlechts adressiert.
– Doku-Soaps (oft schon am Vormittag bzw. Nachmittag): werden primär von männlichen Erwachsenen gesehen (einzelne Formate, wie die Zoo-Doku „Elefant, Tiger & Co.", haben aber auch viele Kinder als Zuschauer).

Aufgaben 9 bis 12
individuelle Lösungen

Aufgabe 13
Erfundene „Realität" erkennt man oft daran, dass die dargestellte Handlung zu unwahrscheinlich ist (auch in Bezug auf die Schnelligkeit, mit der die Ereignisse gezeigt werden, und deren innerer Struktur).

DaZ-Kommentare

Einstieg
Bevor die SuS mit der Aufgabe beginnen, sollten sie unbedingt auf den Merkekasten „Sendeformate" auf Seite 227 hingewiesen werden.

Aufgaben 1 bis 6
Auch wenn die SuS die Sendungen und ihre Titel nicht kennen, werden sie doch in der Lage sein zu erkennen, ob die Sendungen dem Informations- oder eher dem Unterhaltungsbereich zugehören (vgl. A 3).

Merke: Sendeformate
Die SuS sollten unbedingt das Merkekästchen genau lesen und, wenn nötig, übersetzen.

Vorhandenes Zusatzmaterial zu dieser Doppelseite

AH 7, Kapitel 12, S. 68 / 69

Was schaust du? / Worum geht es?

Grundlagenseiten / 2

Die Grundlagenseiten leiten die Durchführung einer einfachen Umfrage an, deren Ergebnisse anschließend sowohl schriftlich als auch als Diagramm dargestellt werden. Die Schülerinnen und Schüler (SuS) üben das schriftliche Beschreiben eines Diagramms und legen auch einen Steckbrief zu einer Lieblingsfernsehsendung sowie zu einer non-fiktiven Sendung an.

Kommentare zu den Aufgaben

Was schaust du?

Einstieg und Aufgabe 1
Die SuS tauschen sich zunächst kurz über ihre Lieblingssendungen aus (was sie warum regelmäßig sehen); ergibt es sich, kann bereits über Gründe für geschlechtsspezifische Vorlieben gesprochen werden.

Aufgaben 2 und 3
Die SuS führen eine einfache Umfrage zu den drei Lieblingssendungen der Mädchen und Jungen durch und halten das Ergebnis schriftlich in zwei Sätzen fest.

Aufgabe 4
Die SuS stellen nun das Umfrageergebnis als Balkendiagramm dar.
Erweiterung:
Das Balkendiagramm kann auch fächerübergreifend mit Mathematik erstellt werden. In diesem Fall sollten auch die Prozentwerte ausgerechnet und angegeben werden.

Aufgaben 5 und 6
In einem kurzen Text beschreiben die SuS das Diagramm. Anschließend wird das Ergebnis in der Klasse diskutiert.
Alternative:
Die SuS arbeiten im Tandem, wobei jeweils eine leistungsstärkere Schülerin/ein leistungsstärkerer Schüler mit einer bzw. einem -schwächeren zusammenarbeitet.

Aufgaben 7 und 8
Die SuS beschreiben nun ein weiteres Diagramm zu den Lieblingssendungen von Jungen und Mädchen aus der JIM-Studie von 2015 des Medienpädagogischen Forschungsverbundes Südwest unter zwölf- bis 19-Jährigen und vergleichen die Studienergebnisse mit ihren eigenen Umfragewerten. Dabei sollte über mögliche Gründe für Unterschiede gesprochen werden (vgl. Lösung).

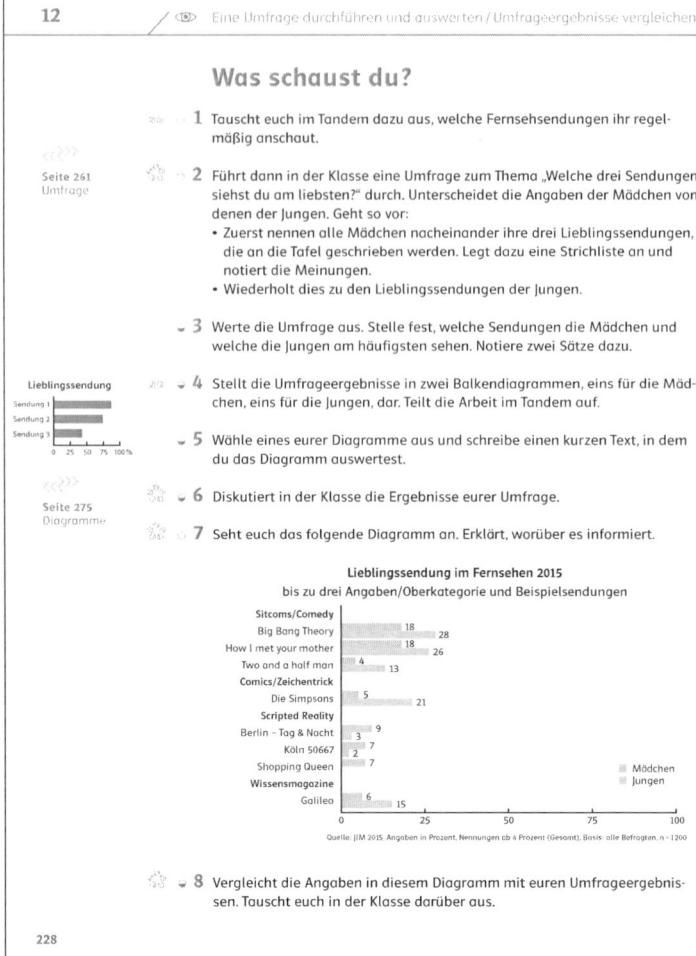

Worum geht es?

Aufgabe 1
Die SuS lesen einen Steckbrief zur Serie „Die Simpsons" und stellen sich die Sendung gegenseitig vor. Wichtig ist mit Blick auf die nachfolgenden Aufgaben, dass sich die SuS mit dem Aufbau und den inhaltlichen Kategorien des Steckbriefs vertraut machen.

Aufgaben 2 und 3
Die SuS erstellen nun selbst einen Steckbrief ihrer Lieblingsfernsehsendung. Dadurch soll das bewusste und reflexive Sehen der entsprechenden Sendung angeregt werden. Das Vorstellen der Steckbriefe erfolgt in Kleingruppen (wobei darauf geachtet werden sollte, dass nicht alle SuS einer Gruppe dieselbe Sendung beschreiben).

Aufgaben 4 und 5
Die SuS erstellen nun noch einen Steckbrief zu einer non-fiktiven Sendung ihrer Wahl, die sie abschließend im Rahmen eines Rundgangs der Klasse vorstellen. Es kann bestimmten SuS auch eine Sendung zugewiesen werden.

Vorhandenes Zusatzmaterial zu dieser Doppelseite

- 📋 KV 1 BASIS, S. 176
- 📋 KV 1 EXTRA, S. 177
- 📋 KV 1 PLUS, S. 178

- 📋 KV 2 BASIS, S. 179
- 📋 KV 2 EXTRA, S. 180
- 📋 KV 2 PLUS, S. 181

/ ◉ Steckbriefe zu Fernsehsendungen schreiben

Worum geht es?

1 Lest den folgenden Steckbrief zu einer Sendung. Stellt einander im Tandem mithilfe des Steckbriefs die Sendung vor.

Name der Sendung: Die Simpsons

Format der Sendung: Zeichentrickserie

Sendezeit (Tag/Uhrzeit): täglich 18:10–19:05 Uhr

Sender: PRO 7

Zielgruppe: alle Altersgruppen

Funktion (Information/Unterhaltung oder beides): Unterhaltung

Inhalt (Worum geht es?): Die Serie handelt von einer gelben Familie, die in Springfield lebt. Diese amerikanische Durchschnittsfamilie erlebt immer wieder neue Geschichten.

Hauptfiguren/Personen: Homer, Marge, Bart, Lisa und Maggie, die als Familie und auch einzeln viele Abenteuer erleben. Im Mittelpunkt jeder Folge steht die Familie Simpson, begleitet von vielen Nachbarn, Freunden und anderen Bewohnern der Stadt Springfield.

Bewertung: Diese Serie ist immer lustig. Manchmal bringt sie mich auch zum Nachdenken, wenn eine Geschichte zu meiner aktuellen Situation passt.

2 Schreibe einen Steckbrief zu deiner Lieblingssendung. Gehe dabei so vor:
 • Schreibe die Vorlage des Steckbriefs ab.
 • Sieh dir deine Lieblingssendung an und fülle den Steckbrief aus.

3 Bildet Kleingruppen und stellt euch eure Lieblingssendungen mithilfe der Steckbriefe vor.

4 Wähle aus dem Fernsehprogramm eine nonfiktive Sendung aus. Sieh dir die Sendung an und schreibe einen Steckbrief dazu.

TIPP
Wähle eine Wissenssendung, eine Sportübertragung oder eine Dokumentation.

5 Hängt eure Steckbriefe aus Aufgabe 4 in der Klasse auf, seht sie euch in einem Rundgang an und tauscht euch darüber aus. Besprecht, welche Sendungen ihr kennt und wie sie euch gefallen.

229

Lösungen

Was schaust du?

Aufgabe 1
individuelle Lösungen

Aufgaben 2 und 3
individuelle Lösungen – Mögliche Formulierungen wären:
Die drei bei den Mädchen beliebtesten Sendungen sind …
Jungen sehen am liebsten die Sendungen …

Aufgabe 4
individuelle Lösungen

Aufgabe 5
individuelle Lösungen – Mögliche Formulierungen wären:
Das Balkendiagramm zeigt die Lieblingssendungen der Mädchen (rote Balken) und Jungen (blaue Balken) unserer Klasse. Angegeben ist jeweils die Zahl / der Prozentwert derjenigen Mädchen / Jungen, die diese Sendung als Lieblingssendung angegeben haben. Zu sehen ist, dass die beliebteste Sendung der Mädchen / der Jungen / insgesamt … ist. Es folgt …

Aufgabe 6
individuelle Lösungen

Aufgabe 7
Das Diagramm informiert über die „Lieblingssendung(en) im Fernsehen 2015" von Jungen und Mädchen. Unterschieden wird dabei zwischen Formaten (wie Sitcoms, Comics, Scripted Reality oder Wissensmagazinen) und einzelnen Sendungen. Zu sehen ist, dass die Sendung „Big Bang Theory" sowohl bei Mädchen als auch bei Jungen die beliebteste Sendung ist.

Aufgabe 8
individuelle Lösungen – Weichen die Werte voneinander ab, kann das drei Ursachen haben: Die Umfrage für die JIM-Studie wurde erstens nicht unter Siebtklässlern, sondern unter zwölf- bis 19-Jährigen, zweitens bereits im Jahr 2015 und drittens schließlich in einer repräsentativen Größe (1.200 Befragte) durchgeführt.

Worum geht es?

Aufgaben 1 bis 5
individuelle Lösungen

DaZ-Kommentare

Was schaust du?

Aufgabe 4
Falls es nötig ist, sollte den SuS erklärt werden, wie man Balkendiagramme erstellt und liest.

Und Action!

Grundlagenseiten / 3

Die Schülerinnen und Schüler (SuS) machen sich mit dem Sendeformat Nachrichten vertraut. Zunächst untersuchen sie eine Nachrichtensendung, dann planen sie eine eigene Nachrichtensendung und führen diese vor. Die SuS lernen so nicht nur das Format genauer kennen, sondern machen sich auch bewusst, wie aufwendig die Produktion einer solchen Sendung ist.

Kommentare zu den Aufgaben

Einstieg
Mit den SuS wird darüber gesprochen, wie sie sich über aktuelle Ereignisse (und seien es Sportergebnisse oder Wettervorhersagen) informieren und welche Rolle dabei Nachrichtensendungen im Fernsehen (auch abgerufen über die Mediatheken) spielen.

Aufgabe 1
Die SuS sehen sich (zu Hause) eine Nachrichtensendung an, die sie anschließend beschreiben. Denkbar ist, den SuS eine Sendung vorzugeben (Tagesschau um 20.00 Uhr, Tagesthemen, heute um 19.00 Uhr, heute-journal, SWR Landesschau oder RTL aktuell, Sat.1 Nachrichten, ProSieben Newstime). Im Unterricht könnte auch in den Mediatheken von ARD oder ZDF eine aktuelle Sendung abgerufen und in Gruppen untersucht und beschrieben werden.

Aufgabe 2
Die SuS tauschen sich über Nachrichtenformate aus und besprechen den Unterschied zu anderen Formaten wie politischen Magazinen, Polit-Talks, Dokumentationen oder „News"-Sendungen über Stars.

Aufgaben 3 bis 10
Die SuS planen eine eigene Nachrichtensendung mit Nachrichten zum Schulgeschehen. Dazu wählen sie Themen aus, legen Arbeitsgruppen fest, die zu den Themen recherchieren und sie aufbereiten. Der Ablauf der Sendung wird in den Gruppen sekundengenau geplant und schließlich die komplette Sendung der Klasse vorgeführt und im Anschluss ausgewertet.

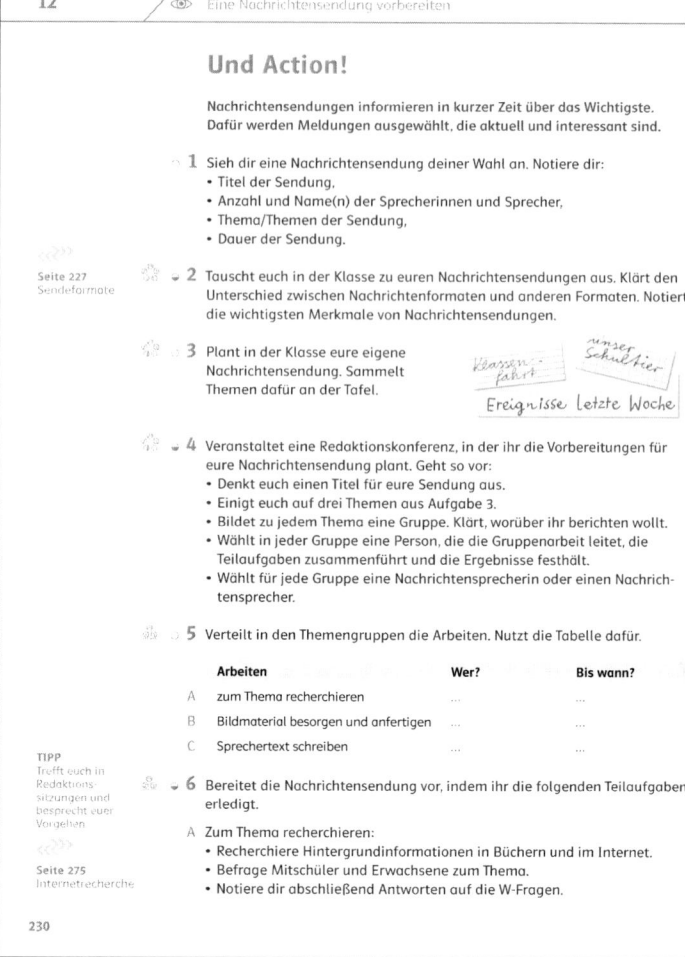

Lösungen

Aufgabe 1
individuelle Lösungen – Üblich sind ein oder zwei Sprecherinnen bzw. Sprecher, die Dauer schwankt meist zwischen zehn und 30 Minuten.

Aufgabe 2
Nachrichtensendungen informieren zeitnah über das aktuelle Tagesgeschehen von allgemeiner Wichtigkeit bzw. Bedeutung (also keine „News" über Stars oder den Sport). Die Informationen sind strikt sachlich, eventuelle Kommentare werden als solche eigens ausgewiesen. Nachrichtensendungen haben wie Zeitungen Rubriken. Oft wird mit Meldungen zur Weltpolitik begonnen, es folgen bundespolitische Themen, dann weitere Nachrichten aus der (Landes-) Politik, der Wirtschaft, der Kultur und des Sports; abschließend wird eine Wetteraussicht gegeben.

Aufgabe 3
individuelle Lösungen – Neben tatsächlichen Ereignissen wie einem Schulfest, einer Klassenfahrt oder einem Dienstjubiläum könnten auch Alltagsereignisse oder allgemeine

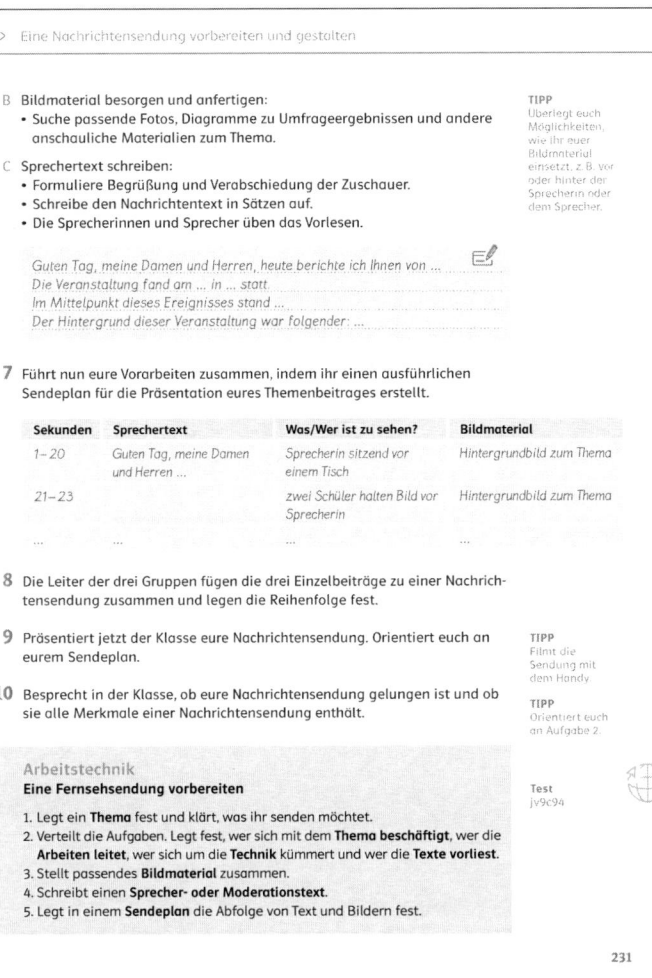

B Bildmaterial besorgen und anfertigen:
- Suche passende Fotos, Diagramme zu Umfrageergebnissen und andere anschauliche Materialien zum Thema.

C Sprechertext schreiben:
- Formuliere Begrüßung und Verabschiedung der Zuschauer.
- Schreibe den Nachrichtentext in Sätzen auf.
- Die Sprecherinnen und Sprecher üben das Vorlesen.

Guten Tag, meine Damen und Herren, heute berichte ich Ihnen von ...
Die Veranstaltung fand am ... in ... statt.
Im Mittelpunkt dieses Ereignisses stand ...
Der Hintergrund dieser Veranstaltung war folgender: ...

TIPP Überlegt euch Möglichkeiten, wie ihr euer Bildmaterial einsetzt, z. B. vor oder hinter der Sprecherin oder dem Sprecher.

7 Führt nun eure Vorarbeiten zusammen, indem ihr einen ausführlichen Sendeplan für die Präsentation eures Themenbeitrages erstellt.

Sekunden	Sprechertext	Was/Wer ist zu sehen?	Bildmaterial
1–20	Guten Tag, meine Damen und Herren ...	Sprecherin sitzend vor einem Tisch	Hintergrundbild zum Thema
21–23		zwei Schüler halten Bild vor Sprecherin	Hintergrundbild zum Thema
...	...	...	...

8 Die Leiter der drei Gruppen fügen die drei Einzelbeiträge zu einer Nachrichtensendung zusammen und legen die Reihenfolge fest.

9 Präsentiert jetzt der Klasse eure Nachrichtensendung. Orientiert euch an eurem Sendeplan.

TIPP Filmt die Sendung mit dem Handy.

10 Besprecht in der Klasse, ob eure Nachrichtensendung gelungen ist und ob sie alle Merkmale einer Nachrichtensendung enthält.

TIPP Orientiert euch an Aufgabe 2.

Arbeitstechnik
Eine Fernsehsendung vorbereiten
1. Legt ein **Thema** fest und klärt, was ihr senden möchtet.
2. Verteilt die Aufgaben. Legt fest, wer sich mit dem **Thema beschäftigt**, wer die **Arbeiten leitet**, wer sich um die **Technik** kümmert und wer die **Texte vorliest**.
3. Stellt passendes **Bildmaterial** zusammen.
4. Schreibt einen **Sprecher- oder Moderationstext**.
5. Legt in einem **Sendeplan** die Abfolge von Text und Bildern fest.

Test jv9c94

231

Vorhandenes Zusatzmaterial zu dieser Doppelseite

🌐 Test jv9c94

Zustände zu aktuellen Meldungen stilisiert werden (z. B.: mehr oder weniger großes Verkehrschaos vor Schulbeginn, dringender Renovierungsbedarf der Sporthalle, weiter wachsende / sinkende Schülerzahlen usw.).

Aufgaben 4 bis 6
individuelle Lösungen – Zu achten ist von Anfang an auf strikte Sachlichkeit. Dies gilt insbesondere für den Sprechertext, der standardsprachlich geschrieben und keine Wertungen (auch keine versteckten oder indirekten) enthalten darf. Aber auch die Auswahl der Bilder darf nicht mit Wertungen verknüpft sein; es gilt, dass Bilder erkennen lassen sollten, warum sie ausgewählt wurden (sie zeigen also z. B. die Personen oder Orte, von denen im Sprechertext die Rede ist).

Aufgaben 7 bis 10
individuelle Lösungen – Vgl. zu den Merkmalen von Nachrichtensendungen (A10) die Lösung zu Aufgabe 2.

DaZ-Kommentare

Aufgabe 1
Das Thema „Nachrichtensendungen" gehört zur Fertigkeit „Hören" auf höchstem Niveau. Daher werden die meisten SuS nur ganz wenige bis keine Informationen in diesen Sendungen verstehen.

Aufgabe 2
Hier können die SuS auf ihre möglichen Erfahrungen mit Nachrichtensendungen aus ihren Heimatländern zurückgreifen.

Spielshows – Wer gewinnt?

BASIS-Seiten

Die Schülerinnen und Schüler (SuS) beschreiben zunächst stichwortartig unterschiedliche Spielshows, die sie zum Anlass für einen Austausch über dieses Format nehmen. Sie führen eine kleine Umfrage zu den beliebtesten Spielshows durch und stellen das Ergebnis als Diagramm dar. Anschließend planen und gestalten die SuS eine eigene Spielshow, die sie abschließend auch der Klasse präsentieren.

Kommentare zu den Aufgaben

Einstieg, Aufgaben 1 und 2
Die SuS beschreiben stichwortartig vier Spielshows und nehmen die Beschreibungen zum Anlass, sich über solche Shows auszutauschen. Der Austausch soll dabei schon die Gestaltung der eigenen Spielshow vorbereiten (vgl. A 4 bis A 10), indem die SuS auf Charakteristika solcher Sendungen aufmerksam werden und darauf eingehen.

Aufgabe 3
Die SuS führen eine einfache Umfrage zu den Lieblingsshows der Mädchen und Jungen in ihrer Gruppe durch und stellen das Ergebnis in einem Diagramm dar.

Aufgaben 4 bis 7 🏳 🖉 und 8
Die SuS planen eine eigene Quizshow. Dazu bereiten sie zu sechs Wissensgebieten jeweils drei Fragen mit möglichen Antworten vor, planen die Moderation und den genauen Spielablauf (wie Spielidee, Zahl der Kandidaten und Fragen, Ermittlung des Siegers) sowie die Sendung (Überblick über das Filmstudio, Ablaufplan der Sendung). – Bei der Vorbereitung der Fragen (siehe A 4) könnten sich die SuS ggf. auch Hilfe oder Tipps bei den entsprechenden Fachlehrerinnen und Fachlehrern einholen.

Aufgaben 9 und 10
Nachdem die SuS den Sendungsablauf zumindest einmal geprobt haben, präsentieren sie ihre Show der Klasse.

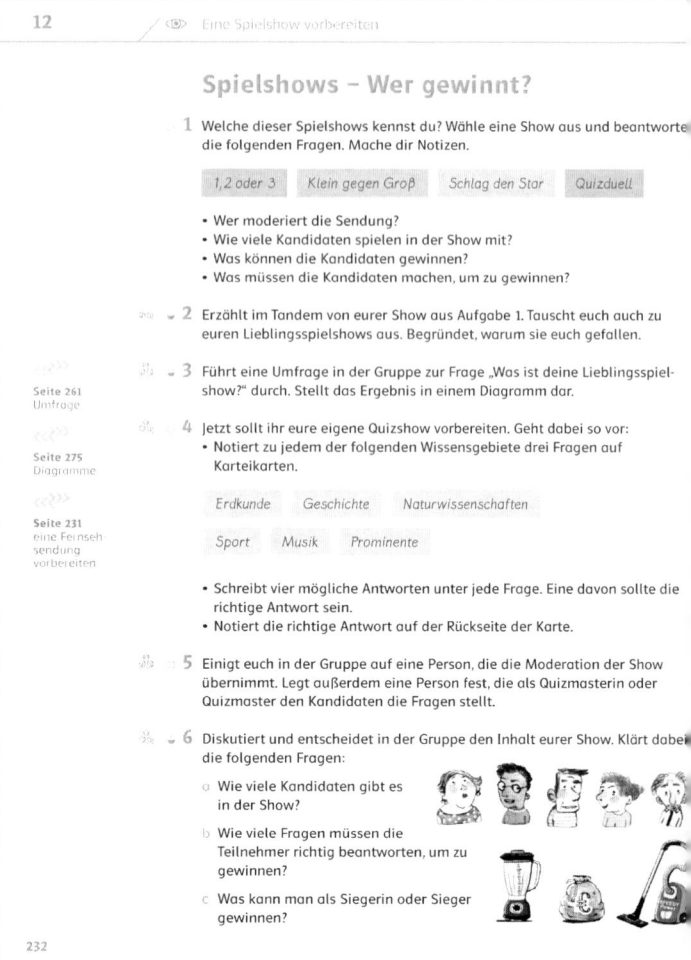

Lösungen

Aufgaben 1 und 2
individuelle Lösungen – In dem Gespräch ist auf Sachlichkeit zu achten. Es geht bei der Bewertung der Shows vor allem darum, auf charakteristische Gestaltungselemente aufmerksam zu werden.

Aufgabe 3
individuelle Lösungen – In dem Diagramm könnten neben den absoluten Zahlen auch noch die Prozentwerte angegeben werden.

Aufgaben 4 bis 10
individuelle Lösungen

✎ 👁 Eine Spielshow vorbereiten und gestalten

BASIS

d Was passiert bei Gleichstand?

e Wer sitzt wo? Zeichnet einen Überblick des Filmstudios.

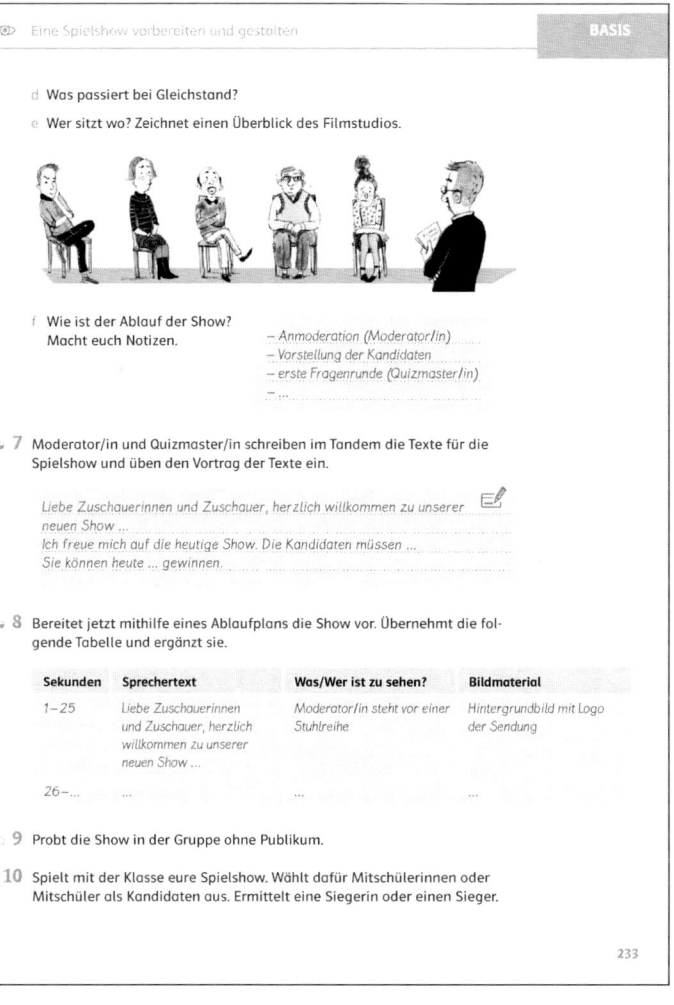

f Wie ist der Ablauf der Show?
Macht euch Notizen.

– Anmoderation (Moderator/in)
– Vorstellung der Kandidaten
– erste Fragenrunde (Quizmaster/in)
– ...

7 Moderator/in und Quizmaster/in schreiben im Tandem die Texte für die
Spielshow und üben den Vortrag der Texte ein.

Liebe Zuschauerinnen und Zuschauer, herzlich willkommen zu unserer ✏️
neuen Show ...
Ich freue mich auf die heutige Show. Die Kandidaten müssen ...
Sie können heute ... gewinnen.

8 Bereitet jetzt mithilfe eines Ablaufplans die Show vor. Übernehmt die folgende Tabelle und ergänzt sie.

Sekunden	Sprechertext	Was/Wer ist zu sehen?	Bildmaterial
1–25	Liebe Zuschauerinnen und Zuschauer, herzlich willkommen zu unserer neuen Show ...	Moderator/in steht vor einer Stuhlreihe	Hintergrundbild mit Logo der Sendung
26–...	...	...	...

9 Probt die Show in der Gruppe ohne Publikum.

10 Spielt mit der Klasse eure Spielshow. Wählt dafür Mitschülerinnen oder
Mitschüler als Kandidaten aus. Ermittelt eine Siegerin oder einen Sieger.

233

DaZ-Kommentare

Aufgaben 1 bis 3
Da den SuS die Spielshows nicht bekannt sein werden, können sie alternativ über Sendungen aus ihren Heimatländern
berichten.

Vorhandenes Zusatzmaterial zu dieser Doppelseite

▤ Differenzierungskarte EXTRA, S. 47
▤ Differenzierungskarte PLUS, S. 47

▯ Klassenarbeitstraining 6, AH 7, S. 82/83

⊡ KA 12 BASIS

Und wie geht es weiter ...?

EXTRA-Seiten

Die Schülerinnen und Schüler (SuS) tauschen sich zunächst über ihre Lieblingsserien aus und führen eine kleine Umfrage zu den beliebtesten Serien durch; die Umfrageergebnisse stellen sie als Diagramm dar. Anschließend planen und gestalten sie eine Serienszene als Fotostory, die sie abschließend auch der Klasse als Erzählung oder im szenischen Spiel präsentieren.

Kommentare zu den Aufgaben

Einstieg und Aufgabe 1
Die SuS tauschen sich im Tandem über ihre Lieblingsserien aus und begründen, weshalb sie ihnen gefallen.

Aufgabe 2
Die SuS führen eine einfache Umfrage zu den Lieblingsserien der Mädchen und Jungen in ihrer Gruppe durch und stellen das Ergebnis als Diagramm dar.

Aufgaben 3 bis 5
Die SuS lesen einen kurzen Informationstext, der die Ausgangssituation (Staffel 1, Folge 1) der Serie „Big Bang Theory" schildert. Das Bild und der Text sind hier zunächst nur Impuls zu einem Austausch über die Serie.
Die Beschreibung der Hauptfiguren kann im Rahmen des Austausches erfolgen, bereitet aber auch schon die nachfolgenden Aufgaben vor.
Erweiterung:
Die SuS recherchieren ergänzend zur Serie im Internet (vgl. https://de.wikipedia.org/wiki/The_Big_Bang_Theory).

Aufgabe 6
Indem die SuS Gefühle pantomimisch darstellen, bereiten sie sich auf das Darstellen von Figuren im Zusammenhang mit der Erstellung einer Fotostory vor.

Aufgaben 7 bis 9
Die SuS planen eine Fotostory, die die Ausgangssituation der Staffel aufgreift und fortführt. Dabei können die SuS ihrer Fantasie inhaltlich freien Lauf lassen (es geht ausdrücklich nicht darum, die tatsächliche Folge nachzuspielen).

Aufgaben 10 und 11
Die SuS bearbeiten die entstandenen Fotos am PC. Dies könnte auch fächerübergreifend mit Bildender Kunst geschehen. Abschließend wird die Fotostory in der Klasse vorgestellt, indem entweder die Szene erzählt oder szenisch gespielt wird.

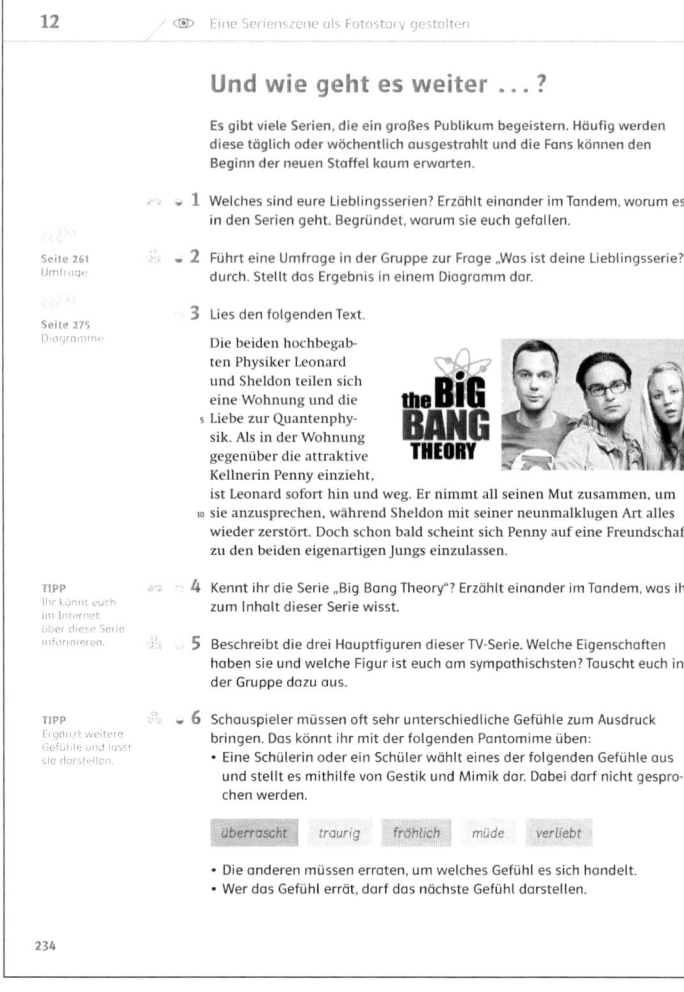

12 / 👁 Eine Serienszene als Fotostory gestalten

Und wie geht es weiter ...?

Es gibt viele Serien, die ein großes Publikum begeistern. Häufig werden diese täglich oder wöchentlich ausgestrahlt und die Fans können den Beginn der neuen Staffel kaum erwarten.

1 Welches sind eure Lieblingsserien? Erzählt einander im Tandem, worum es in den Serien geht. Begründet, warum sie euch gefallen.

Seite 261
Umfrage

2 Führt eine Umfrage in der Gruppe zur Frage „Was ist deine Lieblingsserie?" durch. Stellt das Ergebnis in einem Diagramm dar.

Seite 275
Diagramme

3 Lies den folgenden Text.

Die beiden hochbegabten Physiker Leonard und Sheldon teilen sich eine Wohnung und die Liebe zur Quantenphysik. Als in der Wohnung gegenüber die attraktive Kellnerin Penny einzieht, ist Leonard sofort hin und weg. Er nimmt all seinen Mut zusammen, um sie anzusprechen, während Sheldon mit seiner neunmalklugen Art alles wieder zerstört. Doch schon bald scheint sich Penny auf eine Freundschaft zu den beiden eigenartigen Jungs einzulassen.

TIPP
Ihr könnt euch im Internet über diese Serie informieren.

4 Kennt ihr die Serie „Big Bang Theory"? Erzählt einander im Tandem, was ihr zum Inhalt dieser Serie wisst.

5 Beschreibt die drei Hauptfiguren dieser TV-Serie. Welche Eigenschaften haben sie und welche Figur ist euch am sympathischsten? Tauscht euch in der Gruppe dazu aus.

TIPP
Ergänzt weitere Gefühle und lasst sie darstellen.

6 Schauspieler müssen oft sehr unterschiedliche Gefühle zum Ausdruck bringen. Das könnt ihr mit der folgenden Pantomime üben:
• Eine Schülerin oder ein Schüler wählt eines der folgenden Gefühle aus und stellt es mithilfe von Gestik und Mimik dar. Dabei darf nicht gesprochen werden.

überrascht   traurig   fröhlich   müde   verliebt

• Die anderen müssen erraten, um welches Gefühl es sich handelt.
• Wer das Gefühl errät, darf das nächste Gefühl darstellen.

234

Lösungen

Aufgabe 1
individuelle Lösungen

Aufgabe 2
individuelle Lösungen – In dem Diagramm könnten neben den absoluten Zahlen auch noch die Prozentwerte angegeben werden.

Aufgabe 3
Leseaufgabe

Aufgabe 4
individuelle Lösungen

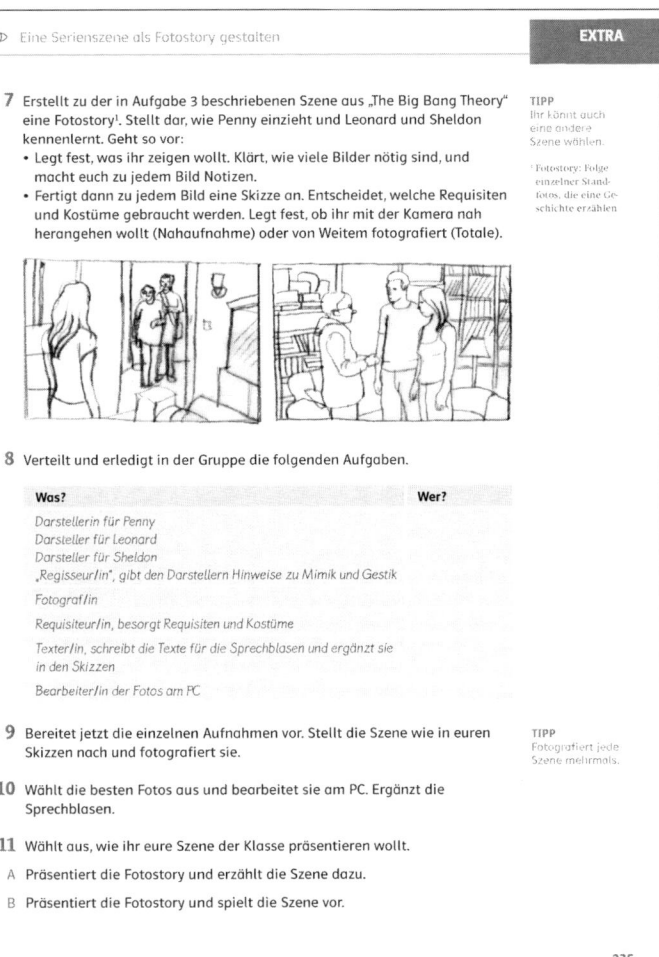

7 Erstellt zu der in Aufgabe 3 beschriebenen Szene aus „The Big Bang Theory" eine Fotostory[1]. Stellt dar, wie Penny einzieht und Leonard und Sheldon kennenlernt. Geht so vor:

• Legt fest, was ihr zeigen wollt. Klärt, wie viele Bilder nötig sind, und macht euch zu jedem Bild Notizen.
• Fertigt dann zu jedem Bild eine Skizze an. Entscheidet, welche Requisiten und Kostüme gebraucht werden. Legt fest, ob ihr mit der Kamera nah herangehen wollt (Nahaufnahme) oder von Weitem fotografiert (Totale).

TIPP
Ihr könnt auch eine andere Szene wählen.

[1] Fotostory: Folge einzelner Stand-fotos, die eine Ge-schichte erzählen

8 Verteilt und erledigt in der Gruppe die folgenden Aufgaben.

Was?	Wer?
Darstellerin für Penny	
Darsteller für Leonard	
Darsteller für Sheldon	
„Regisseur/in", gibt den Darstellern Hinweise zu Mimik und Gestik	
Fotograf/in	
Requisiteur/in, besorgt Requisiten und Kostüme	
Texter/in, schreibt die Texte für die Sprechblasen und ergänzt sie in den Skizzen	
Bearbeiter/in der Fotos am PC	

9 Bereitet jetzt die einzelnen Aufnahmen vor. Stellt die Szene wie in euren Skizzen nach und fotografiert sie.

TIPP
Fotografiert jede Szene mehrmals.

10 Wählt die besten Fotos aus und bearbeitet sie am PC. Ergänzt die Sprechblasen.

11 Wählt aus, wie ihr eure Szene der Klasse präsentieren wollt.

A Präsentiert die Fotostory und erzählt die Szene dazu.
B Präsentiert die Fotostory und spielt die Szene vor.

235

Vorhandenes Zusatzmaterial zu dieser Doppelseite

▤ Differenzierungskarte BASIS, S. 48
▤ Differenzierungskarte PLUS, S. 48

🗋 Klassenarbeitstraining 6, AH 7, S. 82/83

⌖ KA 12 EXTRA

Aufgabe 5

individuelle Lösungen – Wichtige Charakteristika der Figuren sind hierbei:

– Leonard ist Physiker, hochbegabt und stammt aus einer Akademikerfamilie; mit seinen Freunden teilt er ein starkes Interesse an Comics, Science-Fiction und Actionfiguren; außerdem sucht er eine feste Beziehung zu einer Frau.

– Sheldon ist theoretischer Physiker und wie Leonard hochbegabt, zwanghaft ordentlich und führt immer wieder Notfallübungen durch. Er hasst es, wenn fremde Menschen in seine Welt eintreten.

– Penny verfügt über ein hohes Maß an sozialer Kompetenz und hat keine Schwierigkeiten, Kontakte zu knüpfen; sie träumt von einer Karriere als Schauspielerin, arbeitet aber vorerst als Kellnerin.

Aufgabe 6

individuelle Lösungen – Weitere Gefühle, die dargestellt werden könnten, sind u.a.: Angst, Ärger, Langeweile, Ungeduld, Neid, ...

Aufgaben 7 bis 11

individuelle Lösungen

Wissen für alle

PLUS-Seiten

Die Schülerinnen und Schüler (SuS) tauschen sich zunächst über Wissenssendungen aus und führen eine kleine Umfrage zu den beliebtesten Wissenssendungen durch; die Umfrageergebnisse stellen sie als Diagramm dar. Sie werten ein weiteres Diagramm (aus der JIM-Studie von 2014 des Medienpädagogischen Forschungsverbundes Südwest) schriftlich aus, vergleichen die jeweiligen Daten und halten Unterschiede und Gemeinsamkeiten fest.

Anschließend planen und gestalten die SuS eine eigene Wissenssendung, die sie auch filmen und als Film abschließend der Klasse präsentieren.

Kommentare zu den Aufgaben

Einstieg und Aufgabe 1
Die SuS tauschen sich in der Gruppe darüber aus, welche Wissenssendungen sie gerne sehen und warum sie ihnen gefallen (bzw. warum nicht).

Aufgaben 2 bis 4
Die SuS führen in ihrer Gruppe eine einfache Umfrage zu ihren Lieblingswissenssendungen durch und stellen das Ergebnis als Diagramm dar.

Sie beschreiben anschließend ein Diagramm aus der JIM-Studie von 2014 des Medienpädagogischen Forschungsverbundes Südwest, vergleichen die Daten mit der eigenen Erhebung und halten Unterschiede und Gemeinsamkeiten fest.

Aufgaben 5 bis 15
Die SuS planen eine eigene Wissenssendung.

Dazu wählen sie Themen aus, legen Arbeitsgruppen fest, die zu den Themen recherchieren und sie aufbereiten. Der Ablauf der Sendung wird in den Gruppen sekundengenau geplant und schließlich die komplette Sendung gefilmt. Der Klasse wird der Film anschließend vorgeführt und jeweils wird ein Feedback gegeben.

Erweiterung:
In die Planung der Wissenssendung wird eine Lehrkraft der Naturwissenschaften, bspw. die Lehrerin bzw. der Lehrer für Physik mit einbezogen. Durch die fächerübergreifende Arbeit können die SuS nicht nur wertvolle Hinweise für Themen sowie Hilfe bei der Recherche bekommen, sondern es lässt sich in der Sendung vielleicht auch ein spannender Versuch durchführen.

Wissen für alle

1 Seht ihr gern Wissenssendungen wie „Galileo" oder „Wissen macht Ah!"? Besprecht in der Gruppe, welche dieser Sendungen ihr am liebsten seht und warum.

Seite 261
Umfrage

2 Führt eine Umfrage in der Gruppe zur Frage „Was ist deine Lieblingswissenssendung?" durch. Stellt das Ergebnis in einem Diagramm dar.

Seite 275
Diagramme

3 Sieh dir das folgende Diagramm an. Worüber wird informiert? Schreibe einen Text, in dem du das Diagramm auswertest.

Wissenssendungen
„Gibt es Wissenssendungen, die du öfter anschaust?" (Mehrfachnennungen)

Ja	48
und zwar (n = 633):	
Galileo	34
logo!	5
Wissen macht Ah!	10
Die Sendung mit der Maus	3
Löwenzahn	1
Willi wills wissen	3
WOW Die Entdeckerzone	3

12-13 Jahre

0 25 50 75 100

Quelle: KIM-Studie 2014, Angaben in Prozent, Nennungen ab 5 Prozent, Basis: Kinder, die zumindest selten fernsehen, n = 1204

Seite 231
eine Fernsehsendung vorbereiten

4 Vergleicht euer Umfrageergebnis mit den Daten eurer Altersklasse im Diagramm in Aufgabe 3. Notiert Gemeinsamkeiten und Unterschiede.

5 Nun sollt ihr einen Beitrag für eure eigene Wissenssendung vorbereiten. Überlegt euch zuerst einen passenden Titel für eure Wissenssendung, z.B. Wissen olé

6 Überlegt euch in der Gruppe Themen für eure Sendung und einigt euch auf ein Thema, z.B. Schulessen oder Bundesliga oder Tiere des Waldes …

7 Veranstaltet eine Redaktionskonferenz, in der ihr die Vorbereitungen für euren Beitrag plant. Verteilt zuerst die Aufgaben.

	Arbeiten	Wer?	Bis wann?
A	zum Thema recherchieren	…	…
B	Bildmaterial besorgen und anfertigen	…	…
C	Technik (Kamera, Mikrofon) vorbereiten	…	…
D	Sprechertext schreiben	…	…

236

Lösungen

Aufgabe 1
individuelle Lösungen

Aufgabe 2
individuelle Lösungen – In dem Diagramm könnten neben den absoluten Zahlen auch noch die Prozentwerte angegeben werden.

Aufgabe 3
individuelle Lösungen –
Beispiel:
Das Diagramm „Wissenssendungen" aus der JIM-Studie von 2014 gibt die Antworten von 12- bis 13-jährigen Jungen und Mädchen auf die Frage „Gibt es Wissenssendungen, die du öfter anschaust?" in Form von Balken in Prozent wieder. Regelmäßig schauen etwa die Hälfte aller 12- bis 13-Jährigen solche Sendungen. Besonders beliebt ist dabei die Sendung „Galileo" (34 Prozent sehen die Sendung regelmäßig).

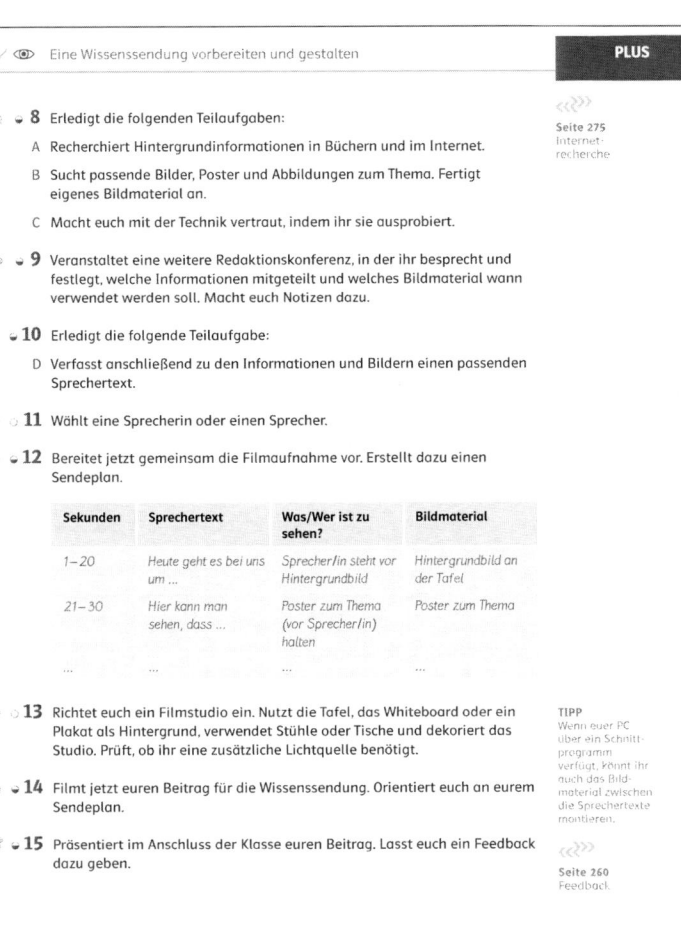

8 Erledigt die folgenden Teilaufgaben:

A Recherchiert Hintergrundinformationen in Büchern und im Internet.

B Sucht passende Bilder, Poster und Abbildungen zum Thema. Fertigt eigenes Bildmaterial an.

C Macht euch mit der Technik vertraut, indem ihr sie ausprobiert.

Seite 275
Internet-
recherche

9 Veranstaltet eine weitere Redaktionskonferenz, in der ihr besprecht und festlegt, welche Informationen mitgeteilt und welches Bildmaterial wann verwendet werden soll. Macht euch Notizen dazu.

10 Erledigt die folgende Teilaufgabe:

D Verfasst anschließend zu den Informationen und Bildern einen passenden Sprechertext.

11 Wählt eine Sprecherin oder einen Sprecher.

12 Bereitet jetzt gemeinsam die Filmaufnahme vor. Erstellt dazu einen Sendeplan.

Sekunden	Sprechertext	Was/Wer ist zu sehen?	Bildmaterial
1–20	Heute geht es bei uns um …	Sprecher/in steht vor Hintergrundbild	Hintergrundbild an der Tafel
21–30	Hier kann man sehen, dass …	Poster zum Thema (vor Sprecher/in) halten	Poster zum Thema
…	…	…	…

13 Richtet euch ein Filmstudio ein. Nutzt die Tafel, das Whiteboard oder ein Plakat als Hintergrund, verwendet Stühle oder Tische und dekoriert das Studio. Prüft, ob ihr eine zusätzliche Lichtquelle benötigt.

TIPP
Wenn euer PC über ein Schnitt-programm verfügt, könnt ihr auch das Bild-material zwischen die Sprechertexte montieren.

14 Filmt jetzt euren Beitrag für die Wissenssendung. Orientiert euch an eurem Sendeplan.

15 Präsentiert im Anschluss der Klasse euren Beitrag. Lasst euch ein Feedback dazu geben.

Seite 260
Feedback

237

Vorhandenes Zusatzmaterial zu dieser Doppelseite

▤ Differenzierungskarte BASIS, S. 49
▤ Differenzierungskarte EXTRA, S. 49

▯ Klassenarbeitstraining 6, AH 7, S. 82 / 83

⊡ KA 12 PLUS

Aufgabe 4

individuelle Lösungen – Dass die Werte voneinander abweichen, hat zwei Gründe:
Erstens wurde die Umfrage für die JIM-Studie bereits im Jahr 2014 (andere Sendungen!) und zweitens schließlich in einer repräsentativen Größe (1.204 Befragte) durchgeführt.

Aufgaben 5 bis 15

individuelle Lösungen

Wie schreibt man eigentlich ...?

RGS-Seiten / 1

Die Schülerinnen und Schüler (SuS) wiederholen und üben rechtschreibschwierige Wörter mit „v/w", „x"-Laut und langen Vokalen, wobei ein Schwerpunkt auf dem langen „i" liegt, bei dem die SuS auch zwischen Erb- und Lehn- bzw. Fremdwörtern unterscheiden.
Neben anderen Übungsformen (u.a. Partnerdiktat, rechtschreibschwierige Wörter in selbst gebildeten Sätzen verwenden) wird auch das Üben mit Karteikarten angeregt.

Kommentare zu den Aufgaben

Einstieg und Aufgabe 1
Zu Beginn können die SuS noch einmal daran erinnert werden, dass die meisten Wörter mit langem „i" mit „ie" geschrieben werden. Dies gilt allerdings nicht für viele Lehn- und Fremdwörter sowie Wörter auf „-ine".
Die SuS sollten deshalb im Zweifelsfall ein Wörterbuch benutzen.

Aufgaben 2 bis 4
Die SuS unterscheiden drei Varianten in der Schreibung des langen „i": die einfache Schreibung „i" bei Wörtern fremder Herkunft, die häufigste Variante „ie" sowie die Wörter mit einer Ableitung auf „-ine". Die SuS üben die Schreibung dieser Wörter anhand selbst gebildeter Sätze.

Aufgabe 5
Die SuS üben die Schreibung häufig vorkommender Wörter mit langem „i" mithilfe von Karteikarten. Sie sollten darauf hingewiesen werden, dies solange immer wieder einmal zuhause zu wiederholen, bis sie die verschiedenen Schreibweisen wirklich sicher können.

Aufgabe 6
Auf einem Bild suchen die SuS Dinge, deren Bezeichnungen rechtschreibschwierig sind („x"-Laut, lange Vokale) und schreiben sie, auch wieder mithilfe eines Wörterbuchs, richtig auf.

Aufgaben 7 und 8
Die SuS diktieren sich rechtschreibschwierige Wörter und kontrollieren sich gegenseitig.

Aufgabe 9
Die Diktatwörter aus Aufgabe 7 werden nach ihrer jeweiligen Rechtschreibschwierigkeit sortiert und durch das Abschreiben noch einmal geübt.

Aufgaben 10 und 11
Die SuS ergänzen die zu Aufgabe 9 angelegte Tabelle um weitere Wörter und üben sie weiter, indem sie zu Wörtern aus jeder Tabellenspalte Beispielsätze bilden.

Wie schreibt man eigentlich ...?

Seite 278
das lange i

TIPP
Schlagt im Wörterbuch nach, wenn ihr unsicher seid.

1 Ergänzt die Lücken mit dem richtigen i. Schreibt die Wörter richtig auf und prüft eure Ergebnisse im Tandem.

a Kommst du morgen mit ins K▬no?
b Es läuft ein Film über einen Viol▬nensp▬ler.
c Morgen kann ich nicht. Ich habe einen wichtigen Term▬n.
d Yasmin hat ein neues Computersp▬l bekommen.
e Von welchem Anb▬ter ist dein Mob▬ltelefon?
f In diesem Magaz▬n ist eine spannende Kr▬t▬k zum neuen Buch.
g Kannst du mir den Art▬kel kop▬ren?
h Mein Computer hat einen V▬rus.
i Hast du dieses Jahr schon einen Br▬f geschrieben?
j Nein, nur eine Postkarte aus der Kar▬bik.

2 Sieh dir die Tabelle an. Welche besondere Schreibung haben die Wörter in jeder Tabellenspalte? Notiere passende Überschriften.

Tiger, Nil, Kamin, Igel, dir, Biber, Detektiv, Kilo, Sirene, Mimik ...

Spiel, Ziege, Biene, Tier, tief, Wiese, wieder, fliegen, markieren, liegen, Ziel ...

Maschine, Kabine, Mandarine, Margarine, Rosine, Ruine ...

3 Übernimm die Tabelle mit deinen Überschriften. Schreibe die Lückenwörter aus Aufgabe 1 in die passende Spalte ein.

4 Wähle aus jeder Tabellenspalte drei Wörter aus und schreibe jeweils einen Satz damit auf, z.B. *Wir haben im Zoo einen Tiger gesehen.*

5 Schreibe jedes Wort aus der Tabelle auf eine kleine Karteikarte. Übe das Schreiben der Wörter mithilfe der Karten. Gehe dabei so vor:
• Lege alle Karteikarten auf einen Stapel und lies das Wort auf der obersten Karteikarte.
• Drehe diese Karteikarte um und schreibe das Wort aus dem Kopf in dein Heft.
• Decke die Karteikarte wieder auf und kontrolliere deine Schreibweise.
• Ist das Wort richtig geschrieben, setze einen Haken hinter das Wort in deinem Heft und lege die Karte zur Seite.
• Ist das Wort falsch geschrieben, korrigiere das Wort in deinem Heft und lege die Karte wieder unter den Stapel.
• Trainiere so weiter, bis du alle Wörter richtig geschrieben hast.

238

Lösungen

Aufgabe 1
a Kino
b Violinenspieler
c Termin
d Computerspiel
e Anbieter, Mobiltelefon
f Magazin, Kritik
g Artikel, kopieren
h Virus
i Brief
j Karibik

Aufgaben 2 und 3

Lehn- und Fremdwörter mit „i"	langes „i" als „ie"	Wörter mit Ableitung auf „-ine"
Kino, Termin, Mobiltelefon, Magazin, Kritik, Artikel, Virus, Karibik	Violinenspieler, Computerspiel, Anbieter, kopieren, Brief	Violinenspieler

Aufgaben 4 und 5
individuelle Lösungen

RGS Besondere Schreibungen einprägen

6 Finde zu den Abbildungen die passenden Wörter und schreibe sie richtig auf.

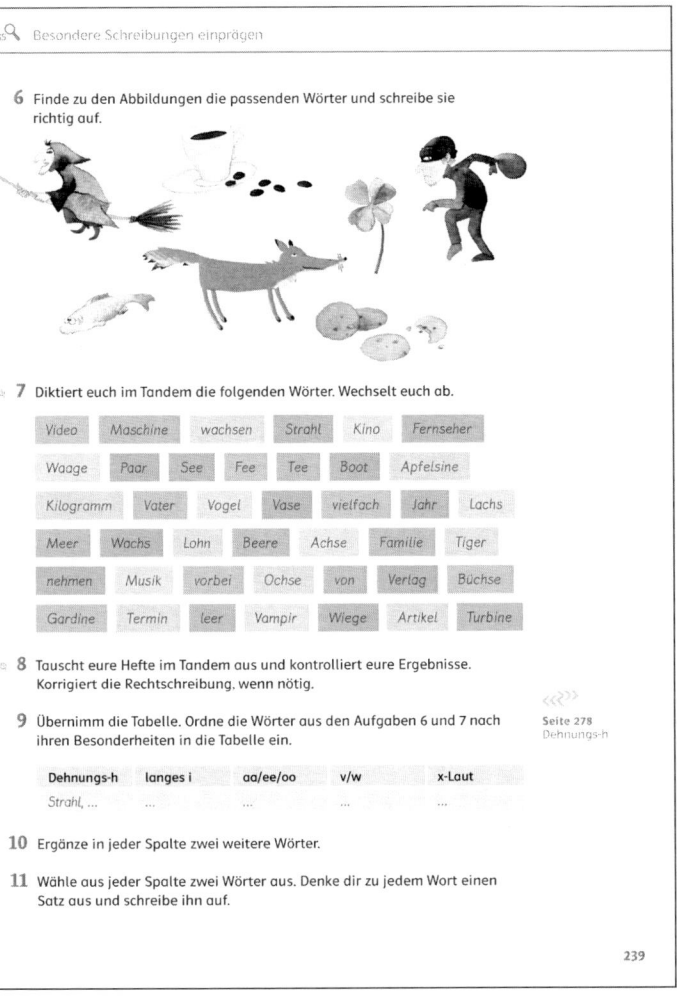

7 Diktiert euch im Tandem die folgenden Wörter. Wechselt euch ab.

Video	Maschine	wachsen	Strahl	Kino	Fernseher
Waage	Paar	See	Fee	Tee	Boot	Apfelsine
Kilogramm	Vater	Vogel	Vase	vielfach	Jahr	Lachs
Meer	Wachs	Lohn	Beere	Achse	Familie	Tiger
nehmen	Musik	vorbei	Ochse	von	Verlag	Büchse
Gardine	Termin	leer	Vampir	Wiege	Artikel	Turbine

8 Tauscht eure Hefte im Tandem aus und kontrolliert eure Ergebnisse. Korrigiert die Rechtschreibung, wenn nötig.

9 Übernimm die Tabelle. Ordne die Wörter aus den Aufgaben 6 und 7 nach ihren Besonderheiten in die Tabelle ein.

‹‹?››
Seite 278
Dehnungs-h

Dehnungs-h	langes i	aa/ee/oo	v/w	x-Laut
Strahl, ...	...	...	...	...

10 Ergänze in jeder Spalte zwei weitere Wörter.

11 Wähle aus jeder Spalte zwei Wörter aus. Denke dir zu jedem Wort einen Satz aus und schreibe ihn auf.

239

Vorhandenes Zusatzmaterial zu dieser Doppelseite

- KV 3 BASIS, S. 182
- KV 3 EXTRA, S. 183
- KV 3 PLUS, S. 184

- AH 7, Kapitel 12, S. 70 / 71

Aufgabe 6

Wörter auf dem Bild:

Hexe, Klee, Kaffee, Keks, Fuchs, Fisch, Dieb

Aufgaben 7 und 8

individuelle Lösungen

Aufgaben 9 und 10

(Weitere Beispiele sind kursiv gedruckt:)

Dehnungs-h	Strahl, Fernseher, Jahr, Lohn, nehmen, *Sohn, Sahne, Vieh*
langes i	Video, Maschine, Kino, Apfelsine, Kilogramm, vielfach, Familie, Tiger, Musik, Gardine, Termin, Vampir, Wiege, Artikel, Turbine, *Limousine, sieben, naiv*
aa / ee / oo	Waage, Paar, See, Fee, Tee, Boot, Meer, Beere, leer, *Paar, Teer*
v / w	Vater, Vogel, Vase, vielfach, vorbei, von, Verlag, Vampir, *Vers, Vatikan, Vandalismus*
x-Laut	wachsen, Lachs, Wachs, Achse, Ochse, Büchse, *Luchs, Wuchs, Eidechse*

Aufgabe 11

individuelle Lösungen

DaZ-Kommentare

Aufgabe 11

Es wäre empfehlenswert, die SuS zu mehreren Wörtern (nicht nur mit zwei Wörtern aus jeder Spalte) die Sätze schreiben zu lassen.

Wörter merken und üben

RGS-Seiten / 2

Die Schülerinnen und Schüler (SuS) erproben verschiedene Techniken, um sich die Schreibung rechtschreibschwieriger Wörter einzuprägen.
Sie lernen dabei weitere Fremdwörter kennen, deren Bedeutung sie nachschlagen und in Sätzen richtig gebrauchen, und erweitern so ihren Wortschatz.

Kommentare zu den Aufgaben

Einstieg
Die SuS können einführend darauf hingewiesen werden, dass es auf diesen Seiten darum geht, wie man sich rechtschreibschwierige Wörter besser einprägen kann. Es kann außerdem bereits die Arbeitstechnik „Besondere Schreibungen einprägen" gelesen werden.

Aufgaben 1 bis 3
Die SuS machen sich zunächst Fehlerschwerpunkte bewusst, indem sie Wörter je nach ihrer Schreibung in eine Tabelle übernehmen (zugleich schreiben sie sie ein erstes Mal bewusst). Die SuS klären die ihnen unbekannten Wortbedeutungen. Anschließend schreiben sie die Wörter auf Karteikarten (vgl. A 5 auf S. 238 im SB) und üben sie damit.

Aufgaben 4 bis 6
Die SuS erschließen aus den Bedeutungsangaben und den durcheinandergebrachten Buchstaben Fremdwörter, die sie anschließend richtig verwenden (erst in vorgegebenen, dann in selbst gebildeten Sätzen).

Aufgabe 7
Die SuS üben rechtschreibschwierige Wörter mithilfe eines Partnerdiktats.

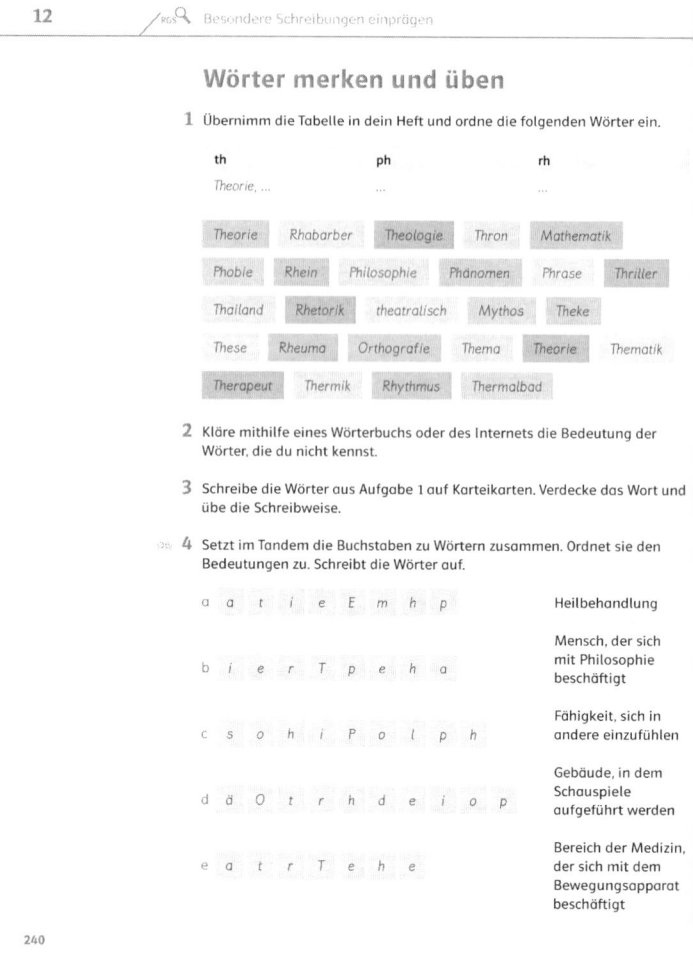

Lösungen

Aufgabe 1
Achtung, das Wort „Rhythmus" muss zweimal in die Tabelle eingeordnet werden:

th	Theorie, Theologie, Thron, Mathematik, Thriller, Thailand, theatralisch, Mythos, Theke, These, Orthografie, Thema, Theorie, Thematik, Therapeut, Thermik, Rhythmus, Thermalbad
ph	Phobie, Philosophie, Phänomen, Phrase
rh	Rhabarber, Rhein, Rhetorik, Rheuma, Rhythmus

Aufgaben 2 und 3
individuelle Lösungen

Aufgabe 4
a Empathie: Fähigkeit, sich in andere einzufühlen
b Therapie: Heilbehandlung
c Philosoph: Mensch, der sich mit Philosophie beschäftigt
d Orthopädie: Bereich der Medizin, der sich mit dem Bewegungsapparat beschäftigt
e Theater: Gebäude, in dem Schauspiele aufgeführt werden

5 Schreibe die folgenden Sätze ab und setze die passenden Wörter aus Aufgabe 4 ein.

a Der Chefarzt einer bekannten Universitätsklinik berichtet in der Sendung von einer neuen ▬.

b Gestern haben wir im ▬ ein spannendes Stück mit tollen Schauspielern gesehen.

c Der TV-Psychologe besitzt sehr viel ▬ und kann deshalb den Anrufern besser helfen.

d In den Nachrichten wird von der Eröffnung einer neuen ▬-Abteilung im Stadtkrankenhaus berichtet.

e Im Fernsehen kommt nächste Woche eine Dokumentation über den ▬ Immanuel Kant.

6 Schreibe jetzt selbst zu jedem Fremdwort aus Aufgabe 4 einen Satz.

7 Diktiert einander im Tandem abwechselnd die folgenden Sätze. Korrigiert euch anschließend gegenseitig.

Was gestern so los war

Mara Ich habe gestern eine Sendung über Menschen mit einer Spinnenphobie gesehen.

Andrzej Igitt, ich mag keine Spinnen. Gibt es da eine Therapie?

Mara Ja, einige Menschen gehen regelmäßig zum Therapeuten.

Tom Ich war bei meiner Oma und habe mit ihr eine langweilige Dokumentation über Thermalbäder und Rheuma angesehen.

Leonie Bei mir war es spannender, ich habe einen Rhabarberkuchen gebacken.

Ben Ich habe gestern mit der Schulband Rhythmustraining gehabt.

Arbeitstechnik

Besondere Schreibungen einprägen

Damit du dir **schwierige Schreibungen** besser einprägen kannst, kannst du die folgenden **Hinweise** beachten.

1. **Lies** die Wörter mehrmals **aufmerksam**, **schreibe** sie und überprüfe die Schreibung selbst.
2. Lies im **Wörterbuch** oder im **Internet** nach, wenn du wissen willst, was die Wörter bedeuten.
3. Stelle Wörter mit **ähnlicher Schreibung** zusammen.
4. Schreibe die Wörter auf und unterstreiche oder **markiere schwierige Stellen**.
5. Schreibe die Wörter mit dem Finger **auf den Tisch** oder **auf den Rücken** deiner Nachbarin oder deines Nachbarn.
6. **Lass** dir die Wörter **diktieren**.
7. **Diktiere** die Wörter **selbst** jemandem und **korrigiere** anschließend.

241

Vorhandenes Zusatzmaterial zu dieser Doppelseite

🗁 AH 7, Kapitel 12, S. 70/71

Aufgabe 5

a Der Chefarzt einer bekannten Universitätsklinik berichtet in der Sendung von einer neuen <u>Therapie</u>.

b Gestern haben wir im <u>Theater</u> ein spannendes Stück mit tollen Schauspielern gesehen.

c Der TV-Psychologe besitzt sehr viel <u>Empathie</u> und kann deshalb den Anrufern besser helfen.

d In den Nachrichten wird von der Eröffnung einer neuen <u>Orthopädie</u>-Abteilung im Stadtkrankenhaus berichtet.

e Im Fernsehen kommt nächste Woche eine Dokumentation über den <u>Philosophen</u> Immanuel Kant.

Aufgaben 6 und 7

individuelle Lösungen

DaZ-Kommentare

Arbeitstechnik: Besondere Schreibungen einprägen

Die SuS sollten unbedingt die Arbeitstechnik „Besondere Schreibungen einprägen" genau lesen und, wenn nötig, übersetzen.

Nicht ganz einfach!

TRAININGS-Seiten

Die Schülerinnen und Schüler (SuS) nutzen die Aufgaben der Seiten, um die Schreibung rechtschreibschwieriger Wörter weiter zu üben und zugleich neue Wörter kennenzulernen und sich einzuprägen.

Kommentare zu den Aufgaben

Einstieg
Ein gesonderter Einstieg in die Seiten ist nicht erforderlich.

Aufgaben 1 und 2
Die SuS schreiben aus einem Text alle Substantive / Nomen mit der Endung -ion heraus und bilden zu ihnen ein Verb auf „ieren". – Das Substantiv / Nomen „der Text" kann ausgelassen werden, auch wenn manche SuS die Ableitung „(kon-)textuieren" vielleicht kennen.
Erweiterung:
Die SuS bilden zusätzlich einen Satz entweder zu dem Substantiv / Nomen oder zu dem Verb.

Aufgaben 3 bis 5
Die SuS üben rechtschreibschwierige Wörter mit den Buchstabenkombinationen „th", „ph" und „rh", indem sie Wörter abschreiben und Komposita mit ihnen bilden. Sie lernen außerdem weitere Wörter mit diesen Buchstabenkombinationen kennen und klären deren Wortbedeutungen.

Aufgaben 6 bis 9
Die SuS wiederholen rechtschreibschwierige Wörter mit den Buchstaben v / f bzw. v / w und bilden mit ihnen sinnvolle Sätze.

Aufgaben 10 und 11
Die SuS wiederholen Wörter mit Dehnungs-h vor den Buchstaben l, m, n und r.

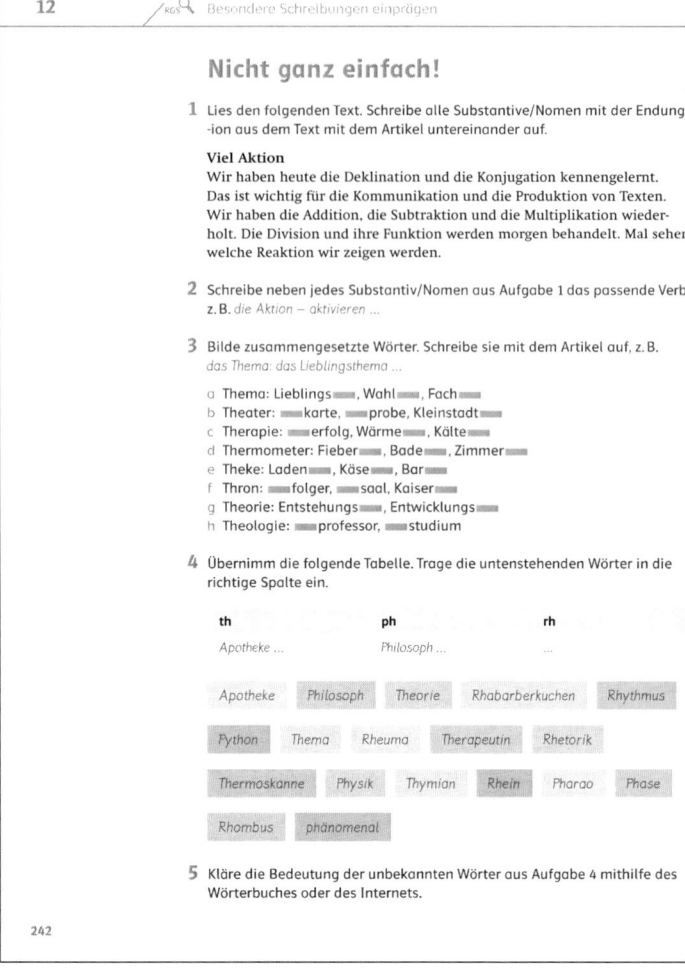

Lösungen

Aufgaben 1 und 2
die Deklination: deklinieren – die Konjugation: konjugieren – die Kommunikation: kommunizieren – die Produktion: produzieren – die Addition: addieren – die Subtraktion: subtrahieren – die Multiplikation: multiplizieren – die Division: dividieren – die Funktion: funktionieren – die Reaktion: reagieren

Aufgabe 3
a *das Thema: das Lieblingsthema*, das Wahlthema, das Fachthema
b das Theater: die Theaterkarte, die Theaterprobe, das Kleinstadttheater
c die Therapie: der Therapieerfolg, die Wärmetherapie, die Kältetherapie
d das Thermometer: das Fieberthermometer, das Badethermometer, das Zimmerthermometer
e die Theke: die Ladentheke, die Käsetheke, die Bartheke
f der Thron: der Thronfolger, der Thronsaal, der Kaiserthron
g die Theorie: die Entstehungstheorie, die Entwicklungstheorie
h die Theologie: der Theologieprofessor, das Theologiestudium

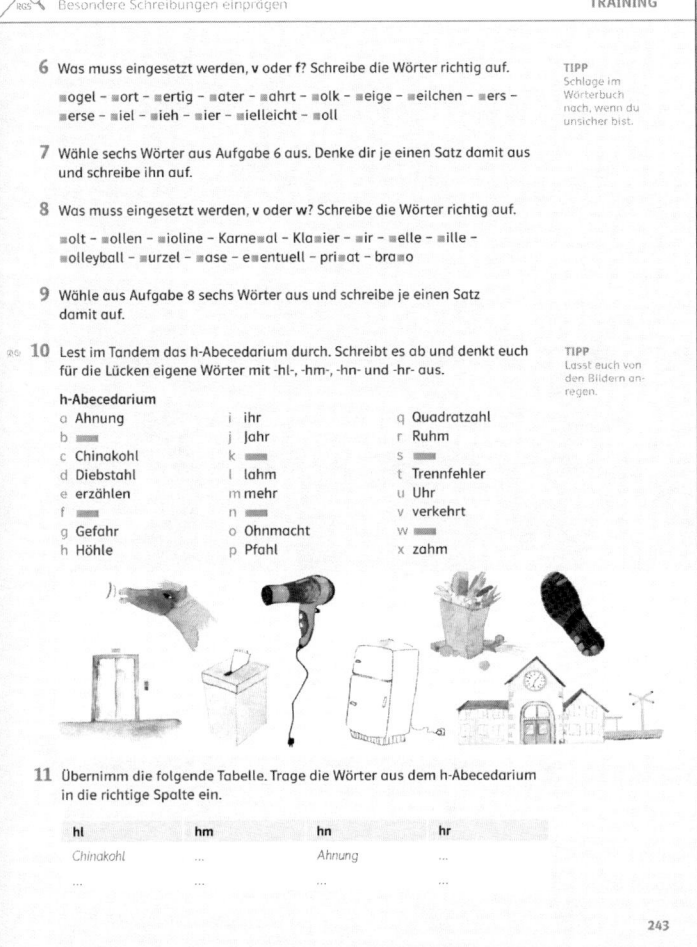

RGS Besondere Schreibungen einprägen TRAINING

6 Was muss eingesetzt werden, v oder f? Schreibe die Wörter richtig auf.

■ogel – ■ort – ■ertig – ■ater – ■ahrt – ■olk – ■eige – ■eilchen – ■ers – ■erse – ■iel – ■ieh – ■ier – ■ielleicht – ■oll

TIPP Schlage im Wörterbuch nach, wenn du unsicher bist.

7 Wähle sechs Wörter aus Aufgabe 6 aus. Denke dir je einen Satz damit aus und schreibe ihn auf.

8 Was muss eingesetzt werden, v oder w? Schreibe die Wörter richtig auf.

■olt – ■ollen – ■ioline – Karne■al – Kla■ier – ■ir – ■elle – ■ille – ■olleyball – ■urzel – ■ase – e■entuell – pri■at – bra■o

9 Wähle aus Aufgabe 8 sechs Wörter aus und schreibe je einen Satz damit auf.

10 Lest im Tandem das h-Abecedarium durch. Schreibt es ab und denkt euch für die Lücken eigene Wörter mit -hl-, -hm-, -hn- und -hr- aus.

TIPP Lasst euch von den Bildern anregen.

h-Abecedarium

a Ahnung	i ihr	q Quadratzahl
b ■	j Jahr	r Ruhm
c Chinakohl	k ■	s ■
d Diebstahl	l lahm	t Trennfehler
e erzählen	m mehr	u Uhr
f ■	n ■	v verkehrt
g Gefahr	o Ohnmacht	w ■
h Höhle	p Pfahl	x zahm

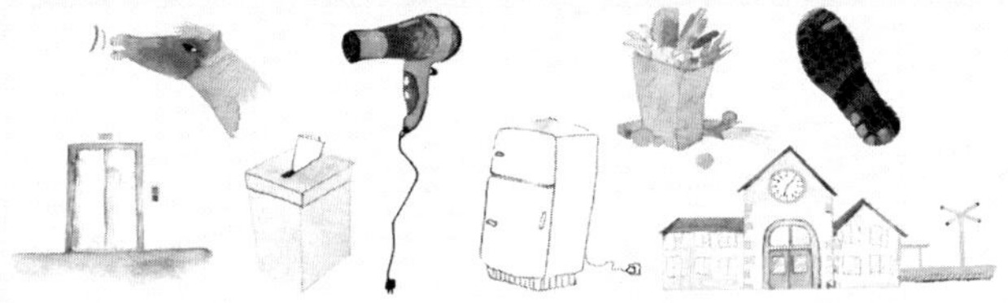

11 Übernimm die folgende Tabelle. Trage die Wörter aus dem h-Abecedarium in die richtige Spalte ein.

hl	hm	hn	hr
Chinakohl	…	*Ahnung*	…
…	…	…	…

243

Aufgabe 4

th	*Apotheke*, Theorie, Rhythmus, Python, Thema, Therapeutin, Thermoskanne, Thymian
ph	*Philosoph*, Physik, Pharao, Phase, phänomenal
rh	Rhabarberkuchen, Rhythmus, Rheuma, Rhetorik, Rhein, Rhombus

Aufgabe 5
individuelle Lösungen

Aufgabe 6
Vogel – Fort / fort – fertig – Vater – Fahrt – Volk – feige / Feige – Veilchen – Vers – Ferse – viel – Vieh – vier – vielleicht – voll

Aufgabe 7
individuelle Lösungen

Aufgabe 8
Volt – wollen – Violine – Karneval – Klavier – wir – Welle – Wille – Volleyball – Wurzel – Vase – eventuell – privat – bravo

Aufgabe 9
individuelle Lösungen

Aufgabe 10
individuelle Lösungen –
Beispiele:
b Bahn
f Fahne, Fahrstuhl, Föhn
k kahl, Kühlschrank
n nehmen
s Sohn, Sohle
w Wahn, Wahlurne

Aufgabe 11
(Tabelle ohne die Wörter zu den Lücken aus A 10:)

hl	*Chinakohl*, Diebstahl, erzählen, Höhle, Pfahl, Quadratzahl, Trennfehler
hm	lahm, Ruhm, zahm
hn	*Ahnung*, Ohnmacht
hr	Gefahr, ihr, Jahr, mehr, Uhr, verkehrt

DaZ-Kommentare

Aufgaben 3, 6 und 8
Diese Aufgaben sind ohne Hilfe eines Muttersprachlers für die SuS nicht zu bewältigen.

Eine Theateraufführung entsteht

Arbeiten im Projekt

Auftaktseiten – Vorwissen aktivieren

Die Auftaktseiten führen die Schülerinnen und Schüler (SuS) durch Bildimpulse in die Reflexion sowohl ihrer eigenen Theatererfahrungen als auch in die verschiedenen Aufgaben, die für eine gelungene Inszenierung übernommen werden müssen. Abschließend führen die SuS pantomimische Aufwärmübungen durch.

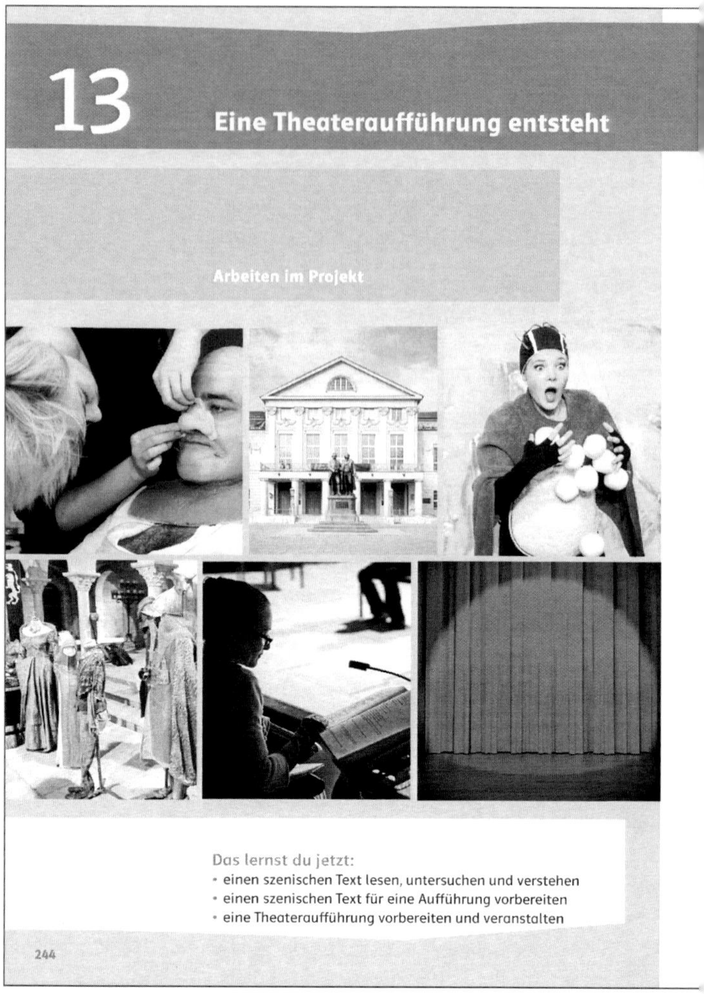
13 Eine Theateraufführung entsteht

Arbeiten im Projekt

Das lernst du jetzt:
- einen szenischen Text lesen, untersuchen und verstehen
- einen szenischen Text für eine Aufführung vorbereiten
- eine Theateraufführung vorbereiten und veranstalten

244

Kommentare zu den Aufgaben

Einstieg und Aufgabe 1
Die SuS beschreiben Fotos aus der Welt des Theaters und werden dadurch zugleich (und mit Blick schon auf A 3) auf verschiedene Theaterberufe aufmerksam (neben der Schauspielerin / dem Schauspieler auch: Maskenbildner / in, Kostümbildner / in oder Souffleuse).

Aufgabe 2
Die SuS tauschen sich über das Theater und ihre Erfahrungen mit ihm aus; sie beschäftigen sich gedanklich außerdem bereits mit den Aufgaben einer Schauspielerin/eines Schauspielers.

Aufgabe 3
Die SuS überlegen, welche weiteren Menschen man am Theater braucht, um Stücke gelungen auf die Bühne zu bringen. Sie erstellen ein Cluster.

Aufgabe 4
Die SuS lernen einige Fachbegriffe des Theaters kennen bzw. wiederholen sie und ihre genaue Bedeutung.

Aufgabe 5
Die SuS erproben ihre gestischen und mimischen Fähigkeiten durch das pantomimische Umsetzen von Alltagshandlungen. – Der experimentelle Charakter sollte dabei im Vordergrund stehen, d. h. die SuS sollten hier wirklich auch die Möglichkeit haben, tatsächlich etwas zu erproben.

Das lernst du jetzt:

- einen szenischen Text lesen, untersuchen und verstehen
- einen szenischen Text für eine Aufführung vorbereiten
- eine Theateraufführung vorbereiten und veranstalten

KMK-Standards

Einen szenischen Text lesen, untersuchen und verstehen
- Leseerwartungen und -erfahrungen bewusst nutzen
- epische, lyrische, dramatische Texte unterscheiden, insbesondere epische Kleinformen, Novelle, längere Erzählung, Kurzgeschichte, Roman, Schauspiel, Gedicht
- produktive Methoden anwenden: z. B.: innerer Monolog, Perspektivenwechsel, szenische Umsetzung

Einen szenischen Text für eine Aufführung vorbereiten
- Wirkungen der Redeweise kennen, beachten und situations- sowie adressatengerecht anwenden: Lautstärke, Betonung, Sprechtempo, Klangfarbe, Stimmführung; Körpersprache (Gestik, Mimik)
- Texte sinngebend und gestaltend vorlesen und (frei) vortragen
- Texte (medial unterschiedlich vermittelt) szenisch gestalten

Eine Theateraufführung vorbereiten und veranstalten
- zentrale Schreibformen beherrschen und sachgerecht nutzen: informierende Formen (Berichten, Beschreiben, Schildern), appellierende und gestaltende Formen (Erzählen, kreativ Schreiben)

1 Seht euch die Bilder auf Seite 244 an. Beschreibt die Bilder.

2 Tauscht euch zu folgenden Fragen aus:
- Wart ihr schon einmal im Theater? Hat es euch dort gefallen? Was war anders als im Kino? Wenn ihr noch nicht im Theater wart, warum nicht?
- Welche Formen des Theaters, z. B. Puppentheater, Pantomime, kennt ihr? Was gefällt euch am besten?
- Würdet ihr selbst gern auf einer Bühne stehen und in einem Stück mitspielen? Welche Rolle würdet ihr gern spielen?
- Was muss man als Schauspielerin oder Schauspieler alles können?

3 Überlegt, welche Menschen man am Theater braucht, um eine gelungene Vorstellung zeigen zu können. Erstellt ein Cluster dazu.

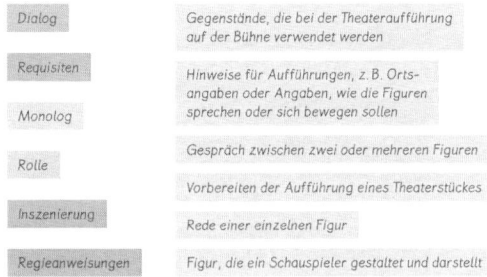

4 Kennt ihr die folgenden Begriffe aus der Theaterwelt? Ordnet sie den passenden Erklärungen zu.

Dialog	Gegenstände, die bei der Theateraufführung auf der Bühne verwendet werden
Requisiten	Hinweise für Aufführungen, z. B. Orts-angaben oder Angaben, wie die Figuren sprechen oder sich bewegen sollen
Monolog	
	Gespräch zwischen zwei oder mehreren Figuren
Rolle	Vorbereiten der Aufführung eines Theaterstückes
Inszenierung	Rede einer einzelnen Figur
Regieanweisungen	Figur, die ein Schauspieler gestaltet und darstellt

5 Probiert aus, wie ihr Mimik und Gestik einsetzen könnt. Wählt eine der folgenden Aufwärmübungen und führt sie in Kleingruppen durch.

A **Ess-Pantomime:** Eine Person tut so, als würde sie etwas essen, z. B. einen großen Hamburger, eine Suppe, Kirschen oder ein bitteres Medikament. Sie darf dabei nicht reden. Die anderen müssen erraten, um was es sich handelt.

B **Lauf-Pantomime:** Eine Person geht durch die Klasse und zeigt, wie sie sich bei bestimmtem Wetter verhält, z. B. bei starkem Regen oder Sturm, heftigem Hagel, Sonnenschein. Die anderen müssen das Wetter erraten.

245

- Texte dem Zweck entsprechend und adressatengerecht gestalten, sinnvoll aufbauen und strukturieren: z.B.: Blattaufteilung, Rand, Absätze
- wesentliche Darstellungsmittel kennen und deren Wirkungen einschätzen

---

Lösungen

Aufgabe 1
individuelle Lösungen – Zu sehen ist:
- Bild 1: Maskenbildnerin schminkt einen Schauspieler
- Bild 2: Front des Deutschen Nationaltheater in Weimar (mit dem Goethe-Schiller-Denkmal)
- Bild 3: eine Schauspielerin auf der Bühne beim Spiel
- Bild 4: Ausstellung verschiedener Kostüme
- Bild 5: Souffleuse im Souffleurkasten (mit Soufflierbuch)
- Bild 6: Theaterbühne mit rotem Vorhang und Spotlight

Aufgabe 2
individuelle Lösungen – Voraussetzungen für den Beruf des Schauspielers: Schauspieler / innen müssen durch Mimik, Gestik und Stimmlage gut Gefühle ausdrücken können, ihre Rollen (und d.h. auch, die Bücher bzw. Stücke) verstehen und interpretieren sowie sich in andere hineinversetzen

können. Schauspieler / innen sollten außerdem teamfähig sein und offen auf andere Menschen zugehen können.

Aufgabe 3
Berufe am Theater: Tontechniker, Schauspieler, Regisseur, Dramaturg, Requisiteur, Dekorateur, Bühnenbildner, Masken-bildner, Souffleuse, Beleuchter, Kostümbildner, Repetitor, Inspizient

Aufgabe 4
- Dialog: Gespräch zwischen zwei oder mehreren Figuren
- Requisiten: Gegenstände, die bei der Theateraufführung auf der Bühne verwendet werden
- Monolog: Rede einer einzelnen Figur
- Rolle: Figur, die ein Schauspieler gestaltet und darstellt
- Inszenierung: Vorbereiten der Aufführungen eines Thea-terstücks
- Regieanweisungen: Hinweise für Aufführungen, z.B. Orts-angaben oder Angaben, wie die Figuren sprechen oder sich bewegen sollen

Aufgabe 5
individuelle Lösungen

DaZ-Kommentare

Einstieg
Es sollte sichergestellt werden, dass die SuS die Begriffe „Aufführung" und „veranstalten" verstehen. Ansonsten müssen diese kurz erklärt werden.

Aufgabe 1
Es kann vorkommen, dass keinem der SuS diese Aktivitäten bzw. Gegenstände bekannt sind. Diese sollten bei der Be-schreibung an der Tafel festgehalten und ins Heft übertra-gen werden.

Aufgabe 2
Es ist zu erwarten, dass den SuS nötiges Vokabular fehlt. Es wäre ratsam, zumindest einige Wörter während der Bespre-chung an die Tafel zu schreiben, damit die SuS die Möglich-keit bekommen, diese richtig ins Vokabelheft zu übertragen.

Aufgabe 4
Die meisten Begriffe werden den SuS unbekannt sein, daher sollten die SuS diese Aufgabe im Tandem erledigen.

Aufgabe 5
Mit dieser Aufgabe kann man die SuS sehr gut zur Arbeit in den weiteren Stunden motivieren.

„An der Arche um acht" von Ulrich Hub / Der Inhalt

Grundlagenseiten / 1 bis 4

Die Schülerinnen und Schüler (SuS) machen sich mit der Textgrundlage, deren Aufführung geplant wird, bekannt. Sie lesen zunächst den Auszug aus dem 2006 am Badischen Staatstheater in Karlsruhe uraufgeführten Stück „An der Arche um acht" des Theaterschriftstellers und Regisseurs Ulrich Hub (*1963) und erschließen sich dann schrittweise den Inhalt.

Kommentare zu den Aufgaben

„An der Arche um acht" von Ulrich Hub

Einstieg und Aufgabe 1
Den SuS wird erklärt, dass der folgende Text zur Aufführung vorbereitet werden soll. Die Gruppen können auch schon vor der Lektüre gebildet werden (vgl. A1 auf S. 252 sowie A 9 auf S. 253 im SB).

Der Inhalt

Aufgabe 1
Die SuS lesen die Ausschnitte noch einmal, dieses Mal laut und mit verteilten Rollen. Wichtig wäre, dass die SuS schon versuchen, nicht nur sinnbetont, sondern auch szenisch zu lesen.

Aufgaben 2 bis 4
Nachdem sich die SuS über das Stück und dessen Themen ausgetauscht haben, beantworten sie zur Verständnissicherung Inhaltsfragen und ordnen ein Inszenierungsbild der passenden Szene zu. Sie beschreiben außerdem die auf dem Inszenierungsbild dargestellten Figuren, deren Kostüme sowie das Bühnenbild.

Aufgabe 5
Die SuS erstellen ein Cluster zum Thema Freundschaft und bereiten sich so gedanklich auf die folgenden Aufgaben 6 und 7 vor.

Aufgabe 6
Die SuS untersuchen den Text noch einmal mit Blick auf das Thema Freundschaft, um das Verhältnis der Figuren zueinander richtig einzuschätzen. Sie können sich dabei auf die Szenen 3 und 4 des 1. Aktes beschränken.

Aufgaben 7 und 8
Die Aufgaben thematisieren noch einmal das komische Potenzial des Stücks. Auch dies soll den SuS bei der richtigen Beurteilung helfen.

Aufgaben 9 und 10
Die SuS bilden fünf Gruppen und erstellen einen Szenenplan; zur Ergebnissicherung fassen die Gruppen anschließend die untersuchte Szene zusammen. – In den Gruppen könnten neben den benötigten Schauspielern auch ein oder zwei Regisseure sein, sodass die Gruppen, je nach Szene und Besetzung, zwischen vier und sieben Personen umfassen können.

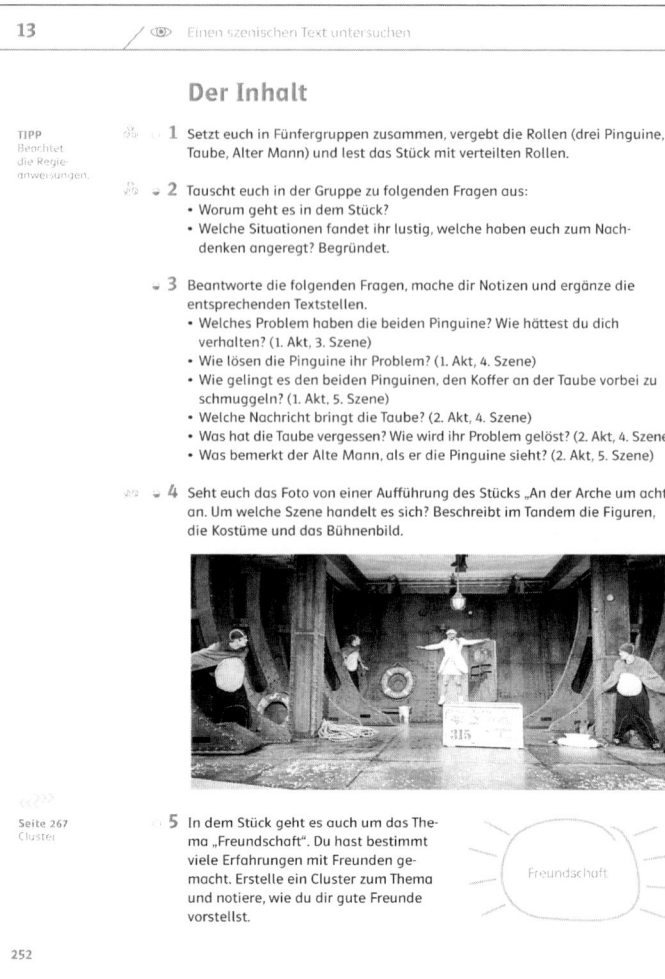

Der Inhalt

TIPP
Berichtet
die Regieanweisungen.

1 Setzt euch in Fünfergruppen zusammen, vergebt die Rollen (drei Pinguine, Taube, Alter Mann) und lest das Stück mit verteilten Rollen.

2 Tauscht euch in der Gruppe zu folgenden Fragen aus:
• Worum geht es in dem Stück?
• Welche Situationen fandet ihr lustig, welche haben euch zum Nachdenken angeregt? Begründet.

3 Beantworte die folgenden Fragen, mache dir Notizen und ergänze die entsprechenden Textstellen.
• Welches Problem haben die beiden Pinguine? Wie hättest du dich verhalten? (1. Akt, 3. Szene)
• Wie lösen die Pinguine ihr Problem? (1. Akt, 4. Szene)
• Wie gelingt es den beiden Pinguinen, den Koffer an der Taube vorbei zu schmuggeln? (1. Akt, 5. Szene)
• Welche Nachricht bringt die Taube? (2. Akt, 4. Szene)
• Was hat die Taube vergessen? Wie wird ihr Problem gelöst? (2. Akt, 4. Szene)
• Was bemerkt der Alte Mann, als er die Pinguine sieht? (2. Akt, 5. Szene)

4 Seht euch das Foto von einer Aufführung des Stücks „An der Arche um acht" an. Um welche Szene handelt es sich? Beschreibt im Tandem die Figuren, die Kostüme und das Bühnenbild.

Seite 267
Cluster

5 In dem Stück geht es auch um das Thema „Freundschaft". Du hast bestimmt viele Erfahrungen mit Freunden gemacht. Erstelle ein Cluster zum Thema und notiere, wie du dir gute Freunde vorstellst.

Freundschaft

252

Aufgabe 11
Die SuS tauschen sich über eine mögliche Inszenierung des Stücks aus. Ist keine Aufführung, zum Beispiel im Rahmen einer Schulfeier geplant, bietet sich eine „kleine Lösung" an: Jede Gruppe bereitet die von ihr untersuchte Szene zur Aufführung vor; gezeigt werden die Inszenierungen vor der Klasse.

Lösungen

„An der Arche um acht" von Ulrich Hub

Aufgabe 1
Leseaufgabe

Der Inhalt

Aufgabe 1
Leseaufgabe

Aufgabe 2
individuelle Lösungen – In dem Stück geht es zunächst um drei Pinguine, die sich auf der Arche Noah befinden, was zu allerlei Verwicklungen führt. Im engeren Sinne geht es dann um Themen wie Gott, Gerechtigkeit und Freundschaft.

---

6 Obwohl sich die Pinguine streiten, sind sie auch Freunde. Sieh dir dein Cluster noch einmal an und markiere die Stichworte, die das Verhältnis der Pinguine zueinander beschreiben. Tauscht euch im Tandem dazu aus.

7 Ulrich Hub hat in seinem Stück ernste Themen wie Freundschaft und Verantwortung in einer sehr humorvollen Art behandelt. Was findet ihr an dem Stück komisch und zum Lachen? Tauscht euch dazu in der Klasse aus.

8 Notiert euch Textstellen, die ihr lustig und komisch findet. Erklärt einander im Tandem, warum sie so wirken.

TIPP
Komik entsteht z. B., wenn etwas passiert, was man nicht erwartet hat, oder wenn übertrieben wird, wenn jemand etwas missversteht oder wenn eine Figur das Gegenteil von dem sagt, was sie denkt.

9 Bildet fünf Gruppen und teilt die Szenen des Stücks in der Klasse auf. Jede Gruppe notiert zu ihrer Szene die wichtigsten Informationen. Übernehmt den folgenden Szenenplan und füllt ihn aus.

Szenen	Inhalt/Handlung	Figuren	Ort
1. Akt, 3. Szene	– die beiden Pinguine überlegen, warum gerade sie für die Arche Noah ausgewählt wurden – der zweite Pinguin fragt, was aus dem dritten Pinguin wird – …	erster und zweiter Pinguin	unbestimmt
1. Akt, 4. Szene	…	…	…

10 Jede Gruppe fasst in der Klasse ihre Szene zusammen und erzählt die Szene des Theaterstücks nach.

11 Besprecht in der Klasse, wie ihr euch eure Aufführung der Szenen aus dem Stück „An der Arche um acht" vorstellt. Klärt folgende Fragen:
• Wollt ihr einzelne Szenen spielen oder das gesamte Stück?
• Wann, wo und vor welchem Publikum wollt ihr das Stück aufführen?
• Wollt ihr noch weitere Rollen, z. B. andere Tiere auf der Arche, ergänzen?

Merke
Szenen eines Theaterstücks

Eine **Szene** ist ein Abschnitt eines Theaterstücks. Eine Übersicht über die Abfolge einzelner Szenen nennt man einen **Szenenplan**. Er kann Angaben zu handelnden **Figuren**, zum **Inhalt** sowie zum **Ort** und **Zeit** der Handlung enthalten.

253

Aufgabe 3
teilweise individuelle Lösungen –
– *Welches Problem haben die beiden Pinguine?* (1. Akt, 3. Szene) – Die Pinguine wissen nicht, ob sie den dritten Pinguin mit an Bord nehmen sollen oder nicht (damit hängt die Frage zusammen, ob sie die Tickets zufällig bekommen oder sie verdient haben).
– *Wie lösen die Pinguine ihr Problem?* (1. Akt, 4. Szene) – Als der dritte Pinguin sie ermahnt: „Wir Pinguine müssen zusammenhalten" (Z. 34), sind die beiden anderen gerührt. Der erste Pinguin schlägt dem dritten auf den Kopf. Sie stopfen den bewusstlosen Pinguin in einen großen Koffer.
– *Wie gelingt es den beiden Pinguinen, den Koffer an der Taube vorbei zu schmuggeln?* (1. Akt, 5. Szene) – Es gelingt ihnen nur gleichsam mit göttlicher Hilfe. Denn als es erst blitzt und dann donnert, vergisst die Taube, dass sie den Koffer zuvor unbedingt hatte kontrollieren wollen.
– *Welche Nachricht bringt die Taube?* (2. Akt, 4. Szene) – Die Taube hat einen Ölzweig im Schnabel, was bedeutet, dass sie Land gefunden hat; tatsächlich können (und sollen) die Tiere das Schiff nun verlassen.
– *Was hat die Taube vergessen? Wie wird ihr Problem gelöst?* (2. Akt, 4. Szene) – Die Taube hat vergessen, sich einen Partner mitzunehmen. Da umgekehrt die Pinguine zu dritt sind, was genauso auffallen würde, verkleidet sich der erste Pinguin als Taube.

– *Was bemerkt der alte Mann, als er die Pinguine sieht?* (2. Akt, 5. Szene) – Er bemerkt, dass „sich diese beiden Tauben [eigentlich] nicht besonders ähnlich sehen" (Z. 32), weil eine „Taube" viel größer ist.

Aufgabe 4
Das Foto zeigt die drei Pinguine und die Taube in weißem Kostüm mit dem Ölzweig „im Schnabel". Es handelt sich also um den 2. Akt, 4. Szene. – Die Schauspieler (Pinguine) tragen Badekappen und eine Art Overall mit weißem Fleck auf dem Bauch. Die Bühne selbst ist mit Holz verkleidet; Fischereinetze, Rettungsringe, Taue. – Es sieht aus wie auf einem Schiff unter Deck.

Aufgabe 5
individuelle Lösungen

Aufgabe 6
Zunächst bezeichnet der zweite Pinguin den dritten selbst als gemeinsamen Freund (vgl. „Willst du etwa seelenruhig zusehen, wie unser Freund ertrinkt?", S. 246, Z. 21); dass sich die Pinguine als Freunde sehen, macht dann auch die Aussage des dritten Pinguins deutlich: „Wir Pinguine müssen zusammenhalten." (S. 247, Z. 34)

Aufgaben 7 und 8
individuelle Lösungen – Das meiste komische Potenzial dürfte die 5. Szene im 2. Akt entfalten: Dies liegt zum einen an der grotesk anmutenden Verkleidung und Verstellung des Pinguins, dann am Verhalten der Beteiligten gegenüber dem alten Mann (sie tun beispielsweise so, als sei die Fahrt auf der Arche eine Art Kreuzfahrt gewesen, vgl. Z. 40 ff.).

Aufgaben 9 bis 11
individuelle Lösungen

DaZ-Kommentare

Das Spielen von Szenen unterstützt ein besseres wechselseitiges Verständnis von Schülern aus verschiedenen Kulturkreisen und damit einen rücksichtsvolleren Umgang miteinander. Gleichzeitig trägt es meist zur Verbesserung mündlicher Kommunikationsfähigkeit bei. Im Unterricht sollte darauf stets geachtet werden, dass die SuS der Planung und den Vorbereitungen innerhalb der Gruppe sprachlich folgen können.

Aufgabe 1
Damit die SuS die kommenden Aufgaben im Unterricht bearbeiten können, sollten die Szenen im Rahmen der vorherigen Hausaufgabe gelesen und übersetzt werden. Die unbekannten Wörter werden wieder ins Vokabelheft eingetragen und übersetzt.

Die Figuren

Grundlagenseiten/5

Die Seiten lenken die Aufmerksamkeit der Schülerinnen und Schüler (SuS) zunächst auf die Figuren. Die Untersuchung der Figuren (und deren Beziehungen zueinander) erfolgt damit zum einen als Teil des Textverstehensprozesses, zum anderen ganz praktisch mit Blick auf das hier angeregte Casting der geeigneten Schauspielerinnen und Schauspieler. Außerdem wird die Verteilung der übrigen Aufgaben angeregt und damit auf die nachfolgenden Seiten verwiesen.

Kommentare zu den Aufgaben

Einstieg
Ein gesonderter Einstieg in die Seiten ist nicht erforderlich.

Aufgaben 1 und 2
Die SuS arbeiten in ihren bisherigen Gruppen (vgl. A 9 auf S. 253 im SB) und untersuchen dort jeweils eine Figur genauer, zu der sie eine Rollenkarte anlegen. Anschließend stellen sie sich die Figuren vor und geben einander Feedback.

Aufgabe 3
Die SuS besprechen die Beziehungen der Figuren zueinander und machen sich die verschiedenen Konflikte klar.

Aufgaben 4 bis 7
Die SuS nehmen die Rollenverteilung vor und führen dazu ein Casting durch.
<u>Alternative:</u>
Vor allem wenn nur gruppenweise eine Szene gespielt wird (und das Casting somit entfallen kann), können die Anregungen zur Pantomime als Spielübungen aufgegriffen werden.

Aufgabe 8
Wenn eine Aufführung geplant ist, werden nun die weiteren Aufgaben festgelegt (vgl. dazu auch die Kommentare zu den nachfolgenden Seiten).

Aufgabe 9
Das Erarbeiten der Sprechrollen kann parallel zu den übrigen Arbeiten erfolgen (vgl. wieder die Kommentare zu den nachfolgenden Seiten).

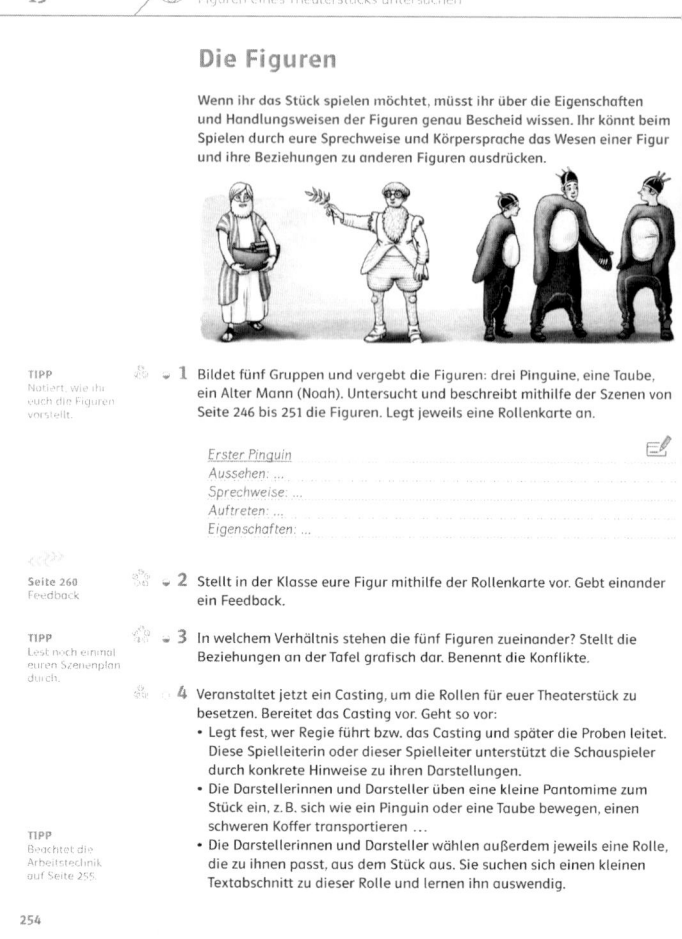

Die Figuren

Wenn ihr das Stück spielen möchtet, müsst ihr über die Eigenschaften und Handlungsweisen der Figuren genau Bescheid wissen. Ihr könnt beim Spielen durch eure Sprechweise und Körpersprache das Wesen einer Figur und ihre Beziehungen zu anderen Figuren ausdrücken.

TIPP Notiert, wie ihr euch die Figuren vorstellt.

1 Bildet fünf Gruppen und vergebt die Figuren: drei Pinguine, eine Taube, ein Alter Mann (Noah). Untersucht und beschreibt mithilfe der Szenen von Seite 246 bis 251 die Figuren. Legt jeweils eine Rollenkarte an.

> *Erster Pinguin*
> *Aussehen:* ...
> *Sprechweise:* ...
> *Auftreten:* ...
> *Eigenschaften:* ...

Seite 260 Feedback

2 Stellt in der Klasse eure Figur mithilfe der Rollenkarte vor. Gebt einander ein Feedback.

TIPP Lest noch einmal euren Szenenplan durch.

3 In welchem Verhältnis stehen die fünf Figuren zueinander? Stellt die Beziehungen an der Tafel grafisch dar. Benennt die Konflikte.

4 Veranstaltet jetzt ein Casting, um die Rollen für euer Theaterstück zu besetzen. Bereitet das Casting vor. Geht so vor:
- Legt fest, wer Regie führt bzw. das Casting und später die Proben leitet. Diese Spielleiterin oder dieser Spielleiter unterstützt die Schauspieler durch konkrete Hinweise zu ihren Darstellungen.
- Die Darstellerinnen und Darsteller üben eine kleine Pantomime zum Stück ein, z. B. sich wie ein Pinguin oder eine Taube bewegen, einen schweren Koffer transportieren ...

TIPP Beachtet die Arbeitstechnik auf Seite 255.

- Die Darstellerinnen und Darsteller wählen außerdem jeweils eine Rolle, die zu ihnen passt, aus dem Stück aus. Sie suchen sich einen kleinen Textabschnitt zu dieser Rolle und lernen ihn auswendig.

254

Lösungen

Aufgabe 1
individuelle Lösungen – Denkbar wäre:
- Pinguin 1: der größte der drei Pinguine; leicht eingebildet und von sich überzeugt (vgl. S. 246, 1. Akt, Dritte Szene, Z. 9 f.: „Wir sind die Besten. Vor allem ich.“); tritt anfangs selbstbewusst auf, später weniger forsch; zeigt sich später auch hilfsbereit (Er ist es, der sich als Taube verkleiden lässt.)
- Pinguin 2: mittlere Größe, spricht direkt und ist insgesamt der praktisch Veranlagte; intelligenter als die beiden anderen (er erkennt, wie das Dilemma des überzähligen Pinguins mit dem der fehlenden Taube verrechnet werden kann); er zeigt Mitgefühl und Hilfsbereitschaft
- Pinguin 3: der kleinste der drei Pinguine; er könnte am unscheinbarsten wirken und sprechen; tritt hervor, als er betont, dass Pinguine zusammenhalten müssen (vgl. S. 247, 1. Akt, Vierte Szene, Z. 34 ff.)
- Taube: könnte eine Vogelmütze mit Schnabel tragen, wirkt anfangs sehr bestimmend und direkt (könnte vor allem in der 5. Szene des 1. Aktes zunächst im Befehlston sprechen); pocht auf Regeln und deren Einhaltung, ist aber auch selbstlos (vergisst über ihren Aufgaben sich selbst)

5 Spielt der Klasse eure eingeübten Pantomimen und Textabschnitte vor. Dabei lesen die Spielleiterin oder der Spielleiter die weiteren Rollen in den Textabschnitten.

TIPP
Ihr könnt auch
zu zweit oder
zu dritt euren
Textabschnitt
vortragen.

6 Gebt anschließend den Darstellerinnen und Darstellern ein Feedback. Besprecht, ob die Sprechweise und Körpersprache die Eigenschaften der Figuren und ihre Beziehungen zueinander deutlich gemacht haben.

7 Beratet, wer welche Rolle übernehmen könnte, und verteilt die Rollen.

8 Damit eure Aufführung gelingt, benötigt ihr die Darstellerinnen und Darsteller, aber auch noch weitere Theatermitarbeiter. Entscheidet euch für eine Arbeitsgruppe. Wählt auf den Seiten 256 und 257 A, B, C, D, E oder F und informiert euch zu den Aufgaben.

9 So bereiten sich die **Darstellerinnen und Darsteller** auf die Aufführung vor:
- Lest den Text noch einmal genau durch. Jeder achtet dabei besonders auf seine Textteile.
- Versetzt euch in die jeweilige Rolle und legt mit der Spielleitung fest, wie die Figuren sprechen und sich bewegen sollen.
- Übt den Text und setzt Körperhaltung, Mimik und Gestik ein.
- Probt mit Partnern. Achtet auf die Stichwörter der Partner, sie geben euren Einsatz an.

Arbeitstechnik
Das Spielen einer Rolle vorbereiten

Text lernen
1. Lies den **ganzen Text** durch. Mache dir die **Zusammenhänge**, in denen dein Textabschnitt steht, deutlich. (Mit wem spricht deine Figur? Wie reagiert sie? Was passierte vorher? Was folgt?)
2. Wähle einen **Textabschnitt** aus. Schreibe ihn ab oder kopiere ihn. **Markiere deine Textstellen.**
3. Erfasse die **Stimmung** in deinem Textabschnitt und überlege, wie du deine **Stimme** anpassen kannst. Lege deine **Sprechweise** fest.
4. Notiere in deinem Textabschnitt **Lautstärke**, **Betonung** und **Pausen**.
5. **Lerne** deine Textstellen **auswendig**. Schreibe dazu den Text ab und übe Satz für Satz oder nimm ihn auf und spiele ihn dir immer wieder vor.

Darstellung üben
1. Kläre, welche **Eigenschaften** die Figur besitzt und wie sie wirkt. Überlege, wie du dies **umsetzen** kannst.
2. **Probiere** vor dem Spiegel verschiedene **Darstellungsformen**. Verändere dazu jeweils Körperhaltung, Mimik und Gestik.
3. **Übe** so lange, bis du mit deiner Darstellung zufrieden bist.

255

– Alter Mann: trägt laut Regieanweisung (Anfang 5. Szene, 2. Akt) Filzpantoffeln und hat einen langen weißen Bart; könnte eine tiefe Stimme haben und sollte auf jeden Fall sehr bedächtig wirken; der alte Mann scheint sorg- und aufmerksam zu sein (möglicherweise durchschaut er auch die Maskerade, sagt dazu aber nichts)

Aufgabe 2
individuelle Lösungen

Aufgabe 3
Die drei Pinguine sind befreundet (nur anfänglich besteht zwischen dem ersten und dem zweiten Pinguin ein Konflikt dadurch, dass der zweite Pinguin den dritten retten will, der erste aber nicht). Die Pinguine müssen dabei die Taube anfänglich fürchten, später verbünden sie sich aber, um ihre gemeinsamen Interessen (scheinbar gegen den alten Mann) durchzusetzen.

Aufgaben 4 bis 9
individuelle Lösungen

DaZ-Kommentare

Da die SuS zu diesem Zeitpunkt den Text gut verstehen können, sollten sie bzw. können sie versuchen, bei der Planung und den Vorbereitungen auch eine der führenden Rollen in der Gruppe zu übernehmen. Wenn sich solche Ambitionen zeigen, sollten die SuS von der Lehrkraft darin bestärkt und unterstützt werden, da diese Aufgaben eine der wenigen Gelegenheiten im Unterricht darstellen, in denen nicht die korrekte (Aus-)Sprache die übergeordnete Rolle spielt, wie in Aufsätzen usw.

Die Vorbereitung

Grundlagenseiten / 6

Die Seiten fokussieren die „sonstigen" Aufgaben, die für eine gelungene Theateraufführung übernommen werden müssen.

Deutlich werden sollte den Schülerinnen und Schülern (SuS) dabei, dass diese Aufgaben bedeutsamer sind, als es zunächst erscheinen mag.

Das Beispiel der Souffleuse bzw. des Souffleurs kann das verdeutlichen. Natürlich liest die Souffleuse bzw. der Souffleur nur mit und muss nichts auswendig lernen. Andererseits verlangt diese Aufgabe große Konzentration und Gewissenhaftigkeit. Wenn eine Schauspielerin / ein Schauspieler „hängt" und dann der Souffleur nicht genau weiß, wo man sich befindet, ist die Verwirrung perfekt und der Schaden eines Hängers sehr groß. Diese Arbeit ist also auch eine außerordentlich wichtige Tätigkeit.

Kommentare zu den Aufgaben

Einstieg
Der Einstieg erfolgt über die Aufgabe 8 auf Seite 255 des Schülerbuchs. Den SuS kann am Beispiel der Souffleuse bzw. des Souffleurs (siehe die Hinweise oben) die Bedeutung der Aufgaben klargemacht werden.

Aufgabe 1
Die SuS entscheiden sich für die einzelnen Aufgaben und führen sie gemäß der Aufgabenstellung durch.
Erweiterung:
Zu überlegen ist, ob man nicht zusätzlich eine Regisseurin bzw. einen Regisseur mit der Koordination der Aufgaben bzw. der Gesamtleitung betraut (vgl. die Arbeitsanweisung für den/die Maskenbildner/in bzw. Kostümbildner/in: „Besprecht mit den Darstellerinnen/Darstellern und der Spielleitung ...", sowie Aufgabe 2: „Die Spielleitung moderiert die Besprechung."). Ansonsten kann die Spielleitung natürlich auch von der Lehrkraft übernommen werden.

Aufgaben 2 und 3
Wichtig ist hier, dass alle Beteiligten vor dem Probenbeginn den gleichen Wissensstand haben. – Überlegt werden muss dagegen, welche Entscheidungen man in der Gesamtgruppe noch einmal zur Diskussion stellt.

Aufgabe 4
Vor den Proben sollte ein Probenplan erstellt werden, um den Ablauf zu erleichtern und sich selbst einen klaren Zeitrahmen zu setzen (z. B. kann überlegt werden, ob der Spieler des alten Mannes bei den Proben der ersten Szenen überhaupt anwesend sein muss oder auch andere Aufgaben übernehmen kann). Das bedeutet auch, dass man spätestens an diesem Punkt auch einen Aufführungszeitpunkt festlegen sollte (vgl. hierzu auch A1 auf der S. 258 im SB).
Erweiterung:
Auch empfiehlt es sich, ein Probentagebuch anzulegen.

Die Vorbereitung

1 Lest die Aufgaben der Arbeitsgruppen A, B, C, D, E und F. Entscheidet euch für eine Gruppe und bereitet die Aufführung vor.

A Ihr wollt Masken und Kostüme herstellen (**Maskenbildner/in** und **Kostümbildner/in**):
• Besprecht mit den Darstellerinnen, Darstellern und der Spielleitung, wie die Kostüme aussehen sollen, z. B. für die Pinguine schwarze Hose und weißes T-Shirt ...
• Stellt Masken oder Halbmasken her und/oder schminkt die Gesichter. Versucht, die Eigenschaften der Figuren in ihrem Aussehen deutlich zu machen.

B Ihr wollt das Bühnenbild gestalten (**Bühnenbildner/in**):
• Klärt, wo die Aufführung stattfinden soll.
• Markiert eine Spielfläche und trennt sie nach hinten mit Stellwänden oder einem Vorhang ab.
• Ordnet Stuhlreihen für die Zuschauer in einem Halbkreis um die Spielfläche an.

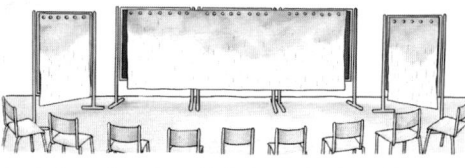

• Lest im Szenenplan nach, wo sich die Szenen abspielen, und fertigt Skizzen für das jeweilige Bühnenbild an, z. B. für die Arche.
• Setzt die Skizzen in den richtigen Abmessungen um.

C Ihr wollt Requisiten herstellen oder bereitstellen (**Requisiteur/in**):
• Legt fest, welche Requisiten benötigt werden.
• Überlegt, wie ihr sie herstellt oder woher ihr sie besorgen könnt, z. B. einen großen Koffer ...

Lösungen

Aufgaben 1 bis 4
individuelle Lösungen

D Ihr wollt euch um Beleuchtung und Musik kümmern (**Beleuchter/in und Tontechniker/in**):
- Überlegt, wie ihr mit Beleuchtung und Musik die Wirkung und Stimmung der einzelnen Szenen unterstützen könnt.
- Notiert im Szenenplan, wann ihr welche Beleuchtung einsetzen wollt, z. B. Grundlicht[1] oder Effektlicht[2].
- Notiert im Szenenplan, wann ihr welche Musik einsetzen wollt, z. B. am Anfang oder Ende der Szenen.
- Besorgt die nötige technische Ausstattung.

[1] Grundlicht: beleuchtet die Spielfläche gleichmäßig

[2] Effektlicht (Spots): beleuchtet eine eng begrenzte Spielfläche oder einen einzelnen Darsteller

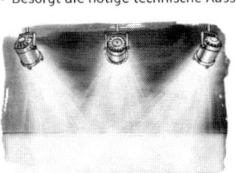

E Ihr wollt die Vorbereitungen durch Beratung unterstützen (**Berater/in und Souffleuse/Souffleur**):
- Nehmt an den Besprechungen der einzelnen Gruppen teil, unterstützt sie durch Ratschläge und Hinweise. Notiert alle Entscheidungen im Szenenplan.
- Bringt die einzelnen Gruppen zusammen, z. B. Requisite und Bühnenbild, damit sie ihre Arbeiten aufeinander abstimmen.
- Als Souffleuse oder Souffleur nimmt man an allen Proben teil, liest den Text mit und spricht den Text vor, falls eine Darstellerin oder ein Darsteller nicht weiterweiß.
- Während der Aufführung sitzt die Souffleuse oder der Souffleur verdeckt neben der Bühne, liest den Text mit und flüstert den Text, wenn nötig, vor.

F Ihr wollt euch um die **Werbung** kümmern:
- Informiert euch auf Seite 258 über eure Aufgaben.

2 Bevor ihr mit den Proben beginnt, treffen sich alle Gruppen, erläutern ihre Ergebnisse und diskutieren darüber. Die Spielleitung moderiert die Besprechung.

3 Wenn sich Änderungen aus der Besprechung ergeben haben, dann setzt sie um.

4 Probt eure Aufführung auf der Bühne so oft wie möglich. Ihr könnt dabei schon Masken, Kostüme, Requisiten, Beleuchtung und Musik einsetzen. Besprecht immer wieder, was noch zu verbessern ist, und setzt es um.

257

DaZ-Kommentare

Aufgabe 4
Da die SuS zu diesem Zeitpunkt den Text gut verstehen können, sollten bzw. können sie versuchen, bei der Planung und den Vorbereitungen auch eine der führenden Rollen in der Gruppe einzunehmen.

Wenn sich solche Interessen zeigen, sollten die SuS von der Lehrkraft bestärkt und unterstützt werden, da diese Aufgaben eine der wenigen Gelegenheiten im Unterricht darstellen, in denen nicht die korrekte (Aus-)Sprache die übergeordnete Rolle spielt, wie in Aufsätzen usw.

Außerdem sollte bei den Vorbereitungen auch darauf geachtet werden, dass die SuS der Planung und den Vorbereitungen sprachlich folgen können. Nur so können sie sich auch aktiv an der Arbeit beteiligen.

Arbeitstechnik: Das Spielen einer Rolle vorbereiten
Die SuS sollten unbedingt die Arbeitstechnik „Das Spielen einer Rolle vorbereiten" auf Seite 255 des Schülerbuchs genau lesen und, wenn nötig, übersetzen.

Die Werbung / Die Aufführung

Grundlagenseiten / 7

Die Seiten leiten zunächst dazu an, für eine Theateraufführung zu werben. Die entsprechenden Aufgaben können (natürlich in angepasster Form) auch dann bearbeitet werden, wenn statt für eine Theateraufführung für ein Schulfest oder auch nur für einen Kuchenverkauf vor dem Supermarkt oder in der Fußgängerzone geworben werden soll.

Außerdem werden die Schülerinnen und Schüler (SuS) auf die Organisation der (ersten) Aufführung vorbereitet.

Kommentare zu den Aufgaben

Die Werbung

Einstieg

Mit den SuS kann zunächst über die Bedeutung der Werbung gesprochen werden. Es könnte dann gemeinsam über Werbemaßnahmen nachgedacht werden. Ist tatsächlich eine Aufführung geplant, könnten weitere Ideen der SuS (also alles außer Plakat, Flyer und Pressenotiz) natürlich auch umgesetzt werden (z. B. in den sozialen Medien).

Aufgabe 1

Auch wenn der Aufführungstermin an sich schon feststeht, sind hier neben dem Ort der Aufführung noch die genaue Anfangszeit zu klären.

Aufgaben 2 und 3

Die SuS besprechen planerische und inhaltliche Details ihrer geplanten Werbemaßnahmen.

Aufgaben 4 bis 6

Erweiterung:

Die künstlerische Gestaltung der Plakate und Flyer erfolgt fächerübergreifend mit Bildender Kunst.

Aufgaben 7 und 8

Die SuS schreiben eine Ankündigung der Aufführung für die Lokalzeitung. In einem Telefonat mit der Redaktion setzen sie sich für die Veröffentlichung der Notiz ein und laden außerdem einen Pressevertreter zur Aufführung ein. – Ist das Plakat künstlerisch gelungen, kann die Redaktion gebeten werden, zu der Ankündigung auch das Plakat mit abzudrucken.

Die Aufführung

Aufgaben 1 bis 4

Die Aufgaben leiten die Generalprobe und die erste Aufführung an und regen außerdem die Durchführung einer Premieren- bzw. Aufführungsfeier an.

Die Werbung

Auffallende Werbung ist wichtig, um auf eure Aufführung aufmerksam zu machen. Damit möglichst viele Leute die Aufführung besuchen, solltet ihr Plakate und Flyer an der Schule und vielleicht auch im Ort verteilen. Wenn ihr wollt, könnt ihr auch eine Ankündigung eurer Aufführung für die lokale Zeitung schreiben. Hier stehen alle Aufgaben, die die Werbeleute erledigen sollen.

An der Arche um acht

Ein Theaterstück von Ulrich Hub

30.10.2016
Aula
Immanuel-Kant-Schule

1 Besprecht in der Klasse, wann und wo das Stück aufgeführt werden soll.

2 Legt fest, wen ihr einladen wollt. Überlegt dann, wo ihr die Plakate aufhängen wollt und wie ihr die Flyer verteilen wollt.

3 Setzt euch in einer Redaktionskonferenz zusammen, besprecht und entscheidet,
 • wie das Plakat und der Flyer aussehen sollen: Größe, Schrift, Farben, gestalterische Elemente wie Fotos und Grafiken …
 • welche Informationen auf dem Plakat und dem Flyer stehen sollen.

4 Fertigt zuerst Skizzen für das Plakat und den Flyer an. Teilt den Platz ein und ordnet die Informationen und Bilder sinnvoll an.

5 Übertragt die Skizze für das Plakat auf einen großen Papierbogen und gestaltet das Plakat. Prüft, ob die Informationen von Weitem gut zu erkennen sind.

6 Übertragt die Skizze für den Flyer mithilfe des Computers auf ein Blatt Papier. Kopiert den Flyer so oft wie nötig.

7 Schreibt eine Ankündigung eurer Aufführung für eure Lokalzeitung. Sie sollte alle wichtigen Informationen enthalten.

8 Telefoniert dann mit dem zuständigen Redakteur und bittet ihn, die Ankündigung zu veröffentlichen. Ladet ihn zur Aufführung ein und fragt ihn, ob er darüber berichten kann.

258

Lösungen

Die Werbung

Aufgaben 1 bis 6
individuelle Lösungen

Aufgabe 7
individuelle Lösungen – Die Ankündigung sollte natürlich alle Aufführungsdaten enthalten.
Beispiel:
Die Klasse 7b der Ernst-Müller-Gesamtschule in Sigmaringen zeigt am kommenden Dienstag, dem 25. Mai, um 19 Uhr in der Aula der Schule Ausschnitte aus Ulrich Hubs Stück „An der Arche um acht". Alle Interessenten sind herzlich eingeladen, der Eintritt ist frei (Kollekte).

Aufgabe 8
individuelle Lösungen

Die Aufführung

Aufgaben 1 bis 4
individuelle Lösungen

Die Aufführung

1 Führt eine Generalprobe durch. Probt das Stück von Anfang bis Ende mit Bühnenbild, Masken, Kostümen, Requisiten, Musik und Beleuchtung.

2 Bereitet dann eure erste Aufführung, die Premiere, vor. Geht so vor:
- Alle Theatermitarbeiter müssen mindestens ein bis zwei Stunden vor der Vorstellung anwesend sein.
- Die Bühnenbildner bauen die Bühne auf.
- Die Technik und Requisite prüft, ob sich alles am richtigen Platz befindet. Probiert die Technik aus.
- Die Masken- und Kostümbildner bereiten die Darstellerinnen und Darsteller vor.
- Die Darstellerinnen und Darsteller können Konzentrationsübungen durchführen, z. B. die **Stuhlentspannung:**
  - Setze dich auf einen Stuhl und schließe die Augen. Versuche zunächst ruhig und bewusst zu atmen.
  - Eine Beraterin oder ein Berater nennt verschiedene Körperteile, die du einfach nur spüren sollst, z. B.: Spüre deine Schulter, wandere nun zu deinem Ellenbogen, spüre deine Finger …
  - Konzentriere dich so abwechselnd auf die einzelnen Körperteile.
- Die Darstellerinnen und Darsteller machen sich für das Sprechen locker:
  - Jeder erhält einen Korken und hält ihn mit den Vorderzähnen fest.
  - Ein Beraterin oder ein Berater sprechen Wörter und Sätze vor, die Darstellerinnen und Darsteller in einer bestimmten Sprechweise wiederholen: sehr laut, sehr leise, mit unterschiedlichen Betonungen.
  - Danach sprechen alle Darstellerinnen und Darsteller Teile ihres eigenen Textes.
  - Anschließend wird die Übung ohne Korken wiederholt.
- Die Souffleuse oder der Souffleur nimmt den Platz ein.

3 Führt nun euer Stück auf.

TIPP
Denkt daran,
euch danach
zu verbeugen.

4 Veranstaltet nach der Aufführung eine Premierenfeier, zu der ihr eure Familien und Freunde einladet.

259

DaZ-Kommentare

Es sollte stets darauf geachtet werden, dass die SuS der Planung, den Vorbereitungen und der Durchführung dieses Projektes innerhalb der Gruppe sprachlich folgen können. Nur so können sie eine Rolle übernehmen und sich auch an den anderen Arbeiten aktiv beteiligen.

Die Werbung

Aufgaben 1 bis 8
Erfahrungsgemäß übernehmen die SuS derartige Aufgaben sehr gerne.

Inhalt der CD-ROM

Tests zur Selbsteinschätzung	Kopiervorlage (pdf)	Lösung (pdf)
1 Dafür oder dagegen?	Test_1	Test_1_Lsg
2 Unglaubliche Vorfälle	Test_2	Test_2_Lsg
3 Auf dem Weg zum Beruf	Test_3	Test_3_Lsg
4 Trendsport – wir sind dabei!	Test_4	Test_4_Lsg
5 Ich bin ich – du bist du	Test_5	Test_5_Lsg
6 Begründer des digitalen Zeitalters	Test_6	Test_6_Lsg
7 Schaurige Abenteuer	Test_7	Test_7_Lsg
8 Finde den Täter!	Test_8	Test_8_Lsg
9 Bücher und Filme	Test_9	Test_9_Lsg
10 Gewaltige Natur – Naturgewalten	Test_10	Test_10_Lsg
11 Faszinierendes aus anderen Ländern	Test_11	Test_11_Lsg
12 Lass dich unterhalten!	Test_12	Test_12_Lsg

Klassenarbeiten	Kopiervorlage (docx)	Bewertung und Beispiellösung (pdf)
2 Unglaubliche Vorfälle		
Moderne Sagen lesen, verstehen und schreiben	KA2_BASIS + KA2_EXTRA + KA2_PLUS	KA2_BASIS_Bewertung_Lsg + KA2_EXTRA_Bewertung_Lsg + KA2_PLUS_Bewertung_Lsg
4 Trendsport – wir sind dabei!		
Von Ereignissen sachlich berichten	KA4_BASIS + KA4_EXTRA + KA4_PLUS	KA4_BASIS_Bewertung_Lsg + KA4_EXTRA_Bewertung_Lsg + KA4_PLUS_Bewertung_Lsg
5 Ich bin ich – du bist du		
Produktiv mit literarischen Texten umgehen	KA5_BASIS + KA5_EXTRA + KA5_PLUS	KA5_BASIS_Bewertung_Lsg + KA5_EXTRA_Bewertung_Lsg + KA5_PLUS_Bewertung_Lsg
7 Schaurige Abenteuer		
Balladen untersuchen	KA7_BASIS + KA7_EXTRA + KA7_PLUS	KA7_BASIS_Bewertung_Lsg + KA7_EXTRA_Bewertung_Lsg + KA7_PLUS_Bewertung_Lsg
9 Bücher und Filme		
Literarische Figuren beschreiben	KA9_BASIS + KA9_EXTRA + KA9_PLUS	KA9_BASIS_Bewertung_Lsg + KA9_EXTRA_Bewertung_Lsg + KA9_PLUS_Bewertung_Lsg
10 Gewaltige Natur – Naturgewalten		
Sachtexte erschließen und zusammenfassen	KA10_BASIS + KA10_EXTRA + KA10_PLUS	KA10_BASIS_Bewertung_Lsg + KA10_EXTRA_Bewertung_Lsg + KA10_PLUS_Bewertung_Lsg
12 Lass dich unterhalten!		
Diagramme untersuchen und beschreiben	KA12_BASIS + KA12_EXTRA + KA12_PLUS	KA12_BASIS_Bewertung_Lsg + KA12_EXTRA_Bewertung_Lsg + KA12_PLUS_Bewertung_Lsg

Inhalt der Audio-CD

Track	Kapitel	Länge	Seite im SB
	7 Schaurige Abenteuer		
1	Theodor Fontane: John Maynard	3:51	116 / 117
2	Otto Ernst: Nis Randers	2:13	122 / 123
3	Johann Wolfgang von Goethe: Der Zauberlehrling	3:54	124 / 125
4	Theodor Fontane: Die Brück' am Tay	4:21	126 / 127
	8 Finde den Täter!		
5	Sandra Grimm: Ferien mit einer Leiche	4:31	138 / 139
	9 Bücher und Filme		
6	Anthony Horowitz: Stormbreaker	3:54	156
7	Holly-Jane Rahlens: Max Minsky und ich	3:15	162 / 163
8	Katherine Paterson: Die Brücke nach Terabithia	2:58	166 / 167
9	Katherine Paterson: Die Brücke nach Terabithia	2:24	167
10	Otfried Preußler: Krabat	3:33	170 / 171
	10 Gewaltige Natur – Naturgewalten		
11	Die Niagarafälle	3:17	180 / 181
12	Von Katastrophen und Ziegen	6:03	186 / 187
13	Grenzenlose Energie aus der Erde	5:35	188 / 189
14	Bedrohung durch wachsende Trockengebiete	5:47	190 / 191
	11 Faszinierendes aus anderen Ländern		
15	Alexander Del Regno: Mekong-Delta in Vietnam: Alles im Fluss	3:16	208 / 209
16	Annina-Kim: Tuareg – das von Gott verlassene Wüstenvolk	5:12	212 / 213
17	Nicole Potthoff: Azteken, Maya und Inka – Goldene Zeiten und ihr schlimmes Ende	6:09	216 / 217